CDRF 中国发展研究基金会
China Development Research Foundation

变革三农

农业供给侧结构性改革的挑战与对策

中国发展研究基金会

Changing Agriculture, Rural Areas and Rural People

Challenges and Policy Options of the Agricultural Supply-side Structural Reform

中国发展出版社
CHINA DEVELOPMENT PRESS

图书在版编目（CIP）数据

变革三农：农业供给侧结构性改革的挑战与对策/中国发展研究基金会编著．—北京：中国发展出版社，2019.10

ISBN 978－7－5177－0974－9

Ⅰ.①变… Ⅱ.①中… Ⅲ.①农业改革—研究—中国
Ⅳ.①F320.2

中国版本图书馆 CIP 数据核字（2019）第 268082 号

书　　　名：变革三农：农业供给侧结构性改革的挑战与对策
著作责任者：中国发展研究基金会
出 版 发 行：中国发展出版社
联 系 地 址：北京市西城区裕民东路 3 号 9 层　100029
标 准 书 号：ISBN 978－7－5177－0974－9
经　销　者：各地新华书店
印　刷　者：河北鑫兆源印刷有限公司
开　　　本：710mm×1000mm　1/16
印　　　张：32.5
字　　　数：470 千字
版　　　次：2019 年 12 月第 1 版
印　　　次：2019 年 12 月第 1 次印刷
定　　　价：88.00 元

联 系 电 话：（010）68990642　68990692
购 书 热 线：（010）68990682　68990686
网 络 订 购：http：//zgfzcbs.tmall.com//
网 购 电 话：（010）68990639　88333349
本 社 网 址：http：//www.develpress.com.cn
电 子 邮 件：fazhanreader@163.com

“变革三农：农业供给侧结构性改革的挑战与对策”课题组名单

课题顾问

卢　迈　中国发展研究基金会副理事长

课题组组长

俞建拖　中国发展研究基金会副秘书长

专题报告作者

专题报告一：《中国粮食供求与粮食安全形势分析》

陈永福　中国农业大学经济管理学院教授、博士生导师

韩昕儒　中国农业科学院农业经济与发展研究所助理研究员、博士

李国景　中国农业科学院农业资源与农业区划研究所助理研究员、博士

朱文博　中国农业大学经济管理学院在读博士生

专题报告二：《中国的农产品国际贸易——基于农业供给侧结构性改革的视角》

张小瑜　商务部国际贸易经济合作研究院国际市场研究所所长、研究员

张　剑　商务部国际贸易经济合作研究院国际市场研究所助理研究员

专题报告三：《农产品价格形成机制研究》

周天勇　东北财经大学中国战略与政策研究中心主任

于学霆　重庆工商大学数学与统计学院讲师

专题报告四：《农产品质量监督管理体系研究》

金　芬　中国农业科学院农业质量标准与检测技术研究所
　　　　农产品质量安全研究室主任、研究员

陈　松　中国农业科学院农业质量标准与检测技术研究所
　　　　政策与信息研究室副主任、副研究员

专题报告五：《中国农业如何才能走上绿色发展之路》

于法稳　中国社会科学院农村发展研究所研究员

王　宾　中国社会科学院农村发展研究所助理研究员、博士

专题报告六：《我国畜牧业供给侧结构性改革研究》

王明利　中国农业科学院农业经济与发展研究所研究员

石自忠　中国农业科学院农业经济与发展研究所博士

高海秀　中国农业科学院农业经济与发展研究所博士

专题报告七：《农民专业合作社发展与政策支持》

李瑞芬　北京农学院经济管理学院教授

专题报告八：《完善农业生产服务体系》

路自愿　中国人民大学农业与农村发展学院博士生

庞晓鹏　中国人民大学农业与农村发展学院教授、博士生导师

专题报告九：《城镇化和老龄化下的农业劳动力供给》

周祝平　中国人民大学社会与人口学院副教授

专题报告十：《贫困农村正规金融市场中的信贷供给》

俞建拖　中国发展研究基金会副秘书长

基金会课题组成员

李　帆　中国发展研究基金会研究一部副主任

闫晓旭　中国发展研究基金会研究一部项目副主任

秦婷婷　中国发展研究基金会研究一部项目主任

张筱曈　中国发展研究基金会公共关系部项目副主任

致 谢

2015年，中央首次提出“农业供给侧结构性改革”。这一改革是中国整体供给侧结构性改革的组成部分，但其意义和重要性不仅在于此，还需要放在新中国成立以来的长程现代化进程中来考量。

农业供给侧结构性改革是中国现代化建设在特定阶段的产物。近年来，我国经济社会以及内外发展条件和环境都发生了具有基础性和关键性的变化。这些变化突出反映在经济结构、增长方式、城镇化、生活方式、人口老龄化、生态环境等方面，而且改革本身也进入深水区。国际政治经济格局也发生了过去40年所未有的调整。

这些变化将重塑农业在国民经济和社会发展中的角色。从长远现代化的需要看，农业在保障粮食安全、满足对农产品消费升级的需要、支持农民增收和缩小城乡及地区差距、提升农村社会活力、促进农村及国家整体生态文明建设等方面仍需要扮演重要角色。但从现实看，农业在国民经济中的相对地位、对农民增收的支撑作用在弱化。农产品供应和粮食安全总体有保障，但存在突出的品质和品类上的供求结构失衡、国际竞争力低、点源和面源污染突出等问题。这些困难和矛盾都需要通过全面和深层次的供给侧结构性改革予以破除。

在此背景下，中国发展研究基金会于2018年成立“农业供给侧结构性改革”课题组。该课题对我国粮食安全、城市化和老龄化背景下的劳动力和农村经营主体、农村土地制度、农村金融和财政体系、农业社会化服务体系、农村生态环境、农产品国际贸易、农产品质量安全状况等领域面临的挑战进行分析，并提出相应的政策建议。

课题的设立和实施得到了中国发展研究基金会副理事长卢迈先生的大力支持和指导。中国发展研究基金会的多个部门参与了课题研究，俞建拖作为课题组组长，承担了课题研究设计、实施和相关报告的撰写工作，闫晓旭、秦婷婷为课题开展作了协调支持工作，并参与相关研究和写作，都静等人提供了背景研究报告，李帆、张筱曈为合作双方的协调提供了大量帮助。内蒙古伊利实业集团股份有限公司不仅为课题提供了慷慨的资助，而且对课题组赴伊利公司考察提供支持。课题组在调研方面得到了湖南省人民政府发展研究中心、内蒙古自治区发展研究中心、内蒙古自治区武川县人民政府、河北省大名县人民政府、青海省海东市乐都区人民政府、湖南省平江县人民政府、陕西省延长县人民政府相关部门的大力支持。

为了使课题的研究具有坚实的基础和广阔的视角，中国发展研究基金会先后多次组织召开专家座谈会，并委托高校和部委研究机构的学者以及政府相关部门的政策实践者撰写了10份专题报告。专题报告的很多观察、发现、观点和思考都反映在了主报告中。这些专题报告及作者分别是：《中国粮食供求与粮食安全形势分析》（陈永福、韩昕儒、李国景、朱文博）、《中国的农产品国际贸易——基于农业供给侧结构性改革的视角》（张小瑜、张剑）、《农产品价格形成机制研究》（周天勇、于学霆）、《农产品质量监督管理体系研究》（金芬、陈松）、《中国农业如何才能走上绿色发展之路》（于法稳、王宾）、《我国畜牧业供给侧结构性改革研究》（王明利、石自忠、高海秀）、《农民专业合作社发展与政策支持》（李瑞芬）、《完善农业生产服务体系》（路自愿、庞晓鹏）、《城镇化和老龄化下的农业劳动力供给》（周祝平）、《贫困农村正规金融市场中的信贷供给》（俞建拖）。

值此报告付梓之际，谨代表中国发展研究基金会，对以上单位和个人为课题顺利推进提供的支持和帮助，表示诚挚的感谢。

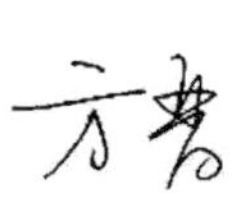

中国发展研究基金会秘书长

2019年7月2日

目录

总报告

迈向现代化：农业供给侧结构性改革

专题报告一

中国粮食供求与粮食安全形势分析

专题报告二

中国的农产品国际贸易

专题报告三

农产品价格形成机制研究

专题报告四

农产品质量监督管理体系研究

专题报告五

中国农业如何才能走上绿色发展之路

专题报告六

我国畜牧业供给侧结构性改革研究

专题报告七

农民专业合作社发展与政策支持

专题报告八

完善农业生产服务体系

专题报告九

城镇化和老龄化下的农业劳动力供给

总报告

迈向现代化：农业供给侧结构性改革

一、现代化视野下的农业供给侧结构性改革

2015 年以来，“农业供给侧结构性改革” 成为一个热词。2015 年的中央经济工作会议上，我国首次提出“农业供给侧结构性改革”[①]，以提高农业供给体系质量和效率，使农产品供给数量充足、品种和质量契合消费者需求，真正形成结构合理、保障有力的农产品有效供给。2016 年中央 1 号文件提出，要推进农业供给侧结构性改革，加快转变农业发展方式，走产出高效、产品安全、资源节约、环境友好的农业现代化道路。2017 年，中央 1 号文件再次提出深入推进农业供给侧结构性改革，系统阐述推动农业增效、农民增收、农村增绿的系列发展战略。习近平总书记在党的十九大报告中明确指出，要以供给侧结构性改革为主线，推动经济发展的质量变革、效率变革和动力变革。2018 年中央 1 号文件以及《政府工作报告》中，都明确并强调了农业供给侧结构性改革的重要意义，将之作为乡村振兴中产业兴旺的主线。2019 年的中央 1 号文件要求，要围绕“巩固、增强、提升、畅通”深化农业供给侧结构性改革。

① “图解：2015 年中央农村工作会议要点”，http：//finance. people. com. cn/n1/2015/1229/c1004 - 27990611. html。

农业供给侧结构性改革之所以重要，不仅仅因为它是中国整体供给侧结构性改革的重要组成部分。要进一步理解农业供给侧改革的意义、必要性、关键性以及面临的挑战，我们还需要跳出农业部门本身，重新审视农业在中国经济和社会中的定位和功能，考察农业在中国长程和整体现代化中的地位。

新中国成立以来，对现代化的追求是一以贯之的，而农业现代化又是整体现代化不可或缺的一环。1954 年召开的第一届全国人民代表大会，第一次明确提出要实现工业、农业、交通运输业和国防四个现代化，这是后来“四化”的雏形。1964 年 12 月至 1965 年 1 月，在第三届全国人民代表大会上，周恩来总理在《政府工作报告》中首次提出，在 20 世纪内，把中国建设成为一个具有现代农业、现代工业、现代国防和现代科学技术的社会主义强国。改革开放后，邓小平在会见日本首相大平正芳时，重申了对“四化”的追求，并提出“小康”的设想。这些现代化目标和发展战略后来又渐次发展，从“小康社会”到“全面建成小康社会”，从传统“四化”到“国家治理体系和治理能力现代化”，再到十九大提出的 2030 年、2050 年现代化建设两步走目标。在对现代化的追求中，农业、农村、农民始终居于重要地位，没有农业、农村、农民的现代化，就没有国家整体的现代化。

农业供给侧结构性改革的提出，是在我国现代化进程的特定阶段下发生的。近年来，我国经济社会以及内外发展环境发生了一系列具有基础性和关键性的变化。这些变化将塑造农业供给侧结构性改革的目标、挑战和对策。这些变化包括：经济发展水平和人民生活水平不断提高，有望在未来十年内进入高收入国家行列；经济增长方式发生了根本性的转变，从投资驱动转向消费驱动，高速增长时代结束；经济结构发生了深刻调整，第三产业在经济中的比重超过 50%，制造业向产业链高价值端移动；人口城镇化率即将达到 60%，城镇化增速将回落；人口老龄化加深加快，进入深度老龄化；生态环境约束趋紧；改革进入深水区，需要更多依赖治理体系和治理能力的现代化；国际政治经济格局发生深刻调整，多边主义国际秩序面临更多不确定性。

这些变化将重塑农业在国民经济和社会发展中的角色。农业仍担负着保障粮食安全的重任，但是粮食安全的内涵和重点需要发生变化。农业在国民经济中的地位在降低，但仍是吸纳就业的重要部门。农业作为产业吸引力不足，直接制约乡村社会的活力。农业对农民增收的支持能力在下降，但仍是农民收入的重要来源。农产品总量供给充裕，但是在满足更高消费水平上还存在质量和品类上的结构性失衡。农业发展需要资源要素投入，但面源污染和点源污染问题突出，受到生态环境承载能力的制约。农业将面临更加激烈的国际国内竞争，但是多重因素限制了农业竞争力。

从长远的现代化目标出发，农业需要在中国未来经济社会中承担以下功能：一是保障高水平的粮食安全；二是满足对农产品消费升级的需要；三是支持农民增收和缩小城乡、地区收入差距；四是提升农村社会活力；五是促进农村生态环境改善，推动整体生态文明建设。

农业供给侧结构性改革应当着眼于支持和促进农业发挥上述功能。具体而言，需要推动产品结构、生产结构、经营结构、产业结构、区域结构的调整，推动生产方式向清洁、安全和绿色转变，促进一二三产融合，延长产业链条和提升附加值，完善利益分配机制，形成新的农业发展动能①。要实现这些改革目标，迫切需要全面深入的体制机制改革，特别是资源要素领域的市场化改革，使市场在资源要素配置中发挥决定性作用，同时厘清政府的角色并发挥好应有的作用。从改革的广度和深度看，农业供给侧结构性改革应该是一场“三农”领域的持久、深刻的变革，而不是仅停留在“三去一降一补”的临时性举措。

基于上述分析和思考，课题组将在总结农业发展和粮食安全现状的基础上，对农业供给侧的劳动力、土地、资本、生态环境等生产要素相关领域的现状和挑战进行分析，同时总结农产品价格形成机制、国际贸易以及质量监督管理体系等政策支持体系建设的进展与不足，在此基础上提出推进农业供给侧结构性改革的政策建议。

---

① 宋洪远：“农业供给侧结构性改革如何改如何调”，中国发展门户网，2017 年 3 月 19 日。

二、中国农业发展与结构性挑战

农业是国民经济的重要组成部分，是经济安全的基础，也是吸纳就业、提高农民收入的重要支撑。新中国成立以来，我国农业取得了长足的发展，粮食安全保障水平不断提高，是重要的劳动就业蓄水池和农民重要的收入支柱。但是，随着我国经济发展水平的提高和经济结构的深刻调整，农业在国民经济中的角色和功能也随之发生变化。

（一）中国农业发展成就

1. 农业生产总体情况

新中国成立以来，我国的农业生产不断地跨越发展台阶，特别是改革开放以来，农业生产总体保持较快的增长。农业总产值从1952年的461亿元上升至2018年的113580亿元。70年来，农业总产值平均同比增速13.1%，最高增速达43.24%（见图1）。

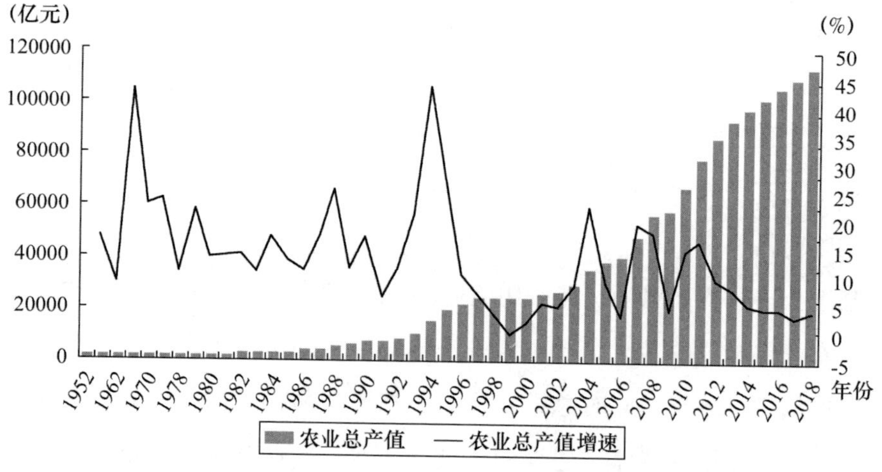

图1　新中国成立以来的农业总产值及其增速

农业产业结构不断优化，变得更加多元和均衡。我国农、林、牧、渔业总产值中，农业产值所占比重最高，但比重从新中国成立初期的80%以上降至21世纪以来的50%左右。新中国成立以来，畜牧业取得较快发展，产值由1952年的52亿元上升至2018年的28697亿元，牧业产值在农业总产值中的比重由新中国成立初期的刚刚超过10%上升至21世纪初的30%以上。近5年牧业产值所占比重略有下降，但也维持在25%以上（见图2）。

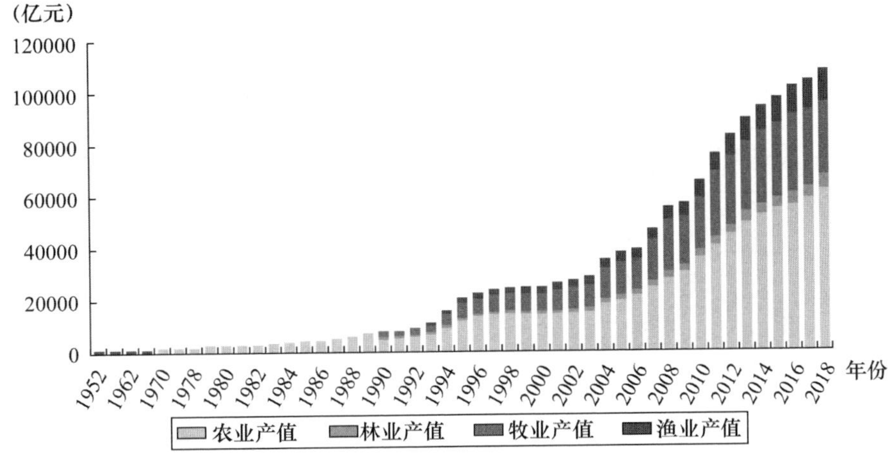

图2　新中国成立以来农业产业结构变化

在农业生产整体扩张的同时，农业在国民经济中的地位呈相对下降的态势。随着我国经济快速发展，第二、第三产业的规模快速扩张，逐步从一个落后的农业国转变为工业化国家，使得农业生产总值与国内生产总值之比从1952年的67.8%下降至2018年的12.62%，第一产业增加值占国内生产总值的比重从1952年的50.5%下降至2018年的7.2%（见图3）。

2. 粮食与经济作物生产

新中国成立以来，粮食生产和经济作物的生产都得到了大幅度的增长。粮食总产量从新中国成立初期的11318万吨上升到2018年的65789万吨（见图4）。在重要的经济作物方面，棉花产量从1950年的69.2万吨增长到2018年的609.6万吨；油料作物总产量也从1950年的294.0万吨增长到2017年的6000多万吨；糖料作物产量从新中国成立初期的280多万吨增长到2017年的1.28亿吨。

3. 畜牧业发展状况

我国主要畜产品人均占有量快速提高，支撑了居民生活水平的改善。我

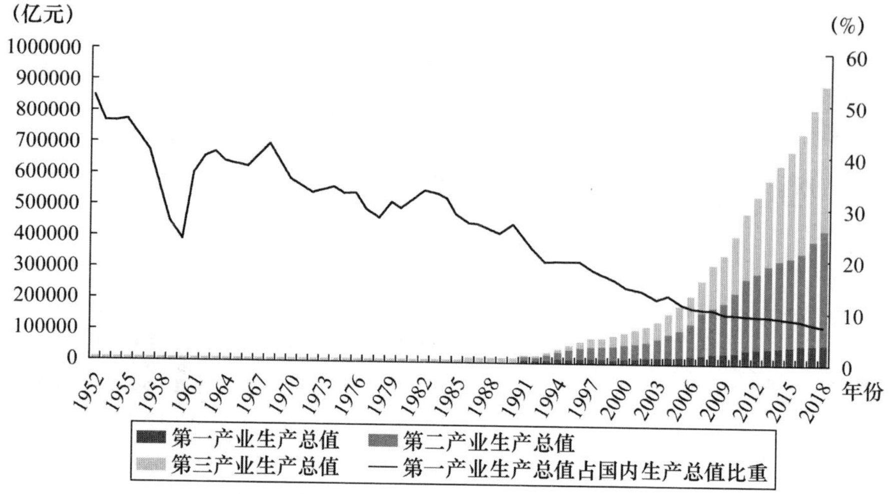

图3 第一产业生产总值在国内生产总值中的比重

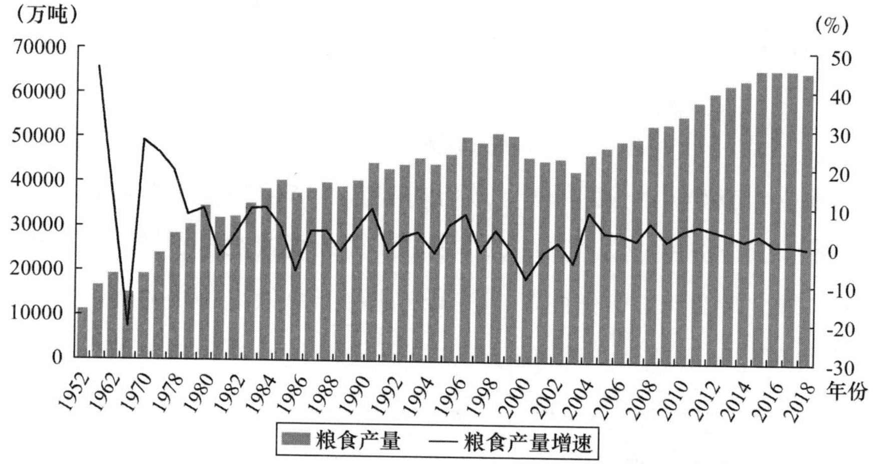

图4 新中国成立以来中国粮食产量与增速

资料来源：历年《中国农村统计年鉴》。

国的人均肉、蛋占有量已超出同期世界平均水平，只有人均奶类占有量与世界平均水平还有差距，但这个差距正在逐步缩小（见图5、图6、图7）。

近年来，我国畜产品供给结构得到改善。1985年①，我国肉类生产中猪

① 由于1985年之前国家统计局没有专门统计禽肉，这里为了具有可比性，从1985年开始分析肉类结构。

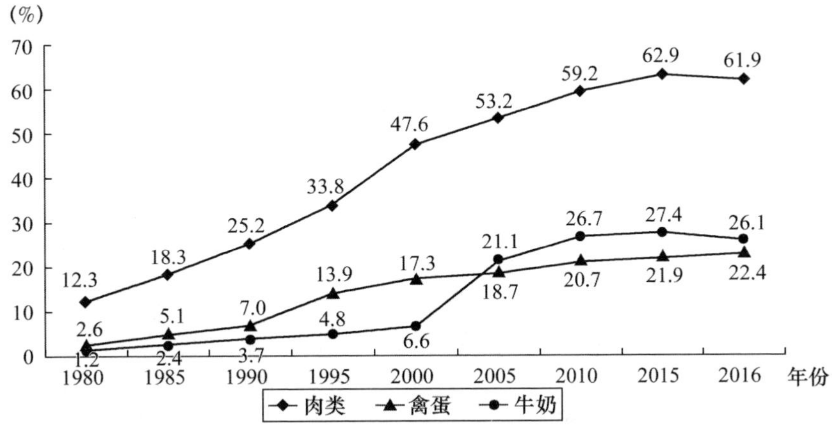

图5　我国肉、蛋、奶人均占有量走势

资料来源：《中国畜牧业统计》。

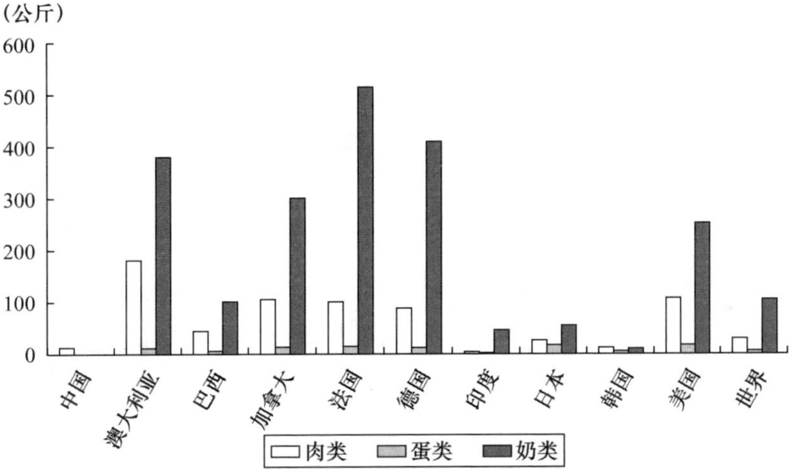

图6　1980年主要国家肉、蛋、奶人均占有量对比

资料来源：FAO数据库（http：//www. fao. org/faostat/en/#home）。

肉占85.9%，牛羊肉只占5.5%，禽肉占8.3%；到2016年，我国肉类生产中猪肉占比下降到62.1%，下降23.8个百分点；同期牛羊肉占比提高到13.8%，提升8.3个百分点；禽肉占比提高到22.1%，大幅提升13.8个百分点（见图8）。牛奶生产经过20世纪90年代以来的快速发展，已经成为我国畜牧业生产中的重要力量，人均奶类占有量约翻了10番，在改善居民膳食结构中起到了重要作用。

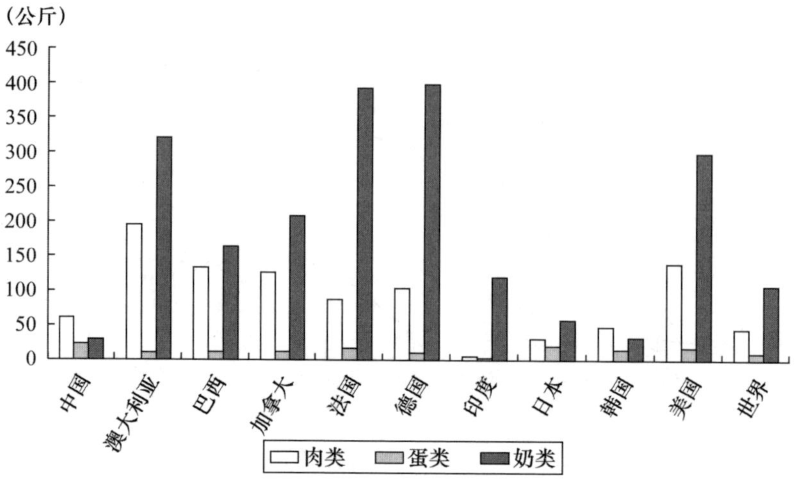

图7　2016年主要国家肉、蛋、奶人均占有量对比

资料来源：FAO数据库（http：//www. fao. org/faostat/en/#home）。

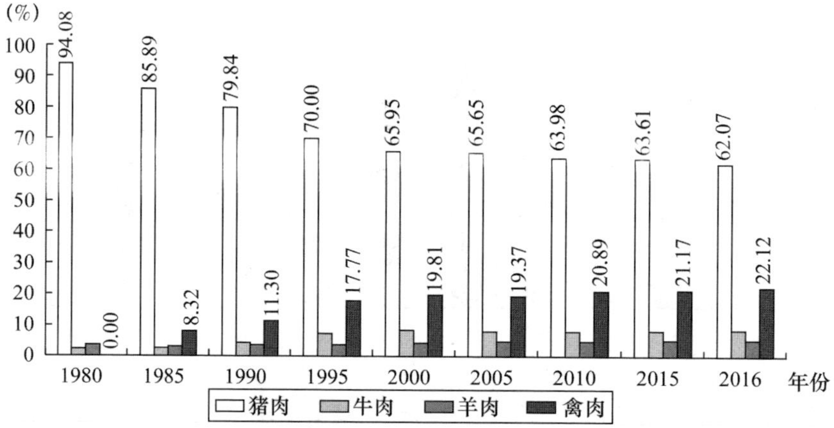

图8　我国肉类结构走势

资料来源：《中国畜牧业统计》。

畜牧业生产规模化程度提升，生产效率不断提高。2007年，我国生猪、肉牛、肉羊、奶牛、肉鸡、蛋鸡规模化比重分别从20.8%、8.2%、4.7%、16.4%、22.0%、14.9%上升至2016年的44.4%、17.6%、18.9%、49.9%、65.4%和40.2%。随着养殖规模化、标准化程度的提升，主要畜禽养殖的生产效率也得到有效提升。1980年，我国生猪出栏率只有65.0%，胴体重只有57.1公斤；而2016年，我国的生猪出栏率已达157.5%，胴体重达到77.4公斤（见图9）。每头能繁母猪每年提供的商品猪头数在1980年只有10头左右，到2016年已达16头。全群奶牛单产在1980年只有1780.03公斤/头，2016年已达2527.33公斤/头（泌乳牛单产平均已达6000公斤左右）（见图10）。蛋鸡产蛋量从1980年4.2公斤/只上升到2016年8.9公斤/只（详见“专题报告六　我国畜牧业供给侧结构性改革研究”）。

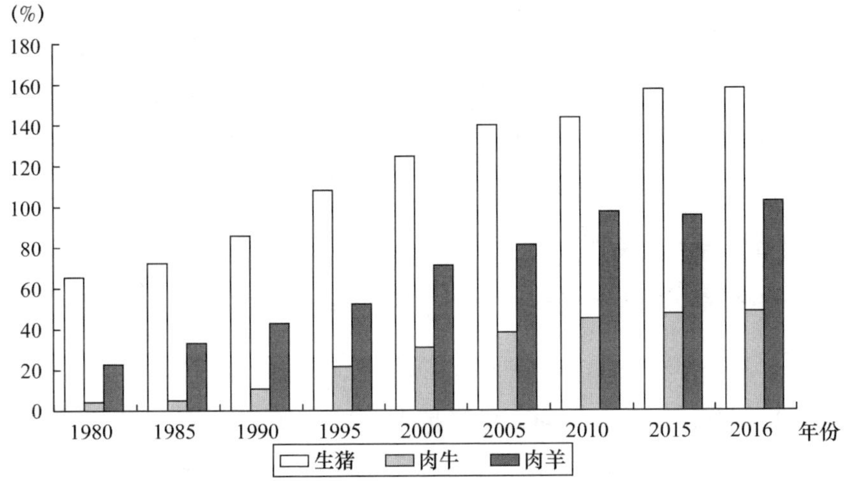

图9　我国主要畜禽出栏率变化趋势

资料来源：《中国畜牧业统计》。

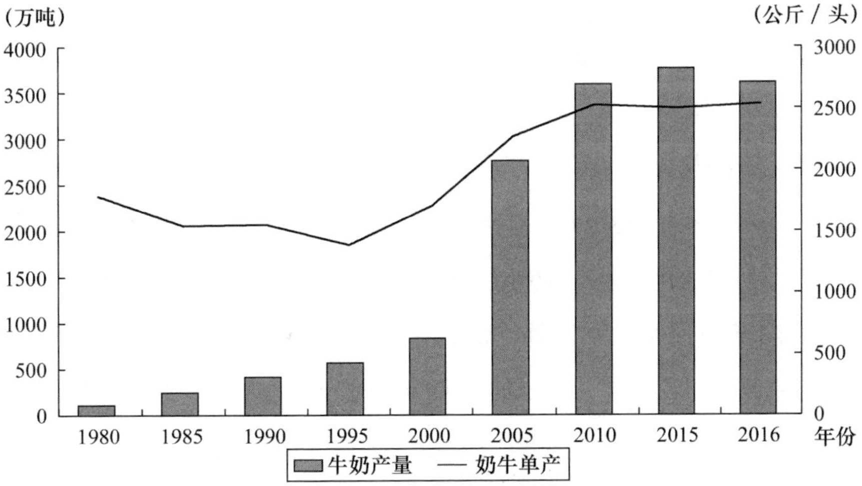

图10　我国牛奶产量奶牛及单产变化趋势

资料来源：《中国畜牧业统计》。

（二）中国粮食安全现状与趋势

粮食安全是经济社会发展的核心关切。从总体上看，中国用世界 1/8 的耕地，6% 的水资源，养育着世界 19% 的人口，保障了自身的粮食安全，特别是口粮的安全。中国农业的发展有力地回应了“布朗之问”——“21 世纪谁来养活中国人”，正是中国人自己用勤劳、智慧和不懈的投入养活了自己。但是，由于世界农业资源能源化、世界出口粮源集中性、中国食物消费剧增等原因，中国的粮食安全也不无风险。从长期看，粮食安全的紧平衡特征明显，尽管主粮安全无虞，但结构性失衡风险犹存。

1. 粮食播种面积与产量

粮食播种面积、单产和总产量均呈增长趋势（见图 11、图 12）。中国粮食播种面积基本稳定在 1 亿公顷以上，2004 年以来全面农业补贴政策及严格的耕地保护制度使粮食种植面积稳步扩大，2016 年已达 1.1 亿公顷（17.0 亿亩）。科技进步使得粮食单产大幅提高，农业科技进步贡献率由改革开放初期的 27% 提升至 2016 年的 56%，中国粮食平均单产从 2000 年的 4261.2 公斤/公顷提升至 2016 年的 5451.9 公斤/公顷。由于播种面积和单产的增加，中国粮食总产量总体呈现增长态势，2004 ~ 2015 年实现“十二连增”，2016 年首次下降，减产 518.9 万吨。

粮食生产结构发生变化。近年来，粮食种植呈现出玉米播种面积扩大，小麦、大豆和其他粮食播种面积减少的局面。2000 ~ 2016 年，水稻播种面积占粮食播种面积的比重基本维持在 26.7% ~ 27.6%；小麦播种面积所占比重从 24.6% 降至 21.4%；大豆播种面积所占比重从 8.6% 降至 6.4%。而同一时期，由于玉米单产高、人工投入低，同时受 2008 ~ 2015 年临储政策影响，玉米对于春小麦、大豆等作物形成成本及人力资本投入的比较优势，因此种植面积扩大。与此同时，玉米单产高。2000 ~ 2016 年，玉米产量占粮食总产量的比重从 22.9% 增至 35.6%，增幅达 12.7%。

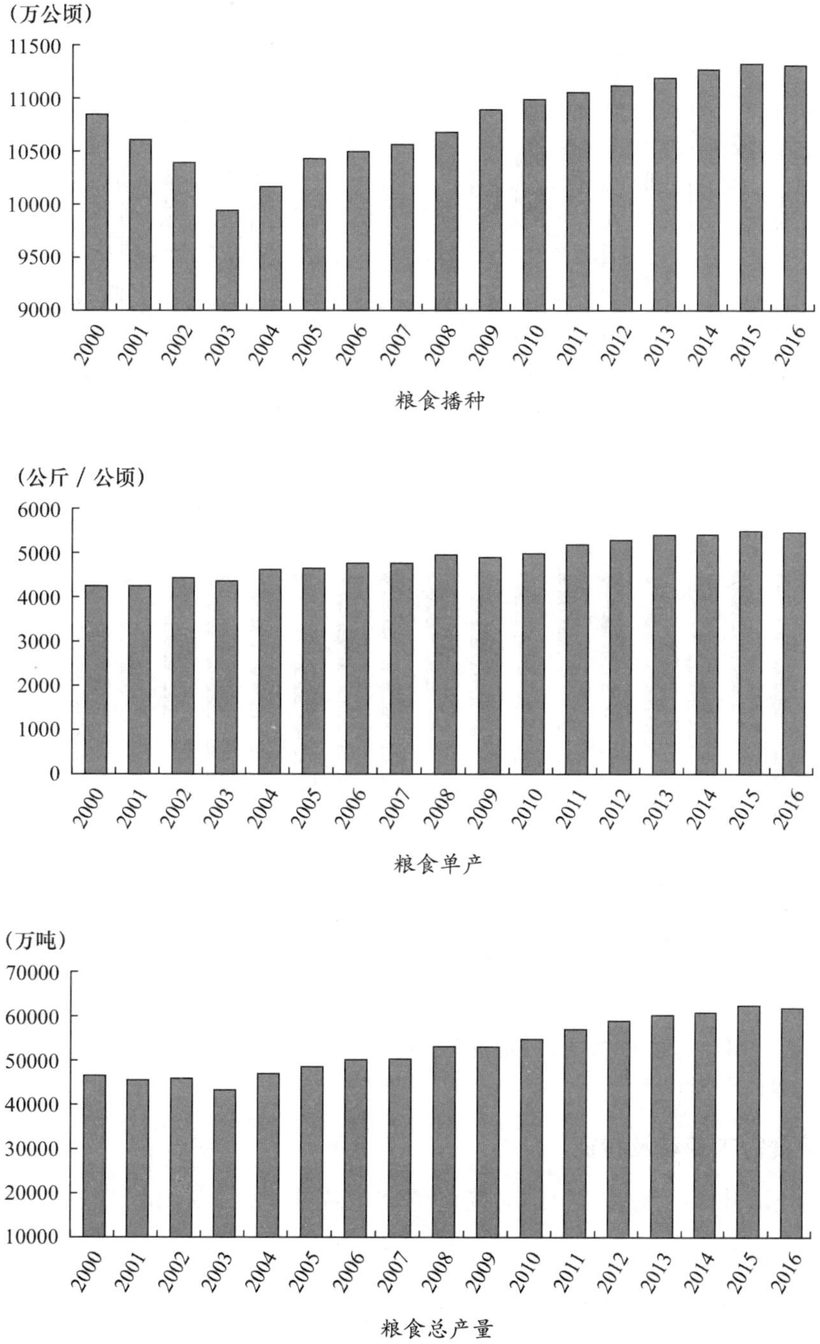

图 11　2000～2016 年中国粮食播种面积、粮食单产、粮食总产量变动情况

资料来源：国家统计局。

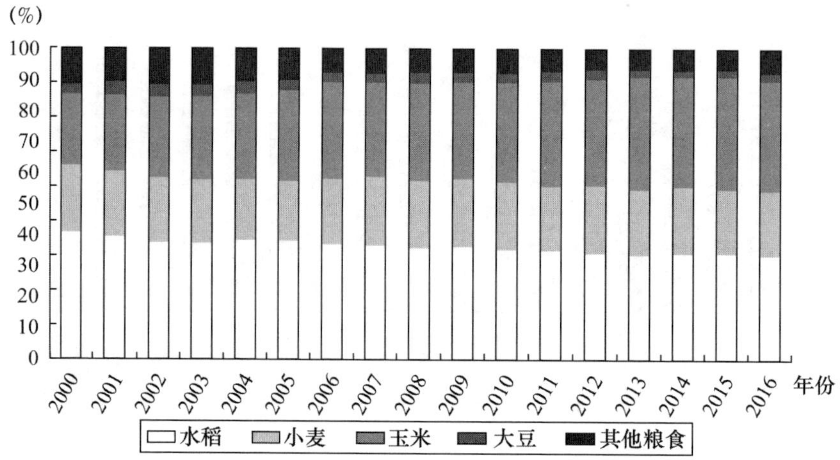

粮食播种面积变动

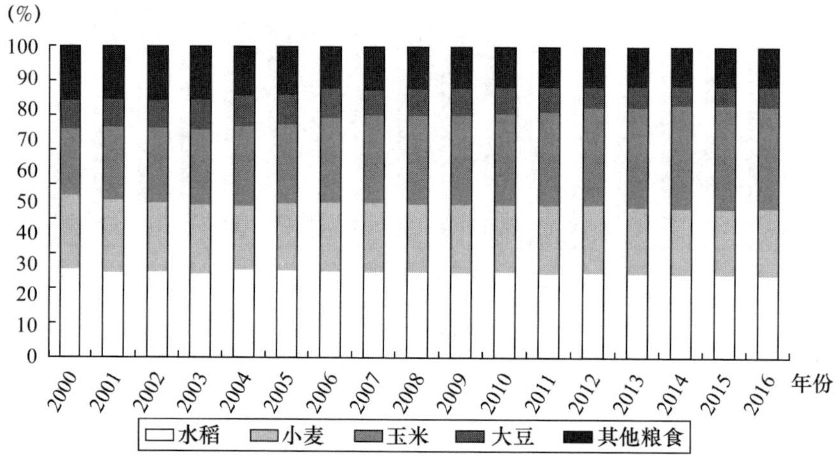

总产量结构变动

图 12　2000～2016 年中国粮食播种面积、总产量结构变动情况

资料来源：国家统计局。

2. 粮食需求变动及特征

随着经济社会的发展，中国对粮食的需求快速增加。21 世纪以来，中国粮食需求快速增长。2016 年，中国粮食需求总量达到 7.3 亿吨，较 2000 年增长 57.7%。中国人均粮食消费量从 2000 年的 364.8 公斤增至 2016 年的 527.2 公斤（见图 13）。

粮食需求结构转型升级态势明显。在中国粮食需求结构中，直接食用需

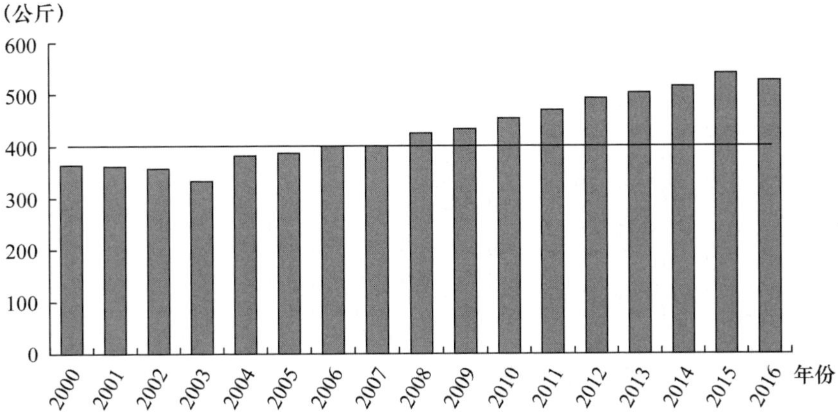

图13　2000～2016年中国粮食人均需求量变动情况

资料来源：专题报告一作者陈永福等估算。

求比重大幅下降，工业需求比重大幅增长，饲料需求比重稳健增长。2000～2016年，直接食用粮食需求量从2.72亿吨减少到2.16亿吨，减幅为20.98%；工业需求量从0.59亿吨增加到2.16亿吨，增加了2.65倍；饲料粮需求量从1.35亿吨增加到2.19亿吨，增幅为62.56%。直接食用需求、饲料需求和工业需求的比重从2000年的54.9∶27.1∶11.9变为2016年的31.4∶31.9∶31.5，其他需求比重基本保持在5%（见图14）。这表明中国粮食需求结构驱动力主要来自居民食物消费由传统的碳水化合物食物消费向蛋白质食物和加工食物消费转变的转型升级。

3. 粮食自给率

在粮食消费需求转型和升级背景下，受自然资源和条件的约束，中国粮食已经进入全面进口时代，粮食各品种均为净进口，大豆和其他粮食进口依赖度高（见图15）。从总体的粮食安全综合形势来看，2016年粮食净进口量为1.13亿吨，国内产量为6.16亿吨，需求量为7.29亿吨。粮食自给率（数量）为84.5%，谷物自给率为98.3%，稻谷98.5%，小麦97.4%，玉米98.6%，大豆13.4%，其他粮食70.8%。按营养功能计算的自给率中，热量自给率为82.03%，蛋白质为77.35%，脂肪为74.62%，碳水化合物为92.03%。

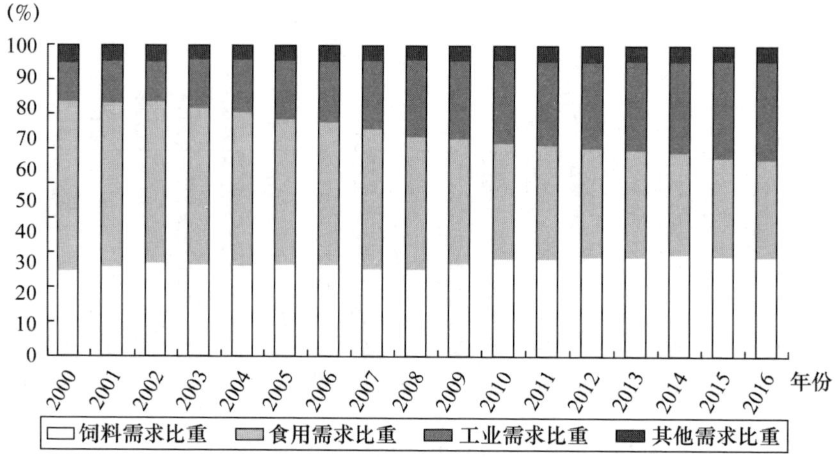

图 14　2000～2016 年中国粮食需求结构变动情况

资料来源：专题报告一作者陈永福等估算。

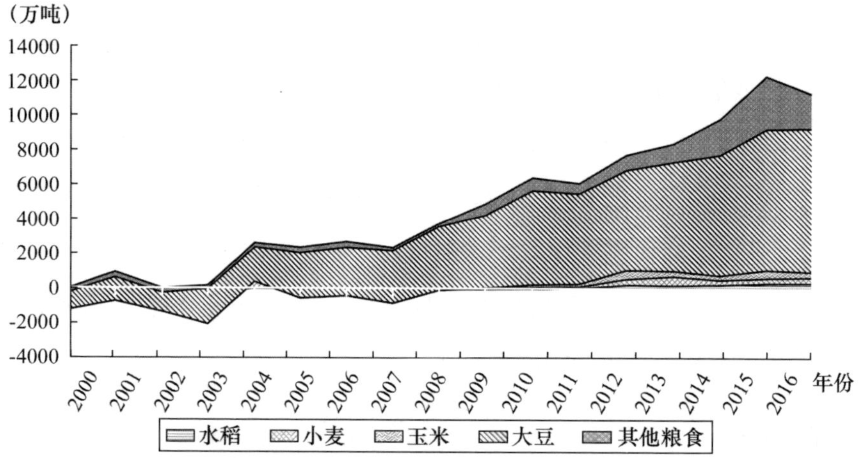

图 15　2000～2016 年中国粮食净进口量变动情况

注：净进口量的负值代表净出口。

资料来源：海关总署、UNCOMTRADE。

4. 中国粮食供求长期预测

根据农业部贸促中心课题组（2016）预测，2020 年我国可持续粮食产能与需求的缺口在 1.0 亿～1.5 亿吨。根据经合组织与联合国粮农组织、美国农业部和日本农业政策研究所的预测结果，到 2027 年中国粮食的均衡缺口会达到 1.27 亿～1.71 亿吨。如果把净进口肉类数量折算为粮食，2027 年最大粮食缺口则高达1.84亿吨，自给率水平将下降到77%。

根据中国食物供求模型（China Food Demand and Supply Model，CFDSM）预测①，预计未来粮食进口规模扩大，自给率不断下降。从模拟总体结果来看，2020～2025年是中国粮食进口稳步增长期；2025～2030年是粮食进口快速增长期，也是中国人口顶峰期，更是确保中国粮食安全的关键时期；2030～2035年会再次进入粮食进口稳步增长期（见图16、表1）。

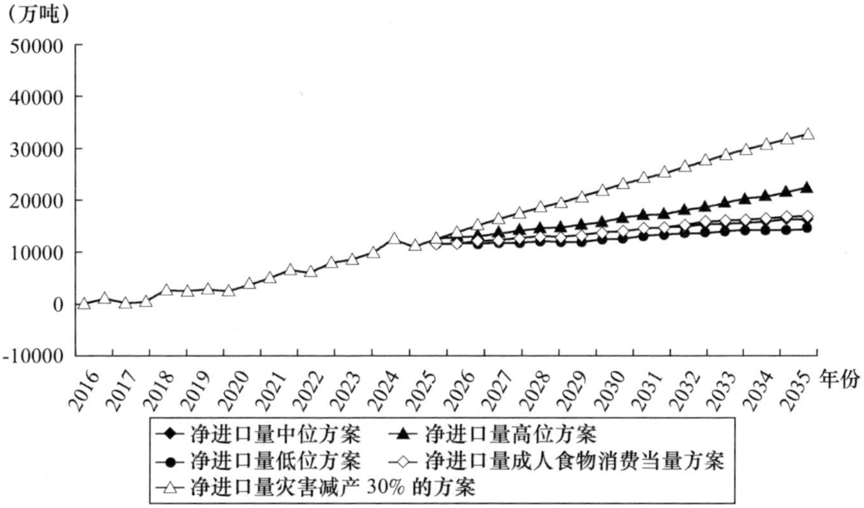

图16　各方案下净进口量的模拟结果变动状况

资料来源：根据各方案运用模型进行模拟的结果。

根据高、中、低位方案的模型模拟结果，到2030年粮食进口规模会进一步扩大到13781万～22241万吨，与2016年相比，进口规模会扩大2503万～7439万吨，中位方案扩大3895万吨。到2035年，进口规模会扩大到14596万～16366万吨，与2016年相比，进口规模会扩大3318万～10963万吨，中位方案扩大5088万吨。考虑到2008～2017年年均4.69亿吨的世界粮食出口量，未来中国粮食进口占世界粮食出口量的比重会达到30%以上。

进一步从成人食物消费当量方案和自然灾害致逐步减产30%的方案的模

① 陈永福："中国粮食供求与粮食安全趋势分析"，课题专题报告。

表 1　　各方案的模拟结果（2017～2035 年）

年份	中位方案	高位方案	低位方案	成人食物消费当量方案	自然灾害致逐步减产30% 的方案	中位方案	高位方案	低位方案	成人食物消费当量方案	自然灾害致逐步减产30% 的方案
净进口量（万吨）						增减				
2016（基期）	11278	11278	11278	11278	11278					
2020	12336	13466	11803	12398	16247	1058	2188	525	1120	4969
2025	13440	15844	12485	13637	21807	1104	2378	682	1239	5561
2030	15173	18717	13781	15646	27617	1733	2872	1297	2010	5809
2035	16366	22241	14596	16807	32548	1193	3525	815	1161	4932
国内产量（万吨）										
2016（基期）	61625	61625	61625	61625	61625					
2020	61854	61807	61881	61854	57772	228	182	256	228	3853
2025	62209	62113	62268	62209	53443	355	306	387	355	4328
2030	62601	62457	62697	62601	49555	393	344	428	393	3888
2035	63009	62816	63142	63009	46038	407	359	445	407	3517
需求量（万吨）										
2016（基期）	72903	72903	72903	72903	72903					
2020	74189	75273	73684	74251	74018	1286	2370	781	1348	1115

续表

年份	中位方案	高位方案	低位方案	成人食物消费当量方案	自然灾害致逐步减产30%的方案	中位方案	高位方案	低位方案	成人食物消费当量方案	自然灾害致逐步减产30%的方案
2025	75649	77957	74753	75845	75251	1460	2684	1069	1594	1232
2030	77775	81173	76478	78248	77172	2126	3217	1725	2403	1921
2035	79375	85057	77738	79816	78587	1600	3884	1260	1568	1415
粮食自给率（%）										
2016（基期）	84. 5	84. 5	84. 5	84. 5	84. 5					
2020	83. 4	82. 1	84. 0	83. 3	78. 1	-1. 16	-2. 42	-0. 55	-1. 23	-6. 48
2025	82. 2	79. 7	83. 3	82. 0	71. 0	-1. 14	-2. 44	-0. 68	-1. 28	-7. 03
2030	80. 5	76. 9	82. 0	80. 0	64. 2	-1. 74	-2. 73	-1. 32	-2. 02	-6. 81
2035	79. 4	73. 9	81. 2	78. 9	58. 6	-1. 11	-3. 09	-0. 76	-1. 06	-5. 63
人均粮食直接食用量（公斤）										
2016（基期）	156. 0	156. 0	156. 0	156. 0	156. 0					
2020	150. 3	150. 0	150. 5	150. 7	150. 0	-5. 71	-5. 96	-5. 45	-5. 27	-6. 01
2025	142. 5	142. 0	143. 0	143. 9	142. 1	-7. 80	-8. 03	-7. 53	-6. 86	-7. 93
2030	134. 6	133. 9	135. 5	137. 9	134. 1	-7. 89	-8. 14	-7. 56	-5. 93	-8. 00
2035	126. 6	125. 6	127. 8	129. 7	125. 9	-8. 04	-8. 30	-7. 68	-8. 25	-8. 13

资料来源：根据各方案运用模型进行模拟的结果。

拟结果来看，2035 年的粮食进口规模会扩大到 18225 万 ~ 32548 万吨。这进一步可以揭示中国粮食进口对世界市场依赖度的上升是一个长期趋势。这也意味着，如果考虑到人口老龄化进程的 46 ~ 69 岁的人均食物当量的上升因素和极端自然灾害的影响，按照 2008 ~ 2017 年年均 4.69 亿吨的世界粮食出口量为基数进行计算，到 2035 年中国粮食进口占世界粮食出口量的比重会达到 38% 以上，即使按 2016 年世界粮食出口量 5.79 亿吨为基数计算，对世界市场依赖度也会高于 30%。

从分品种的高、中、低位方案的模拟结果来看，到 2035 年粮食自给率（数量）在 73.9% ~81.2%之间变动，中位方案的结果低于 80%，为 79.4%。在中位方案的结果中，谷物自给率为 94.1%，水稻 99.5%，小麦 93.3%，玉米 90.1%，大豆 12.6%，其他粮食 63.6%。按对世界市场的依赖度大小来看，各粮食品种的顺序依次为大豆、其他粮食、玉米、小麦和水稻。

5. 粮食安全面临的风险

随着中国已进入粮食全面进口时代，粮食进口规模扩大是一个长期趋势，2025 ~ 2030 年是粮食进口快速增长期。各粮食品种对世界市场依赖的强弱程度顺序依次为大豆、其他粮食、玉米、小麦和水稻。

粮食安全风险将呈现品种结构和区域结构风险相交织的局面。未来中国在大豆方面对世界市场依赖度最强，但预计世界大豆供给增长放缓。根据联合国粮农组织和 OECD 报告，预计未来 10 年，大豆产量年均增速不足 1.5%，与过去 10 年受价格上升周期刺激导致的产量快速上升相比，增速大为放缓。供应增量将主要依靠巴西、阿根廷等南美土地富饶地区的土地开发利用。

此外，中国口粮进口面临较大季节性威胁，可能会形成风险共振。中国口粮潜在贸易伙伴集中在北半球和东南亚，多处季风气候区，与中国气候较为相似。这也就意味着当中国口粮减产，国际市场上小麦和稻米也减产。因此，中国利用国际市场调剂口粮余缺的空间受限。此外，在全球谷物贸易量中，稻米贸易量所占份额最小。全球大米贸易量占全球大米产量的比例约为 7%，在所有粮食品种中商品率最低。根据改革开放以来我国历次粮食供求失衡的分析，稻谷往往是引发我国粮食供求失衡的先导性和敏感性品种[①]。即使粮食总产量在增长，只要稻谷供应偏紧，稻谷供求失衡就容易波及其他品种，从而引发粮食供求的失衡[②]。

流通环节的粮食安全风险也不可小视。从国际农产品流通环节来看，国际跨国企业基本控制了全球粮食贸易体系。在美国食品加工业，涉农产销出现显著的集中化（concentration）与合并（consolidation）特征[③]。这样导致大型跨国公司在农产品市场上拥有支配性占有份额。2007 年美国邦吉、ADM、嘉吉、Ag Processing Inc. CHS 占据美国全部加工能力的 84.7%[④]。巴西和阿根廷是世界粮仓，而跨国粮商在种植环节、下游畜产品、贸易环节都拥有巨大的垄断优势。邦吉和嘉吉在巴西 163 国道两旁建立大量巨型粮食仓库，租赁巴西重要码头，且巴西农民接受跨国粮商提供的贷款、种子和技术支持[⑤]。跨国粮商对农产品出口国流通和贸易领域较强的控制力可能导致我国进口粮源不稳定，给粮食安全带来一定风险。

（三）农业与农村就业

随着我国经济发展，城市工作机会增加、工资收入上升，越来越多的农村居民进入城市和非农部门工作。农业作为就业蓄水池的功能在弱化，但在社会就业中的作用仍然巨大。

从城乡区域结构看，乡村人口占总人口的比重由 1952 年的 87.5% 下降至 2018 年的 40.4%；乡村就业人数占总就业人数的比重由 1952 年的 88.0% 下降至 2018 年的 44%（见图 17）。

---

① 姜长云："改革开放以来我国历次粮食供求失衡的回顾与启示"，《中国农村观察》2006 年第 2 期，第 8 ~ 15 页。

②⑤ 毛学峰、刘靖、朱信凯："中国粮食结构与粮食安全：基于粮食流通贸易的视角"，《管理世界》2015 年第 3 期，第 76 ~ 85 页。

③ 王俊豪："新农业与新农民脉络与涵构之解析"，《农业推广文汇》第 52 辑，2007 年。http://www.docin.com/p-7672734.html。

④ Soyatech. 2008，"How the Global Oilseed and Grain Trade Works"，http://www.soyatech.com/userfiles/file/trade?flow_manual.pdf.

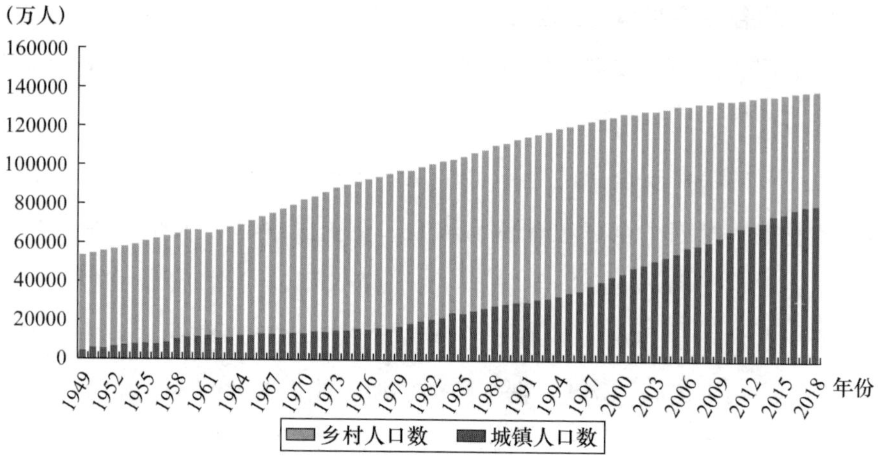

乡村人口变化情况

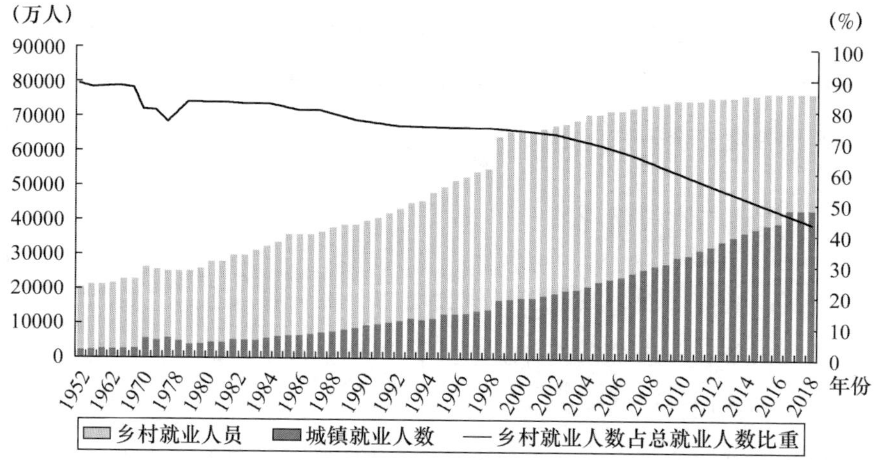

乡村就业变化情况

图 17　我国乡村人口和乡村就业变化情况

从就业的产业结构看，第一产业就业人口占比也在不断下降。新中国成立初期，我国人口主要在第一产业就业，第一产业就业人数占总就业人数的83.5%。在城乡分割的二元体制下，由于人多地少的基本格局，农业领域就业比例畸高，实际上潜藏着大量的隐性失业。改革开放后，对人口流动和就业的制度约束逐步放松。农村发展条件薄弱形成了对农村剩余劳动力向非农部门转移的推力，城市和工业部门提供更好的就业机会形成了对农村劳动力的拉力，两者的共同作用推动了我国人口就业结构的快速、根本性变化。这表现为第一产业就业人口比重的大幅度降低，第二、第三产业就业人口比重大幅度上升。1994 年，第三产业就业人口比重首次超过第二产业就业人口比重。2018 年，三次产业就业人口比重分别为 26.1%、27.6%、46.3%（见图 18）。

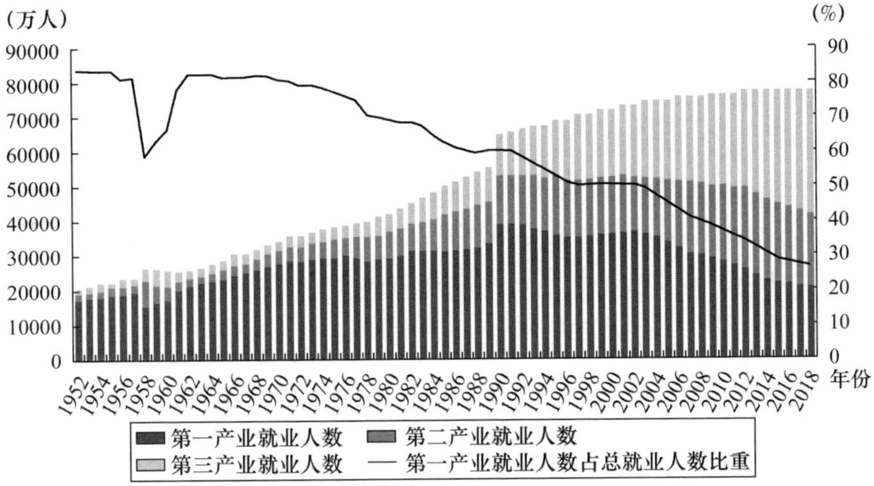

图 18 我国三大产业就业人数

随着经济结构的调整，农业和农村的就业压力有可能加大。由于我国劳动力成本和土地成本的大幅度上升，我国经济中的传统比较优势削弱，传统的吸纳农业转移人口的劳动密集型的产业正向其他发展中国家转移，这对农业转移人口的就业带来了新的挑战。除此之外，随着工业自动化的推进以及人工智能技术的普遍应用，在创造新的业态和就业机会的同时，不可避免地给传统劳动力密集型行业的就业人员带来冲击，而且这些受影响的劳动力及其家庭还缺乏充分抵御这种技术冲击的能力和资源。

【专栏 1】 沿海地区的“机器换人”

近年来，受用工短缺和劳动工资快速上涨的影响，沿海地区纷纷推出“机器换人”，以降低用人成本，推动产业升级，提高企业和本地经济的竞争力。

苏州市企业实施机器换人的调查显示，70% 的企业存在人员减少，20%

的企业人员有所增加，还有10%的企业人员维持不变。东莞市从2014年9月至2016年底实施“机器换人”三年行动计划，市财政每年安排不少于2亿元，资助企业利用先进的自动化设备进行新一轮技术改造。该项目共申报2400多项机器换人项目，减少一线生产工人25万人，占全市登记用工量的5%，平均每个项目减少100人。

据杭州市政府对全市范围代表性企业的调查，在使用人工智能技术后，生产岗位用人减少明显。有37家企业因使用机器人技术减少生产岗位工人800人，其中有539人在企业内部流转，有261人离开企业。杭丝时装公司从德国引进500多万美元的全自动横机和裁床设备，人员从800多人减少到700多人，减少了100多人。原来每人看管1台，现在一人看管3台，且每台的效率比原来提高1倍，质量明显提高。70家企业并未因使用人工智能技术而产生减员。

工业自动化的应用还在一定程度上加剧了人力资源市场结构性矛盾。近年来，东莞市人力资源市场一直存在熟练技工需求与供给错位的结构性矛盾，企业很难在人力资源市场找到熟练技工。随着人工智能发展，自动化设备研发、设计、维护等技术技能岗位需求增加，机械、计算机、自动控制的综合型人才以及设备操作维护等技术技能人才日趋紧缺。企业普遍反映，在人工智能发展过程中，调试、维护和控制工业人工智能的技术性岗位增加。在引进人工智能项目以及日常操作人工智能生产线时，企业急需掌握机电一体化专业知识，又能熟练操作人工智能的安装调试、设备管理等高级技术应用人才。而高校毕业生掌握的技能与企业的实操要求存在较大差距，在人才市场又难以招到足够的相关技能人才，导致人工智能发展的支撑人才不足。

尽管当前沿海地区“机器换人”是由于劳动力短缺和人工成本快速增加导致的被动选择。但是，随着工业自动化的普及，在控制成本和追求利润动机的驱动下，“机器换人”的规模有可能进一步扩大，这是未来农村就业需要考虑的风险因素。

资料来源：中国发展研究基金会：《人工智能时代的劳动力市场》，2018年。

从就业角度看，未来影响农村劳动力就业的另一个风险因素是国际政治经济格局的调整。由于全球化在国家之间和国家内部的利益分配存在失衡，近年来贸易保护主义和经济民族主义在全球许多国家涌起，对多边主义国际秩序和 WTO 框架下的全球贸易体系形成了冲击。加上国际政治经济力量自西向东、由北向南的转移，也使得大国竞争变得趋于激烈，一些国家频繁动用关税和非关税工具对贸易伙伴进行打压，这也影响国际价值链的布局，作为世界工厂的中国首当其冲。

城市和工业部门就业吸纳能力的下降，其影响可能是多重的：一方面，高素质劳动力回流农村，有利于改善农业领域的人力资本质量；另一方面，在人地关系依然紧张、劳动生产率还有巨大空间的情况下，劳动力的大量回流可能会加剧农业内部的隐性失业和就业质量。

（四）农业与农民增收和减贫

在改革开放前，农业经营收入在农村居民家庭的收入结构中居于支配性地位。但是由于农业生产力低下，人地矛盾尖锐，农业对于农村家庭尽管重要，实际上对居民家庭的生活水平改善作用有限。伴随着快速的城市化和工业化，人口的跨部门流动带来了结构性的资源配置红利，农村人口就业结构的变化也带来收入结构的变化，大量农村人口通过进入非农部门提升了劳动生产率并获得了更好的收入回报，农村人地关系的缓解也提升了单位土地的劳动产出率，提升了农村内部的就业质量。从绝对水平看，农业对于家庭收入的支撑作用在此过程中变得更加重要。

尽管农民收入来源发生显著结构性变化，农业仍是增加农村居民收入的重要来源。1999 ~ 2012 年①，我国农村居民家庭人均纯收入快速增长，由 1999 年的 2210. 3 元增长至 2012 年的 8389. 3 元（见图 19）。农村居民工资性收入增长迅速，除 2004 年外，农村居民工资性收入增速均高于经营性收入增速。农民经营性收入中，农林牧渔收入约占经营性收入总额的 80%，在农村

---

① 国家统计局数据更新至 2012 年。

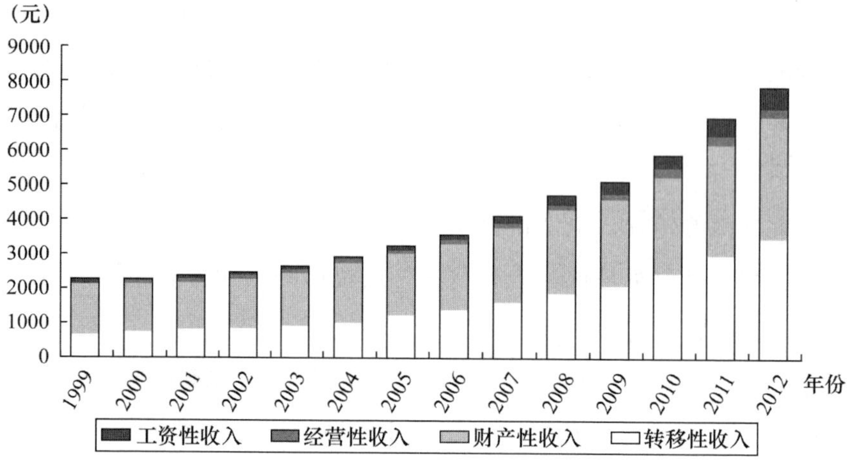

图 19　农村居民家庭平均每人纯收入

居民家庭人均纯收入中的占比由 1999 年的 51.5% 下降至 2012 年的 32.4%，虽然有所降低，但仍是农村居民重要的收入来源（见表 2）。

表 2　　农民经营性收入中各类收入情况　　单位：元

年份	农业	林业	牧业	渔业	工业	建筑业	交通运输业、邮电业	批发、零售贸易及餐饮业	社会服务业	文教卫生业	其他
1999	918.3	21.6	174.3	24.8	30.0	61.2	56.7	74.8	34.0		52.7
2000	833.9	22.4	207.4	27.0	52.7	46.7	63.6	78.5	28.1	6.9	60.1
2001	863.6	22.1	212.0	28.9	54.6	45.4	63.2	78.8	30.1	7.6	53.4
2002	866.7	25.5	210.6	32.2	63.3	45.3	69.4	85.6	31.4	8.0	48.7
2003	885.7	29.3	245.7	34.9	60.5	48.1	68.9	89.1	31.0	8.8	39.4
2004	1056.5	34.1	271.1	36.3	58.7	49.6	72.9	94.1	31.3	8.4	32.9
2005	1097.7	45.8	283.6	42.5	61.1	47.1	84.2	108.6	32.6	10.1	31.2
2006	1159.6	55.0	265.6	41.2	68.5	53.2	88.2	118.2	35.1	12.5	34.0
2007	1303.8	59.2	335.1	47.1	76.9	60.7	94.5	128.8	38.8	14.3	34.5
2008	1427.0	66.2	397.5	55.2	81.6	67.4	103.8	142.1	41.9	16.9	36.0
2009	1497.9	69.6	360.4	60.3	87.0	77.5	111.6	161.6	45.9	19.0	36.2
2010	1723.5	87.7	355.6	64.3	93.3	88.7	125.4	186.4	50.9	21.6	35.4
2011	1896.7	99.5	462.5	61.2	104.7	87.9	153.0	244.1	57.0	22.6	32.8
2012	2106.8	103.7	441.0	70.7	118.2	95.5	180.1	290.7	67.4	26.5	32.7

农业收入的增长，对缩小城乡居民的收入差距做出了贡献。我国农村居民人均可支配收入已由2013年的9429.6元增长至2018年的14617.0元（见图20）。农村居民可支配收入仍低于城镇居民可支配收入，但差距在不断缩小。2013年，农村居民人均可支配收入约为城镇居民可支配收入的35.6%，2018年这一比例上升至37.2%。

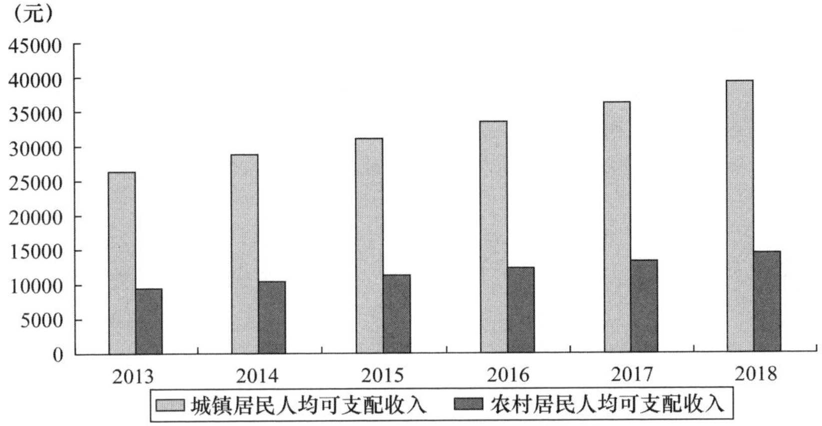

图20　城镇与农村居民可支配收入情况

农业的发展推动农村温饱问题的解决，以及贫困的大幅度减少。在过去40年里，中国累计有8亿多人摆脱了绝对贫困状态，这是人类发展史上的一个巨大成就。1978年，按照现行贫困标准衡量，中国农村的贫困发生率高达97.5%，到2017年减少到3.1%（见图21）。2018年，随着脱贫攻坚行动不断加力，农村贫困发生率更是减少到1.7%，贫困人口比上一年减少了1386万人。与非贫困的农村人口相比，贫困人口更多依赖于从农业中获得收入支持。在下一步脱贫攻坚和巩固减贫成果的时候，以农业及相关产业链为依托的产业扶贫仍然是可持续减贫的关键手段。

（五）农业竞争力与农产品贸易

从农业产出规模看，我国无疑已经成为世界上重要的农业大国。但是从投入产出状况，特别是劳动生产率看，我国农业生产仍然缺乏国际竞争力。

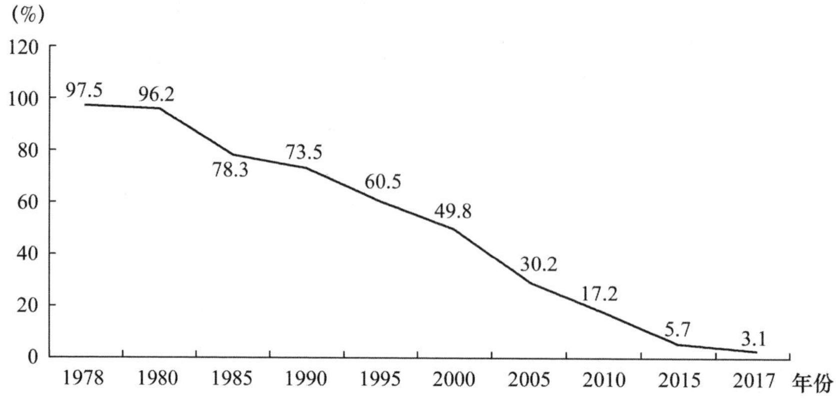

图21 1978～2017年农村贫困发生率

资料来源：根据官方统计公报和相关资料整理。俞建拖："中国减贫何以可能"，《中国改革》2018年3月。

和其他东亚经济体一样，人多地少的基本国情，决定了我国农业生产的许多特征。一方面，从单位土地的产出率看，由于精耕细作的农业传统，单位土地的劳动和其他生产要素相对密集，使得我国土地的单位产出总体上高于世界平均水平。另一方面，如果看单位劳动力的产出，由于人均耕地面积少，农业生产缺乏规模化基础，而且农业生产技术水平低、资源要素投入的利用效率低，导致人均产出水平低于世界平均水平，也显著低于东亚的发达经济体①（见图22）。这样一种状况，也导致了我国农业生产单位产品成本的居高不下，有研究指出，2015年，与美国相比，我国稻谷的单位产品成本要高出48%，玉米和大豆的单位产出成本分别高出120%和110%。产品单位成本的倒挂导致了价格在国内外市场的倒挂，刺激了大规模的农产品进口②。

中国农产品贸易规模和结构变化，既是因资源禀赋、农业科技、生产力水平等生产要素条件，导致国内农产品存在供需缺口和结构不匹配的结果；也是中国基于比较优势，主动融入全球化、参与国际分工的结果；同时，国

① Bill Y. Chen, International Comparisons of Agriculture Industry - What China Can Learn from Others. The 26th International Conference on Pacific Rim Management, Taiwan, June 16－18th, 2016.

② 叶兴庆："农业供给侧结构性改革需要解决的问题和推进方向"，2017年。http://www.sohu.com/a/207876807_768977。

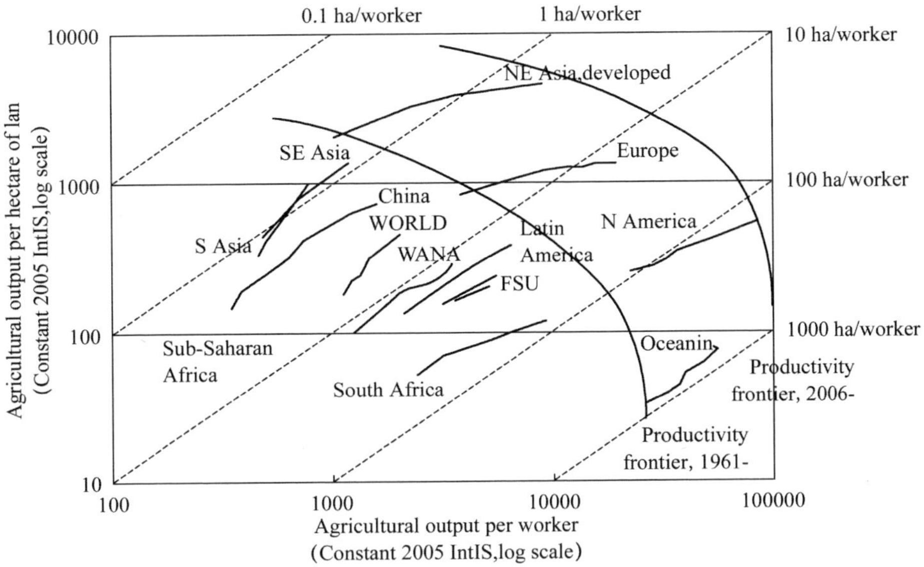

图 22 人均和每公顷土地农业生产率

资料来源：US Department of Agriculture，http：//www. ers. usda. gov/data－products/international－agricultural－productivity. aspx.

际贸易环境也约束了中国农产品贸易的市场准入和竞争力水平，包括关税与非关税、技术壁垒、大宗商品定价权等。（详见“专题报告二 中国的农产品国际贸易——基于农业供给侧结构性改革的视角”）

总体上看，我国农产品贸易已经呈现出如下的趋势。

（1）农产品贸易逆差扩大（见图 23）。2018 年，中国农产品贸易总额为 2161.7 亿美元，其中出口 793.2 亿美元，进口 1368.4 亿美元。2001～2018 年，农产品出口年均增长 9.88%，低于同期总出口 14.02% 的年均增速；农产品进口年均增长 15.5%，高于同期总进口 13.64% 的增速。2004 年起，中国农产品贸易出现逆差并逐渐扩大。2013 年，贸易逆差达到 509.5 亿美元的峰值。2014～2016 年，农产品贸易逆差有所收窄，这主要受主要进口产品国际市场价格下跌、国内重点农产品收储制度改革、去库存力度加大等因素的影响。随后在 2017～2018 年，中国农产品贸易逆差进一步扩大，2018 年达到 575.2 亿美元的新峰值。

（2）农产品贸易结构显著改变。按海关协调制编码的分类统计，2018

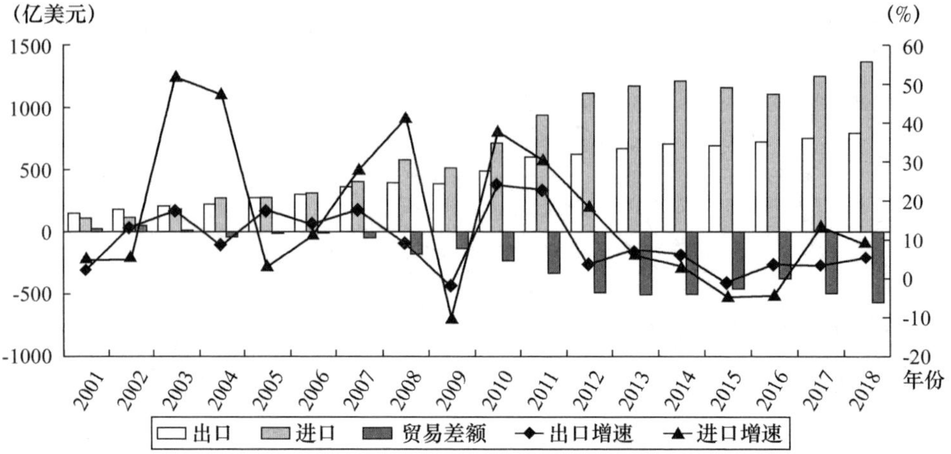

图 23　2001～2017 年中国农产品贸易

年，出口额最大的前 5 位产品依次为水产品、蔬菜、肉制品及水产品制品、蔬果制品、水果及坚果，合计占农产品出口总额的 59.7%。肉制品及水产品制品是中国农产品最大的创汇来源，2018 年净出口额 98.6 亿美元，其次是蔬菜、蔬果制品、咖啡、茶、马黛茶及调味香料。中国进口最多的农产品是以大豆为主的油料作物，2018 年进口额达到 434.6 亿美元，在农产品进口总额中的比重为 31.8%。

21 世纪以来，我国粮食贸易结构变化突出。大豆和动植物油进口持续迅速扩大，谷物和谷物制品由净出口转为净进口。2018 年，谷物、谷物制品、动植物油和大豆等油籽合计贸易逆差已超过农产品贸易逆差总额。此外，我国消费品进口高速增长，这与我国居民收入提高，消费结构升级有关。2001～2018 年，进口增长最快的产品分别为婴儿米粉等谷物制品（28.5%）、酒水饮料（24.9%）、咖啡茶及调味料（22.5%）、肉类制品及水产品制品（21.5%），反映出人们对农产品品质、营养、安全等的需求增加。

我国农产品贸易结构反映了农业资源禀赋特征，即土地和水资源不足，劳动力资源相对具有优势。体现在贸易结构上，就是土地密集型产品进口规模大、增速快，劳动力密集型产品出口多，呈净出口。

（3）农产品贸易存在多重风险。对外开放战略、区域经济合作机制和

表 3 中国农产品贸易结构变化

	出口占比（%）		进口占比（%）		2001 ~ 2018 年年均增速（%）		净出口（亿美元）	
	2001	2018	2001	2018	出口	进口	2001	2018
活动物	2.16	0.69	0.30	0.30	2.72	15.52	3.1	1.3
畜肉、禽肉及杂碎	5.26	1.09	5.05	8.05	0.18	18.71	2.4	-101.5
水产品	16.22	16.72	11.27	8.49	10.08	13.59	12.6	16.5
乳、蛋、蜂蜜及其他食用动物产品	1.20	0.74	1.85	4.09	6.82	21.02	-0.3	-50.1
其他动物产品	4.08	3.19	1.46	0.53	8.32	8.84	4.8	18.0
活植物及花卉	0.22	0.48	0.19	0.21	15.07	16.41	0.1	0.9
蔬菜	10.92	13.26	1.78	1.49	11.14	14.31	15.4	84.8
水果及坚果	2.72	6.66	3.10	6.34	15.83	20.46	0.7	-33.9
咖啡、茶、马黛茶及调味香料	3.39	4.19	0.18	0.49	11.25	22.46	5.2	26.6
谷物	6.47	1.19	5.14	4.23	-0.53	14.19	4.3	-48.5
制粉工业产品	0.67	1.00	0.68	0.87	12.51	17.12	0.3	-3.9
油料、工业或药用植物等	5.70	3.43	28.32	31.76	6.64	16.28	-24.3	-407.4
植物液、汁	0.42	1.93	0.27	0.23	20.22	14.45	0.4	12.1
编结用植物材料	0.27	0.16	0.55	0.10	6.64	4.79	-0.2	-0.2
动植物油脂及其分解产品	0.74	1.38	6.57	6.30	13.99	15.21	-6.6	-75.3
肉类制品及水产品制品	12.79	12.93	0.12	0.29	9.95	21.46	20.3	98.6
糖及糖食	0.97	2.31	3.19	1.04	15.61	8.16	-2.2	4.1
可可及其制品	0.17	0.51	0.68	0.57	17.12	14.36	-0.5	-3.8
谷物、粮食粉、淀粉制品，糕点	2.58	2.49	0.79	4.86	9.65	28.53	3.2	-46.7
蔬菜、水果、坚果等制品	9.42	10.15	0.72	1.02	10.37	17.92	14.2	66.5
杂项食品	2.50	4.63	1.54	2.37	13.93	18.50	2.2	4.2
饮料、酒及醋	3.59	2.99	1.24	4.70	8.70	24.93	4.3	-40.6
食品工业的残渣、废料，动物饲料	1.85	3.93	5.41	2.78	14.88	11.06	-3.4	-6.8
烟草及其制品	2.42	1.78	2.27	1.29	7.90	11.73	1.2	-3.6
其他农产品	3.28	2.18	17.33	7.59	7.27	10.02	-15.2	-86.6
合计	100.00	100.00	100.00	100.00	9.88	15.50	41.8	-575.2

“一带一路” 倡议有效促进了我国农产品贸易发展。但新形势下，我国农产品贸易仍面临一定风险。

首先是贸易伙伴相对集中。近年来我国前2大出口目的地主要是中国香港和日本。2017年，前5大出口市场为中国香港、日本、美国、韩国、越南，合计占中国农产品出口总额的49.6%。与出口相比，中国农产品进口来源更加集中，主要是北美、南美、大洋洲、东南亚等农业资源丰富的大宗农产品主产国，这与中国农产品进口结构高度相关。2017年，中国从180个国家和地区进口农产品，前5大来源地依次为巴西、美国、澳大利亚、加拿大和新西兰，合计占中国农产品进口总额的55.7%，前10大进口来源地合计占比为72%（见图24）。中国大宗农产品进口高度集中的特点更为明显。2017年，中国油料、谷物、肉蛋奶、果蔬前5位进口来源分别合计占94%、84%、74%、58.1%。

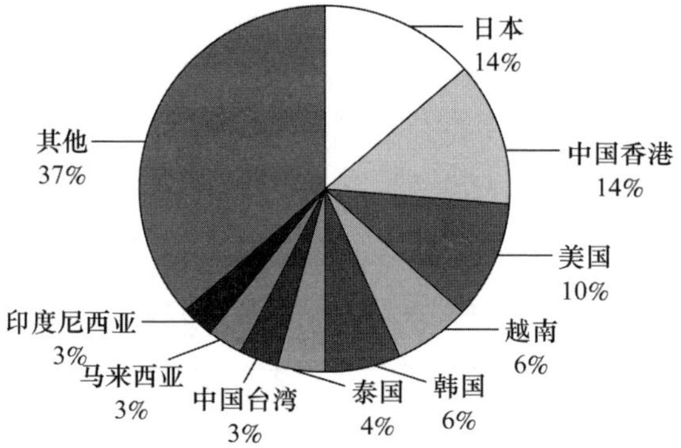

农产品出口市场结构

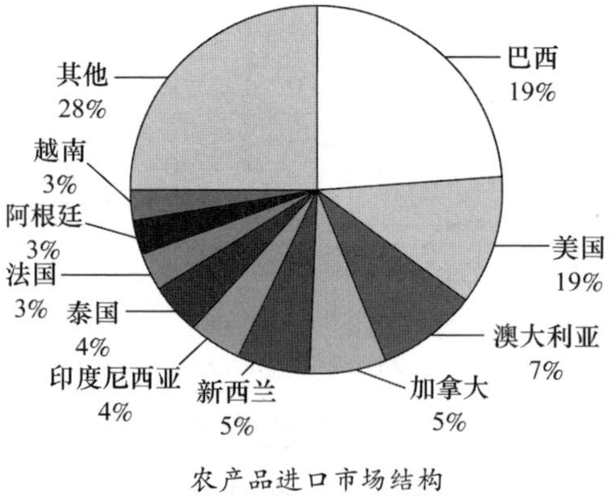

农产品进口市场结构

图24　2017年中国农产品出口市场结构与进口市场结构

贸易伙伴集中意味着风险集中，主要贸易伙伴国出现减产或与中国关系紧张将影响中国粮食安全。在历次粮食危机和其他国际争端中，许多粮食出口国在综合评估生产者福利、WTO 自由贸易精神与国内社会稳定后，往往选择限制粮食出口。很大程度上说，粮食出口国出于何种动机限制出口是不可观测的①农产品 2018 年，我国大豆市场就受到中美贸易摩擦的巨大影响。

其次，贸易竞争力不足。受农业生产条件所限，中国农业整体竞争力不足。近年来，随着劳动力成本、土地质量、环境安全等方面因素的制约，国际竞争力进一步趋于弱化。表 4 显示了中国农产品国际竞争力的变化情况。按 HS 编码将农产品分为 25 个类别，计算 RCA 指数的结果表明，2016 年，水产品、其他动物产品、蔬菜、植物汁液、编结材料、肉类及水产品制品、蔬菜及水果制品等 7 个类别的产品具有竞争优势。2001 ~ 2016 年，绝大部分类别产品的竞争力下降，仅有活植物及花卉、水果及坚果、植物汁液、糖及糖食、可可及制品等 5 个类别的产品竞争力有所提升，但其中除植物汁液外，其余 4 类产品竞争力依然很弱。

表 4　　中国农产品竞争力变化（RCA 指数）

	2001 年	2006 年	2011 年	2016 年
植物液、汁	0. 72	0. 51	1. 18	1. 36
肉类制品及水产品制品	2. 98	2. 32	1. 67	1. 31
蔬菜	1. 81	1. 21	1. 34	1. 13
编结用植物材料	2. 13	1. 29	0. 97	1. 08
水产品	1. 43	0. 94	1. 1	0. 95
蔬菜、水果、坚果等制品	1. 72	1. 29	1. 17	0. 92
咖啡、茶、马黛茶及调味香料	1	0. 55	0. 39	0. 48
水果及坚果	0. 34	0. 3	0. 35	0. 38
杂项食品	0. 52	0. 34	0. 34	0. 36
食品工业的残渣、废料，动物饲料	0. 32	0. 2	0. 3	0. 3

① 毛学峰、刘靖、朱信凯：“中国粮食结构与粮食安全：基于粮食流通贸易的视角”，《管理世界》2015 年第 3 期，第 76 ~ 85 页。

续表

	2001 年	2006 年	2011 年	2016 年
糖及糖食	0.22	0.19	0.23	0.28
烟草及其制品	0.42	0.26	0.27	0.26
活动物	0.89	0.28	0.26	0.24
制粉工业产品	0.44	0.32	0.31	0.24
油料、工业或药用植物等	1.03	0.51	0.27	0.23
谷物、粮食粉、淀粉制品，糕点	0.54	0.32	0.26	0.18
饮料、酒及醋	0.35	0.2	0.11	0.15
活植物及花卉	0.09	0.08	0.1	0.13
可可及其制品	0.05	0.07	0.07	0.07
畜肉、禽肉及杂碎	0.47	0.14	0.09	0.06
乳、蛋、蜂蜜及其他食用动物产品	0.15	0.08	0.06	0.06
动植物油脂及其分解产品	0.14	0.11	0.05	0.05
谷物	0.7	0.25	0.05	0.03
农产品总计	0.76	0.47	0.4	0.37

资料来源：根据联合国 Comtrade 数据库计算整理。

竞争力指数分析结果与当前中国农产品出口结构大致吻合。出口规模最大的 5 个产品类别中，水产品、蔬菜、肉制品及水产品制品、蔬果制品等 4 个类别都是具有竞争优势的产品，反映出中国农产品的竞争力主要来自劳动力、资本、流程管理、生产效率等方面。但值得注意的是，近年这些产品的竞争力均有显著下降。

再次，农产品贸易壁垒问题突出。无论在多边贸易体制下还是区域经济合作中，农产品贸易自由化远落后于工业品。据 WTO 统计，有关税数据的 151 个成员中，141 个成员的农产品税率高于非农产品①（见表 5）。

① 如无特别说明，本报告中，关税税率指最惠国税率，平均税率指简单平均税率。

表5　　农产品主要进口国（地区）关税税率比较　　单位：%

主要进口国（地区）	2000年		2016年	
	农产品	非农产品	农产品	非农产品
加拿大	22.9	4.4	15.6	2.2
欧盟	17.3	4.5	11.1	4.2
日本	18.2	4.0	13.1	2.5
美国	11.0	4.7	5.2	3.2

资料来源：WTO年度报告（2001）、WTO关税统计。

当前贸易保护主义、单边主义、内顾倾向甚嚣尘上，尤其是中美贸易摩擦对中国农产品贸易产生消极影响。我们要警惕逆全球化背景下农产品贸易壁垒趋于普遍化、高水平、全流程、系统化，经贸摩擦不断。例如，欧盟对农产品实行复杂的关税结构，从而实现更好的保护效果。非关税措施保护名目增多，包括各种指标体系、技术规范、技术标准等，新类型保护措施如加贴碳标签、绿色供应链体系要求等环保壁垒；身份认证等反恐名义下的一系列法规等。

最后，一些关键农产品运输严重依赖长距离海运。从进口农产品运输来看，我国粮食贸易严重依赖长距离的海运。这意味着我国需要建立强大的粮食流通与贸易体系作为支撑，包括提升物流与供应链管理能力，需要寻找稳定粮源，建立最短运输周期与快速通达体系、散粮码头和散粮装卸以及分销体系等。水运费用相对较低，但进入中国西部粮食调入的省份成本相对较高，影响着西部地区粮食安全。恶劣的天气和局部地区不稳定的政治风险可能会阻碍海运正常进行，影响我国农产品贸易安全①。

（六）小结

从以上分析可以看出，我国农业供给中存在若干关键的结构性挑战。第

① 毛学峰、刘靖、朱信凯："中国粮食结构与粮食安全：基于粮食流通贸易的视角"，《管理世界》2015年第3期，第76~85页。

一，粮食安全的结构性挑战。稻谷、小麦安全保障水平高，大豆和玉米安全风险更突出，而且表现为品种结构和区域结构交织。粮食安全还存在灾害共振风险和流通风险。第二，农产品总量充分，品类齐全，但是高品质农产品短缺，农业越来越依赖于从国际市场进口。第三，农业劳动生产率低、成本高，加上要素禀赋结构的影响，加剧了贸易结构失衡。第四，农业作为国民经济基础性行业、农民增收和减贫重要支撑、农村就业重要渠道的地位仍在，但是这种地位受到一系列风险性因素的不利影响。第五，一些农业产业政策存在显著的负面效果，扭曲了农产品的供给结构。

三、农业生产要素领域的改革与挑战

要纠正农业供给侧存在的一系列失衡，需要在农业生产要素领域进行深入的改革，使市场在资源配置中发挥决定性作用，同时更好发挥政府的作用。农业生产中，涉及的核心要素包括劳动力、资本、土地和自然条件。和工业以及服务业不同，农业生产对土地具有更高的、特殊的依赖性。人力、资本都是附着于特定自然条件下的土地来实现产出和创造价值。

在前述的诸多农业结构性问题中，很多都与土地经营规模密切相关。由于人地关系普遍紧张，在以家庭为单位的小农生产模式下，狭小的土地经营规模从根本上限制了劳动生产率的提高空间，劳动投入的边际效益迅速递减。在非农经济快速发展的背景下，这一状况导致农业机会成本迅速上升，农村高素质劳动力大规模外流。不只如此，在小规模土地上，资本的边际回报率也快速递减，这也在根本上制约农业生产技术的提高。考虑到农业本身的风险特征，小规模经营也使得传统农业很难取得必要的规模经济、范围经济和风险分散能力。在很多情况下，土地小规模经营—优质劳动力外流—低资本可获得性形成了相互锁定的低水平均衡局面。诚然，农业经营规模也不是越大越好，不同的地区和不同的农产品，规模经济有其边界。在当前情况下，破解农业供给侧结构性挑战，关键就在于依托市场机制，合理发挥政府作用，适度提升农业的经营规模，促进优质资源要素注入农业，同时发挥要素的联合效应，推动农业本身以及整个经济体系的现代化。

改革开放以来，中国逐步推进了生产要素领域的市场化改革。这些改革为农业供给侧结构性改革奠定了基础。十八届三中全会以来，相关的改革进一步提速。本报告拟从劳动力和农业经营主体、农村土地、信贷市场和生态环境四个关键要素入手，对相关改革进行分析和讨论。

（一）农业劳动力供给与新型农业经营主体

随着农村人口向城市迁移和农村人口老龄化趋势加剧，“谁来种地”问题受到广泛关注。劳动力是农业生产要素的重要组成部分。提高劳动力等要素配置效率是农业供给侧结构性改革的重要组成部分，对保障粮食安全、增加农民收入、促进国民经济发展具有重要意义。

1. 农村与农业劳动力现状

随着城市化发展，城市工作机会增加，且工资水平高于务农收入，因此务农的机会成本上升，越来越多的青壮年劳动力离开农村，农业劳动力供应减少。根据中国第三次全国农业普查，2016 年全国农业生产经营人员为 31422 万人，与 1996 年相比减少了 24663. 58 万人，降幅为 43. 97% 。国家统计局发布的《2018 年农民工监测调查报告》显示，2018 年农民工总量为 28836 万人，比上年增加 184 万人，增长 0. 6% （见图 25）。在外出农民工中，进城农民工 13506 万人，比上年减少 204 万人，下降 1. 5% 。

农村人口及劳动力的外流，是劳动力资源优化配置的结果。其影响总体是积极的。但是，由于我国城镇化进程长期以来包容性不足，城乡二元发展体制的影响仍在持续，使得农村人口的外流对农业劳动力供给产生一系列负面的结构性影响。在当前的农民工中，男性占 65. 2% ，女性占 34. 8% ，其中外出农民工中女性占 30. 8% ；从年龄结构看，77. 6% 的农民工年龄在 50 岁以下，其中外出农民工平均年龄为 35. 2 岁，其中 40 岁及以下所占比重为 69. 9% ，50 岁以上所占比重为 11. 1% ，比上年提高 1. 9 个百分点；从受教育

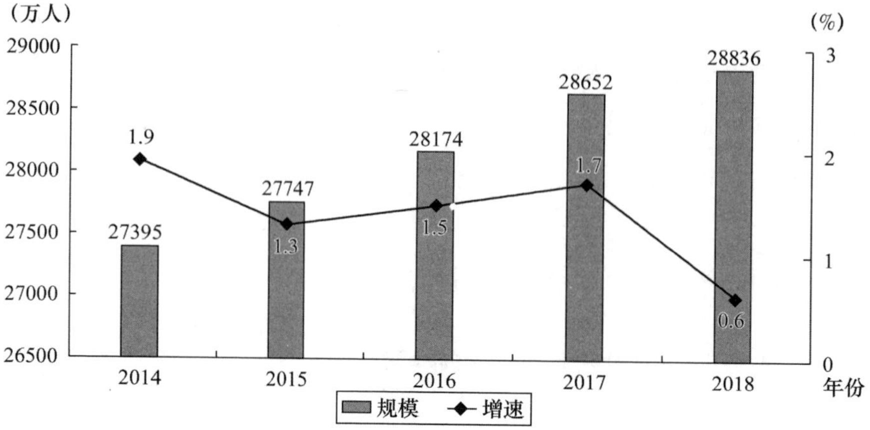

图 25　2014～2018 年农民工规模及增速

水平看，在全部农民工中，未上过学的占 1.2%，小学文化程度占 15.5%，初中文化程度占 55.8%，高中文化程度占 16.6%，大专及以上占 10.9%。

由于农民工外出流动具有男性、青壮年、文化程度相对较高的特点，导致了农业劳动力的结构性素质恶化。研究显示，1996 年超龄农业从业人员占 9.86%，到 2016 年 55 岁及以上农业从业人员占 33.6%①。如图 26 所示，农村小学及初中学历人口所占比重明显高于总人口中小学及初中学历人口所占比重。我国农村人口学历状况已有明显改善，但农村人口学历仍低于总人口学历水平。2017 年，农村人口小学、初中、高中、大专及以上学历人口分别占比 37.7%、46.5%、12.0%、3.8%，而同年总人口小学、初中、高中、大专及以上学历人口分别 26.6%、40.2%、18.5%、14.6%。高素质农村劳动力的外流，恶化了农村人力资本状况。

农业劳动力老龄化和女性化现象加剧，使得土地撂荒、弃耕现象越来越普遍，这将影响我国粮食安全。老龄化的农业人口更倾向于种植易耕种、产量高的农作物，如选择种植玉米非水稻、小麦等作物②，这不利于我国粮食结

① 廖柳文、高晓路："人口老龄化对乡村发展影响研究进展与展望"，《地理科学进展》2018 年第 5 期，第 617～626 页。

② 杨长福、张黎："我国农业人口老龄化对现代农业的影响及对策"，《农业现代化研究》2013 年第 5 期，第 522～526 页。

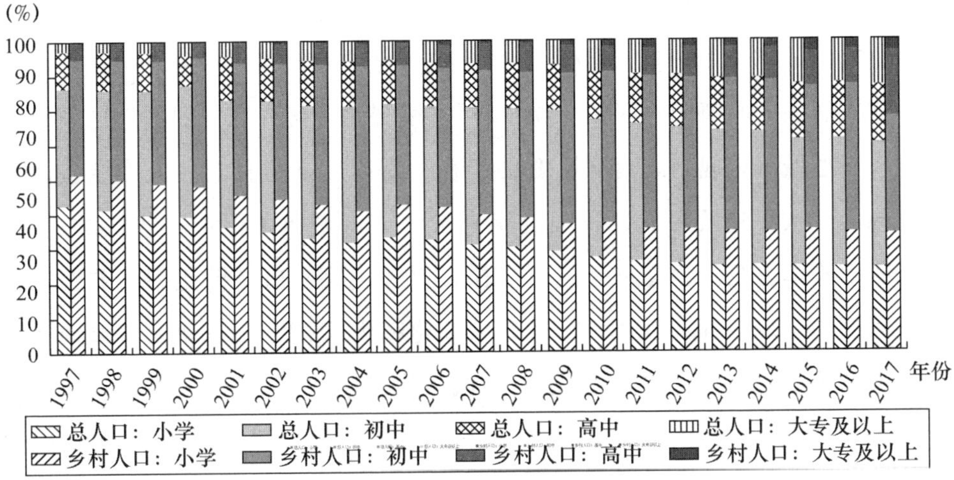

图26　农村人口与总人口学历情况

构的调整。此外，农村老年劳动力受教育程度普遍偏低，对现代农业技术的接受能力有限，不利于现代农业的发展。他们更习惯于根据传统经验进行耕种，但通过世代传承改良耕作方式的资源最优配置只能使农业生产固化在低端均衡状态①。此外，单个农户抵御自然风险和市场风险的水平也受到限制。我国目前存在大量兼业型农民工，他们可以被看作随时向城市或农村供应劳动力的蓄水池（详见“专题报告九　城镇化和老龄化下的农业劳动力供给”）。兼业型农民充分利用家庭成员分工，最大化家庭收入，但缺少对土地生产要素进行资本深化的动力，进一步锁定农业生产的弱势地位②。

在这样的背景下，一家一户的小规模经营已无法提高农业生产效率，无法实现增加农民收入的目标，发展农业适度规模经营是切实转变农业生产经营方式的重要抓手，是建设现代农业的必然路径选择③。

改变农村“掐尖式”劳动力外流的关键在于推动以人为中心的新型城镇化。2014年3月，我国公布了《国家新型城镇化规划（2014—2020）》。同年

① 舒尔茨·西奥多：《改造传统农业》，商务印书馆2003年版。

② 张益丰、刘东：“谁能成为现代化农业建设的中坚力量——论适度规模化农业生产与保障机制的实施”，《中央财经大学学报》2012年第11期，第56～67页。

③ 张红宇：“现代农业与适度规模经营”，《农村经济》2012年第5期，第3～6页。

7月，国务院印发《关于进一步推进户籍制度改革的意见》，深化户籍制度改革等，提出了“三个一亿人目标”，即促进一亿农业转移人口落户城镇、改造约一亿人居住的城镇棚户区和“城中村”、引导约一亿人在中西部地区就近城镇化。新型城镇化规划的落实，有助于在一定程度上扭转农业人力结构性恶化的局面。从实施效果看，我国近年来常住人口城镇化保持了较快的速度，户籍制度改革也在持续推进，但是常住人口和户籍人口城镇化率的差距还没有显著缩小。2013年，我国常住人口城镇化率为53.7%，户籍人口城镇化率只有36%左右；到2018年，常住人口城镇化率达到59.58%，户籍人口城镇化率为43.37%。常住人口与户籍人口城镇化率的缺口只减少了1个百分点。而且值得注意的是，不少地方的户籍城镇化，只是通过行政区划调整（县改区、村改居）实现的，在某种程度上只是“统计城镇化”，缺少配套公共服务的支持，对流动农民工举家在城市定居生活的支持有限，不利于从根本上改变农业劳动力的人力资本结构。

近期，一些地方政府深化了户籍制度改革，其方向值得重视。2019年11月，广西壮族自治区颁布了《广西深化户籍制度改革的若干规定》。这一改革将全面放开城镇落户条件，取消参保、居住年限、就业年限等落户限制。它让跨地区人口完全自由流动成为现实。农业转移人口进城落户后，已经确权的农村土地承包经营权、宅基地使用权、集体收益分配权不因户籍改变受到影响，可以继续享有农村‘三权’合法权益。此外，对新落户城镇的农村籍大学生实行“来去自由”的落户政策。自2019年12月1日起，广西农村籍大学生申请将户口迁往城镇落户的，以自愿为原则，落户后可随时申请将户口迁回原籍。广西的改革有望扭转农业人力资本“掐尖式”外流的局面，同时为优秀人才回农村创造了必要的制度条件。如果这一改革在全国范围得到推广，对改善农业劳动力素质结构将产生深远的影响。

2. 新型农业经营主体与规模化农业

发展新型农业经营主体，对冲农业人力资本、物质资本不足以及专业化水平低下的必要举措。目前，我国多类型农业经营主体已得到发展，专业大户、家庭农场、农民合作社、农业产业化龙头企业等发展势头良好①。农业规模化经营推动劳动力进一步向城市转移，从而提高农产品商品率，增加农业收入；土地集中连片有利于机械化作业与现代农业生产技术推广；规模化经营有利于降低金融机构信息获得成本，缓解信息不对称，从而提高农业获得金融支持的可能性②。

【专栏2】　河南省新型农业经营主体发展情况

新型农业经营主体主要包括农业产业化龙头企业、农民专业合作社、家庭农场和农业种养殖大户，他们是规模化、集约化、商品化农业生产的有生力量，是现代农业骨干发展的带动力量。近年来，为了加快新型农业经营主体培育发展，中央明确了惠农政策向新型农业经营主体倾斜的政策导向，围绕推进土地适度规模经营、创新农业生产组织形式、农业机械化发展等内容，中央和地方先后出台了一系列政策。

在此背景下，河南省新型农业经营主体得到蓬勃发展。据统计，2018年，全省市级以上农业产业化龙头企业4574家，实现营业收入13498亿元，与2013年相比，增加4660亿元，增长52.7%。通过实施农业产业化集群培育工程，以升级龙头企业为主的各类产业化组织，逐步形成了一批“全链条、全循环、高质量、高效益”产业集群。截至2018年底，全省工商注册登记的农民合作社18万家，比2017年增加近2万家，服务带动能力逐步增强。其中，全省省级以上示范社1322家，市县级示范社11000家，示范体系逐步完备。农民合作社联合社166家，覆盖合作社1686个。经营服务范围逐渐拓宽，覆盖粮棉油、肉蛋奶、果蔬茶等主要农产品生产，并向农产

① 孙中华：“大力培育新型农业经营主体夯实建设现代农业的微观基础”，《农村经营管理》2012年第1期，第1页。

② 崔传斌、王开盛：“农村劳动力转移与农业规模化经营——以陕西省铜川市烟叶生产农场化为例”，《农业经济问题》2008年第4期，第48~52页。

品加工、民间工艺制品和服务业延伸。截至2018年底，全省经工商部门依法登记注册的家庭农场4.99万家，经农业农村部门认定的家庭农场从2014年的3974家增长到2018年的10342家，5年间增长了1.6倍。其中，以种植业为主的家庭农场占83.6%，从事畜牧业和种养结合的家庭农场分别占6.9%和5.3%。

资料来源：中国发展研究基金会，《河南省扶持新型农业经营主体财政政策优化报告》，2019年。

农业规模化经营在提高劳动力、土地、资金、技术等要素的配置效率，从而推进农业发展提质增效方面具有重要作用，但我国基本国情决定了不能过快追求农业规模化经营。

一是城市化包容性不足，限制了吸纳农业转移人口的能力。农业的一项重要功能就是吸纳劳动力就业。21世纪以来，城市劳动力供求比呈上升趋势，由2001年一季度的0.65上升至2019年一季度的1.28①，供大于求趋势日益显著。过度强调农业规模化会导致大量农村劳动力进入城市劳动力市场，给就业市场带来更大压力。

二是部分农民不愿意离开土地。调研中，部分省份指出，国家支农惠农政策不断出台，农村居民在土地、计划生育等方面的福利已经在一定程度上优于城镇居民，这不仅使农民不愿离开土地，而且一部分在改革开放初期办理“农转非”“小城镇户口”等手续的居民，现在又希望重新获得农村户口，享受农村福利待遇。与此同时，几千年的农耕文明使一些农民将土地视为生命之本，希望落叶归根，因此希望保留土地。

三是许多类型新型经营主体自身经营能力有待提高。农业合作社自身建设管理不够规范，存在空壳社、休眠社、少数人控制型合作社、无经营效益型合作社、无法恢复生产经营型合作社。以2016年新疆某州为例，上述有名无实、流于形式的合作社分别约占合作社总数的14.6%、6.0%、3.7%、

① 数据来源于人力资源和社会保障部，CEIC数据库。

5.9%、1.4%（详见“专题报告七　农民专业合作社发展与政策支持”）。企业在应对市场风险、发现商业机遇方面具有一定优势，因此农业产业化龙头企业等企业形式在农业生产、销售、市场拓展、技术研发等方面能够发挥一定作用①。但龙头企业和农户是两个利益主体，在缺少有效监督的情况下，企业为了自身利益将风险转移给农户，将收益向自身转移②。

四是在不同的地区，要素禀赋和产业结构不同，规模经营的合适边界也有所差别，需要经受市场的考验。一些地区盲目追求农业规模经营面积扩大，采用了政府高价补贴或者动用行政力量强制扩大土地流转，虽然在短时期取得了一定的成绩，但是最终不可持续，造成政府、企业和农民多输的局面。

（二）农村土地制度改革

1. 耕地状况及其变化趋势

我国耕地的基本状况是总量大，耕地保护压力大，人均耕地面积小，优质耕地比例低。耕地的这种状况直接制约了农业供给水平和质量的进一步提升。截至2017年末，全国共有农用地64486.4万公顷，耕地面积为13488.1万公顷，耕地面积年内净减少耕地面积3.97万公顷；全国建设用地总面积为3957.4万公顷，新增建设用地47.9万公顷。2009年来，我国耕地面积总体呈减少趋势，从2009年的13538.5万公顷下降至2017年的13488.1万公顷，减少面积50.3万公顷，减少幅度为0.37%（见图27）。

建设占用、灾毁、生态退耕等会减少耕地面积，土地整治、农业结构调整等因素会在一定程度上增加耕地面积（见图28）。我国最严格的耕地保护制度以及“占补平衡”等政策对保护耕地具有重要意义，但工业化、城市化的发展会对耕地面积的维持和增加带来一定压力。

---

① 张益丰、刘东：“谁能成为现代化农业建设的中坚力量——论适度规模化农业生产与保障机制的实施”，《中央财经大学学报》2012年第11期，第56~67页。

② 赵旭强：“农业规模化经营面临的矛盾及出路”，《经济问题》2006年第7期，第44~46页。

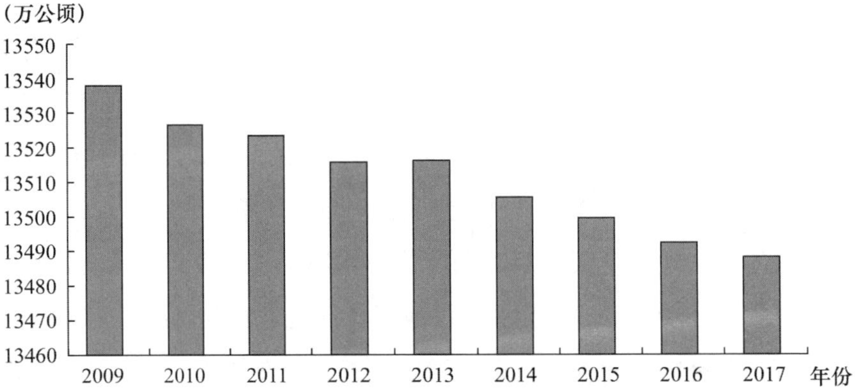

图 27　2009～2017 我国耕地面积变动情况

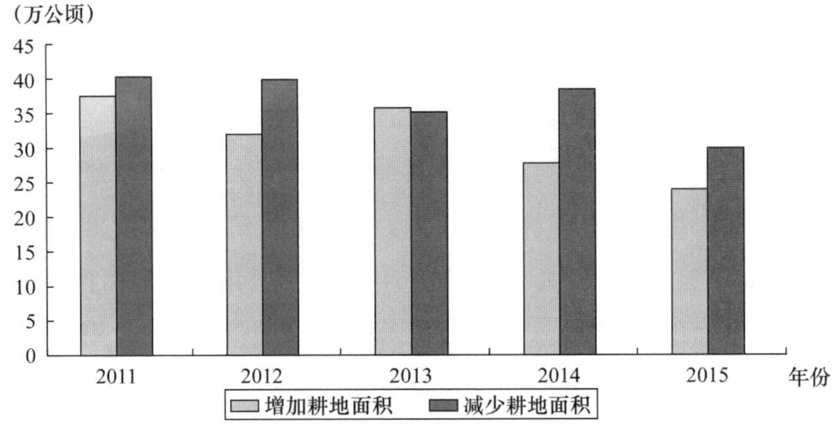

图 28　2011～2015 年耕地增减变化情况

资料来源：中华人民共和国自然资源部：《2016 中国国土资源公报》。

《2016 中国国土资源公报》数据显示，全国耕地平均质量等别为 9.96 等[①]，高于平均质量等别的 1～9 等耕地面积占全国耕地评定总面积的 39.92%，低于平均质量等别的 10～15 等耕地面积占 60.08%。其中，优等地面积为 397.38 万公顷，占全国耕地评定总面积的 2.9%；高等地面积为 3584.60 万公顷，占全国耕地评定总面积的 26.5%；中等地面积为 7138.52 万

① 全国耕地评定为 15 个等别，1 等耕地质量最好，15 等耕地质量最差。1～4 等、5～8 等、9～12 等、13～15 等耕地分别划为优等地、高等地、中等地、低等地。

公顷，占全国耕地评定总面积的 52. 8%；低等地面积为 2389. 25 万公顷，占全国耕地评定总面积的 17. 7%（见图 29）。

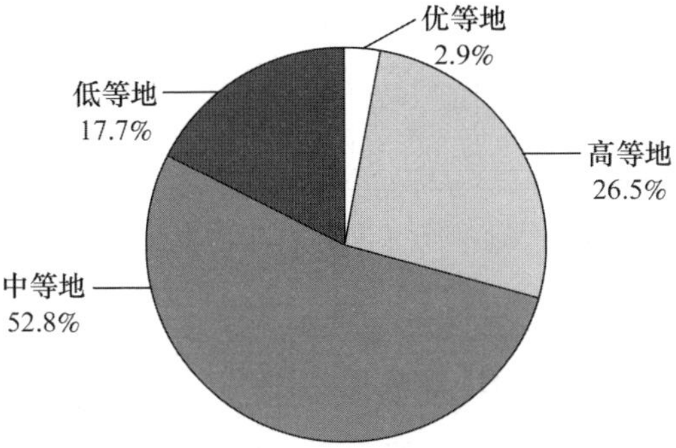

图 29　2015 年全国耕地质量等别面积所占比例情况

城镇化、工业化进程中，占用的耕地绝大部分为优质耕地，土地生产率较高，而通过土地整治等措施补充的耕地土地生产率极低。此外，耕地水土流失、沙化和荒漠化、耕地污染等问题可能使耕地质量进一步恶化。

粮食主产省耕地质量高于全国平均水平，优等地、高等地、中等地和低等地的比例分别为 3. 55%、30. 84%、49. 81%、15. 81%。13 个粮食主产省的耕地质量构成见表 6。

表 6　　13 个粮食主产省耕地质量构成　　单位：%

行政区	优等地	高等地	中等地	低等地
河　北	—	18. 30	52. 87	28. 84
内蒙古	—	0. 08	12. 58	87. 34
辽　宁	—	0. 59	96. 76	2. 65
吉　林	—	2. 36	90. 14	7. 50
黑龙江	—	0. 29	80. 06	19. 64
江　苏	0. 07	99. 93	—	—
安　徽	2. 01	38. 14	59. 85	—
江　西	3. 79	71. 93	23. 73	0. 55
山　东	—	58. 24	41. 75	—
河　南	0. 12	85. 59	14. 29	—

续表

行政区	优等地	高等地	中等地	低等地
湖　北	40.11	44.77	14.91	0.21
湖　南	19.02	30.30	42.22	8.47
四　川	0.03	29.35	70.00	0.62
粮食主产区	3.55	30.84	49.81	15.81

资料来源：中华人民共和国自然资源部：《2015 年全国耕地质量等别更新评价主要数据成果的公告》，http：//www.mlr.gov.cn/zwgk/zytz/201702/t20170222_1440804.htm。

2. 农村土地制度变迁与耕地规模化利用

自 20 世纪 70 年代末开始，我国开始在农村实行“家庭联产承包责任制”。家庭联产承包责任制下，土地的所有权和使用权分离，集体将土地和生产资料按人口或劳动力比例承包给农户经营和使用。1993 年 3 月，《宪法修正案》正式把“统分结合的双层经营体制”纳入《宪法》。同年 7 月 2 日第八届全国人民代表大会常务委员会第二次会议通过《农业法》，其第五条指出：“国家长期稳定农村以家庭承包经营为基础、统分结合的双层经营体制。”1993 年的中央 11 号文件进一步规定：“在原定的耕地承包期到期之后，再延长三十年不变。”并提倡“增人不增地，减人不减地”，推进了土地承包经营权的稳定。2013 年底，中央农村工作会议第一次提出承包权和经营权的分置并行。2014 年 11 月 20 日中共中央办公厅、国务院办公厅《关于引导农村土地经营权有序流转发展农业适度规模经营的意见》明确提出“坚持农村土地集体所有，实现所有权、承包权、经营权三权分置”。十九大报告提出保持土地承包关系稳定并长久不变，第二轮土地承包到期后再延长 30 年。2019 年 1 月，我国开始实施新的《中华人民共和国农村土地承包法》，农村承包地“三权分置”正式在法律上得以确立。“三权分置”改革得以实施的一个重要前提是承包地的确权登记颁证，这项工作自 2009 年以来取得了积极的进展。截至 2018 年底，完成承包地确权登记面积 14.8 亿亩，占承包地实测面积的 89.2%，30 个省份已报告基本完成。农垦土地确权率达到 97.3%、登记发证率达到94.7%①。

随着城市化发展，农村劳动力减少且老龄化趋势加剧，土地闲置、抛荒等问题引起人们关注，土地流转成为解决这一问题的重要措施之一。2007～2016年，我国农村土地流转面积呈上升趋势，流转面积由2007年的0.64亿亩上升至2016年的4.71亿亩；流转面积占家庭承包耕地面积的比重由2007年的4.8%上升至2016年的35.1%（见图30）。

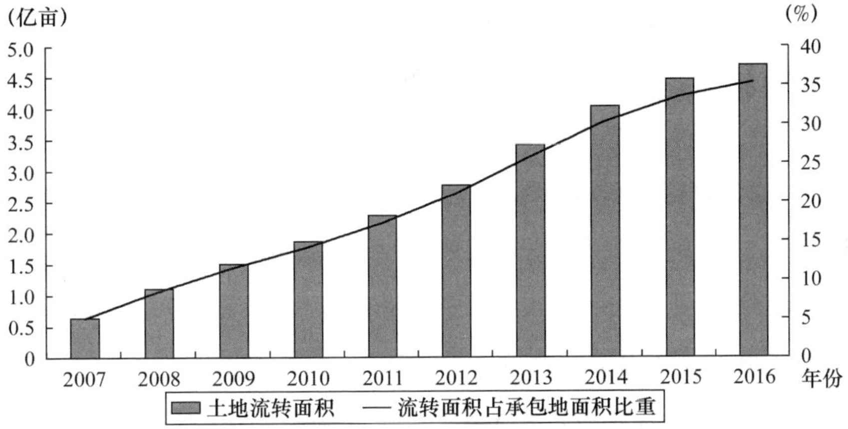

图30　2007～2016年全国土地流转面积情况

资料来源：根据土流网相关数据整理制作而成。郭金丰：“乡村振兴战略下的农村土地流转：市场特征、利益动因与制度改进——以江西为例”，《求实》2018年第3期，第79～97页。

土地流转有助于提升农业规模经营水平，但从实际流转情况看，由此带来的规模化经营水平还是有限的。目前，全国土地经营规模50亩以上的经营主体350万个，总面积达3.5亿亩，平均水平为100亩。具体来看，我国农村承包地的流转中还存在以下一些问题。

（1）土地流转组织管理不健全。课题组在调研中发现，一些地区未建立农地流转服务中心和农村产权交易中心等农村土地经营权流转交易平台。此外，农牧民私下交易频繁，对耕地的转包、出租、合作等交易很少到政府发证部门备案或变更。不少农民将土地流转给亲朋好友，没有书面协议，甚至

① 中央农办主任、农业农村部部长韩长赋在全国农业农村厅局长会议上的讲话，http://www.moa.gov.cn/nybgb/2019/201901/201905/t20190503_6288213.htm。

对流转费用、期限也没有明确约定，这增加了土地流转的风险，容易引发纠纷。

（2）土地流转价格评估难度大。由于缺少专业评估机构，土地流转价值难以量化。受地区差异、土壤结构、市场变化等因素影响，对农村土地经营权价值准确评估的难度较大。此外，熟人间土地流转、城镇化建设中的投机主义和资本垄断，使得部分现有土地流转价格无法反映市场供求水平①。

（3）缺少土地流转中介机构。中介机构能够缓解土地流转中供给、需求等信息不对称问题。不论是散户为出租几亩土地与大户谈判，还是大户与众多散户谈判，成本都很高②，因此中介机构尤其是在满足农业经营大户土地流转需求方面具有重要作用。此外，中介机构在土地承包经营权估值、处理土地流转复杂手续等方面具有一定优势③。目前我国缺少专业、高效的中介服务机构，提供中介服务的工作人员大多是兼职人员且数量少④，仅靠政府主导土地流转不利于提高资源配置效率⑤。

（4）农村社会保障体系不完善影响土地流转规模。我国农村地区养老保险、医疗保险保障水平偏低，尤其是没有针对农民“失业”的保障。这使得一些农民担心土地流转后自己找不到合适的工作，收入不稳定，或者担心土地流转收入低于预期，因此将土地视为获得基本收入的保障，从而即使让土地闲置也不愿流转，或者以短时间不脱离原土地承包关系的方式将土地

---

① 宋宜农：“新型城镇化背景下我国农村土地流转问题研究”，《经济问题》2017年第2期，第63~67页。

② 黄祖辉、王朋：“农村土地流转：现状、问题及对策——兼论土地流转对现代农业发展的影响”，《浙江大学学报（人文社会科学版）》2008年第2期，第38~47页。

③ 王恒：“城镇化进程中农村土地流转的政策分析”，《宏观经济研究》2015年第3期，第28~29页。

④ 薄善华、孙朝娟：“城乡一体化进程中土地流转问题及对策研究”，《山西农业大学学报（社会科学版）》2015年第5期，第437~440页。

⑤ 宋宜农：“新型城镇化背景下我国农村土地流转问题研究”，《经济问题》2017年第2期，第63~67页。

流转[①]。

3. 农村“三块地”改革

土地是城镇化的空间支撑，也是统筹城乡发展的核心要素。农村承包地、宅基地和集体建设用地这“三块地”，存在动态转换和相互依存关系。农业供给侧改革中的土地要素，不能仅局限于承包地。

2014 年第四季度以来，中央密集出台了一系列涉及农村“三块地”的政策措施。11 月，中办、国办印发了《关于引导农村土地经营权有序流转发展农业适度规模经营的意见》。2014 年 12 月 31 日，“两办”又联合印发了《关于农村土地征收、集体经营性建设用地入市、宅基地制度改革试点工作的意见》。2015 年 2 月 25 日，全国人大常委会审议相关决定草案，拟授权国务院在北京市大兴区等 33 个试点县（市、区）行政区域，暂时调整实施《土地管理法》《城市房地产管理法》关于农村土地征收、集体经营性建设用地入市、宅基地管理制度的有关规定。此后，国务院印发了《关于开展农村承包土地的经营权和农民住房财产权抵押贷款试点的指导意见》，中办、国办印发了《深化农村改革综合性实施方案》。此外，农业部等 6 部门出台了《关于认真做好农村土地承包经营权确权登记颁证工作的意见》；农业部等 4 部门出台了《关于加强工商资本租赁农地监管和风险防范的意见》。2015 年 5 月，国务院批准发改委《关于 2015 年深化经济体制改革重点工作的意见》，对农村“三块地”改革的落实进一步做了安排。2016 年 9 月，原中央全面深化改革领导小组决定将土地征收制度改革和集体经营性建设用地入市扩大到全部 33 个试点县（市、区）。2017 年 11 月，宅基地制度改革拓展到全部 33 个试点县（市、区）。为使农村土地制度改革三项试点工作更具整体性、系统性、协同性和取得综合效益，并与《土地管理法》修改工作做好衔接，全国人大常委会于 2017 年 11 月授权在试点地区暂时调整实施有关法律规定的期限延长至 2018 年 12 月 31 日。

---

① 何京蓉、李炯光：“农村土地流转状况调查与分析——基于三峡库区 7 个乡镇 23 个村的调查”，《经济问题探索》2010 年第 3 期，第 163 ~ 167 页。

【专栏3】　浙江德清集体经营性建设用地入市

浙江德清县为全国集体经营性建设用地入市改革试点之一，该县的主要做法如下。

第一，完善农村集体经营性建设用地产权制度。在入市范围上，把工矿仓储、商服、旅游等用地界定为集体经营性建设用地；在入市主体上，明确是代表其所有权的农民集体经济组织；在扩权赋能上，明确所有人的占有、使用、收益和处分权。允许集体经营性建设用地使用权出让、租赁、作价出资（入股）。

第二，明确入市途径。确定了直接入市、调整入市（对农村零星、分散的土地，鼓励先行复垦，按计划调整到乡镇产业集中区入市。允许不同级差土地以货币补差方式调换产权）、“城中村”整治入市（对历史形成的“城中村”集体建设用地，按照政府主导、多方参与的原则开展土地整治，探索“城中村”整治入市）三种途径。

第三，入市方式上，主要采取出让和租赁两种。

第四，交易形式上，主推招拍挂外，允许协议方式。

第五，建立健全市场交易规则和服务监管制度。明确县公共资源交易中心为入市统一平台；入市土地必须经集体经济组织成员会议2/3以上成员同意；建立统一地价评估机制；推进集体经营性建设用地使用权抵押。

第六，建立兼顾国家、集体、个人的土地增值收益分配机制。根据科学计算，按照土地用途和区域位置不同，采取了按类别、有级差的两种收取标准，即工业用地按区域位置不同分别按16%、20%、24%收取，商服用地按土地级差不同分别按32%、40%、48%收取。按合理比例收取入市土地增值收益调节金，主要用于农村基础设施建设、环境建设、土地前期开发支出；健全土地增值收益内部分配与监管机制。明确土地收益作为集体资金，统一列入集体公积公益金进行管理，作为村股份经济合作社经营性资产追加量化成员股权。

2015 年 8 月 19 日、9 月 8 日，德清县分别成功进行全国首宗农村集体经营性建设用地协议出让入市（4040.9 平方米、成交价 307 万元）和全省首宗集体经营性建设用地使用权拍卖（13295 平方米、成交价 1150 万元）。目前已经操作入市的地块 6 宗，面积 93.7 亩。

资料来源：中国发展研究基金会：《城市综合改革与“三块地”改革试点评估报告》，2015 年 12 月。

从总体上看，2014 年以来农村土地征收、集体经营性建设用地入市、宅基地制度改革试点取得了一定的进展。但是，不同领域和不同地区改革的进展不一，其中最为显著的是集体经营性建设用地入市改革。国务院关于三项改革的总结报告显示，33 个试点县（市、区）已按新办法实施征地 1275 宗、18 万亩；集体经营性建设用地已入市地块 1 万余宗，面积 9 万余亩，成交总价款约 257 亿元，收取调节金 28.6 亿元，办理集体经营性建设用地抵押贷款 228 宗、38.6 亿元；腾退出零星、闲置的宅基地约 14 万户 8.4 万亩，办理农房抵押贷款 5.8 万宗、111 亿元。①

围绕农村土地征收、集体经营性建设用地入市、宅基地制度改革试点，在以下方面对于农业供给侧结构性改革显示出积极的前景。一是一定程度上缩小了城乡土地剪刀差价和市场扭曲，推动建立城乡统一和公平的建设用地市场；二是展现出提升农民和农村集体经济组织财产性收入的潜力，为农村的资产向资本转化提供了一个通路；三是提升了农村产业发展用地的保障能力，有助于在未来支撑农业向商业化、产业化转型；四是有助于激发村集体经济组织和村庄共同体的自主发展意识和能力，为农业和乡村振兴提供内生发展动力；五是有助于建立和完善合理的国家、地方、集体和村民个人利益分配机制。

① 国务院关于“三块地”改革试点情况的总结报告，http://www.zjdlr.gov.cn/art/2018/12/26/art_1289955_28497049.html。

但是，上述农村土地制度改革也存在一些不足。一是以县域为单位的试点范围过窄，不利于真正释放改革的潜力。二是一些改革设计没有瞄准农村相关土地利用最迫切的问题。以宅基地为例，焦点的问题是宅基地的跨集体经济组织流转，但是多数改革试点还是关注有偿使用和退出。三是几块地的改革缺乏协同性。改革前期采取了封闭运行的方式，后期虽然允许几块地改革同时探索，但是改革之间缺乏联动设计。四是一些改革收效显著（如集体经营性建设用地入市），但是其潜力的发挥又赖于相关的配套制度和措施的完善，如农村建设用地审批和规划，以及集体产权登记交易系统。

（三）农村金融供给

农业现代化发展、农村经济繁荣以及农民生活水平的提高都离不开高质量的金融支持。在农村地区，对信贷、保险、担保、储蓄和汇兑等金融服务的需求是广泛而迫切的，但是信贷问题居于农村金融的核心，因此本报告主要讨论正规信贷市场的改革和发展状况。

1. 农村正规信贷市场的供给侧改革

农村金融改革的总体目标是扩大金融服务供给，缩小金融服务缺口，促进农村经济发展。2003 年以来，农村正规信贷体系的持续改革提高了金融服务能力和水平。创立涉农贷款统计以来，2007～2016 年全部金融机构涉农贷款余额累计增长 361.7%，平均年增速为 18.8%。涉农贷款余额从 2007 年末的 6.1 万亿元增加至 2016 年末的 28.2 万亿元，占各项贷款的比重从 22% 提高至 26.5%①。

农信社的历史包袱得到了有效化解，资本充足率和服务“三农”的能力都有积极改善，通过明晰产权、完善治理体系以及强化监管，农信社的不良贷款率有显著下降，经营风险和违规违法案件大幅度减少，开始具备较好的商业化可持续发展能力。到 2017 年末，全国农村信用社资产总额超过 32 万

---

① 中国人民银行：《中国农村金融服务报告》，2017 年。

亿元，各项存贷款余额分别为27.2万亿元和15万亿元，存贷比达到55.6%。从涉农贷款看，全国农信社的涉农贷款余额占据全国的半壁江山。

中国农业银行的股份制改革和三农金融事业部改革，提升了中国农业银行的经营管理能力和服务“三农”的能力和水平。到2017年末，中国农业银行总资产规模达到21.05万亿元，存款余额达16.2万亿元，贷款余额达10.7万亿元；不良贷款率1.81%，较上年末下降0.56个百分点，拨备覆盖率达到208.37%；农行县域各项贷款余额达3.57万亿元，涉农贷款和农户贷款（涉农贷款口径）余额分别突破3万亿元和1万亿元。

通过提高商业化运营水平、扩大资金来源以及涉农信贷服务范围，农发行目前已经成为各类金融机构中“三农”贷款规模第二大的机构。到2018年底，农发行全年累放贷款1.8万亿元，年末贷款余额5.14万亿元，增长9.7%。其中，累放粮棉油收购贷款2457亿元，精准扶贫贷款3893亿元，农村基础设施贷款7874亿元，农业现代化贷款年末余额超过2000亿元。此外，农发行的整体贷款质量也控制在行业较高水平，2018年不良贷款率0.8%[①]。

国家开发银行对“三农”的支持包括现代农业发展和土地制度改革、农业农村基础设施建设、农民返乡创业，服务于脱贫攻坚和乡村振兴的战略目标。2018年，国开行的贷款及垫款余额超过1.1万亿元，不良贷款率0.92%，资本充足率达到11.81%，均处于行业优秀水平。在涉农贷款方面，国开行的涉农贷款占其贷款总额长期在10%左右，涉农贷款规模超过1万亿元[②]。

邮政储蓄银行的成立，在一定程度上关小了农村资金外流的闸门，促使更多资金留在农村使用。不仅如此，依托其网点的便利，邮储银行也成为农村金融市场中不可忽视的重要竞争性力量。到2016年，邮储银行拥有近4万个网点，覆盖98.9%的县域地区；服务个人客户达5.22亿，70%的个人账户

① “中国农业发展银行2019年年度工作会议召开”，http：//www.adbc.com.cn/n5/n17/c31295/content.html。

② “国家开发银行2018年年度报告摘要”，http：//finance.people.com.cn/n1/2019/0513/c1004-31081727.html。

分布于县域地区；涉农贷款余额 9174 亿元，较 2015 年末增长 22.7%[①]。到 2017 年 9 月，邮政储蓄银行的涉农贷款余额超过了 1 万亿元。

在扩大农村金融市场准入方面，较为重要的改革举措是小额贷款公司和村镇银行[②]。村镇银行的试点从 2006 年底开始起步。村镇银行设立在农村地区，可以经营几乎所有银行类业务，但不得跨区经营，主要是为当地农民、农业和农村经济发展提供金融服务的银行业金融机构。村镇银行为民营资本和境外资本进入银行业打开了一个口子。经过 10 年的发展，中国村镇银行的数量已经超过 1500 家。中国社科院发布的《中国村镇银行发展报告（2017）》显示，到 2016 年末，全国已组建的村镇银行资产总规模达到 12376.9 亿元，各项贷款余额 7020.6 亿元，存贷规模已经和小贷公司旗鼓相当，各有特色。

2. 农村信贷供给的不足与挑战

考虑到农村未来发展的趋势、人口和经济结构，农村金融供给侧仍存在一些挑战。

第一，制度约束限制农村金融机构活力和功能的发挥。制度上的约束还有很多，但两方面的约束很关键：一是新型中小金融机构的储蓄功能被限制，二是跨地区经营被限制。这些约束实际上缚住了新型中小金融机构的发展壮大，以及农村金融市场在乡镇层面的竞争弱化以及金融服务类型的单一化。对于经营范围局限于村、镇的小型金融机构来说，这还意味着风险不能分散，成本无法通过规模扩大来降低。许多村镇银行近年来陷入亏损局面，主发起行将手中持有的村镇银行打包出售，也部分是由于制度约束导致的后果。由农商行或者其他较大型金融机构收购多家村镇银行的控制权，优化区域网点

① “邮储银行：深耕‘三农’金融服务　助力农业供给侧结构性改革”，http：//bank.hexun.com/2017-04-18/188873087.html。“邮储银行积极服务乡村振兴战略——走进金融服务‘三农’新时代”，http：//bank.hexun.com/2018-03-22/192675036.html。

② 自 2005 年开始，中国人民银行等部门在内蒙古、山西、陕西、四川、贵州等省开始市场化小贷机构试点。2008 年，银监会和中国人民银行发文在全国范围内推广小额信贷试点。小贷公司股东以自有资本发放小额贷款。到 2017 年年末，全国共有小额贷款公司 8551 家，实收资本为 8270.33 亿元，从业人数 103988 人，贷款余额 9799.49 亿元，成为金融市场上不可忽视的力量。中国人民银行：《2017 年小额贷款公司行业统计数据报告》，2018 年。

布局，一定程度上可以克服区域限制的弊病，但在现有制度框架下，除了少数经济发达地区外，村镇银行的可持续发展仍面临艰巨的挑战。

第二，改革机制缺陷的后遗症存在。在此前的多轮改革中，一些改革举措本身也带来新的挑战。以农村信用社为例，省联社的成立，意图加强对县级独立法人的联社的规范经营提供指引，减少基层政府的行政干预，同时让地方政府有抓手并真正承担起责任，但是在实际上，这样的制度设计既不能真正使地方承担责任，反而导致了行政干预的风险，并为可能的道德风险行为埋下了隐患。邮储银行的设立，在一定程度上关小了通过邮政储蓄和转存款的渠道将资金抽离的闸口。但是作为全国性的大型商业金融机构（资产规模在商业银行中居于前列），县域支行的决策权仍然有限，资金流出的规模依然庞大，涉农再贷款余额在总贷款余额中的比重仅约30%，与预期相距甚远。为了鼓励依托互联网的金融创新，P2P小额贷款业务在城乡一度得到爆发式的发展，但是由于缺乏必要和良好的监管框架，许多P2P机构非法高息揽储以及超高利率贷款，最后频频“暴雷”。尽管P2P失控冲击的主要还是城市部门，但是对全国家庭负债、资产结构的负面影响也不可避免地影响到农村。

第三，机制设计没有有效解决委托代理问题。政府和企业、中央政府与地方政府之间存在的委托代理问题仍然得不到有效化解。在政府和企业层面，最大的问题就是无法有效解决商业性目标和政策性目标之间的内在冲突，正是这种冲突，使得中国农业银行和邮储银行的事业部制在具体实施过程中受到内部和外部的多重掣肘。在中央政府和地方政府之间，问题主要表现在中央政府支持“三农”发展和防范金融风险的总体目标与地方政府发展本地经济和争取中央政府政策支持目标之间的内在冲突，这使得地方政府缺乏足够的动机对本地金融风险进行充分而有效的监管。

第四，城镇化中的金融支持缺乏。城镇化是影响中国未来经济与社会结构的基础性变量。城镇化涉及资源要素在城市和农村之间的双向流动，但传统金融体系在思维方式和业务模式上更专注限定的城市和农村的区域，这里存在结构性的偏差。不论是生产层面还是生活层面，为城镇化过程提供金融支持，由于要素边际生产率的提升以及目前城镇化实际上是“择优流动”，对金融机构来说都具有巨大的潜力。

第五，重生产轻消费的金融服务取向仍未改变。传统上，农村的金融服务侧重于生产性领域，政策性银行聚焦于农产品收购和基础设施，商业性金融机构则集中于企业和农户的生产性需求，包括固定投资需求及流动性资金需求。将生产需求与生活性需求割裂，忽视了家庭资金使用上的关联性。随着整体国民经济的发展，农村也在经历快速的消费升级，城镇化则部分地加快了这一进程，但是目前对农村居民生活性支出的金融支持还没有被系统考虑。

第六，移动通信和金融科技潜力未充分发挥。移动通信和互联网的普及，金融科技的发展，为农村小额金融服务的发展提供了巨大的机遇。对于传统金融机构来说，互联网人口的增加以及网上银行的普及，使原来对物理网点和设备设施的投入需求及成本大幅度减少。但是从实际情况看，真正的互联网金融在传统金融机构中的渗透有限，存贷款业务的规模与存量相比几乎可以忽略不计。导致这一状况的原因是多方面的，不仅在于观念的落后和惯性，还在于传统金融机构在软信息发掘（大数据）方面缺乏资源和技术。一些依托电商平台的新型金融实体在提供小额贷款上后来居上，但是金融管理和风险控制经验以及人力资源的缺乏，在短期也制约了其发展。

（四）农业生态环境

生态环境是农业的物理空间基础，也是重要的投入要素。我国农业发展取得可喜的成绩的同时，生态环境也付出了数量与质量双重代价。消费者对优质安全农产品的生态需求增加与严重农村面源污染导致安全农产品供应不足之间存在着矛盾。（详见“专题报告五　中国农业如何才能走上绿色发展之路”）

据环保部门统计，中国农业污染排放量已超过工业污染的排放量。2015

年中国农业排放的COD① 总量为1068.6万吨，氨氮总量为72.6万吨，分别占全国COD总量及氨氮排放总量的48.07%和31.58%②。

1. 化肥、农药依赖度强且使用效率低

2000~2014年，单位农作物农用化肥（折纯）用量从每公顷265公斤增加到363公斤，增长了37.0%。2015年开始，单位农作物农用化肥（折纯）用量略有下降，2018年降至341公斤。粮食作物中，稻谷、小麦和玉米三种粮食作物的亩均化肥投入量（折纯）从1998年的19.64公斤增加到2017年的25.08公斤，增长率为27.7%（见图31）。（详见“专题报告一　中国粮食供求与粮食安全形势分析”）化肥利用率较低。2015年粮食作物化肥利用率为35.2%，同期美国粮食作物氮肥利用率约为50%，欧洲主要国家粮食作物化肥利用率约为65%③。

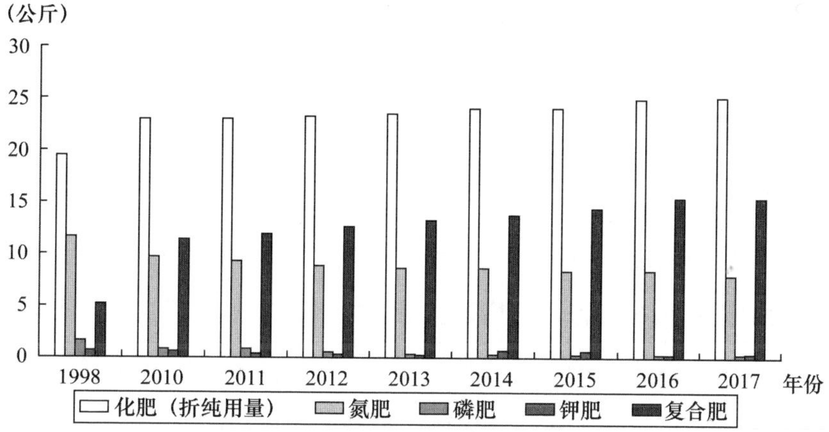

图31　稻谷、小麦和玉米三种粮食作物亩均物质投入量

资料来源：《全国农产品成本收益资料汇编》（各年版）。

---

① COD（化学需氧量，它表示用化学氧化剂氧化污水中的还原性物质所消耗氧气的量，用来间接衡量水中还原性污染物的含量），孔祥才、王桂霞：“农业供给侧改革背景下中国农业污染的治理路径”，《云南社会科学》2017年第6期，第53~57页。

② 中华人民共和国生态环境保护部：《全国环境统计公报》，2015年。http：//www.mee.gov.cn/gzfw_13107/hjtj/qghjtjgb/201702/t20170223_397419.shtml。

③ “我国三大主粮化肥、农药利用率明显提升”，http：//news.xinhuanet.com/fortune/2015-12/02/c_1117336011.htm。

1999～2015年，我国农药使用量总体上升，由1999年132.2万吨上升至2014年180.7万吨（见图32）。农药减量行动的实施使农药使用量连续三年实现负增长（详见“专题报告四　农产品质量监督管理体系研究”）。2008年以来，农药使用量增速有所下降。农药施用的有效利用率低，喷施中约有40%～60%降落于地面，5%～30%飘浮于空中①。

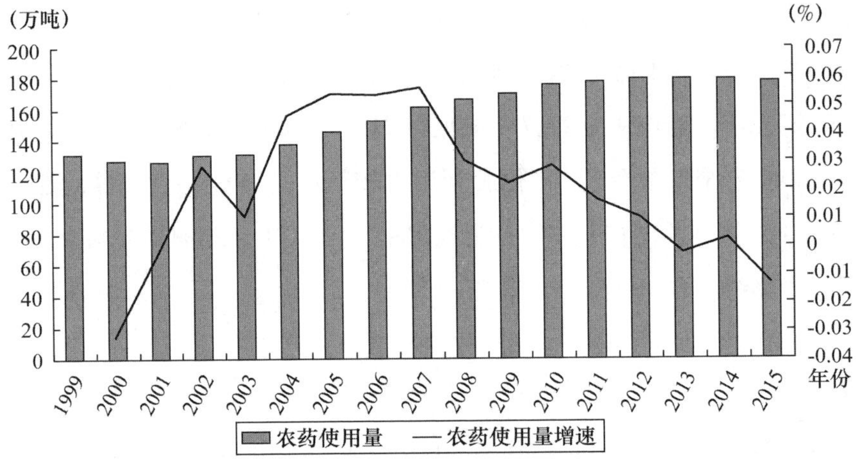

图32　我国农药使用量及增速

资料来源：国家统计局。

对化肥农药的过度使用，一方面源于我国地少人多的国情，为提高粮食单产，增加收入，农民有动力增加化肥农药使用。另一方面，国家对化肥农药的直接补贴扭曲了市场调节机制②。2015年调整农业补贴政策，将补贴与耕地保护挂钩，使得化肥农药使用量开始减少③。此外，生产观念和生产技术的落后，也使得农民过量地使用化肥农药。

① 刘冬梅、王育才、管宏杰：“农业污染控制的经济激励手段”，《农村经济》2009年第5期，第87～90页。

② 孔祥才、王桂霞：“农业供给侧改革背景下中国农业污染的治理路径”，《云南社会科学》2017年第6期，第53～57页。

③ 财政部：“调整20%的农资综合补贴用于支持粮食适度规模经营”，中国政府网（http://www.gov.cn/wenzheng/2016-03/08/content_5050864.htm）。

2. 耕地污染与水污染

农业污染是中国耕地质量下降的主要原因，也是水污染的最大污染源①。耕地污染、水污染极大地影响农产品质量安全。

（1）耕地污染情况。

根据《全国土壤污染状况调查公报》，我国部分地区土壤污染较重，耕地土壤环境质量堪忧。全国土壤总的超标率为16.1%，其中轻微、轻度、中度和重度污染点位比例分别为11.2%、2.3%、1.5%和1.1%。从污染分布情况看，南方土壤污染重于北方；长江三角洲、珠江三角洲、东北老工业基地等部分区域土壤污染问题较为突出。

中国耕地土壤的点位超标率为19.40%，其中，轻微、轻度、中度和重度污染的比例分别为13.70%、2.80%、1.80%和1.10%②（见表7）。点位超标率和主要污染物种类方面，耕地污染都远远高于林地、园地及未利用土地等土地类型。（详见“专题报告五　中国农业如何才能走上绿色发展之路”）

表7　不同土地利用类型土壤的环境质量状况

土地利用类型	土壤点位超标率	轻微污染	轻度污染	中度污染	重度污染	主要污染物
耕地	19.40%	13.70%	2.80%	1.80%	1.10%	镉、镍、铜、砷、汞、铅、滴滴涕和多环芳烃
林地	10.00%	5.90%	1.60%	1.20%	1.30%	砷、镉、六六六和滴滴涕
草地	10.40%	7.60%	1.20%	0.90%	0.70%	镍、镉和砷
未利用地	11.40%	8.40%	1.10%	0.90%	1.00%	镍和镉

资料来源：《全国土壤污染状况调查公报》。

（2）水污染情况。

水质对农产品品质具有重要影响。“十五”以来，我国地表水水质得到较

① 孔祥才、王桂霞：“农业供给侧改革背景下中国农业污染的治理路径”，《云南社会科学》2017年第6期，第53～57页。

② 中华人民共和国生态环境部、中华人民共和国自然资源部：《全国土壤污染状况调查公报》，http://www.zhb.gov.cn/gkml/hbb/qt/201404/t20140417_270670.htm。

为明显改善。劣Ⅴ类水质占比从2001年的33.9%下降至2016年的8.6%（见图33）。2017年，长江、黄河、珠江、松花江、淮河、海河、辽河七大流域和浙闽片河流、西北诸河、西南诸河的1617个水质断面中，Ⅰ类水质断面35个，占2.2%；Ⅱ类594个，占36.7%；Ⅲ类532个，占32.9%；Ⅳ类236个，占14.6%；Ⅴ类84个，占5.2%；劣Ⅴ类136个，占8.4%（见图34）。

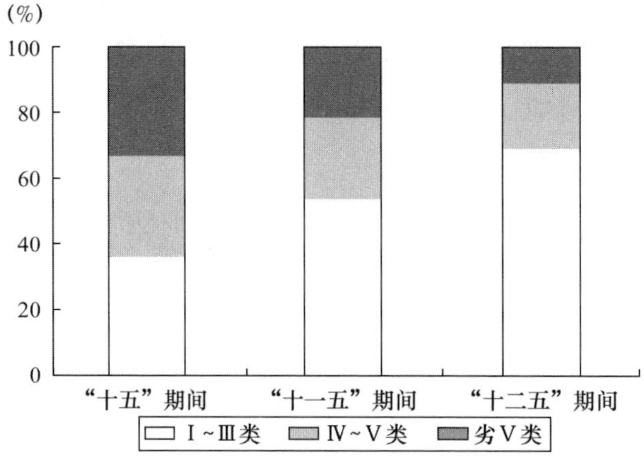

图33　不同时期中国地表水水质

资料来源：2001~2016年的《中国环境状况公报》。

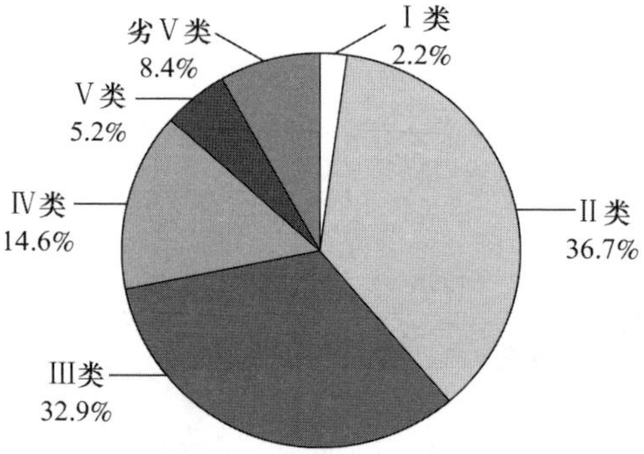

图34　2017年各类水质断面数量情况

资料来源：2001~2016年的《中国环境状况公报》。

2009年，有关部门对北京、辽宁、吉林、上海、江苏、海南、宁夏和广东等8个省（区、市）641眼井进行了水质监测，水质为Ⅰ~Ⅱ类的监测井比例为2.3%，水质为Ⅲ类的监测井比例为23.9%，水质为Ⅳ~Ⅴ类的监测井比例为 73.8%[①]（见图 35）。2017 年，原国土资源部门对全国 31 个省（区、市）开展地下水水质监测，水质为优良级、良好级、较好级、较差级和极差级的监测点分别占 8.8%、23.1%、1.5%、51.8% 和 14.8%[②]（见图 36）。

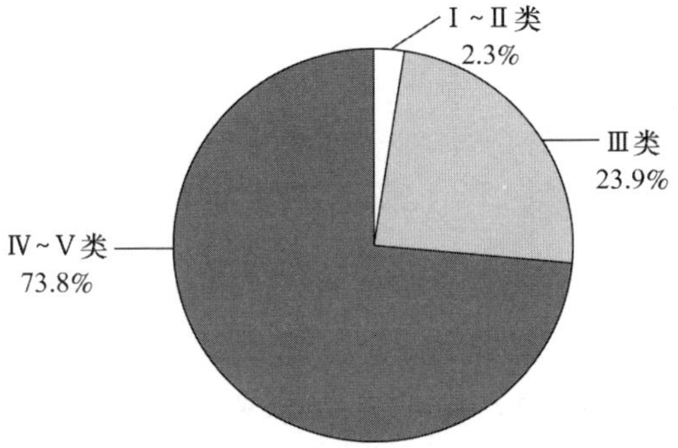

图 35　2009 年水质监测结果

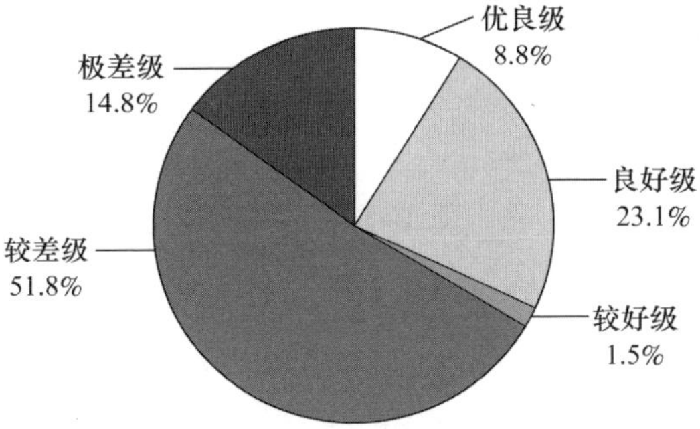

图 36　2017 年原国土资源部水质监测结果

2017 年水利部门地下水质量综合评价结果表明我国水质总体较差。水质优良的测站比例为 0.9%，良好的测站比例为 23.5%，无较好测站，较差的测站比例为 60.9%，极差的测站比例为 14.6%[③]（见图 37）。（详见“专题报

---

① 中华人民共和国生态环境部：《全国地下水污染防治规划（2011—2020 年）》，http：//www.gov.cn/gongbao/content/2012/content_ 2121713.htm。

② 以地下水含水系统为单元，以潜水为主的浅层地下水和承压水为主的中深层地下水为对象，监测点 5100 个（其中国家级监测点 1000 个），分布在 31 个省 223 个地市级行政区。

③ 中华人民共和国生态环境部：《2017 中国生态环境状况公报》。水质监测重点为浅层地下水，在松辽平原、黄淮海平原、山西及西北地区盆地和平原、江汉平原等重点区域布置了 2145 个监测站点。

告五　中国农业如何才能走上绿色发展之路”)

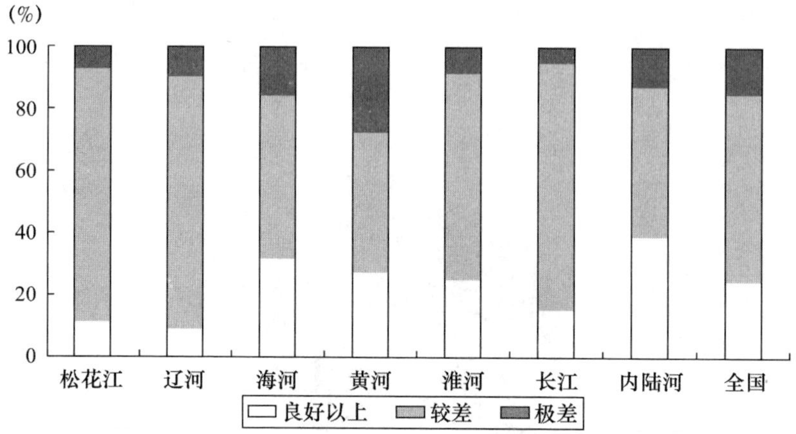

图 37　2017 年水利部门地下水质量综合评价结果

资料来源：中华人民共和国生态环境部：《2017 中国生态环境状况公报》。

3. 农业生态环境与农业健康发展

农业生态环境恶化使得农产品有害物质含量提高，影响农产品质量，损害人体健康。如蔬菜中氮肥施用量非常大，导致土壤钾素严重消耗，作物生长不良。在较弱的光照条件下，蔬菜中的 NO-3 转化缓慢且极易积累，而NO-3 是强致癌物质亚硝胺的前体物，严重危害人体健康①。农产品质量不合格也会使安全粮食的供应减少，从而影响国家粮食安全。此外，耕地污染、水污染也会带来经济损失。严重的污染会使得农作物减产，甚至传统农作物无法生长。亚洲开发银行研究表明，我国农业面源污染造成的直接经济损失占全国 GDP 的 0.5% ~1%②。而粮食减产、可用耕地面积减少都会影响国家粮食安全。

---

① 李橙、赵阳、杨晶：“农业污染对土壤的危害及防治措施”，《中国环境管理》2014 年第 3 期，第 22 ~25 页。

② 刘桂平等：“我国农业污染的现状分析及应对建议”，《国际经济技术研究》2006 年第 4 期，第 17 ~21 页。

【专栏4】 **湖南镉大米事件**

2013年5月，湖南攸县3家大米厂生产的大米在广东省广州市被查出镉超标事件，并被媒体披露，引起民众的恐慌。广东省佛山市顺德区通报了顺德区市场大米检测结果，在销售终端发现了6家店里售卖的6批次大米镉含量超标；在生产环节发现3家公司生产的3批次大米镉含量超标。从5月19日开始，攸县召集农业、环保等多个政府部门组成调查组对此展开调查。湖南省疾病预防控制中心在对湖南省选定人群进行调查和检测后发现，湖南省受检人群中慢性轻度镉中毒率高达79.09%。

镉大米一般指镉含量超标的大米。人长期食用含镉的食物会导致肾脏等器官发生病变引起骨痛病，前期主要表现为关节疼痛，中期会发生行动困难、呼吸困难等症状，导致患者到后期因为不能进食，营养不良导致骨质疏松、骨密度降低，从而引起骨折。由于人有自身代谢功能，镉在人体积蓄潜伏可达10～30年，还有可能影响下一代健康。

矿区污染是学者目前公认的镉大米的重要来源，也是湖南作为“有色金属之乡”大米镉超标情况在我国最严重的原因。湖南湘江两岸因开矿、企业排污、生活废水等各种污染已有数十年历史。污水灌溉还会扩大土壤和水体的镉污染范围。冶炼产生的废气、废水若不经处理直接排放，废气进入大气后，随着空气迁移，可沉降到其他地区。

此外，湖南省部分地区由于施肥习惯和土壤质地等问题，大量施用酸性肥料，导致稻土pH值下降，酸性增强，镉元素活性随之增强，提升了水稻对镉的吸收，也可能是导致镉大米问题的原因。

资料来源：“专家解读湖南镉大米事件：土壤镉污染主要因采矿冶炼”，2013年5月22日，http：//finance. people. com. cn/n/2013/0522/c70846－21566697. html；“广东镉大米事件追踪”，http：//gd. people. com. cn/GB/123947/352047/index. html。

为应对严峻的农村生态环境、农业生产环境和农产品质量状况，2017年中央1号文件指出：“以提高农业供给质量为主攻方向，促进农业农村发展由过度依赖资源消耗、主要满足量的需求，向追求绿色生态可持续、更加注重满足质的需求转变。”习总书记强调：“农业发展不仅要杜绝生态环境欠新账，而且要逐步还旧账，要打好农业面源污染治理攻坚战。”党的十九大报告提出，要加强农业面源污染防治。此外，农业部先后出台《农业部关于打好农业面源污染防治攻坚战的实施意见》《到2020年化肥使用量零增长行动方案》《到2020年农药使用量零增长行动方案》等，推动农业面源污染防治工作。这些工作虽取得一定成效，但我国当前农业生态环境面临的形势依然严峻，需要进一步采取行动。（详见“专题报告五　中国农业如何才能走上绿色发展之路”）

四、农业政策支持与服务体系建设

（一）农产品价格形成机制

新中国成立以来，中国的农产品价格形成机制经历了多次变革，从统购统销价格形成机制到双轨制价格形成机制，再到保护价与最低收购价格形成机制。各阶段农产品价格形成机制，在当时特定历史条件下都对国家经济发展和社会进步做出了有益贡献，但同时也暴露出一定的缺陷，导致政策干预过度和资源配置扭曲。当前，我们有必要探索如何正确发挥政府职能，使政府更多关注市场失灵和农业公共物品与服务供给①，充分发挥市场在资源配置中的作用。

1.“市场定价，价补分离”的新一轮农产品价格形成机制

最低收购价和临时存储制度曾发挥一定的积极作用，但弊端也逐渐显现（见表8）：政策性收储价格居于支配地位，影响市场机制发挥作用，农产品价格形成机制扭曲；粮食高产量、高进口、高库存问题日益突出，财政负担

---

① 黄季焜：“农业供给侧结构性改革的关键问题：政府职能和市场作用”，《中国农村经济》2018年第2期，第2～14页。

表 8　各类农产品价格政策

单位：元

		2004 年	2005 年	2006 年	2007 年	2008 年	2009 年	2010 年	2011 年	2012 年	2013 年	2014 年	2015 年	2016 年	2017 年
最低收购价格	早籼稻	1400	1400	1400	1400	1540	1800	1860	2040	2400	2640	2700	2700	2660	2600
	粳稻	1500	1500	1500	1500	1640	1900	2100	2560	2800	3000	3100	3100	3100	3000
	中籼稻	—	1440	1440	1440	1580	1840	1940	2140	2500	2700	2760	2760	2760	2720
	晚籼稻	—	1440	1440	1440	1580	1840	1940	2140	2500	2700	2760	2760	2760	2720
	白小麦	—	—	1440	1440	1540	1740	1800	1900	2040	2240	2360	2360	2360	2360
	红小麦	—	—	1380	1380	1440	1660	1720	1860	2040	2240	2360	2360	2360	2360
临时收储价格	玉米	—	—	—	—	1500	1500	1700	1980	2120	2240	2240	2000	1674	已取消（市场化收购加补贴）
	大豆	—	—	—	—	3700	3740	3800	4000	4600	4600	已取消	已取消	已取消	已取消
	油菜籽	—	—	—	—	4400	3700	3900	4600	5000	5100	5100	已取消	已取消	已取消
	棉花	—	—	—	—	—	—	—	19800	20400	20400	已取消	已取消	已取消	已取消
目标价格	大豆											4800	4800	4800	已取消（生产者补贴）
	棉花											19800	19100	18600	18600

加重；农业资源环境愈加恶化，农业可持续发展面临挑战；农民增产不增收问题突出等。为解决上述问题，我国实施新一轮农产品价格形成机制政策。2014 年以来，我国以“分品种施策、渐进式推进”和“市场定价，价补分离”的思路，实施一系列政策。

新一轮农产品价格形成机制已取得一定成效。第一，农产品价格回归市场，价格扭曲得以改善，国内外价差明显缩小。第二，引导生产者按市场需求调整优化种植结构，产区得到优化，市场价格信号的供求调节功能得以发挥。第三，促进农产品质量的提升。第四，合理调整了棉花、玉米等产品进口规模和结构。第五，政府对生产者实行补贴，保护其利益和积极性的同时，也使财政补贴更加有效和精准，减少了大量财政补贴。但农产品价格机制改革中仍存在结构性矛盾突出，库存量、进口量高企，财政压力较大，国内外差价扩大等问题。

【专栏 5】 通过财政补贴调整粮饲结构

为推动农业供给侧结构性改革，2017 年农业部利用中央财政资金 20 亿元，为全国 17 个省（区）开展粮改饲提供补贴。全年累计完成 88.93 万公顷，推动形成以市场为导向的新型种养关系，完善了粮草兼顾、农牧结合、种养一体的农牧业发展格局，收到了积极成效。

首先，促进了玉米去库存和种植增收。2017 年试点地区落实粮改饲面积中，青贮玉米占 95%，高粱、苜蓿、燕麦等其他优质饲草料占 5%。测算表明，试点的实施共减少籽粒玉米 710 万吨，约占试点地区当年玉米总产量的 15%。农民出售青贮玉米每亩平均收入 1081 元，比出售籽粒玉米高 302 元。

其次，促进了牛羊养殖增产增收。调查发现，原年产牛奶 6 吨左右的奶牛喂青贮玉米后，日均产量增加 3 千克，乳蛋白、乳脂肪等质量指标也明显提高。肉牛喂青贮玉米后，日增重提高约 0.4 千克，出栏时间缩短 30 天以上，饲料成本降低900元左右。肉羊喂青贮玉米后，日增重提高约0.05千克，出栏时间缩短15天以上，饲料成本降低40元左右。

再次，促进了种养结合循环发展。在2017年落实的粮改饲面积中，养殖场流转土地自种、种养一体化经营的比例达到36%，内蒙古等部分省份比例超过60%。养殖场利用一体化经营优势，通过牛羊粪便还田等手段，减少化肥用量40%。机械化耕作水平也大幅度提高。

资料来源：宋洪远主编：《转型的动力：中国农业供给侧结构性改革》，广东经济出版社2019年版。

2. 当前农产品价格形成机制面临的挑战

第一，农产品目标价格补贴制度的技术性挑战。一是如何确定农产品目标价格和市场价格。我国幅员辽阔，全国各地的农产品种植条件与资源禀赋各不相同，同样的农产品，其种植成本可能会相差很大。二是如何确定农产品目标价格补贴的方式。当前采取“分品种施策”的方式有助于针对不同品种特性分类调控，增强政策的针对性，但按照现行补贴方式将会被归类为“黄箱”支持政策，使部分品种的补贴水平受到很大限制。三是目标价格补贴的发放操作。如什么时候发放和通过何种途径发放等。四是如何提高政策支持力度在不同农产品之间的均衡性以及政策调整的动态性。“分品种施策”的初衷是根据不同品种的保障需要和市场特性更有针对性地给予支持，但因政策支持力度的不均衡使不同品种之间存在明显的收益差异，实质上形成了对生产品种选择的人为干预，影响了市场价格对种植结构的调节作用。此外，未充分考虑下游需求衔接而仅在种植环节增加补贴、激励农产品生产，未能激活加工消费链，激增的产量导致了农产品价格的下跌容易导致“谷贱伤农”，抵消了补贴的收益补偿功能。

第二，农产品市场风险控制的挑战。农产品定价权交还给市场，价格波动很可能更加频繁。一方面，市场的投机行为可能会大增。在某种农产品开始上市时，以及市场供求关系出现变化时，农产品卖方可能会惜售，造成市场上农产品供应紧张。另一方面，政府的市场调控能力下降。政府在面临农产品市场价格的剧烈变化时，由于没有了最低收购价的保护，可使用的调控手段只能是国家储备，对没有建立储备体系的农产品而言，市场的调控难度将更大。农产品价格剧烈波动会导致整个经济领域的价格波动。

（二）财政支农政策

1. 财政支农政策演变

新中国成立初期，国家百废待兴。此时中央和地方财政有限，对农业的财政支持只占总财政支出的4.36%，支出项目主要满足机构正常运转所需的农、林、水、气象部门事业费和农村的救济费，农业生产领域没有资金投入。随后，在重工业优先发展的战略下，农村为工业化建设提供大量廉价劳动力和土地资源。农产品实行统购统销，1952～1997年，通过农业产品价格“剪刀差”，农业为国家建设积累的资金达17.3万亿元。①

改革开放后，国家调整“以农补工”政策，通过一系列措施改变农业发展落后的局面。提高农产品收购价格，后逐步放开农产品价格；补贴农药、化肥、农机等生产资料生产企业；改革财政支农管理体制，规范财政支农资金预算编制和支出管理；设立农业发展基金，用于农业综合开发项目；1994年开始政府加大对农业基础设施投资力度；不断降低农业税税负，2006年全部免征农业税；改变财政支农方式，2004年起，国家先后实施农作物良种补贴、种粮农民直接补贴和农资综合补贴等三项补贴政策；2011年开始调整增量补贴资金使用方向，新增补贴重点向种养大户、农民专业合作社及各种生产服务组织倾斜；逐步将农村社会事业发展纳入财政保障范围。

党的十八大以来，我国加大对生态环境和农业产业的补贴力度。2016年在全国范围内将农业“三项补贴”合并为农业支持保护补贴，政策目标调整

---

① 中国农村财经研究会课题组：“中国财政支农政策与体系的演变历程”，《当代农村财经》2016年第3期，第11页。

为支持耕地地力保护和粮食适度规模经营；创新财政支农方式，引导社会资本进入农业农村，提高财政资金使用效率；加大财政扶贫开发力度，设立财政扶贫资金、国债资金等专项扶贫资金。①

2010～2016年，我国财政农业支出不断上升，由2010年的2213.5亿元上升至2016年的4005.0亿元，增长80.9%；财政农业支出增速有所波动，2012年增速最快，为20.8%；2014年增速最慢，为3.7%（见图38）。

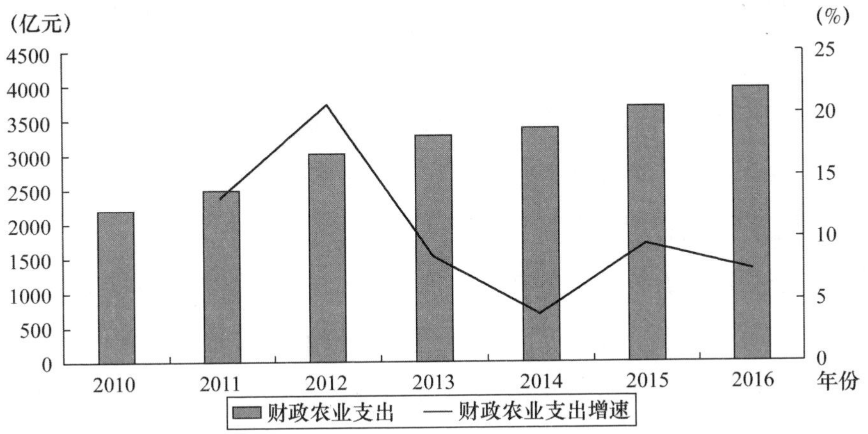

图38　2010～2016年财政农业支出总额及增速

资料来源：Wind数据库。邓菊秋、王祯敏、尹志飞："改革开放40年我国财政支农政策的成效、问题与展望"，《贵州财经大学学报》2018年第5期，第11～16页。

2. 财政支农资金效率提高面临的挑战

第一，支农资金多头管理。现行体制下，十几个涉农资金管理主体并存，不同渠道的资金在使用方向、实施范围、建设内容、项目安排等方面存在交叉重复。与此同时，各部门管理方式不同，且缺乏衔接和联动机制，沟通协调难度大②，一定程度上阻碍财政涉农资金整合，影响涉农资金使用效率。调研中部分地区财政部门指出，中央、省、市下达县级涉农资金达到200余种，资金同质化、碎片化严重，且归属几十家部门管理，交叉重复使用非常严重。

① 邓菊秋、王祯敏、尹志飞："改革开放40年我国财政支农政策的成效、问题与展望"，《贵州财经大学学报》2018年第5期，第11～16页。

② 马晓河、刘振中、郭军："财政支农资金结构性改革的战略思路与对策"，《宏观经济研究》2016年第7期，第3～12页。

比如农民培训项目，有农业部门的“阳光工程”，扶贫部门的“雨露计划”，教育部门的“人人技能”工程，科技部门的远程教育培训，劳动人事部门的农民工就业技能培训，乡镇企业、妇联、团委的各类农村技能培训，等等。这种多部门、多渠道的资金管理体制，与集中财力、连片打造的投资导向背道而驰，难以适应当前乡村振兴战略发展需要。

第二，涉农资金整合困难。涉农资金分项下达与统一使用不匹配。调研中部分地区财政部门表示，虽然政策规定只要纳入统筹范围的涉农资金，都要“一个池子蓄水、一个龙头放水”。但部分上级下达的项目资金已经细化到具体项目，明确了用途，如水利发展资金、林业发展资金以及大部分产业发展资金，这导致统筹整合资金时顾虑重重，在实际操作中只是形式上的整合，仍按原渠道使用，否则就违背了政策规定。

第三，财政支农补贴主体有待明确。随着土地流转越来越普遍，土地承包者已与实际经营者分离。原有的通过“一卡通”将粮食直补、良种补贴、农资综合补贴等直接发放给土地承包者的方式会影响土地经营者的积极性，土地流转大户、家庭农场及农业合作社经营者利益尤其受到影响，且这一做法也不符合农业补贴设置的目标。虽然部分地区已经开展“补贴经营者”的改革，但支持政策支持的缺失使这一工作开展较慢①。

第四，农产品产量与价格双重目标给财政带来挑战。2014 年以来，我国按照“市场定价，价补分离”的原则形成新一轮农产品价格形成机制。在这一机制下，政府既要维持农产品价格保护农民生产积极性，又要控制市场价格波动风险保护消费者利益。这要求财政既要保障农产品产量不出现大的波动，又要维持农产品价格稳定。（详见“专题报告三　农产品价格形成机制研究”）

① 郭军、孔祥智：“新形势下我国财政支农问题研究”，《江淮论坛》2015 年第 7 期，第 20 ~ 25 页。

（三）农业社会化服务体系

农业社会化服务体系是为农业产前、产中、产后各个环节提供服务的各类机构和个人所形成的网络。农业社会化服务包括物资供应、生产服务、技术服务、信息服务、金融服务、保险服务，以及农产品的运输、加工、贮藏、销售等各个方面①。完善农业社会化服务体系，对于确保国家粮食安全、实现农业现代化具有重要意义，有利于促进新型农业经营主体发展，提高农民收入，维护农民利益。

1. 农业生产服务体系建设的历史沿革

计划经济时期，我国农业生产所需服务主要由“七站八所”提供。“七站八所”主要包括三类：一是乡镇直属事业站（所），包括房管所、农机站、农技站、水利站、城建站、计生站、文化站、广播站、经管站、客运站等；二是县直部门与乡镇双层管理的站（所），包括司法所、土管所、财政所、派出所、林业站、法庭、卫生院等；三是“条条管理”的机构，包括国税分局（所）、邮政（电信）所、供电所、工商所、信用社等②。在后续的集体化、合作化时期，通过构建农业生产合作化、农村信用合作化、农村手工业合作化和农业供销合作化，进一步完善了我国的农业生产服务体系③。其中，农业技术推广部门是发展的核心。截至1956年，全国共建立农业技术推广站超过1.6万个，配备干部9.4万人。至20世纪70代末，全国有超过1100个县建立农科所，近2.7万个公社建立农科站，超过3.3万个生产大队、224万个生产队建立农科组④。

---

① 孔祥智、徐珍源、史冰清：“当前我国农业社会化服务体系的现状、问题和对策研究”，《汉江论坛》2009年第5期，第13~18页。

② 黄婧、纪志耿：“完善中国特色农业社会化服务体系评析”，《现代经济探讨》2009年第4期，第64~67页。

③ 芦千文、姜长云：“我国农业生产性服务业的发展历程与经验启示”，《南京农业大学学报（社会科学版）》2016年第5期，第104~115页。

④ 杨汇泉、朱启臻：“新中国成立60年来农业社会化服务体系组织建构回顾及研究述评”，《华南农业大学学报（社会科学版）》2010年第1期，第21~27页。

1978年以后，我国农村普遍推行家庭联产承包责任制，人民公社逐步解体[①]，原有农业生产服务机构不能适应直接面向个体经营者的转变。改革之初，集体经济组织职能的弱化使农业生产服务供给不足。在这一背景下，1982年成立全国农业技术推广总站，恢复各级农业技术推广机构及基层供销合作社商业性质，将县级供销社改为基层社的联合体。20世纪80年代中期开始，对公共服务部门的部分职能进行市场化改革，如改革农业科技和技术推广体系，政策上支持通过合作形式提供农业生产服务[②]。政策环境的逐渐宽松促进农民自发成立农业生产服务组织，如专业技术协会、经营性服务组织。农民经纪人也在这一时期开始出现。随着以家庭联产承包为主、统分结合的双层经营体制的逐渐建立，社会化服务体系得到逐步完善[③]。传统服务组织改革进度加快，供销合作社能够发挥自身优势带动农户进入市场；集体经济组织实力增强，和其他专业合作组织共同发挥联结龙头企业和农户的桥梁作用；原有农村金融机构改革加速，服务功能得到加强[④]。（详见“专题报告八　完善农业生产服务体系”）随着我国社会经济的不断发展，我们需要进一步完善农业社会化服务体系，以顺应农业供给侧结构性改革的要求。

2. 社会化服务体系面临的挑战

新中国成立以来，我国农业生产服务体系取得了长足的进步，农业生产服务内容不断丰富，服务提供的方式也更加多元化，但在发展中仍面临挑战。

首先，社会化服务能力不足。随着农业供给侧结构性改革的不断深入，农民对农业服务的需求已由单一的生产环节服务向资金、技术、信息、金融、管理等综合性服务扩展，但现有产后服务较为薄弱，信息、金融、保险等服

① 高强、孔祥智：“我国农业社会化服务体系演进轨迹与政策匹配：1978～2013年”，《改革》2013年第4期，第5～18页。

② 芦千文、姜长云：“我国农业生产性服务业的发展历程与经验启示”，《南京农业大学学报（社会科学版）》2016年第5期，第104～115页。

③ 高强、孔祥智：“我国农业社会化服务体系演进轨迹与政策匹配：1978～2013年”，《改革》2013年第4期，第5～18页。

④ 芦千文、姜长云：“我国农业生产性服务业的发展历程与经验启示”，《南京农业大学学报（社会科学版）》2016年第5期，第104～115页。

务仍不能满足需求[1]。此外，农产品市场竞争日益激烈使得农民对农业社会化服务质量的要求也越来越高，但公益性农业社会化服务收益较低，发展相对滞后，已无法满足农民对高效优质社会化服务的需求，尤其是在公益性农技推广、动植物疫病防控和农产品质量安全监管等方面[2]。

其次，农业社会化服务体系不健全。一是公共服务机构能力不强。部分地区乡镇机构改革中片面强调减人、减事、减支，简单撤并政府公益性监管服务机构，导致专业人员流失，削弱农业公共服务能力[3]。二是基层农技推广管理体制不完善，队伍素质有待提高，设施条件比较落后，服务能力有限；部分地区县乡两级动物疫病防控机构难以及时发现、报告和有效控制重大动物疫情的爆发与传播；农产品质量监管体系有待完善，省级以下农产品质量监管机构和公共质检机构缺乏有效监测能力。三是合作经济组织、龙头企业、专业服务公司、农村经纪人等自身发展也不够健全。[4]

再次，专业人才不足。调研中发现，国家取消大中专院校毕业生分配制度后，部分农业服务体系鲜有专业技术人员招录，且存在人才外流，农村技术人员队伍“青黄不接”问题较为普遍。人才断层使得国家科研体系与农村经济社会发展之间缺少有效联系，亟须解决技术信息通达农村“最后一公里”的问题[5]。当前专业技术人员老龄化严重，存在知识断层与知识老化问题，提供的技术服务很难满足针对性、时效性要求[6]。

---

① 农业部经管司、经管总站研究小组：“构建新型农业社会化服务体系初探”，《农业经济问题》2012 年第 4 期，第 4 ~ 10 页。

② 宋洪远：“新型农业社会化服务体系建设研究”，《中国流通经济》2010 年第 6 期，第 35 ~ 38 页。

③ 农业部经管司、经管总站研究小组：“构建新型农业社会化服务体系初探”，《农业经济问题》2012 年第 4 期，第 4 ~ 10 页。

④ 宋洪远：“新型农业社会化服务体系建设研究”，《中国流通经济》2010 年第 6 期，第 35 ~ 38 页。

⑤ 张颖熙、夏杰长：“农业社会化服务体系创新的动力机制与路径选择”，《宏观经济研究》2010 年第 8 期，第 12 ~ 17 页。

⑥ 孔祥智、徐珍源、史冰清：“当前我国农业社会化服务体系的现状、问题和对策研究”，《汉江论坛》2009 年第 5 期，第 13 ~ 18 页。

最后，政府和市场定位不清。社会化服务体系中存在政府农业技术部门将自身职责推给乡村集体，而插手本应由赢利组织或合作经济组织承担的职能的现象。一些财政较为困难的乡镇还将政府所有的社会化服务组织承包或转包给个人且不加监督①。政府部门对本应由市场承担职能的干预使其同时成为规则的制定者和服务的参与者，破坏了市场竞争②。此外，市场化服务主体更关注营利性，使得服务供给过剩与供给不足现象并存。（详见“专题报告八　完善农业生产服务体系”）

（四）农产品质量监管

农产品质量关系国计民生。随着收入水平的提高，人们从关注吃饱转向关注吃得安全、优质、绿色、营养。农产品质量安全建设是解决人们对高质量农产品需求日益增多和高质量农产品供给不足矛盾的重要措施。（详见“专题报告四　农产品质量监督管理体系研究”）

1. 我国农产品质量安全建设现状

近年来，我国农产品质量安全建设工作取得重大进展。一是逐步落实地方政府属地责任，全面启动国家安全县创建，将农产品质量安全工作纳入政府考核体系，平均权重由2.5%提高到5.8%以上。二是推行过程管控，提高农业标准化生产能力。农业部门组织制定农药残留限量标准5150项，兽药残留限量标准2191项，制定发布农业行业标准5704项，基本覆盖我国常用农兽药品种和主要食用农产品。三是完善相关法律、行政法规、部门规章，提高执法监管水平，严厉打击违法违规行为，及时曝光典型案例。四是提升农产品质量安全评估预警能力。实施国家农产品质量安全例行监测计划，对31个省155个大中城市、110种农产品，监测参数94项，抽检样品21.5万个，

① 宋洪远：“新型农业社会化服务体系建设研究”，《中国流通经济》2010年第6期，第35～38页。

② 高强、孔祥智：“我国农业社会化服务体系演进轨迹与政策匹配：1978～2013年”，《改革》2013年第4期，第5～18页；刘璐：“我国农业社会化服务体系发展问题研究”，吉林大学，2016年。

获取有效数据 804.1 万个，及时发现并督促整改不合格问题。五是加强队伍建设。建立农产品质量安全监管机构，落实监管人员 11.7 万人。六是引导鼓励企业加强和完善质量管理，通过提高技术、完善生产管理和质量控制流程，提升农产品的品质。

【专栏 6】　　伊利：以技术和管理提高产品质量

过去很长一段时间，我国奶牛饲养模式比较落后，奶牛规模化养殖程度不高。2008 年 100 头以上的规模养殖比例只有 19.5%。基本上是农民个体饲养和庭院饲养为主，游走村庄的奶站收奶员向散户收奶，再交给乳制品公司作为原料。受饲养条件和环境的限制，以及奶农对防疫知识、疾病知识的欠缺，整个过程缺乏有效完善的质量监控，奶牛患病无法得到及时有效的救治，奶牛产奶量不高，原奶质量不稳定，奶农的收益也难以保证。

为有效解决这一问题，20 世纪 90 年代初，伊利着手建立优质奶源基地，并坚持通过奶源基地建设模式的不断创新，带动整个产业发展。在奶源基地创新建设过程中，伊利先后完成由“公司 + 农户”发展模式→“公司 + 牧场小区 + 奶户”发展模式→“公司 + 规范化牧场园区”发展模式→“公司 + 奶牛合作社”发展模式的转变，一系列创新升级，有效保护奶农利益、带动地方经济、实现企业发展目标。

2008 年开始，伊利集团逐步提升奶牛养殖规模化、集约化、信息化水平。截至 2017 年底，伊利在全国拥有自建、在建及合作牧场 2400 多座，其中具有行业重要影响力的标杆、大型的标准化、规模化牧场达 1200 家，标准化、规模化的养殖在奶源供应比例达到 100%。并在亚洲、欧洲、大洋洲、美洲等积极整合全球优质奶源资源，更好地满足消费者对高品质乳制品的需求。

伊利将物联网、大数据、移动终端等技术手段运用在奶源基地管理中，推动牧场奶牛养殖与生产工作中应用智能饮食管理系统、智能繁育管理系统、智能质量管控系统、智能远程服务系统、智能挤奶管理系统、智能生产管理系统，实现生产智能化、服务远程化、管理数字化的牧场智能化生产、管理方式，推进“互联网+”与畜牧业跨界新融合，提升牧场现代化经营管理水平和运营效率，从而打造优质奶源，保证原奶质量稳定，夯实品质基础。2010年，伊利集团成立奶牛科学研究院，强化新技术研发与转化，推广普及先进养殖技术，提升国内奶牛养殖行业的技术管理水平；奶牛科学研究院无偿为牧场开展培训与指导，提高牧场饲养水平，推动牧场实现科学化饲养、标准化管理，取得了非常好的社会效益，推动了奶牛养殖业的快速发展。

奶车运输环节，伊利集团采取双层保险即铅封管理，所有奶车都配备“一罐一铅封”管理，使原料奶运输过程管理的可控性增强；而为实现原料奶运输过程的可控，公司在全国所有奶源车辆全部安装视频监控定位系统，用GPS系统实现全球定位、电子盯车，保证全天候24小时在线管理，保证牛奶在运输途中的安全。

生产环节中，智能制造在生产制造设备的自动化、过程管理的信息化、数字化方面对食品安全至关重要。伊利的各生产工序，通过集聚全球最先进的设备，打造智能制造示范工厂，通过采用国际一流设备严格检验产品及原辅材料，并在生产过程中采用全过程质量控制，组建自动化生产线和使用自动码垛，通过信息化系统实现从研发、成本管控、品质保障到产品流通全过程的数据挖掘与分析，敏锐地捕捉生产制造环节的食品安全风险，使食品安全链条变得可视化、可数据化。而在原奶、半成品和成品进行检测方面，伊利更是制定严于国家标准或欧盟标准的“企标线”及“内控线”。

产品终端流通环节，伊利建立覆盖全国的ERP网络系统，以规范物流、跟踪产品去向，同时还利用信息手段监测，保障产品流通的“最后一公里”。伊利还推出“食品质量安全追溯系统平台”，让消费者用智能手机、平台网站，就可追踪产品的何去何从。

在取得成绩的同时，农产品质量安全问题也不容忽视。目前我国仍处于农产品质量安全事件的高发期，制假售假、违规添加等违法违规行为屡禁不止。技术进步、生产经营方式改变以及新的污染物出现给农产品质量安全带来多样化风险。消费者缺乏质量安全科学认知，一方面导致维权不足，另一方面易受互联网影响，导致个别局部问题迅速发酵蔓延引起信任危机。

2. 农产品质量监督管理面临的挑战

当前我国农产品质量监督管理还存在一系列的挑战。

第一，分散化经营增加了监管难度。我国农业生产经营主体体量小、数量多、经营分散，增加农产品质量监管难度。我国有农户 2 亿多，户均耕地仅有 7 亩多；生猪养殖户超过 6000 万，但年出栏量 500 头以上的规模养殖户仅有 44%。小而分散的经营主体在投入品使用方面不够规范，农产品分级和包装技术水平也有待提高；规模小、分散化经营也制约了农产品标准化生产和追溯管理。

第二，科技水平制约农产品质量监管。我国农产品质量安全风险评估起步较晚，现有技术标准科技含量较低且标准体系不够完善和统一，过程控制技术、检验检测技术、设施装备等尚不能满足现实需求和国际贸易要求。

第三，质量监管体制机制不健全。我国农产品质量安全管理体系涉及多个部门，存在管理职能错位、缺位和交叉分散现象，且很难协调配合。如农业部门和市场监管部门分别对产地准出和市场准入做出规定，但实践中二者衔接不畅，很难追溯问题源头；农业综合执法部门与食品安全执法部门权责边界不清晰，重复执法和推诿执法现象并存；农业部门、市场监管部门、公安部门间信息共享机制有待进一步强化，行政执法和刑事司法部门的衔接机制也有待进一步完善。

第四，监管执行能力有待提升。一方面，检验检测机构分属农业、市场监管、卫生、商务等多个部门，统一规划建设的缺失使低水平重复建设情况普遍；另一方面，基层监管机构监管执行能力不足。检测经费不足、检测设备配备数量少、检测人员数量少且部分专业素质不过关，甚至约 1/4 的县尚未建立监管机构。大部分乡镇监管机构不具备实验室检测能力，只能做快速检测进行定性分析，发现问题只能上报送检，发现问题通常为时已晚，严重阻碍问题农产品及时封存、处理、销毁。部分省份没有设立村级农产品质量安全协管员，农产品质量监管的“最后一公里”的问题没有解决。

第五，法律法规规章等建设滞后。一是相关法律法规未及时修订，一些条款已明显不适应农产品质量安全建设最新形势；二是农产品质量安全处罚力度非常弱，一般罚款额度规定在2000元以内，最高额度2万元，违法成本过低；三是两法并行产生监管漏洞，食用农产品质量安全分段监管容易产生监管缝隙，《农产品质量安全法》和《食品安全法》规定不一致容易造成“两法”混用、择法而用的现象。

五、政策建议

（一）聚焦农业供给侧结构性改革的关键问题

瞄准和锁定关键的结构性问题，制定近、中、长期的结构性改革任务。产品层面，在短期要优先解决玉米、大豆的供求关系失衡问题，中、长期重点解决农产品品质和品类结构失衡问题。在产业结构层面，优化粮、经、饲在农业产业中的结构，促进协同发展。在生产结构上，重点要转变粗放、高消耗低产出生产方式，推动清洁、绿色、安全生产，提高农业生产的科技含量。在经营结构上，推动形成个体农户、种植大户、合作社和各类服务机构、龙头企业多元共生、协调发展的格局。在区域结构上，关键要优化农业生产力的区域布局。

建立粮食安全保障的长久机制。把粮食安全保障战略安排与粮食产业的产业链延长与发展政策有机结合。监测与研判中国人口规模和结构变动以及区域迁移，有效把握未来粮食需求的结构变动趋势和区域集中需求效应，需要制定出能够及时应对的应急策略安排。建立东北农业特区，强化国内粮食生产潜力，大力开展区域间的粮食供需匹配制度。建立以进口原料粮为核心的粮食加工及关联产业全球出口基地的同时，着重强化建设南北粮食通道或走廊，尤其是要全面开展粮食物流通道的建设，实现安全战略与策略的统筹协调机制和应急反应机制的统一。推进建立国际粮食进口国家或地区联盟的国际制度安排，积极开拓远东和中亚及东南亚的周边粮食市场，确保进口来源的近距离化和多元化。

以要素市场化改革为农业供给侧结构性改革的核心。要使农村土地、金融、劳动力市场的改革与全国整体的要素市场改革相衔接，目标是建立全国统一的资源要素市场，从根本上改变城乡资源配置的制度性扭曲。

强化政策与制度对农业供给侧结构性改革的保障作用。要充分认识农业供给侧结构性改革的长期性，以及在全面深化改革和长远现代化建设中的重要地位。要着力建立适合国情的、系统和协调的政策框架和制度体系。

（二）以深化农村土地制度改革为关键突破口

农村承包地“三权分置”改革要根据新的《土地管理法》进一步阐明国家、集体和农民的权利。在法律上要明确集体收回承包地的条件以及集体经济组织或村委会对回收承包地的权利；明确集体成员权资格条件；明确集体经济组织或村委会对集体建设用地、回收宅基地的权能以及授权程序；赋予集体在符合国家规划前提下的土地开发权，确保经营性集体建设用地与国有土地同权；明确承包权不可以抵押；明确经营权享有抵押、担保的权能。

加快推进农村土地多权同确。确权登记颁证是农地三权分置工作的基础，一是要针对各地存在的多种确权和登记模式，出台面向统一土地交易市场的法律解释和政策指引；二是推广土地多权同确，明确国家、集体、个人（企业）的权力边界；三是提高土地确权质量，重点处理好历史遗留问题；四是开发和发放农民和农业经营主体的土地权利账户和土地卡，开发地权收集查询终端；五是探索区块链技术在土地登记交易中的应用，克服土地登记操作成本高、登记积极性低、信息不透明等问题。

加大“三块地”改革力度。一是扩大经营性集体建设用地入市试点范围，在试点成熟省份扩展为全省试点，选择更多省份开展试点工作；二是增加农村经营性集体建设用地的指标供应，探索将农村废弃宅基地和其他闲置土地转化为经营性建设用地；三是参考城市国有用地土地使用权，将农村宅基地使用权确定为70年；四是鼓励农村家庭住宅和宅基地使用年限内长租，扩大宅基地有偿退出试点范围；五是扩大农用地征地改革试点，在33个试点县的基础上，选择部分条件成熟的省份开展全省试点；六是完善耕地增减挂钩，试点跨省区耕地和建设用地指标流转和交易，加快建立全国统一土地市场；七是放宽农业用地配套设施建设的用地指标，完善配套设施建设标准和规范，为发展乡村农旅休闲产业提供支撑。

（三）完善农村金融服务体系

在县域层面的正规农村金融市场，金融供给实质上仍是垄断性的，未来改革的方向应该是允许金融机构（包括农信社和村镇银行）在农村范围内的跨区经营，优胜劣汰，通过竞争改善金融服务的水平和质量。进一步完善中国农业银行和邮政储蓄银行的三农事业部制度，扩大基层分支行的贷款权限，完善服务“三农”的绩效考核机制，限制基层银行分支机构向上级行的转存款规模以及参与同业市场。

依托互联网大数据平台，推动建立整合的农村征信体系。完善现有涉农金融服务的考核指标体系和统计标准。金融服务要随着人走，切实满足人的多样化发展需求。不能将农村金融限定在农村地区和农业，有金融需求的人在哪里，服务跟到哪里。在金融业务领域的选择上，当前特别忽略的是对农民城镇化过程中的消费性和生产性金融需求满足不够。

在现有技术条件和金融模式下，正规金融部门的金融供给能力仍然远远不能满足农村的金融需求，因此仍有必要引导并规范非正规金融供给。对于小额贷款公司，应该根据其实际经营的情况（包括治理结构、风险管理、规模、资产质量、经营收益等），允许用长期借款或政策性金融机构转存款等方式扩大经营规模，同时严格对借款利率进行监督和管制。对于存量的 P2P，政府层面要建立更完善的监管体系，消化已经显性化或潜在的金融风险，避免对规范运营的正规金融机构和其他金融机构造成严重的冲击。

（四）加强农村人力资本投资，优化新型农业经营主体结构

加强对农村地区（特别是贫困农村地区）的人力资本投资和农业人才培养。在农村地区，要重点关注 0 ~ 3 岁儿童早期阶段的养育和学前教育，普及正确育儿知识。在贫困地区，政府需要与社会进行广泛和紧密的合作，提供农民家庭负担得起的保质量的育儿服务和早期教育。在义务教育阶段，缩小城乡教育资源投入差距的同时，特别要探索应用互联网远程教育以及慕课等创新方式缩小教育鸿沟。完善大学和中等职业教育体系，增加设置新型农业人才培训课程，政府和相关机构可以通过定向委培、发放教育券和提供助学贷款等方式支持相关的人才培养。鼓励大学和培训机构开展公益性或商业性的新型农业职业培训和技能提升项目。

积极推进以人为核心的新型城镇化，落实好到 2020 年 1 亿人城镇落户。在落实户籍制度改革的同时，关键要推进和户籍相关的基本公共服务的均等化，降低农民工举家进城定居就业的成本，使农村人口向城市的转移在结构上更加均衡，同时也通过减少农村人口优化农业相关资源要素的配置，并为农村公共服务质量的提升创造空间。

在推动农村人口更均衡流出的同时，也要积极采取措施引导城市优质的人力资源回流农村，并通过人口的回流带来资本、技术的回流。这种优质人力资源向农村的回流，必须遵循市场规律，而且避免仅限于本地原先流出人口。这需要对农村土地相关权利制度的配套改革。

积极培育大户、家庭农场、合作社、龙头企业等新型农业经营主体，优化经营主体的结构，推动符合我国国情的适度规模经营。在此过程中，仍然要厘清政府和市场功能的边界，遵循市场规律，政府要更多着力提供一般性的公共服务，避免扭曲市场，导致新型经营主体“其兴也勃，其亡也忽”。

在当前，要严格农业合作社准入、监测及退出机制。做好农业合作社登记前的调查核实工作，对不符合条件的，一律不予登记。创新动态监测考核机制，对各级表彰的示范社、规范社进行跟踪复查，对于一般性合作社实行动态监测，确保合作社运行有效、发挥作用。建立退出机制，清理一批无效运行合作社。优化金融扶持方式。开展合作社信用评价体系建设，促进合作社提高信用度；政府搭桥，加大农民专业合作社与金融机构的对接洽谈力度；开展内部资金互助，提高农民合作社内部资金的效益；完善企业与合作社的利益联结机制，实现龙头企业与合作社的深度融合。推动合作社区域性联合发展。搭建多层次、多领域的发展平台，用科技创新驱动发展。开拓市场体系，支持开展农超对接、农社对接等活动；引导农民专业合作社发展电子商务。引导合作社以产业为依托、以市场为导向、以品牌为纽带、以产权重组为辅助，建立区域性的联动组织。创设以合作社为承接主体的农业基础设施建设投资基金。明确权责，合作共赢。建立紧密的利益联结机制，鼓励农民专业合作社参与农业基础设施建设，并通过订单带动、利润返还、股份合作等模式进一步完善与农户的利益联结机制，建立长期稳定的合作关系。平衡农民专业合作社、政府和社会资本等各方利益，明确各参与主体的责任、权利关系和风险分担机制。建立稳定的投资回报机制。

（五）提升耕地资源、水资源保障能力

依据最严格的耕地保护制度，通过耕地占补平衡、永久性基本农田划定等政策性措施，实现耕地资源数量动态平衡的目的。保护优质耕地资源的同时，改善耕地土壤的质量。从技术层面减少和治理耕地土壤污染，全面实施土壤肥力检测工程，作为大力推广测土配方施肥技术的依据，提高化肥使用率，减少化肥施用导致的面源污染。继续推广有机肥替代化肥，以及实施作物替代技术，加大对污染土壤的治理力度。从制度层面保障耕地恢复活力，扩大轮作休耕试点，健全耕地休养生息制度，建立与完善市场化、多元化的生态补偿机制，促进耕地活力的恢复，确保国家粮食安全。根据绿色发展理念，通过创新监管体系，规范农业生产资料的生产行为，从源头上解决农产

品生产中生产资料投入带来的污染。

以最严格的水资源保护制度，确保水资源可持续利用。根据最严格水资源管理制度的要求，采取综合管理措施，确保水资源管理的“三条红线”，以实现水资源的可持续利用以及满足农业生产灌溉用水的需求。同时，切实加强水域环境的监测与环保执法力度，切实杜绝工业企业对水资源的污染；在农业生产领域，应从生产投入着手，控制农业面源污染，减少其对水体的污染。强化水生态治理，提升水资源的保障能力。立足于系统论思维，统筹自然生态各种要素，把治水与治山、治林、治田有机结合起来，协调解决水资源问题，提升水资源对农业发展的保障能力。创新农业用水机制，实现农业节水目的。强化“适地”原则，依据不同区域的气候条件、水资源条件等，确定农业节水的重点区域；根据重点区域的农业生产状况，注重其节水技术的开发与集成；建立不同区域农业用水的机制，以实现农业节水的目的。

（六）创新污染治理机制

一是重构产业发展模式，减少面源污染。重构循环型农业产业体系，实现种植业与养殖业的协调发展。注重加强农作物秸秆还田技术的成果转化，提升农作物秸秆综合利用水平。加快促使适用于低温地区农作物秸秆腐烂的生物技术及产品的开发，以及深耕技术及机械、秸秆粉碎技术及机械的开发。

二是创新监管机制，规范农资主体、农业主体的生产行为。在化肥生产方面，要根据农业农村部推行的测土配方施肥的要求，生产满足区域需要的肥料；在农药生产方面，应杜绝剧毒农药的生产，加大生物农药的技术推广；在农用地膜生产方面，推广可降解薄膜生产技术，降低其生产成本；在饲料生产方面，杜绝铜、锌、砷等重金属元素的添加，以减少随养殖废弃物进入土壤或水体对其造成重金属污染。加快制定严格的农产品质量标准体系，使产前、产中、产后的质量监督、管理都能与国际市场接轨；建立与完善农产品生产的服务体系，提高农产品生产化解自然和市场风险的能力；强化农产品质量的安全检测监督。建立一支专业技术人才服务队伍，发挥其在农产品质量检测的作用，强化检测监督力度。

三是创新回收机制，实现农业废弃物资源化利用。对解决白色污染而言，一方面开发可降解的农用塑料薄膜，另一方面开发残留在耕地中的农用地膜捡拾机械。积极推进农业废弃物资源化利用工作，提前为农业废弃物资源化利用找到出口；企业或者科研部门要积极参与其中，对资源化利用的技术进行研究，确保回收之后的再利用落到实处。进一步创新补偿机制，使得利益相关者都能积极参与其中，形成完善的农业废弃物资源化利用网络。

（七）完善农产品市场基础设施

完善价格形成机制。坚持“市场定价，价补分离”的原则，但在推广中要考察基础支撑条件约束，继续“分品种施策、渐进式推进、强化弹性调控”。目标价格补贴向主粮推广，应首先选择分布相对集中、规模户较多的品种和区域，比如广西的糖料和东北的玉米。目标价格水平和补贴范围要动态调整，以防止效果扭曲。继续根据国内外形势变化调整目标价格水平；根据财政状况和生态条件调整补贴范围；注意“重点农产品”在不同时期的变动。建立、完善目标价格补贴的配套政策体系。配套应急收购政策、灾害救助或灾害保险措施、贷款支持政策以及新的配套支持政策，如休耕补贴、资源环境保育补贴。

建立开放共享的农业信息采集和发布平台。农产品目标价格补贴的实施关键在于价格、面积、单产和生产者信息等准确数据的支撑，以及通过互联网技术手段降低操作成本和控制道德风险。此外，目标价格水平的确定也需要对国内外市场行情的科学预测。中国应运用现代网络信息技术、大数据、云计算，建立开放、共享的农业信息系统和信息平台，强化对国内外农产品市场行情的研究预测能力，建立完善的信息发布制度。这些也是今后任何农产品支持政策有效实施的关键支撑条件①。

---

① 齐皓天、徐雪高、王兴华：“美国农产品目标价格补贴政策演化路径分析”，《中国农村经济》2016 年第 10 期，第 82 ~ 93 页。

加强农产品质量监督管理。加快建立农产品标准体系，重点制定食品安全国家标准、生态与环境保护标准，加强农产品质量安全标准制修订工作。全面加强问题治理，强化专项整治和监督执法，加强监测预警和风险评估，深入推进安全县创建，全面强化质量追溯管理，完善应急处置机制。加快提升体系队伍能力，加强基层监管执法体系建设，提升检测体系能力，增强科技支撑能力，强化协调配合和绩效落实。

加快农产品统一市场建设。一方面，完善铁路等基础设施，消除限制农产品自然整合的自然地理因素。同时进一步促进预算外行政收费规范化和制度化，如将公路收费纳入增值税抵扣范围。另一方面，规范政府行为，打破阻碍农产品市场整合的制度性因素。同时，加快现代商贸流通体系建设，发挥大数据在降低流通成本、优化流通渠道方面的溢出效应①。

（八）稳步推进市场开放，细化贸易促进与管理

中国应坚持 WTO 基本原则与核心价值，推进市场开发，维护多边体系。积极推动区域合作，适时考虑启动与欧盟、英国等重要贸易伙伴的贸易和投资协定，开展更高水平、基于规则的区域经济合作；加强与“一带一路”沿线国家、金砖国家、上合组织的机制化合作，促进贸易投资的自由化和便利化。中国与“一带一路”相关国家在农产品贸易方面有很强的互补性。应一地一策，因地制宜，开展农业合作。

细化贸易促进与管理，提高政策协调性和匹配度。对于资源性产品，明确以提高议价能力为政策导向；对于一般农产品，应坚持以市场为导向、以企业为主体的原则；加强对重点国家农业资源、重点产品生产和贸易增长潜力的数据分析，提高外交与商务、对外援助与贸易投资合作之间的政策协调性。强化信息监测和贸易预警。利用新一代互联网技术，提高农业生产和农产品贸易的信息化水平；掌握农产品信息发布的主动权；做好农产品生产和

① 陈宇峰、叶志鹏：“区域行政壁垒、基础设施与农产品流通市场分割——基于相对价格法的分析”，《国际贸易问题》2014 年第 6 期，第 99 ~ 111 页。

贸易的监控和调控，根据不同产品的生产条件、市场需求趋势，确定动态、科学的进出口安全阈值。提高贸易便利化程度。提高政策法规环境的规范性和透明度；加快中国与相关国家的运输、仓储等基础设施建设和互联互通；简化海关程序，提高口岸清关效率，减轻海关手续负担。

（九）完善农业生产服务体系

明确农业生产服务供给主体权责边界。公共服务组织只提供公共性服务，逐步减少直至退出经营性服务组织提供的有关服务，专注提供农技推广、植保、水利、气象等具有公共品性质的服务，进而维护有效的市场竞争；政府有关部门通过制定有关法律法规、财税减免等措施引导经营性服务组织关注盈利性较小的服务的提供；合作型服务组织专注于为组织成员自身提供更多的服务，尤其是为成员提供金融服务和市场信息服务；其他社会组织则作为重要补充。

注重综合服务、新型服务项目。农田水利设施、农业机械设备、农业技术推广等服务的提供能力需要进一步增强。同时需要更加注重信息、金融等综合性服务以及绿色生产技术、农业生产废弃物回收利用、土地托管等服务的提供。注重互联网、物联网及人工智能等新技术在农业生产服务中的应用。培养有关人才，建设制度体系，进而更好地完善农业生产服务体系。

（十）完善农产品质量监督管理体系

推动诚信体系建设，营造良好的社会氛围。逐步构建以信用为核心，事前信用承诺、事中信用监管、事后信用评价的新型监管机制。推动农产品质量安全县、菜篮子主产县、粮食大县的规模生产经营主体全部建立信用档案。将“农安信用”平台延伸到省，推进部省信息互联互通。建立农产品质量安全信用评价标准，鼓励行业协会和第三方机构开展信用评价，为社会提供更多的信用产品和服务。建立“黑名单”、失信联合惩戒等信用约束机制，将农产品质量安全信用作为各类农业项目评选、资格审查、行政审批等工作的必要条件，对失信主体实行一票否决制，引导诚信经营。

修订和完善法律法规，严格执法。要加快相关法律修订进程，保证法律的系统性和完整性；及时修订已明显不适应当前农产品质量安全监管形势的条款，修改操作性不强、实施难度大的法律条文；加大对农产品质量安全违法行为的处罚力度，对违法生产经营者实行最严厉的处罚，突出各类主体责任，建立健全地方政府和监管部门的管理责任，综合运用民事、行政、刑事等手段，建立最严格的法律责任制度，对失职渎职的地方政府和监管部门实行最严肃的问责。推动完善地方性法规。各省级人大及其常委会要结合本地实际进一步细化上位法的规定，制定或修改农产品质量安全相关条例，增强法律的操作性、规范性、约束性。

专题报告一

中国粮食供求与粮食安全形势分析

陈永福　中国农业大学经济管理学院教授、博士生导师

韩昕儒　中国农业科学院农业经济与发展研究所助理研究员、博士

李国景　中国农业科学院农业资源与农业区划研究所助理研究员、博士

朱文博　中国农业大学经济管理学院在读博士生

一、引　言

农产品的需求总量刚性增长已是大势所趋。根据 OECD-FAO（2017）的预测，到 2026 年中国粮食[①]需求总量为 5.59 亿吨，将比 2016 年的 5.24 亿吨增长 6.8%，肉类总需求为 0.98 亿吨，将比 2016 年的 0.86 亿吨增长 13.2%。究其原因，第一，中国人口的持续增加会推动食物需求总量增加。根据联合国人口预测的中位方案，2026 年中国人口总量将超过 14 亿大关，这必将成为食物需求增长的"刚性"动力；第二，畜产品需求量的不断增加也导致中国饲料粮需求量不断扩张，进一步导致粮食总量呈"刚性"增长态势；第三，玉米深加工的迅速发展会拉动玉米的工业需求，而且生物质能源的快速发展及农业供给侧改革背景下玉米加工用粮的宽松政策会加大工业用玉米需求的预期（辛贤，2003；陈永福，2004；Wang et al.，2005；胡小平和星焱，

① 这里指狭义的粮食概念，不包括大豆。后文同。

2012；陈永福等，2015；Dong et al.，2015；Yu et al.，2015；农业部市场预警专家委员会，2016；OECD-FAO，2017）。

居民对高质量农产品的需求越来越高。随着经济发展水平的提高和人们生活质量的改善，人们对含碳水化合物较多的谷物的需求减少，而对含蛋白质和脂肪较多的高质量肉类的需求明显增多（Gale et al.，2002；Dong and Fuller，2010；Henchion et al.，2014；Min et al. 2015；Yu et al.，2015）。在食物消费结构中，虽然人均谷物需求量有所下降，从1991年的185.73公斤下降到2016年的151.87公斤，但是人均肉类需求不断上升，从1991年的20.76公斤增加到2016年的50.03公斤（OECD-FAO，2017）。而与直接消费粮食相比，每消费1公斤肉类就相当于需要间接消费超过2公斤以上的粮食，不同肉类的饲料消耗系数存在显著差别，但多数在1∶2～1∶16公斤之间。这也表明，在人口总量持续保持高位情况下，高质量农产品需求增加必然导致粮食需求总量（直接和间接）是增加而不是减少。

消费年龄结构的转变致使高质量农产品需求增加。一方面，随着中国人口老龄化的加剧，老年人在消费人群中的比重上升，食物消费量本该下降，但相关研究表明，消费量确实在下降，但支出额上升（李国景和陈永福，2018a；李国景和陈永福，2018b），这说明价格相对较贵的高质量农产品越来越多地进入我们的餐桌。另一方面，2016年以来“二孩”生育政策的全面实施可能会导致出生人口总量增加，这也会推动中国居民对高质量的婴幼儿食物需求的持续增加（Gould and Villarreal，2006；向晶和钟甫宁，2013；Min et al.，2015；Ulubasoglu et al.，2016）。

快速推进的城镇化进一步加剧了高质量食物的需求。城镇居民随着收入的提高，生活水平不断改善，富含营养、有益健康的高质量食物成为必需品。目前，中国的城镇化率已经接近60%，距离发达国家的70%～80%还有巨大的进步潜力。同时，2014年3月国务院发布的《国家新型城镇化规划（2014—2020）》中提出要“实现1亿左右农业转移人口和其他常住人口在城镇落户”与2016年9月30日发布的《推动1亿非户籍人口在城市落户方案》，均显示推动中国城镇人口进一步增加的宽松环境及较大的支持力度。因此，持续增加的城镇居民必然会扩大对高质量食物的需求（刘秀梅和秦富，2005；王国刚，2010；郑志浩等，2015）。

食物供给面临不平衡不充分。根据 OECD-FAO（2017）的数据，2016 年中国粮食产量 5.01 亿吨，肉类产量 0.84 亿吨，预计 2026 年将分别达到 5.28 亿吨和 0.96 亿吨，增幅分别为 5.5% 和 14.6%，均低于粮食和肉类的总需求量，供给形势不容乐观。食物供给侧的不平衡不充分主要体现在以下四个方面。

第一，高质量农产品的供不应求将成为主要矛盾。面对高质量农产品需求的刚性增长和供给的不平衡不充分，如何利用国内国外两个市场、两种资源，有效提高优质食物供给将成为新时代亟待解决的问题（唐华俊，2014；王济民，2018）。

第二，气候和环境因素是决定农产品生产的重要因素。随着全球变暖，气候因素对粮食生产的影响逐步深化，同时，在气象灾害不确定性增加背景下，粮食生产对石化资源和水资源的依赖性也逐步增强（Liu et al.，2004；Xin et al.，2015；龙方等，2011；Chen et al.，2013；Chen et al.，2017；Blanc and Reilly，2017；Zhang et al.，2017）。

第三，随着生物燃料产业的发展，生物燃料生产势必会和传统农业生产争夺耕地资源，致使粮食生产结构和收益发生变化。比如能源作物玉米对其他粮食作物生产的竞争性替代，最终导致农产品供给的不平衡（吴方卫等，2009；付青叶等，2011；王舒娟，2015；Thornhill et al.，2016；Renzaho et al.，2017）。

第四，城镇化和环保政策会进一步加深农产品供给的严峻形势。城镇化的快速推进和国内生态环境政策的实施导致耕地数量减少，进一步提高了粮食生产的不稳定性和脆弱性，从而加剧农产品供给的严峻形势（曾福生，2015；He et al.，2017）。

可见，中国粮食供求影响因素已从传统走向非传统，食物质量、人口结构、食物需求结构、城镇化加速、生态环境、气候变动和生物能源发展等因素已经成为新时代背景下决定食物安全的重要因素。在农业供给侧结构性改革稳步推进，下大力气实施乡村振兴战略的背景下，上述因素综合交互作用的影响不容忽视，粮食总体供求不平衡不充分的局面可能会长期存在。

中国经济已经进入从快速发展转为新常态和高质量发展的新时代，农业供给侧改革进程中面临多方面的压力和挑战，中国粮食供求也呈现出新特点和新局面，如何确保中国粮食安全依然是优先政策选项。

一方面，保证中国粮食供求平衡和粮食安全是食物安全的前提和保障，能否保障粮食安全会直接影响人民生活、社会稳定与经济可持续发展（吕新业，2013），如何把中国人自己的饭碗牢牢端在自己手中至关重要。另一方面，虽然 2017 年全国粮食产量为 61791 万吨，自 2013 年以来连续五年超过 6 亿吨（国家统计局，2017），但是粮食供求的结构性矛盾依然十分突出。这主要归因于居民收入持续上升导致的食物结构变化，在改善营养的同时增加了对饲料粮的需求，并非食物消费绝对量下降或普遍不足（钟甫宁，2016）。可见，粮食供求和粮食安全问题在新时代展示出了新表现和新矛盾，需要进一步探讨。

十九大报告提出，新时代的一个重要特征就是社会主义基本矛盾转变为人民日益增长的美好生活需要和不平衡不充分的发展之间的矛盾。中国食物供求的主要矛盾主要为食物供求的不平衡不充分，农产品阶段性供过于求和供给不足并存，农业供给质量亟待提高，粮食供求的结构性矛盾非常突出。

一方面，新时代的食物需求面临新形势和新特点，由对数量需求转变为质量需求，由饱食性需求转变为功能性食品需求，由家庭内消费需求为主转变为消费多样化；同时，粮食需求也由传统的直接食用转变为饲料、工业等多样化需求方式。另一方面，食物供给也面临质量与数量的不平衡不充分、总量与结构的不平衡不充分、城乡和区域的不平衡不充分以及农业生产与环境协调发展的不平衡不充分。

可见，不平衡不充分的局面需要重新思考来应对中长期的粮食供求形势和粮食安全应对战略。因此，有必要依据新时代乡村振兴战略和农业供给侧结构性改革的要求，从粮食供求的新特点、新形势和新模式出发，基于粮食、生态、能源、社会和经济视角，建立综合粮食安全战略保障机制。

二、基于贸易历史视角的粮食贸易变动趋势分析

（一）中国谷物贸易的历史变动趋势

图1显示了中国谷物净出口量的历史变动情况，随着历史的推移，中国谷物净出口量（负值表示净进口）的变动幅度不断扩大，尤其是20世纪90年代以后这种变动幅度有些年份都接近2000万吨的水平。从各个历史时期来看，1867～1950年中国基本上是谷物净进口国；1950～1960年是谷物净出口国；1961～1984年是谷物净进口国；自1984年以后，每间隔一段时期就出现谷物净出口和谷物净进口的交替，而且一旦进口，净进口量就相对较大，尤其是1995年中国谷物净进口量高到1975万吨，而2003年中国谷物净出口量就高达1992万吨，但2012年净进口量达1297万吨。需要说明的是，如果包括238.2万吨DDGS（按1吨DDGS换算1.2吨玉米），2012年中国玉米净进口781万吨。2017年，中国谷物净进口量达到2399万吨，与2012年相比增幅达85%。

可见，20世纪90年代中期以来中国谷物净进口量的急剧波动，使得世界尤其是东亚的粮食净进口国对中国粮食安全问题产生了很大的忧虑，玉米大量进口已成一个趋势。

（二）中国大豆和植物油贸易的历史变动趋势

从图2可以看出，在20世纪90年代中期以前，除1970年，长期以来中国都是大豆净出口国；自从1996年中国呈现为大豆净进口国以来，中国大豆净进口量急剧上升，到2017年，中国大豆进口量已经达到9553万吨。

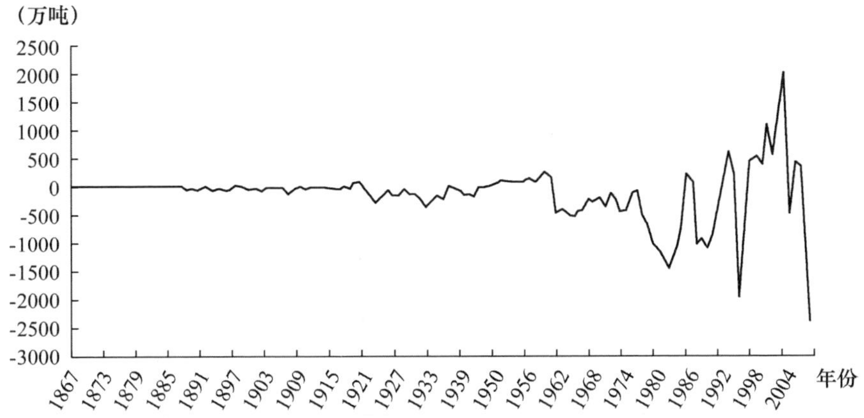

图1　中国谷物净进口量的变动

资料来源：许道夫（1981），《中国农业发展报告》等。

受资源禀赋的制约与人均植物油消费以及中国总人口增加的影响，自从1986年中国成为植物油净进口国之后，到2006年中国植物油净进口量扩大到631万吨，其中棕榈油的净进口量最大，其次是大豆油的净进口量。到2017年，中国植物油进口达742.8万吨。

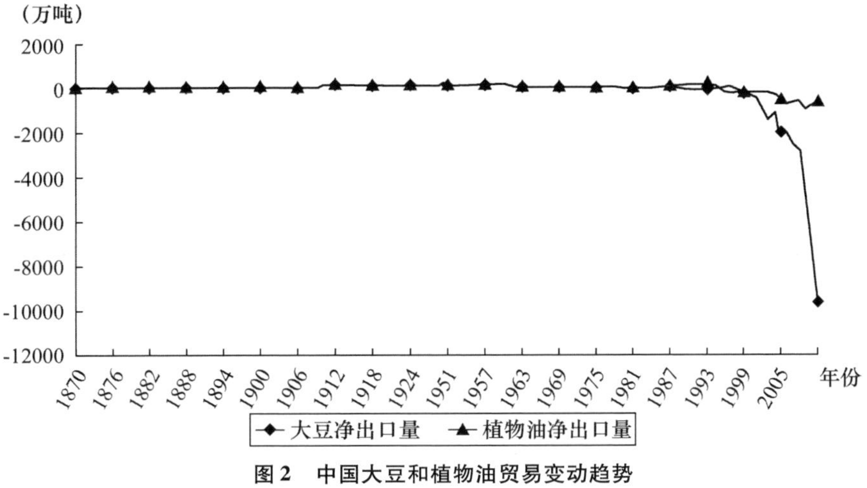

图2　中国大豆和植物油贸易变动趋势

资料来源：许道夫（1981），《中国农业发展报告》等。

（三）中国粮食贸易变动的历史分析

19世纪和20世纪的粮食净进口年均为151万吨，这主要归因于20世纪

60年代以后中国自然灾害和人口剧增等因素。进入21世纪以后截至2017年年均净进口量则高达3381万吨，这不仅根源于大豆进口的剧增，而且根源于各粮食品种的全面净进口。可见，从粮食贸易变动的历史趋势来看，中国粮食贸易净进口扩大的趋势非常显著。

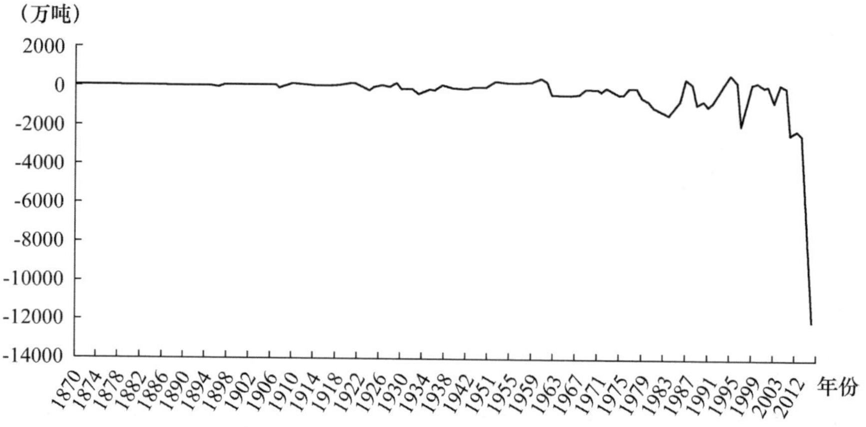

图3　中国粮食净出口量的历史变动

资料来源：许道夫（1981），《中国农业发展报告》等。

三、基于数量视角的中国粮食安全问题的解析和判断

有关中国粮食安全问题，一直以来都用“中国用不到世界1/10的耕地，6%的水资源，养活了世界1/5的人口”来说明。精确一点，实际上中国是用世界1/8的耕地、6%的水资源，养育着世界19%的人口。因此，一旦中国食物安全出了问题，必然会对世界经济乃至主要食物进口国产生深远的影响。同时，世界农业资源的能源化、世界出口粮源的集中性、中国食物消费胃口的扩张和中国粮食消费数据的不完善以及粮食库存数据的保密性，又会使得中国食物安全问题不断被放大，引得邻国乃至世界各国紧盯不放，这也成为“中国威胁论”发酵的源泉之一，使得粮食问题日益政治化。

1994年布朗的《谁来养活中国?》一书的出版，使得对中国粮食安全问题的关注在20世纪90年代中后期达到高潮。布朗估计中国在2020年和2030

年粮食缺口高达2.58亿吨和3.7亿吨，而且无论是国内还是国内的预测结果，都基本对未来中国粮食进口增加持认同态度。这也使得一旦出现粮食减产的年份，对该问题的关注都会被放大化乃至引起恐慌性轰动，迫使政府政策对其聚焦和支持。其后果必然是短期粮食的结构性过剩和库存积压，以及随之而来的市场化改革与“去库存”。

1984年从统购统销到粮食订购合同制并与化肥、柴油及预购定金三挂钩的转变，是为了解决粮食“局部过剩”。1998年的“三项政策一项改革”（按保护价敞开收购农民余粮，粮食收储企业实行顺价销售，农业发展银行收购资金封闭运行，加快国有粮食企业自身改革）的粮食制度改革也导致粮食库存增加。2004年全面放开粮食收购市场和收购价格，从2004年、2006年起在粮食主产区分别对稻谷、小麦实行最低收购价政策，2007年起先后对玉米、大豆、棉花、食糖和油菜籽实行临时收储政策，随之而来的也是粮食库存增加。2014年开始对大豆和棉花开始目标价格制度改革，并要推进采取“市场定价和价补分离”的政策，即农业供给侧改革的启动。

纵览以往的粮食安全问题，基本都聚焦在粮食供求数量上。其中，缺口量（或进口规模）和库存量，日益成为牵着政府政策牛鼻子的缰绳。下面在对中国粮食供求变动分析的基础上，探讨中国粮食安全状况的总体形势和已有展望的现实性。

（一）中国粮食供求变动分析

1. 粮食生产变动及特征分析①

（1）粮食播种面积、单产和总产量均呈增长趋势。

中国粮食播种面积基本稳定在1亿公顷以上（见图4），尤其是2004年以来，随着全面的农业补贴政策以及严格的耕地保护制度的实施，粮食种植面

① 需要说明的是2018年开始国家统计局对中国粮食生产数据进行了调整，该成果完成在此之前。

积开始稳步扩大。2016 年，中国粮食播种面积已经达到 1.1 亿公顷（17.0 亿亩），较 2000 年增长 4.2%。但是，伴随工业化和城镇化的不断推进和生态环境保护的重视以及农业供给侧改革的深入，中国耕地数量面临一定的压力，粮食播种面积的扩大面临严峻的压力。

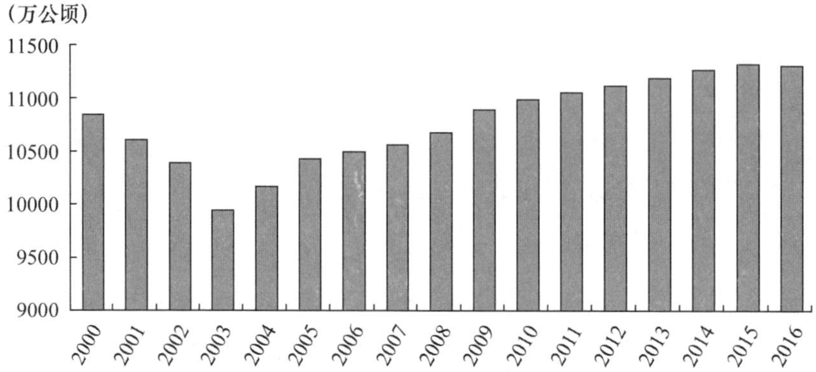

图 4　2000～2016 年中国粮食播种面积变动情况

资料来源：国家统计局。

科技进步带动粮食单产水平大幅提高。中国农业科技进步贡献率由改革开放初期的 27% 提升至 2016 年的 56%，中国粮食平均单产从 2000 年的 4261.2 公斤/公顷提升至 2016 年的 5451.9 公斤/公顷，增幅达到了 27.9%（见图 5）。

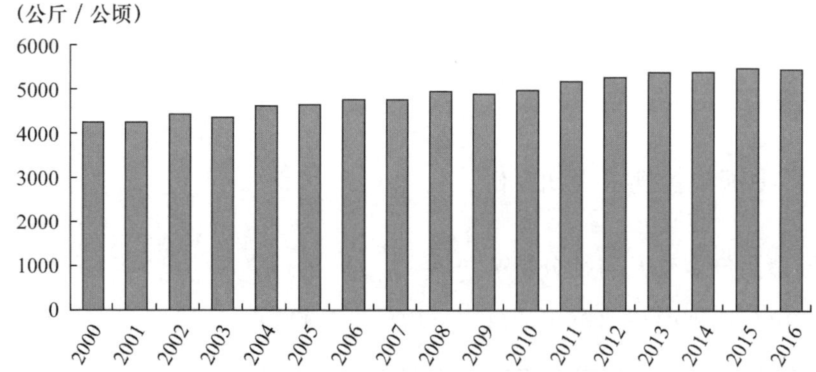

图 5　2000～2016 年中国粮食单产变动情况

资料来源：国家统计局。

在播种面积和单产提高的带动下，中国粮食总产量总体呈现增长态势（见图 6）。2007 年，中国粮食总产量首次突破 5 亿吨，2013 年首次突破 6 亿吨，2016 年达到6.16 亿吨。2004～2015 年，中国粮食产量实现了前所未有的“十二连增”。但由于部分粮食品种价格政策的改革和恶劣天气以及“去库存”等因素的影响，2016 年中国粮食总产量出现多年来的首次下降，减产518.9 万吨，同比降幅达到0.83%。

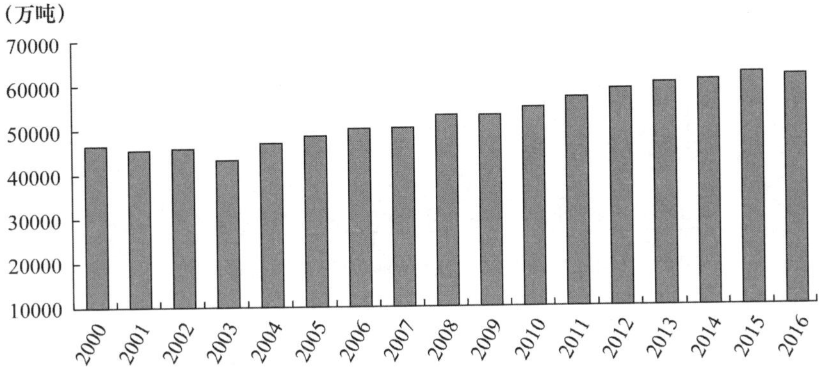

图6　2000～2016 年中国粮食总产量变动情况

资料来源：国家统计局。

（2）粮食生产结构发生较大变化，玉米成为第一大粮食作物。

在食物消费结构转变和粮食进口常态化以及制约粮食产业链延伸发展等因素驱动下，中国粮食生产结构处于长期调整过程之中。长期以来，水稻一直是中国播种面积最大、产量最高的粮食品种，但2008 年，玉米的播种面积就已经超过了水稻，2012 年玉米的产量也已经超过水稻，成为中国第一大粮食作物。

玉米播种面积扩大和小麦、大豆及其他粮食播种面积的减少是粮食种植发展的基本格局。2000～2016 年，水稻播种面积在粮食播种面积的比重基本维持在27.6%～26.7%；小麦播种面积在粮食播种面积的比重则从2000 年的24.6%降至2016 年的21.4%（见图7）。由于华北地区的小麦—玉米轮作模式，玉米对小麦的替代主要集中于东北等地区的春小麦种植区。大豆和其他粮食的播种面积在粮食播种面积的比重也分别从2000 年的8.6%和18.0%降至2016 年的6.4%和13.0%。玉米的高单产、低人工投入以及2008～2015 年的临储政策，使其对于春小麦、大豆以及其他粮食作物形成了明显的成本和省工省力化的比较优势。这也是玉米种植面积能够不断扩大的主要原因。

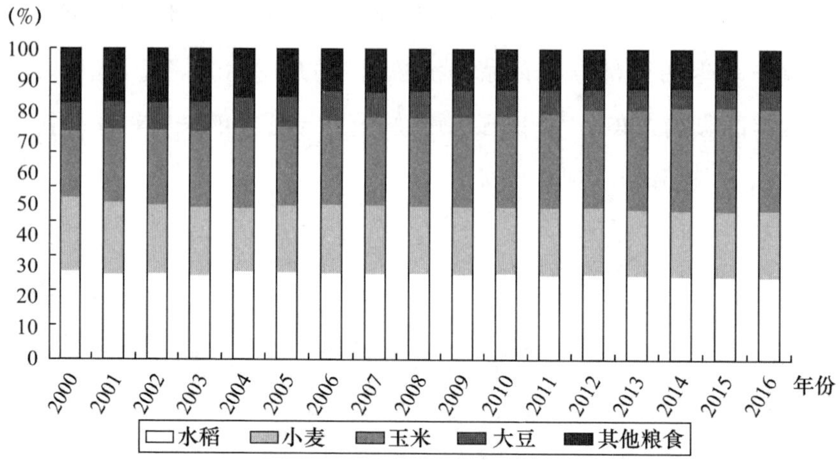

图7　2000～2016年中国粮食播种面积结构变动情况

资料来源：国家统计局。

在种植面积不断扩大的同时，玉米的高单产优势使其在粮食产量中的比重有更明显的提升（见图8）。2000～2016年，玉米产量在粮食产量中的比重从22.9%增至35.6%，增幅达到12.7%。与此同时，水稻产量比重从2000年的40.7%降至2016年的33.6%；小麦产量比重基本稳定在20%～22%；大豆产量比重在2016年为2.1%，较2000年微幅下降1.2%；其他粮食产量比重则从2000年的11.5%降至2016年的7.8%。

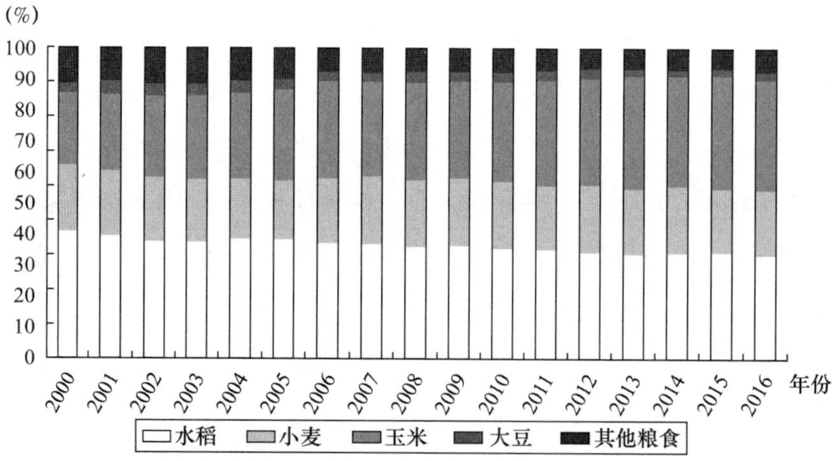

图8　2000～2016年中国粮食总产量结构变动情况

资料来源：国家统计局。

（3）区域间粮食种植格局变化显著，粮食重心向东北方向偏移。

粮食种植面积区域差距日趋缩小、东北地区快速扩张。1914 年，粮食种植面积主要集中在中南、华东和西南地区，西北和东北分别位居末位和次末位（表 1）。1949 年，华东地区粮食种植面积最高，与 1914 年比，东北地区粮食种植面积扩大 1 倍以上；2016 年粮食种植面积构成比例大小的排序依次为华东、中南、东北、西南、华北和西北①。从面积数量来看，东北地区粮食种植面积扩张迅速，1914～2016 年，东北地区粮食种植面积扩大 1502. 8 万公顷，接近 2016 年整个华北地区的粮食种植面积。1949～2016 年，东北地区粮食种植面积扩大 617. 9 万公顷，超过整个江苏省的粮食种植面积。从构成比例的变化来看，中南和华东地区的比例呈下降态势，东北和西北地区呈上升态势。可见，中国粮食区域重心正逐步从南向北迁移，东北和西北地区将是提升中国粮食种植面积的有力支撑。

表 1　中国各区域粮食种植面积及其比例构成的变化

区域	1914 年	1949 年	2000 年	2016 年	1914～2016 年增减	1949～2016 年增减	1914～1949 年增减	1949～2000 年增减	2000～2016 年增减
种植面积（万公顷）									
华北	953. 2	1592. 0	1519. 5	1579. 8	626. 6	－12. 2	638. 8	－72. 5	60. 3
东北	503. 0	1387. 9	1454. 5	2005. 8	1502. 8	617. 9	884. 9	66. 6	551. 3
华东	1724. 7	3152. 7	2656. 1	2584. 7	860. 0	－568. 0	1428. 0	－496. 6	－71. 4
中南	2466. 7	2760. 6	2572. 5	2550. 7	84. 0	－209. 9	293. 9	－188. 1	－21. 8
西南	1488. 3	1369. 2	1721. 9	1648. 1	159. 9	278. 9	－119. 1	352. 7	－73. 8
西北	343. 5	825. 5	921. 8	934. 3	590. 8	108. 9	481. 9	96. 3	12. 5
全国	7479. 3	11087. 8	10846. 3	11303. 4	3824. 2	215. 6	3608. 5	－241. 6	457. 2

① 华北包括北京市、天津市、河北省、山西省、内蒙古自治区；东北包括辽宁、吉林、黑龙江；华东包括上海市、江苏省、浙江省、安徽省、福建省、江西省、山东省、河南省；中南包括湖北省、湖南省、广东省、广西壮族自治区、海南省；西南包括重庆市、四川省、贵州省、云南省、西藏自治区；西北包括陕西省、甘肃省、青海省、宁夏回族自治区、新疆维吾尔自治区。此外，1914 年的绥远省、察哈尔省、热河省包含在内蒙古自治区内。

续表

区域	1914 年	1949 年	2000 年	2016 年	1914～2016 年增减	1949～2016 年增减	1914～1949 年增减	1949～2000 年增减	2000～2016 年增减
全国构成变化（%）									
华北	12.74	14.36	14.01	13.98	1.23	－0.38	1.61	－0.35	－0.03
东北	6.72	12.52	13.41	17.74	11.02	5.23	5.79	0.89	4.33
华东	23.06	28.43	24.49	22.87	－0.19	－5.57	5.37	－3.95	－1.62
中南	32.98	24.90	23.72	22.57	－10.41	－2.33	－8.08	－1.18	－1.15
西南	19.90	12.35	15.88	14.58	－5.32	2.23	－7.55	3.53	－1.30
西北	4.59	7.44	8.50	8.27	3.67	0.82	2.85	1.05	－0.23

资料来源：国家统计局网站数据查询频道。

从全国各区域粮食产量构成比例来看，各区域间的差距日趋缩小，东北、华北和西北地区的粮食产量比例构成呈上升趋势。其中，东北地区的粮食产量比重从1914年的2.40%上升到2016年的19.27%，超过100年时间提高了16.88个百分点，华北地区则提高了9.37个百分点，西北地区提高了4.97个百分点；而中南地区下降了43.36个百分点。2010～2016年，粮食产量构成比例上升的地区为东北、华北和西北地区，而其余地区均出现不同程度的下降。可见，中国粮食产量构成比例中，东北、华北和西北的比重呈现上升趋势，华东地区基本保持稳定，而中南地区和西南地区则呈现下降态势，粮食产量重心北移已成未来发展的态势（见表2）。

表2　中国各区域粮食产量及其比例构成的变化　单位：万吨

区域	1914 年	1949 年	2000 年	2016 年	1914～2016 年增减	1949～2016 年增减	1914～1949 年增减	1949～2000 年增减	2000～2016 年增减
粮食产量（万吨）									
华北	528	976	4915	7809	7281	6833	448	3938	2895
东北	384	1389	5324	11876	11493	10487	1005	3935	6553
华东	2384	3018	13277	15224	12840	12206	634	10259	1947
中南	10719	3134	12576	14513	3794	11379	－7585	9442	1937
西南	1670	2161	7204	7847	6177	5686	491	5043	642

续表

区域	1914 年	1949 年	2000 年	2016 年	1914 ~ 2016 年增减	1949 ~ 2016 年增减	1914 ~ 1949 年增减	1949 ~ 2000 年增减	2000 ~ 2016 年增减
西北	336	701	2922	4355	4019	3654	365	2221	1434
全国	16021	11380	46218	61625	45604	50245	-4641	34838	15408
全国构成变化（%）									
华北	3.30	8.58	10.63	12.67	9.37	4.09	5.28	2.05	2.04
东北	2.40	12.21	11.52	19.27	16.88	7.07	9.81	-0.69	7.75
华东	14.88	26.52	28.73	24.70	9.82	-1.82	11.64	2.21	-4.02
中南	66.91	27.54	27.21	23.55	-43.36	-3.99	-39.37	-0.33	-3.66
西南	10.42	18.99	15.59	12.73	2.31	-6.26	8.57	-3.40	-2.85
西北	2.10	6.16	6.32	7.07	4.97	0.91	4.06	0.16	0.75

资料来源：国家统计局网站数据查询频道。

进一步测算了粮食及其作物重心迁移的距离。其计算过程是，首先计算出各年度的作物重心坐标，所用计算公式为：

$$x^g = \frac{\sum_{i=1}^{34} x_i a_i}{\sum_{i=1}^{34} a_i};\ y^g = \frac{\sum_{i=1}^{34} y_i a_i}{\sum_{i=1}^{34} a_i}$$

其中，x 表示经度，y 表示纬度，i 表示区域，a 表示各区域的具体指标，g 表示重心。

其次，根据上述各年度重心坐标，再根据下面的公式计算出年度间重心移动的距离，即：

$$D = \pi R/180 \cdot arccos[\cos(Y^g)t + m\cos(Y^g t)\cos(X^g_{t+m} - X^g_t) + \sin(Y^g_{t+m})\sin(Y^g_t)]$$

其中，D 表示年度间重心迁移距离（单位为公里）；R 为地球平均半径（6371.004 千米）；t 代表年度。

从图 9 和图 10 可以看出，粮食种植面积和产量的重心坐标均向东北方向迁移，但种植面积的重心迁移幅度小于产量的重心迁移幅度。

从表 3 中各作物种植面积的重心坐标坐落地的迁移可以看出，1914 ~

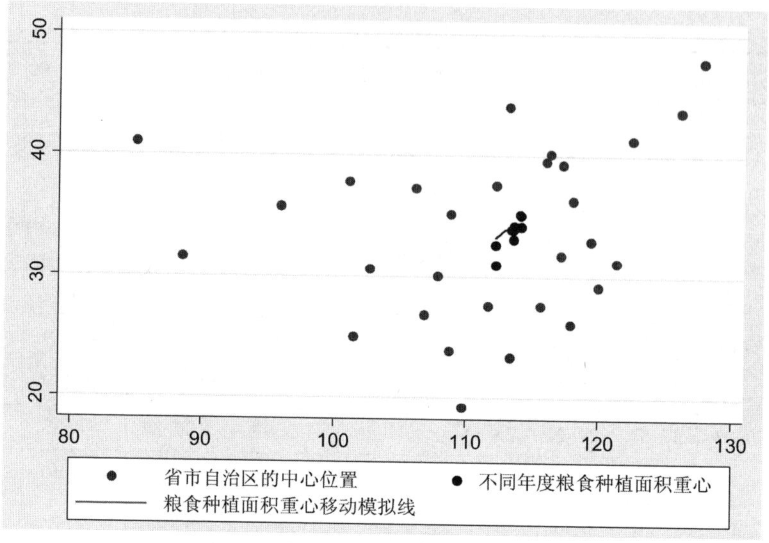

图 9　粮食种植面积重心的迁移（1914～2016 年）

资料来源：根据国家统计局查询频道数据计算的结果。

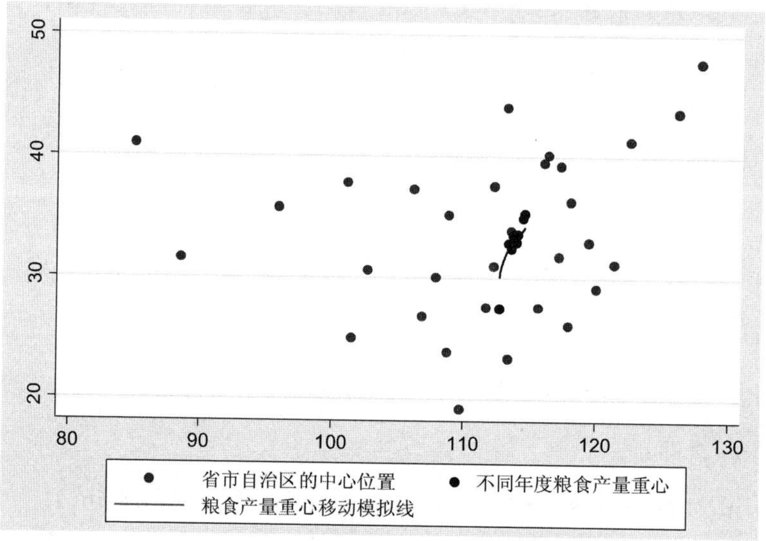

图 10　粮食产量重心的迁移（1914～2016 年）

资料来源：根据国家统计局查询频道数据计算的结果。

2016 年，粮食种植面积的重心坐标坐落地从河南邓州市迁移到河南延津县，稻谷从湖南省桃源县迁移到湖北省红安县，小麦从陕西省洛南县迁移到河南省济源市，玉米从山西省黎城县迁移到河北省蠡县，其他粮食作物则从河北

表 3　粮食作物种植面积和产量的重心坐标坐落地的迁移

年份	种植面积重心的坐落地					产量重心的坐落地				
	粮食	稻谷	小麦	玉米	其他粮食作物	粮食	稻谷	小麦	玉米	其他粮食作物
1914	河南省	湖南省	陕西省	山西省	河北省	湖南省	湖南省	陕西省	陕西省	山东省
	邓州市	桃源县	洛南县	黎城县	枣强县	湘潭县	宜章县	旬阳县	黄龙县	聊城市
1949	河南省	湖南省	河南省	河南省	山东省	河南省	湖南省	河南省	河北省	河北省
	鄢阳县	宁乡县	郑州市	安阳县	安阳县	泌阳县	安化县	洛阳市	永年县	玉田县
1960	河南省	湖北省	河南省	河南省	河南省	河南省	湖北省	河南省	河南省	河北省
	泌阳县	武汉市	叶　县	济源市	鄢陵县	桐柏县	武汉市	鲁山县	林　县	任丘市
1970	河南省	湖南省	山西省	河北省	山东省	河南省	湖南省	山西省	河北省	河北省
	许昌县	湘阴县	长子县	武安市	高唐县	驻马店市	汨罗市	沁水县	任　县	青龙满族自治区
1980	河南省	湖南省	山西省	河北省	河南省	河南省	湖南省	山西省	河北省	河北省
	襄城县	平江县	长子县	沙河市	浚　县	确山县	汨罗市	晋城市	平乡县	兴隆县
1990	河南省	湖南省	山西省	河北省	河南省	河南省	湖南省	山西省	河北省	河北省
	许昌县	岳阳县	晋城市	广宗县	登封县	郾城县	岳阳市	陵川县	沧　县	涿州市
2000	河南省	湖北省	河南省	河北省	山西省	河南省	湖北省	河南省	河北省	河北省
	许昌市长葛区	洪湖市	济源市	永年县	临　县	舞阳市	武汉市	沁阳县	永年县	完县（现名顺平县）
2010	河南省	湖北省	河南省	河北省	山西省	河南省	湖北省	河南省	河北省	北京市
	原阳市	黄陂县	济源市	深州市	平顺县	封丘县	红安县	博爱县	肃宁县	
2016	河南省	湖北省	河南省	河北省	山西省	河南省	河南省	河南省	河北省	北京市
	延津县	红安县	济源市	蠡　县	晋城市	滑　县	光山县	博爱县	雄　县	

注：根据经纬度查找得到的结果。

省枣强县迁移到山西省晋城市。进一步从各作物产量的重心坐标坐落地的迁移可以看出，1914～2016年，粮食从湖南省湘潭县迁移到河南滑县，稻谷从湖南省宜章县迁移到河南省光山县，小麦从陕西省旬阳县迁移到河南省博爱县，玉米从陕西省黄龙县迁移到河北省雄县，其他粮食作物则从山东省聊城市迁移到北京市。

表4　粮食及其作物种植重心移动距离的变迁　单位：公里

时期		粮食	稻谷	小麦	玉米	其他粮食作物
种植面积重心移动距离	1914～1949年	120	157	331	38	80
	1949～1960年	122	181	155	134	133
	1960～1970年	113	147	277	133	185
	1970～1980年	39	34	9	41	61
	1980～1990年	17	53	28	66	181
	1990～2000年	21	90	71	50	162
	2000～2010年	109	111	3	165	49
	2010～2016年	10	39	10	32	87
	1914～2016年	224	71	223	262	256
产量重心移动距离	1914～1949年	104	186	210	88	278
	1949～1960年	47	110	118	73	77
	1960～1970年	61	139	256	126	79
	1970～1980年	17	8	54	12	160
	1980～1990年	86	70	33	210	149
	1990～2000年	25	92	57	243	60
	2000～2010年	173	134	11	219	93
	2010～2016年	42	44	12	59	32
	1914～2016年	250	206	254	315	91

资料来源：根据国家统计局查询频道数据计算的结果。

从表4可以看出，1914～2016年，粮食种植面积和产量的重心迁移距离分别为224公里和250公里。从种植面积的重心移动距离来看，超过100公里的有四个时期，即1914～1949年、1949～1960年、1960～1970年和2000～

2010 年；从产量的重心移动距离来看，超过 100 公里的有两个时期，即 1914 ~ 1949 年和 2000 ~ 2010 年。可见，种植面积和产量的重心迁移幅度较大的主要集中于 1914 ~ 1949 年和 2000 ~ 2010 年两个时期，尤其是 2000 ~ 2010 年，产量重心的迁移距离达 173 公里。

进一步从粮食作物的具体迁移距离来看，1914 ~ 2016 年，玉米的种植面积和产量重心迁移距离最大，分别为 262 公里和 315 公里，小麦的种植面积和产量重心迁移距离分别为 223 公里和 254 公里，稻谷分别为 71 公里和 206 公里，其他粮食作物为 256 公里和 91 公里。此外，玉米的产量重心迁移距离超过 200 公里的时期分别为 1980 ~ 1990 年、1990 ~ 2000 年、2000 ~ 2010 年三个时期。

综上可见，中国粮食生产重心正在向东北方向迁移，尤其是向东北地区倾斜，今后提高中国粮食生产潜力的重任寄托在东北、华北和西北地区，建立在保全生态环境基础上提高生产潜力的粮食生产发展战略成为中国确保国内粮食安全的核心和重中之重。因此，非常有必要建立以基础设施建设和制度创新为核心发展方向的东北农业特区，通过以点带面和区域联结的方式，确保区域间粮食安全保障通道，以备各种危机粮食安全的应急之需。

（4）粮食单产受自然条件约束性较大。

从图 11 可以看出，粮食单产和成灾面积间存在着非线性关系，但总体趋势是粮食单产会受到因气候因素所致成灾面积的负面影响波动幅度呈扩大态势。可见，自然灾害频发依然是约束粮食单产提高的重要因素。

（5）粮食生产对石化资源和能源依赖度不断增强。

农业生产中单位面积物质投入量呈上升态势，表明其对石化资源和能源依赖度不断提升，农业与其产前关联产业间的联系愈加紧密。表 5 显示，2000 ~ 2016 年，单位农作物农用化肥（折纯）用量从每公顷 265 公斤增加到 359 公斤，增长了 35.4%；农用柴油用量从每公顷 87 公斤增加到 132 公斤，增长率为 52.5%，这也与农业机械化的推广有着一定的关联性。

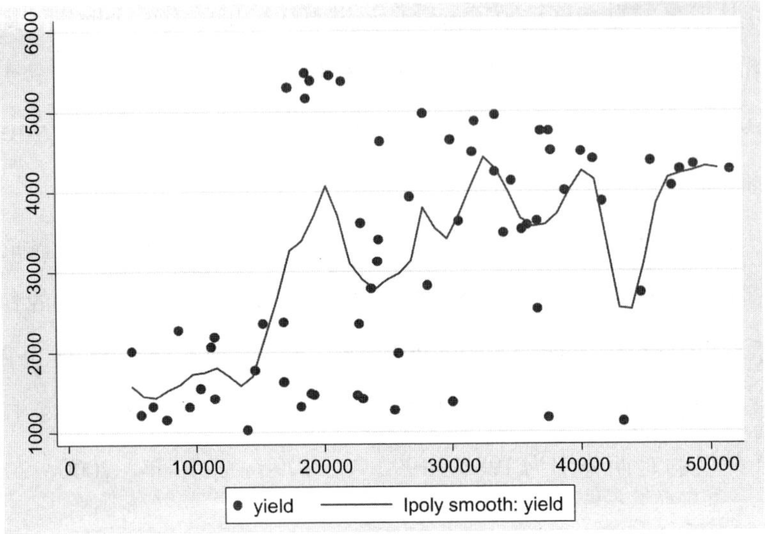

图 11　粮食单产和成灾面积间的关系

资料来源：根据国家统计局查询频道数据绘制。

表 5　　　　单位农作物种植面积的农业投入量和农村用电量的变化情况

年份	农用化肥（折纯）	农用氮肥	农用磷肥	农用钾肥	农用复合肥	农用柴油	农村用电量
	公斤/公顷	公斤/公顷	公斤/公顷	公斤/公顷	公斤/公顷	公斤/公顷	千瓦・时
2000	265	138	44	24	59	87	1549
2005	307	143	48	31	84	118	2814
2010	346	146	50	36	112	124	4128
2016	359	139	50	38	132	132	5544
2000～2016 年变化率（%）	35.4	0.3	12.7	58.7	125.5	52.5	257.8

注：2008 年起乡村办水电站统计口径变更为农村水电，1978～2007 年历史数据为乡村办水电站口径。农村水电是指装机容量 5 万千瓦及以下水电站和配套电网。

资料来源：根据国家统计局网站数据查询频道的数据计算。

粮食生产对化肥的依赖不断增强。一方面，从表 6 可以看出，稻谷、小麦和玉米三种粮食作物的亩均化肥投入量（折纯）从 1998 年的 19.64 公斤增加到 2016 年的 24.93 公斤，增长率为 26.93%，其中，复合肥的比重呈上升态势。另一方面，从表 7 可以看出，稻谷、小麦和玉米三种粮食作物每公斤产量的平均化肥投入量为 0.054 公斤，变异系数为 0.06，表明波动幅度较小。同时，1998～2016 年该值总体呈下降趋势，这也表明单位面积化肥投入量的使用效率得到微幅提升。

表 6　　稻谷、小麦和玉米三种粮食作物亩均物质投入量的变化情况　　单位：公斤

年份	化肥（折纯用量）	氮肥	磷肥	钾肥	复合肥
1998	19.64	11.83	1.9	0.72	5.19
2010	22.98	9.97	0.87	0.75	11.39
2011	23.03	9.46	0.93	0.56	12.08
2012	23.22	9.04	0.72	0.51	12.95
2013	23.44	8.91	0.56	0.52	13.45
2014	24.08	8.87	0.52	0.83	13.86
2015	24.11	8.46	0.41	0.8	14.44
2016	24.93	8.39	0.44	0.56	15.54
1998～2016 年变化率（%）	26.93	-29.08	-76.84	-22.22	199.42

资料来源：《全国农产品成本收益资料汇编》（各年版）。

表 7　　稻谷、小麦和玉米三种作物每公斤产出的物质投入量的变化　　单位：公斤

年份	化肥（折纯用量）	氮肥	磷肥	钾肥	复合肥	附：每亩产量
1998	0.056	0.034	0.005	0.002	0.015	350.500
2010	0.054	0.024	0.002	0.002	0.027	423.500
2011	0.052	0.021	0.002	0.001	0.027	441.950
2012	0.051	0.020	0.002	0.001	0.029	451.350
2013	0.053	0.020	0.001	0.001	0.030	444.670
2014	0.051	0.019	0.001	0.002	0.029	470.930
2015	0.052	0.018	0.001	0.002	0.031	467.410
2016	0.055	0.018	0.001	0.001	0.034	457.130
1998～2016 年变化率（%）	-2.67	-45.62	-82.24	-40.36	129.58	30.42

资料来源：《全国农产品成本收益资料汇编》（各年版）。

（6）粮食生产对虚拟水资源需求量增多。

水是生命之源，农业生产中水资源的合理利用和有效分配对生态可持续发展起着至关重要的作用。粮食安全和水资源安全相辅相成，都是关乎国计民生的重大问题。因此，研究粮食安全问题的同时不能忽视水资源的约束。虚拟水是指生产商品所需要的水资源的数量。该指标为我们评估粮食生产和水资源约束提供了新方法和新思路。本研究计算了历史上我国全国及各省份和各区域的粮食生产所需虚拟水的总量，结果整理在表8和表9中。

表8　　中国各省份粮食生产所需虚拟水数量　　单位：万立方米

省　份	1949年	1970年	1990年	2010年	2016年
北　京	26549	115490	271313	108285	47860
天　津	—	46070	198576	165632	196499
河　北	270502	925620	2332843	3257681	3758106
山　西	171264	372235	893100	1094537	1299948
内蒙古	38314	116465	953607	1997550	2408385
辽　宁	231540	641550	1313802	1643933	1921037
吉　林	215620	470765	1503316	2086778	2640830
黑龙江	438117	1231500	2709639	6025231	6954433
上　海	58974	184055	222032	118832	99839
江　苏	497565	1353660	2952519	3153656	3381166
浙　江	479752	1232230	1784660	875852	843929
安　徽	478637	1425315	2962938	4083377	4478486
福　建	340850	745985	1185932	832836	794797
江　西	585683	1761310	2544485	2968865	3228113
山　东	443961	728755	2810469	3851834	4235592
河　南	575091	1108780	3155743	5482094	5947424
湖　北	668748	1407525	2944347	2719434	3037540
湖　南	867998	1954120	3637542	3786629	3933694
广　东	1051314	2199710	2812442	1838322	1895982
广　西	500368	1235690	2147750	2141325	2252927
海　南	—	—	285919	283871	292208

续表

省　份	1949 年	1970 年	1990 年	2010 年	2016 年
重　庆	—	—	—	1064234	1038562
四　川	1539062	2261285	4706214	3432954	3610615
贵　州	366551	633395	874221	1126437	1104915
云　南	479128	818215	1291681	1769700	2124728
西　藏	—	0	20898	21359	20147
陕　西	360788	600280	1330631	1483304	1498445
甘　肃	149838	382960	813294	924420	1131774
青　海	0	0	0	0	0
宁　夏	28782	72780	243003	329682	309332
新　疆	76872	258875	617959	1076556	1366037
全国合计	10941868	24284620	49520875	59745202	65853349

资料来源：作者根据中国国家统计局产量数据以及孙才志和张蕾（2009）的单位虚拟水数据计算所得。

从表 8 和表 9 可以看出，总体上我国粮食生产所需虚拟水的总量呈现出不断扩张的态势。全国粮食生产的虚拟水需求量从 1949 年的 10941868 万立方米增长到 2016 年的 65853349 万立方米，增长了近 5 倍。分省份和区域来看，一方面，中南和华东地区是我国粮食生产虚拟水需求量最多的两大地区，2016 年两大区域的比重占到全国的 52%。另一方面，随着粮食生产的重心向东北方向偏移，以黑龙江、辽宁和吉林为代表的东北地区的虚拟水需求量增长最快，60 多年间增长了 12 倍，从 1949 年全国六大区域中的第四位上升到 2016 年的第三位，和前两位的差距急剧缩小，未来有进一步赶超的趋势。

表 9　　中国各地区粮食生产所需虚拟水数量　　单位：万立方米

地　区	1949 年	1970 年	1990 年	2010 年	2016 年
华　北	506629	1575880	4649439	6623685	7710798
东　北	885277	2343815	5526757	9755942	11516300
华　东	2885422	7431310	14463035	15885252	17061921

续表

地　区	1949 年	1970 年	1990 年	2010 年	2016 年
中　南	3663519	7905825	14983743	16251676	17359775
西　南	2384741	3712895	6893014	7414685	7898968
西　北	616280	1314895	3004887	3813962	4305587
全国合计	10941868	24284620	49520875	59745202	65853349

资料来源：作者根据中国国家统计局产量数据以及孙才志和张蕾（2009）的单位虚拟水数据计算所得。

值得注意的是，我国水资源的时间和空间分配不均匀，尤其是空间上呈现出“南多北少”的格局，随着东北地区粮食生产用水的不断增加，进一步加剧了我国水资源安全的严峻形势，并对未来粮食安全产生不可忽视的作用。因此，如何处理好粮食生产与水资源利用的空间变迁矛盾，保障水资源和粮食安全是未来亟须解决的关键问题之一。

2. 粮食需求变动及特征分析

（1）粮食需求转型和升级态势明显。

2000 年以来，中国粮食需求呈现总量快速增加且结构变化显著。2016 年，中国粮食需求总量达到 7.3 亿吨，较 2000 年增长 57.7%。这表明粮食需求的“刚性”增长格局已经进入全面快速的深度增长格局。

从中国粮食需求的具体类别来看，2000 ~ 2016 年，直接食用粮食需求量从 2.72 亿吨减少到 2.16 亿吨，减幅为 20.98%；饲料粮需求量从 1.35 亿吨增加到 2.19 亿吨，增幅为 62.56%；工业需求量从 0.59 亿吨增加到 2.16 亿吨，增加了 2.65 倍；同时，库存也呈现了增加态势。

从粮食需求结构来看，直接食用需求（以下简称“食用需求”）、饲料需求和工业需求的比重从 2000 年的 54.9∶27.1∶11.9 变为 2016 年的31.4∶31.9∶31.5，其他需求比重基本保持在 5%（见图 12）。

从人均粮食消费量变动来看，2000 ~ 2016 年，中国人均粮食消费量已经从 364.8 公斤增至 527.2 公斤（见图 13），远超过卢良恕（1986）提出的人均最低必需 400 公斤粮食的综合判断。

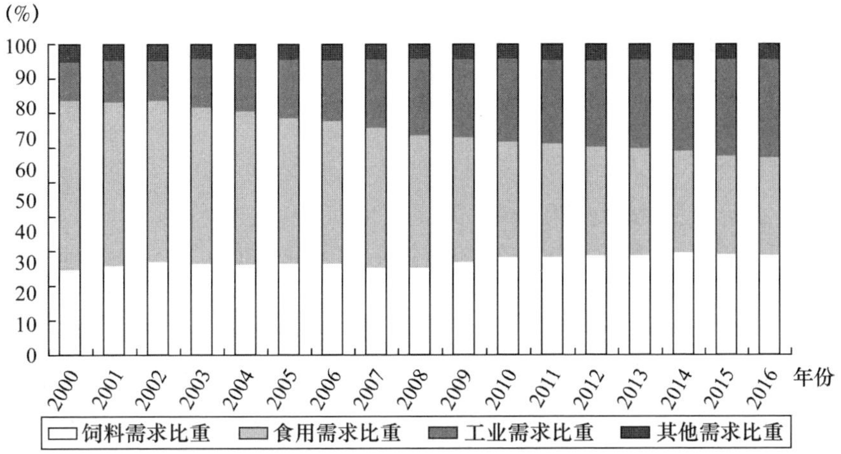

图 12　2000 ~ 2016 年中国粮食需求结构变动情况

资料来源：作者估算。

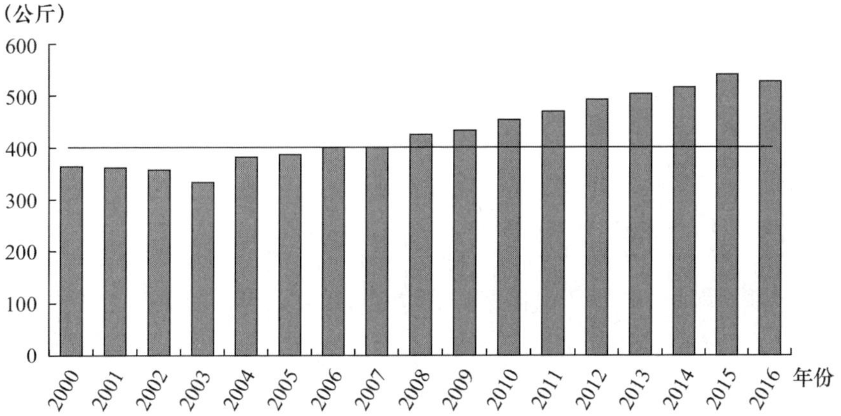

图 13　2000 ~ 2016 年中国粮食人均需求量变动情况

资料来源：作者估算。

可见，在中国粮食需求结构中，直接食用需求比重大幅下降，工业需求比重大幅增长，饲料需求比重稳健增长。这也表明中国粮食需求结构驱动力主要来自居民食物消费的转型升级——由传统的碳水化合物食物消费向蛋白质食物和加工食物消费的转型升级。

（2）食用需求呈下降态势。

中国居民粮食人均食用需求量呈现大幅减少趋势。总体来看，中国居民粮食人均食用需求量从2000年的215.4公斤降至2016年的156.0公斤，降幅达到27.6%。粮食人均食用需求量的逐渐降低，正是中国居民食物消费结构趋向多样化的重要体现。尽管中国人口持续增长，但粮食人均食用需求量的降幅明显超过人口增幅，导致中国粮食食用需求总量从2000年2.73亿吨基础上减少了5727.8万吨，2016年为2.16亿吨。

分品种来看，水稻和小麦两大口粮的人均食用需求量和食用需求总量同样呈现快速下降的趋势（见图14）。其中，水稻的人均食用需求量从2000年的123.4公斤降至2016年的93.6公斤，食用需求总量从2000年的1.56亿吨降至2016年的1.29亿吨；小麦的人均食用需求量从2000年的64.9公斤降至2016年的50.8公斤，食用需求总量从2000年的0.82亿吨降至2016年的0.70亿吨。但水稻和小麦食用需求量占粮食食用需求总量的比重均呈增长趋势。

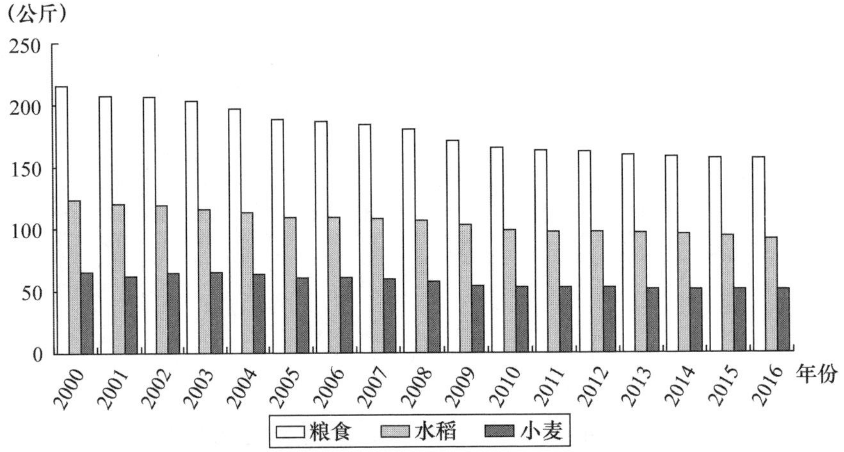

图14 2000~2016年中国粮食人均食用需求量变动情况

资料来源：作者估算。

2000~2016年，水稻和小麦食用需求量占粮食食用需求总量的比重从57.3%和30.2%提升至60.0%和32.6%。这表明中国粮食主食消费结构中大米和小麦的主食地位不断得到巩固和发展，其主要归功于物流和人口迁移的快速化和便利化打破了固有的地域消费限制和界限，日趋单一性主食的饮食习惯的变化，零售服务等新业态的兴起，炊具工艺的进步和炊事时间的缩短及省力化等。

（3）工业需求呈增长态势。

粮食可以作为淀粉加工、酿酒、调味品制造、生物乙醇、植物油脂、氨基酸、维生素等工业的重要原料。这些工业的粮食需求增长迅猛。随着经济发展和居民消费升级，工业产品的需求量也在不断增加，导致粮食的工业需求量随之快速增长（见图15）。粮食的工业需求在2000年为0.59亿吨，2016年达到2.16亿吨，增幅达到265.4%。分品种来看，2000～2016年，水稻、小麦和玉米的工业需求量分别增长1.67倍、1.51倍和3.14倍，大豆的工业需求（榨油需求）量增长3.57倍。

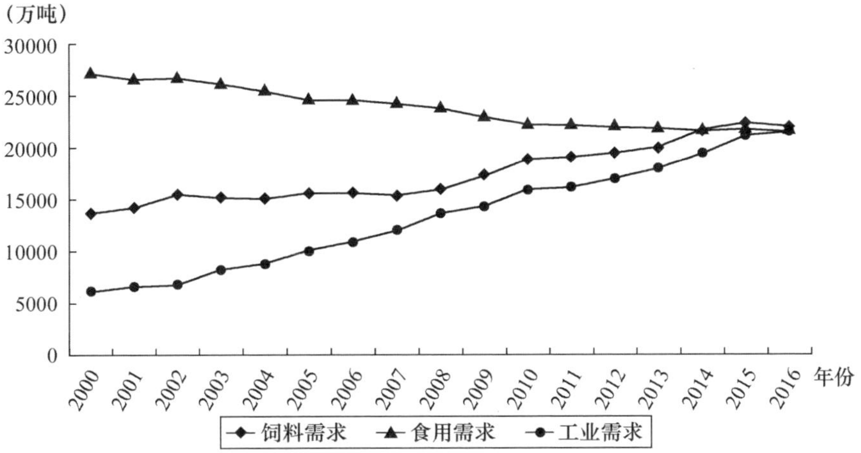

图15　2000～2016年中国粮食饲料、食用和工业需求量变动情况

资料来源：作者估算。

（4）饲料需求稳健增长。

畜产品需求量的不断增加导致中国饲料粮需求量不断扩张，呈"刚性"增长态势（克鲁普顿，1994；辛贤，2003；Zhou，2008；胡小平，2012）。目前，饲料用粮已经成为中国粮食需求增长的主要动因（Tian and Chudleigh，1999；聂振邦，2011）。如果采用狭义的饲料粮概念，即只包括直接用作饲料的粮食，2000～2016年，中国粮食饲料需求量从1.35亿吨增至2.19亿吨，增幅为62.6%；如果采用广义的饲料粮概念，即包括粮食及粮食的加工附属产品（如麦麸、粕类等），2000～2016年，中国粮食饲料需求量从1.60亿吨增至3.05亿吨，增幅为90.7%。其中，粕类需求量从2000年的2511.0万吨增至2016年的8578.4万吨，增幅达到241.6%。

3. 粮食贸易变动及特征分析

（1）粮食呈全面净进口态势，自给率不断下降。

2000～2003年，中国粮食基本呈现自给自足的态势，净进口量相对较小，甚至2002年为净出口13.5万吨。2004年起，中国粮食开始呈现全面净进口的态势，粮食净进口量从2599.4万吨增至2016年的1.12亿吨。与此相对应，中国粮食自给率从2000年的100%降至2016年的84.5%。其中，大豆是最主要的净进口来源，除大豆和其他粮食外的谷物净进口量仍然维持在1000万吨左右。谷物的自给率在2016年仍能保持在98.3%，其中，口粮作物水稻的自给率在2016年维持在98.5%，小麦的自给率维持在97.4%。口粮作物的净进口并不代表国内数量供给不足，更多的是质量替代。

（2）大豆和饲料粮净进口量持续快速增加。

从1995年开始，中国从传统的大豆出口国转变为大豆净进口大国，并且进口量持续上升。2000年大豆进口首次超过1000万吨；2003年大豆进口量首次突破2000万吨；2015年大豆进口量超过了8000万吨，2016年全年大豆进口量创新高，达8328.9万吨。

玉米等饲料粮①的净进口量从2008年的148.0万吨增至2015年的3535.1万吨的高峰，其中玉米的净进口量从2008年的144.5万吨增至2015年的471.9万吨。2016年以来由于国内玉米价格的下降，国外玉米、高粱、大麦等替代品价格优势逐步缩小，2016年玉米进口量同比大幅减少，替代品进口也受到明显抑制。2016年全年玉米进口量316.66万吨，同比减少67.6%；高粱、大麦、木薯累计进口量分别为664.76万吨、500.51万吨、755万吨，同比分别减少38%、53.4%、55%、19.7%。

① 按照国家统计局的统计标准，薯类按1/5的比例折成粮食。

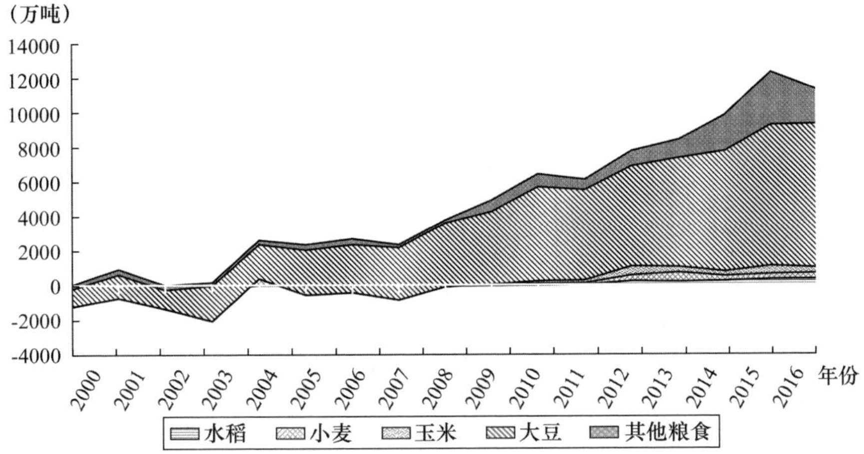

图 16　2000～2016 年中国粮食净进口量变动情况

注：净进口量的负值代表净出口。

资料来源：海关总署、UNCOMTRADE。

（二）基于已有模型对中国粮食供求缺口的预测及趋势判断

中国粮食供求缺口的预测主体主要集中在国际组织和学术研究机构以及政府政策部门。不仅不同主体的预测结果间存在差异，而且以往粮食模型关于中国的粮食供求模拟结果与现实之间存在较大的差异，有必要对其背后的原因进行分析。

下面主要选择经合组织与联合国粮农组织的农业展望结果、美国农业部的农业基本预测结果和日本农业政策研究所的食物预测结果进行比较分析。

1. 以往预测的偏差程度及原因

首先，在经合组织与联合国粮农组织的农业展望 2010～2019 年结果中（见表 10），农业展望 2018～2027 年中的 2017 年基础实际值高出其预测的 2017 年谷物和油料种子的平衡缺口高达 7644 万吨。其中，谷物高出约 2780 万吨，油料种子高出约 4865 万吨。两个结果中的谷物与油料种子缺口预测值之间的差别更是高达约 8000 万吨。

表 10　OECD-FAO Agricultural Outlook 2010 ~ 2019 年和 OECD-FAO Agricultural Outlook 2018 ~ 2027 年中中国供求平衡缺口预测结果的比较

单位：千吨

品种	A018 – 27	A018 – 27	A018 – 27	A018 – 27	A010 – 19	A010 – 19	A010 – 19	差值	差值	差值
	2017 年	2018 年	2019 年	2027 年	2017 年	2018 年	2019 年	2017 年	2018 年	2019 年
小麦	–3850	*–4347*	*–3629*	*–4277*	*3413*	*3449*	*3463*	–7263	–7796	–7092
粗粮	–14654	*–16006*	*–16532*	*–21149*	*–2338*	*–2516*	*–2693*	–12316	–13490	–13839
玉米	–3970	*–4643*	*–4995*	*–6677*						
其他粗粮	–10684	*–11363*	*–11537*	*–14471*						
大米	–4490	*–4098*	*–4230*	*–4204*	*976*	*909*	*821*	–5466	–5006	–5051
酒糟（DDGS）	–2750	*–2625*	*–2625*	*–2768*						
油料种子	–99700	*–103509*	*–105377*	*–120026*	*–51051*	*–52431*	*–53261*	–48649	–51078	–52116
大豆	–95300	*–98235*	*–99852*	*–112617*						
其他油料种子	–4400	*–5274*	*–5525*	*–7409*						
蛋白粕	–525	*–880*	*–974*	*–814*	*–5280*	*–6076*	*–7121*	4755	5196	6147
植物油	–8569	*–7896*	*–8327*	*–6939*	*–13290*	*–14304*	*–15257*	4721	6407	6930
糖蜜	2	*2*	*2*	*2*						
白糖	–5600	*–5543*	*–5491*	*–6667*	*–1939*	*–2060*	*–2152*	–3661	–3483	–3339
粗糖	–3664	*–3648*	*–3656*	*–4366*	*–1314*	*–1393*	*–1455*	–2350	–2255	–2200
细白糖	–1936	*–1894*	*–1835*	*–2301*	*–626*	*–666*	*–697*	–1310	–1228	–1139
糖浆	481	*480*	*479*	*471*						
牛肉	–611	*–716*	*–738*	*–903*	*–5*	*–6*	*–8*	–606	–710	–730

续表

品种	A018－27	A018－27	A018－27	A018－27	A010－19	A010－19	A010－19	差值	差值	差值
	2017 年	2018 年	2019 年	2027 年	2017 年	2018 年	2019 年	2017 年	2018 年	2019 年
猪肉	－1348	*－1287*	*－1094*	*－974*	*－4*	*－23*	*－50*	－1344	－1263	－1044
鸡肉	－58	*14*	*－54*	*－26*	*－171*	*－292*	*－146*	113	306	92
羊肉	－232	*－237*	*－235*	*－234*	*－8*	*－9*	*－9*	－224	－228	－226
鲜乳制品	－663	*－681*	*－515*	*－674*						
黄油	－91	*－100*	*－103*	*－123*	*－35*	*－35*	*－36*	－56	－64	－67
奶酪	－112	*－119*	*－128*	*－179*	*－35*	*－37*	*－38*	－77	－83	－90
脱脂奶粉	－216	*－226*	*－245*	*－351*	*－83*	*－87*	*－89*	－132	－139	－156
全脂奶粉	－424	*－446*	*－473*	*－568*	*－29*	*－27*	*－23*	－395	－418	－450
乳清粉	－426	*－426*	*－423*	*－480*	*－368*	*－386*	*－405*	－58	－40	－19
乙醇	60	*109*	*102*	*102*	*984*	*1157*	*1195*	－924	－1048	－1093
生物柴油	10	*10*	*10*	*9*						
棉花	－1057	*－1188*	*－1188*	*－1205*						
谷物和油料种子	－125444	*－130585*	*－132394*	*－152424*	*－49000*	*－50589*	*－51670*	**－76444**	**－79996**	**－80724**
谷物	－25744	*－27076*	*－27016*	*－32398*	*2051*	*1842*	*1591*	**－27795**	**－28918**	**－28608**
肉类	－2249	－2226	－2121	－2137	－188	－330	－213	**－2060**	**－1896**	**－1908**

注：1. A08-27 表示 OECD-FA0 Agricultural Out look 2018～2027 年的结果；
2. A010-19 表示 OECD-FAO Agricultural Out look 2010～2019 年的结果；
3. 斜体为预测估计值。
4. 表中的缺口为正值的表示净出口，负值则表示净进口。

其次，从美国农业部的农业基本预测2009～2018年和2016～2027年的结果来看（见表11），农业基本预测2016～2027年实际值高出农业基本预测2009～2018年的粮食缺口预测值6500万吨。

表11　USDA的农业基础预测结果中不同时期中国农产品净进口的结果比较

年度	粮食			肉类		
	2009～2018年（万吨）	2016～2027年（万吨）	差额（万吨）	2009～2018年（万吨）	2016～2027年（万吨）	差额（万吨）
2007/08	3500			0.2		
2008/09	3300			50.7		
2009/10	3500			41.7		
2010/11	3700			23.7		
2011/12	4000			20.7		
2012/13	4200			19.1		
2013/14	4500			18.6		
2014/15	4700			18.5		
2015/16	5000			18.4		
2016/17	5300	11700	6500	18.3	307.7	301.2
2017/18	5500	11800	6300	19.0	266.0	259.7
2018/19	5800 *	12400	6600	19.8 *	275.5	268.9
2019/20	*	12900		*	282.9	
2020/21	*	13300		*	292.4	
2021/22	*	13800		*	300.8	
2022/23	*	14300		*	313.4	
2023/24	*	14900		*	325.7	
2024/25	*	15500		*	337.1	
2025/26	*	16000		*	345.8	
2026/27	*	16500		*	356.1	
2027/28	*	17100		*	365.5	

注：①*为预测值。②表中为净进口值。

最后，从日本农业政策研究所的预测结果来看（见表12），2018年预测结果中的2014～2016年的平均实际值与2010年预测结果中的2019年粮食预测值之间存在6560万吨的差距。

表12　日本农林水产政策研究所2010年和2018年预测结果比较　单位：万吨

	PRIM AFF2010		PRIM AFF2018		差值
	2007年a1	2019年a2	2014~2016年b1	2027年b2	b1-a2
小　麦	190	80	-330	-340	-410
玉　米	200	-330	-300	-1060	30
大　米	80	180	-470	-470	-650
大　豆	-3490	-4270	-8480	-10790	-4210
植物油	-280	-1350	-230	-590	1120
牛　肉	10	-90	-80	-130	10
猪　肉	10	-140	-120	-250	20
鸡　肉	-10	-400	0	-220	400
粮　食	-3020	-4340	-9580	-12660	-6560
肉　类	10	-630	-200	-600	-210

资料来源：日本农林水产省农林水产政策研究所。

从以上结果可以看出，以往的粮食模型预测低估中国粮食供求平衡的缺口高达6000万吨以上。为何预测这么难呢？

从上面预测结果可以看出，预测结果不准的根本原因是没有预见到中国大豆的进口增速和各粮食品种集体沦为净进口。

预测偏差与模型预测时的基期供求数据以及宏观经济数据和参数假定的局限性有关，同时也与进口预期和惯性有关，即当不可能预见的进口成为现实，就加大了对进口的预期，进而形成惯性，即使国内库存已经很高，这种预期和惯性力量也很难阻挡住。而现有模型只能以已有的事实为依据进行模拟分析，这也是模型模拟分析局限性的体现。

2. 现有未来展望结果的比较及趋势判断

从现有的未来展望结果可以看出，到2027年中国粮食的均衡缺口会达到1.27亿~1.71亿吨，即使假设国内粮食产量继续维持2015年的高位水平6.21亿吨，2027年国内粮食自给率为78%~83%，其最低值将低于2017年

（84%）6个百分点。如果把净进口肉类数量折算为粮食，2027年最大粮食缺口则高达1.84亿吨，自给率水平将下降到77%。

当然，上述结果是根据2016年以后的中国农业和宏观经济发展趋势假定下进行的判断和估计。这个结果是否高估了呢？答案应该是：没有。

首先，以往研究多数预测2020年中国粮食可能的缺口将达1.5亿吨以上。在农业部贸促中心课题组（2016）的估计结果中，其根据需求7.2亿~7.5亿吨的需求预测和6.0亿~6.2亿吨的可持续产量产能界定，到2020年我国可持续粮食产能与需求之间的缺口在1.0亿~1.5亿吨。

其次，从国际比较视角来看，鉴于日本和中国同处东亚，且日本已经实现工业化和现代化，为发达国家，与日本食物消费结构的对比可能会对中国未来食物结构变动提供有益的启示。中国2017年恩格尔系数为0.293，1977年日本全部家庭和劳动家庭的恩格尔系数分别为0.308和0.293，到1979年二者分别为0.292和0.279。故从食物消费支出结构来看，中国目前的食物消费状况基本与日本20世纪70年代末的情况相似。若假定其他条件不变，按照趋势向前递推10年，则2027年的中国消费结构应与日本1989年左右的结构相似。故按照该递推中日本1989年的人均粮食净进口量（包含大豆）266公斤，中国年均人口增长率为5‰进行计算，则2027年中国粮食进口量将达3.89亿吨（即266公斤/人×14.63亿人）；考虑到中国目前的人均耕地面积是1989年日本人均耕地面积的2.26倍，如果进一步按照该比例倍数进行折算，则实际可能净进口量为1.72亿吨。该数量与上述模型中模拟结果的峰值基本接近。

如果以已有模型中的模拟结果，即到2027年中国粮食净进口为1.71亿吨为基础，按照2014~2016年中国粮食平均单产计算，其生产所需要的种植面积则高达3143万公顷，相当于中国农作物种植面积的19%，约1/5；如果以2014~2016年中国大豆平均单产计算，其生产则需要9509万公顷的粮食种植面积，相当于中国农作物种植面积的57%，占到中国农作物种植面积的1/2以上。

如果以包括肉类净进口量所折算粮食在内的粮食净进口量1.84亿吨为基础，又按照2014~2016年中国大豆平均单产进行计算，则所需种植面积规模要达到1亿公顷以上。

到2030年，中国城镇化水平要达到2/3（世界银行和国务院发展研究中心联合课题组，2012①），中国工业化进程还会进一步提升制造业的质量并向高端工业产业发展，同时，在退耕还林还草、湿地恢复、荒漠化、土地流失以及地表塌陷等因素的综合影响下，城镇化和工业化的耕地转用可能还会进一步扩大，其结果必然导致中国耕地面积未来可能会进一步下降。因此，除非连年遭遇特大自然灾害或战争等紧急状态，基本可以排除中国扩大粮食种植面积的可能性。

可见，无论是从国际预测结果，还是国内估计结果和国际消费结构比较进行研读和判断，其结论是中国粮食进口规模会进一步扩大。

在此背景下，虽然中国农业政策目标目前是聚焦于农业供给侧改革，但如何确保中国粮食供给安全依然是未来长期所面临的重要战略问题和中国农业发展路径选择中所必须考虑的核心目标。

那么接下来的问题是：为何现有的研究预测不准或进口增加为何这么快？为何大豆进口增加会如此迅速呢？为何学者们预测的玉米进口剧增转变为各粮食品种集体沦陷为净进口呢？

（三）中国粮食供求缺口快速扩大的原因分析

影响粮食进口急剧增加的重要因素中，区域迁移人口因素是导致粮食进口的加速器。畜产品需求的快速增加导致饲料粮需求增加远超预期，这是导致粮食进口的内在拉力。同时，养殖规模化的快速提升是粮食进口的重要推手。

---

① 世界银行和国务院发展研究中心联合课题组：《2030年的中国：建设现代“和谐”有创造力的社会》，中国财政经济出版社2012年版。

1. 区域迁移人口

在粮食需求因素中，人口规模、区域迁移人口和人口结构对粮食需求有着决定性的影响。一般而言，总体人口规模的刚性增长是引领粮食需求增加的关键因素。虽然该因素在中国起着毋庸置疑的重要作用，但区域迁移人口（即从农村迁移到城镇的人口）应该起着更为关键性的作用。

两个简单的数据能够说明该问题。一方面，2010~2016 年中国年均人口净增 689 万人，这标志着粮食需求规模的刚性增长不可避免。另一方面，假定农村人口为粮食自给人口，同期年均城镇人口增量为 2112 万人，若再假定这些人口来源于农村人口的减少（迁移），则这些城镇增量人口会增加城镇“饭碗”，这也必然导致城镇粮食商品化供给增加，并进而成为粮食进口的加速器。

进一步验证这一结论，可以发现，2017 年按常住区域划分的城镇人口和按户口的城镇人口间存在 2.25 亿人的差距，人户分离人口规模达 2.91 亿人，流动人口数为 2.44 亿。这些指标占总人口的比重分别为 16.2%、17.6% 和 20.9%。这些比率与后面部分计算出的人均年热量自给率 18%、蛋白质自给率 22.7% 和脂肪自给率 25.38% 中的人均年热量自给率存在一定程度的吻合或接近。

从图 17 至图 18 可以看出，在经济发展和区域收入差距的驱动下，人口重心向南转移是大势所趋，这与粮食生产重心呈现出截然相反的趋势，即“人粮分离”越来越快，粮食供求属性已经实现从区域自给自足为主转变为商品化和资本化及物流通道化的格局（见图 19）。

因此，中国粮食进口的增加可能与中国区域人口迁移有着密切的关系，而且从粮食可获得性来讲，城镇地区，尤其是沿海地区从东北等地区调运粮食的物流成本可能会高于进口的物流成本，在内外粮食价格间存在价格差的背景下，其加速了粮食进口规模的扩张而国内生产粮食进入储备的步伐。

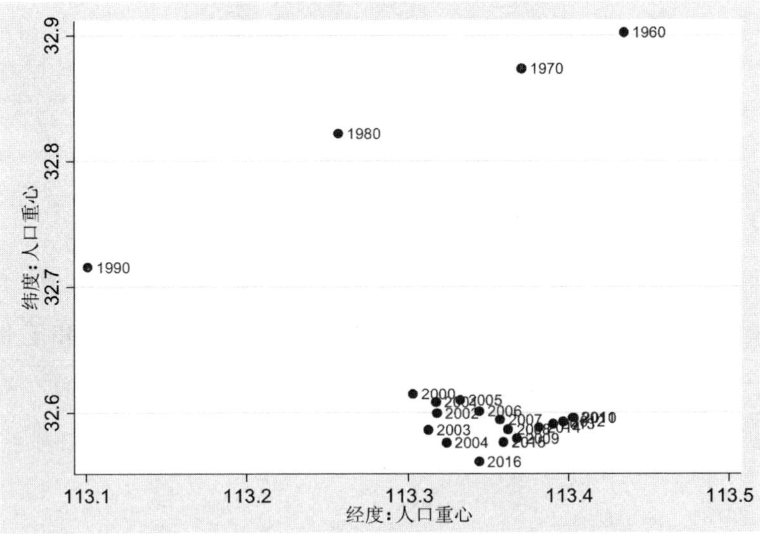

图 17　人口重心的迁移状况

资料来源：根据国家统计局查询频道数据和国家统计局综合司编的《全国省、自治区、直辖市历史统计资料汇编》数据计算。

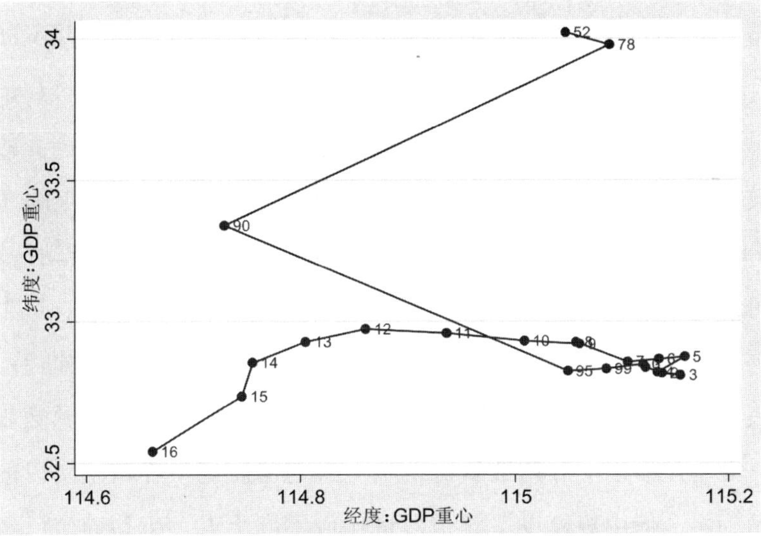

图 18　经济重心的迁移状况

注：52、78、90、95、99 分别是 1952 年、1978 年、1990 年、1995 年、1999 年；0～16 代表 2000～2016 年。

资料来源：根据国家统计局查询频道数据和历年中国统计年鉴计算。

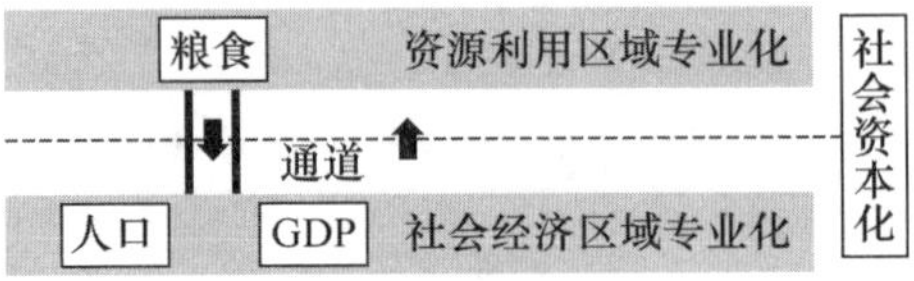

图 19　人粮分离机制图

2. 畜产品生产和饲料粮需求增加

人口结构和人均消费结构对粮食需求变动也起着重要作用。这主要不是体现在粮食直接食用量上面，而是体现在作为畜产品生产原料和工业原料上面。其中，畜产品产量的增加直接导致饲料粮需求增加，在国内产量不能满足的情况下，导致粮食进口的增加，可以说这已成为粮食进口扩张的内在拉力。

从表 13 中可以看出，中国畜产品产量中，肉类在 2008～2016 年增加了 1259 万吨，禽蛋增加 393 万吨。畜产品耗粮数量的测算值增加了 3993 万吨。

3. 养殖规模化因素

养殖规模化也必然要求大宗饲料原料的高质量稳定供给，并不断提高对原料的合理用量。在养殖数量不断扩大的背景下，所需能量原料和蛋白原料的使用量也会不断增加，利用剩饭、猪草等传统散养和小规模饲养的局面伴随环境政策（2014 年的《畜禽规模养殖污染防治条例》，2015 年的《环境保护法》和《水污染防治行动计划》，2016 年的《土壤污染防治行动计划》）的实施，可能会逐步缩小，而中规模和大规模养殖会越来越集中。这也是推动饲料粮需求稳定增长的重要因素，可以说是粮食进口增加的内在推手。

从表 14 中养殖规模变动来看，肉牛养殖依然散养为主，但其数量比例不断下降，而中规模以上养殖数量比例呈上升趋势。奶牛养殖主要以散养和小规模养殖为主，但中规模以上养殖数量比例不断上升。生猪养殖已经转变为中规模为主，散养数量比例急剧下降。羊养殖已经以中规模为主，比例达 78%，散养数量比例不断下降。蛋鸡养殖和肉鸡养殖依然以小规模为主，但其数量比例不断下降，中规模以上数量比例不断上升。从以上分析可以看出，除生猪和羊养殖外，其他畜牧养殖业的养殖还是以散养或小规模为主，从饲

表 13　中国畜产品产量及其耗粮量测算值的变动状况

年份	畜产品产量（万吨）							畜产品耗粮量的估算（万吨）						
	肉类	猪肉	牛肉	羊肉	禽肉等	牛奶	禽蛋	合计	猪肉	牛肉	羊肉	牛奶	禽肉等	禽蛋
1996	4548	3158	356	181	889	629	1965	16122	8152	329	200	206	2088	5146
1997	5269	3596	441	213	1019	601	1897	17483	9284	408	235	197	2392	4968
1998	5724	3884	480	235	1126	663	2021	18882	10026	444	259	217	2642	5293
1999	5949	4006	505	251	1187	718	2135	19697	10340	468	277	235	2786	5590
2000	6014	3966	513	264	1271	827	2182	19973	10238	475	291	271	2983	5714
2001	6106	4052	509	272	1274	1026	2210	20344	10459	471	300	336	2990	5788
2002	6234	4123	522	284	1306	1300	2266	20864	10644	483	313	426	3066	5933
2003	6443	4239	543	309	1354	1746	2333	21644	10942	502	341	573	3177	6110
2004	6609	4341	560	333	1374	2261	2371	22268	11206	518	367	741	3227	6208
2005	6939	4555	568	350	1465	2753	2438	23399	11759	526	386	903	3440	6385
2006	7089	4651	577	364	1498	3193	2424	23852	12005	534	401	1047	3517	6348
2007	6866	4288	613	383	1582	3525	2529	23551	11069	567	422	1156	3714	6623
2008	7279	4621	613	380	1665	3556	2702	25065	11928	567	420	1166	3908	7076
2009	7650	4891	636	389	1734	3519	2743	26050	12625	588	430	1154	4071	7182
2010	7926	5071	653	399	1803	3576	2763	26582	12919	604	440	1173	4344	7101

续表

年份	畜产品产量（万吨）								畜产品耗粮量的估算（万吨）					
	肉类	猪肉	牛肉	羊肉	禽肉等	牛奶	禽蛋	合计	猪肉	牛肉	羊肉	牛奶	禽肉等	禽蛋
2011	7965	5060	647	393	1864	3658	2811	27218	13069	599	434	1200	4509	7407
2012	8387	5343	662	401	1981	3744	2861	27825	13792	613	442	1228	4746	7003
2013	8535	5493	673	408	1961	3531	2876	28557	14429	623	450	1158	4660	7236
2014	8707	5671	689	428	1918	3725	2894	29047	14966	638	472	1222	4566	7183
2015	8625	5487	700	441	1998	3755	2999	29164	14373	648	486	1232	4721	7704
2016	8538	5299	717	459	2062	3602	3095	29058	13882	663	507	1182	4874	7950
2008～2000	1265	655	100	116	394	2728	520	5092	1690	93	128	895	925	1362
2016～2008	1259	679	104	79	398	46	393	3993	1955	96	87	15	966	874

注：饮料转化率来自《农产品成本资料汇编》中畜产品各品种耗粮量与主产品产量的比值。

资料来源：国家统计局网站。

表 14　养殖规模的变动状况

			户数（户）			养殖规模数量比例（%）		
			2007 年	2010 年	2015 年	2007 年	2010 年	2015 年
肉牛	散养	1～9 头	15351990	13007393	10490202	68.12	60.50	53.42
肉牛	小规模	10～99 头	501183	512944	517616	24.46	26.24	28.99
肉牛	中规模	100～999 头	14188	24079	29271	6.99	12.43	16.54
肉牛	大规模	1000 头以上	486	884	1025	0.43	0.82	1.04
肉牛	合计		15867847	13545300	11038114	100.00	100.00	100.00
奶牛	散养	1～9 头	2455490	2096562	1403620	43.71	37.17	30.81
奶牛	小规模	10～99 头	205360	202454	137417	40.21	39.48	33.18
奶牛	中规模	100～999 头	7525	10244	12113	14.87	20.16	29.52
奶牛	大规模	1000 头以上	339	898	1478	1.21	3.18	6.49
奶牛	合计		2668714	2310158	1554628	100.00	100.00	100.00
生猪	散养	1～49 头	80104750	59086923	44055927	46.88	30.58	23.14
生猪	小规模	50～999 头	2203390	2573226	2412533	28.62	29.57	28.13
生猪	中规模	1000～49999 头	40860	75070	90244	24.44	39.72	48.45
生猪	大规模	50000 头以上	50	121	261	0.06	0.13	0.27
生猪	合计		82349050	61735340	46558965	100.00	100.00	100.00

续表

			户数（户）			养殖规模数量比例（%）		
			2007 年	2010 年	2015 年	2007 年	2010 年	2015 年
羊	散养	1 ~ 29 只	23934411	19795206	14534918	24. 06	20. 62	14. 49
羊	小规模	30 ~ 99 只	1599597	1602030	1624592	6. 97	7. 23	7. 02
羊	中规模	100 ~ 999 只	1849917	1865724	2109696	68. 81	71. 90	77. 81
羊	大规模	1000 ~ 只	2468	3655	10300	0. 17	0. 25	0. 68
羊	合计		27386393	23266615	18279506	100. 00	100. 00	100. 00
蛋鸡	小规模	1 ~ 9999 只	29917690	21279194	13891282	99. 38	98. 24	96. 73
蛋鸡	中规模	10000 ~ 99999 只	16345	33385	40543	0. 60	1. 71	3. 14
蛋鸡	大规模	100000 ~ 只	260	483	937	0. 02	0. 04	0. 13
蛋鸡	合计		29934295	21313062	13932762	100. 00	100. 00	100. 00
肉鸡	小规模	1 ~ 9999 只	29001269	25165137	21055649	94. 71	92. 48	91. 82
肉鸡	中规模	10000 ~ 99999 只	141291	174046	153778	5. 13	7. 11	7. 45
肉鸡	大规模	100000 只以上	2481	5594	8415	0. 16	0. 41	0. 73
肉鸡	合计		29145041	25344777	21217842	100. 00	100. 00	100. 00
养殖户数总计			187351340	147515252	112581817			

注：养殖规模数量比例是根据各规模户数 × 规模的中位数或下限值而测算。

资料来源：《中国畜牧业年鉴 2008—2016》。

料转化率来看，从散养变为小规模养殖，饲料转化率数值（每公斤主产品耗粮量）会增加而不是减少。

对养猪耗粮量增长因素分解的测算结果表明，2000～2015 年其增长的 14.61%归因于饲料转化率的提高（从散养转为小规模等，养殖规模化因素），85.39%归因于生猪主产品（猪肉）产量的增长。

4. 农业经营的资本化

根据第三次农业普查数据，中国农业登记户数为 2.3 亿户，其中农业经营户为 2.07 亿户，规模经营户为 3980 万户。农业经营人员为 3.14 亿人，规模经营户的农业生产经营人员为 1289 万人。从该结果可以看出，农业经营主体依然以普通农户为主，但规模经营户占登记户数的比重已达 1.7%；同时农业经营人员中，规模经营人员达 4%。

这表明农业经营的资本化趋势正在不断深化。其背后与农业补贴的诱导作用紧密相关。即从 2016 年起全面推开农业“三项补贴”改革，将以往粮食直补、农资综合补贴、农作物良种补贴合并为“农业支持保护补贴”，并且将目标调整为支持耕地地力保护和粮食适度规模经营。

在农业经营资本化背景下，农业种植结构和品种规格的统一有利于机械化、省力化和自动化，提高生产效率，但结构固化和品种单一格局的形成必然带来玉米等作物种植比例的上升，这也必然带来粮食进口结构向玉米以外的其他粮食品种集中。

（四）粮食进口的结构性替代关系与未来趋势判断的局限性

以往模型预测结果中，过高估计玉米而低估其他品种是中国边境措施强度不均衡和忽视产品间替代性的体现，这也是内外价格差所致资本趋利和市场选择的极端性与机构预测的局限性的结果。

粮食进口是一个复杂的问题，其涉及边境措施和内外价格差、玉米与其他能量饲料作物原料在饲料原料中的替代等诸多因素。

1. 粮食进口配额和关税等边境措施因素对粮食进口结构有着关键性影响力

2018 年粮食进口关税配额量为：小麦 963.6 万吨，国营贸易比例 90%；玉米 720 万吨，国营贸易比例 60%；大米 532 万吨（其中：长粒米 266 万吨、中短粒米 266 万吨），国营贸易比例 50%。与此相对应，大豆、高粱、大麦等则无配额限制。

在关税税率方面，小麦及制品的配额内税率为 1% ~10%，配额外税率（最惠国）为 65%；玉米及其制品的配额内税率为 1% ~10%，配额外为 20% ~65%；稻谷和大米制品配额内税率为 1% ~9%，配额外税率为 10% ~65%；大豆最惠国税率为 3%（2018 年起部分国家降为 0），食用高粱最惠国税率为 2%，饲用高粱最惠国税率为 9%，大麦最惠国税率为 3%，薯类及制品最惠国税率为 5% ~13%，酒糟（DDGS）原最惠国税率为 5%，2017 年开始对 DDGS 征收反倾销税 42.2% ~53.7% 和反补贴税 11.2% ~12%，征收期限为 5 年。此外，我国肉类等畜产品的进口最惠国关税都在 30% 以下。可见，从配额来看，中国仅主要粮食产品维持配额，大豆等无配额管理；从关税税率来看，最惠国税率基本低于 65%，配额内关税最低为 1%。

因此，大豆进口的急剧增加和大豆市场的国际化与无有效边境管控措施和低税率有着密切关系，当大豆内外存在价格差或压榨有利可图，大豆进口必然增加，而受配额限制的粮食则进口增加相对平滑。从数据上来看，中国大豆从 1996 年开始变为净进口国，进口量从 92 万吨增加到 2017 年的 9552.6 万吨。

2. 内外价格差和饲料原料替代及进口畜产品替代因素导致玉米以外的粮食及其制品、肉类和奶类制品等集体进口沦陷，且进口增加显著

内外价格差是否存在及程度如何是导致各粮食品种进口数量的决定性因素。根据农业部贸促中心的资料，2014 年国内价格与进口到岸价格之间的差距中，大米、小麦、玉米、大麦、高粱分别为每公斤 1.26 元、0.94 元、0.74 元、0.89 元和 0.87 元。这表明，与进口玉米相比，进口小麦、大麦、高粱等饲料原料替代品更有利可图。

在饲料原料构成中，与其大宗原料之一的玉米有关税配额相比，高粱、大麦、DDGS 等均无配额限制，而且关税税率较低，当国内玉米与这些粮食品种间的比价对玉米不利时，必然导致这些粮食品种对国产玉米的替代。

从表 15 的结果可以看出，玉米的大宗原料消费数量不断增加，2016 年达到 1 亿吨以上，但其在大宗原料消费构成中所占的比例则在 2015 年下降到 48.3%。同时，其他大宗饲料原料消费数量在 2015 年以后保持在 2000 万吨以上，2012 年和 2013 年小麦构成比例显著增加。

表 15　　大宗饲料原料消费构成及变动状况　　单位：万吨

原料	2009 年	2010 年	2011 年	2012 年	2013 年	2015 年	2016 年	2017 年
玉米	6209	7469	8768	9145	9725	8640	10497	10182
小麦	295	728	1287	2446	2220	1412	1101	1379
鱼粉	373	268				305	185	231
豆粕	3100	3500	3450	3447	3466	3838	3780	4136
棉籽粕	710	706	749	741	679	435	355	367
菜籽粕	546	556	575	609	591	472	448	415
其他饼粕	409	378	397	436	475	435	492	424
碳酸氢铵	172	234	193	244	278	292	244	504
其他			619	998	1285	2068	2047	1997
合计	11813	13839	16101	18422	18720	17893	19149	19634
构成（%）								
玉米	52.6	54.0	54.5	49.6	51.9	48.3	54.8	51.9
小麦	2.5	5.3	8.0	13.3	11.9	7.9	5.7	7.0
鱼粉	3.2	1.9				1.7	1.0	1.2
豆粕	26.2	25.3	21.4	18.7	18.5	21.4	19.7	21.1
棉籽粕	6.0	5.1	4.7	4.0	3.6	2.4	1.9	1.9
菜籽粕	4.6	4.0	3.6	3.3	3.2	2.6	2.3	2.1
其他饼粕	3.5	2.7	2.5	2.4	2.5	2.4	2.6	2.2
碳酸氢铵	1.5	1.7	1.2	1.3	1.5	1.6	1.3	2.6
其他			3.8	5.4	6.9	11.6	10.7	10.2
合计	100.0	100.0	100.0	100.0	100.0	100.0	100.0	100.0

注：空白处为缺失据。

资料来源：《中国饲料工业年鉴》各年版。

从表16可以看出，玉米及其替代品的进口自2012年开始增加，如果包含薯类则从2004万吨增加到2015年的4855万吨，2017年为3195万吨；如果不包含薯类则从1290万吨增加到3917万吨，2017年为2382万吨。

表16　进口玉米制品及替代品和畜产品对国内玉米的替代量估计　单位：万吨

年份	玉米	DDGS	大麦	高粱	薯类	折合	
						玉米1（包含薯类）	玉米2（不包含薯类）
2005	0	0	218	1	334	553	219
2010	157	316	237	8	576	1358	782
2011	175	169	178	0	503	1058	555
2012	521	238	253	9	714	1783	1069
2013	327	400	234	108	739	1888	1149
2014	260	541	541	578	865	2893	2028
2015	473	682	1073	1070	938	4372	3435
2016	317	307	501	665	770	2621	1850
2017	283	39	886	506	813	2534	1722

年份	猪肉	牛肉	羊肉	禽肉	奶类	折合	共计折合	
						玉米3	合玉米计1（包含薯类）	合玉米计2（不包含薯类）
2005	3	0	4	23	12	57	609	276
2010	20	2	6	31	43	149	1507	931
2011	47	2	8	27	49	196	1254	751
2012	52	6	12	30	67	221	2004	1290
2013	58	29	26	29	104	320	2208	1469
2014	56	30	28	28	124	329	3222	2357
2015	160	47	22	27	101	482	4855	3917
2016	311	58	22	43	124	726	3347	2576
2017	250	70	25	31	138	661	3195	2382

资料来源：PSD，USDA；UNComtrade数据库。

根据农业农村部贸促中心的数据，在2017年粮食进口中，小麦进口442.2万吨，出口18.3万吨；玉米进口282.7万吨，出口8.6万吨；大米进口 402.6 万吨，出口 119.7 万吨；大麦进口 886.3 万吨，出口 93.5 吨；高粱进口 505.7 万吨，出口 4.1 万吨；玉米酒糟（DDGS）进口 39.1 万吨，木薯（主要是干木薯）进口 812.8 万吨。除玉米和大米外，小麦及其粮食产品进口量达 2686 万吨。

同时，进口关税低使得畜产品进口增加。猪肉进口为 121.7 万吨，猪杂碎进口为 128.2 万吨，牛肉进口为 69.5 万吨，羊肉进口为 24.9 万吨，奶粉进口为 104.0 万吨。把畜产品按照屠宰率和饲料转化率，可以折算为 661 万吨的玉米耗粮量。把小麦及其粮食产品进口量和畜产品耗粮量汇总则达 4081 万吨。如果把该数值作为对玉米替代的简单计算值，则该值占美国农业部 2017 年预测偏差值 6500 万吨的 63%。

可见，粮食品种间的替代和进口畜产品对粮食的替代是导致各粮食品种和畜产品集体进口沦陷的重要原因。

3. 模型的局限性和数据质量是导致预测偏离度高低的重要原因

模型模拟预测是根据过去事实而对未来趋势进行的模拟分析，很难进行"反事实"模拟分析。中国加入 WTO 的农业协议书规定，除疫病等原因外，中国主要畜产品进口仅有 30% 以下的关税保障措施，而现有中国粮食供求的政策模拟分析很难加入进口产品替代的影响。这主要是因为长期以来中国玉米进口量相对较小，现有模型很难根据历史经验和数据获取替代弹性等相关参数，从而无法在情景模型中分析国内外玉米价格差导致的国外玉米及替代品的进口。

（1）现有畜产品供求数据与预测存在"虚高"的可能性。

畜产品产量数据偏高是导致现有玉米需求估计与现实脱钩及实施抑制玉米需求的产业政策的直接诱因。畜产品产量数据经历了 1997 年和 2007 年两次大的调整，均是国家统计局基于农业普查而进行的较大幅度的数据矫正，这也与国内外学者对畜产品产量数据"虚高"的质疑存在密切相关性（钟甫宁，1997；Fuller et al.，2000；蒋乃华，2002；Wang et al.，2004；陈永福，2004；Yu and Abler，2009）。显而易见，按照"虚高"的畜产品产量数据，自然就会推算出偏高的饲料粮需求量，再据此进行模拟预测，必然得到脱离实际的结果，同时会对政策的制定增加压力。

（2）现有实际和预测的偏差是粮食安全压力下的政策选择结果。

中国粮食安全问题一直是中国政府政策的重中之重，一旦发生连年减产，粮食安全的“弓弦”就会绷紧，支持政策之“箭”就会射出。前述2004年最低收购价和2007年临时收储政策就是在这样的背景下“射出”的，但到2015年鉴于连年丰产和进口激增又不得不祭出政策之盾，即农业供给侧改革之盾。这种粮食安全压力下的政策选择在玉米及其产业政策中体现得淋漓尽致。

在粮食安全程度评估过程中，玉米一直以来都是备受关注的品种，对其重视程度远超大米和小麦，这也必然导致政府政策制定者的关注度主要集中到玉米方面。对玉米需求增长的过高估计导致政策制定者和学术界对玉米需求的政策偏重于抑制。基于保证食物安全的角度出发，一方面，主要采取了抑制工业需求等强制性的调控措施；另一方面，从供给侧改革或去库存的角度又不得不采取间歇性的补贴政策，即过度采取粮多补、粮少抑的非连续性产业政策，导致粮食产业链拓展乏力。

首先，对玉米需求增长的过高估计导致研究者对鼓励包括玉米在内的粮食生产和加大实施种粮直补等“农产品生产补贴”呼声高涨。2008年开始在东北地区实行玉米临时收储政策，也是为了稳定市场，解决农民卖玉米难、价格下降问题，保护农民利益和种粮积极性（农业部软科学委员会办公室，2013）。

其次，政策措施强硬但不具连续性，可以称为“截断效应”。2000～2006年，中国政府先后出台了一系列政策措施鼓励玉米的深加工产业，以减少积压的玉米库存。但2007年9月5日，国家发展和改革委员会针对当时玉米供求趋紧的形势公布了《关于促进玉米深加工业健康发展的指导意见》（发改工业〔2007〕2245号），提出“十一五”期间将玉米深加工用粮规模占玉米消费总量的比例控制在26%以内。

面对当前的玉米库存压力，国家开始通过补贴等手段鼓励玉米深加工产业的发展。2014 年 7 月 15 日财政部等国家部委出台了《东北玉米深加工企业竞购加工国家临时收储玉米补贴管理办法》的通知（财建〔2014〕375 号）。

再次，产业政策的不连续性过度抑制玉米需求的稳定增长和玉米产业链发展的完整性，并导致玉米需求在结构上集中依赖于饲料需求，进而只关注到可能的玉米饲料需求总量而忽视了因替代而带来的可能结果。目前，中国玉米的饲料需求占总需求的比重为 70% 左右，加工需求的比重仅为 20% 左右（见表 17）。对比中美两国的玉米需求结构，美国玉米的饲料需求占总需求的比重从 2005 年的 67% 左右下降至 2012 年的 45% 左右，而加工需求的比重则从 2005 年的 31% 左右增至 2012 年的 55% 左右。需求来源的分散也会降低美国玉米需求受局部因素影响而剧烈波动的风险。

表 17　中国和美国玉米的加工需求、饲料需求占总需求的比重　单位：%

年份	中国		美国	
	加工需求比重	饲料需求比重	加工需求比重	饲料需求比重
2005	15.82	72.00	31.05	67.05
2010	20.31	68.19	55.59	42.82
2011	21.03	67.91	56.83	41.54
2012	20.04	69.78	55.72	45.27

资料来源：根据 FAO 的供求平衡表计算得到。

四、基于能量视角的中国食物安全分析

在中国居民收入不断增加和人口结构不断变化的背景下，居民食物消费向富含蛋白质的动物性食物方向转型升级，居民饮食向安全和营养方向转变，如何保障高质量的食物供应也成为确保中国食物安全的关键点和驱动力，同时也是确保综合粮食安全的重要组成部分。

以能量计算的食物自给率是衡量一个国家或地区食物自给状况的核心指

标之一。一方面，从自给率测算的以往研究来看，很多研究利用 FAO 提供的中国食物供求平衡表数据测算自给率，但是该数据库最新数据截至 2013 年（李显戈，2015；张元红，2016）。另一方面，有研究利用国家统计局数据、海关数据对中国食物的需求、生产和贸易数据进行测算，进而计算食物自给率（姚成胜和黄琳，2014；尹风雨和龚波，2017）。从研究对象上看，大量研究关注于粮食自给率，也有研究计算了各类食物的自给率，以及从热量角度计算中国综合食物自给率。但是，从营养结构的角度计算和分析中国蛋白质、脂肪和碳水化合物自给率的研究较少。因此，本研究利用 2000～2016 年国家统计局和联合国商品贸易数据库数据，测算以能量计算的食物自给率，为对粮食安全状况进行综合判断奠定基础。

（一）测算方法

从供给端出发计算国内总需求量，进而计算自给率。即按照国内总需求等于可供消费的国内总供给，从国内生产量加净进口量和库存增加量计算国内总需求量。设定 R 为自给率，可表示为：

$$R = \frac{P}{D} = \frac{P}{S} \tag{1}$$

其中，P 为国内生产量，D 为国内总需求量，S 为可供消费的国内总供给量。由于库存数据难以获得，将借鉴以往研究的做法，用国内生产量加净进口量来近似替代国内总需求量（FAO，2001；姜长云等，2014）。

为了计算食物中的热量及三大主要供能营养素的自给率，将沿袭国际上的通用做法，即根据各种食物的热量、蛋白质、脂肪和碳水化合物含量折算后加总，然后再进行深入研究（胡小平和郭晓慧，2010；张元红，2016）。具体来看，将各种食物数量与该种食物的可食比例及每百克该种食物的营养成分含量相乘求和，从而将食物生产或贸易数据折算汇总获得营养数据。设定 N_k 为来自 n 种食物的第 k 类营养成分含量，其中，$k=1$，…，4，分别代表热量、蛋白质、脂肪、碳水化合物，计算公式为：

$$N_k = \sum n_i = 1a_{ki} \times E_i \qquad (2)$$

其中，a_{ki}表示第 i 种食物中包含的第 k 类营养成分含量，$i=1$，…，n；E_i 表示第 i 种食物的生产或贸易数量。

（二）数据说明

中国食物的生产数据来自国家统计局，食物进出口数据来源于联合国商品贸易数据库。根据数据的可获得性，将国内生产的食物划分为谷物、薯类、豆类、油料、糖料、蔬菜、水果、肉类、禽蛋、奶类、水产品。为了尽可能地让生产数据和贸易数据在食物种类上保持一致，根据乌拉圭回合农业协议界定的农产品范围（HS 四位编码），将中国进出口食物划分为谷物、薯类、干豆类、油籽、植物油、糖类、蔬菜、水果、肉类、禽蛋、乳品、动物油脂、水产品。时间区间均为 2000～2016 年。关于营养转化系数的获得，将借鉴中国疾病预防控制中心营养与食品安全所 2009 年提供的中国食物营养成分表，并在此基础上，尽可能地将食物进行细分，然后按照各种食物生产比例或者进出口构成加权平均调整获得。具体的各类食物的营养成分转化系数不在这里展示。

（三）结果分析

表 18 为人均每天营养国内产量和净进口量。总体来看，“入世”以来热量、蛋白质、脂肪、碳水化合物的人均每天国内产量和净进口量均有不同程度的增长。具体来看，首先，热量人均每天国内产量呈现递增趋势；人均每天净进口量 2015 年之前呈递增态势，2016 年有所下降。其次，从三大供能营养素的供给来看，蛋白质人均每天国内产量和净进口量均呈现缓慢递增趋势。近年来，脂肪的人均每天国内产量和净进口量保持相对稳定。2010 年以来，碳水化合物人均每天国内产量呈现缓慢递增趋势；人均每天净进口量 2015 年之前呈递增态势，2016 年有所下降。

表 18　　人均每天营养国内产量和净进口量

年份	能量（大卡/天）		蛋白质（克/天）		脂肪（克/天）		碳水化合物（克/天）	
	国内产量	净进口	国内产量	净进口	国内产量	净进口	国内产量	净进口
2000	2079. 36	71. 97	95. 58	4. 14	78. 44	7. 31	376. 06	-1. 33
2003	2113. 07	146. 93	97. 69	5. 94	79. 70	16. 09	401. 37	-4. 40
2006	2285. 86	252. 76	103. 64	10. 52	82. 57	19. 92	430. 94	9. 77
2009	2482. 36	403. 13	112. 14	17. 78	90. 57	30. 21	471. 79	17. 57
2010	2544. 84	439. 96	115. 02	22. 39	92. 68	29. 99	487. 45	24. 32
2011	2616. 84	414. 46	117. 85	21. 34	93. 77	27. 94	506. 95	25. 11
2012	2705. 50	509. 39	121. 22	24. 99	96. 97	33. 48	525. 28	35. 21
2013	2744. 36	534. 04	122. 73	27. 57	97. 93	33. 81	536. 95	39. 30
2014	2766. 11	561. 99	124. 22	31. 62	98. 71	32. 43	544. 16	44. 46
2015	2791. 65	642. 72	125. 54	36. 58	98. 53	34. 57	555. 02	58. 21
2016	2786. 57	610. 45	125. 95	36. 89	98. 67	33. 56	555. 05	48. 08

资料来源：国家统计局网站、UNCOMTRAD 网站以及根据公式测算的结果。

图 20 为供给国内居民消费的蛋白质、脂肪和碳水化合物提供的热量占总热量的比率随年份的变化。蛋白质和脂肪的供能比率均已接近或者超出了世界卫生组织建议的蛋白质和脂肪提供能量比率范围的上限，碳水化合物的供能比例处于较低水平。具体来看，首先，2000 ~ 2014 年蛋白质供能比率在 14% ~15% 的范围内波动，2015 年供能比率超过了世界卫生组织建议的 15% 上限，2016 年增加到 15. 31% 。其次，脂肪的供能比率也处于较高水平，有些年份超过了世界卫生组织建议的 30% 上限。再次，2000 ~2016 年碳水化合物供能比率在 54% ~58% 的范围内变动，与世界卫生组织建议的 55% ~75% 相比，处于相对较低水平。与日本比较来看，2016 年中国的蛋白质供能比为 15. 31% ，高于日本的 12. 8% ；脂肪供能比为 27. 98% ，低于日本的 29. 6% ，碳水化合物供能比为 56. 71% ，低于日本的 57. 6% 。

图 21 为中国营养自给率变化情况。从 2016 年的营养自给率测算结果来看，热量自给率为 82. 03% ，蛋白质为 77. 35% ，脂肪为 74. 62% ，碳水化合物为 92. 03% 。从自给率变化来看，首先，热量自给率总体呈现下降趋势，从

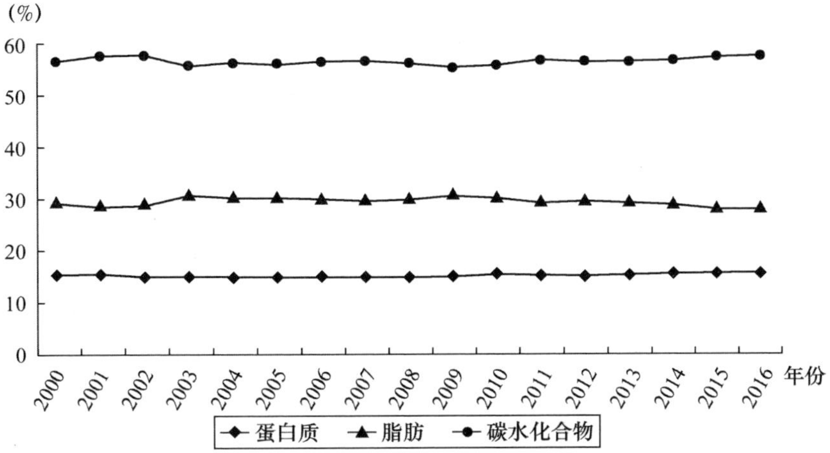

图 20　主要营养素供能比率变化

注：世界卫生组织建议的蛋白质、脂肪、碳水化合物提供能量比率范围分别为 10% ~15%、15% ~30%、55% ~75%，其中，下限值是预防营养缺乏的最低摄入量，上限值是预防慢性疾病的摄入量。

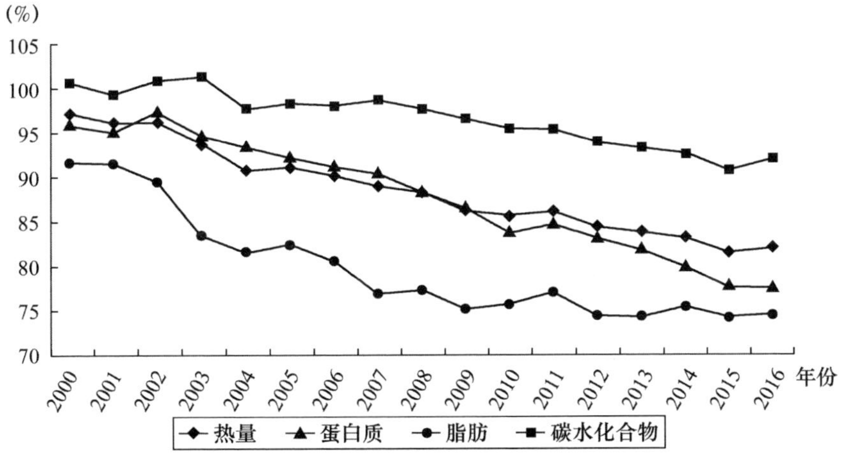

图 21　中国营养自给率变化

2000 年的 96.65% 下降 2016 年的 82.03%。其次，蛋白质自给率总体呈现下降趋势。2000 ~2007 年蛋白质自给率保持在 90% 以上，之后跌破 90%，2016 年下降到 77.35%。再次，脂肪自给率呈现先下降后稳定的趋势，其自给率从 2000 年的 91.48% 下降到 2009 年的 74.99，之后虽有些波动，但基本稳定在 74% 左右。最后，我国碳水化合物自给率总体呈现下降趋势，但均保持在

90%以上。2000年碳水化合物自给率为100.35%，2015年下降到最低点位90.51%，2016年回升到92.03%。可见，我国营养自给率均呈现不同程度的下降，其背后与中国粮食净进口的急剧扩大有着密切联系。

图22为各国热量自给率的变化情况。总体来看，中国热量自给率高于同处东亚的日本，也高于英国，但低于美国、德国和法国。从各国热量自给率随年份变化的趋势上看，中国和英国热量自给率下降较明显，日本在极力维持自己较低的热量自给率，美国、德国、法国虽有些波动但基本保持稳定。对比各个国家的热量自给率发现，中国热量自给率处于相对较高水平，但总体呈现下降趋势值得关注。

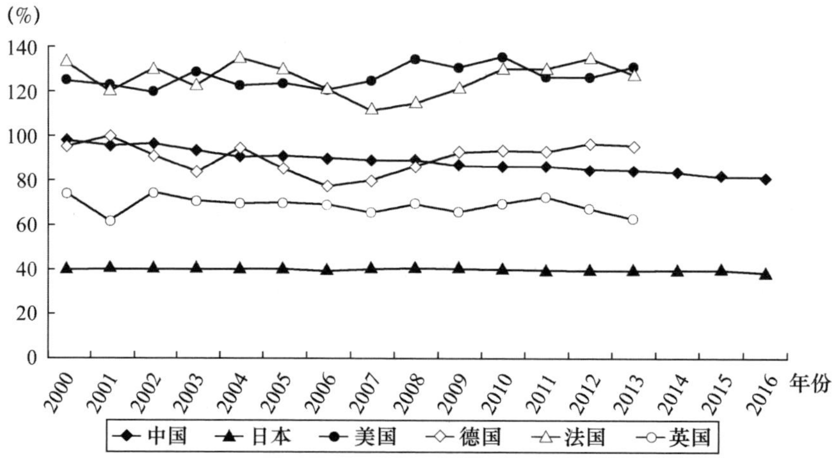

图22 各国热量自给率变化

资料来源：日本农林水产省。

五、中国食物供求模型的构建与方案假定

在现有中国食物供求模型基础上，研究团队对模型结构、数据和参数进行了优化和更新，开发了全国水平上的中国食物供求模型（China Food Demand and Supply Model，CFDSM）。下面主要介绍中国食物供求模型及模拟方案，首先从模型的结构和参数两方面介绍中国食物供求模型，接下来是对模

拟方案的阐述，即经济增长率、人口及迁移、农产品价格和汇率等宏观经济变量的假定说明。

（一）中国食物供求模型的构建

首先，建立中国各品种的供求平衡表，并对畜产品和水产品的生产数据进行了修改和调整。其次，分别建立各品种的供求模型，并对各品种的需求、供给和价格弹性进行估计。最后，运用所建立的各品种食物供求模型进行食物供求预测，模型结构见图 23。下面分别介绍供给模型和需求模型以及模型所采用的弹性参数。

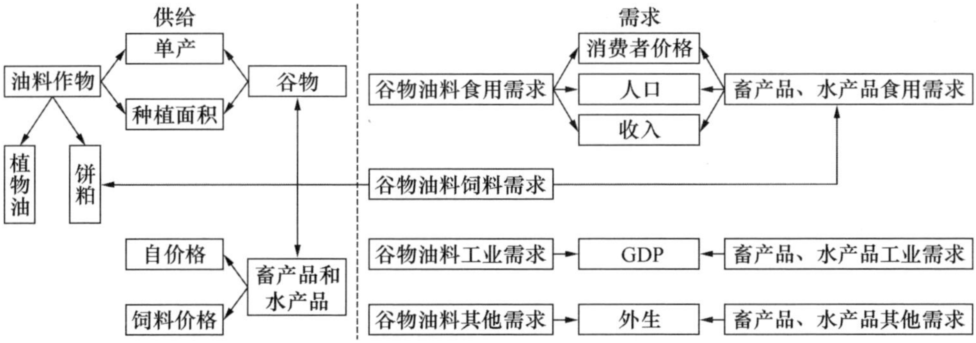

图 23　中国食物供求模型

资料来源：作者整理。

1. 供给方程

粮食的产量是播种面积和单产的乘积。

$$PD = AA \times YD$$

其中，PD 为产量，AA 为播种面积，YD 为单产。

$$\triangle PD = \frac{\dot{PD}}{PD} = \frac{d\mathrm{Ln}(PD)}{dt} = \frac{d[\mathrm{Ln}(AA) + \mathrm{Ln}(YD)]}{dt} = \frac{\dot{AA}}{AA} + \frac{\dot{YD}}{YD} = \triangle AA + \triangle YD$$

其中，△ 表示变量的变化率，下同。

$$\mathrm{Ln}AA = a^{AA} + e^{AA}\mathrm{Ln}X^{AA}$$

其中，e^{AA} 表示影响播种面积的变量 X 的弹性。

可以求出播种面积的变化率：

$\triangle AA = e^{AA} \triangle X^{AA}$

同样，用 X^{YD} 影响单产的因素，可以计算出单产的变化率：

$\triangle YD = e^{YD} \triangle X^{YD}$

根据基期（2016 年）的数据和每年的增长率可以求出产量的预测值：

$PD^f = AA^f \times YD^f = PD_{2016}(1 + \triangle PD_{2017})(1 + \triangle PD_{2018})\cdots(1 + \triangle PD_{2035})$

其中，播种面积的预测值为：

$AA^f = AA_{2016}(1 + \triangle AA_{2017})(1 + \triangle AA_{2018})\cdots(1 + \triangle AA_{2035})$

单产的预测值为：

$YD^f = YD_{2016}(1 + \triangle YD_{2017})(1 + \triangle YD_{2018})\cdots(1 + \triangle YD_{2035})$

2. 需求方程

（1）食用需求方程形式。

食用需求 FD 分为城镇居民食用需求 FD^U 和农村居民食用需求 FD^R 。其中，城镇居民食用需求为城镇居民人均食用需求与城镇人口的乘积，农村居民食用需求为农村居民人均食用需求与农村人口的乘积。

$FD = FD^U + FD^R = PFD^U \times POP^U + PFD^R \times POP^R$

城乡居民的人均需求量是一系列变量（自价格、交叉价格和居民人均收入）的函数：

$\mathrm{Ln}PFD^{U(R)} = a^{FD} + e^{FD}\mathrm{Ln}X^{FD}$

由此可以根据一系列弹性求出城乡居民人均需求量的变化率：

$\triangle PFD^{U(R)} = e^{FD} \triangle X^{FD}$

进而计算得到城乡居民食用需求量的变化率：

$\triangle FD^U = \triangle PFD^U + \triangle POP^U$

$\triangle FD^R = \triangle PFD^R + \triangle POP^R$

因此，食用需求量的预测值为：

$FD^f = FD^{Uf} + FD^{Rf} = PFD^{Uf} \times POP^{Uf} + PFD^{Rf} \times POP^{Rf}$

其中，城乡人均食用需求量的预测值为：

$$PFD^{U(R)f} = PFD_{2016}^{U(R)}(1 + \triangle PFD_{2017}^{U(R)})(1 + \triangle PFD_{2018}^{U(R)})\cdots(1 + \triangle PFD_{2035}^{U(R)})$$

城乡人口预测值为：

$$POP^{U(R)f} = POP_{2016}^{U(R)}(1 + \triangle POP_{2017}^{U(R)})(1 + \triangle POP_{2018}^{U(R)})\cdots(1 + \triangle POP_{2035}^{U(R)})$$

（2）工业需求方程形式。

工业需求是一系列变量的函数：

$$\mathrm{Ln}PRO = a^{PRO} + e^{PRO}\mathrm{Ln}X^{PRO}$$

根据计算得出的弹性可以得到工业需求的变化率：

$$\triangle PRO = e^{PRO}\triangle X^{PRO}$$

进而可以求出工业需求量的预测值：

$$PRO^{f} = PRO_{2016}(1 + \triangle PRO_{2017})(1 + \triangle PRO_{2018})\cdots(1 + \triangle PRO_{2035})$$

大豆和其他粮食的其他需求的增长率设为外生，因此，其他需求的预测值为：

$$OTD^{f} = OTD_{2016}(1 + \triangle OTD_{2017})(1 + \triangle OTD_{2018})\cdots(1 + \triangle OTD_{2035})$$

（二）中国食物供求模型的模拟方案假定

中国作为一个拥有近 14 亿人口的发展中国家，用世界上不到 1/10 的耕地养活着世界上 1/5 以上的人口，长期以来对世界粮食安全做出了重大贡献。一旦中国粮食安全出了问题，必然会对世界粮食市场产生深远的影响。影响未来中国食物供求的宏观经济因素主要包括中国长期经济增长率、人口趋势、城市化率等。开展 2035 年中国粮食供求预测必然需要对上述主要外生宏观经济变量进行情景方案的设定，本部分中关于 2017～2035 年中国主要宏观经济变量（预测用的外生变量）是基于对已有预测结果或假定而做出的情景方案假定。

1. 经济增长率

中国经济未来增速预计将放缓。世界银行和国务院发展研究中心联合编著的《2030 年的中国：建设现代、和谐、有创造力的高收入社会》中预计，2011～2015 年中国 GDP 平均增速为 8.6%，2016～2020 年降至 8%，2021～

2025年进一步降至5.9%，2026～2030年下降到5%的水平；USDA“农业基本预测”中预计，2012～2020年中国GDP增速在8%～8.9%之间变动；OECD和FAO联合发布“农业展望”中预计，2012～2021年中国GDP增速在6.8%～9.5%的范围变动；我国在“十二五”规划中制定的目标为“年均增长7%”；世界货币组织对中国2012～2017年每年的GDP增长率预测则较为平均，落于8.2%～8.8%之间，但自2013年以后增长率逐年递减。从以上机构对中国未来GDP的预测来看，受世界金融危机、国际大宗商品价格高位震荡以及中央政府宏观调控等国内外因素的影响，未来中国GDP将进一步增长，但增速将逐渐放缓。

考虑到未来中国人口增长速度将进一步趋缓，人均GDP变动速度与GDP变动速度将越来越趋于一致。在2035年中国粮食供求预测中，作者所使用的人均GDP增长率中位方案是在上述各机构预测结果的基础上进行适当调整得到的，即2017～2020年年均为6.5%，2020～2025年年均为5.44%，2025～2030年年均为5.0%，2031～2035年年均为4.5%。

2. 人口及成人人口当量

作者曾在2004年预测2020年中国人口将达14.56亿人。联合国（2002）、国家人口计生委（2003）、中国人口信息中心（2004）预测2010年中国人口分别为13.65亿、13.7亿和13.77亿；2030年中国人口数的预测值分别为14.51亿、14.83亿和15.25亿。需要说明的是，2010年中国人口实际为13.41亿，预测值和实际值间存在至少2400万的差距。这也表明以往有关中国人口的预测结果常常偏高，而且联合国的预测结果更接近实际值。

本研究中2035年中国粮食供求预测中人口预测采用联合国所做的人口估计。根据联合国的预测，中国人口将继续增长，但增长率逐年递减，在中位和不变出生率方案中甚至出现了负增长。联合国估计的2020年和2035年中国人口的中位结果分别为14.03亿和14.08亿。

根据国家统计局公布的数据（见表19），从2001年开始，65岁以上人口所占比例超过7%，已标志着中国正式迈入老龄化社会，2016年老龄化率达10.8%。同时，从人口的男女性别比例来看，中国一直以来男性比例高于女性比例，2016年男性比例为51.21%，女性比例为48.79%。人口结构的变迁将可能影响中国食物需求总量，进而影响食物贸易规模。

表19　　中国总人口及65岁以上人口比例变动

年份	年末总人口（万人）	65岁及以上人口（万人）	65岁以上人口比例（%）
1997	123626	8085	6.54
1998	124761	8359	6.70
1999	125786	8679	6.90
2000	126743	8821	6.96
2001	127627	9062	7.10
2002	128453	9377	7.30
2016	138271	14933	10.80

资料来源：国家统计局数据查询频道。

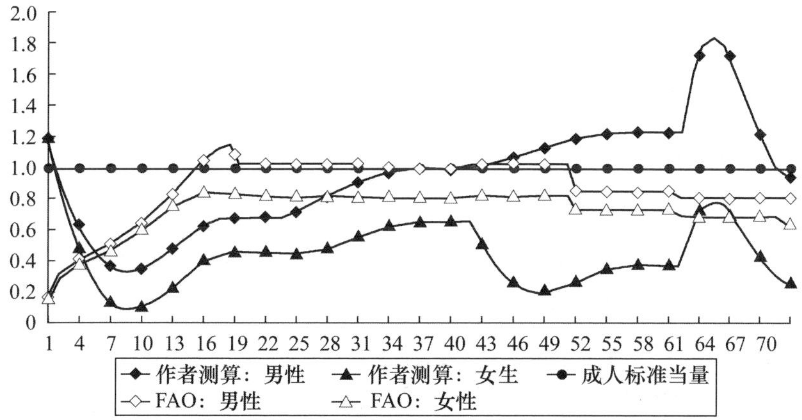

图24　不同性别和年龄人口的成人食物消费当量

注：作者测算是指作者根据国家统计局城镇住户调查中的消费支出数据，运用最大似然估计方法对食物消费模型估计和测算的结果。FAO是指FuningZhong、JingXiang、JingZh（2012）所用数据。

从图24可以看出，在以35～40岁男性人口为成人标准当量标准值1条件下，不同性别和年龄人口的当量存在显著差别，尤其是45～65岁人口的男性当量值均明显大于1，而该结果与运用营养（如FAO）的人均当量结果小于1存在差异。这也表明人口老龄化进程中，人口结构变化对食物消费的影响不能仅从营养视角进行测算，而应该从家庭经济决策的角度，即45岁以上的人口成人食物消费当量值相对高，其更加注重健康和消费质量，需要更多的资源来生产高质量的食物。换句话说，就是“老年的生命时间是用财富换来的”。如果忽略了该因素，可能会对未来的粮食安全状况产生误判。

在此背景下，作者计算了考虑年龄结构和性别特征的城镇人口的成人食物消费当量，并根据向晶和钟甫宁（2013）对未来中国人口结构的预测，进一步测算了未来不同时期中国城镇人口的成人食物消费当量系数，其结果显示在图25中。从图25可以看出，未来中国城镇人口的成人食物消费当量呈上升趋势，老龄化不一定带来成人食物消费当量的下降，而是增加。这表明“老年的生命时间是用财富换来的”的论断有一定的现实性，具体到食物需求而言，标志着中国未来食物安全问题比表面所观察到的要严重。

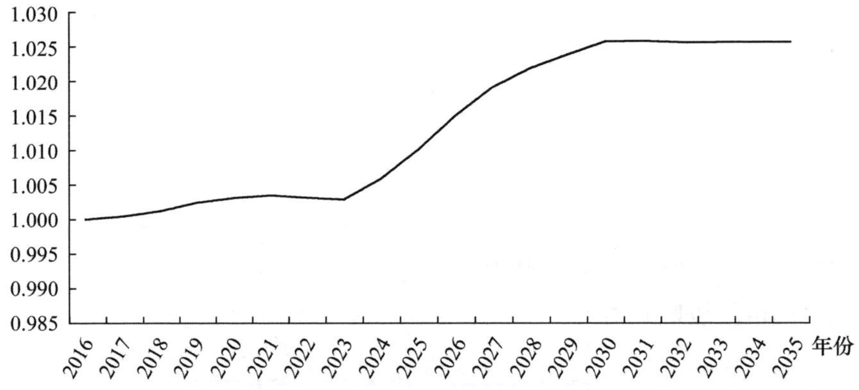

图25　不同年份城镇人口成人食物消费当量系数的预测结果

资料来源：在不同性别年龄的成人食物消费当量系数基础上，根据向晶和钟甫宁（2013）的人口结构预测结果综合测算的结果。

鉴于没有找到2030年以后已有人口结构数据，假定2031～2035年的成人食物消费当量系数保持在2030年的水平，同时，考虑到未来不断提高的城镇化率，总人口的成人食物消费当量系数用城镇人口的系数进行替代，并把考虑成人食物消费当量系数的方案作为一个模拟方案，即当量方案。

俗话说“千里之堤，溃于蚁穴”。如果不能反映人口结构变化，就不能精准模拟未来可能的变化，而小的偏差可能会导致对未来粮食安全形势的误判，这也是作者建立该方案模拟的初衷。

3. 城镇化率

联合国预测的2020年和2050年中国城镇化率分别为61%和75.8%。该结果表明，2010～2020年中国每年新增城镇人口约为2000万，2020年后增长逐渐减缓，2030年城镇人口总数预测约为9.6亿人；城镇化率逐年提高，但增长速度逐年放缓。基于以上分析和模拟预测结果，本研究采用的城镇化率预测方案为：2020年为61.0%，2035年为71.1%。

4. 价格

基于价格变动的不确定性及其影响因素的复杂性，本研究将农产品价格设定为外生变量，并分为国内农产品价格和国际农产品价格两个独立模块。就国内农产品价格而言，2017～2035年其价格变化是2000～2016年趋势线上的延长。世界主要农产品价格的假定主要来自世界银行、FAPRI以及OECD-FAO等国际组织的预测或假定结果，这是因为各机构的预测结果均显示，未来粮食价格变动幅度不大，年平均变动率几乎都在0.02以下。

5. 汇率

本研究所采用的汇率预测数据来源于美国农业部。预测显示，尽管目前美元兑人民币呈短期升值趋势，但未来美元兑人民币呈贬值趋势。美元兑人民币汇率在2025年达到4左右，并将继续下降，2035年略高于3.5。

六、基于模型模拟结果的2035年中国粮食供求展望

依据上述主要宏观经济变量的情景方案假定，本研究以2016年为基期，利用中国食物供求模型（以下简称为模型）对2035年中国粮食供求形势进行了模拟预测。预测品种为水稻、小麦、玉米、大豆以及其他粮食。依据中位、

高位、低位和成人食物消费当量以及灾害导致的逐步减产30%的各方案的模型模拟结果整理在附录表中。

（一）各方案模拟结果的总体分析

各方案下的模拟结果显示如下（见表20和图26）。

首先，在中位方案下，到2035年，中国粮食需求量达7.94亿吨，国内产量为6.3亿吨，净进口量扩大到1.64亿吨。与2016年相比，需求量增加6472万吨，国内产量增加1383万吨，净进口量会扩大5088万吨，粮食自给率将降至79.4%。

其次，在高位方案下，2035年，中国粮食产量将达到6.5亿吨，需求量将达到8.4亿吨，净进口量将扩大至1.9亿吨，自给率将降至77.2%。在低位方案下，2035年，中国粮食产量将达到6.4亿吨，需求量将达到8.0亿吨，净进口量将扩大至1.6亿吨，自给率将降至79.8%。

再次，在计算人口当量的方案下，2035年，中国粮食产量将达到6.3亿吨，需求量将达到8.0亿吨，净进口量将扩大至1.7亿吨，自给率将降至78.9%。

最后，因灾害等原因致单产减少30%的方案中，2035年，中国粮食产量将减至4.6亿吨，需求量将达到7.9亿吨，净进口量将扩大至3.3亿吨，自给率将降至58.6%。

下面主要针对中位方案下的模拟预测结果进行说明和分析。

（二）中位方案模拟结果的总体分析

根据附录表中的中位方案的模拟结果可以看出，总体上，未来中国粮食供求缺口进一步扩大，粮食自给率持续下滑。其背后的原因主要是粮食需求的持续扩大和国内产量提高乏力。

从生产角度来看，到2035年国内粮食产量将达6.3亿吨，这主要归功于单产水平的提高。与2016年相比，2035年的粮食单产会提高7.68%，而粮食

表 20　各方案的模拟结果（2017～2035 年）

年份	中位方案	高位方案	低位方案	成人食物消费当量方案	自然灾害致逐步减产30%的方案	中位方案	高位方案	低位方案	成人食物消费当量方案	自然灾害致逐步减产30%的方案
净进口量（万吨）						增　减				
2016（基期）	11278	11278	11278	11278	11278					
2020	12336	13466	11803	12398	16247	1058	2188	525	1120	4969
2025	13440	15844	12485	13637	21807	1104	2378	682	1239	5561
2030	15173	18717	13781	15646	27617	1733	2872	1297	2010	5809
2035	16366	22241	14596	16807	32548	1193	3525	815	1161	4932
国内产量（万吨）										
2016（基期）	61625	61625	61625	61625	61625					
2020	61854	61807	61881	61854	57772	228	182	256	228	-3853
2025	62209	62113	62268	62209	53443	355	306	387	355	-4328
2030	62601	62457	62697	62601	49555	393	344	428	393	-3888
2035	63009	62816	63142	63009	46038	407	359	445	407	-3517
需求量（万吨）										
2016（基期）	72903	72903	72903	72903	72903					
2020	74189	75273	73684	74251	74018	1286	2370	781	1348	1115

续表

年	中位方案	高位方案	低位方案	成人食物消费当量方案	自然灾害致逐步减产30%的方案	中位方案	高位方案	低位方案	成人食物消费当量方案	自然灾害致逐步减产30%的方案
2025	75649	77957	74753	75845	75251	1460	2684	1069	1594	1232
2030	77775	81173	76478	78248	77172	2126	3217	1725	2403	1921
2035	79375	85057	77738	79816	78587	1600	3884	1260	1568	1415
粮食自给率（%）										
2016（基期）	84.5	84.5	84.5	84.5	84.5					
2020	83.4	82.1	84.0	83.3	78.1	-1.16	-2.42	-0.55	-1.23	-6.48
2025	82.2	79.7	83.3	82.0	71.0	-1.14	-2.44	-0.68	-1.28	-7.03
2030	80.5	76.9	82.0	80.0	64.2	-1.74	-2.73	-1.32	-2.02	-6.81
2035	79.4	73.9	81.2	78.9	58.6	-1.11	-3.09	-0.76	-1.06	-5.63
人均粮食直接食用量（公斤）										
2016（基期）	156.0	156.0	156.0	156.0	156.0					
2020	150.3	150.0	150.5	150.7	150.0	-5.71	-5.96	-5.45	-5.27	-6.01
2025	142.5	142.0	143.0	143.9	142.1	-7.80	-8.03	-7.53	-6.86	-7.93
2030	134.6	133.9	135.5	137.9	134.1	-7.89	-8.14	-7.56	-5.93	-8.00
2035	126.6	125.6	127.8	129.7	125.9	-8.04	-8.30	-7.68	-8.25	-8.13

资料来源：根据各方案运用模型进行模拟的结果。

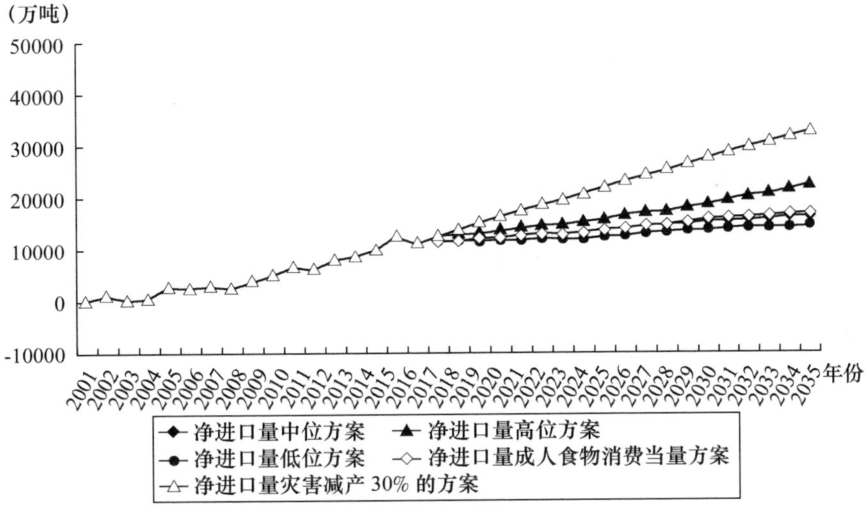

图 26　各方案下净进口量的模拟结果变动状况

资料来源：根据各方案运用模型进行模拟的结果。

种植面积将减少 5.05%。

从需求角度看，直接食用需求量从 2016 年的 2.16 亿吨减少到 2035 年的 1.78 亿吨，下降幅度为 20.98%，在粮食需求量中的比重为 22.46%；饲料粮需求量在 2035 年将达到 2.33 亿吨，与 2016 年相比增加 6.43%，在粮食需求量中的比重为 29.35%；工业粮食需求量从 2016 年的 2.16 亿吨增加到 2035 年的 3.16 亿吨，这主要归因于大豆、玉米等加工用量的增加，在粮食需求量中的比重达 39.86%。

1. 播种面积下降，单产提高，产量稳步增长

播种面积下降至 16 亿亩（见图 27）。随着工业化、城镇化加速发展及种植业结构调整，未来中国粮食播种面积将呈现缓慢下降的趋势。2020 年，中国粮食播种面积将从 2016 年的 1.13 亿公顷（17 亿亩）降至 1.11 亿公顷（16.7 亿亩），2030 年将进一步下降至 1.08 亿公顷（16.3 亿亩），2035 年预计将降至 1.07 亿公顷（16.1 亿亩）。2016～2035 年，中国粮食播种面积年均降幅为 0.26%。

单产继续提高，但增速放缓（见图 28）。由于技术进步的边际效应递减，

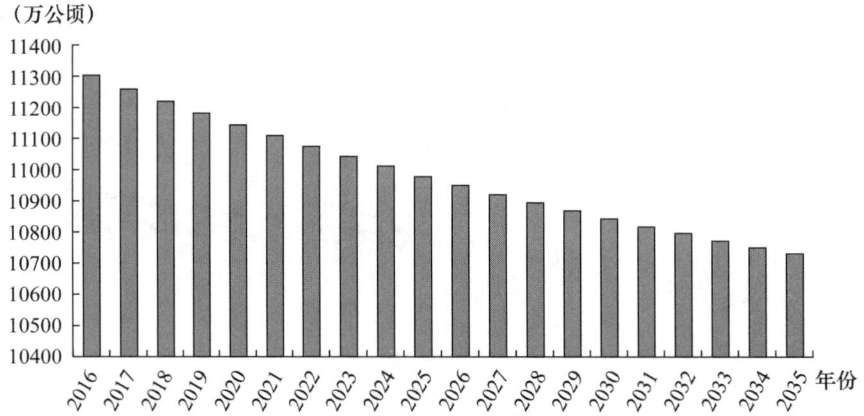

图27　2016～2035年中国粮食播种面积变动情况

资料来源：中国食物供求模型模拟结果。

尽管未来我国粮食平均单产仍呈增长态势，但增速逐步放缓。2020年，中国粮食平均单产将达到5551.0公斤/公顷，2035年将增至5870.5公斤/公顷。2016～2035年，中国粮食单产年均增幅为0.37%，较2000～2016年的1.55%有明显下滑。

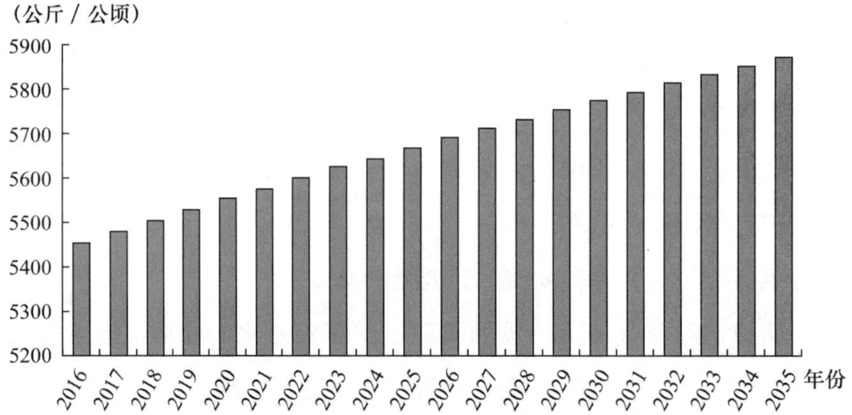

图28　2016～2035年中国粮食单产变动情况

资料来源：中国食物供求模型模拟结果。

粮食产量稳步增至6.3亿吨（见图29）。由于粮食单产增幅大于播种面积降幅，未来我国粮食产量将保持稳步增长的趋势。2020年和2035年，中国粮食产量将分别达到6.19亿吨和6.30亿吨。

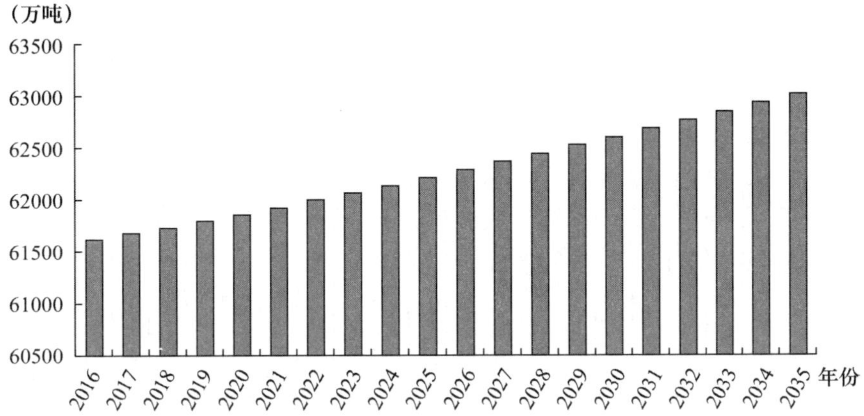

图 29　2016～2035 年中国粮食总产量变动情况

资料来源：中国食物供求模型模拟结果。

2. 种植结构进一步改变，水稻和玉米种植比重提升

随着需求和价格的驱动，在不考虑政策因素的情况下，未来中国粮食的种植结构将继续发生变化，主要体现为水稻和玉米种植比重提升，小麦基本维持现状，大豆微幅提升，其他粮食保持下降趋势。据上文所述，2016 年，水稻、小麦、玉米、大豆和其他粮食的播种面积比为26.7∶21.4∶32.5∶6.4∶13.0；2035 年，水稻、小麦、玉米、大豆和其他粮食的播种面积比将变为28.3∶21.3∶33.4∶7.0∶10.0。与 2016 年相比，水稻和玉米播种面积比重将分别提升 1.6% 和 0.9%，其他粮食播种面积比重将下降 3.0%（见图 30）。

3. 饲料需求和工业需求带动粮食需求快速增长

随着居民收入水平的进一步提高和食物消费结构的进一步改变，中国粮食需求量也将在饲料需求和工业需求的带动下保持快速增长态势。2035 年，中国粮食需求量将达到 7.9 亿吨，较 2016 年的 7.3 亿吨增长 57.7%，年均增幅达到 2.89%，较 2000～2016 年的 0.43% 有明显提升。粮食的人均需求量将从 2016 年的 527.2 公斤增至 2035 年的 563.6 公斤。

工业需求量将从 2016 年的 2.16 亿吨增至 2035 年的 3.16 亿吨，增幅为 256.44%，年均增幅达到 8.44%。预计从 2017 年起工业需求量将超过饲料需求量，成为中国粮食最主要的需求来源。随着畜产品需求量和产量的稳定增

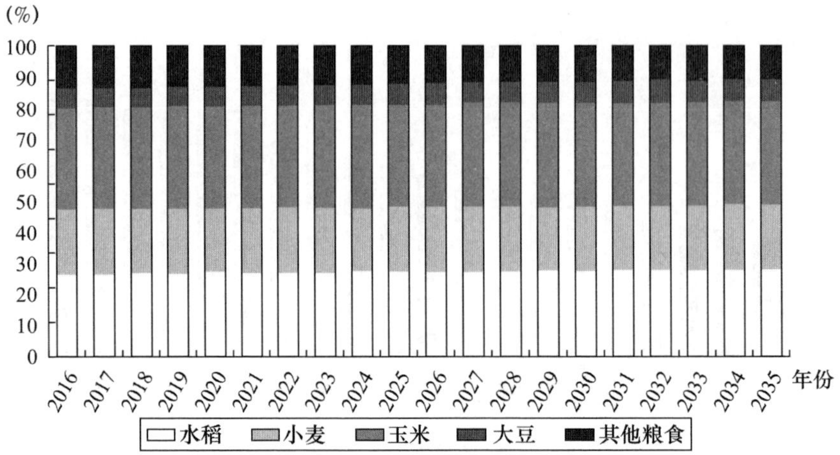

图 30　2016～2035 年中国粮食播种面积结构变动情况

资料来源：中国食物供求模型模拟结果。

长，2016～2035 年，中国粮食的饲料需求量也将从 2. 19 亿吨增至 2. 33 亿吨，年均增幅为 2. 89%。如果考虑粕类需求量，中国饲料粮需求量将在 2020 年达到 3. 10 亿吨，在 2035 年达到 3. 36 亿吨。与此同时，食用需求量则继续保持下降趋势，2035 年将降至 1. 78 亿吨，较 2016 年下降 20. 98%；人均食用需求量将从 2016 年的 156 公斤降至 2035 年的 126. 6 公斤，降幅达到 27. 57%。

饲料需求、食用需求、工业需求和其他需求比将从 2016 年的 31. 9∶31. 4∶31. 5∶5. 2 变为 2035 年的 30. 5∶23. 3∶41. 4∶4. 8（见图 31）。其中，饲料需求比重将下降 1. 42%，食用需求比重将下降 8. 11%，工业需求比重将增加 9. 89%，其他需求比重将微降 0. 36%。

4. 粮食供求缺口进一步扩大

由于粮食需求量增速明显快于产量增速，未来中国粮食的供求缺口将进一步扩大。2020 年，中国粮食净进口量将在 2016 年 1. 13 亿吨的基础上增至 1. 23 亿吨，2035 年将达到 1. 64 亿吨（见图 32）。

（三）基于中位方案模拟结果的水稻供求展望

2017～2035 年，中国水稻单产、播种面积和产量均呈增长趋势，国内需

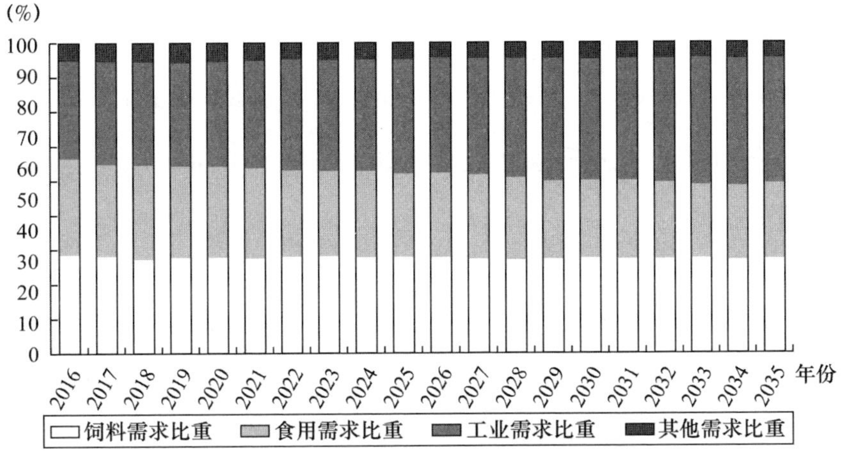

图 31　2016～2035 年中国粮食需求结构变动情况

资料来源：中国食物供求模型模拟结果。

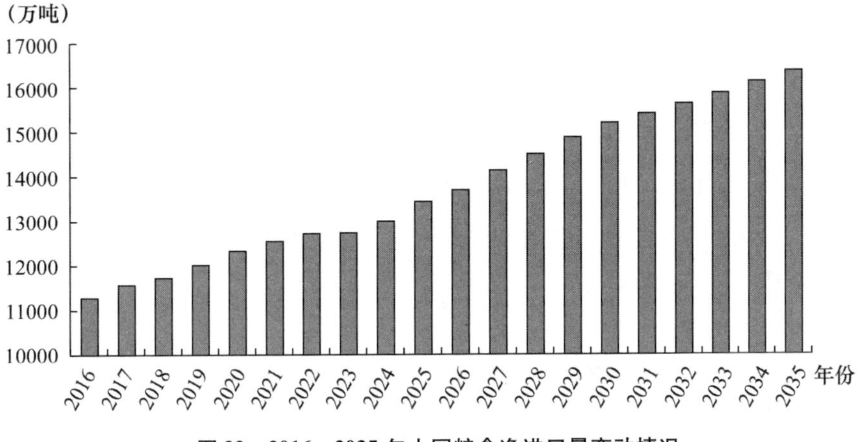

图 32　2016～2035 年中国粮食净进口量变动情况

资料来源：中国食物供求模型模拟结果。

求波动中保持稳定，净进口量将呈现波动中减少的趋势且结构发生明显变化。预计 2035 年，中国水稻产量将达到 2.09 亿吨，需求量将达到 2.10 亿吨，净进口量预计为 110.4 万吨，自给率将达到 99.5%。

1. 生产方面

总体来看，中国水稻产量呈现持续增长的趋势，从 2016 年的 2.07 亿吨增长到 2020 年的 2.08 亿吨，2035 年增至 2.09 亿吨。2016～2035 年的年均增幅为0.61%。从影响产量的播种面积和单产来看，播种面积和单产均呈现上升趋势。水稻播种面积将从2016年的3017.8万公顷（4.53亿亩）提高到2035年的3037.7万公顷（4.56亿亩），水稻生产功能区的3.4亿亩；水稻单产从2016年的6861.7公斤/公顷提高到2035年的6889.8公斤/公顷。

2. 需求方面

未来水稻需求量呈波动中稳定趋势。2035年，水稻总需求预计达到2.10亿吨，几乎与2016年的需求量持平。需求结构方面，2016年与2035年的水稻需求结构显著不同。通过对比可以发现，食用需求占总需求的比重将从67.2%降至53.1%，而工业需求将从14.8%增长至28.1%，饲料需求和其他需求占总需求的比重变化不大。

食用需求方面，水稻的食用需求将随着人均需求量的萎缩而迅速减少。2035年预计水稻的食用需求量为1.05亿吨，比2016年的1.29亿吨降低17.32%。水稻食用需求量的下降归因于人均食用需求的减少。2035年，居民人均水稻食用消费量约为74.7公斤，比2016年的93.6公斤下降20.2%。

工业需求方面，水稻的工业需求量随着经济的发展呈现持续增长的趋势。2035年，水稻的工业需求量将达到5563.7万吨，较2016年的2848.3万吨增长95.33%。

（四）基于中位方案模拟结果的小麦供求展望

2017~2035年，中国小麦单产增长但播种面积和产量均呈下降趋势，国内需求微幅增长且结构发生明显变化，净进口量将呈现缓慢增长的趋势。2035年，预计中国小麦产量达到1.28亿吨，需求量达到1.37亿吨，净进口量为919.0万吨，自给率降至93.3%。

1. 生产方面

总体来看，中国小麦产量呈现持续下降的趋势，从2016年的1.29亿吨降至2035年的1.28亿吨。2016~2035年的年均降幅为0.04%。从影响产量的播种面积和单产来看，小麦播种面积将从2016年的2418.7万公顷（3.63

亿亩）降至2035年的2283.1万公顷（3.42亿亩），超过小麦生产功能区的3.2亿亩；小麦单产从2016年的5327.1公斤/公顷提高到2035年的5599.9公斤/公顷。

2. 需求方面

未来小麦需求量呈缓慢增长趋势。2035年，小麦总需求预计达到1.37亿吨，较2016年的1.32亿吨增长3.62%。需求结构方面，2016年与2035年的小麦需求结构显著不同。通过对比可以发现，食用需求占总需求的比重将从59.4%降至49.5%，而工业需求将从16.5%增长至26.5%，饲料需求和其他需求占总需求的比重变化不大。

食用需求方面，小麦的食用需求将随着人均需求量的萎缩而迅速减少。2035年，预计小麦的食用需求量为5930.0万吨，比2016年的7022.7万吨降低15.56%。小麦食用需求量的下降归因于人均食用需求的减少。2035年，居民人均小麦食用消费量约为42.1公斤，比2016年的50.8公斤下降17.1%。

工业需求方面，小麦的工业需求量随着经济的发展呈现持续增长的趋势。2035年，小麦的工业需求量将达到3179.9万吨，较2016年的1953.7万吨增长62.8%。

（五）基于中位方案模拟结果的玉米供求展望

2017~2035年，中国玉米呈单产和总产量增长、播种面积下降趋势，国内需求持续增长且结构发生明显变化，净进口量将呈现持续扩大的趋势。2035年，预计中国玉米产量达到2.30亿吨，需求量达到2.56亿吨，净进口量为2542.1万吨，自给率降至90.1%。

1. 生产方面

总体来看，中国玉米产量呈现缓慢增长的趋势，玉米产量从2016年的2.20亿吨增至2035年的2.30亿吨。2016~2035年的年均增幅为0.37%。从影响产量的播种面积和单产来看，玉米播种面积将从2016年的3676.8万公顷

(5.52 亿亩）降至2035 年的3580.8 万公顷（5.37 亿亩），超过玉米生产功能区的4.5 亿亩；玉米单产从 2016 年的 5971.3 公斤/公顷提高到 2035 年的 6426.6 公斤/公顷。

2. 需求方面

未来玉米需求量呈持续增长趋势。2035 年，玉米总需求预计达到 2.56 亿吨，较 2016 年的 2.23 亿吨增长 14.74%。需求结构方面，2016 年与 2035 年的玉米需求结构显著不同。通过对比可以发现，饲料需求占总需求的比重将从 64.0% 降至 54.8%，而工业需求将从 27.3% 增长至 38.8%，食用需求和其他需求占总需求的比重变化不大。

饲料需求方面，玉米的饲料需求将随着畜产品需求量的增长而上升。2035 年预计玉米的饲料需求量为 1.40 亿吨，比 2016 年的 1.35 亿吨增长 14.74%。

工业需求方面，玉米的工业需求量随着经济的发展呈现持续增长的趋势。2035 年，玉米的工业需求量将达到 9929.5 万吨，较 2016 年的 5756.7 万吨增长 72.49%。需要说明的是，根据《关于扩大生物燃料乙醇生产和推广使用车用乙醇汽油的实施方案》，2020 年中国将实现乙醇汽油全覆盖，按 10% 的乙醇添加量计算，对应燃料乙醇需求量将超过 1200 万吨，相当于增加玉米工业需求量 3600 万吨。但由于未来中国可能全面普及电动汽车，燃料乙醇和玉米工业需求量的增幅可能有进一步商榷的空间。

（六）基于中位方案模拟结果的大豆供求展望

2017～2035 年，中国大豆呈单产、播种面积和总产量增长趋势，国内需求持续增长且结构基本稳定，净进口量将呈现持续扩大的趋势。2035 年，预计中国大豆产量达到 1439.4 万吨，需求量达到 1.15 亿吨，净进口量为 1 亿吨，自给率降至 12.6%。

1. 生产方面

总体来看，中国大豆产量呈现增长的趋势，大豆产量从 2016 年的 1293.5

万吨增至2035年的1439.4万吨。2016～2035年的年均增幅为0.54%。从影响产量的播种面积和单产来看，大豆播种面积将从2016年的720.2万公顷（1.08亿亩）增至2035年的758.9万公顷（1.14亿亩），略超过大豆生产保护区的1亿亩；大豆单产从2016年的1796.0公斤/公顷提高到2035年的1896.7公斤/公顷。

2. 需求方面

未来大豆需求量呈持续增长趋势。2035年，大豆总需求预计达到1.15亿吨，较2016年的0.96亿吨增长19.11%。需求结构方面，大豆需求的94%以上为工业需求（榨油需求）。2035年，大豆的工业需求量将达到1.08亿吨，较2016年的9056.8万吨增长19.51%。

（七）基于中位方案模拟结果的其他粮食供求展望

2017～2035年，中国其他粮食呈单产和总产量增长、播种面积下降趋势，国内需求持续增长且结构基本保持稳定，净进口量将呈现持续扩大的趋势。2035年，预计中国其他粮食产量达到4843.2万吨，需求量达到7615.6万吨，净进口量为4843.2万吨，自给率降至63.6%。

1. 生产方面

总体来看，中国其他粮食产量呈现缓慢增长的趋势，其他粮食产量从2016年的4784.4万吨增至2035年的4843.2万吨。2016～2035年的年均增幅为0.06%。从影响产量的播种面积和单产来看，其他粮食播种面积将从2016年的1469.9万公顷（2.20亿亩）降至2035年的1072.8万公顷（1.61亿亩）；其他粮食单产从2016年的3254.8公斤/公顷提高到2035年的4514.8公斤/公顷。

2. 需求方面

未来其他粮食需求量呈持续增长趋势。2035年，其他粮食总需求预计达到7615.6万吨，较2016年的6760.0万吨增长12.66%。需求结构方面，2016年与2035年的其他粮食需求结构基本保持稳定。

饲料需求方面，其他粮食的饲料需求将随着畜产品需求量的增长而上升。2035 年预计其他粮食的饲料需求量为 4858.8 万吨，比 2016 年的 4184.2 万吨增长 16.12%。

工业需求方面，其他粮食的工业需求量随着经济的发展呈现持续增长的趋势。2035 年，其他粮食的工业需求量将达到 2145.5 万吨，较 2016 年的 2003.2 万吨增长 7.10%。

七、未来中国粮食供求和安全形势的总体判断

（一）目前总体形势：粮食生产的社会资本化逐步显现

2000 年以来，粮食需求总量不断扩张。同时，在需求结构方面，食用需求、饲料需求和工业需求比从 2000 年的 54.9∶27.1∶11.9 变为 2016 年的 31.4∶31.9∶31.5，其他需求比重基本保持在 5%。由此可见，中国粮食需求结构变化特征为食用需求比重大幅下降，工业需求比重大幅增长，饲料需求比重稳健增长。中国粮食需求的变化主要来自居民食物消费的转型升级——由传统的碳水化合物食物消费向蛋白质食物和加工食物消费转变。

自 2006 年以来，粮食产量快速恢复性增长，近几年已经稳定保持在 6 亿吨以上；在生产发展和生态保护兼顾及农业供给侧改革的政策背景下，粮食产量的增长已经开始了新常态的征程。在粮食生产结构中，玉米成为种植面积最大的粮食作物。长期以来，水稻一直是中国播种面积最大、产量最高的粮食品种，但 2008 年，玉米的播种面积就已经超过了水稻，2012 年玉米的产量也已经超过水稻，成为中国第一大粮食作物。同时，水稻种植面积基本保持稳定，玉米播种面积的扩大和小麦、大豆及其他粮食播种面积的减少是粮食种植的基本格局。从区域粮食生产视角来看，区域间粮食种植格局变化显著，中国粮食生产重心正在向东北方向迁移，尤其是向东北地区倾斜，今后提高中国粮食生产潜力的重任寄托在东北、华北和西北地区。

在粮食消费需求转型和升级背景下，受自然资源和条件的约束，中国粮食已经进入全面进口时代，粮食各品种均为净进口，大豆和其他粮食进口依赖度高。

从总体的粮食安全综合形势来看，2016 年粮食净进口量为 1.13 亿吨，国内产量为 6.16 亿吨，需求量为 7.29 亿吨。粮食自给率（数量）为 84.5%，谷物自给率为 98.3%，稻谷 98.5%，小麦 97.4%，玉米 98.6%，大豆 13.4%，其他粮食 70.8%。按营养功能计算的自给率中，热量自给率为 82.03%，蛋白质为 77.35%，脂肪为 74.62%，碳水化合物为 92.03%。

综合来看，中国已经呈现出粮食重心向北迁移和人口向南迁移的“人粮分离”的总体特征，从区域粮食自给自足为主已经向市场化、商品化、资本化和国际化转变，粮食生产本身的自给和满足生活功能正逐步向粮食生产的社会资本化方向转变。

（二）未来总体趋势：粮食进口规模扩大，自给率不断下降

无论是从国际预测结果，还是国内估计结果和国际消费结构比较进行研读和判断，其结论是中国粮食进口规模会进一步扩大。从模型模拟总体结果来看，2020～2025 年是中国粮食进口稳步增长期；2025～2030 年是粮食进口快速增长期，也是中国人口顶峰期，更是确保中国粮食安全的关键时期；2030～2035 年会再次进入粮食进口稳步增长期。

根据高、中、低位方案的模型模拟结果，2030 年粮食进口规模会进一步扩大到 13781 万～22241 万吨，与 2016 年相比，进口规模会扩大 2503 万～7439 万吨，中位方案扩大 3895 万吨。到 2035 年，进口规模会扩大到 14596 万～16366 万吨，与 2016 年相比，进口规模会扩大 3318 万～10963 万吨，中位方案扩大 5088 万吨。考虑到 2008～2017 年年均 4.69 亿吨的世界粮食出口量，未来中国粮食进口占世界粮食出口量的比重会达到 30% 以上。

进一步从成人食物消费当量方案和自然灾害导致逐步减产 30% 的方案的模拟结果来看，2035 年的粮食进口规模会扩大到 18225 万～32548 万吨。这

进一步揭示中国粮食进口对世界市场依赖度的上升是一个长期趋势。这也意味着，如果考虑到人口老龄化进程的46~69岁的人均食物当量的上升因素和极端自然灾害的影响，按照2008~2017年年均4.69亿吨的世界粮食出口量为基数进行计算，到2035年中国粮食进口占世界粮食出口量的比重会达到38%以上，即使按2016年世界粮食出口量5.79亿吨为基数计算，对世界市场依赖度也会高于30%。

从附录表中的分品种的高、中、低位方案的模拟结果来看，到2035年粮食自给率（数量）在73.9%~81.2%之间变动，中位方案的结果已低于80%，为79.4%。在中位方案的结果中，谷物自给率为94.1%，水稻99.5%，小麦93.3%，玉米90.1%，大豆12.6%，其他粮食63.6%。按对世界市场的依赖度大小来看，各粮食品种的顺序依次为大豆、其他粮食、玉米、小麦和水稻。

可见，鉴于中国粮食进口扩大已成长期趋势，确保中国未来粮食安全的总体形势比较严峻，如何制定确保国内和国外两种资源和两个市场为中国有效使用的长期综合战略安排，是确保中国粮食安全的核心和政策目标。

八、主要结论与政策建议

（一）主要结论

综合以上分析可以得出三个主要结论。

第一，中国粮食进口规模扩大是一个长期趋势。

第二，2025~2030年是粮食进口快速增长期。

第三，各粮食品种对世界市场依赖的强弱程度顺序依次为大豆、其他粮食、玉米、小麦和水稻。

综合来看，虽然未来各个时期粮食进口增速存在一定差异，但是中国粮食安全形势依然严峻的格局没有改变，而且在2025~2030年的关键时期如何确保总量安全变得非常重要，即有必要建立国际综合性的粮食安全保障战略和以粮食走廊合作通道为核心的保障应急策略。

（二）政策建议

具体政策建议有以下五点。

第一，在农业供给侧改革的同时，要不损害并有效确保未来中国的粮食安全。鉴于目前的农业供给侧改革相关政策和目标并没有真正考虑到未来产业链延伸与发展，目前的农业供给侧改革可能会进一步导致玉米依赖度的螺旋形或波浪形变动。把粮食安全保障战略安排与粮食产业的产业链延长与发展政策有机结合是真正实现粮食安全保障的长久机制。

第二，监测与研判中国人口规模和结构变动以及区域迁移，有效把握未来粮食需求的结构变动趋势和区域集中需求效应，需要制定出能够及时应对的应急策略安排。

第三，建立东北农业特区，强化国内粮食生产潜力，大力开展区域间的粮食供需匹配制度。其中关键是提供东北地区农业发展的制度安排，如有可能有必要先开展突破目前的土地制度安排的试验区试点，再根据实际逐步推开。

第四，树立粮食安全、生态安全、能源安全、关联产业安全、通道安全、地缘政治安全的综合安全观，发展、延伸和完善粮食产业链，变粮食产业为创新产业，建立以进口原料粮为核心的粮食加工及关联产业的全球出口基地的同时，着重强化建设南北粮食通道或走廊，尤其是高铁粮食物流通道，实现安全战略与策略的统筹协调机制和应急反应机制的统一。

第五，效仿石油输出国组织，推进建立国际粮食进口国家或地区联盟的国际制度安排，积极开拓远东和中亚及东南亚周边粮食市场，确保进口来源的近距离化和多元化。

参考文献

[1] Blanc E, Reilly J. Approaches to Assessing Climate Change Impacts on Agriculture: An Overview of the

Debate. *Review of Environmental Economics & Policy*, 2017, 11.

[2] Chen Y, Han X, Si W, et al. An assessment of climate change impacts on maize yields in Hebei Province of China. *Science of the Total Environment*, 2017, 581 ~582: 507 ~517.

[3] Chen Y, Wu Z, Okamoto K, et al. The impacts of climate change on crops in China: A Ricardian analysis. *Global & Planetary Change*, 2013, 104 (2): 61 ~74.

[4] Dong, F. X., & Fuller, F. Dietary Structural Change in China's Cities: Empirical Fact or Urban Legend? *Canadian Journal of Agricultural Economics - Revue Canadienne D Agroeconomie*, 2010, 58 (1), 73 ~91.

[5] Dong, W. L., Wang, X. B., & Yang, J. Future perspective of China's feed demand and supply during its fast transition period of food consumption. *Journal of Integrative Agriculture*, 2015, 14 (6), 1092 ~1100.

[6] FAO. Food balance sheets: a handbook. 2001.

[7] Fuller F, Hayes D, Smith D. Reconciling Chinese meat production and consumption data. *Economic Development and Cultural Change*, 2000, 49 (1): 23 ~43

[8] Gale, F., Tuan, F., Lohmar, B., Hsu, H. H., & Gilmour, B. China's food and agriculture: Issues for the 21st century: US Department of Agriculture, *Economic Research Service*. 2002.

[9] Gould, B. W., & Villarreal, H. J. An assessment of the current structure of food demand in urban China. *Agricultural Economics*, 2006, 34 (1), 1 ~16.

[10] He C, Liu Z, Xu M, et al. Urban expansion brought stress to food security in China: Evidence from decreased cropland net primary productivity. *Science of The Total Environment*, 2017, 576: 660 ~670.

[11] Henchion, M., McCarthy, M., Resconi, V. C., & Troy, D. Meat consumption: Trends and quality matters. *Meat Science*, 2014, 98 (3), 561 ~568.

[12] Liu H, Li X, Fischer G, et al. Study on the Impacts of Climate Change on China's Agriculture. *Climatic Change*. 2004, 65 (1 -2): 125 ~148.

[13] Min, S., Bai, J. F., Seale, J., & Wahl, T.. Demographics, societal aging, and meat consumption in China. *Journal of Integrative Agriculture*, 2015, 14 (6), 995 ~1007.

[14] OECD-FAO. OECD-FAO Agricultural Outlook 2017 -2026 [EB/OL]. (2017 -07 -10) [2018 -03 -05]. http://www.oecd.org/agriculture/OECD-fao-agricultural-outlook-19991142.htm.

[15] OECD/FAO. OECD-FAO Agricultural Outlook 2018 -2027 [EB/OL]. (2018 -10 -27) [2018 -10 -27] OECD Publishing, Paris/Food and Agriculture Organization of the United Nations, Rome. https://doi.org/10.1787/agr_outlook-2018-en.

[16] Renzaho A M N, Kamara J K, Toole M. Biofuel production and its impact on food security in low and middle income countries: Implications for the post -2015 sustainable development goals. *Renewable & Sustainable Energy Reviews*, 2017, 78: 503 ~516.

[17] Thornhill S, Vargyas E, Fitzgerald T, et al. Household food security and biofuel feedstock production in rural Mozambique and Tanzania. *Food Security*, 2016, 8 (5): 1 ~19.

[18] Tian W M, Chudleigh J. China's feed grain market: development and prospects.. *Agribusiness*, 1999, 15 (3): 393 ~409.

[19] Ulubasoglu, M., Mallick, D., Wadud, M., Hone, P., & Haszler, H. Food demand elasticities for Australia. *Australian Journal of Agricultural and Resource Economics*, 2016, 60 (2), 177 ~195.

[20] USDA Agricultural Projections to 2027. Office of the Chief Economist, World Agricultural Outlook Board, U. S. Department of Agriculture. Prepared by the Interagency Agricultural Projections Committee. Long – term Projections Report OCE – 2018 – 1, 117 pp.

[21] Wang J M, Zhou Z Y, Yang J. How much animal product do the Chinese consume? Empirical evidence from household surveys . *Australasian Agribusiness Review*, 2004, 12: 1 ~ 16.

[22] Wang, J. M. , Zhou, Z. Y. , & Cox, R. J. Animal product consumption trends in China. *Australasian Agribusiness Review*, 2005, 13, 1 ~ 17.

[23] Xin X, Lin T, Liu X, et al. The impacts of climate change on the People's Republic of China's grain output. *Social Science Electronic Publishing*, 2015, 5 (4): 434 ~ 458.

[24] Yu, X. H. Meat consumption in China and its impact on international food security: Status quo, trends, and policies. *Journal of Integrative Agriculture*, 2015, 14 (6), 989 ~ 994.

[25] Zhang P, Zhang J, Chen M. Economic impacts of climate change on agriculture: The importance of additional climatic variables other than temperature and precipitation. *Journal of Environmental Economics & Management*, 2017, 83: 8 ~ 31.

[26] Zhong F, Xiang J, Zhu J. Impact of demographic dynamics on food consumption — A case study of energy intake in China. *China Economic Review*, 2012, 23 (4): 1011 ~ 1019.

[27] Zhou Z, Liu X, Tian W, et al. Research methodological issues in projecting China's feedgrains demand and supply. *China Agricultural Economic Review*, 2003, 1: 54 ~ 74.

[28] 波尔·克鲁普顿，布廉·菲利浦，邓·瓜纳塞克拉，等. 中国畜产品需求增长对饲料粮的影响. 中国农村经济，1994 (3)

[29] 陈永福，钱小平，韩昕儒. 2030 年中国食物供求展望. 北京：中国农业出版社，2015

[30] 陈永福. 中国食物供求与预测. 北京：中国农业出版社，2004.

[31] 付青叶，王征兵，毕玉平. 生物燃料乙醇发展对中国粮食生产的影响分析. 经济问题，2011 (5)

[32] 国家统计局. 中华人民共和国 2017 年国民经济和社会发展统计公报. 2017. http://www.stats.gov.cn/tjsj/zxfb/201802/t20180228_ 1585631. html.

[33] 胡小平，郭晓慧. 2020 年中国粮食需求结构分析及预测——基于营养标准的视角. 中国农村经济，2010 (6)

[34] 胡小平，星焱. 新形势下中国粮食安全的战略选择——"中国粮食安全形势与对策研讨会"综述. 中国农村经济，2012 (1)

[35] 胡小平. 我国粮食安全保障重点转移研究. 粮食问题研究，2012 (1)

[36] 姜长云，李显戈，董欢. 关于我国粮食安全与粮食政策问题的思考——基于谷物自给率与日、韩相关经验的借鉴. 宏观经济研究，2014 (3)

[37] 蒋乃华. 中国畜产品供给需求与贸易行为研究. 中国农业大学，2002

[39] 蒋乃华. 全国及分省肉类产品统计数据调整的理论和方法. 农业技术经济，2002 (6)

[39] 莱斯特·R·布朗，贡光禹. 谁来养活中国？——中国未来的粮食危机. 未来与发展，1995 (2)

[40] 李显戈. 基于国际视角的粮食自给率变动研究. 世界农业，2015 (3)

[41] 李国景，陈永福. 少子老龄化、家庭结构与城镇居民食物消费——基于成人等价尺度方法的实证研究. 南开经济研究，2018 (3)

[42] 李国景，陈永福. 收入水平、老龄化与营养摄入——基于广东省城镇住户数据的研究. 南方经

济，2018（2）
[43] 刘秀梅，秦富．我国城乡居民动物性食物消费研究．农业技术经济，2005（3）
[44] 龙方，杨重玉，彭澧丽．自然灾害对中国粮食产量影响的实证分析——以稻谷为例．中国农村经济，2011（5）
[45] 卢良恕．我国农业科技事业发展战略设想．中国农业科学，1986，19（6）
[46] 吕新业，冀县卿．关于中国粮食安全问题的再思考．农业经济问题，2013，34（9）
[47] 聂振邦主编．2011 中国粮食发展报告．北京：经济管理出版社，2011
[48] 农业部．中国农业发展报告．北京：中国农业出版社，2017
[49] 农业部市场预警专家委员会．中国农业展望（2016）．北京：中国农业科学技术出版社，2016
[50] 農林水産政策研究所．2018 年における世界の食料需給見通し一世界食料需給モデルによる予測結果一
[51] 農林水産政策研究所．2027 年における世界の食料需給見通し一世界食料需給モデルによる予測結果 -
[52] 孙才志，张蕾．中国农产品虚拟水 - 耕地资源区域时空差异演变．资源科学，2009，31（1）
[53] 唐华俊．新形势下中国粮食自给战略．农业经济问题，2014，35（2）
[54] 王济民，张灵静，欧阳儒彬．改革开放四十年我国粮食安全：成就、问题及建议．农业经济问题，2018（12）
[55] 王国刚．城镇化：中国经济发展方式转变的重心所在．经济研究，2010，45（12）
[56] 王舒娟．生物燃料与粮食之争——以美国为例．粮食经济研究，2015，1（2）
[57] 吴方卫，沈亚芳，张锦华，等．生物燃料乙醇发展对中国粮食安全的影响分析——基于“与粮争地”粮的视角．农业技术经济，2009（1）
[58] 向晶，钟甫宁．人口结构变动对未来粮食需求的影响：2010 - 2050. 中国人口·资源与环境，2013，23（6）
[59] 辛贤，蒋乃华，周章跃．畜产品消费增长对我国饲料粮市场的影响．农业经济问题，2003（1）
[60] 姚成胜，黄琳．我国食物资源安全状况评价及其对策研究．农业现代化研究，2014，35（6）
[61] 尹风雨，龚波．中国粮食自给率现状及其测算方法改进研究．湖南科技大学学报（社会科学版），2017，20（2）
[62] 张元红．中国食物自给状况与变化趋势分析．中国农村经济，2016（4）
[63] 曾福生．建立农地流转保障粮食安全的激励与约束机制．农业经济问题，2015，36（1）
[64] 郑志浩，高颖，赵殷钰．收入增长对城镇居民食物消费模式的影响．经济学：季刊，2015（4）
[65] 中国疾病预防控制中心营养与食品安全所．中国食物成分表．第一册．北京：北京大学医学出版社，2009
[66] 钟甫宁．关于肉类生产统计数字中的水分及其原因的分析．中国农村经济，1997（10）
[67] 钟甫宁．正确认识粮食安全和农业劳动力成本问题．农业经济问题，2016，37（1）

附表 1 - 1　　**2000 ~ 2016 年中国粮食供求平衡表**

年份	总供给	种植面积	单产	国内产量	净进口	总需求	饲料需求	食用需求	工业需求	库存变动	损失	种用	自给率	粕类需求量	饲料需求量
	万吨	万公顷	公斤/公顷	万吨	万吨	万吨	万吨	万吨	万吨	万吨	万吨	万吨	%	万吨	万吨
2000	46229. 7	10846. 3	4261. 2	46217. 5	12. 2	46229. 7	13464. 7	27298. 1	5915. 8	-3501. 1	1773. 5	1278. 7	100. 0	2511. 0	15975. 8
2001	46187. 6	10608. 0	4266. 9	45263. 7	923. 9	46187. 6	13943. 2	26488. 5	6488. 1	-3577. 5	1727. 3	1118. 0	98. 0	2641. 0	16584. 2
2002	45692. 3	10389. 1	4399. 4	45705. 8	-13. 5	45692. 3	15269. 7	26542. 9	6572. 9	-5536. 3	1739. 9	1103. 1	100. 0	2513. 0	17782. 6
2003	43221. 9	9941. 0	4332. 5	43069. 5	152. 3	43221. 9	15101. 6	26139. 7	8011. 8	-8696. 5	1637. 7	1027. 5	99. 6	3244. 2	18345. 8
2004	49546. 3	10160. 6	4620. 5	46947. 0	2599. 4	49546. 3	14812. 1	25583. 4	8574. 4	-2154. 0	1782. 4	948. 0	94. 8	3460. 5	18272. 6
2005	50746. 8	10427. 8	4641. 6	48402. 2	2344. 6	50746. 8	15484. 2	24579. 7	9727. 2	-1827. 2	1829. 4	953. 6	95. 4	3979. 1	19463. 3
2006	52489. 7	10495. 8	4745. 2	49804. 2	2685. 5	52489. 7	15528. 9	24505. 8	10689. 6	-1044. 7	1871. 6	938. 6	94. 9	3811. 2	19340. 0
2007	52500. 7	10563. 8	4748. 3	50160. 3	2340. 4	52500. 7	15218. 4	24248. 6	11853. 1	-1648. 8	1879. 6	949. 6	95. 5	3817. 1	19035. 6
2008	56622. 9	10679. 3	4950. 8	52870. 9	3752. 0	56622. 9	15781. 5	23819. 6	13499. 7	582. 6	1980. 0	959. 4	93. 4	4619. 5	20401. 0
2009	57976. 1	10898. 6	4870. 6	53082. 1	4894. 0	57976. 1	17192. 3	22808. 1	14150. 3	849. 7	1989. 3	986. 5	91. 6	5113. 0	22305. 2
2010	61067. 7	10987. 6	4973. 6	54647. 7	6420. 0	61067. 7	18695. 8	22085. 6	15834. 4	1407. 2	2041. 8	1002. 8	89. 5	6170. 9	24866. 8
2011	63222. 9	11057. 3	5165. 9	57120. 9	6102. 0	63222. 9	18939. 1	21978. 2	15984. 9	2982. 0	2313. 1	1025. 5	90. 3	6114. 1	25053. 3
2012	66706. 0	11120. 5	5301. 8	58958. 0	7748. 0	66706. 0	19411. 9	21838. 7	16868. 4	5171. 8	2384. 3	1030. 9	88. 4	6110. 5	25522. 4
2013	68595. 8	11195. 6	5376. 6	60193. 8	8402. 0	68595. 8	19870. 8	21694. 6	17726. 0	5842. 4	2431. 7	1030. 4	87. 8	6278. 4	26149. 2
2014	70533. 6	11272. 3	5385. 1	60702. 6	9831. 0	70533. 6	21466. 8	21650. 3	19261. 3	4652. 5	2452. 4	1050. 3	86. 1	6533. 7	28000. 5
2015	74457. 9	11334. 3	5482. 8	62143. 9	12313. 9	74457. 9	22169. 2	21622. 3	21163. 1	5938. 2	2509. 3	1055. 7	83. 5	6740. 8	28910. 0
2016	72903. 1	11303. 4	5451. 9	61625. 1	11278. 0	72903. 0	21888. 4	21570. 3	21618. 7	4265. 4	2490. 9	1069. 4	84. 5	8578. 4	30466. 8

注：净进口量的负值代表净出口。

资料来源：国家统计局、海关总署、UNCOMTRADE、作者估算。

附表 1－2　　**2000～2016 年中国谷物供求平衡表**

年份	总供给	种植面积	单产	国内产量	净进口	总需求	饲料需求	食用需求	工业需求	库存变动	损失	种用	自给率
	万吨	万公顷	公斤/公顷	万吨	万吨	万吨	万吨	万吨	万吨	万吨	万吨	万吨	%
2000	38110.0	7967.1	4939.7	39354.8	－1244.7	38110.0	9804.3	25826.0	3233.9	－3288.1	1468.2	1065.8	103.3
2001	37802.7	7775.8	4958.2	38554.0	－751.3	37802.7	10332.6	25096.7	3414.2	－3380.1	1428.1	911.2	102.0
2002	37237.4	7674.4	5031.5	38613.9	－1376.4	37237.4	11353.2	25298.5	3596.8	－5319.7	1423.2	885.4	103.7
2003	34215.1	7257.3	5001.5	36297.6	－2082.4	34215.1	11414.8	24993.7	4117.6	－8465.3	1336.1	818.2	106.1
2004	40503.8	7545.1	5319.0	40132.8	371.0	40503.8	11211.8	24502.0	4521.6	－1951.8	1475.0	745.1	99.1
2005	41157.0	7799.8	5351.5	41740.8	－583.8	41157.0	11845.7	23546.6	5103.2	－1621.2	1530.3	752.5	101.4
2006	43736.3	8101.4	5453.2	44178.8	－442.5	43736.3	12583.3	23620.7	6024.8	－883.7	1615.6	775.6	101.0
2007	43892.5	8211.8	5451.1	44763.4	－870.9	43892.5	12491.2	23401.2	7052.7	－1475.6	1638.2	784.7	102.0
2008	46915.3	8272.2	5684.9	47026.6	－111.2	46915.3	12991.0	22991.8	7673.0	756.5	1715.2	787.8	100.2
2009	47437.7	8510.1	5572.1	47419.3	18.4	47437.7	14071.3	21985.4	7819.0	1009.3	1732.8	819.9	100.0
2010	49035.6	8663.0	5635.3	48819.1	216.5	49035.6	15361.6	21281.6	8216.5	1573.5	1775.5	827.0	99.6
2011	51507.0	8786.9	5831.9	51244.1	262.9	51507.0	15729.1	21199.0	8582.9	3099.3	2049.8	846.9	99.5
2012	54523.0	8943.5	5977.2	53457.4	1065.6	54523.0	16207.0	21112.9	8939.1	5262.8	2138.3	862.9	98.0
2013	55979.9	9074.7	6056.0	54956.3	1023.6	55979.9	16666.3	21019.1	9312.8	5914.8	2198.3	868.7	98.2
2014	55892.2	9150.3	6025.7	55136.7	755.5	55892.2	17407.9	20923.7	9778.8	4700.1	2205.5	876.3	98.6
2015	57687.0	9247.6	6121.0	56605.2	1081.8	57687.0	17538.3	20877.0	10190.3	5935.9	2264.2	881.3	98.1
2016	56520.6	9113.3	6095.2	55547.2	973.4	56520.6	17704.2	20816.3	10558.7	4341.4	2221.9	878.1	98.3

注：净进口量的负值代表净出口。

资料来源：国家统计局、海关总署、UNCOMTRADE、作者估算。

附表 1 – 3　　**2000 ~ 2016 年中国水稻供求平衡表**

年份	总供给	种植面积	单产	国内产量	净进口	总需求	饲料需求	食用需求	工业需求	库存变动	损失	种用	自给率
	万吨	万公顷	公斤/公顷	万吨	万吨	万吨	万吨	万吨	万吨	万吨	万吨	万吨	%
2000	18519.5	2996.2	6271.5	18790.8	–271.3	18519.5	1910.4	15645.7	1065.1	–1103.8	751.6	250.4	101.5
2001	17600.3	2881.2	6163.4	17758.0	–157.7	17600.3	2194.2	15368.3	1077.0	–1978.0	710.3	228.4	100.9
2002	17278.7	2820.2	6188.9	17453.9	–175.2	17278.7	2108.7	15235.4	1116.2	–2091.4	698.2	211.5	101.0
2003	15829.8	2650.8	6060.6	16065.6	–235.8	15829.8	1729.8	14937.4	1164.5	–2843.4	642.6	198.8	101.5
2004	17894.5	2837.9	6310.6	17908.8	–14.3	17894.5	1448.0	14691.3	1322.6	–452.8	716.4	169.1	100.1
2005	18042.4	2884.7	6260.2	18058.8	–16.4	18042.4	1152.0	14189.7	1409.0	403.7	722.4	165.7	100.1
2006	18119.5	2893.8	6279.6	18171.8	–52.3	18119.5	1441.6	14336.8	1597.4	–145.6	726.9	162.5	100.3
2007	18517.8	2891.9	6432.9	18603.4	–85.6	18517.8	1446.8	14205.8	1792.6	167.4	744.1	161.1	100.5
2008	19125.4	2924.1	6562.6	19189.6	–64.2	19125.4	1874.8	14168.7	1894.4	249.4	767.6	170.4	100.3
2009	19467.4	2962.7	6585.3	19510.3	–42.9	19467.4	1990.0	13703.4	1924.0	903.3	780.4	166.3	100.2
2010	19552.7	2987.3	6553.0	19576.1	–23.4	19552.7	2109.4	13206.6	2100.2	1179.5	783.0	174.1	100.1
2011	20108.3	3005.7	6687.3	20100.1	8.2	20108.3	2183.0	13160.5	2235.5	1554.6	804.0	170.7	100.0
2012	20632.4	3013.7	6776.9	20423.6	208.8	20632.4	2250.1	13112.1	2355.3	1921.0	816.9	176.9	99.0
2013	20540.3	3031.2	6717.3	20361.2	179.1	20540.3	2306.1	13058.8	2479.9	1697.3	814.4	183.8	99.1
2014	20866.7	3031.0	6813.2	20650.7	215.9	20866.7	2412.3	13004.4	2602.7	1832.2	826.0	189.0	99.0
2015	21131.9	3021.6	6891.3	20822.5	309.4	21131.9	2432.0	12973.3	2724.5	1976.3	832.9	192.9	98.5
2016	21024.0	3017.8	6861.7	20707.5	316.5	21024.0	2457.5	12936.4	2848.3	1760.7	828.3	192.7	98.5

注：净进口量的负值代表净出口。

资料来源：国家统计局、海关总署、UNCOMTRADE、作者估算。

附表 1－4　　2000～2016 年中国小麦供求平衡表

年份	总供给	种植面积	单产	国内产量	净进口	总需求	饲料需求	食用需求	工业需求	库存变动	损失	种用	自给率
	万吨	万公顷	公斤/公顷	万吨	万吨	万吨	万吨	万吨	万吨	万吨	万吨	万吨	%
2000	10037.1	2665.3	3738.4	9964.0	73.1	10037.1	637.7	8231.4	777.1	－719.3	398.6	711.6	99.3
2001	9389.6	2466.4	3806.0	9387.0	2.6	9389.6	656.3	7857.6	789.6	－866.5	375.5	577.1	100.0
2002	8994.5	2390.8	3776.6	9029.0	－34.5	8994.5	746.1	8304.0	836.4	－1816.2	361.2	563.0	100.4
2003	8442.3	2199.7	3931.9	8649.0	－206.7	8442.3	787.4	8397.3	875.4	－2478.4	346.0	514.7	102.4
2004	9811.9	2162.6	4251.8	9195.0	616.9	9811.9	832.8	8295.7	958.0	－1104.4	367.8	461.9	93.7
2005	10038.3	2279.3	4275.4	9745.0	293.3	10038.3	855.2	7944.7	1042.4	－668.4	389.8	474.6	97.1
2006	10757.3	2361.3	4593.7	10847.0	－89.7	10757.3	940.2	7954.3	1241.3	－309.0	433.9	496.6	100.8
2007	10632.8	2372.1	4607.7	10930.0	－297.2	10632.8	957.2	7866.5	1356.7	－485.5	437.2	500.6	102.8
2008	11219.3	2361.7	4761.8	11246.0	－26.7	11219.3	965.8	7623.1	1527.6	153.8	449.8	499.1	100.2
2009	11577.9	2429.1	4739.2	11512.0	65.9	11577.9	1020.4	7201.9	1563.7	800.9	460.5	530.5	99.4
2010	11613.4	2425.7	4748.3	11518.0	95.4	11613.4	1538.5	7139.8	1564.5	376.4	460.7	533.4	99.2
2011	11958.9	2427.0	4889.0	11865.9	93.0	11958.9	1624.8	7117.1	1637.5	547.8	474.6	557.0	99.2
2012	12813.9	2426.8	5139.4	12472.4	341.5	12813.9	1657.8	7093.5	1701.0	1294.5	498.9	568.2	97.3
2013	13271.9	2411.7	5285.1	12746.2	525.7	13271.9	1685.4	7067.5	1766.2	1676.8	509.8	566.2	96.0
2014	13202.9	2406.9	5368.4	12921.3	281.5	13202.9	1737.7	7041.3	1829.5	1508.9	516.9	568.6	97.9
2015	13620.0	2414.1	5517.3	13319.5	300.5	13620.0	1747.4	7035.0	1891.5	1839.4	532.8	574.0	97.8
2016	13224.5	2418.7	5327.1	12884.5	340.0	13224.5	1759.9	7022.7	1953.7	1397.7	515.4	575.0	97.4

注：净进口量的负值代表净出口。

资料来源：国家统计局、海关总署、UNCOMTRADE、作者估算。

附表 1-5　　2000~2016 年中国玉米供求平衡表

年份	总供给	种植面积	单产	国内产量	净进口	总需求	饲料需求	食用需求	工业需求	库存变动	损失	种用	自给率
	万吨	万公顷	公斤/公顷	万吨	万吨	万吨	万吨	万吨	万吨	万吨	万吨	万吨	%
2000	9553.5	2305.6	4597.5	10600.0	-1046.5	9553.5	7256.2	1948.9	1391.7	-1465.1	318.0	103.8	111.0
2001	10812.8	2428.2	4698.5	11409.0	-596.2	10812.8	7482.1	1870.8	1547.7	-535.6	342.3	105.6	105.5
2002	10964.3	2463.4	4924.5	12131.0	-1166.7	10964.3	8498.4	1759.1	1644.1	-1412.1	363.9	110.9	110.6
2003	9943.1	2406.8	4812.6	11583.0	-1639.9	9943.1	8897.6	1659.0	2077.7	-3143.4	347.5	104.7	116.5
2004	12797.4	2544.6	5120.3	13029.0	-231.6	12797.4	8930.9	1515.0	2241.0	-394.5	390.9	114.1	101.8
2005	13076.3	2635.8	5287.6	13937.0	-860.7	13076.3	9838.5	1412.1	2651.8	-1356.5	418.1	112.3	106.6
2006	14859.5	2846.3	5326.2	15160.0	-300.5	14859.5	10201.5	1329.6	3186.1	-429.0	454.8	116.6	102.0
2007	14741.9	2947.8	5166.6	15230.0	-488.1	14741.9	10087.2	1328.9	3903.4	-1157.5	456.9	122.9	103.3
2008	16570.7	2986.4	5555.5	16591.0	-20.3	16570.7	10150.4	1200.0	4251.0	353.2	497.7	118.3	100.1
2009	16392.4	3118.3	5258.3	16397.0	-4.6	16392.4	11060.9	1080.1	4331.3	-694.8	491.9	123.0	100.0
2010	17869.5	3250.0	5453.8	17725.0	144.5	17869.5	11713.7	935.2	4551.8	17.6	531.8	119.4	99.2
2011	19439.9	3354.2	5747.5	19278.1	161.8	19439.9	11921.3	921.4	4710.0	996.8	771.1	119.2	99.2
2012	21076.7	3503.0	5869.7	20561.4	515.3	21076.7	12299.2	907.3	4882.8	2047.3	822.5	117.7	97.6
2013	22167.7	3631.8	6015.9	21848.9	318.8	22167.7	12674.9	892.7	5066.7	2540.6	874.0	118.8	98.6
2014	21822.7	3712.3	5808.9	21564.6	258.0	21822.7	13257.9	878.0	5346.6	1359.0	862.6	118.6	98.8
2015	22935.1	3811.9	5892.9	22463.2	471.9	22935.1	13358.9	868.7	5574.3	2120.2	898.5	114.4	97.9
2016	22272.1	3676.8	5971.3	21955.2	317.0	22272.1	13486.8	857.2	5756.7	1183.0	878.2	110.3	98.6

注：净进口量的负值代表净出口。

资料来源：国家统计局、海关总署、UNCOMTRADE、作者估算。

附表 1-6　　2000~2016 年中国大豆供求平衡表

年份	总供给	种植面积	单产	国内产量	净进口	总需求	食用需求	工业需求	损失等	自给率
	万吨	万公顷	公斤/公顷	万吨	万吨	万吨	万吨	万吨	万吨	%
2000	2561.3	930.7	1655.9	1541.1	1020.2	2561.3	488.9	1979.9	92.5	60.2
2001	2908.4	948.2	1624.9	1540.7	1367.8	2908.4	489.0	2327.0	92.4	53.0
2002	2751.3	872.0	1892.5	1650.1	1101.1	2751.3	433.8	2218.5	99.0	60.0
2003	3584.3	931.3	1652.9	1539.4	2044.9	3584.3	458.6	3033.3	92.4	42.9
2004	3724.6	958.9	1816.4	1741.7	1982.9	3724.6	470.6	3149.5	104.5	46.8
2005	4252.2	959.1	1704.3	1634.5	2617.7	4252.2	510.9	3643.3	98.1	38.4
2006	4339.0	930.4	1665.9	1550.0	2789.0	4339.0	501.2	3744.8	93.0	35.7
2007	4309.5	875.4	1453.7	1272.5	3037.0	4309.5	488.1	3745.0	76.4	29.5
2008	5249.1	912.7	1702.8	1554.2	3694.9	5249.1	497.9	4658.0	93.3	29.6
2009	5717.0	919.0	1630.1	1498.1	4218.9	5717.0	517.9	5109.2	89.9	26.2
2010	6893.6	851.6	1682.0	1432.3	5461.3	6893.6	537.8	6265.4	90.5	20.8
2011	6655.4	788.9	1791.7	1413.4	5242.0	6655.4	531.1	6039.5	84.8	21.2
2012	7107.1	717.1	1814.4	1301.1	5806.0	7107.1	489.3	6539.7	78.1	18.3
2013	7514.6	679.1	1759.9	1195.1	6319.6	7514.6	449.8	6993.1	71.7	15.9
2014	8208.0	680.0	1787.3	1215.3	6992.7	8208.0	457.8	7677.3	72.9	14.8
2015	9347.3	650.6	1811.0	1178.3	8169.0	9347.3	444.2	8832.4	70.7	12.6
2016	9622.5	720.2	1796.0	1293.5	8328.9	9622.5	488.0	9056.8	77.6	13.4

注：净进口量的负值代表净出口。

资料来源：国家统计局、海关总署、UNCOMTRADE、作者估算。

附表 1 - 7　　**2000 ~ 2016 年中国其他粮食供求平衡表**

年份	总供给	种植面积	单产	国内产量	净进口	总需求	饲料需求	食用需求	工业需求	库存变动	损失	种用	自给率
	万吨	万公顷	公斤/公顷	万吨	万吨	万吨	万吨	万吨	万吨	万吨	万吨	万吨	%
2000	5558.3	1948.5	2731.2	5321.7	236.7	5558.3	3660.4	983.1	702.0	-213.0	212.9	212.9	95.7
2001	5476.4	1884.0	2743.6	5169.0	307.4	5476.4	3610.6	902.8	746.8	-197.4	206.8	206.8	94.4
2002	5703.6	1842.7	2953.1	5441.8	261.8	5703.6	3916.5	810.7	757.7	-216.5	217.7	217.7	95.4
2003	5422.5	1752.4	2985.9	5232.6	189.9	5422.5	3686.8	687.4	860.9	-231.2	209.3	209.3	96.5
2004	5318.0	1656.6	3061.9	5072.5	245.5	5318.0	3600.3	610.7	903.4	-202.2	202.9	202.9	95.4
2005	5337.5	1669.0	3011.9	5026.8	310.7	5337.5	3638.5	522.2	980.7	-206.0	201.1	201.1	94.2
2006	4414.4	1463.9	2783.9	4075.4	339.0	4414.4	2945.6	383.9	920.0	-161.1	163.0	163.0	92.3
2007	4298.7	1476.7	2793.1	4124.4	174.3	4298.7	2727.3	359.3	1055.4	-173.2	165.0	165.0	95.9
2008	4458.4	1494.4	2870.9	4290.2	168.3	4458.4	2790.5	329.9	1168.7	-173.9	171.6	171.6	96.2
2009	4821.4	1469.5	2834.1	4164.7	656.7	4821.4	3121.0	304.8	1222.1	-159.7	166.6	166.6	86.4
2010	5138.4	1473.0	2984.6	4396.3	742.1	5138.4	3334.3	266.2	1352.6	-166.3	175.9	175.9	85.6
2011	5060.4	1481.5	3012.6	4463.4	597.0	5060.4	3210.1	248.1	1362.5	-117.3	178.5	178.5	88.2
2012	5075.9	1459.8	2876.7	4199.5	876.4	5075.9	3204.9	236.4	1389.6	-91.0	168.0	168.0	82.7
2013	5101.3	1441.8	2803.8	4042.5	1058.8	5101.3	3204.5	225.7	1420.1	-72.4	161.7	161.7	79.2
2014	6433.4	1442.0	3017.0	4350.6	2082.8	6433.4	4058.9	268.8	1805.3	-47.7	174.0	174.0	67.6
2015	7423.6	1436.0	3036.4	4360.5	3063.2	7423.6	4631.0	301.2	2140.4	2.3	174.4	174.4	58.7
2016	6760.0	1469.9	3254.8	4784.4	1975.6	6760.0	4184.2	265.9	2003.2	-76.1	191.4	191.4	70.8

注：净进口量的负值代表净出口。

资料来源：国家统计局、海关总署、UNCOMTRADE、作者估算。

附表 2 – 1　　2016 ~ 2035 年中国粮食供求平衡表（中位方案）

年份	总供给	种植面积	单产	国内产量	净进口	总需求	饲料需求	食用需求	工业需求	库存变动	损失	种用	自给率	粮类需求量	饲料需求量
	万吨	万公顷	公斤/公顷	万吨	万吨	万吨	万吨	万吨	万吨	万吨	万吨	万吨	%	万吨	万吨
2016	72903.1	11303.4	5451.9	61625.1	11278.0	72903.0	21888.4	21570.3	21618.7	4265.4	2490.9	1069.4	84.5	8578.4	30466.8
2017	73248.1	11262.4	5476.8	61681.7	11566.4	73248.1	21966.2	21464.7	22819.6	2722.8	3207.5	1067.1	84.2	8706.8	30673.1
2018	73458.1	11221.9	5501.6	61738.5	11719.6	73458.1	22044.6	21352.1	23336.7	2450.0	3209.9	1064.8	84.0	8578.5	30623.1
2019	73822.2	11181.8	5526.4	61795.4	12026.8	73822.2	22123.5	21225.2	23870.5	2185.3	3355.2	1062.5	83.7	8708.9	30832.4
2020	74189.3	11142.8	5551.0	61853.5	12335.7	74189.3	22203.0	21083.4	24421.6	2206.3	3214.8	1060.2	83.4	8835.8	31038.8
2021	74455.2	11108.9	5574.3	61924.0	12531.2	74455.2	22274.7	20922.2	24897.9	2227.2	3074.9	1058.3	83.2	8915.0	31189.7
2022	74721.2	11075.4	5597.5	61994.6	12726.5	74721.2	22346.9	20748.1	25386.7	2248.0	2935.0	1056.5	83.0	9033.9	31380.9
2023	74795.0	11042.3	5620.7	62065.5	12729.6	74795.0	22419.7	20562.1	25888.3	1932.3	2937.9	1054.7	83.0	9179.9	31599.6
2024	75099.7	11009.6	5643.8	62136.4	12963.2	75099.7	22493.1	20365.7	26403.1	1987.0	2798.1	1052.9	82.7	9270.4	31763.5
2025	75648.8	10977.8	5666.8	62208.6	13440.2	75648.8	22567.0	20160.3	26931.4	2137.9	2801.1	1051.0	82.2	9366.0	31932.9
2026	76002.2	10950.0	5688.2	62286.5	13715.6	76002.2	22639.3	19950.9	27434.8	2266.0	2661.5	1049.6	82.0	9473.2	32112.6
2027	76486.3	10922.6	5709.7	62364.7	14121.6	76486.3	22712.3	19734.9	27950.3	2376.0	2664.8	1048.1	81.5	9575.7	32288.0
2028	76920.3	10895.6	5731.1	62443.2	14477.1	76920.3	22785.8	19512.8	28478.3	2471.5	2625.2	1046.7	81.2	9676.7	32462.5
2029	77393.8	10868.9	5752.4	62521.8	14872.0	77393.8	22859.9	19285.4	29019.2	2555.5	2628.6	1045.2	80.8	9777.2	32637.1
2030	77774.9	10843.0	5773.4	62601.5	15173.4	77774.9	22934.6	19053.6	29480.4	2630.6	2631.9	1043.8	80.5	9874.2	32808.8
2031	78090.1	10820.2	5793.0	62682.1	15408.0	78090.1	23005.7	18811.8	29896.3	2698.5	2635.3	1042.6	80.3	9963.8	32969.4
2032	78406.1	10797.8	5812.6	62763.1	15643.1	78406.1	23077.3	18567.7	30320.2	2760.8	2638.7	1041.4	80.0	10048.2	33125.5
2033	78724.5	10775.7	5832.0	62844.3	15880.3	78724.5	23149.6	18321.4	30752.4	2818.8	2642.2	1040.2	79.8	10127.8	33277.4
2034	79046.8	10754.0	5851.4	62925.7	16121.1	79046.8	23222.4	18073.3	31193.1	2873.4	2645.6	1039.1	79.6	10203.1	33425.5
2035	79374.7	10733.1	5870.5	63008.6	16366.1	79374.7	23295.9	17824.0	31642.4	2925.4	2649.1	1037.9	79.4	10274.5	33570.4

资料来源：中国食物供求模型模拟结果。以下表均相同。

附表 2-2 **2016~2035 年中国水稻供求平衡表（中位方案）**

年份	总供给	种植面积	单产	国内产量	净进口	总需求	饲料需求	食用需求	工业需求	库存变动	损失	种用	自给率
	万吨	万公顷	公斤/公顷	万吨	万吨	万吨	万吨	万吨	万吨	万吨	万吨	万吨	%
2016	21024.0	3017.8	6861.7	20707.5	316.5	21024.0	2457.5	12936.4	2848.3	1760.7	828.3	192.7	98.5
2017	20968.4	3016.7	6868.6	20720.9	247.5	20968.4	2464.6	12871.5	2973.9	922.7	1543.1	192.6	98.8
2018	21053.4	3015.7	6875.5	20734.3	319.1	21053.4	2471.6	12801.9	3105.0	938.6	1543.7	192.6	98.5
2019	21278.2	3014.6	6882.4	20747.7	530.5	21278.2	2478.7	12723.3	3241.9	954.7	1687.1	192.5	97.5
2020	21213.9	3013.5	6889.4	20761.1	452.8	21213.9	2485.9	12634.9	3384.8	971.1	1544.7	192.4	97.9
2021	21115.4	3014.0	6892.8	20774.9	340.4	21115.4	2492.0	12531.8	3508.8	987.8	1402.4	192.5	98.4
2022	21013.4	3014.5	6896.3	20788.7	224.7	21013.4	2498.1	12420.5	3637.3	1004.8	1260.1	192.5	98.9
2023	21051.7	3015.0	6899.8	20802.6	249.1	21051.7	2504.3	12301.6	3770.6	1022.1	1260.7	192.5	98.8
2024	20945.6	3015.4	6903.3	20816.4	129.2	20945.6	2510.5	12175.8	3908.7	1039.6	1118.4	192.6	99.4
2025	20981.7	3015.9	6906.8	20830.3	151.4	20981.7	2516.8	12044.1	4051.8	1057.5	1118.9	192.6	99.3
2026	20864.4	3017.6	6906.8	20842.1	22.3	20864.4	2522.8	11907.5	4189.3	1075.7	976.5	192.7	99.9
2027	20890.7	3019.3	6906.8	20853.9	36.8	20890.7	2528.9	11766.5	4331.3	1094.1	977.0	192.8	99.8
2028	20875.4	3021.0	6906.8	20865.7	9.7	20875.4	2535.0	11621.6	4478.2	1112.9	934.6	192.9	100.0
2029	20904.8	3022.7	6906.9	20877.5	27.3	20904.8	2541.2	11473.3	4630.1	1132.1	935.1	193.0	99.9
2030	20936.6	3024.4	6906.9	20889.3	47.3	20936.6	2547.4	11321.8	4787.1	1151.5	935.6	193.1	99.8
2031	20949.9	3027.1	6903.5	20897.2	52.7	20949.9	2553.0	11163.1	4933.3	1171.3	935.9	193.3	99.7
2032	20966.5	3029.7	6900.1	20905.1	61.4	20966.5	2558.6	11002.9	5083.8	1191.4	936.2	193.5	99.7
2033	20986.7	3032.4	6896.6	20913.1	73.7	20986.7	2564.3	10841.4	5239.0	1211.9	936.5	193.6	99.6
2034	21010.9	3035.0	6893.2	20921.0	89.9	21010.9	2570.0	10678.6	5398.9	1232.7	936.8	193.8	99.6
2035	21039.3	3037.7	6889.8	20928.9	110.4	21039.3	2575.7	10514.8	5563.7	1253.9	937.2	194.0	99.5

附表 2 - 3　　2016～2035 年中国小麦供求平衡表（中位方案）

年份	总供给	种植面积	单产	国内产量	净进口	总需求	饲料需求	食用需求	工业需求	库存变动	损失	种用	自给率
	万吨	万公顷	公斤/公顷	万吨	万吨	万吨	万吨	万吨	万吨	万吨	万吨	万吨	%
2016	13224.5	2418.7	5327.1	12884.5	340.0	13224.5	1759.9	7022.7	1953.7	1397.7	515.4	575.0	97.4
2017	13283.2	2409.7	5345.3	12880.3	402.9	13283.2	1763.4	6995.5	2016.1	1420.1	515.2	572.9	97.0
2018	13334.6	2400.7	5363.6	12876.1	458.5	13334.6	1766.9	6966.2	2080.4	1435.4	515.0	570.8	96.6
2019	13383.7	2391.7	5381.9	12871.9	511.8	13383.7	1770.4	6932.2	2146.8	1450.8	514.9	568.6	96.2
2020	13430.2	2382.8	5400.3	12867.7	562.5	13430.2	1773.9	6893.3	2215.4	1466.4	514.7	566.5	95.8
2021	13460.2	2375.1	5416.1	12863.7	596.4	13460.2	1776.9	6847.8	2274.1	1482.2	514.5	564.7	95.6
2022	13487.8	2367.4	5431.9	12859.8	627.9	13487.8	1779.9	6798.1	2334.4	1498.1	514.4	562.9	95.3
2023	13513.4	2359.8	5447.8	12855.9	657.4	13513.4	1783.0	6744.6	2396.3	1514.2	514.2	561.0	95.1
2024	13537.5	2352.2	5463.7	12852.0	685.5	13537.5	1786.0	6687.8	2459.8	1530.5	514.1	559.2	94.9
2025	13560.5	2344.7	5479.7	12848.1	712.4	13560.5	1789.1	6628.0	2525.1	1547.0	513.9	557.4	94.7
2026	13579.1	2338.1	5493.0	12842.9	736.1	13579.1	1792.1	6566.7	2587.1	1563.6	513.7	555.9	94.6
2027	13597.2	2331.5	5506.3	12837.8	759.4	13597.2	1795.1	6503.3	2650.6	1580.4	513.5	554.3	94.4
2028	13615.1	2324.9	5519.6	12832.6	782.5	13615.1	1798.1	6437.9	2715.7	1597.4	513.3	552.8	94.3
2029	13633.2	2318.4	5533.0	12827.5	805.7	13633.2	1801.1	6370.8	2782.4	1614.6	513.1	551.2	94.1
2030	13651.6	2311.8	5546.4	12822.3	829.2	13651.6	1804.2	6302.2	2850.7	1631.9	512.9	549.6	93.9
2031	13660.2	2306.1	5557.0	12814.8	845.4	13660.2	1806.9	6229.3	2913.7	1649.5	512.6	548.3	93.8
2032	13669.7	2300.3	5567.7	12807.3	862.4	13669.7	1809.7	6155.5	2978.1	1667.2	512.3	546.9	93.7
2033	13680.0	2294.5	5578.4	12799.8	880.2	13680.0	1812.5	6081.0	3043.9	1685.1	512.0	545.5	93.6
2034	13691.3	2288.8	5589.1	12792.3	899.1	13691.3	1815.3	6005.8	3111.1	1703.2	511.7	544.2	93.4
2035	13703.8	2283.1	5599.9	12784.8	919.0	13703.8	1818.1	5930.0	3179.9	1721.6	511.4	542.8	93.3

附表 2 – 4　　2016 ~ 2035 年中国玉米供求平衡表（中位方案）

年份	总供给	种植面积	单产	国内产量	净进口	总需求	饲料需求	食用需求	工业需求	库存变动	损失	种用	自给率
	万吨	万公顷	公斤/公顷	万吨	万吨	万吨	万吨	万吨	万吨	万吨	万吨	万吨	%
2016	13224.5	2418.7	5327.1	12884.5	340.0	13224.5	1759.9	7022.7	1953.7	1397.7	515.4	575.0	97.4
2017	13283.2	2409.7	5345.3	12880.3	402.9	13283.2	1763.4	6995.5	2016.1	1420.1	515.2	572.9	97.0
2018	13334.6	2400.7	5363.6	12876.1	458.5	13334.6	1766.9	6966.2	2080.4	1435.4	515.0	570.8	96.6
2019	13383.7	2391.7	5381.9	12871.9	511.8	13383.7	1770.4	6932.2	2146.8	1450.8	514.9	568.6	96.2
2020	13430.2	2382.8	5400.3	12867.7	562.5	13430.2	1773.9	6893.3	2215.4	1466.4	514.7	566.5	95.8
2021	13460.2	2375.1	5416.1	12863.7	596.4	13460.2	1776.9	6847.8	2274.1	1482.2	514.5	564.7	95.6
2022	13487.8	2367.4	5431.9	12859.8	627.9	13487.8	1779.9	6798.1	2334.4	1498.1	514.4	562.9	95.3
2023	13513.4	2359.8	5447.8	12855.9	657.4	13513.4	1783.0	6744.6	2396.3	1514.2	514.2	561.0	95.1
2024	13537.5	2352.2	5463.7	12852.0	685.5	13537.5	1786.0	6687.8	2459.8	1530.5	514.1	559.2	94.9
2025	13560.5	2344.7	5479.7	12848.1	712.4	13560.5	1789.1	6628.0	2525.1	1547.0	513.9	557.4	94.7
2026	13579.1	2338.1	5493.0	12842.9	736.1	13579.1	1792.1	6566.7	2587.1	1563.6	513.7	555.9	94.6
2027	13597.2	2331.5	5506.3	12837.8	759.4	13597.2	1795.1	6503.3	2650.6	1580.4	513.5	554.3	94.4
2028	13615.1	2324.9	5519.6	12832.6	782.5	13615.1	1798.1	6437.9	2715.7	1597.4	513.3	552.8	94.3
2029	13633.2	2318.4	5533.0	12827.5	805.7	13633.2	1801.1	6370.8	2782.4	1614.6	513.1	551.2	94.1
2030	13651.6	2311.8	5546.4	12822.3	829.2	13651.6	1804.2	6302.2	2850.7	1631.9	512.9	549.6	93.9
2031	13660.2	2306.1	5557.0	12814.8	845.4	13660.2	1806.9	6229.3	2913.7	1649.5	512.6	548.3	93.8
2032	13669.7	2300.3	5567.7	12807.3	862.4	13669.7	1809.7	6155.5	2978.1	1667.2	512.3	546.9	93.7
2033	13680.0	2294.5	5578.4	12799.8	880.2	13680.0	1812.5	6081.0	3043.9	1685.1	512.0	545.5	93.6
2034	13691.3	2288.8	5589.1	12792.3	899.1	13691.3	1815.3	6005.8	3111.1	1703.2	511.7	544.2	93.4
2035	13703.8	2283.1	5599.9	12784.8	919.0	13703.8	1818.1	5930.0	3179.9	1721.6	511.4	542.8	93.3

附表2－5　　**2016～2035年中国大豆供求平衡表（中位方案）**

年份	总供给	种植面积	单产	国内产量	净进口	总需求	食用需求	工业需求	损失	自给率
	万吨	万公顷	公斤/公顷	万吨	万吨	万吨	万吨	万吨	万吨	%
2016	9622.5	720.2	1796.0	1293.5	8328.9	9622.5	488.0	9056.8	77.6	13.4
2017	9709.1	721.2	1801.2	1299.0	8410.1	9709.1	490.5	9140.6	77.9	13.4
2018	9796.7	722.2	1806.3	1304.5	8492.2	9796.7	493.0	9225.4	78.3	13.3
2019	9885.3	723.2	1811.5	1310.1	8575.2	9885.3	495.5	9311.2	78.6	13.3
2020	9975.4	724.8	1816.8	1316.8	8658.5	9975.4	498.4	9397.9	79.0	13.2
2021	10066.5	726.5	1822.0	1323.6	8742.9	10066.5	501.4	9485.6	79.4	13.1
2022	10158.6	728.1	1827.2	1330.4	8828.2	10158.6	504.4	9574.3	79.8	13.1
2023	10251.7	729.7	1832.5	1337.2	8914.5	10251.7	507.4	9664.1	80.2	13.0
2024	10345.9	731.4	1837.8	1344.1	9001.8	10345.9	510.4	9754.8	80.6	13.0
2025	10441.5	733.6	1843.0	1352.0	9089.5	10441.5	513.8	9846.6	81.1	12.9
2026	10538.3	735.8	1848.3	1360.0	9178.3	10538.3	517.3	9939.4	81.6	12.9
2027	10636.1	738.0	1853.7	1367.9	9268.1	10636.1	520.7	10033.3	82.1	12.9
2028	10735.0	740.2	1859.0	1376.0	9359.0	10735.0	524.2	10128.2	82.6	12.8
2029	10835.0	742.4	1864.3	1384.1	9450.9	10835.0	527.7	10224.2	83.0	12.8
2030	10936.5	745.0	1869.7	1393.0	9543.5	10936.5	531.5	10321.4	83.6	12.7
2031	11039.1	747.7	1875.1	1401.9	9637.1	11039.1	535.4	10419.6	84.1	12.7
2032	11142.8	750.3	1880.5	1410.9	9731.9	11142.8	539.3	10518.9	84.7	12.7
2033	11247.7	753.0	1885.9	1420.0	9827.7	11247.7	543.2	10619.4	85.2	12.6
2034	11353.8	755.6	1891.3	1429.1	9924.7	11353.8	547.1	10721.0	85.7	12.6
2035	11461.6	758.9	1896.7	1439.4	10022.2	11461.6	551.5	10823.8	86.4	12.6

附表 2－6　　2016～2035 年中国其他粮食供求平衡表（中位方案）

年份	总供给	种植面积	单产	国内产量	净进口	总需求	饲料需求	食用需求	工业需求	损失	种用	自给率
	万吨	万公顷	公斤/公顷	万吨	万吨	万吨	万吨	万吨	万吨	万吨	万吨	%
2016	6760.0	1469.9	3254.8	4784.4	1975.6	6760.0	4184.2	265.9	2003.2	191.4	191.4	70.8
2017	6874.2	1445.8	3311.3	4787.4	2086.8	6874.2	4217.2	263.5	2010.4	191.5	191.5	69.6
2018	6912.6	1422.0	3368.9	4790.5	2122.1	6912.6	4250.6	261.2	2017.7	191.6	191.6	69.3
2019	6951.4	1398.6	3427.4	4793.6	2157.8	6951.4	4284.1	258.8	2025.0	191.7	191.7	69.0
2020	6990.5	1375.6	3486.9	4796.7	2193.8	6990.5	4318.0	256.5	2032.3	191.9	191.9	68.6
2021	7029.9	1353.0	3547.5	4799.8	2230.1	7029.9	4352.1	254.1	2039.7	192.0	192.0	68.3
2022	7069.6	1330.8	3609.1	4802.9	2266.7	7069.6	4386.4	251.9	2047.1	192.1	192.1	67.9
2023	7109.6	1308.9	3671.8	4806.0	2303.6	7109.6	4421.1	249.6	2054.5	192.2	192.2	67.6
2024	7149.9	1287.4	3735.6	4809.1	2340.9	7149.9	4456.0	247.3	2061.9	192.4	192.4	67.3
2025	7190.6	1266.2	3800.5	4812.1	2378.5	7190.6	4491.2	245.1	2069.4	192.5	192.5	66.9
2026	7231.6	1245.4	3866.5	4815.2	2416.4	7231.6	4526.7	242.9	2076.9	192.6	192.6	66.6
2027	7272.9	1224.9	3933.7	4818.3	2454.6	7272.9	4562.4	240.7	2084.4	192.7	192.7	66.3
2028	7314.6	1204.8	4002.0	4821.4	2493.1	7314.6	4598.4	238.5	2091.9	192.9	192.9	65.9
2029	7356.6	1184.9	4071.5	4824.6	2532.0	7356.6	4634.8	236.4	2099.5	193.0	193.0	65.6
2030	7398.9	1165.5	4142.3	4827.7	2571.2	7398.9	4671.4	234.2	2107.1	193.1	193.1	65.2
2031	7441.5	1146.3	4214.2	4830.8	2610.8	7441.5	4708.3	232.1	2114.7	193.2	193.2	64.9
2032	7484.5	1127.5	4287.4	4833.9	2650.7	7484.5	4745.4	230.0	2122.4	193.4	193.4	64.6
2033	7527.9	1108.9	4361.9	4837.0	2690.9	7527.9	4782.9	227.9	2130.0	193.5	193.5	64.3
2034	7571.5	1090.7	4437.7	4840.1	2731.4	7571.5	4820.7	225.9	2137.8	193.6	193.6	63.9
2035	7615.6	1072.8	4514.8	4843.2	2772.3	7615.6	4858.8	223.8	2145.5	193.7	193.7	63.6

附表 3－1　2016～2035 年中国粮食供求平衡表（高位方案）

年份	总供给	种植面积	单产	国内产量	净进口	总需求	饲料需求	食用需求	工业需求	库存变动	损失	种用	自给率
	万吨	万公顷	公斤/公顷	万吨	万吨	万吨	万吨	万吨	万吨	万吨	万吨	万吨	%
2016	72903. 1	11303. 4	5451. 9	61625. 1	11278. 0	72903. 0	21888. 4	21570. 3	21618. 7	4265. 4	2490. 9	1069. 4	84. 5
2017	74146. 7	11259. 9	5477. 0	61670. 1	12476. 6	74146. 7	22021. 7	21501. 8	23197. 8	2722. 8	3635. 7	1066. 8	83. 2
2018	74403. 6	11216. 8	5502. 0	61715. 3	12688. 4	74403. 6	22104. 1	21424. 5	23866. 8	2449. 2	3494. 9	1064. 2	82. 9
2019	74687. 1	11174. 3	5527. 0	61760. 5	12926. 6	74687. 1	22187. 0	21336. 3	24564. 3	2183. 8	3354. 1	1061. 6	82. 7
2020	75272. 8	11132. 9	5551. 8	61807. 1	13465. 7	75272. 8	22270. 6	21234. 0	25291. 8	2204. 0	3213. 3	1059. 0	82. 1
2021	75759. 0	11096. 9	5575. 2	61867. 7	13891. 3	75759. 0	22346. 1	21111. 4	25947. 5	2224. 1	3073. 1	1056. 9	81. 7
2022	76256. 9	11061. 4	5598. 6	61928. 4	14328. 5	76256. 9	22422. 1	20976. 4	26626. 7	2244. 0	2932. 9	1054. 8	81. 2
2023	76575. 1	11026. 3	5621. 9	61989. 3	14585. 7	76575. 1	22498. 7	20829. 9	27330. 6	1927. 5	2935. 6	1052. 8	81. 0
2024	77136. 9	10991. 7	5645. 2	62050. 4	15086. 5	77136. 9	22576. 0	20673. 5	28060. 0	1981. 3	2795. 4	1050. 7	80. 4
2025	77956. 8	10958. 1	5668. 2	62112. 7	15844. 1	77956. 8	22653. 8	20508. 8	28816. 0	2131. 4	2798. 2	1048. 6	79. 7
2026	78587. 3	10928. 5	5689. 8	62180. 9	16406. 4	78587. 3	22730. 1	20339. 6	29553. 8	2258. 6	2658. 3	1046. 9	79. 1
2027	79361. 6	10899. 4	5711. 3	62249. 4	17112. 2	79361. 6	22807. 0	20163. 7	30316. 7	2367. 6	2661. 3	1045. 2	78. 4
2028	79581. 4	10870. 6	5732. 7	62318. 1	17263. 4	79581. 4	22884. 6	19981. 1	31105. 8	2462. 2	2104. 3	1043. 5	78. 3
2029	80370. 7	10842. 3	5754. 0	62387. 0	17983. 7	80370. 7	22962. 7	19791. 8	31921. 8	2545. 3	2107. 2	1041. 9	77. 6
2030	81173. 4	10814. 7	5775. 2	62456. 9	18716. 5	81173. 4	23041. 6	19596. 4	32765. 9	2619. 3	2110. 0	1040. 2	76. 9
2031	81912. 3	10790. 4	5794. 8	62528. 0	19384. 4	81912. 3	23116. 3	19388. 0	33570. 0	2686. 2	2113. 0	1038. 8	76. 3
2032	82667. 4	10766. 5	5814. 3	62599. 3	20068. 1	82667. 4	23191. 6	19175. 5	34399. 3	2747. 6	2116. 1	1037. 4	75. 7
2033	83441. 3	10742. 9	5833. 7	62670. 9	20770. 4	83441. 3	23267. 6	18959. 6	35254. 5	2804. 5	2119. 1	1036. 0	75. 1
2034	84237. 0	10719. 7	5853. 0	62742. 8	21494. 2	84237. 0	23344. 2	18741. 3	36136. 7	2858. 0	2122. 1	1034. 6	74. 5
2035	85057. 2	10697. 4	5872. 1	62816. 1	22241. 1	85057. 2	23421. 5	18521. 6	37046. 6	2909. 0	2125. 3	1033. 3	73. 9

附表 3 - 2 **2016 ~ 2035 年中国谷物供求平衡表（高位方案）**

年份	总供给	种植面积	单产	国内产量	净进口	总需求	饲料需求	食用需求	工业需求	库存变动	损失	种用	自给率
	万吨	万公顷	公斤/公顷	万吨	万吨	万吨	万吨	万吨	万吨	万吨	万吨	万吨	%
2016	56520.6	9113.3	6095.2	55547.2	973.4	56520.6	17704.2	20816.3	10558.7	4341.4	2221.9	878.1	98.3
2017	57480.0	9094.1	6112.5	55587.4	1892.6	57480.0	17802.8	20748.7	11964.0	2722.8	3366.4	875.4	96.7
2018	57603.7	9074.9	6129.8	55627.7	1976.1	57603.7	17850.2	20672.1	12534.4	2449.2	3225.1	872.7	96.6
2019	57752.6	9055.8	6147.2	55668.0	2084.5	57752.6	17897.9	20584.5	13132.4	2183.8	3083.9	870.0	96.4
2020	58201.7	9036.8	6164.6	55708.5	2493.3	58201.7	17945.9	20482.5	13759.3	2204.0	2942.6	867.4	95.7
2021	58549.9	9022.8	6180.2	55762.8	2787.0	58549.9	17985.5	20359.9	14313.2	2224.1	2801.9	865.2	95.2
2022	58908.4	9008.8	6195.9	55817.3	3091.0	58908.4	18025.3	20225.0	14889.7	2244.0	2661.3	863.1	94.8
2023	59085.6	8994.9	6211.5	55872.0	3213.6	59085.6	18065.5	20078.5	15489.6	1927.5	2663.5	861.0	94.6
2024	59505.0	8981.0	6227.2	55926.7	3578.3	59505.0	18106.0	19922.1	16114.0	1981.3	2522.8	858.8	94.0
2025	60180.5	8967.1	6243.0	55981.6	4199.0	60180.5	18146.8	19756.9	16763.9	2131.4	2525.0	856.7	93.0
2026	60665.2	8957.0	6256.8	56042.4	4622.8	60665.2	18185.7	19587.1	17394.4	2258.6	2384.6	854.9	92.4
2027	61292.1	8946.8	6270.8	56103.4	5188.7	61292.1	18224.9	19410.5	18048.9	2367.6	2387.0	853.2	91.5
2028	61363.0	8936.7	6284.7	56164.5	5198.5	61363.0	18264.5	19227.2	18728.3	2462.2	1829.4	851.4	91.5
2029	62001.7	8926.6	6298.7	56225.8	5775.9	62001.7	18304.3	19037.2	19433.5	2545.3	1831.7	849.7	90.7
2030	62652.0	8916.6	6312.7	56287.3	6364.7	62652.0	18344.5	18840.6	20165.7	2619.3	1833.9	848.0	89.8
2031	63236.8	8909.4	6324.8	56349.8	6887.0	63236.8	18380.3	18631.0	20856.6	2686.2	1836.3	846.5	89.1
2032	63836.2	8902.2	6337.0	56412.6	7423.6	63836.2	18416.3	18417.2	21571.4	2747.6	1838.7	845.1	88.4
2033	64452.9	8895.0	6349.1	56475.6	7977.4	64452.9	18452.7	18200.0	22311.0	2804.5	1841.1	843.6	87.6
2034	65089.6	8887.8	6361.4	56538.7	8550.9	65089.6	18489.4	17980.3	23076.2	2858.0	1843.5	842.2	86.9
2035	65748.7	8880.7	6373.6	56602.1	9146.6	65748.7	18526.5	17758.7	23868.0	2909.0	1845.9	840.7	86.1

附表 3-3　　**2016~2035 年中国稻谷供求平衡表（高位方案）**

年份	总供给	种植面积	单产	国内产量	净进口	总需求	饲料需求	食用需求	工业需求	库存变动	损失	种用	自给率
	万吨	万公顷	公斤/公顷	万吨	万吨	万吨	万吨	万吨	万吨	万吨	万吨	万吨	%
2016	21024.0	3017.8	6861.7	20707.5	316.5	21024.0	2457.5	12936.4	2848.3	1760.7	828.3	192.7	98.5
2017	21483.7	3016.6	6868.6	20720.2	763.6	21483.7	2471.9	12889.8	3035.0	922.7	1971.7	192.6	96.4
2018	21467.9	3015.4	6875.5	20732.8	735.1	21467.9	2479.4	12841.8	3186.3	938.6	1829.3	192.6	96.6
2019	21452.9	3014.3	6882.4	20745.5	707.5	21452.9	2486.9	12786.8	3345.2	954.7	1687.0	192.5	96.7
2020	21437.0	3013.1	6889.4	20758.1	678.8	21437.0	2494.4	12722.5	3511.9	971.1	1544.6	192.4	96.8
2021	21385.4	3013.5	6892.8	20771.6	613.8	21385.4	2500.8	12642.5	3659.5	987.8	1402.3	192.4	97.1
2022	21332.3	3013.9	6896.3	20785.1	547.2	21332.3	2507.3	12554.6	3813.3	1004.8	1260.0	192.5	97.4
2023	21421.5	3014.4	6899.8	20798.6	622.9	21421.5	2513.8	12459.2	3973.5	1022.1	1260.5	192.5	97.1
2024	21368.4	3014.8	6903.3	20812.1	556.3	21368.4	2520.3	12357.3	4140.5	1039.6	1118.2	192.5	97.4
2025	21459.8	3015.3	6906.8	20825.6	634.2	21459.8	2526.9	12249.7	4314.5	1057.5	1118.7	192.5	97.0
2026	21397.9	3016.8	6906.8	20836.3	561.7	21397.9	2533.3	12136.6	4483.5	1075.7	976.3	192.6	97.4
2027	21481.5	3018.3	6906.8	20846.9	634.6	21481.5	2539.7	12019.1	4659.1	1094.1	976.7	192.7	97.0
2028	21007.9	3019.8	6906.8	20857.5	150.4	21007.9	2546.2	11897.2	4841.6	1112.9	417.2	192.8	99.3
2029	21097.3	3021.4	6906.9	20868.2	229.2	21097.3	2552.7	11771.0	5031.2	1132.1	417.4	192.9	98.9
2030	21190.3	3022.9	6906.9	20878.8	311.5	21190.3	2559.3	11640.5	5228.3	1151.5	417.6	193.0	98.5
2031	21262.4	3025.3	6903.5	20884.9	377.5	21262.4	2565.0	11500.7	5414.5	1171.3	417.7	193.2	98.2
2032	21339.0	3027.6	6900.1	20891.0	448.0	21339.0	2570.8	11358.3	5607.3	1191.4	417.8	193.3	97.9
2033	21420.7	3030.0	6896.6	20897.0	523.6	21420.7	2576.6	11213.7	5807.0	1211.9	417.9	193.5	97.6
2034	21508.3	3032.4	6893.2	20903.1	605.2	21508.3	2582.5	11067.5	6013.8	1232.7	418.1	193.6	97.2
2035	21602.4	3034.8	6889.8	20909.2	693.2	21602.4	2588.5	10920.1	6228.0	1253.9	418.2	193.8	96.8

附表 3－4　　2016～2035 年中国小麦供求平衡表（高位方案）

年份	总供给	种植面积	单产	国内产量	净进口	总需求	饲料需求	食用需求	工业需求	库存变动	损失	种用	自给率
	万吨	万公顷	公斤/公顷	万吨	万吨	万吨	万吨	万吨	万吨	万吨	万吨	万吨	%
2016	13224.5	2418.7	5327.1	12884.5	340.0	13224.5	1759.9	7022.7	1953.7	1397.7	515.4	575.0	97.4
2017	13335.2	2408.8	5345.3	12875.5	459.7	13335.2	1767.0	7014.0	2046.4	1420.1	515.0	572.7	96.6
2018	13408.3	2398.9	5363.6	12866.4	541.9	13408.3	1770.7	6997.8	2120.3	1434.6	514.7	570.3	96.0
2019	13480.9	2389.0	5381.9	12857.4	623.5	13480.9	1774.4	6978.2	2196.8	1449.3	514.3	568.0	95.4
2020	13551.9	2379.2	5400.3	12848.4	703.5	13551.9	1778.1	6954.1	2276.1	1464.1	513.9	565.6	94.8
2021	13606.2	2370.8	5416.1	12840.3	765.9	13606.2	1781.2	6923.3	2345.3	1479.0	513.6	563.6	94.4
2022	13658.9	2362.4	5431.9	12832.3	826.6	13658.9	1784.4	6888.7	2416.7	1494.1	513.3	561.7	93.9
2023	13710.3	2354.0	5447.8	12824.2	886.1	13710.3	1787.6	6850.5	2490.2	1509.4	513.0	559.7	93.5
2024	13761.1	2345.7	5463.7	12816.2	944.9	13761.1	1790.8	6809.1	2565.9	1524.8	512.6	557.7	93.1
2025	13811.6	2337.4	5479.7	12808.1	1003.5	13811.6	1794.1	6765.1	2644.0	1540.4	512.3	555.7	92.7
2026	13858.0	2330.1	5493.0	12799.4	1058.6	13858.0	1797.2	6719.7	2719.0	1556.1	512.0	554.0	92.4
2027	13904.6	2322.9	5506.3	12790.6	1114.0	13904.6	1800.4	6672.2	2796.1	1572.0	511.6	552.3	92.0
2028	13951.4	2315.7	5519.6	12781.9	1169.5	13951.4	1803.6	6622.6	2875.4	1588.1	511.3	550.6	91.6
2029	13998.6	2308.6	5533.0	12773.2	1225.4	13998.6	1806.8	6570.8	2956.9	1604.3	510.9	548.9	91.2
2030	14046.2	2301.4	5546.4	12764.4	1281.7	14046.2	1810.0	6517.0	3040.8	1620.7	510.6	547.2	90.9
2031	14083.1	2295.1	5557.0	12753.7	1329.3	14083.1	1812.8	6458.0	3119.2	1637.2	510.1	545.7	90.6
2032	14120.8	2288.7	5567.7	12743.1	1377.7	14120.8	1815.7	6397.7	3199.6	1653.9	509.7	544.2	90.2
2033	14159.6	2282.4	5578.4	12732.4	1427.2	14159.6	1818.6	6336.1	3282.1	1670.8	509.3	542.7	89.9
2034	14199.8	2276.2	5589.1	12721.7	1478.1	14199.8	1821.5	6273.7	3366.7	1687.9	508.9	541.2	89.6
2035	14241.8	2269.9	5599.9	12711.1	1530.7	14241.8	1824.4	6210.6	3453.5	1705.1	508.4	539.7	89.3

附表3-5　　2016~2035年中国玉米供求平衡表（高位方案）

年份	总供给	种植面积	单产	国内产量	净进口	总需求	饲料需求	食用需求	工业需求	库存变动	损失	种用	自给率
	万吨	万公顷	公斤/公顷	万吨	万吨	万吨	万吨	万吨	万吨	万吨	万吨	万吨	%
2016	22272. 1	3676. 8	5971. 3	21955. 2	317. 0	22272. 1	13486. 8	857. 2	5756. 7	1183. 0	878. 2	110. 3	98. 6
2017	22661. 0	3668. 7	5994. 5	21991. 8	669. 3	22661. 0	13563. 8	844. 9	6882. 6	380. 0	879. 7	110. 1	97. 0
2018	22727. 5	3660. 6	6017. 7	22028. 4	699. 0	22727. 5	13600. 1	832. 5	7227. 9	76. 0	881. 1	109. 8	96. 9
2019	22818. 7	3652. 6	6041. 0	22065. 2	753. 5	22818. 7	13636. 6	819. 6	7590. 5	-220. 2	882. 6	109. 6	96. 7
2020	23212. 9	3644. 5	6064. 4	22102. 0	1110. 9	23212. 9	13673. 4	806. 0	7971. 3	-231. 2	884. 1	109. 3	95. 2
2021	23558. 3	3638. 5	6087. 9	22150. 9	1407. 4	23558. 3	13703. 4	794. 1	8308. 4	-242. 8	886. 0	109. 2	94. 0
2022	23917. 2	3632. 5	6111. 5	22200. 0	1717. 2	23917. 2	13733. 7	781. 7	8659. 7	-254. 9	888. 0	109. 0	92. 8
2023	23953. 8	3626. 5	6135. 2	22249. 2	1704. 6	23953. 8	13764. 1	768. 9	9025. 9	-603. 9	890. 0	108. 8	92. 9
2024	24375. 5	3620. 5	6159. 0	22298. 4	2077. 1	24375. 5	13794. 8	755. 7	9407. 6	-583. 1	891. 9	108. 6	91. 5
2025	24909. 1	3614. 5	6182. 8	22347. 8	2561. 3	24909. 1	13825. 8	742. 1	9805. 4	-466. 5	893. 9	108. 4	89. 7
2026	25409. 2	3610. 0	6206. 8	22406. 8	3002. 5	25409. 2	13855. 2	730. 8	10191. 9	-373. 2	896. 3	108. 3	88. 2
2027	25905. 9	3605. 6	6230. 8	22465. 8	3440. 1	25905. 9	13884. 8	719. 2	10593. 7	-298. 6	898. 6	108. 2	86. 7
2028	26403. 6	3601. 1	6255. 0	22525. 1	3878. 5	26403. 6	13914. 7	707. 4	11011. 3	-238. 9	901. 0	108. 0	85. 3
2029	26905. 8	3596. 7	6279. 2	22584. 5	4321. 3	26905. 8	13944. 9	695. 3	11445. 4	-191. 1	903. 4	107. 9	83. 9
2030	27415. 5	3592. 3	6303. 6	22644. 0	4771. 5	27415. 5	13975. 3	683. 1	11896. 5	-152. 9	905. 8	107. 8	82. 6
2031	27891. 4	3589. 0	6328. 0	22711. 2	5180. 1	27891. 4	14002. 4	672. 2	12322. 9	-122. 3	908. 4	107. 7	81. 4
2032	28376. 5	3585. 8	6352. 5	22778. 6	5597. 9	28376. 5	14029. 8	661. 3	12764. 5	-97. 8	911. 1	107. 6	80. 3
2033	28872. 7	3582. 5	6377. 1	22846. 1	6026. 5	28872. 7	14057. 5	650. 2	13221. 9	-78. 3	913. 8	107. 5	79. 1
2034	29381. 6	3579. 3	6401. 8	22913. 9	6467. 6	29381. 6	14085. 4	639. 1	13695. 7	-62. 6	916. 6	107. 4	78. 0
2035	29904. 5	3576. 0	6426. 6	22981. 9	6922. 6	29904. 5	14113. 6	628. 0	14186. 5	-50. 1	919. 3	107. 3	76. 9

附表 3－6　　2016～2035 年中国大豆供求平衡表（高位方案）

年份	总供给	种植面积	单产	国内产量	净进口	总需求	食用需求	工业需求	损失	自给率
	万吨	万公顷	公斤/公顷	万吨	万吨	万吨	万吨	万吨	万吨	%
2016	9622.5	720.2	1796.0	1293.5	8328.9	9622.5	488.0	9056.8	77.6	13.4
2017	9785.6	721.3	1801.4	1299.3	8486.3	9785.6	490.6	9217.0	78.0	13.3
2018	9873.3	722.3	1806.9	1305.1	8568.2	9873.3	493.2	9301.8	78.3	13.2
2019	9962.0	723.3	1812.3	1310.9	8651.1	9962.0	495.8	9387.6	78.7	13.2
2020	10052.3	725.0	1817.8	1318.0	8734.3	10052.3	498.9	9474.3	79.1	13.1
2021	10143.5	726.8	1823.3	1325.1	8818.4	10143.5	502.0	9562.0	79.5	13.1
2022	10235.8	728.5	1828.8	1332.3	8903.5	10235.8	505.1	9650.7	79.9	13.0
2023	10329.1	730.2	1834.3	1339.5	8989.6	10329.1	508.2	9740.5	80.4	13.0
2024	10423.4	732.0	1839.9	1346.7	9076.7	10423.4	511.4	9831.2	80.8	12.9
2025	10519.2	734.2	1845.4	1355.0	9164.2	10519.2	515.0	9923.0	81.3	12.9
2026	10616.1	736.6	1851.0	1363.4	9252.8	10616.1	518.6	10015.8	81.8	12.8
2027	10714.1	738.9	1856.6	1371.8	9342.4	10714.1	522.2	10109.7	82.3	12.8
2028	10813.2	741.2	1862.2	1380.2	9433.0	10813.2	525.8	10204.6	82.8	12.8
2029	10913.4	743.5	1867.8	1388.8	9524.7	10913.4	529.5	10300.6	83.3	12.7
2030	11015.1	746.3	1873.5	1398.1	9617.0	11015.1	533.5	10397.7	83.9	12.7
2031	11117.9	749.1	1879.1	1407.6	9710.4	11117.9	537.5	10496.0	84.5	12.7
2032	11221.9	751.8	1884.8	1417.1	9804.8	11221.9	541.6	10595.3	85.0	12.6
2033	11327.1	754.6	1890.5	1426.6	9900.4	11327.1	545.7	10695.8	85.6	12.6
2034	11433.4	757.4	1896.2	1436.3	9997.1	11433.4	549.8	10797.4	86.2	12.6
2035	11541.4	760.9	1901.9	1447.1	10094.3	11541.4	554.4	10900.2	86.8	12.5

附表 3-7　　2016～2035 年中国其他粮食供求平衡表（高位方案）

年份	总供给	种植面积	单产	国内产量	净进口	总需求	饲料需求	食用需求	工业需求	损失	种用	自给率
	万吨	万公顷	公斤/公顷	万吨	万吨	万吨	万吨	万吨	万吨	万吨	万吨	%
2016	6760.0	1469.9	3254.8	4784.4	1975.6	6760.0	4184.2	265.9	2003.2	191.4	191.4	70.8
2017	6874.2	1444.6	3311.3	4783.4	2097.7	6881.1	4218.9	262.6	2016.8	191.4	191.4	69.6
2018	6912.6	1419.6	3368.9	4782.5	2144.1	6926.6	4253.9	259.2	2030.5	191.5	191.5	69.3
2019	6951.4	1395.1	3427.4	4781.6	2190.9	6972.5	4289.2	255.9	2044.3	191.6	191.6	69.0
2020	6990.5	1371.0	3486.9	4780.7	2238.2	7018.8	4324.7	252.7	2058.2	191.6	191.6	68.6
2021	7029.9	1347.4	3547.5	4779.8	2285.8	7065.6	4360.6	249.4	2072.2	191.7	191.7	68.3
2022	7069.6	1324.1	3609.1	4778.8	2334.0	7112.8	4396.8	246.3	2086.3	191.7	191.7	67.9
2023	7109.6	1301.2	3671.8	4777.9	2382.5	7160.4	4433.2	243.1	2100.5	191.8	191.8	67.6
2024	7149.9	1278.8	3735.6	4777.0	2431.5	7208.5	4470.0	240.0	2114.8	191.9	191.9	67.3
2025	7190.6	1256.7	3800.5	4776.1	2480.9	7257.0	4507.0	237.0	2129.1	191.9	191.9	66.9
2026	7231.6	1235.0	3866.5	4775.1	2530.8	7306.0	4544.4	234.0	2143.6	192.0	192.0	66.6
2027	7272.9	1213.7	3933.7	4774.2	2581.2	7355.4	4582.1	231.0	2158.2	192.0	192.0	66.3
2028	7314.6	1192.7	4002.0	4773.3	2631.9	7405.2	4620.1	228.0	2172.9	192.1	192.1	65.9
2029	7356.6	1172.1	4071.5	4772.4	2683.2	7455.5	4658.4	225.1	2187.7	192.2	192.2	65.6
2030	7398.9	1151.9	4142.3	4771.5	2734.8	7506.3	4697.1	222.3	2202.5	192.2	192.2	65.2
2031	7441.5	1132.0	4214.2	4770.6	2787.0	7557.5	4736.0	219.4	2217.5	192.3	192.3	64.9
2032	7484.5	1112.5	4287.4	4769.6	2839.6	7609.2	4775.3	216.7	2232.6	192.3	192.3	64.6
2033	7527.9	1093.3	4361.9	4768.7	2892.6	7661.4	4814.9	213.9	2247.8	192.4	192.4	64.3
2034	7571.5	1074.4	4437.7	4767.8	2946.2	7714.0	4854.8	211.2	2263.1	192.5	192.5	63.9
2035	7615.6	1055.8	4514.8	4766.9	3000.2	7767.1	4895.1	208.5	2278.4	192.5	192.5	63.6

附表 4－1　　**2016～2035 年中国粮食供求平衡表（低位方案）**

年份	总供给	种植面积	单产	国内产量	净进口	总需求	饲料需求	食用需求	工业需求	库存变动	损失	种用	自给率
	万吨	万公顷	公斤/公顷	万吨	万吨	万吨	万吨	万吨	万吨	万吨	万吨	万吨	%
2016	72903.1	11303.4	5451.9	61625.1	11278.0	72903.0	21888.4	21570.3	21618.7	4265.4	2490.9	1069.4	84.5
2017	73402.8	11264.2	5476.5	61688.7	11714.1	73402.8	21996.5	21427.8	22551.7	2722.8	3636.4	1067.5	84.0
2018	73397.4	11225.4	5501.1	61752.5	11644.9	73397.4	22071.0	21280.0	23034.7	2450.0	3496.2	1065.5	84.1
2019	73397.9	11187.0	5525.7	61816.3	11581.5	73397.9	22145.9	21114.4	23532.6	2185.3	3356.0	1063.6	84.2
2020	73684.2	11149.6	5550.1	61881.4	11802.8	73684.2	22221.4	20933.1	24046.0	2206.3	3215.9	1061.7	84.0
2021	73876.1	11117.2	5573.2	61958.3	11917.8	73876.1	22289.4	20734.1	24489.0	2227.2	3076.2	1060.2	83.9
2022	74066.0	11085.2	5596.2	62035.4	12030.6	74066.0	22357.9	20521.7	24943.2	2248.0	2936.6	1058.7	83.8
2023	74061.9	11053.5	5619.3	62112.6	11949.3	74061.9	22426.9	20296.9	25408.8	1932.3	2939.8	1057.2	83.9
2024	74286.4	11022.2	5642.2	62189.9	12096.4	74286.4	22496.4	20061.1	25886.1	1987.0	2800.1	1055.7	83.7
2025	74753.2	10991.7	5665.0	62268.4	12484.8	74753.2	22566.3	19815.8	26375.4	2137.9	2803.4	1054.2	83.3
2026	75026.6	10965.3	5686.4	62353.5	12673.1	75026.6	22634.9	19567.4	26841.1	2266.0	2664.1	1053.0	83.1
2027	75429.5	10939.3	5707.8	62438.8	12990.7	75429.5	22703.9	19312.4	27317.6	2376.0	2667.7	1051.9	82.8
2028	75781.2	10913.6	5729.0	62524.3	13256.9	75781.2	22773.4	19051.9	27805.2	2471.5	2628.4	1050.8	82.5
2029	76172.1	10888.2	5750.3	62610.0	13562.1	76172.1	22843.5	18787.4	28304.1	2555.5	2632.0	1049.6	82.2
2030	76478.1	10863.5	5771.3	62696.7	13781.4	76478.1	22914.0	18520.1	28729.2	2630.6	2635.6	1048.5	82.0
2031	76725.0	10842.0	5790.9	62785.0	13940.0	76725.0	22980.8	18246.3	29112.4	2698.5	2639.3	1047.6	81.8
2032	76973.2	10820.8	5810.4	62873.5	14099.7	76973.2	23048.1	17971.7	29502.8	2760.8	2643.0	1046.8	81.7
2033	77224.2	10799.9	5829.9	62962.3	14261.9	77224.2	23115.9	17696.3	29900.5	2818.8	2646.8	1045.9	81.5
2034	77478.8	10779.4	5849.3	63051.4	14427.4	77478.8	23184.3	17419.9	30305.6	2873.4	2650.5	1045.1	81.4
2035	77738.2	10759.7	5868.4	63141.8	14596.4	77738.2	23253.2	17142.7	30718.4	2925.4	2654.3	1044.2	81.2

附表 4-2　2016～2035 年中国谷物供求平衡表（低位方案）

年份	总供给	种植面积	单产	国内产量	净进口	总需求	饲料需求	食用需求	工业需求	库存变动	损失	种用	自给率
	万吨	万公顷	公斤/公顷	万吨	万吨	万吨	万吨	万吨	万吨	万吨	万吨	万吨	%
2016	56520.6	9113.3	6095.2	55547.2	973.4	56520.6	17704.2	20816.3	10558.7	4341.4	2221.9	878.1	98.3
2017	56902.7	9096.1	6112.4	55598.5	1304.2	56902.7	17781.0	20672.9	11483.4	2722.8	3366.8	875.8	97.7
2018	56778.2	9078.9	6129.6	55649.9	1128.2	56778.2	17823.8	20524.1	11880.8	2450.0	3226.0	873.6	98.0
2019	56658.3	9061.9	6146.8	55701.4	956.8	56658.3	17866.9	20357.5	12292.0	2185.3	3085.2	871.4	98.3
2020	56822.5	9044.8	6164.1	55753.0	1069.5	56822.5	17910.2	20174.7	12717.7	2206.3	2944.4	869.1	98.1
2021	56891.1	9032.4	6179.6	55816.4	1074.7	56891.1	17945.8	19974.3	13072.2	2227.2	2804.1	867.4	98.1
2022	56956.3	9020.0	6195.1	55879.8	1076.5	56956.3	17981.7	19760.4	13436.8	2248.0	2663.8	865.6	98.1
2023	56826.3	9007.7	6210.6	55943.4	882.9	56826.3	18017.9	19534.2	13811.8	1932.3	2666.3	863.8	98.4
2024	56923.6	8995.4	6226.2	56007.1	916.6	56923.6	18054.3	19296.9	14197.5	1987.0	2526.0	862.0	98.4
2025	57261.6	8983.1	6241.8	56070.9	1190.6	57261.6	18091.0	19049.7	14594.2	2137.9	2528.6	860.3	97.9
2026	57404.8	8974.5	6255.6	56141.3	1263.5	57404.8	18125.9	18799.4	14966.2	2266.0	2388.5	858.8	97.8
2027	57676.0	8966.0	6269.4	56211.8	1464.2	57676.0	18161.1	18542.4	15347.9	2376.0	2391.3	857.4	97.5
2028	57894.8	8957.5	6283.3	56282.5	1612.3	57894.8	18196.5	18279.9	15739.6	2471.5	2351.3	856.0	97.2
2029	58151.5	8949.0	6297.2	56353.4	1798.1	58151.5	18232.2	18013.4	16141.6	2555.5	2354.1	854.5	96.9
2030	58321.4	8940.5	6311.1	56424.4	1897.0	58321.4	18268.2	17743.8	16468.8	2630.6	2357.0	853.1	96.7
2031	58431.0	8935.0	6323.1	56497.0	1934.0	58431.0	18300.1	17467.6	16752.9	2698.5	2359.9	852.0	96.7
2032	58540.4	8929.4	6335.2	56569.8	1970.6	58540.4	18332.3	17190.6	17043.0	2760.8	2362.8	850.8	96.6
2033	58651.1	8923.9	6347.3	56642.7	2008.4	58651.1	18364.8	16912.9	17339.3	2818.8	2365.7	849.7	96.6
2034	58764.0	8918.3	6359.5	56715.9	2048.1	58764.0	18397.5	16634.0	17642.0	2873.4	2368.6	848.5	96.5
2035	58879.8	8912.8	6371.6	56789.3	2090.5	58879.8	18430.5	16353.9	17951.1	2925.4	2371.6	847.4	96.4

附表 4－3　2016～2035 年中国稻谷供求平衡表（低位方案）

年份	总供给	种植面积	单产	国内产量	净进口	总需求	饲料需求	食用需求	工业需求	库存变动	损失	种用	自给率
	万吨	万公顷	公斤/公顷	万吨	万吨	万吨	万吨	万吨	万吨	万吨	万吨	万吨	%
2016	21024.0	3017.8	6861.7	20707.5	316.5	21024.0	2457.5	12936.4	2848.3	1760.7	828.3	192.7	98.5
2017	21332.8	3016.8	6868.6	20721.6	611.2	21332.8	2468.8	12853.1	2923.8	922.7	1971.7	192.6	97.1
2018	21244.3	3015.9	6875.5	20735.8	508.6	21244.3	2475.5	12761.9	3046.3	938.6	1829.4	192.6	97.6
2019	21150.1	3014.9	6882.4	20749.9	400.2	21150.1	2482.3	12659.5	3173.9	954.7	1687.1	192.5	98.1
2020	21051.2	3013.9	6889.4	20764.1	287.2	21051.2	2489.1	12546.9	3306.8	971.1	1544.8	192.5	98.6
2021	20920.3	3014.5	6892.8	20778.2	142.1	20920.3	2494.9	12420.7	3421.9	987.8	1402.6	192.5	99.3
2022	20785.0	3015.0	6896.3	20792.4	－7.4	20785.0	2500.7	12285.8	3540.9	1004.8	1260.3	192.5	100.0
2023	20789.2	3015.5	6899.8	20806.6	－17.4	20789.2	2506.5	12143.1	3664.2	1022.1	1260.8	192.6	100.1
2024	20648.1	3016.1	6903.3	20820.8	－172.7	20648.1	2512.4	11993.2	3791.7	1039.6	1118.5	192.6	100.8
2025	20648.2	3016.6	6906.8	20835.0	－186.8	20648.2	2518.4	11837.0	3923.6	1057.5	1119.1	192.6	100.9
2026	20495.7	3018.5	6906.8	20847.9	－352.2	20495.7	2524.1	11676.5	4050.0	1075.7	976.8	192.8	101.7
2027	20486.3	3020.3	6906.8	20860.9	－374.6	20486.3	2529.8	11511.7	4180.5	1094.1	977.3	192.9	101.8
2028	20435.0	3022.2	6906.8	20873.9	－438.9	20435.0	2535.6	11343.3	4315.2	1112.9	935.0	193.0	102.1
2029	20428.6	3024.1	6906.9	20886.9	－458.2	20428.6	2541.5	11172.3	4454.2	1132.1	935.5	193.1	102.2
2030	20425.1	3025.9	6906.9	20899.9	－474.8	20425.1	2547.3	10999.3	4597.7	1151.5	936.0	193.2	102.3
2031	20405.7	3028.8	6903.5	20909.6	－503.9	20405.7	2552.5	10821.1	4731.0	1171.3	936.4	193.4	102.5
2032	20390.1	3031.8	6900.1	20919.4	－529.3	20390.1	2557.6	10642.4	4868.2	1191.4	936.8	193.6	102.6
2033	20378.3	3034.7	6896.6	20929.1	－550.8	20378.3	2562.9	10463.2	5009.4	1211.9	937.2	193.8	102.7
2034	20370.4	3037.6	6893.2	20938.8	－568.4	20370.4	2568.1	10283.4	5154.7	1232.7	937.6	194.0	102.8
2035	20366.3	3040.5	6889.8	20948.6	－582.3	20366.3	2573.4	10102.7	5304.1	1253.9	937.9	194.2	102.9

附表 4 - 4　　2016 ~ 2035 年中国小麦供求平衡表（低位方案）

年份	总供给	种植面积	单产	国内产量	净进口	总需求	饲料需求	食用需求	工业需求	库存变动	损失	种用	自给率
	万吨	万公顷	公斤/公顷	万吨	万吨	万吨	万吨	万吨	万吨	万吨	万吨	万吨	%
2016	13224. 5	2418. 7	5327. 1	12884. 5	340. 0	13224. 5	1759. 9	7022. 7	1953. 7	1397. 7	515. 4	575. 0	97. 4
2017	13242. 5	2410. 6	5345. 3	12885. 1	357. 4	13242. 5	1765. 5	6977. 3	1991. 1	1420. 1	515. 4	573. 1	97. 3
2018	13277. 1	2402. 5	5363. 6	12885. 7	391. 4	13277. 1	1768. 8	6934. 9	2051. 5	1435. 4	515. 4	571. 2	97. 1
2019	13308. 0	2394. 4	5381. 9	12886. 4	421. 6	13308. 0	1772. 1	6886. 7	2113. 7	1450. 8	515. 5	569. 3	96. 8
2020	13335. 7	2386. 3	5400. 3	12887. 0	448. 7	13335. 7	1775. 5	6833. 2	2177. 8	1466. 4	515. 5	567. 3	96. 6
2021	13348. 1	2379. 4	5416. 1	12887. 2	460. 9	13348. 1	1778. 3	6773. 8	2232. 6	1482. 2	515. 5	565. 7	96. 5
2022	13357. 7	2372. 5	5431. 9	12887. 4	470. 2	13357. 7	1781. 2	6710. 0	2288. 9	1498. 1	515. 5	564. 1	96. 5
2023	13364. 9	2365. 7	5447. 8	12887. 7	477. 2	13364. 9	1784. 1	6642. 1	2346. 6	1514. 2	515. 5	562. 4	96. 4
2024	13370. 2	2358. 8	5463. 7	12887. 9	482. 3	13370. 2	1787. 0	6570. 8	2405. 7	1530. 5	515. 5	560. 8	96. 4
2025	13374. 0	2352. 0	5479. 7	12888. 1	485. 9	13374. 0	1789. 9	6496. 2	2466. 3	1547. 0	515. 5	559. 2	96. 4
2026	13373. 9	2346. 0	5493. 0	12886. 6	487. 3	13373. 9	1792. 7	6420. 6	2523. 8	1563. 6	515. 5	557. 8	96. 4
2027	13373. 1	2340. 1	5506. 3	12885. 1	488. 0	13373. 1	1795. 5	6342. 7	2582. 7	1580. 4	515. 4	556. 4	96. 4
2028	13372. 1	2334. 1	5519. 6	12883. 5	488. 5	13372. 1	1798. 4	6263. 1	2642. 9	1597. 4	515. 3	554. 9	96. 3
2029	13371. 3	2328. 2	5533. 0	12882. 0	489. 3	13371. 3	1801. 2	6182. 2	2704. 6	1614. 6	515. 3	553. 5	96. 3
2030	13371. 3	2322. 3	5546. 4	12880. 5	490. 8	13371. 3	1804. 1	6100. 2	2767. 6	1631. 9	515. 2	552. 1	96. 3
2031	13363. 1	2317. 1	5557. 0	12876. 2	486. 9	13363. 1	1806. 7	6015. 3	2825. 7	1649. 5	515. 0	550. 9	96. 4
2032	13356. 0	2311. 9	5567. 7	12871. 8	484. 2	13356. 0	1809. 2	5930. 0	2885. 1	1667. 2	514. 9	549. 6	96. 4
2033	13350. 0	2306. 7	5578. 4	12867. 5	482. 5	13350. 0	1811. 8	5844. 4	2945. 6	1685. 1	514. 7	548. 4	96. 4
2034	13345. 2	2301. 5	5589. 1	12863. 2	482. 0	13345. 2	1814. 4	5758. 4	3007. 5	1703. 2	514. 5	547. 2	96. 4
2035	13341. 3	2296. 3	5599. 9	12858. 9	482. 4	13341. 3	1817. 0	5671. 9	3070. 6	1721. 6	514. 4	545. 9	96. 4

附表 4－5　　**2016～2035 年中国玉米供求平衡表（低位方案）**

年份	总供给	种植面积	单产	国内产量	净进口	总需求	饲料需求	食用需求	工业需求	库存变动	损失	种用	自给率
	万吨	万公顷	公斤/公顷	万吨	万吨	万吨	万吨	万吨	万吨	万吨	万吨	万吨	%
2016	22272.1	3676.8	5971.3	21955.2	317.0	22272.1	13486.8	857.2	5756.7	1183.0	878.2	110.3	98.6
2017	22327.4	3668.7	5994.5	21991.8	335.7	22327.4	13546.7	842.5	6568.5	380.0	879.7	110.1	98.5
2018	22256.7	3660.6	6017.7	22028.4	228.3	22256.7	13579.5	827.3	6783.0	76.0	881.1	109.8	99.0
2019	22200.2	3652.6	6041.0	22065.2	135.0	22200.2	13612.4	811.3	7004.5	－220.2	882.6	109.6	99.4
2020	22435.7	3644.5	6064.4	22102.0	333.7	22435.7	13645.6	794.7	7233.2	－231.2	884.1	109.3	98.5
2021	22622.7	3638.5	6087.9	22150.9	471.8	22622.7	13672.7	779.9	7417.7	－242.8	886.0	109.2	97.9
2022	22813.6	3632.5	6111.5	22200.0	613.6	22813.6	13699.9	764.6	7607.0	－254.9	888.0	109.0	97.3
2023	22672.2	3626.5	6135.2	22249.2	423.1	22672.2	13727.3	748.9	7801.1	－603.9	890.0	108.8	98.1
2024	22905.4	3620.5	6159.0	22298.4	607.0	22905.4	13754.9	732.9	8000.2	－583.1	891.9	108.6	97.4
2025	23239.4	3614.5	6182.8	22347.8	891.5	23239.4	13782.7	716.5	8204.3	－466.5	893.9	108.4	96.2
2026	23535.2	3610.0	6206.8	22406.8	1128.4	23535.2	13809.1	702.3	8392.4	－373.2	896.3	108.3	95.2
2027	23816.7	3605.6	6230.8	22465.8	1350.9	23816.7	13835.7	688.0	8584.8	－298.6	898.6	108.2	94.3
2028	24087.7	3601.1	6255.0	22525.1	1562.7	24087.7	13862.5	673.5	8781.5	－238.9	901.0	108.0	93.5
2029	24351.5	3596.7	6279.2	22584.5	1767.0	24351.5	13889.5	658.9	8982.8	－191.1	903.4	107.9	92.7
2030	24525.1	3592.3	6303.6	22644.0	1881.1	24525.1	13916.7	644.3	9103.4	－152.9	905.8	107.8	92.3
2031	24662.2	3589.0	6328.0	22711.2	1951.0	24662.2	13941.0	631.3	9196.1	－122.3	908.4	107.7	92.1
2032	24794.3	3585.8	6352.5	22778.6	2015.7	24794.3	13965.5	618.2	9289.7	－97.8	911.1	107.6	91.9
2033	24922.7	3582.5	6377.1	22846.1	2076.6	24922.7	13990.1	605.3	9384.3	－78.3	913.8	107.5	91.7
2034	25048.4	3579.3	6401.8	22913.9	2134.5	25048.4	14015.0	592.3	9479.8	－62.6	916.6	107.4	91.5
2035	25172.2	3576.0	6426.6	22981.9	2190.3	25172.2	14040.1	579.3	9576.3	－50.1	919.3	107.3	91.3

附表 4-6　　2016～2035 年中国大豆供求平衡表（低位方案）

年份	总供给	种植面积	单产	国内产量	净进口	总需求	食用需求	工业需求	损失	自给率
	万吨	万公顷	公斤/公顷	万吨	万吨	万吨	万吨	万吨	万吨	%
2016	9622.5	720.2	1796.0	1293.5	8328.9	9622.5	488.0	9056.8	77.6	13.4
2017	9632.6	721.2	1800.9	1298.7	8333.8	9632.6	490.4	9064.3	77.9	13.5
2018	9720.1	722.1	1805.8	1304.0	8416.1	9720.1	492.8	9149.0	78.2	13.4
2019	9808.5	723.0	1810.8	1309.2	8499.3	9808.5	495.2	9234.8	78.6	13.3
2020	9898.5	724.6	1815.7	1315.6	8582.8	9898.5	498.0	9321.5	78.9	13.3
2021	9989.4	726.1	1820.7	1322.1	8667.3	9989.4	500.8	9409.2	79.3	13.2
2022	10081.4	727.7	1825.7	1328.5	8752.8	10081.4	503.7	9498.0	79.7	13.2
2023	10174.3	729.3	1830.6	1335.0	8839.3	10174.3	506.5	9587.7	80.1	13.1
2024	10268.3	730.8	1835.6	1341.5	8926.8	10268.3	509.4	9678.4	80.5	13.1
2025	10363.8	732.9	1840.7	1349.0	9014.8	10363.8	512.7	9770.2	80.9	13.0
2026	10460.4	735.0	1845.7	1356.6	9103.8	10460.4	516.0	9863.0	81.4	13.0
2027	10558.0	737.1	1850.7	1364.1	9193.9	10558.0	519.3	9956.9	81.8	12.9
2028	10656.7	739.2	1855.8	1371.7	9285.0	10656.7	522.6	10051.8	82.3	12.9
2029	10756.5	741.3	1860.9	1379.4	9377.1	10756.5	525.9	10147.8	82.8	12.8
2030	10857.8	743.8	1866.0	1387.8	9470.0	10857.8	529.6	10245.0	83.3	12.8
2031	10960.2	746.3	1871.0	1396.3	9563.9	10960.2	533.2	10343.2	83.8	12.7
2032	11063.7	748.8	1876.2	1404.8	9658.9	11063.7	536.9	10442.5	84.3	12.7
2033	11168.4	751.3	1881.3	1413.4	9755.0	11168.4	540.6	10543.0	84.8	12.7
2034	11274.3	753.8	1886.4	1422.0	9852.3	11274.3	544.4	10644.6	85.3	12.6
2035	11381.8	756.9	1891.6	1431.8	9950.1	11381.8	548.5	10747.4	85.9	12.6

附表 4－7　　2016～2035 年中国其他粮食供求平衡表（低位方案）

年份	总供给	种植面积	单产	国内产量	净进口	总需求	饲料需求	食用需求	工业需求	损失	种用	自给率
	万吨	万公顷	公斤/公顷	万吨	万吨	万吨	万吨	万吨	万吨	万吨	万吨	%
2016	6760.0	1469.9	3254.8	4784.4	1975.6	6760.0	4184.2	265.9	2003.2	191.4	191.4	70.8
2017	6867.5	1447.0	3311.3	4791.4	2076.0	6867.5	4215.6	264.5	2004.0	191.7	191.7	69.8
2018	6899.1	1424.4	3368.9	4798.5	2100.6	6899.1	4247.2	263.1	2004.9	191.9	191.9	69.6
2019	6931.1	1402.1	3427.4	4805.6	2125.4	6931.1	4279.1	261.7	2005.8	192.2	192.2	69.3
2020	6963.2	1380.2	3486.9	4812.7	2150.5	6963.2	4311.2	260.3	2006.7	192.5	192.5	69.1
2021	6995.6	1358.7	3547.5	4819.9	2175.8	6995.6	4343.5	258.9	2007.6	192.8	192.8	68.9
2022	7028.3	1337.4	3609.1	4827.0	2201.3	7028.3	4376.1	257.6	2008.4	193.1	193.1	68.7
2023	7061.2	1316.6	3671.8	4834.1	2227.0	7061.2	4409.0	256.2	2009.3	193.4	193.4	68.5
2024	7094.4	1296.0	3735.6	4841.3	2253.1	7094.4	4442.0	254.8	2010.2	193.7	193.7	68.2
2025	7127.8	1275.7	3800.5	4848.5	2279.3	7127.8	4475.4	253.5	2011.1	193.9	193.9	68.0
2026	7161.5	1255.8	3866.5	4855.6	2305.8	7161.5	4509.0	252.1	2012.0	194.2	194.2	67.8
2027	7195.4	1236.2	3933.7	4862.8	2332.6	7195.4	4542.8	250.8	2012.8	194.5	194.5	67.6
2028	7229.6	1216.9	4002.0	4870.0	2359.6	7229.6	4576.9	249.4	2013.7	194.8	194.8	67.4
2029	7264.1	1197.9	4071.5	4877.2	2386.9	7264.1	4611.2	248.1	2014.6	195.1	195.1	67.1
2030	7298.8	1179.2	4142.3	4884.5	2414.4	7298.8	4645.8	246.8	2015.5	195.4	195.4	66.9
2031	7333.8	1160.8	4214.2	4891.7	2442.1	7333.8	4680.7	245.5	2016.4	195.7	195.7	66.7
2032	7369.1	1142.6	4287.4	4898.9	2470.2	7369.1	4715.8	244.2	2017.3	196.0	196.0	66.5
2033	7404.7	1124.8	4361.9	4906.2	2498.5	7404.7	4751.2	242.9	2018.1	196.2	196.2	66.3
2034	7440.5	1107.2	4437.7	4913.4	2527.0	7440.5	4786.8	241.6	2019.0	196.5	196.5	66.0
2035	7476.6	1089.9	4514.8	4920.7	2555.9	7476.6	4822.7	240.3	2019.9	196.8	196.8	65.8

附表 5－1　2016～2035 年中国粮食供求平衡表（人口当量方案）

年份	国内产量	净进口	总需求	饮料需求	食用需求	工业需求	损失	种用	自给率	成人食物消费当量
	万吨	万吨	万吨	万吨	万吨	万吨	万吨	万吨	%	2016 = 1
2016	61625	11278	72903	21888	21570	21619	2491	1069	84. 53	1. 0000
2017	61682	11591	73272	21974	21473	22828	3208	1067	84. 18	1. 0004
2018	61738	11795	73533	22069	21376	23363	3210	1065	83. 96	1. 0011
2019	61795	12188	73984	22177	21276	23928	3355	1062	83. 53	1. 0024
2020	61854	12541	74394	22270	21147	24496	3215	1060	83. 14	1. 0030
2021	61924	12763	74687	22351	20994	24983	3075	1058	82. 91	1. 0034
2022	61995	12935	74929	22415	20811	25464	2935	1057	82. 74	1. 0030
2023	62065	12926	74991	22484	20621	25962	2938	1055	82. 76	1. 0029
2024	62136	13358	75495	22621	20482	26554	2798	1053	82. 31	1. 0057
2025	62209	14140	76348	22794	20363	27202	2801	1051	81. 48	1. 0100
2026	62287	14746	77032	22972	20244	27838	2662	1050	80. 86	1. 0147
2027	62365	15455	77820	23143	20109	28480	2665	1048	80. 14	1. 0189
2028	62443	16014	78457	23281	19936	29097	2625	1047	79. 59	1. 0217
2029	62522	16554	79076	23400	19741	29705	2629	1045	79. 07	1. 0236
2030	62601	17000	79601	23521	19540	30234	2632	1044	78. 64	1. 0256
2031	62682	17240	79923	23593	19293	30660	2635	1043	78. 43	1. 0256
2032	62763	17482	80245	23667	19042	31095	2639	1041	78. 21	1. 0256
2033	62844	17726	80570	23741	18790	31538	2642	1040	78. 00	1. 0256
2034	62926	17973	80899	23816	18535	31990	2646	1039	77. 78	1. 0256
2035	63009	18225	81234	23891	18279	32451	2649	1038	77. 56	1. 0256

附表 6－1　　2016～2035 年中国粮食供求平衡表（单产减少 30%方案）

年份	总供给	种植面积	单产	国内产量	净进口	总需求	饲料需求	食用需求	工业需求	库存变动	损失	种用	自给率
	万吨	万公顷	公斤/公顷	万吨	万吨	万吨	万吨	万吨	万吨	万吨	万吨	万吨	%
2016	72903.1	11303.4	5451.9	61625.1	11278.0	72903.0	21888.4	21570.3	21618.7	4265.4	2490.9	1069.4	84.5
2017	73225.1	11262.6	5383.9	60636.4	12588.7	73225.1	21966.2	21435.5	22896.0	2722.8	3143.2	1061.4	82.8
2018	73385.0	11222.3	5316.6	59664.7	13720.4	73385.0	22044.6	21318.8	23413.1	2450.0	3105.1	1053.5	81.3
2019	73699.8	11182.3	5250.2	58709.5	14990.3	73699.8	22123.5	21187.7	23946.9	2185.3	3210.6	1045.8	79.7
2020	74018.4	11143.5	5184.3	57771.8	16246.6	74018.4	22203.0	21041.8	24498.0	2206.3	3031.1	1038.2	78.1
2021	74237.4	11109.8	5119.5	56876.8	17360.6	74237.4	22274.7	20876.7	24974.3	2227.2	2853.2	1031.3	76.6
2022	74457.2	11076.5	5055.4	55996.6	18460.6	74457.2	22346.9	20698.7	25463.1	2248.0	2676.0	1024.5	75.2
2023	74485.7	11043.6	4992.1	55131.0	19354.6	74485.7	22419.7	20508.9	25964.7	1932.3	2642.2	1017.8	74.0
2024	74745.7	11011.2	4929.5	54279.8	20465.9	74745.7	22493.1	20308.8	26479.5	1987.0	2466.1	1011.3	72.6
2025	75250.9	10979.6	4867.5	53443.5	21807.4	75250.9	22567.0	20099.8	27007.8	2137.9	2433.4	1005.0	71.0
2026	75561.8	10952.1	4806.4	52640.2	22921.6	75561.8	22639.3	19887.0	27511.2	2266.0	2259.3	999.1	69.7
2027	76004.2	10924.9	4746.0	51849.9	24154.4	76004.2	22712.3	19667.5	28026.7	2376.0	2228.4	993.3	68.2
2028	76397.2	10898.1	4686.3	51072.3	25324.8	76397.2	22785.8	19442.2	28554.7	2471.5	2155.3	987.7	66.9
2029	76830.3	10871.7	4627.4	50307.3	26523.0	76830.3	22859.9	19211.6	29095.6	2555.5	2125.5	982.2	65.5
2030	77171.8	10846.0	4569.0	49555.2	27616.5	77171.8	22934.6	18976.8	29556.8	2630.6	2096.2	976.9	64.2
2031	77448.8	10823.5	4511.4	48829.1	28619.6	77448.8	23005.7	18732.2	29972.6	2698.5	2068.0	971.9	63.0
2032	77727.2	10801.4	4454.5	48114.5	29612.6	77727.2	23077.3	18485.3	30396.6	2760.8	2040.2	967.0	61.9
2033	78008.6	10779.5	4398.3	47411.2	30597.4	78008.6	23149.6	18236.4	30828.8	2818.8	2012.8	962.2	60.8
2034	78294.6	10758.0	4342.7	46718.9	31575.6	78294.6	23222.4	17985.9	31269.4	2873.4	1985.9	957.5	59.7
2035	78586.7	10737.5	4287.6	46038.4	32548.4	78586.7	23295.9	17734.2	31718.8	2925.4	1959.5	953.0	58.6

专题报告二

中国的农产品国际贸易

——基于农业供给侧结构性改革的视角

张小瑜　商务部国际贸易经济合作研究院国际市场研究所所长、研究员
张　剑　商务部国际贸易经济合作研究院国际市场研究所助理研究员

当前，中国农产品贸易面临新形势。国内经济发展由高速增长阶段转向高质量发展阶段，创新、协调、绿色、开放、共享的发展理念贯穿落实于各行业各领域。农业推进供给侧结构性改革，推动高质量发展，农业政策从增产导向转向提质导向，农业生产结构调整，农产品贸易向高质量发展转型。国际环境更为错综复杂，一方面，中国的国际影响力大大提升，在全球治理和国际经贸领域的话语权和议价能力提高，有助于改善外部贸易环境；另一方面，逆全球化和保护主义升温，多边贸易体制亟待改革，大国间经贸摩擦不断，世界经济贸易的不确定、不稳定性增强，对中国农产品贸易发展形成严峻挑战。本文在分析中国农产品贸易发展现状和内外部环境变化基础上，提出了保障农产品贸易可持续发展的政策建议。

一、中国农产品贸易现状

改革开放以来，特别是加入 WTO 以来，中国农产品[①]进出口规模不断扩大。产品结构和市场结构发生了明显变化，中国与全球市场的联系和互动更加密切，对全球农产品生产和贸易结构、中国粮食安全格局、中国农业发展的战略选择都产生了广泛、深刻的作用。

（一）进口规模快速扩大

21 世纪以来，中国农产品贸易规模不断扩大，进口增长显著快于出口（见图 1）。2018 年，中国农产品贸易总额达到 2161.7 亿美元，其中出口 793.2 亿美元，进口 1368.4 亿美元。2001～2018 年，农产品贸易年均增速 12.83%，低于同期中国货物进出口 13.84% 的年均增速。其中，农产品出口年均增长 9.88%，远低于同期总出口 14.02% 的年均增速；农产品进口年均增长 15.5%，大幅高于同期总进口 13.64% 的增长速度。

进出口增速的鲜明反差，导致农产品进口和出口在货物贸易中的地位发生截然不同的变化。2018 年，农产品在中国进出口贸易中的比重由 2001 年的 5.45% 下降到 4.68%，其中，出口占比由 6.0% 下降至 3.2%，进口占比则由 4.85% 提高到 6.39%。

自 2004 年开始，中国农产品贸易出现逆差，并呈快速扩大之势。这与中国货物贸易持续大幅顺差的形势完全背离。在 2013 年，逆差达到 509.5 亿美元的高峰后，2014～2016 年，农产品贸易逆差一度有所收窄，但主要是受中

---

① 如无特别说明，本报告中的农产品贸易均为商务部农产品贸易统计口径，即 WTO 农业协定定义范围加水产品，包括：HS 税则第 1～24 章、2905.43（甘露醇）、2905.44（山梨醇）、33.01（精油）、35.01～35.05（蛋白质物质、改性淀粉、胶）、3809.10（整理剂）、3823.60（2905.44 以外的山梨醇）、41.01～41.03（生皮）、43.01（生皮毛）、50.01～50.03（生丝和废丝）、51.01～51.03（羊毛和动物毛）、52.01～52.03（原棉、废棉和已梳棉）、53.01（生亚麻）、53.02（生大麻）。

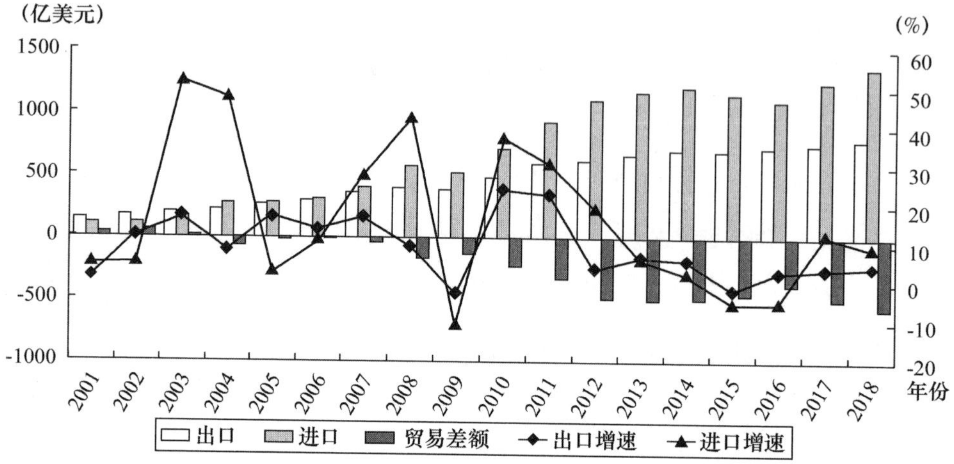

图1　中国农产品贸易（2001～2018年）

国主要进口品种的国际市场价格下跌、国内重点农产品收储制度改革、去库存力度加大等因素影响，并没有改变中国农产品逆差不断扩大的总体趋势。随后在2017～2018年，中国农产品贸易逆差进一步扩大，2018年达到575.2亿美元的新峰值。

（二）贸易结构反映资源禀赋

中国农产品贸易的结构性特征明显，反映了中国的农业资源禀赋特征，即土地和水资源不足、劳动力资源相对具有优势，体现在贸易结构上，就是土地密集型产品进口规模大、增速快，劳动力密集型产品出口多，呈净出口。按海关协调制编码的分类统计（见表1），2018年，出口额最大的前5位产品依次为水产品、蔬菜、肉制品及水产品制品、蔬果制品、水果及坚果，合计出口金额473.7亿美元，占农产品出口总额的59.7%。肉制品及水产品制品是中国农产品最大的创汇来源，2018年净出口额98.6亿美元；其次是蔬菜，蔬果制品，咖啡、茶、马黛茶及调味香料，净出口分别为84.8亿美元、66.5亿美元、26.6亿美元。这些产品的共同特点是劳动力密集，且资本投入较大，对技术（捕捞、农艺、产品加工）有一定要求。

目前，中国进口最多的农产品是以大豆为主的油料作物，2018年进口额达到434.6亿美元，在农产品进口总额中的占比为31.8%，此外，肉类、动植物油、乳、蛋、蜂蜜及其他食用动物产品，也是主要进口品种，同时也是净进口较大的几个品种。这些产品的共同特点是土地密集型，对水、气候等自然资源条件有较高要求。

21世纪以来中国农产品贸易结构最突出的变化体现在粮食贸易。不仅大豆和动植物油进口持续迅速扩大，谷物和谷物制品也由净出口转为净进口。按中国的统计口径，粮食已成为最大的农产品贸易逆差来源。2018年，谷物净进口48.5亿美元，谷物制品净进口46.7亿美元，动植物油净进口75.3亿美元，大豆等油籽净进口407.4亿美元，合计贸易逆差577.8亿美元，已超过农产品贸易逆差总额。而2001年，大豆等油籽和动植物油净进口额分别仅为24.3亿美元和6.6亿美元，谷物和谷物制品则分别还保持4.3亿美元和3.2亿美元的净出口。

除粮食贸易外，中国农产品贸易另一个明显的结构变化是消费品进口高速增长。2001~2018年，农产品细分类别中进口增长最快的产品均为加工食品饮品，依次是婴儿米粉等谷物制品（28.5%）、酒水饮料（24.9%）、咖啡茶及调味料（22.5%）、肉类制品及水产品制品（21.5%），年均增速均在20%以上。

表1　中国农产品贸易结构变化

	出口占比（%）		进口占比（%）		2001~2018年年均增速（%）		净出口（亿美元）	
	2001年	2018年	2001年	2018年	出口	进口	2001年	2018年
活动物	2.16	0.69	0.30	0.30	2.72	15.52	3.1	1.3
畜肉、禽肉及杂碎	5.26	1.09	5.05	8.05	0.18	18.71	2.4	-101.5
水产品	16.22	16.72	11.27	8.49	10.08	13.59	12.6	16.5
乳、蛋、蜂蜜及其他食用动物产品	1.20	0.74	1.85	4.09	6.82	21.02	-0.3	-50.1
其他动物产品	4.08	3.19	1.46	0.53	8.32	8.84	4.8	18.0
活植物及花卉	0.22	0.48	0.19	0.21	15.07	16.41	0.1	0.9
蔬菜	10.92	13.26	1.78	1.49	11.14	14.31	15.4	84.8

续表

	出口占比（%）		进口占比（%）		2001～2018 年年均增速（%）		净出口（亿美元）	
	2001 年	2018 年	2001 年	2018 年	出口	进口	2001 年	2018 年
水果及坚果	2.72	6.66	3.10	6.34	15.83	20.46	0.7	-33.9
咖啡、茶、马黛茶及调味香料	3.39	4.19	0.18	0.49	11.25	22.46	5.2	26.6
谷物	6.47	1.19	5.14	4.23	-0.53	14.19	4.3	-48.5
制粉工业产品	0.67	1.00	0.68	0.87	12.51	17.12	0.3	-3.9
油料、工业或药用植物等	5.70	3.43	28.32	31.76	6.64	16.28	-24.3	-407.4
植物液、汁	0.42	1.93	0.27	0.23	20.22	14.45	0.4	12.1
编结用植物材料	0.27	0.16	0.55	0.10	6.64	4.79	-0.2	-0.2
动植物油脂及其分解产品	0.74	1.38	6.57	6.30	13.99	15.21	-6.6	-75.3
肉类制品及水产品制品	12.79	12.93	0.12	0.29	9.95	21.46	20.3	98.6
糖及糖食	0.97	2.31	3.19	1.04	15.61	8.16	-2.2	4.1
可可及其制品	0.17	0.51	0.68	0.57	17.12	14.36	-0.5	-3.8
谷物、粮食粉、淀粉制品，糕点	2.58	2.49	0.79	4.86	9.65	28.53	3.2	-46.7
蔬菜、水果、坚果等制品	9.42	10.15	0.72	1.02	10.37	17.92	14.2	66.5
杂项食品	2.50	4.63	1.54	2.37	13.93	18.50	2.2	4.2
饮料、酒及醋	3.59	2.99	1.24	4.70	8.70	24.93	4.3	-40.6
食品工业的残渣、废料，动物饲料	1.85	3.93	5.41	2.78	14.88	11.06	-3.4	-6.8
烟草及其制品	2.42	1.78	2.27	1.29	7.90	11.73	1.2	-3.6
其他农产品	3.28	2.18	17.33	7.59	7.27	10.02	-15.2	-86.6
合计	100.00	100.00	100.00	100.00	9.88	15.50	41.8	-575.2

注：净出口为负即净进口。

资料来源：根据中国海关统计数据整理。

（三）贸易伙伴相对集中

中国对外贸易实行市场多元化战略，农产品贸易伙伴同样遍布世界各地。同时，与农产品贸易的产品结构特征相呼应，市场格局也相对集中。农产品对物流保鲜的特殊要求、主要商品分布在有限的主产地，是决定农产品市场分布的根本因素。

日本、韩国、东盟国家等周边国家、中国港澳台地区以及美国是中国农产品主要出口市场。最近 5 年，日本和中国香港一直是前两大出口目的地。2018 年，中国农产品对 220 多个国家和地区有出口实绩，前 5 大出口市场依次为日本、中国香港、美国、越南、韩国，合计占中国农产品出口总额的 50%，前 10 大市场合计占比 66.3%。与 2001 年前 5 大市场占比 68.6%、前 10 大市场占比 78.1% 相比，集中度大大降低，具体见图 2、图 3。

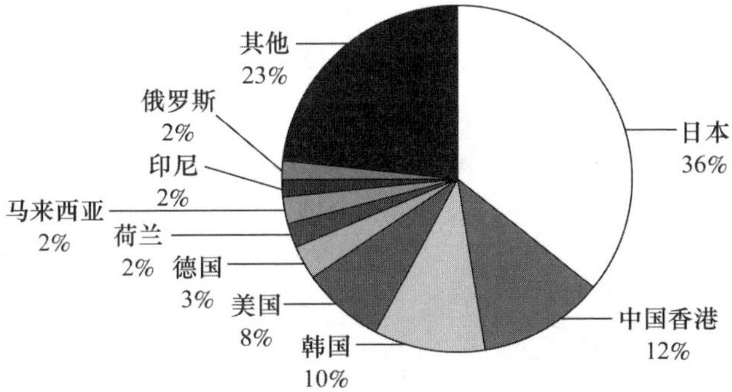

图 2　中国农产品出口市场结构（2001 年）

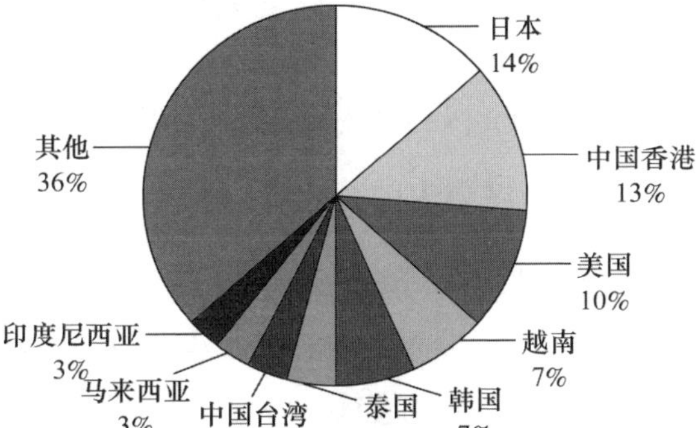

图 3　中国农产品出口市场结构（2018 年）

与出口相比，中国农产品进口来源更加集中，主要是北美、南美、大洋洲、东南亚等农业资源丰富的大宗农产品主产国，这与中国农产品进口结构高度相关。2018 年，中国从 190 多个国家和地区进口农产品，前 5 大来源地依次为巴西、美国、澳大利亚、加拿大和新西兰，合计占中国农产品进口总额的54.7%，前10大进口来源地合计占比为70.5%，均比2001年小幅降低（见图4、图5）。

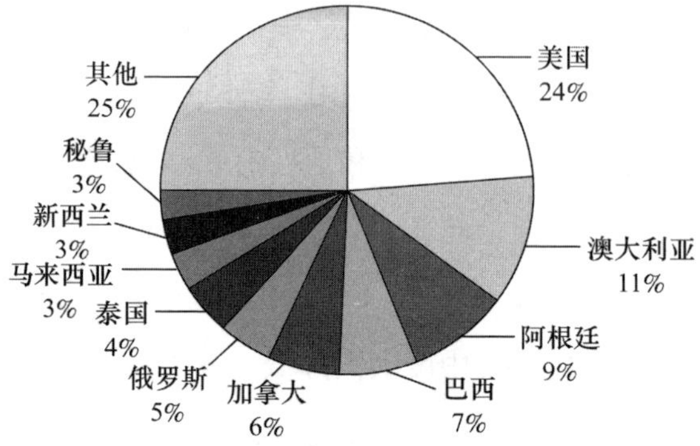

图4　中国农产品进口市场结构（2001年）

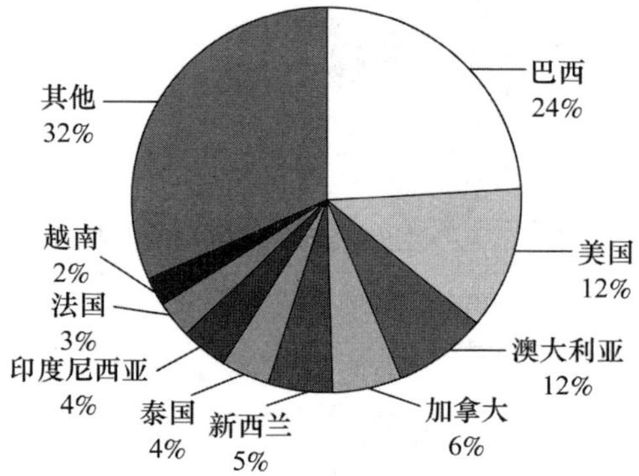

图5　中国农产品进口市场结构（2018年）

中国大宗农产品进口高度集中的特点更为明显。2018年，中国油料进口434.6亿美元，其中前5位进口来源国为巴西、美国、加拿大、阿根廷、乌拉圭，合计进口额408.3亿美元，占94%。谷物进口57.9亿美元，前5位进口来源为澳大利亚、美国、加拿大、越南、乌克兰，合计占谷物进口的79.3%。肉蛋奶类产品进口总额166.2亿美元，前5大进口来源新西兰、巴西、澳大利亚、德国、美国，合计进口额109.2亿美元，占比66%。

（四）对外开放促进贸易多元发展

中国的对外开放战略为外贸发展提供了良好的外部条件，区域经济合作机制性安排和“一带一路”倡议有效促进了中国与相关国家和地区的农产品贸易。2013 年“一带一路”倡议提出以来，中国与相关国家农产品贸易加速发展，由 2013 年的 414 亿美元增长到 2018 年的 516 亿美元，年均增长 4.5%，高于同期中国农产品总额 3.2% 的年均增速。其中，对“一带一路”相关国家出口增长更加突出，6 年来年均增长 5.4%，显著高于农产品总出口 3.4% 的年均增速。2018 年，与相关国家农产品贸易在全部农产品贸易中的占比由 2017 年的 23.1% 增长到 23.9%，其中出口占比由 30.9% 增长到 31%，提高了 0.1 个百分点，进口占比由 18.5% 增长到 19.7%，提高了 1.2 个百分点。

截至 2018 年底，中国已与 25 个国家和地区签署了 17 个自贸协定，大大促进了与相关国家和地区的经贸发展。2008 ~ 2017 年，与自贸区伙伴的农产品贸易年均增长 11.2%，其中出口和进口年均增速分别为 11.8% 和 10.7%，均明显高于同期中国农产品贸易总额（8.2%）、出口（7.3%）和进口（8.9%）的年均增速。也因此，与自贸区伙伴的农产品贸易所占比重 10 年来由 28.9% 大幅提高到了 36.9%，其中出口由 32.7% 提高到了 47.4%，进口由 26.3% 提高到了 30.5%。

（五）贸易竞争力不足

受农业生产条件所限，中国农业整体竞争力不足，近年，随着劳动力成本、土地质量、环境安全等方面因素的制约，国际竞争力进一步趋于弱化。

表 2 显示了中国农产品国际竞争力的变化情况。按 HS 编码将农产品分为 25 个类别，计算 RCA 指数的结果表明，2016 年，水产品、其他动物产品、蔬菜、植物汁液、编结材料、肉类及水产品制品、蔬菜及水果制品等 7 个类别的产品具有竞争优势。2001 ~ 2016 年，绝大部分类别产品的竞争力下降，仅有活植物及花卉、水果及坚果、植物汁液、糖及糖食、可可及制品等 5 个类别的产品竞争力有所提升，但除植物汁液外，其余 4 类产品竞争力依然很弱。

表 2　　　　中国农产品竞争力变化（RCA 指数）

	2001 年	2006 年	2011 年	2016 年
活动物	0.89	0.28	0.26	0.24
畜肉、禽肉及杂碎	0.47	0.14	0.09	0.06
水产品	1.43	0.94	1.10	0.95
乳、蛋、蜂蜜及其他食用动物产品	0.15	0.08	0.06	0.06
其他动物产品	4.46	2.29	1.97	1.54
活植物及花卉	0.09	0.08	0.10	0.13
蔬菜	1.81	1.21	1.34	1.13
水果及坚果	0.34	0.30	0.35	0.38
咖啡、茶、马黛茶及调味香料	1.00	0.55	0.39	0.48
谷物	0.70	0.25	0.05	0.03
制粉工业产品	0.44	0.32	0.31	0.24
油料、工业或药用植物等	1.03	0.51	0.27	0.23
植物液汁	0.72	0.51	1.18	1.36
编结用植物材料	2.13	1.29	0.97	1.08
动植物油脂及其分解产品	0.14	0.11	0.05	0.05
肉类制品及水产品制品	2.98	2.32	1.67	1.31
糖及糖食	0.22	0.19	0.23	0.28
可可及其制品	0.05	0.07	0.07	0.07
谷物、粮食粉、淀粉制品，糕点	0.54	0.32	0.26	0.18
蔬菜、水果、坚果等制品	1.72	1.29	1.17	0.92
杂项食品	0.52	0.34	0.34	0.36
饮料、酒及醋	0.35	0.20	0.11	0.15
食品工业的残渣、废料，动物饲料	0.32	0.20	0.30	0.30
烟草及其制品	0.42	0.26	0.27	0.26
其他农产品	0.52	0.31	0.44	0.31
农产品总计	0.76	0.47	0.40	0.37

资料来源：根据联合国 Comtrade 数据库计算整理。

竞争力指数分析结果与当前中国农产品出口结构大致吻合。出口规模最大的 5 个产品类别中，水产品、蔬菜、肉制品及水产品制品、蔬果制品等 4 个类别都是具有竞争优势的产品，反映出中国农产品的竞争力主要来自劳动力、资本、流程管理、生产效率等方面。但值得注意的是，近年这些产品的竞争力均有显著下降。

二、中国农产品贸易影响因素前瞻

中国农产品贸易规模和结构变化，既是因资源禀赋、农业科技、生产力水平等生产要素条件导致国内农产品存在供需缺口和结构不匹配的结果；也是中国基于比较优势，主动融入全球化、参与国际分工的结果；同时，国际贸易环境也约束了中国农产品贸易的市场准入和竞争力水平，包括关税与非关税、技术壁垒、大宗商品定价权等。

（一）中国经济发展进入新时代

经过改革开放 40 年的发展，中国正在向中高收入工业国迈进，经济由高速增长阶段转向高质量发展阶段，资源要素和生态环境压力加大，人民日益增长的美好生活需要和不平衡不充分的发展之间的矛盾凸显。反映在农产品生产和贸易上，表现为生产成本不断提高，部分产品供应过剩与高质量产品供给不足并存，贸易逆差扩大，部分重要农产品特别是土地密集型大宗农产品的对外依存度持续提高。

1. 农产品需求：保持规模的基础上追求质量提升

研究表明，农产品贸易与人均 GDP 增长呈现正相关。人口数量和人均收入的增长，在扩大温饱型、营养型食物消费规模的同时，也增加健康型、享受型消费需求。中国是世界上第一人口大国，截至 2018 年年底，总人口为 13.9 亿。目前中国人口增长已进入低出生率、高预期寿命的平稳阶段，预计人口规模未来不会有很大变化。但城镇化改变了人口结构①，在农业用地和农

① 据第六次人口普查数据，截至 2010 年 11 月 1 日，城镇人口占人口总数的 49.68%，与上一次人口普查（2000 年 11 月 1 日）相比，10 年间城镇化率上升了 13.46 个百分点。

业人口减少的同时，增加了农产品消费人群，更重要的是，国民收入增长提高农产品消费强度。多种因素叠加，中国农产品消费需求呈现不断增加的趋势，并且对质的追求将逐渐超越对量的追求。

随着中国经济持续发展，居民收入水平提高，消费观念转变，国内食物消费和农产品需求呈现出总量扩大、增速放缓、结构转型的态势。2018 年，中国人均 GDP 由 2008 年的 24121 元增长到 64644 元，年均增长 10.4%。城镇居民人均可支配收入和农村居民人均可支配收入分别从 2008 年的 15781 元和 4761 元提高到 2018 年的 39251 元和 14617 元，年均增速分别为 9.5% 和 11.9%。

居民收入的提高促进消费结构升级，食物消费结构发生变化，从温饱型转向健康型，人均口粮消费呈下降趋势，同时畜产品、水产品、加工食品消费上升，对农产品的品质、营养、安全要求提高，多样化、个性化需求增强。2014 年国务院颁布的《中国食物与营养发展纲要（2014—2020 年）》，明确提出要推广膳食结构多样化的健康消费模式，控制食用油和盐的消费量。到 2020 年，全国人均每日摄入能量将达到 2200 ~ 2300 千卡，全年口粮消费 135 公斤、食用植物油 12 公斤、豆类 13 公斤、肉类 29 公斤、蛋类 16 公斤、奶类 36 公斤、水产品 18 公斤、蔬菜 140 公斤、水果 60 公斤。相比之下，日本、韩国等食物消费结构和习惯相似的发达国家，人均每日摄入能量为 2900 ~ 3000 千卡①，中国居民营养需求总量以及食品消费水平和结构还有较大提升空间。

2017 年，中国食物消费结构持续升级，奶制品、牛肉、羊肉消费分别增长 2.9%、2.8% 和 1.5%，玉米消费总量增长超过 10%，其中加工消费增长达到 15% 左右。随着科学膳食理念的普及，蔬菜、水果消费也有较快增长②。

除食物消费外，工业用农产品的需求也随着收入水平的提高而增长。越

---

① 詹琳等："农业供给侧结构性改革的推进路径与政策措施"，《全球化》2018 年第 7 期，第 73 ~ 86 页。

② 《中国农业展望报告（2017—2026）》。

来越多的中高收入群体，更加关注生活品质的提高，对棉、麻、毛、皮等优质绿色农业原材料有更高要求。

2. 农业生产要素：迫切要求改善供给质量

中国农业生产的要素资源禀赋先天不足，成为产业发展和提高出口竞争力的制约因素，必须依靠后天调整补足。

首先，水土资源供给紧张。土地是农业生产最重要的生产要素，中国不仅人均耕地少、质量总体不高、耕地后备资源不足①，且园地、草地、林地等土地资源同样不具优势。随着社会经济发展需要越来越多的非农用地，土地密集型农产品逐渐丧失优势。这既是当前土地密集型大宗农产品进口急剧增加的重要原因，也将是未来发展的长期趋势。除土地外，水资源也存在总体短缺、时空分布不均、水污染情况严重的问题。气候变化和粮食生产区域格局的变化趋势进一步加剧了这种不平衡、不协调。中国降水南多北少、东多西少，而耕地分布则是东南部耕地快速减少，粮食生产中心逐渐北移，农业用水矛盾越来越突出。

其次，农村人口向外转移，农业劳动力素质下降、成本上升。较高素质的农村人口流向城镇非农产业，从事农业的劳动力不仅总数下降，且年龄老化，文化水平低②，学习能力弱。劳动力结构制约了农业提高生产水平、创新生产方式及向集约化、现代化方向发展。另外，平均收入水平提高、高素质

---

① 根据《关于第二次全国土地调查主要数据成果的公报》，2009 年全国耕地 13538.5 万公顷（203077 万亩），比基于第一次调查逐年变更到 2009 年的耕地数据多出 1358.7 万公顷（20380 万亩），耕地面积增加的主要原因是调查标准、技术方法的改进和农村税费政策调整。从区位和质量看，有 996.3 万公顷（14945 万亩）、占耕地总面积 7.4% 的耕地位于东北、西北地区的林区、草原以及河流湖泊最高洪水位控制线范围内和 25 度以上陡坡，其中相当部分需要根据国家退耕还林、还草、还湿和耕地休养生息的总体安排逐步调整。详见国土资源部：《关于第二次全国土地调查主要数据成果的公报》，2013 年 12 月 30 日。

② 根据国家统计局发布的《第三次全国农业普查主要数据公报》（2017 年 12 月 14 日发布）、《第二次全国农业普查主要数据公报》（2008 年 2 月 21 日发布），2016 年全国农业生产经营人员 31422 万人，比 10 年前减少 10%。从年龄结构看，35 岁以下占 19.2%，而 10 年前，30 岁以下占 20.2%；55 岁以上占 33.6%，而 10 年前，51 岁以上占 32.5%。从文化程度看，未上过学的占 6.4%，比 10 年前的 9.5% 大大降低；高中及以上占比 8.3%，也显著低于 10 年前的 11%。

劳动力不足，农业劳动成本上升，使得中国目前最具国际竞争力的水产品、蔬菜、水果坚果等劳动密集型农产品生产面临越来越大的成本压力，竞争力弱化。需要政府不仅提供更多公共服务，实现乡村振兴，更要采取根本性措施，改变农业生产经营模式，吸纳高素质劳动力从事农业生产。

再次，资本投入依然相对薄弱。近年来，涉农投资保持了较快增长。2018 年，农林牧渔业固定资产投资达到 27668 亿元，比上年增长 12.3%，比 5.9% 的全行业整体增速高出 1 倍多，在全社会固定资产投资总额中占比 4.4%，比 2008 年的 2.9% 提高了 1.5 个百分点。但是，作为农业产业中附加值高、拉动力强的农产品加工业，资本投入相对不足，而对农林牧渔服务业的投资虽增速较快，投资总量却过于薄弱①，难以发挥支撑农业现代化发展、提升农产品竞争力的作用。

（二）加快构建全面开放新格局

中国是多边贸易体制坚定的支持者、参与者和重要的建设者。加入世贸组织以来，中国履行承诺，降低农产品关税，削减非关税措施，成为世界上主要经济体中农产品市场开放度最高的国家之一。与此同时，中国积极参与区域经济合作，制定和推动实施自贸区战略，构建立足周边、辐射“一带一路”、面向全球的自由贸易协定网络。

受益于中国积极主动的市场开放，中国农产品贸易规模持续扩大，进口更是快速发展，已成为全球最大的农产品进口国，进口额占全球农产品贸易额的 1/10。从前述有关市场结构的分析可以看出，中国与“一带一路”沿线国家和自贸协定伙伴的农产品贸易快于整体增速，可见机制性安排和区域合

---

① 据郎丽华等人的计算，2003～2015 年，农产品加工业固定资产投资的年均增速低于制造业整体增速 2.3 个百分点。同期，在涉农三大产业的投资总额中，农林牧渔业的固定资产投资占比由 16.07% 上升至 31.54%，农林牧渔服务业由 3.85% 上升至 5.79%，农产品加工业则由 80.08% 下降至 62.66%。参见郎丽华等：“中国农业贸易结构与产业结构的互动关系”，《河北学刊》2018 年 7 月，第 141～147 页。

作对农产品贸易有促进作用。

自2002年与东盟签订第一个自由贸易协定开始，自贸区建设发展迅速，截至2018年底，中国已与25个国家和地区达成了17个自贸协定。尽管与发达国家的自贸区相比水平还比较低①，但依然对双边贸易起到了明显的促进作用。目前，中国正在与27个国家进行12个自贸协定谈判或升级谈判，包括RCEP、中日韩、中国—挪威、中国—斯里兰卡、中国—以色列的自贸协定谈判，中国—韩国、中国—巴基斯坦的第二阶段谈判，以及中国—新加坡、中国—新西兰的自贸协定升级谈判等。

“一带一路”倡议提出5年来，中国与相关国家的农产品贸易发展迅速。与中国农产品贸易总体态势不同的是，中国对相关国家的出口增长远远高于进口增长，使得贸易逆差逐步缩小，最近两年呈现贸易顺差。2017年5月，农业部、发改委、商务部和外交部发布了《共同推进“一带一路”建设农业合作的愿景与行动》，倡议共同规划实施一批重点建设项目，强化农业科技交流，拓展农业投资，优化农产品贸易合作。具体而言，将深化新亚欧大陆桥、中蒙俄、中国—中亚—西亚、中国—中南半岛、中巴、孟中印缅等六大经济走廊的农业贸易投资合作，打造优势技术、重点产品农业合作大通道，旨在共建全方位、宽领域、多层次、高水平的新型农业国际合作关系。农业合作的推进，将对进一步促进中国与“一带一路”相关国家的农产品贸易持续健康发展起到积极作用。

2018年3月，美国发起中美贸易摩擦。与美国推行保护主义、单边主义形成鲜明对比的是，中国进一步主动扩大市场开放，继续推进“一带一路”倡议，加大与欧盟、亚洲、非洲等其他国家和地区的经贸往来，缓解中美贸易摩擦带来的压力。中国是世界上规模最大、最具潜力的农产品市场，目前

① 商务部副部长王受文在2018年国研智库论坛——新年论坛上的讲话中指出，中国自贸协定的自由化水平只有90%，而CPTPP（全面且先进的跨太平洋伙伴关系协定）的自由化水平有99%，即99%的产品实现零关税。参见“对当前贸易、外资和多边区域合作问题的几点看法”，《中国经济周刊》2018年2月5日。

正在实施的积极扩大进口战略，为农产品贸易特别是农产品进口的持续健康发展提供了良好的宏观政策环境。根据2018年版外商投资准入负面清单，中国在农业领域将大幅放宽农作物种业限制。种业是国家战略性基础性核心产业，是保障国家粮食安全的根本。扩大种业对外开放，体现了中国主动扩大对外开放的坚定决心，有利于加快引进国外名特优新品种，加快特色作物产业快速发展，满足广大人民群众的需要，同时也促进农产品贸易结构的不断优化。

（三）推进农业供给侧结构性改革

农业发展水平和结构变化是决定农产品贸易竞争力的基础。改革开放40年来，中国农业产业发展成效显著，农产品产量稳步增加。2018年，谷物产量61019万吨、猪牛羊禽肉类产量8517万吨、水产品产量6469万吨、棉花610万吨[①]。当前，中国经济发展阶段、生产要素条件都发生了重大变化，农业发展面临新的环境。与此同时，农产品消费结构升级，消费者越来越追求农产品的品种、品质、安全、绿色等附加价值。农产品供需的主要矛盾由总量不足转变为阶段性供过于求和结构性供给不足并存、供给结构与消费结构不相匹配的矛盾。为此，连续三年的中央1号文件，都从不同主题聚焦农业供给侧结构性改革。2017年中央1号文件提出，要深入推进农业供给侧结构性改革，持续优化农业结构，增加绿色优质农产品供给，逐步缓解农产品供需结构性矛盾。2018年中央1号文件提出，乡村振兴，产业兴旺是重点。新时代的农业产业要突破传统农林牧渔第一产业的发展格局，加快向注重农产品精深加工的第二产业和推动农村流通现代化、发展休闲农业等第三产业延伸，最终构建起一二三产相融合的现代农业体系。扎实推进农业现代化和新农村建设，进一步缓解农产品供需结构性矛盾。2019年中央1号文件提出，

---

① 国家统计局：《2018年国民经济和社会发展统计公报》，http：//www.stats.gov.cn/tjsj/zxfb/201902/t20190228_ 1651265.html。

要主动扩大国内紧缺农产品进口，拓展多元化进口渠道。扩大农产品进口，以开放推动改革，是中国农业领域一以贯之的政策导向。

1. 农业生产结构调整：三元种植结构协调发展

农业生产结构调整是农业供给侧结构性改革的重要内容。改革开放后，中国农业生产结构经历过两次大的调整。第一次是 1985 年，中央 1 号文件提出“大力帮助农村调整产业结构”“支持发展畜牧业、水产养殖业、林业等产业”，畜禽养殖、水产等产业有了较大发展。第二次是 1998 年，针对低质量农产品大量积压、高质量农产品供不应求的局面，以市场需求为导向，进行“战略性结构调整”。当前进行的生产结构调整，重点是充分利用“两个市场、两种资源”，减轻国内耕地、水等要素资源的压力，缓解农业经济发展和生态保护、环境容量之间的矛盾，促进农业提质增效，更加满足消费升级需求，保持农业生态系统稳定发展。

作为人口第一大国，中国必须保障粮食安全。在“谷物基本自给，口粮绝对安全”的原则指引下，在主食消费比重趋降的新形势下，调整确定适当的粮食种植比例。实际上，耕地轮作休耕制度，就已经是生产结构调整的一种实践①。目前种植结构协调发展的方向是：均衡、有效利用包括耕地、林地、草地以至滩涂、荒坡地在内的土地资源，稳定粮食作物，优化经济作物，扩大饲草作物，促进粮食作物、经济作物、饲草料三元种植结构协调发展。种养均衡发展，将部分解决饲草饲料不足问题，缓解大豆对外依存度居高不下、农产品贸易逆差持续扩大的压力。

2018 年，农业供给侧改革深入推进并已取得一定成效，主要农产品产量稳定增长，并伴随结构性增减调整。多年来存在严重缺口的大豆和糖料产量增长明显。受中美贸易摩擦影响，国内政策引导推动大豆振兴计划，大豆产

① 2015 年 11 月 3 日，习近平在《关于〈中共中央关于制定国民经济和社会发展第十三个五年规划的建议〉的说明》中指出，要探索实行耕地轮作休耕制度试点，“利用现阶段国内外市场粮食供给宽裕的时机，在部分地区实行耕地轮作休耕”，同时强调，“休耕不能减少耕地、搞非农化、削弱农业综合生产能力，确保急用之时粮食能够产得出、供得上”。

量连续三年增加，2018 年达到 1600 万吨，为 2006 年以来最高水平①；糖料产量同比增长 5.3%。国内市场需求增长较快的牛羊肉、饲料水果、蔬菜、奶制品等也都有不同程度的产量增长。而供需宽裕的口粮品种水稻、小麦，在总产量微降的同时，优质品种产量有所增加，内部结构优化。主要农产品产量稳定增长，粮食再获丰收，总产量连续 6 年超过 6.0 亿吨。

2. 农业产业结构调整：一二三产融合

2016 年，涉农产业②规模以上企业工业销售产值合计 238214 亿元，出口交货值 19149 亿元，分别比 2012 年增长 34.6% 和 8.9%，年均增速分别为 7.71% 和 2.16%。在全部规模以上工业企业的销售产值占比由 19.45% 提高到 20.68%，但出口交货值占比由 16.49% 微降至 16.25%。这在一定程度上反映出涉农产业较快发展，但外向度水平不高，且近年还有所下降。

经过几十年发展，中国农产品加工业已初具规模，深加工、精加工有了长足发展，建立起了具有中国特色的农产品加工体系。但总体而言，农业产业链较短，农产品附加值不高，农业经济效益未能得到充分发掘。近年国家对农村三产融合予以高度重视，将三产融合作为农业产业结构调整的重要抓手。目前，中国农产品加工业与农业产值比达到 2.2∶1，农产品加工率达到 65%，规模以上食用类农产品加工业实现主营业务收入 12.6 万亿元，占农产品加工业的比例达到 62.1%③。农产品加工业发展水平与发达国家的差距在缩小，但还有较大提升空间和潜力。

随着互联网经济快速发展，中国的电子商务在商业模式、支付方式、物流体系等方面创出了中国特色，农村电商也随之蓬勃发展。一二三产齐头并

① 据国家粮油信息中心发布的数据，2019 年，中国大豆产量进一步增至 1710 万吨，但相比于 1 亿吨以上的需求量，大豆市场供给以进口为主的格局没有改变。“中国大豆增产：市场供给仍以进口为主，80% 以上需进口”，http://www.cfi.net.cn/p20191014000406.html。

② 本文按照国家统计局分行业统计，将以下 10 个行业计入涉农工业：农副食品加工业，食品制造业，酒、饮料和精制茶制造业，烟草制品业，纺织业，纺织服装、服饰业，皮革、毛皮、羽毛及其制品和制鞋业，木材加工和木、竹、藤、棕、草制品业，家具制造业，造纸和纸制品业。

③ 詹琳等：“农业供给侧结构性改革的推进路径与政策措施”，《全球化》2018 年第 7 期，第 73～86 页。

进，为农业提质增效、农产品贸易可持续发展奠定了基础。

2018 年《政府工作报告》中提出，要“发展农产品加工业”“深入推进‘互联网＋农业’，多渠道增加农民收入，促进农村一二三产业融合发展”。十九大提出乡村振兴战略，2018 年中央 1 号文件更以实施乡村振兴战略为主题①。顶层设计之后，一系列具体政策措施可期，包括农地制度、农业经营制度、农村集体产权制度等在内的各类困扰农村三产融合发展的体制性、机制性问题，未来有望破解困局，三产融合所面临的制度环境有望优化。一二三产融合的推进，将对发展农产品加工业、延长和加宽农业产业链、提升农产品附加值和出口竞争力发挥积极作用。

2019 年《政府工作报告》中提出，要“抓好农业特别是粮食生产”，要全面深化农村改革。此外，农垦、供销系统等的体制改革也将进一步推动农业生产提质增效，促进农村三产融合发展，为中国农产品贸易的可持续健康发展提供助力。

（四）全球化、自由化与便利化的推进

中国对外贸易发展离不开良好的国际环境。过去几十年，全球化深入发展加深了各国经济联系，越来越多的国家和地区更深入地参与全球分工和世界贸易，特别是发展中国家和新兴经济体加入全球分工体系，推动了包括农产品在内的贸易发展，并带来贸易结构变化。

国际贸易和跨国投资是经济全球化的核心内容。WTO 成立以来，不断推进贸易投资自由化和便利化。贸易投资壁垒大幅削减，显著促进了农产品贸易和跨国农业投资的发展，农产品贸易规模持续以较快速度扩张。据 WTO 统计，2001 年，世界农产品出口额为 5513 亿美元，占世界货物贸易总出口的

---

① 2018 年 1 月 2 日，中共中央、国务院发布《关于实施乡村振兴战略的意见》。其中提出，要构建农村一二三产业融合发展体系。大力开发农业多种功能，延长产业链、提升价值链、完善利益链……实施农产品加工业提升行动，鼓励企业兼并重组，淘汰落后产能，支持主产区农产品就地加工转化增值。

8.9%，到2017年，世界农产品出口额达到17360亿美元，在世界货物出口中的比重提高到9.8%。经济危机后，世界经济和国际贸易增长大幅放缓，特别是对大宗商品市场造成重创。2010～2017年，世界农产品出口年均增长3.6%，同期，制成品出口年均增速为2.9%，而能源矿产贸易额年均下降2.2%。

随着WTO多哈回合停滞，多边贸易体制下推动自由化、便利化的进展缓慢，21世纪以来区域经济合作快速发展。目前世界上几乎所有经济体都加入了不止一个自贸协定。据WTO统计，截至2019年10月10日，向WTO通报正在实施的区域贸易协定共有301个，主要是以自由贸易协定（FTA）形式。FTA快速发展，农产品关税进一步降低，非关税壁垒进一步削减，促进了全球农产品贸易增长，特别是那些高关税、高附加值的加工农产品的贸易增长。

CPTPP（《全面与进步跨太平洋伙伴关系协定》）是近年签订的最有代表性的FTA，美国曾积极参与推动甚至主导了其规则制定。截至2018年12月30日，已获得澳大利亚、加拿大、日本、墨西哥、新西兰等国批准，开始正式生效。随着未来可能有更多经济体加入，不仅将促进成员间农产品贸易增长，而且，尽管特朗普上台后美国退出了CPTPP，但依然对其他FTA的后续谈判具有示范作用，产生着深远影响。2019年10月7日，美国和日本正式签署贸易协议，同意削减农产品关税。日本将对大约72亿美元的美国农产品（包括牛肉、猪肉、小麦、杏仁和胡桃等）减免关税，关税税率将降至CPTPP水平。其他FTA如2018年10月达成的美加墨协议、2019年6月越南与欧盟签署的自由贸易协定和投资保护协定，都将削减农产品关税、扩大市场准入列入重点领域。总的来看，21世纪以来的区域贸易协定，在农产品领域取得较快发展，促进了全球农产品贸易的持续快速发展。

尽管农产品贸易自由化取得相当大的进展，但依然远落后于工业品。农业在绝大多数国家依然受到高度保护，无论是多边贸易体制下还是区域经济合作中，农产品贸易始终是敏感领域。据WTO统计，有关税数据的151个成员中，141 个成员的农产品税率高于非农产品[1]（见表 3）。农产品平均税率高于 10% 的有 96 个成员，其中 28 个成员的农产品平均关税超过 20%。而非农产品税率高于 10% 的成员为 48 个，其中仅有 1 个成员的平均关税超过 20%。进一步减少跨境交易的制度障碍、促进农产品贸易发展，任重道远。

表 3　　农产品主要进口国（地区）关税税率比较　　单位：%

国家和地区	2000 年		2018 年	
	农产品	非农产品	农产品	非农产品
加拿大	22.9	4.4	15.9	2.1
欧　盟	17.3	4.5	12.0	4.2
日　本	18.2	4.0	15.7	2.5
美　国	11.0	4.7	5.3	3.1

资料来源：WTO 年度报告（2001）、WTO 关税统计。

（五）保护主义带来贸易增长的不确定性

当前贸易保护主义、单边主义、内顾倾向甚嚣尘上，尤以美国表现突出。特朗普上任后，开始推行“美国优先”的经济政策，实行一系列贸易保护措施，通过单边提高关税的方式对美国国内产业进行保护，对包括中国在内的主要贸易伙伴国进行施压，换取其他贸易伙伴对美市场开放。2018 年年初开始，美国对多个伙伴、多种进口产品实施加征关税。1 月，宣布对太阳能电池板和洗衣机分别加征 30% 和 50% 的惩罚性关税；3 月开始，对钢铁和铝产品分别征收 25% 和 10% 的关税；陆续对中国进口商品分批加征关税[2]。同时，力图通过主导双边、区域和多边谈判，制定国际贸易新规则，构建新的国际

① 如无特别说明，本报告中，关税税率指最惠国税率，平均税率指简单平均税率。

② 2018 年 3 月 23 日美国宣布，计划对从中国进口的 500 亿美元商品加征关税，中美贸易摩擦开启。此后，美国陆续对中国 500 亿美元、2000 亿美元清单商品加征关税，中方也采取了反制措施。

经贸关系，维护美国在世界经济中的霸主地位①。

毋庸讳言，中美贸易摩擦对包括农产品在内的双边经贸带来了不利影响。2018年，中国与美国农产品进出口额为244.4亿美元，同比下降23%，其中，出口82.5亿美元，同比增长7.7%，进口161.9亿美元，同比降幅达32.8%。大豆、玉米等大宗粮农产品、肉类、果蔬等其他农产品贸易都受到不同程度的冲击，库存和价格波动幅度加大，给两国农业生产、农民收入造成了损失。农产品贸易成为中美经贸高级别磋商的重要议题之一。

作为世界前两大经济体，中美双方利益深度融合，产业链、供应链和价值链深度连接，已经形成“你中有我、我中有你”的格局。中国作为农业生产大国和消费大国，一方面，要进一步推动农业生产结构调整，不断创新农业技术开发和应用，大力发展农业现代化，提升国内供给能力和国际竞争力；另一方面，要正视中国农业生产自然条件和生产效率的现实，中国在相当长时期内仍将大量进口农产品，从长远看，农产品贸易、农业合作依然是中美经贸合作、中国对外经贸合作的重要内容。

当前，全球化发展遇到一定阻力，但贸易和投资自由化、便利化依然是大势所趋。即使美国祭起关税保护的大旗，其实质和最终目的是要达成满足其条件的所谓“对等开放”。可以预期，无论是中美之间还是世界范围，农产品贸易的广度和深度都将继续发展。但依然要警惕，逆全球化背景下，农产品贸易壁垒出现一些新动向。贸易壁垒趋于普遍化、高水平、全流程、系统化，经贸摩擦不断。例如，欧盟对农产品实行复杂的关税结构，包括大量使用非从价税、对特定产品实行极高税率、采用季节性和选择性关税等，从而起到更高的实际保护效果，使欧盟成为农产品保护程度最高的WTO成员之一。非关税保护措施更是名目繁多，各种指标体系、技术规范、技术标准层

① 2018年11月30日，美国与加拿大、墨西哥结束谈判并达成新的《美国—墨西哥—加拿大协议》（USMCA），取代实施了24年的《北美自由贸易协议》（NAFTA）。继2017年1月宣布退出TPP后，美国与日本、欧盟、英国分别开启贸易谈判。2019年10月7日，美国与日本签署了《日美贸易协定》。

出不穷，近年还出现了一些新的类型，例如加贴碳标签、绿色供应链体系要求等环保壁垒；身份认证等反恐名义下的一系列法规等。非关税壁垒的实施国家越来越普遍化，由发展中国家提起的 TBT 和 SPS 措施所占比例呈明显上升趋势。2018 年，共有 86 个 WTO 成员提交了 3054 件 TBT 措施，通报数量同比增加 18.1%。其中，在 71 个“一带一路”沿线国家中，2018 年共有 36 个国家和地区提交了 871 件通报，同比增加 8.2%。自 2000 年以来，发展中国家提起的 TBT 数量不断上升，带动 WTO 成员 TBT 通报总数急剧增加。2017 年，83% 的 TBT 通报由发展中国家和最不发达国家发起，且非洲国家首次成为通报量最多的成员①。截至 2017 年 9 月 15 日，SPS 通报累计达 21888 项，2017 年 1 月 1 日至 9 月 15 日共有 625 项普通通报和 144 项紧急通报，其中发展中成员的通报量占 67%。关税和技术性贸易壁垒成为影响一国农产品市场保护和国际贸易竞争力的重要因素。

三、中国农产品贸易发展前景展望

国际国内两个市场决定着中国农产品贸易前景。预计未来 10 年，世界农产品贸易持续增长，中国进口需求继续扩大，出口竞争力有待提高，农产品贸易继续呈逆差。

（一）世界农产品供给能力与市场需求

中国的农产品贸易与世界农产品市场紧密相连，全球农产品供需形势是关系到中国农产品进出口的重要因素。未来 10 年，世界农产品供应充足，需

① 据 WTO 发布的 TBT 年度审议报告，2017 年 TBT 通报量前 10 位的成员中有 3 个非洲国家，即乌干达（1）、坦桑尼亚（8）和肯尼亚（10）。2001 年开始，发展中成员和最不发达成员的通报量开始超过发达成员，2004 年以后通报量显著增加。参见 WTO Committee on Technical Barriers to Trade, Twenty-third Annual Review of the Implementation and Operation of the TBT Agreement, G/TBT/40，2018 年 3 月 12 日。

求低速增长，产品结构和市场结构发生调整，中国农产品贸易的外部环境总体良好。

1. 世界农产品需求增速放缓

联合国粮农组织和OECD每年发布对未来10年的农产品展望报告，据最新一期报告，至2027年，全球农产品需求将温和增加，其中，粮食、肉类、水产品和植物油的年均增速都将显著回落，奶类需求则加速增长。

食物需求达到一个平台稳定期。发达国家和新兴经济体都已达到一定消费水平，总规模将保持平稳。人口是食品需求的关键变量，因此高生育率地区如撒哈拉以南非洲、西亚、中东、印度等地区将是主要潜力市场。但这些地区受制于收入水平，难以转化为对农产品贸易的强劲拉动力。

饲料需求将继续保持高于食物需求的增速。但同样由于新兴经济体已达到一定消费水平，增速将比过去10年有所放缓。中国和印度这两个人口大国具有不同的消费结构，决定了肉类消费增长受到抑制，而奶类消费保持高速增长。

能源需求与油价走势正相关。近年北美非传统油气资源的大力度开发，抑制了原油价格的上涨幅度，因而也抑制了农作物的能源需求增长。此外，太阳能、风能等其他可再生能源的开发利用和储存技术日渐成熟，成本不断降低，也与生物能源形成竞争关系。

2. 世界粮食供应充足

2013～2018年，世界粮食产量连续6年超过需求量。2019年，世界粮食供应过剩局面有所缓解。据联合国粮农组织2019年10月发布的预估报告，2019年全球小麦、粗粮、大米三大谷物产量将达到27.06亿吨，同比增长2.1%，同期世界谷物利用量预计增长1.3%至27.14亿吨。期末库存量预计为8.5亿吨，库存量与利用量之比为30.4%，略低于上年度的31.9%，但仍然处于高水平。世界粮食供应充裕，为中国利用国际市场保障粮食安全提供了有利条件。

据联合国粮农组织和OECD的报告，到2027年，世界粮食产量将比2018

年增长13%。其中，谷物的增量主要来自生产效率的提高，俄罗斯已于2016年超过欧盟成为世界最大小麦出口国，未来10年将成为小麦和玉米市场的重要力量。气候条件决定了东南亚国家依然是大米的主要生产和出口国。预计未来10年，大豆产量年均增速不足1.5%，与过去10年受价格上升周期刺激导致的产量快速上升相比，增速大为放缓。供应增量将主要依靠巴西、阿根廷等南美土地富饶地区的土地开发利用。

3. 高值农产品贸易保持较快增长

未来10年，由于需求增长放缓，农产品贸易的总体增速也将明显放缓，但在不同大类商品之间存在差异（见表4）。谷物消费需求增速放缓更为明显，而肉、蛋、奶、鱼等高蛋白、高热量食品以及加工农产品等高值农产品的贸易将保持较快增长。

据联合国粮农组织和OECD的报告，到2027年，世界肉类产量将增长15%。并且受新兴市场和发展中国家日益多样化的食物需求鼓舞，牛肉和羊肉产量增长更快，预计年均增速将达到16%和21%。奶类产量增长22%，最大的增量将来自印度和巴基斯坦，但主要用于其本国消费，国际市场增量主要还是依靠欧盟、南美及澳大利亚、新西兰等传统奶业大国。全球性的生态保护和渔业补贴问题对水产品生产特别是海洋捕捞有所抑制，产量增长将大为放缓，但水产品生产的相对集中和消费的相对分散带来了广阔的贸易空间。

表4　　世界农产品贸易增速放缓

农产品		2008～2017年均增速（%）	2018～2027年均增速（%）
粮　食	小麦	3.79	1.17
	玉米	6.73	1.41
	其他粗粮	4.43	1.94
	大米	5.81	2.22
油脂油料	大豆	7.70	1.29
	其他油料	4.57	1.15
	植物油	3.75	1.85

续表

农产品		2008～2017 年均增速（%）	2018～2027 年均增速（%）
糖	白糖	0.50	1.82
	原糖	3.78	1.30
肉类	禽肉	2.75	1.97
	猪肉	2.62	0.72
	牛肉	3.19	1.37
	羊肉	0.85	0.65
奶类	黄油	0.38	1.83
	乳酪	2.58	1.78
	脱脂奶粉	8.25	1.57
	全脂奶粉	3.20	1.27
水产品		1.89	1.66
棉花		0.70	1.35

资料来源：OECD/FAO，OECD-FAO Agricultural Outlook（2018）。

4. 新兴市场和发展中国家份额提高

与工业品相比，农产品的贸易集中度更高，特别是出口。2015～2017 年，大豆前5大出口国合计所占市场份额高达95%，猪肉、玉米、根茎类食物、羊肉、脱脂奶粉、禽肉、除大豆外的其他油料的三年平均市占率也都超过了80%。如此高的市占率，使国际市场存在供应和价格波动的隐忧，而进口的相对分散也使进口国在定价体系中相对被动。

21 世纪以来，在国际农业合作和跨国投资的推动下，世界农业生产能力不断提高，特别是广大发展中国家和新兴市场，供给能力得到激发。发展中国家和发达国家在国际农产品市场中的力量对比发生了较大变化，进口和出口的集中度均比21 世纪初有所降低。一个典型的例子是俄罗斯从 2013 年开始由农产品净进口国变为净出口国。俄罗斯和乌克兰都已成为小麦和玉米的重要出口国。

尽管如此，无论是出口还是进口，发达国家依然占有农产品贸易的主导地位（见表5）。未来10 年，北美和南美作为农产品主要出口国的地位将进一步巩固，东欧和中亚地区的地位将有所上升。

表 5　世界农产品贸易前 10 位国家/地区的份额变化　单位：%

国家/地区	出口			国家/地区	进口		
	2000 年	2017 年	年均增速		2000 年	2017 年	年均增速
欧盟 28 国	10.1	10.0	4.4	欧盟 28 国	13.2	10.0	2.1
美国	13.0	9.8	2.6	中国	3.3	10.3	7.8
巴西	2.8	5.1	3.6	美国	11.6	9.1	4.8
中国	3.0	4.6	6.3	日本	10.4	4.4	0.3
加拿大	6.3	3.9	3.6	加拿大	2.6	2.2	2.9
印尼	1.4	2.8	4.4	韩国	2.2	2.0	4.1
泰国	2.2	2.5	3.1	印度	0.7	1.9	9.1
澳大利亚	3.0	2.3	5.6	俄罗斯	1.3	1.7	-2.7
印度	1.1	2.3	8.0	墨西哥	1.8	1.6	3.2
阿根廷	2.2	2.1	0.4	中国香港	1.1	1.0	4.3
小计	77.0	72.6		小计	77.5	70.8	

注：欧盟 28 国不包括区内贸易；中国香港不包括转口贸易。
资料来源：WTO 贸易统计。

（二）中国农产品贸易规模和结构预测

根据农业农村部信息中心等机构编制发布的《中国农业展望报告》[①]，未来 10 年，中国农业供给侧结构性改革将取得明显成效，农产品供需结构性矛盾逐步化解，主要农产品产量将稳定增长，供给质量和效率显著提高。农产品消费总量增速放缓，消费结构转型升级明显，多数产品消费量增长仍快于产量增长。供给能力与消费需求在规模和结构上都依然存在一定矛盾，进出口贸易活跃，多数农产品进口量将继续保持增长。

1. 谷物贸易以改善型进口为主

未来 10 年，谷物市场将由阶段性供大于求向基本平衡格局转变。由于品

① 本节预测数据引自《中国农业展望报告（2017—2026）》及《中国农业展望报告（2018—2027）》。

种、国内外价差等因素，进出口贸易总量稳定，进口主要为满足人民日益增长的多元化、高级化需求，以品种调剂为主。

三大主粮种植面积和产量都呈先降后升趋势，饲料消费和加工消费快于口粮消费。到2027年，稻米产量保持稳定，消费总量增加，进口维持一定规模，年进口量保持在450万~600万吨，同时出口有望增加。小麦生产保持稳定，结构调整成效显著，进口需求下降，到2027年，进口量预计将减少到280万吨。玉米消费刚性增长，逐渐转向紧平衡格局，进口将稳定在每年200万~500万吨。

2. 原料性产品进口继续增长

大豆等油籽进口量继续增加。未来10年，受种植业结构调整及技术进步、单产提升等因素影响，中国油料产量保持稳中有增，到2027年，预计产量将达到3800万吨，其中大豆产量预计将提高至1600万吨左右。2027年食用油籽消费将达到1.52亿吨左右，其中，在压榨加工和食用需求增长带动下，大豆消费量预计将达到11650万吨。油籽产需缺口仍将保持高位，预计2027年食用油籽进口超过1.06亿吨，其中，尤以大豆产不足需仍为常态，进口量将长期保持高位，未来10年将在1亿吨左右，但年均增速逐步放缓至0.6%。

棉花进口大致稳定。未来10年，受比较效益下降、生产成本提高等因素影响，中国棉花面积和产量均呈下降趋势，预计2027年产量500万吨，比2017年下降15.1%。棉花消费量将呈波动下降趋势，预计将从2017年的822万吨下降到650万吨，减少20.9%。棉花进口量呈先增后稳态势，预计到2027年进口量为150万吨，较2017年增长36.4%。

食糖进口持续增长。未来10年，中国食糖产量稳中略升，消费总体趋增，进口持续增长。预计2027年产量、消费量、进口量分别达到1191万吨、1832万吨和730万吨，分别比2017年增长28.2%、23.0%和218.8%。

3. 消费升级刺激高蛋白和加工食物进口

未来10年，中国需求潜力释放、消费转型升级，奶制品、牛羊肉消费快速增长，年均增速超过2.0%，蔬菜、水果、禽肉、饲料消费年均增速为1.0%～2.0%。牛羊肉、奶制品、水果、猪肉和禽肉产量均保持稳定增长，供给质量和效率显著提高。农产品加工程度提升，附加值提高。方便营养加工食品需求增加，牛肉、猪肉、水果和禽肉加工消费年均增速为4.0%～5.0%。

综合看，奶类、肉类等高蛋白产品产不足需，进口需求持续上升。禽肉出口呈波动增长趋势。牛羊肉进口稳中有增。禽蛋生产、消费保持平衡增长，贸易规模基本稳定。奶业竞争力逐步增强，进口量继续增加，但增速有望放缓，到2027年，进口量预计达到1986万吨，比2017年增长38.2%。

4. 优势产品竞争力分化

蔬菜、水果、水产品是中国具有国际竞争力的传统优势农产品。未来10年，受要素条件和政策变化等因素影响，将呈现不同的发展态势。

蔬菜有望保持竞争优势。产量高位趋稳，供给质量效益继续明显提升，出口继续增长且持续保持贸易顺差。2018～2027年，净出口年均增长3.9%。

水果产量放缓，消费较快增长，且加工消费增长显著快于鲜食消费，年均增速分别为4.4%和1.0%，竞争优势趋弱，净出口量明显下降。

水产品产量增速将大幅放缓，年均仅增长0.2%。其中，养殖产量将缓慢增长，捕捞产量不断下降但逐渐趋于稳定。水产品食用消费与加工消费将继续增长，加工消费占总消费比例不断提高，由2017年的38.5%上升到2027年的40.7%。中国依然将保持水产品出口大国地位，出口保持在400万吨左右，同时进口将较快增长，预计2027年进口将达578万吨。

四、中国农产品贸易可持续发展路径

促进农产品贸易健康持续发展，充分利用两个市场、两种资源，是保障粮食安全，满足人民向往美好生活需要的有效途径，也有利于促进农业绿色发展等多元政策目标的实现。农产品贸易的发展固然有赖于农业提质增效、农民增收、乡村振兴，同时，在国际贸易规则框架内，利用一些政策工具，有针对性地实行贸易促进和贸易管理，防范和减少贸易摩擦，也是必要手段。

（一）稳步推进市场开放

中国经济的发展离不开世界，全球化为中国农业发展提供了国际市场，为利用国外资源开辟了更广阔的空间。目前中国农产品贸易存在大量逆差，有国内供需结构性矛盾的原因、供给能力不足的原因，也是主动开放市场、利用国外资源的结果。中国大量进口谷物、油料、棉花等土地密集型、高耗水农产品，节省的土地资源用于附加值更高的果蔬、畜牧以及加工制造业，有利于缓解要素资源紧张压力，有利于水土涵养和生态保护，有利于促进提高农产品加工深度和附加值，促进农民增收。同时，进口对于保障粮食安全、增加国内农产品供给、满足人民日益增长的美好生活需求有积极作用。因此，农业领域应继续坚持对外开放，用足用好“两个市场、两种资源”。

1. 坚持主动扩大开放

中国经济发展由高速增长阶段转向高质量发展阶段，进入了增速换挡、结构优化的新常态。在此背景下，党中央做出了推动形成全面开放新格局的部署。从“一带一路”倡议到主动推出一系列扩大开放的举措，包括全面取消非行政许可审批、全面改革工商登记、持续放宽市场准入等，再到举办首届中国国际进口博览会、扩大自由贸易试验区、建设自由贸易港，无不体现了中国主动扩大对外开放的坚定决心。

在农业领域，2019 年中央 1 号文件提出，要主动扩大国内紧缺农产品进口，拓展多元化进口渠道。持续推动农业对外开放是构建国家全面开放新格局的重要组成部分，体现了中国坚定不移扩大开放、以开放促改革促发展的立场和态度。有了顶层设计，还需要细化配套措施、推进部门协作、优化简化程序，加快政策措施的落地。

2. 继续适当降低关税

市场开放体现在贸易和投资、关税和非关税、多边和区域、法规政策和操作执行等不同维度。尽管农业在世界范围普遍受到保护，但也依然顺应了全球化和市场开放的大趋势，关税不断降低，便利程度不断提高，国内保护政策趋于规范和透明。

自加入 WTO 以来，中国不断降低关税水平。农产品平均税率由 2001 年的 23.2% 降至 15.2%，约为世界农产品平均关税水平的 1/4，远低于发展中成员 56% 和发达成员 39% 的平均关税水平。农产品的最高约束关税为 65%，而美国、欧盟、日本分别为 440%、408%、1706%[①]。但毋庸讳言，与美国、欧盟等主要农产品贸易国相比，中国绝大部分类别的农产品关税水平依然偏高，零税占比偏低，进一步降低关税、优化关税结构、提高市场开放度，仍有作为空间（见表 6）。

表 6　　中国与欧盟、美国农产品关税比较　　单位：%

	中国		欧盟		美国	
	平均税率	零税占比	平均税率	零税占比	平均税率	零税占比
农产品平均	**15.6**	**7.2**	**11.1**	**31.7**	**5.3**	**30.6**
动物产品	14.1	13.8	15.7	28.4	2.2	30.8
乳品	12.3	0.0	35.4	0.0	18.3	0.3
水果、蔬菜	14.7	4.9	10.5	19.4	4.8	20.9
咖啡、茶	14.9	0.0	6.1	27.1	3.2	53.5
谷物及制品	23.0	8.8	12.8	13.0	3.1	20.1
油籽油脂	10.9	9.1	5.6	48.1	7.4	25.9
糖、糕点	28.7	0.0	23.6	11.8	15.7	2.7
饮料及烟草	23.7	2.0	19.6	19.2	18.6	25.1
棉花	22.0	0.0	0.0	100.0	4.8	38.3
其他农产品	11.9	8.5	3.6	65.5	1.1	61.0
水产品及制品	10.8	4.4	12.0	8.2	0.7	85.0

注：关税指最惠国适用税率的简单平均关税。

资料来源：WTO 关税统计。

① 引自 2018 年 6 月 28 日国务院新闻办公室发表的《中国与世界贸易组织》白皮书。

3. 多边与区域双轮驱动

当前，以 WTO 为代表的多边贸易体制受到挑战，区域合作进程加快，有进入规则重构、贸易格局重新洗牌的迹象。中国一方面应坚持 WTO 基本原则与核心价值，维护多边体系，包括推动 WTO 农业谈判和渔业补贴谈判取得进展，倡导和参与多边体系与时俱进地进行改革。另一方面，应积极推动区域合作。目前，中国已与 25 个国家和地区签订了 17 个自贸协定，相互间的农产品贸易增长明显加快，反映了开放市场对农产品贸易的积极促进作用。中国还应加快推动 RCEP，争取在 2019 年底结束实质性谈判①，适时考虑启动与欧盟、英国等重要贸易伙伴的贸易和投资协定，开展更高水平、基于规则的区域经济合作。

除此以外，中国还应加强与“一带一路”沿线国家、金砖国家、上合组织的机制化合作，促进贸易投资的自由化和便利化。充分利用区域、双边和新的治理机制，共同提高新兴市场和发展中国家在全球农业治理、农产品国际贸易、跨国农业投资领域的发言权，在新一轮治理体系改革和规制更新中，更多反映发展中国家的利益，推动制定反映其利益需求和比较优势的规则、标准与规范，促进形成更加公平合理的农产品国际贸易秩序。

（二）推进贸易多元化

目前，中国主要农产品贸易伙伴较为集中，尤以进口集中更为明显。较高的贸易集中度固然主要由农产品的产地、物流等客观因素决定，但也可以通过市场多元化战略，规避和减少过高集中度带来的市场风险。

“一带一路”建设推动形成全面开放新格局，农产品市场多元化也应以此为引领。数据显示，中国与“一带一路”相关国家的农产品贸易发展迅速，

---

① 目前，RCEP 谈判已取得重要进展，在市场准入方面，超过 2/3 的双边市场准入谈判已经结束。在规则谈判方面，已完成金融服务、电信服务、专业服务三项内容，各方已就 80% 以上的协定文本达成一致，余下规则谈判也接近尾声。参见商务部网站：“《区域全面经济伙伴关系协定》部长级会议在北京成功举行”，http：//fta. mofcom. gov. cn/article/zhengwugk/201908/41157_ 1. html。

2013～2018年，中国对“一带一路”国家农产品进出口年均增长4.5%。其中，中国出口年均增长5.4%，进口年均增长3.7%。在中国农产品出口中所占份额由2013年的28.2%增长到2018年的31.0%，在进口中所占份额由19.1%增加到19.7%，分别提高了2.8个百分点和0.6个百分点。

中国与“一带一路”相关国家在农产品贸易方面有很强的互补性。据研究，“一带一路”沿线国家的谷物、油料、糖、纤维作物、奶制品等产品产量在世界都占有相当大的份额①，其中，大米、大豆、棉花、天然橡胶、木材等土地密集型大宗农产品是中国供需缺口大、进口需求强劲的产品。目前，部分沿线国家已成为中国大米、玉米、棉花、食用植物油、天然橡胶等大宗农产品的重要进口来源地，但总体而言中国自“一带一路”沿线国家的农产品进口依然有很大发展空间。

应一地一策，因地制宜，开展农业合作。针对东南亚国家等贸易往来密切的伙伴，应在巩固高水平贸易往来的同时，开拓新的农业合作形式。针对中亚、东欧等贸易效率较低的伙伴，应通过机制化合作，降低贸易壁垒和交易成本，同时通过实施重大采购项目、培育重量级龙头贸易商等，形成示范和带动效应，提升双边农产品贸易水平。

非洲是中国的全面战略合作伙伴，也是农业生产潜力最大的地区。一方面，非洲有多种具有较强出口潜力和诉求的特色农产品②；另一方面，非洲也有提升贸易能力、提升在全球价值链中的地位的发展愿望。应完善贸易合作机制，强化制度性合作，进一步削减对非贸易壁垒，特别是对其农产品给予特惠贸易安排。同时，支持中国企业在非洲开展农业合作，以“订单农业”“供货基地＋生产加工＋产品返销”等模式，将标准、检验检疫等环节前置，

---

① 2013年，“一带一路”沿线国家谷物产量占世界38%，油料作物占48.6%，糖占34.4%，纤维作物占51.3%，水果占33%，蔬菜占29%，肉类占20%，蛋类占25%，奶类占42.9%，水产品占33.8%。参见叶兴庆：“推进‘一带一路’农业合作，促进我国未来全球粮食供应体系多元化”，《中国粮食经济》2018年第7期。

② 例如，西非四国的棉花、尼日利亚的木薯，都在世界上占举足轻重地位，也是中国进口量大的农产品。

开发非洲农林牧渔产品的生产和市场供应潜力。

（三）细化贸易促进与管理

如前所述，中国农产品贸易格局是基于资源禀赋主动参与全球分工的结果，结构性特征突出，但也存在竞争力总体不足、优势产品竞争力趋于弱化的问题。对农产品贸易的规模和结构调控，应在市场化导向和与多边贸易规则相一致的总原则下，对不同产品，更加精细化地实施不同的贸易促进和贸易管理手段。

1. 设置粮食安全的动态红线

中国当前粮食综合生产能力基本能够满足总需求，但更高层次的粮食安全，不仅指充分供给和可获得性，还应扩展延伸到经济（价格稳定）、社会（营养与安全）、环境（资源与环境变化）等更多维度。从这个意义上说，仅靠国内生产难以实现高水平粮食安全，必须坚持“立足国内，适度进口”。粮食贸易的重点是确保在必要时，能获得及时、安全的供应补充，包括有效的供给渠道、适合国内消费需求的品种、合理的价格及安全的运输通道等。

受国内生产区域不平衡、国内外价格倒挂、品种结构不能满足日益多样化高级化的市场需求等因素影响，中国粮食进口一度持续大幅增长，不仅大豆，谷物进口也增长迅速。2018 年以来，这一势头出现了明显变化，小麦、大米、除玉米外的粗粮、大豆进口量均有所下降（见表 7）。一是由于国内粮食生产能力持续提高、供应增加，储备调运等调节能力增强；二是深加工食品、肉类进口增长较快，替代了部分工业用粮、饲料用粮的进口；三是中美贸易摩擦对自美进口农产品有重大负面影响。但是从国内粮食供需形势看①，粮食进口保持一定规模并持续增长，这一趋势不会有根本逆转。目前中国在世界粮食进口贸易中的份额尚处于较低水平，2018 年，谷物及谷物粉进口

---

① 据国务院新闻办公室 2019 年 10 月 14 日发布的《中国的粮食安全白皮书》，“从中长期看，中国的粮食产需仍将维持紧平衡态势”。

2047万吨，占当年世界谷物贸易量的4.9%[①]。但仍要高度重视未来粮食进口的规模和结构监测与管理，避免增长过快或有明显波动，从而对国际市场供求和价格引起大的冲击。

表7　　中国粮食进口及在世界市场的份额　　单位：万吨

		2014/15	2015/16	2016/17	2017/18	2018/19	5年年均增速
小麦	世界	15911	17010	17909	17980	17020	1.70%
	中国	193	348	441	394	315	13.03%
	中国占比	1.20%	2.00%	2.50%	2.19%	1.85%	
粗粮	世界	17013	18115	17279	18770	19530	3.51%
	中国	2570	1750	1606	1643	1188	-17.54%
	中国占比	15.10%	9.70%	9.30%	8.75%	6.08%	
其中：玉米	世界	12517	13925	13556	15000	16410	7.00%
	中国	552	317	246	346	500	-2.44%
	中国占比	4.40%	2.30%	1.80%	2.31%	3.05%	
大米	世界	4114	3834	4129	4670	4450	1.98%
	中国	470	480	530	550	325	-8.81%
	中国占比	11.40%	12.50%	12.80%	11.78%	7.30%	
大豆	世界	12436	13333	14435	15300	14660	4.20%
	中国	7835	8323	9350	9410	8300	1.45%
	中国占比	63.00%	62.40%	64.80%	61.50%	56.62%	

资料来源：美国农业部：《世界农产品供需预测报告》（各年）。

因此，粮食贸易应确定合理的进出口规模与结构，特别是对进口规模设置警戒线，将粮食进口对国内外市场的冲击力度控制在可控范围。这既是防范自身风险的需要，也是担负大国责任、降低对国际粮食市场冲击的需要。研究设置一套指标体系，针对不同品种，综合考量本国需求量、市场承受力、支付能力以及国际市场供应能力等因素，设置不同的政策区间。在一定门槛之下，可认为充分利用“两个市场、两种资源”的“理想区间”；达到一定

① 国务院新闻办公室：《中国的粮食安全白皮书》，2019年10月14日。

阈值认为是“黄牌区间”，应引起高度警觉，防止国内农业衰退和发生粮食危机；若超过一定上限，可能对中国粮食生产、世界粮食安全甚至国际政治经济秩序都构成较大风险，则认为触发了“红灯区间”[①]，需要政府协调各方资源甚至吁请国际合作，采取紧急措施，遏制粮食危机的发生。

2. 提高政策协调性和匹配度

中国的农产品贸易覆盖了从农林作物、园艺产品、畜牧产品到水产品，从初级产品到加工产品，从农业原材料到消费品的全部产品线，监管和促进部门也涉及多个政府部门。毋庸讳言，中国行政管理中存在政出多门、政令不畅、设计初衷与结果相悖等通病。就农业发展和农产品贸易而言，也难以完全避免。但也可以从技术和执行层面做一些探索，提高政策效应。

一是对于资源性产品，明确以提高议价能力为政策导向。中国是大豆、棉花、天然橡胶等大宗农产品的进口大国，这些农业原材料的国内产业链长，进口贸易是中国基于比较优势主动参与国际分工、优化资源配置的主动选择。国际贸易中需要解决的关键问题是价格的合理性。相关部门应加强协同，信息共享，把控进口节奏；提高进出口与国内储备调控的协调性。同时，利用大买家地位，支持龙头企业引领形成合力，争取与主要卖家成为利益共同体。

二是对于一般农产品，应坚持以市场为导向、以企业为主体的原则。对加工农产品的贸易政策及调控工具与一般工业品并无本质区别。应结合国内产业转型、消费升级、乡村振兴战略等大的发展方向，加强产业政策与贸易政策之间的协调。为企业营造良好的外部环境，减负增效，促进国内外市场信息流、物流、资金流的畅通。

三是加强对重点国家农业资源、重点产品生产和贸易增长潜力的数据分析，提高外交与商务、对外援助与贸易投资合作之间的政策协调性。加强对重点产品产业链关键环节的战略布局，提升贸易伙伴的能力。

---

① 世界上许多国家粮食进口率都大大超过中国，如日本的谷物自给率不足40%。但考虑到中国的人口规模，可认为15%的进口率已是粮食进口高限。

3. 强化信息监测和贸易预警

对国内生产和市场信息的准确把握是政府提高决策调控能力的基础，因此农业部门、产业部门与贸易部门的信息共享对于政策协调非常重要。

一是利用新一代互联网技术，提高农业生产和农产品贸易的信息化水平。建立多部门的信息共享和协助机制，整合重要农产品供需信息的搜集、预估、修正及报告等工作环节，建立权威数据库。

二是掌握农产品信息发布的主动权，学习借鉴美国农业部经验，建立信息发布和调整制度，增强贸易可预期性，发挥农产品贸易大国应有的市场引导作用和影响力。

三是做好农产品生产和贸易的监控和调控，基于大数据进行分析预警和科学决策，实行重要农产品分类管理。根据不同产品的生产条件、市场需求趋势，确定动态、科学的进出口安全阈值，加强进出口监测和预警，提高贸易效率，保护国内生产者利益，防止贸易摩擦，维护市场秩序。

4. 完善农产品标准体系建设

完善农产品标准体系建设是巩固和提高农业核心竞争力、维护国内产业安全的重要途径。出口方面，促进高标准优质农产品出口，是深化农业供给侧结构性改革，实现农业可持续发展，提高农产品国际竞争力的核心内容；进口方面，充分利用国际贸易规则，善用技术性贸易措施，是促进公平竞争的有效手段。

一是对标国际先进的农产品标准体系，为高标准农产品出口奠定基础。在标准制定方面，缩小农业生产规范、产品标准与发达国家的差距。在标准规范的遵从方面，以现代化信息化手段，提高农户和食品企业的能力建设，降低遵从成本。

二是以符合国际贸易规则的做法，加强对国内产业、企业、消费者和市场的保护。卫生与植物卫生（SPS）措施是乌拉圭回合谈判后农产品贸易的主要保护手段。WTO 成立以来，农产品关税大幅降低，SPS 通报数不断增加，某种程度上可以说，农产品贸易保护从关税时代进入了 SPS 措施时代。但是国际比较可见，中国对 SPS 措施的利用并不充分。2008 ~ 2017 年，中国对 WTO 通报的 SPS 数量不仅远低于发达的美国和欧盟，也低于发展中国家巴西。中国作为经济发展阶段和技术水平都在快速提高的农产品贸易大国，有必要也有可能借鉴经验，更加科学、合理、有效地实施包括 SPS 措施在内的技术性贸易措施。

（四）提高贸易便利化程度

随着自贸区谈判的推进和自贸协定的生效，关税成本逐渐降低。但国际贸易中的其他交易成本依然有较大压缩空间，例如，烦琐的程序和规定、不完善的物流设施和服务、不对称不透明的信息等，提高贸易便利化，对改善贸易环境、降低贸易成本日益重要。当前，“一带一路”引领中国对外开放，相关国家地域广阔、人口众多、资源丰富，是中国对外贸易的重要增长点。但与发达经济体相比，关税和非关税壁垒普遍较高，基础设施相对不足，贸易便利化程度普遍较低①。要提高贸易便利化程度，促进中国与相关国家和地区的农产品贸易，可重点在以下几方面开展工作。

首先，政策法规环境的规范性和透明度对农产品贸易成本具有最显著影响，推进自贸区建设等机制化贸易安排，有利于营造公平透明的贸易环境，促进贸易规则的执行，提高口岸执法的效率和透明度。同时，要加快市场信息搜集能力，将被动应对技术性贸易壁垒转变成主动防范，从而减少非关税措施对贸易的影响。

其次，加快中国与相关国家的运输、仓储等基础设施建设和互联互通，推动共建“一带一路”农产品贸易通道，促进农产品贸易的物流畅通。截至 2019 年第一季度，在公路合作方面，中国已与 15 个“一带一路”沿线国家

---

① 有学者对 1996 ~ 2015 年中国与主要贸易伙伴之间的农产品平均交易成本进行了研究，结果表明，美国最低，其次为澳大利亚、韩国、巴西、日本，“一带一路”国家交易成本最高，且下降幅度最小。参见刘宏曼、王梦醒：“贸易便利化对农产品贸易成本的影响”，《经济问题探索》2018 年第 7 期，第 105 ~ 112 页。

签署了包括《上海合作组织成员国政府间国际道路运输便利化协定》在内的18个双边和多边国际运输便利化协定；在航空运输方面，中国已与126个国家和地区签署了双边政府间航空运输协定；在港口合作方面，中国已与47个"一带一路"沿线国家签署了38个双边和区域海运协定①。要抓紧推动落实这些协定，提升贸易便利化水平。"中欧班列"② 连接欧亚市场，为中国与沿线国家开展贸易提供了多样化的运输选择。可充分利用返程班列，增加自沿线国家的农产品进口。

再次，简化海关程序，提高口岸清关效率，减轻海关手续负担。"一带一路"倡议提出以来，中国与各国海关的检验检疫合作不断深化。自2017年5月首届"一带一路"国际合作高峰论坛以来，中国与沿线国家签署了100多项合作文件，实现了50多种农产品食品检疫准入；借助技术革新，大力发展电子海关，推进国际贸易"单一窗口"建设；坚持"创新、包容、审慎、协同"理念，建立适应跨境电商等新业态快速发展的海关监管模式；推进"一带一路"区域通关一体化建设，逐步实现跨区域海关间的互联互通；拓展与相关国家海关AEO（Authorized Economic Operation）互认合作，提升通关便利化水平，降低企业通关成本。

（五）推动农业海外投资

农业海外投资与农产品贸易相互促进、相辅相成。中国的农业海外投资起步较晚。自2000年正式提出"走出去"战略以来，国家出台了一系列鼓励政策，但对农业海外投资的支持力度仍嫌不足。一方面国家综合性鼓励政策有待细化和落到实处，另一方面农业海外投资有其特殊性，需要一些特别

① 推进"一带一路"建设工作领导小组办公室：《共建"一带一路"倡议：进展、贡献与展望》，2019年4月。

② 据商务部国际贸易经济合作研究院2019年4月在第二届"一带一路"国际合作高峰论坛贸易畅通分论坛上发布的报告《中欧班列贸易通道发展报告2019》，中欧班列自2011年开行以来，开行数量逐年保持翻番增长，至2018年底，累计开行12937列，通达欧洲15个国家的49个城市。

安排。

1. 加大对农业海外投资的支持力度

国家层面，要与农业投资潜力大的国家和地区加强合作，营造良好环境，在此基础上，强化国内支持促进力度。一是加大对农业企业的资金支持，对于正在实施的财政支持资金，适当降低海外粮食生产企业申请支持的门槛；建立专项基金对海外粮食生产给予重点支持；在商业金融机构对农业海外投资的信贷过程中提供担保等支持；鼓励各类投资机构向海外农业投资提供支持，并对此类投资活动提供便利。二是在税收方面，争取与更多国家签订避免双重征税协议，减轻农业对外投资企业的负担。对于暂时未签订避免双重征税协议的国家，可考虑在国内给投资企业适当减免抵扣。三是针对农业落后地区通常有较高国别风险的问题，设立农业海外投资特别保险的政策性保险机构，或指定保险机构提供政策性保险产品，通过财税优惠、补贴等方式鼓励商业保险机构开展农业海外投资的保险支持。

2. 通过援外项目带动一批“探路者”

世界范围看，当前农业投资潜力大的地区大部分也是经济欠发达、投资环境差强人意的地区。例如，如前所述，“一带一路”沿线国家农业资源丰富，发展前景广阔，但也普遍存在基础设施不完善、贸易投资便利化程度低的短板，加大了农业投资成本和风险。因此需要政府有所作为，保驾护航。一是在战略规划中，要把援外、贸易、投资、经济技术合作等多种方式的对外经济活动结合起来，将国家经济外交布局与企业投资活动通盘考虑。二是在重点地区以政府项目、大型国企为先导，特别是考虑发挥国有农垦企业的带头示范作用，既是解决农垦系统市场化发展的突破口，也是充分发挥农垦企业生产要素储备基础扎实、资源动员效率高的优势。三是在重点国家优先布局一批以农业技术合作为核心的境外农业合作示范区。

3. 鼓励多种投资方式并举

在资金来源方面，鼓励各类投资基金参与海外农业投资，包括国家专项基金、企业、私募基金共同合资合作参与投资；引进第三方投资伙伴等①。在合作模式方面，既要有政府间合作、政府与企业合作，更要推动国内企业与当地企业及第三方企业的合作、企业与当地土地所有者及农户合作。在合作方式方面，鼓励发展订单农业，特别是在农业发展水平落后的发展中国家和最不发达国家，可以进一步做特殊安排，解决农户资金、农业生产资料不足的问题，稳定投入产出预期，同时增加当地就业，促进东道国农业可持续发展。

参考文献

[1] 郎丽华等．中国农业贸易结构与产业结构的互动关系．河北学刊，2018 年 7 月

[2] 刘宏曼，王梦醒．贸易便利化对农产品贸易成本的影响．经济问题探索，2018（7）

[3] 叶兴庆．推进“一带一路”农业合作，促进我国未来全球粮食供应体系多元化．中国粮食经济，2018（7）

[4] 于海龙，张振．“一带一路”背景下我国农业对外合作的潜力、风险与对策研究．经济问题，2018（2）

[5] 张小瑜．中国农产品贸易平衡分析与展望．农业展望，2013（5）

[6] 詹琳等．农业供给侧结构性改革的推进路径与政策措施．全球化，2018（7）

[7] 中国农业展望报告（2017－2026）．2017

[8] 中国农业展望报告（2018－2027）．2018

[9] OECD/FAO，OECD-FAO Agricultural Outlook（2018）

[10] WTO Committee on Technical Barriers to Trade，Twenty-third Annual Review of the Implementation and Operation of the TBT Agreement，G/TBT/40，2018 年 3 月 12 日

① 2018 年中国和日本时隔 8 年重启经济高层对话，在第三方市场开展合作上达成了重要共识。9 月 25 日，中日第三方市场合作工作机制第一次会议在北京召开。日本具有丰富的农业海外投资经验，从政府、协会、促进机构到企业，有许多成功的做法和案例。中国可考虑在农业海外投资中着力引进日本合作方。

专题报告三

农产品价格形成机制研究

周天勇　东北财经大学中国战略与政策研究中心主任

于学霆　重庆工商大学数学与统计学院讲师

一、前　言

新中国成立以来，为稳固农业基础地位，保护农民生产积极性，我国政府对农产品价格形成机制进行了积极的探索和改革。农产品价格从统购统销价格形成机制阶段到双轨制价格形成机制阶段，再到保护价与最低收购价价格形成机制阶段，在此过程中，受历史条件局限与国际市场供求关系影响，出现了政策干预过度、农产品价格形成机制扭曲的问题。2014 年 1 月 19 日，中共中央、国务院印发了《关于全面深化农村改革加快推进农业现代化的若干意见》，提出要继续坚持市场定价原则，探索推进农产品价格形成机制与政府补贴脱钩的改革，逐步建立农产品目标价格制度。自此，国务院启动了粮食等重要农产品价格形成机制和收储制度改革。此次改革的基本思路是“价补分离”，即把附加在价格上的保收入功能剥离出来，恢复市场定价机制，同时通过价外补贴应对农产品生产成本的上升；采取分品种施策渐进式推进，不同品种改革的办法不同，同时渐进式推进，采取谨慎的方针。几年来的改革总体上是成功的，建立了市场价格机制，国内价格大幅回落、国内外差价大幅缩小、进口量减少很多，市场主体入市积极性很高，原料成本下降，国家同步给补贴等。

2004 年至今，中央 1 号文件连续 15 年聚焦“三农”。2017 年中央 1 号文件提出，深入推进农业供给侧结构性改革，加快培育农业农村发展新动能。党的十九大报告首次提出实施乡村振兴战略。2018 年中央 1 号文件对实施乡村振兴战略进行了全面部署，明确指出要以农业供给侧结构性改革为主线，同时指出“深化农产品收储制度和价格形成机制改革，加快培育多元市场购销主体，改革完善中央储备粮管理体制。通过完善拍卖机制、定向销售、包干销售等，加快消化政策性粮食库存。落实和完善对农民直接补贴制度，提高补贴效能。健全粮食主产区利益补偿机制。探索开展稻谷、小麦、玉米三大粮食作物完全成本保险和收入保险试点，加快建立多层次农业保险体系”。农产品价格形成机制和收储制度改革仍是农业供给侧结构性改革的重要内容之一，要让市场在资源配置中发挥决定性作用是实现我国农业可持续发展的必然选择，也是保障国家粮食安全、保证重要农产品有效供给的关键环节。

如何在经济增速放缓背景下继续强化农业基础地位、促进农民持续增收、提高农业竞争力，是必须破解的一个重大课题。实施农产品目标价格政策的落脚点在于切实保护农民生产积极性及其切身利益，最终实现巩固农业基础地位、保障国家粮食安全的目的。本文通过梳理我国农产品价格形成机制、农产品价格波动特征与影响因素，分析当前农产品价格形成机制中存在的问题，比较发达国家农产品定价的国际经验，最终提出了农产品价格形成机制的相关改革方向与政策建议。

二、我国农产品价格形成机制的历史变迁

新中国成立以来，为稳固农业基础地位，保护农民生产积极性，我国政府对农产品价格形成机制进行了积极的探索和改革。归纳起来，农产品价格形成机制主要经历了统购统销价格形成机制阶段、双轨制价格形成机制阶段、保护价与最低收购价价格形成机制阶段。无论哪个阶段的农产品价格政策，

对当时的国家经济发展和社会进步都做出了有益的贡献。下面结合特定历史阶段，系统梳理农产品价格形成机制的背景、改革目标、改革成效等，有助于理清当前农产品价格形成机制背后的逻辑。

（一）统购统销价格形成机制阶段（1953～1985年）

新中国成立初期，我国确立了高速发展工业的经济发展战略。一方面，由于经济建设规模上升造成的城乡粮食供应面迅速扩大、土改后农民粮食消费量的提高以及自由市场上私营粮商同国家争夺粮源的行为，粮食供求矛盾突出；另一方面，确定了“以农养工”的发展战略，需要农业给工业化发展提供强有力的资金支持。1953年底，《关于实行粮食的计划收购和计划供应的命令》颁布，国家开始实行农产品统购统销政策。粮食统购统销政策的核心内容包括：第一，在农村向余粮户实行粮食计划收购（简称统购）的政策，统购价格及统购粮种均由中央统一规定；第二，对城市人民和农村缺粮人民实行粮食计划供应（简称统销）的政策；第三，由国家严格控制粮食市场，对私营粮食工商业进行严格管制，并严禁私商自由经营粮食；第四，在中央统一管理之下，由中央与地方分工负责，除拨给各大区的粮食以外，其他粮食包括各大区间的调剂粮、出口粮、储备粮、全国机动粮、全国救灾粮等，统归中央统筹安排（王丹莉，2008）。1958～1966年，国家先后多次提高了粮食统购价格，此后的10年“文革”时期，为稳定物价，对物价的调整十分慎重。该阶段，我国农产品市场主要分为两大类。一类是计划市场，纳入计划市场的主要包括期间政策规定的一二类农产品（一类农产品指中央集中管理的重要商品，二类农产品指中央实行差额调拨的一般商品）；另一类是计划外市场，主要包括期间政策规定的三类农产品（指由地方自行管理，必要时由商业部组织交流的商品）。1978年之前，对一类农产品实行全额国家收购和定量销售（统购经销），同时对二类农产品实行非全额国家收购（派购）和定量或不定量销售。前者无论是产品范围还是产品数量，在整个农产品市场中都占据主要地位。

统购统销制度中粮食价格政策对计划经济时期进行大规模经济建设、保障人民生活安定起到了积极的作用，但弊端也逐渐显现。这一时期的粮食价格具有明显的工农产品“剪刀差”，限制了价值规律在农业生产和农产品经营中的作用，因而影响农民生产积极性的发挥和工商企业经济核算的实施。

1979～1984 年为对统购统销进行部分改革的时期，逐步扩大市场调节的范围和力度。从 1979 年夏粮上市开始，国务院大幅度提高了粮食等农产品收购价格，提价幅度达到 20% 以上，其中粮、油产品由全额收购逐步改为定额合同收购和定量销售，同时允许合同外部分农产品进入自由市场，缩小了其他定额收购和定量销售的农产品范围。部分工业原料产品如棉、毛、丝、麻等纤维产品和烟叶、木材等，又改为全额由国家指定部门收购（专营）。1979～1984 年是我国农产品价格形成机制改革的初始阶段，改革的基本原则是“以调为主，调放结合”，改革的基本目标是对农产品价格体系进行结构性调整，着重解决农产品价格水平偏低问题，改革的成效是：为转换农产品价格形成机制准备了条件（高云龙、肖坚，2014）。一系列改革政策对调动广大农民增产粮食和交售余粮的积极性，改变粮食生产发展缓慢、产需矛盾尖锐的困难局面，保持市场物价基本稳定，保证国民经济的顺利发展，起了十分重要的作用。

（二）双轨制价格形成机制阶段（1985～1991 年）

1985～1988 年是我国农产品价格形成机制改革的纵深推进阶段，改革的基本原则是从“以调为主”转为“以放为主，放调结合”，改革的基本目标是完善农产品价格管理体制，转换农产品价格形成机制。1989～1991 年是国家对前一阶段农产品价格形成机制改革措施及改革成效进行巩固和完善的阶段，基本做法是“稳中求改，相机调放，弥补不足，巩固成果”。

从 1985 年开始，我国取消粮食统购，改为合同定购，除合同定购的品种以外的粮食自由购销，同时调整农村粮油购销价格，改变农村粮油购销倒挂的状况。此后，国家数次调整和完善粮食合同定购制度，逐步缩小计划调节范围，扩大市场调节范围；提高粮油合同定购价格和统销价格，使粮油定购价逐步接近市场价，逐步改变粮食购销价格倒挂状况；充实粮油合同定购的经济内容，实行粮食合同定购与供应化肥、柴油和发放预购定金“三挂钩”，以增加农民收入，调动农民种粮积极性。

双轨制价格形成机制是我国计划经济向市场经济过渡的一项政策。该政策一定程度上矫正了农产品价格与价值严重背离的现状，使农产品价格逐渐接近市场价格。但是对于由国家全额收购、定量销售的农产品，其价格都是由中央政府集中定价，这类农产品收购、销售价格往往定得较低。另外，将定额（非全额）合同收购、定量销售农产品分为计划内市场和计划外市场。其中，计划内定量销售农产品价格由中央政府制定，价格较低；定额合同收购部分农产品价格由于有市场价格作参照，其价格呈现不断上涨趋势。部分定额合同收购、非定量销售农产品价格都是由有关经营部门决定。这些经营部门经营的农产品价格往往带有一定的垄断性，表现为收购价偏低、销售价偏高。部分指定商业部门专营的农产品垄断性质更加明显，低价收购、高价销售现象非常普遍。农产品市场价格机制难以发挥应有的作用。

（三）最低收购价与临时收储形成机制阶段（1992～2014年）

1992～1998年是我国农产品价格形成机制改革的攻坚阶段，改革的基本目标是以转换粮食和食油购销价格形成机制为重点，建立起整个农产品市场价格形成机制基本框架。1992年，国务院决定粮食购销体制改革由“双轨制”向单轨制转变，实行粮食收购、经营和市场全面放开的新政策；实行“保量放价”，即保留粮食定购数量，价格随行就市，继续实行和改进粮食定购“三挂钩”政策。

1998～2003年，我国粮食市场化改革步伐加快，国家对粮食实行了保护价收购政策。1998年之后，国家先后出台的对市场议购粮按保护价敞开收购政策和粮食、小麦等最低收购价政策都是围绕完善农产品市场价格形成机制而运作的。

2004 年，国家出台粮食最低收购价政策，并从粮食风险基金中拿出部分资金用于主产区种粮农民直接补贴。在市场粮价低于国家公布的最低粮食收购价时，由国家委托企业直接收购粮食，以稳定市场，增加农民收入。从 2004 年开始，我国粮食生产连年丰收，粮食价格下行压力越来越大。在此背景下，为了稳定市场粮食价格，避免重蹈谷贱伤农的老路，国家于 2004 年起开始对粮食主产区重点粮食品种实施最低收购价格政策。

2006 年，出台农资综合直补（含对农机具购置提供补贴）政策，并对粮食主产县通过转移支付给予奖励和补助。同年，在全国范围内取消农业税，并取消多项涉及农民的税费，以降低粮食生产成本、增加农民种粮收益等。2007 年以来，国家先后对主产区玉米、大豆、油菜籽、棉花、食糖等实行临时收储政策，当主产区市场价格低于临时收储价格时，由国家指定企业直接入市收购，引导市场价格回升。

最低收购价和临时收储等农产品价格政策有效调动农民种粮积极性、保障国家粮食安全，但同时也导致农产品价格扭曲，国家收储压力急剧增加，农业资源环境恶化问题日益凸显等问题。

三、新一轮农产品价格形成机制调整背景、进展与成效

（一）新一轮农产品价格形成机制调整背景

我国各阶段农产品价格形成机制在当时特定历史条件下确实发挥了应有的作用，但同时也暴露出了各阶段农产品价格形成机制的缺陷。最低收购价和临时存储制度施行之后，弊端也逐渐显现：政策性收储价格居于支配地位，影响了市场机制发挥作用，农产品价格形成机制扭曲；粮食高产量、高进口、高库存问题日益突出，财政负担加重；农业资源环境愈加恶化，农业可持续发展面临挑战；农民增产不增收问题突出等。

1. 农产品市场价格扭曲严重

以主要农产品价格为例，2008～2013年连续提高其最低收购价的情况下，农民以及各个市场主体都对粮食最低收购价产生了只涨不跌的预期，粮食价格与市场本身出现脱钩现象，市场因素在农产品价格形成中的作用进一步弱化。自2004年起实行的农产品最低收购价制度，在连续多年提高最低收购价的推动下，相当于向市场释放了农产品价格托底的信号。有托底价格，由国家收购，使得市场对于农产品价格的上涨存在相当大的预期，市场因素在农产品价格调节中的作用慢慢让步于政策因素①。

2. 政府收储压力巨大

为了获得更高的利益，农民的种植积极性被激发，农产品产量不断增加，政府在收储支出、收储场所建设等方面面临的压力越来越大。此外，巨大的农产品储备，在后续的维护、更换以及处理上，还需要持续支出，整个储备系统所供养的人员经费也是一笔巨大的成本支出。

3. 国内外巨大价格差造成农产品进口压力巨大

我国水稻、玉米、小麦、棉花、大豆等主要农产品价格的最低收购价格在2014年已接近或超过国际市场价格，进口压力陡增。这种国内外价格倒挂的现象在棉花、粮食、大豆等农产品种类上都有体现，国内的农产品进口动因已从以前解决供应不足转向追逐更高的利润。农产品大量进口格局的出现，无疑会对国内农业生产造成巨大隐患，甚至威胁我国的农业安全。

4. 对农业和相关产业发展造成挑战

一方面，影响农业的可持续发展。农产品价格支持政策对农民种植积极性的保护是显而易见的，但同时也造成一些地区农民在农产品种植中出现非理性行为，比如过量使用化肥农药，不重视农业环境保护等，长此以往将不利于农业的可持续发展。据统计，我国农业生产中，化肥与农药的使用强度

---

① 张巍、佟丹丹："我国农产品目标价格补贴制度的优点、风险与完善对策"，《改革与战略》2017年第10期，第82～85页。

已达到500公斤/公顷和300公斤/公顷的水平，高出全球平均值的3倍。另一方面，对下游的农产品加工业造成冲击。来自农产品原料的成本占整个农产品加工业总成本的75%左右，在政府最低收购价的推动下，农产品加工企业的成本一路上涨，造成行业性亏损，更让不少农产品加工厂倒闭。与此同时，一些由国外资本控制，以加工进口农产品为主的加工企业逐步控制全国的市场，形成了较大的隐忧①。

5. 改变了农业结构

粮食政策的变化，对农民种粮收益预期产生影响，粮农据此调整粮食种植面积及种植种类，从而影响粮食产量。根据供求理论，粮食价格也会发生变化。由于收储政策的滞后性，粮农只能靠往年持续增收以及收储价格上涨的经验来预期安排生产计划。2008～2013年玉米相对大豆的临时收储价格比率虽然有波动，但整体呈上升趋势，并且玉米有着广泛种植、单产量高的优势，加之国家实行的收储政策确保农民增收，导致玉米播种面积迅速扩大。从2008～2013年我国主要农产品种植结构的情况来看，玉米播种面积从19.11%增加到22.06%，稻谷和小麦播种面积占比略有降低，豆类的播种面积占比降低2.1个百分点（见表1）。

表1　　主要农产品播种面积与种植结构

年份	种植面积（万公顷）				种植结构（%）			
	稻谷	小麦	玉米	豆类	稻谷	小麦	玉米	豆类
1995	3074.4	2886.0	2277.6	1123.2	20.51	19.26	15.20	7.49
2000	2996.2	2665.3	2305.6	1266.0	19.17	17.05	14.75	8.10
2005	2884.7	2279.3	2635.8	1290.1	18.55	14.66	16.95	8.30
2006	2893.8	2361.3	2846.3	1214.9	19.02	15.52	18.71	7.98
2007	2891.9	2372.1	2947.8	1178.0	18.84	15.46	19.21	7.68
2008	2924.1	2361.7	2986.4	1211.8	18.71	15.11	19.11	7.75

① 张巍、佟丹丹："我国农产品目标价格补贴制度的优点、风险与完善对策"，《改革与战略》2017年第10期，第82～85页。

续表

年份	种植面积（万公顷）				种植结构（%）			
	稻谷	小麦	玉米	豆类	稻谷	小麦	玉米	豆类
2009	2962.7	2429.1	3118.3	1194.9	18.68	15.31	19.66	7.53
2010	2987.3	2425.7	3250.0	1127.6	18.59	15.10	20.23	7.02
2011	3005.7	2427.0	3354.2	1065.1	18.52	14.96	20.67	6.56
2012	3013.7	2426.8	3503.0	970.9	18.44	14.85	21.44	5.94
2013	3031.2	2411.7	3631.8	922.4	18.41	14.65	22.06	5.60
2014	3031.0	2406.9	3712.3	917.9	18.32	14.55	22.44	5.55
2015	3021.6	2414.1	3811.9	886.8	18.16	14.51	22.91	5.33
2016	3017.8	2418.7	3676.8	970.0	18.11	14.51	22.06	5.82

2013年我国玉米总产量达到21848.9万吨，约占全国粮食总产量的36.3%，接近稻谷在全国粮食总产量中的比重，农业结构不协调问题愈发严重（见表2）。2015年12月末，全国种植业结构调整工作会议提出，我国5年内拟调减玉米种植面积333.33万平方米。农民预期玉米会降价，因此2016年玉米种植面积明显下降。由此可得，由于临时收储政策缺乏长效性，农民无法对粮食价格形成长期稳定预期，因而农民的生产积极性降低，影响粮食种植，不利于农业的稳定生产①。

表2　　主要农产品产量　　单位：万吨

年　份	稻谷	小麦	玉米	豆类
1995	18522.6	10220.7	11198.6	1787.5
2000	18790.8	9963.6	10600.0	2010.0
2005	18058.8	9744.5	13936.5	2157.7
2006	18171.8	10846.6	15160.3	2003.7
2007	18603.4	10929.8	15230.0	1720.1
2008	19189.6	11246.4	16591.4	2043.3

① 巩蓉蓉、徐鹏："我国主要农产品支持价格政策现状及对策研究"，《内蒙古科技与经济》2018年第13期，第6~7页。

续表

年 份	稻谷	小麦	玉米	豆类
2009	19510. 3	11511. 5	16397. 4	1930. 3
2010	19576. 1	11518. 1	17724. 5	1896. 5
2011	20100. 1	11740. 1	19278. 1	1908. 4
2012	20423. 6	12102. 4	20561. 4	1730. 5
2013	20361. 2	12192. 6	21848. 9	1595. 3
2014	20650. 7	12620. 8	21564. 6	1625. 5
2015	20822. 5	13018. 5	22463. 2	1589. 8
2016	20707. 5	12884. 5	21955. 2	1730. 8

（二）新一轮农产品价格形成机制政策进展

2014 年以来，我国以“分品种施策、渐进式推进”和“市场定价，价补分离”的思路，具体政策梳理如下。

2014 年中央 1 号文件提出，“完善粮食等重要农产品价格形成机制。继续坚持市场定价原则，探索推进农产品价格形成机制与政府补贴脱钩的改革，逐步建立农产品目标价格制度，在市场价格过高时补贴低收入消费者，在市场价格低于目标价格时按差价补贴生产者，切实保证农民收益。同年，启动东北和内蒙古大豆、新疆棉花目标价格补贴试点，探索粮食、生猪等农产品目标价格保险试点，开展粮食生产规模经营主体营销贷款试点。继续执行稻谷、小麦最低收购价政策和玉米、油菜籽、食糖临时收储政策”。试点地区的目标价格由国家统一制定，采取“生产成本 + 合理利润”的方法确定，且一年一定，具体的补贴发放办法则由试点地区制定并向社会公布。大豆目标价格为 4800 元/吨，目标价格补贴基本依据实际种植面积进行拨付和发放；棉花目标价格为 19800 元/吨，目标价格补贴采用棉花实际种植面积和籽棉交售量相结合的方式，其中中央补贴资金 60% 按面积补贴、40% 按实际籽棉交售量补贴（徐田华，2018）。

2015 年中央 1 号文件指出，“完善农产品价格形成机制。增加农民收入，必须保持农产品价格合理水平。继续执行稻谷、小麦最低收购价政策，完善重要农产品临时收储政策。总结新疆棉花、东北和内蒙古大豆目标价格改革试点经验，完善补贴方式，降低操作成本，确保补贴资金及时足额兑现到农户。积极开展农产品价格保险试点。合理确定粮食、棉花、食糖、肉类等重要农产品储备规模。完善国家粮食储备吞吐调节机制，加强储备粮监管。落实新增地方粮食储备规模计划，建立重要商品商贸企业代储制度，完善制糖企业代储制度。运用现代信息技术，完善种植面积和产量统计调查，改进成本和价格监测办法”。由于2014年新疆棉花目标价格补贴试点付出了高昂的财政和行政成本，且效果不甚理想。2015年，新疆棉花目标价格调整为19100元/吨，补贴方式改为年度可用补贴总额的10%对南疆四地州按面积补贴，90%对全区实际种植者按交售量补贴。此外，中央取消了油菜籽的临储政策。

2016年中央1号文件提出，“改革完善粮食等重要农产品价格形成机制和收储制度。坚持市场化改革取向与保护农民利益并重，采取‘分品种施策、渐进式推进’的办法，完善农产品市场调控制度。继续执行并完善稻谷、小麦最低收购价政策。深入推进新疆棉花、东北地区大豆目标价格改革试点。按照市场定价、价补分离的原则，积极稳妥推进玉米收储制度改革，在使玉米价格反映市场供求关系的同时，综合考虑农民合理收益、财政承受能力、产业链协调发展等因素，建立玉米生产者补贴制度。按照政策性职能和经营性职能分离的原则，改革完善中央储备粮管理体制。深化国有粮食企业改革，发展多元化市场购销主体。科学确定粮食等重要农产品国家储备规模，完善吞吐调节机制”。2015年由于国内玉米整体丰产，下游玉米需求有限，天量库存难以消化，国内玉米市场供需失衡问题严峻，玉米价格开启断崖式下跌行情。因此，2015年底政府出台了关于“镰刀弯”地区玉米结构调整的指导意见，旨在鼓励和引导农户调减玉米种植面积，并于2016年按照“市场定价，价补分离”的原则，在东北地区推进玉米收储制度改革。经过三年的试点，新疆棉花改革比较成功，实现了市场定价，基本建立起市场价格形成机制，国内外差价从5000元/吨下降到450元/吨（杜鹰，2016）。

2017年中央1号文件提出，“深化粮食等重要农产品价格形成机制和收储制度改革。坚持并完善稻谷、小麦最低收购价政策，合理调整最低收购价水平，形成合理比价关系。坚定推进玉米市场定价、价补分离改革，健全生产者补贴制度，鼓励多元市场主体入市收购，防止出现卖粮难。采取综合措施促进过腹转化、加工转化，多渠道拓展消费需求，加快消化玉米等库存。调整完善新疆棉花目标价格政策，改进补贴方式。调整大豆目标价格政策。科学确定粮食等重要农产品国家储备规模，优化中央储备粮品种结构和区域布局，改革完善中央储备粮管理体制，充分发挥政策性职能作用，严格政策性粮食监督管理，严防跑冒滴漏，确保储存安全。支持家庭农场、农民合作社科学储粮”。2017年，国家提出深化棉花目标价格改革，对新疆棉花补贴数量进行上限管理，目标价格按照近三年生产成本加合理收益确定，并且由一年一定改为三年一定；大豆改革效果并不理想，虽然基本实现了市场定价，但是由于种植大豆比较效益较低，农户种植意愿不强，种植面积与总产量都有所下降，未能实现调整种植结构的目标，而且与进口大豆相比，无论价格还是质量都缺乏竞争优势（张晶、王克，2016；徐田华，2018）。2016年玉米改革，由于生产者补贴与种植结构调整补贴不协调，导致按政策要求调整种植结构的农户没有补贴而种植玉米的农户反而获得了补贴，一定程度上影响了政策目标的实现。鉴于此，2017年，国家在东北地区继续实施和完善玉米市场化收购加补贴机制，同时大豆目标价格政策也调整为实行市场化收购加补贴机制，鼓励增加大豆种植，合理调减非优势产区玉米生产。经过两年时间，玉米“市场化收购加补贴”改革成效显著，玉米市场价格形成机制现已形成，2017年玉米新粮上市以后，东北地区玉米价格出现恢复性上涨，出现了种植结构调整优化、加工企业全面激活、产业竞争力明显提高的局面（李亚飞，2018）。

2018年中央1号文件提出，“深化农产品收储制度和价格形成机制改革，加快培育多元市场购销主体，改革完善中央储备粮管理体制。通过完善拍卖机制、定向销售、包干销售等，加快消化政策性粮食库存。落实和完善对农民直接补贴制度，提高补贴效能。健全粮食主产区利益补偿机制。探索开展稻谷、小麦、玉米三大粮食作物完全成本保险和收入保险试点，加快建立多层次农业保险体系”。这是中央第五年推进并深化农产品价格形成机制改革。

各类农产品价格政策如表3所示。

（三）新一轮农产品价格形成机制成效

1. 农产品价格回归市场，价格扭曲得以改善，国内外价差明显缩小

不考虑汇率因素，国产玉米与美国玉米完税到岸价价差，由2015年的883元/吨下降到2016年12月的188元/吨，2017年也维持在175元/吨的合理水平。棉花的国内外价差由2014年的2059元/吨下降为2017年的334元/吨。

2. 引导生产者按市场需求调整优化种植结构，产区得到优化，市场价格信号的供求调节功能得以发挥

在种植结构调整政策的共同作用下，玉米低效产区逐步退出生产，玉米播种面积从2015年的3811.66万公顷下降至2017年的3544.52万公顷，单产水平则从5892公斤/公顷上升至6075公斤/公顷，产量从22548万吨下降至21589万吨，高产量、高进口量、高库存量“三量”齐升的困境开始得到缓解。

3. 促进农产品质量的提升

价格形成机制改变使农产品质量不断上升，倒逼机制提高农产品品质和效益。降低了加工企业的生产成本，扩大了下游产品的消费需求，产业链上下游关系得到理顺。2017年玉米库存比上年减少1286.2万吨，玉米加工企业的开工率从2015年的不足50%提升到70%以上，整个产业链的活力大大增强。全国规模以上棉纺企业的平均开工率由2014年上半年的60.23%提高到2017年同期的80%以上。市场自主定价实现了优质优价的甄别功能，引导生产向优势产区和规模化生产者集中、向优质品种调整。新疆优质棉花产量占

表 3　2004～2017 年主要农产品收购政策及政府干预价格

单位：元/吨

		2004 年	2005 年	2006 年	2007 年	2008 年	2009 年	2010 年	2011 年	2012 年	2013 年	2014 年	2015 年	2016 年	2017 年
最低收购价格	早籼稻	1400	1400	1400	1400	1540	1800	1860	2040	2400	2640	2700	2700	2660	2600
	粳稻	1500	1500	1500	1500	1640	1900	2100	2560	2800	3000	3100	3100	3100	3000
	中籼稻	—	1440	1440	1440	1580	1840	1940	2140	2500	2700	2760	2760	2760	2720
	晚籼稻	—	1440	1440	1440	1580	1840	1940	2140	2500	2700	2760	2760	2760	2720
	白小麦	—	—	1440	1440	1540	1740	1800	1900	2040	2240	2360	2360	2360	2360
	红小麦	—	—	1380	1380	1440	1660	1720	1860	2040	2240	2360	2360	2360	2360
临时收储价格	玉米	—	—	—	—	1500	1500	1700	1980	2120	2240	2240	2000	1674	已取消（市场化收购加补贴）
	大豆	—	—	—	—	3700	3740	3800	4000	4600	4600	已取消	已取消	已取消	已取消
	油菜籽	—	—	—	—	4400	3700	3900	4600	5000	5100	5100	已取消	已取消	已取消
	棉花	—	—	—	—	—	—	—	19800	20400	20400	已取消	已取消	已取消	已取消
	目标价格														
	大豆											4800	4800	4800	已取消（生产者补贴）
	棉花											19800	19100	18600	18600

注：大豆目标价格指在黑龙江、吉林、辽宁和内蒙古实行的目标价格，棉花目标价格指在新疆实行的目标价格。

资料来源：国家发展和改革委员会网站（www. ndrc. gov. cn/）。黄季焜："农业供给侧结构性改革的关键问题：政府职能和市场作用"，《中国农村经济》2018 年第 2 期，第 2～14 页。

国内比重由试点前的56%提高至目前的67%。在配套的结构转型补贴支持下，大量既有的水稻和小麦生产开始向优质、特色、专用品种转型。

4. 合理调整了棉花、玉米等产品进口规模和结构

减少了进口，促进国内供求的平衡。玉米进口量从2015年的473万吨下降至2017年的283万吨，棉花进口量由2014年的244万吨下降至2017年的116万吨。

此外，政府对生产者实行补贴，保护其利益和积极性的同时，也使财政补贴更加有效和精准，减少了大量财政补贴。

四、农产品价格机制改革中存在的问题与面临的挑战

（一）农产品价格机制改革中存在的问题

新一轮农产品价格形成机制改革探索取得了较好的成效，尤其是对于棉花与玉米的改革，但是农产品领域问题仍不容乐观：结构性矛盾突出，库存量、进口量高企，财政压力较大，国内外差价扩大等问题依然存在等。虽然棉花和玉米的进口量、库存量有所减少，但是库存量仍然是世界第一；稻谷和小麦的库存量分别约占世界库存量的2/3和1/2。据中国海关总署公布的数据显示，2017年，大豆进口量再次刷新历史新高，比2016年增加13.9%，占世界进口量的64.6%，中国大豆对外依存度高达86%，并且有继续增加的趋势；此外，稻谷、高粱以及油菜籽的进口量也均为世界第一。稻谷、玉米、小麦、棉花库存量在世界库存量中的占比如表4。大豆、稻谷、高粱、油菜籽在世界进口量中的占比如表5。

在目标价格补贴改革试点过程中也出现了一些新问题。

第一，目标价格水平不合理。目标价格的制定依赖于对市场价格的信息采集，但从试点情况来看，市场价格的采集往往比较粗糙，与实际情况不相符，市场价格不具代表性（张巍、佟丹丹，2017）。其中，棉花目标价格设定

表 4　　　　稻谷、玉米、小麦、棉花的世界库存量及前三位占比

国家	稻谷（万吨）	占比（%）	国家	玉米（万吨）	占比（%）	国家	小麦（万吨）	占比（%）	国家	棉花（万包）	占比（%）
中国	9400	66.76	中国	7955.4	39.17	中国	12704.9	47.75	中国	4086.9	46.15
印度	1800	12.78	美国	5975.3	29.42	美国	2746.5	10.32	印度	1263	14.26
印尼	352.7	2.51	巴西	1061.9	5.23	俄罗斯	1533	5.76	巴西	825.9	9.33
其他	2526.7	17.95	其他	5316	26.18	其他	9625.2	36.17	其他	2679.6	30.26
总量	14079.4	100	总量	20308.6	100	总量	26609.6	100	总量	8855.4	100

表 5　　　　大豆、稻谷、高粱、油菜籽的世界进口量及前三位占比

国家和地区	大豆（万吨）	占比（%）	国家	稻谷（万吨）	占比（%）	国家	高粱（万吨）	占比（%）	国家和地区	油菜籽（万吨）	占比（%）
中国	9700	64.57	中国	550	11.86	中国	630	75.62	中国	470	28.61
欧盟	1400	9.32	孟加拉国	330	7.12	日本	55	6.6	欧盟	420	25.57
墨西哥	430	2.86	尼日利亚	260	5.61	墨西哥	20	2.4	日本	245	14.91
其他	3493	23.25	其他	3496	75.41	其他	128	15.38	其他	508	30.91
总量	15023	100	总量	4636	100	总量	833	100	总量	1643	100

注：根据 FAS USDA 数据整理。徐田华：“农产品价格形成机制改革的难点与对策”，《农业经济问题》2018 年第 7 期，第 70 ~ 77 页。

太高，没有考虑棉花“减库存、调结构”的新要求，大豆目标价格水平偏低，不足以促进粮豆轮作。此外，目标价格等级区分不明显。在试点中，以东北大豆目标价格为例，其价格统一，既没有根据市场供求关系调整，也没有考虑到质量问题，好的与差的无法拉开等级和价格，混收的局面让很多农户觉得种优质品种与种一般品种相差不多，只追求产量而不追求质量。

第二，补贴范围过于宽泛，增加了财政负担，摊薄了补贴。2014 年，大豆目标价格补贴约为 30 亿元。2015 年由于大豆市场价格下降较多，补贴资金比 2014 年增长了一倍，财政压力成倍增加。

第三，补贴总额受世贸组织规则允许的上限约束。与当期产量直接挂钩的目标价格补贴是“特定作物促进类补贴”，属于世贸组织规定的特定品种“黄箱”范畴。要符合加入世贸组织之初所承诺的低于产值 8.5% 的补贴范围，世贸组织规定的上限仍是目标价格补贴政策实施中的制约因素，一旦处理不当，有可能引发其他成员国质疑甚至引发贸易争端。

因此，缩小国内外差价，减少进口压力、库存压力、财政负担，破解“地板”（农产品生产成本）价格上涨与“天花板”（进口成本）价格下压导致的调控难题，急需进一步深化农产品价格形成机制改革。

（二）农产品价格形成机制面临的挑战

新一轮农产品价格形成机制中，尤其是目标价格补贴机制主要面临三大领域的挑战：技术性挑战、风险控制挑战以及财政支出挑战（张巍、佟丹丹，2017）。

1. 农产品目标价格补贴制度的技术性挑战

第一，如何确定农产品目标价格和市场价格。农产品目标价格补贴，补贴的是目标价格和市场价格的差价，这是整个制度的前提基础。我国幅员辽阔，全国各地的农产品种植条件与资源禀赋各不相同，同样的农产品，其种植成本可能相差很大，加之种植周期、农产品品质的不同，如果制定全国统一的农产品目标价格，可能影响优质农产品规模化发展，优质农产品规模化种植的积极性得不到有效提升。但如果针对各个不同的农产品种植区进行分别定价，具体如何操作，又如何保证目标价格的准确性和整个制度的公平性，以及如何防止不良商贩利用不同地区目标价格差钻空子骗取价格补贴等，又是需要考虑的问题。在现阶段的实际中，我国农产品存在到厂收购价格高于农售价格的问题，其中大豆最为显著，由于大豆种植在国内均以家庭形式分散式分布，从而形成了较多的收购环节，这些中间环节经过层层加价，使得豆农售价太低，而加工企业的收购价又太高。所以企业的收购价格不能客观反映大豆种植农户的实际售价，而如果利用收购价格作为目标价格的补贴依据，则豆农的利益将受到损失（权丽，2018）。

第二，如何确定农产品目标价格补贴的方式。在近年的试点中，中央政府采取的是将目标价格补贴额根据农产品的种植面积、农产品产量与销售量挂钩的做法。从补贴政策实际执行情况来看，中央对省的补贴已基本实现与当期生产脱钩，但省以下大部分地区的补贴发放都不同程度地与当前生产相关联。2016 年以前，大豆的目标价格补贴是按当年大豆的实际种植面积为基础发放的，棉花的目标价格补贴按生产面积和生产者交售量发放。黑龙江玉米和大豆生产者补贴是按自下而上调查汇总的实际生产面积核算出统一的补贴标准，再按照各户实际种植面积发放。这几种补贴发放方式都是与当期生产直接挂钩的，被归类为“黄箱”支持政策。内蒙古、吉林、辽宁的玉米和大豆的生产者补贴省（区）均是以 2014 年的种植面积并结合产量情况确定各地的补贴总额，核定补贴面积三年不变，补贴金额随国家下发的补贴额度变化而调整。这在一定程度上实现了与当期生产的脱钩，向“蓝箱”政策靠拢。当前采取“分品种施策”的方式有助于针对不同品种特性分类调控，增强政策的针对性，但按照现行补贴方式将会被归类为“黄箱”支持政策，使部分品种的补贴水平受到很大限制。如何在补贴的有效性与保护农民的收益、WTO 补贴水平限制之间找到平衡，是目标价格制度是否能够持久的重要前提。

第三，目标价格补贴的发放操作。如什么时候发放和通过何种途径发放等。一般而言，国际上倾向于根据农民种植产量或是销售量进行补贴。在我国，从事农产品收购的企业主体有国营企业，还有数量众多的民营中小型企业，如何对这些企业的资格进行认证，如何确保这些企业不会作假等，需要制定完善的配套制度。

第四，如何提高政策支持力度在不同农产品之间的均衡性以及政策调整的动态性。“分品种施策”的初衷是根据不同品种的保障需要和市场特性，更有针对性地给予支持。但因政策支持力度的不均衡使不同品种之间存在明显的收益差异，实质上形成了对生产品种选择的人为干预，影响了市场价格对种植结构的调节作用。此外，未充分考虑下游需求衔接而仅在种植环节增加补贴、激励农产品生产，未能激活加工消费链，激增的产量导致了农产品价格的下跌，容易导致“谷贱伤农”，抵消了补贴的收益补偿功能。

2. 农产品市场风险控制挑战

农产品定价权交还给市场，价格波动很可能更加频繁，原因包括市场与政府两个方面。

第一，市场的投机行为可能会大增。在某种农产品开始上市时，以及市场供求关系出现变化时，农产品卖方可能会惜售，造成市场上农产品供应紧张。

第二，政府的市场调控能力下降。政府在面临农产品市场价格的剧烈变化时，由于没有了最低收购价的保护，可使用的调控手段只能是国家储备，对没有建立储备体系的农产品而言，市场的调控难度将更大。农产品价格剧烈波动会导致整个经济领域的价格波动。

3. 农产品产量与价格双重目标带来的财政支出挑战

从生产者角度出发，政府调控需要保护农产品价格，维持农民的生产积极性，保障农民收入；从消费者角度出发，则需要平抑市场价格波动风险，稳定农产品价格。由此衍生出来的就是既要保障农产品产量不出现大的波动，又要保障其价格水平不出现大的波动，而要实现这两个目标，财政支出挑战就会被放大。比如，当国内农产品价格高于国际市场价格时，要实现保护农产品生产的目标，财政支出必然要增加，面临较大的压力；如果目标价格制度追求的是价格稳定，虽然短期内财政支出比较理想，但农民的农业生产积极性会受到打击，一旦国际农产品供给出现问题，国内产量又无法保障供给时，农产品进口的成本支出就会大幅上涨，同样是巨大的财政支出挑战。

五、美国农产品价格形成机制的经验教训

吸收借鉴发达国家农产品价格形成机制和市场调控机制经验，有助于我国农产品价格形成机制的转型。目前，以美国为代表的发达国家的价格调控政策向市场化发展，调控政策工具更加多元化、调控范围和对象不断扩大的各种调控手段，对我国更有效地发挥市场机制作用，统筹利用国内国际两个

市场，开展分离价格形成和政府补贴的“目标价格”政策试点提供借鉴。

（一）农产品价格制度的形成与实施

美国是世界上最大的农产品生产国和出口国，也是最早（1973年）开始实施目标价格补贴的国家。对美国目标价格补贴政策的梳理如表6所示。40余年来，美国不断调整农产品目标价格补贴政策的名称与具体操作方式，主要有两方面的原因：一是任何具体政策措施都是在特定历史条件下发挥作用的，政策目标和政策效果随历史条件变化而变化；二是目标价格补贴政策的不同操作方式（例如不同的目标价格水平和补贴依据以及不同的配套政策等）在适应国内外市场、财政状况以及WTO农业规则等条件的变化方面，会产生不同的效果，而且不同的政策名称对政策宣传和规避WTO规则约束也会产生不同影响（齐皓天等，2016）。

（二）当前美国农产品目标价格补贴政策的特征

1. 生产者以签订合同的形式参加计划

从农产品目标价格补贴政策的参加方式来看，农业生产者必须在规定时间内、以签订合同的形式参加计划。签订直接与反周期支付计划合同有资格要求，2008年农场法案规定，农场基本面积小于10英亩的农场主不得参加该计划，同时参加该计划的个人或经营实体在享受权利的同时，还必须履行合同规定的义务，主要包括：必须承担种植在基本面积上农作物的风险并保证其收获后进行市场销售，必须向农业服务局提供基本种植面积的年度利用情况报告，必须在基本面积上从事农业或与农业相关的活动，基本面积上只能种植规定的作物品种等等①。

2. 对补贴方式与补贴水平的设置

补贴方式灵活多样。美国农业生产者不仅可以根据农场的实际情况选择

---

① 王文涛、张秋龙：“美国农产品目标价格补贴政策及其对我国的借鉴”，《价格理论与实践》2015年第1期，第70~72页。

表 6　不同历史阶段美国农产品目标价格补贴政策的操作要点和实施效果

历史阶段	政策名称	目标价格的确定	价差核定	补贴依据	实施背景	实施情况与效果
1973～1977 年	给予目标价格的差额补贴	综合考虑生产成本和品种间的比价关系来确定，每年根据生产成本动态调整，确保农民的合理收益	贷款率（相当于最低收购价）和实际价格中较高者与目标价格的差额	实际产量（无配额限制）	国内外因素导致美国农产品出口需求激增，农产品库存迅速被清仓，农产品价格暴涨，引起消费者的不满和美国对全球粮食危机的担忧	因国际农产品市场行情较好，补贴很少被触发
1977～1984 年	同上	根据持续上涨的生产成本上调目标价格	同上	同上		目标价格和生产成本相互助长、螺旋式上升，价差扩大，财政负担加重，生产过剩等负面效应凸显
1985～1995 年	基于目标价格的差额补贴	1985～1989 年不再根据成本因素上调目标价格，1990 年开始降低目标价格水平到完全成本之下	同上	不超过产量 85% 的实际产量（且必须落实限产计划）	国内外环境导致美国农产品出口日益萎缩，库存爆满，市场价格持续走低，政府的目标价格差额补贴支出大幅增加，财政不堪重负。此外，与生产挂钩的目标价格补贴使得农业结构严重失衡、土地开发过度、农业生态环境恶化	一定程度上控制了财政支出，促进了结构调整和生态修复

续表

历史阶段	政策名称	目标价格的确定	价差核定	补贴依据	实施背景	实施情况与效果
1996～2002 年	生产灵活性补贴（目标价格补贴政策的暂时退出）	—	—		为了适应 WTO 农业规则，减少农业补贴支出	适应了 WTO 规则，但完全脱钩使补贴缺乏效率
2002～2013 年	反周期补贴（或称“价格损失保障”）	沿用 1990 年确定的目标价格水平（低于平均完全生产成本）	贷款率和实际价格中较高者加上固定直接补贴后得到的有效价格与目标价格的差额	农场固定基期面积的 85%乘以基期平均单产（与当期实际种植什么无关）只与价格挂钩，与实际生产脱钩	生产灵活性补贴虽然能很好地适应 WTO 规则，但不能有效管理农产品价格风险，缺乏效率	兼顾补贴效率、风险管理和适应 WTO 规则多重目标；实际补贴支出并不多
2014 年至今	价格损失保障	按照平均生产成本的一定比例确定（比 2008 年农业法案确定的目标价格高）	贷款率和实际价格中较高者与目标价格的差额	同上	完全脱钩的固定直接补贴缺乏精准性，也缺乏财政效率。金融危机以后，美国财政出现紧张局面，取消固定直接补贴的呼声更加强烈	同上

资料来源：根据下文整理。齐皓天、徐雪高、王兴华：“美国农产品目标价格补贴政策演化路径分析”，《中国农村经济》2016 年第 10 期，第 82～93 页。

参加不同的计划，而且在同一个计划中可以选择灵活多样的补贴方式。农业生产者除了可以选择计算目标价格补贴的参数外，还可以选择是否提前领取部分目标价格补贴。这种灵活多样的选择方式，满足了不同规模、不同层次农业生产者的需求。补贴水平的设计以历史面积和产量为基础，而不是依据该农作物当期的播种面积或收获产量。2002 年农业法案开始实施的反周期补贴政策和 2014 年农业法案的价格损失保障政策，都是与价格挂钩而与生产脱钩的半脱钩化的目标价格补贴政策。与价格挂钩的好处在于，补贴的多少可以根据价格下跌的程度决定，相对于完全脱钩的固定直接补贴而言，差价补贴提高了有限财政资金的补贴效率。与生产脱钩的好处是，不仅可以增强生产者根据市场需求调整种植结构的自主性，而且可以在向 WTO 通报时，将补贴解释为“基于非特定产品的补贴”；此外，也能节省每年核实实际产量的行政成本①。

3. 对目标价格的设置，包括目标价格水平、农产品价格形成机制、覆盖的农产品范围以及调整方式

目标价格水平设置较低。美国目标价格水平的确定遵循“生产成本 + 基本收益”的基本原则，最终由农场法案确定并公布，且目标价格水平较低，主要为保障农业生产者有微利。由于目标价格水平设置较低，加之近年来美国主要农产品市场价格坚挺，其目标价格补贴很少启动。2002 ~ 2012 年，仅有花生、高地棉、大米、玉米、高粱等少数农产品启动过目标价格补贴。

美国农产品目标价格补贴始终是和其他支持措施组合实施的。当前美国的农产品价格形成机制主要由商品营销贷款率、目标价格、市场价格三者共同构成。商品营销贷款率政策是指政府为了保证农业生产者顺利销售农产品，提前预测该农产品的市场价格，并以此价格贷款给农业生产者，其实质是一种支持价格。美国政府实行目标价格补贴政策之后，并没有取消商品营销贷

① 齐皓天、徐雪高、王兴华：“美国农产品目标价格补贴政策演化路径分析”，《中国农村经济》2016 年第 10 期，第 82 ~ 93 页。

款率政策，而是继续发挥其缓解农业生产者资金压力、保证顺利销售农产品的作用。即使2014年农场法案取消了目标价格补贴制度，仍然保留了商品营销贷款率政策。由此可见，实施目标价格补贴政策并非要取代支持价格政策，而应该使支持价格、目标价格、市场价格三者并存，各司其责，密切配合，共同构成农产品价格形成机制。

目标价格几乎包括了美国所有的主要农产品。2002年美国农场法案规定享受目标价格补贴的农产品品种有10类，分别是小麦、玉米、高粱、大麦、燕麦、高地棉、大米、大豆、花生及其他油料作物。2008年农场法案又将豌豆、扁豆、大鹰嘴豆、小鹰嘴豆等4种食用豆以及符合条件的在基地面积上种植的水果、蔬菜、野生稻也纳入目标价格补贴计划之中。2014年农场法案中的价格损失保险计划除高地棉外，其他农产品仍然包括在计划覆盖之内。

为更好地适应农业发展情况的变化，美国目标价格补贴政策在历年农场法案中一直进行不断的调整，主要涉及农业生产者申请资格、补贴品种、补贴面积、目标价格水平、补贴计算方式等方面。如2008年农场法案对申请参加目标价格补贴计划的农业生产者规定：非农场调整收入不得超过500000美元，农场调整收入不得超过750000美元。由于受到巴西起诉美国高地棉补贴案件的影响，2014年农场法案专门针对棉花生产者设立浅层次收入保险计划。美国的目标价格补贴制度在不同的发展阶段，基于国内外经济社会形势，灵活主动地进行调整，增加政策的针对性和有效性。

（三）美国农产品目标价格补贴政策的历史教训

美国农产品目标价格补贴政策发展的40多年间，并非一帆风顺，早期阶段的调整也经历过失败的教训。如目标价格水平太高，推高农业成本、加重财政负担。

美国在1974～1984年根据生产成本加合理利润确定目标价格，且每年根据生产成本指数变动动态调整，从而出现了生产成本和目标价格相互助长、螺旋式上升的态势。不断提高的目标价格水平给农业生产者提供了一种较高的保险预期，不仅刺激农药、化肥的大量投入，造成耕地的过度利用，而且推高了地租、农业生产服务等价格，增加了农业生产成本，损害了农产品国际竞争力，最终导致20世纪80年代严重的农产品过剩、农业结构失衡、耕地使用过度和财政负担严重等问题。

目标价格补贴范围缺乏限制，导致生产过剩和补贴支出不可控的风险。美国在20世纪70年代为刺激农业生产以满足出口需求，放开了面积配额限制，按实际产量补贴，导致农民大面积开垦已休耕土地，最终导致生产过剩、价格下跌，不仅补贴的价差大，而且要补贴的产量也巨大，财政补贴支出成倍增加。

完全挂钩的补贴方式面临WTO规则约束。目标价格补贴方式与实际产量挂钩，对贸易有较强的扭曲作用，是WTO反对的补贴方式。但完全脱钩的补贴缺乏财政效率。1996年农业法案把挂钩的目标价格补贴改为完全脱钩的生产灵活性补贴（2002年农业法案又改名为固定直接补贴），虽然很好地适应了WTO规则。但是，当农产品价格过低、农民损失增加时，补贴不会增加（即补贴不足），而当农产品价格很高、农民收入增加时，补贴也不会减少（即补贴浪费）。所以，美国后来设计出了半脱钩化的补贴方式（齐皓天、徐雪高、王兴华，2016）。

六、完善农产品价格形成机制政策建议

我国农产品价格形成机制历经统购统销、双轨制、保护价与最低收购价三个阶段的变迁，正在朝着农产品价格形成市场化目标迈进。当前我国农产品价格形成机制存在诸多问题，面对当前国内外农产品生产成本的巨大差距以及复杂的国际贸易环境，要在遵循国际贸易规则和市场规律的条件下，对应生产者，解决好“保收入”，对应消费者，则要“保供给”，同时理顺价格机制等多重问题。必须坚定使价格信号重新发挥对市场供求的调节作用，通过合理、合规的政策组合，促进农产品质量、效益、竞争力的提升。一方面，让

价格形成真正反映市场供求关系，农产品生产、流通和消费主要由市场价格信号来引导；另一方面，政府通过价外补贴等方式，最大限度地保护农民利益。

（一）坚持“市场定价，价补分离”的原则，但在推广中要考察基础支撑条件约束，继续“分品种施策、渐进式推进、强化弹性调控”

美国实践证明，农产品目标价格补贴政策在发挥市场机制的作用、管理价格风险、提高财政补贴效率等方面有很好的效果，并且补贴方式在规避 WTO 规则约束方面的可操作空间较大。中国当前试点的棉花目标价格机制已取得显著成效，实践也证明了其制度上的优越性，但在大豆目标价格改革中成效较小。农产品目标价格补贴能否大范围推广，需要考虑不同农产品品种和不同区域是否具备基础数据等支撑条件，或者是否具有建立支持目标价格补贴实施所需要的信息系统的可行性。

美国农户数量少、规模大，而且在 20 世纪 70 年代已经逐步形成优势产业带，历经较长历史时期建立起了完善的市场信息采集和发布制度、农业基础数据和信息系统，这是其农产品目标价格补贴政策能够顺利实施的关键支撑。而中国农户数量多、规模小、分布广，很难建立起完善的基础数据系统。新疆棉花目标价格补贴试点之所以比较成功，正是因为新疆棉花种植户数量有限、规模较大、分布相对集中，产业链单一，使得新疆能够在 2015 年建成棉花综合信息平台，对新疆棉花目标价格补贴改革试点的成功提供了关键支撑。相较而言，东北大豆目标价格补贴由于缺乏这样的基础条件支撑，仍存在无法确保补贴到达实际种植者的问题。所以，如果把目标价格补贴向主粮推广，应首先选择分布相对集中、规模户较多的品种和区域，比如广西的糖料和东北的玉米。

（二）目标价格水平和补贴范围要动态调整以防止效果扭曲，对优质农产品实施专项补贴以提高农产品质量

任何具体农业政策的有效性都是有条件的，政策必须根据条件的变化动

态调整。首先，国内外市场条件变化会导致原本有效的政策效果发生扭曲或者政策目标调整。其次，财政承受能力、各方利益博弈等历史条件的变化都需要政策适时调整。第一，继续根据国内外形势变化调整目标价格水平。如对于大豆，国内供给严重不足，国际贸易环境恶劣，应参考大豆和玉米、水稻等品种的比价关系适度提高大豆的目标价格水平，以促进豆粮轮作。第二，根据财政状况和生态条件调整补贴范围。当财政负担加重，或者当耕地使用过度、生态恶化时，要对目标价格差额补贴的面积和产量加以严格限制。第三，要注意“重点农产品”的变动，在不同时期是不一样的。当前玉米产能过剩和库存积压问题都比较突出，玉米既非短缺的粮食品种，更非保障难度大的重点粮食品种，对玉米可不实行最低收购价或临时收储政策。在玉米产能过剩和库存积压问题都比较严重的背景下，对玉米实行“市场化收购 + 补贴”政策有其必要性。但若干年后，待玉米结构调整进行到一定阶段，玉米产能过剩和库存积压问题出现缓解时，是否有必要建立对玉米市场价格的托底机制是值得考虑的。

对优质农产品实施专项补贴，用于支持生产者转向市场短缺的优质农产品品种的生产。首先，建立完善农产品的分品分级标准和分级定价机制，通过市场优质优价机制引导生产者转向优质作物的生产；其次，鼓励各地探索建立重点农产品专库收储机制，对优质专用农产品按品种品质分级定价、基地直收、专库收储、定向拍卖，确保优质专用农产品在收储流通中不被掺杂；最后，扩大政策性金融对优质农产品购销的支持，积极向与生产者签订订单且实际收购价格高于市场平均价格的企业发放优惠利率的政策性贷款。

（三）目标价格补贴要和其他支持政策有机结合，建立完善的配套政策体系，降低市场风险

美国农产品目标价格补贴政策之所以始终与其他支持措施组合实施，是因为农产品支持政策同时受保障农民收入、增强农产品竞争力、促进农业持

续健康发展等多元目标导向，还要受技术条件、财政状况、WTO 农业规则等多重条件约束。任何单一的政策工具都很难兼顾多个目标。当前，中国农业政策及其改革也有多个目标要实现，单一的价格支持政策虽然可以保障农民收入，但严重扭曲市场；而单一的目标价格补贴政策，虽然可以在发挥市场机制作用的同时弥补农民由农产品价格下跌带来的损失，但在生产严重过剩、大范围自然灾害导致严重“减产—高价”的情况下，农民却得不到补贴等问题，从而影响粮食安全和农业可持续发展。这就要求：第一，目标价格补贴和应急收购必须配套，但应急收购价格要按照市场价格或者物化成本的一定比例来确定，以不扭曲市场形成价格的机制为原则。第二，目标价格补贴只能补偿价格风险损失，不能补偿产量（自然）风险损失，所以要和现有的灾害救助或灾害保险措施配套。第三，目标价格补贴政策要求农户自行销售农产品，这对规模经营户的周转资金压力较大。比如，2014 年，东北豆农就因大豆滞销出现了现金流危机。所以，为扶持规模经营主体，必须配套贷款支持政策。这方面可以借鉴美国营销援助贷款政策的经验，按照生产成本的一定比例确定贷款率，对规模经营户给予营销贷款支持，对小农户给予贷款差额补贴。此外，还要探索建立新的配套支持政策，例如休耕补贴、资源环境保育补贴，以促进农业可持续发展。

围绕“保收益、稳产量”实施综合性农业收入保险。在当前农业保险“提标、扩面、增品”改革思路的基础上，支持农业保险“提标、扩能”为综合性的收入保险，推进重点农产品以灾害保险为主的农业政策性保险与正在试点的农产品价格保险合并为农业收入保险，为农业生产者提供更全面的生产安全收益保障。因为农产品产量与价格之间具有显著负相关关系，目标收入保险具有平衡风险的内在机制，因而这也是国外越来越多采用的农业保险。

山东省自 2014 年启动蔬菜目标价格保险试点工作，到 2018 年山东省物价局、省财政厅等六部门联合印发《山东省特色农产品目标价格保险工作实施方案》，山东省农产品目标价格保险经历了从无到有、从小到大的发展历程，目前已经进入常态化，走在全国前列。截至 2018 年 9 月，山东全省参保蔬菜品种已达 5 个（大蒜、蒜苔、马铃薯、大葱、大白菜），参保面积累计 640 万亩，保险金额 122 亿元，省级补贴保费 6.35 亿元，在全国范围内规模最大；另外，生猪投保总头数共 60 余万头，保险金额近 8 亿元。其中，2018 年上半年，蒜苔投保 51.35 万亩[①]，大蒜 80.87 万亩，春季马铃薯 49.74 万亩，大葱 5 万亩。特色农产品目标价格保险的重大作用集中表现为“三稳一促”，即稳定农产品价格、稳定农民收入、稳定农产品供给、促进金融服务业的发展，可以为主要农产品价格保险提供有力支持。

（四）建立开放共享的农业信息采集和发布平台，为政策顺利实施提供保障

目标价格补贴政策的有效实施需要一系列配套措施保障和基础数据支撑。无论农产品目标价格补贴的具体形式如何调整，其实施的关键都在于价格、面积、单产和生产者信息等准确数据的支撑，以及通过互联网技术手段降低操作成本和控制道德风险。此外，目标价格水平的确定也需要对国内外市场行情的科学预测。中国应运用现代网络信息技术、大数据、云计算，建立开放共享的农业信息系统和信息平台，强化对国内外农产品市场行情的研究预测能力，建立完善的信息发布制度。这些也是今后任何农产品支持政策有效实施的关键支撑条件[②]。

参考文献

[1] 徐田华．农产品价格形成机制改革的难点与对策．农业经济问题，2018（7）
[2] 巩蓉蓉，徐鹏．我国主要农产品支持价格政策现状及对策研究．内蒙古科技与经济，2018（13）
[3] 黄季焜．农业供给侧结构性改革的关键问题：政府职能和市场作用．中国农村经济，2018（2）
[4] 李亚飞．粮食收储改革向稻麦进发．粮食科技与经济，2018，43（2）

---

① http：//sd. sina. com. cn/news/b/2018 - 09 - 03/detail - ihiixzkm4013097. shtml。

② 齐皓天、徐雪高、王兴华：“美国农产品目标价格补贴政策演化路径分析”，《中国农村经济》2016 年第 10 期，第 82 ~ 93 页。

[5] 权丽．农产品目标价格补贴制度改革的困局和破解之策．农业经济，2018（2）
[6] 张巍，佟丹丹．我国农产品目标价格补贴制度的优点、风险与完善对策．改革与战略，2017，33（10）
[7] 齐皓天，徐雪高，王兴华．美国农产品目标价格补贴政策演化路径分析．中国农村经济，2016（10）
[8] 杜鹰．完善农产品价格形成机制是深化农村改革当务之急．中国经济时报，2016-09-09
[9] 张晶，王克．农产品目标价格改革试点：例证大豆产业．改革，2016（7）
[10] 王文涛，张秋龙．美国农产品目标价格补贴政策及其对我国的借鉴．价格理论与实践，2015（1）

专题报告四

农产品质量监督管理体系研究

金　芬　中国农业科学院农业质量标准与检测技术研究所
农产品质量安全研究室主任、研究员
陈　松　中国农业科学院农业质量标准与检测技术研究所
政策与信息研究室副主任、副研究员

农产品质量安全关系着我们每一个人的身体健康和家庭幸福，吃得是不是优质、安全、绿色、营养，已成为大家普遍关心的话题。习近平总书记指出，食品安全源头在农产品，基础在农业。保障人民群众“舌尖上的安全”是最大的民生工程，也是农产品质量安全监管系统最神圣的责任。近年来，特别是党的十八大以来，各级农业部门坚决贯彻落实党中央、国务院决策部署，牢固树立绿色发展理念，以推进农业供给侧结构性改革为主线，以增加绿色优质农产品供给为目标，认真落实“四个最严”要求，狠抓突出问题治理，从生产、监管两端发力，扎实推进质量兴农各项任务，为农业农村经济实现稳中有进、稳中提质、稳中增效做出了重大贡献。农产品质量安全保持平稳向好的发展态势，连续 5 年监测合格率稳定在 96% 以上，2018 年上半年合格率达到 97. 6% 。

一、我国农产品质量与安全的发展现状

（一）农产品质量安全工作取得的成效

回顾近5年来的工作，各级农业部门坚持“产”“管”并举，依法履职，积极作为，农产品质量安全工作取得重大进展。

1. 领导重视持续强化责任落实

根据国办印发的《关于加强农产品质量安全监管工作的通知》要求，切实落实地方政府属地责任。全面启动国家安全县创建活动，将农产品质量安全工作纳入政府考核，平均权重由2.5%提高到5.8%以上。质量安全由部门工作升级为政府行为，检测、监管、执法能力全面提升，首批107个创建试点县（市）农产品质量安全监测合格率达99.1%、群众满意度达90%，比创建前分别提高2个和16个百分点（见图1）。2017年又确定了第二批215个创建试点单位，30个省同步开展省级创建工作，已创建省级质量安全县477个。国家将农产品质量安全工作纳入省级政府质量考核和食品安全工作考核，所有省份均将其纳入政府年度绩效考核内容。上海、浙江等地开展整省（市）创建活动，北京市与农业部签署了《共建北京农产品绿色优质安全示范区合作协议》。

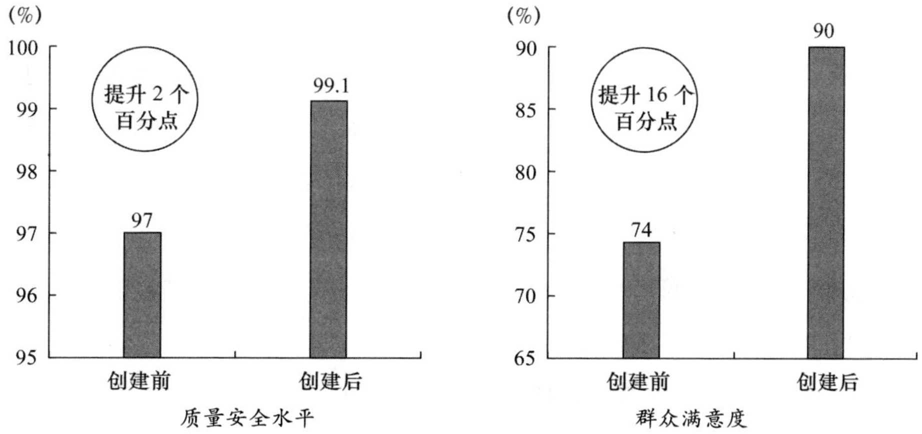

图1　创建试点县（市）前后质量安全水平和群众满意度对比

2. 农业标准化和品牌发展逐年递增

截至目前，农业部门组织制定农药残留限量标准5150项，兽药残留限量标准2191项，制定发布农业行业标准5704项，基本覆盖我国常用农兽药品种和主要食用农产品。创建蔬菜水果茶叶标准园、热作标准化生产示范园、畜禽标准化示范场和水产健康养殖场示范场11280个。截至2017年，全国主要作物绿色防控技术应用面积超过5.5亿亩，绿色防控覆盖率达27.2%。稳步发展无公害、绿色、有机和地理标志农产品，“三品一标”总数达12.1万个，抽检合格率达98%以上，一大批优质安全的农产品摆上了百姓餐桌。实施农药减量行动，连续3年实现农药使用量负增长；推动促生长兽用抗菌药物退出、兽用抗菌药物使用减量化示范创建；开展海参育苗、对虾养殖等零用药技术示范，实现生态健康养殖。江西在全省范围创建全国绿色有机农产品示范基地试点，山东启动创建国家蔬菜质量标准中心。

3. 农产品质量安全执法监管水平显著提高

多年来，农业部门持续开展农药、“瘦肉精”、生鲜乳、兽用抗菌药、水产品、生猪屠宰、农资打假等专项整治行动，始终保持高压态势，严厉打击违法违规行为，及时曝光典型案例，执法监管压倒性态势正在形成。全国共查处各类问题17万余起，查办案件6.8万件，为农民挽回直接经济损失43亿元。三聚氰胺连续8年监测全部合格；基本打掉“瘦肉精”地下“黑窝点”和生产经营链条，监测合格率处于历史最好水平；高毒农药和禁用兽药得到较好控制。印发《加强农产品质量安全执法工作的意见》，推动各地加大执法办案力度。开展“瘦肉精”交叉拉网监测和飞行抽检，形成跨省案件通报协查、涉嫌犯罪移送等有效机制。组织开展肉品质量安全监管“百日行动”，强化联合督导和措施联动。湖北连续多年开展暗访督查，实行约谈、通报、问责制度，与公安部门配合，破获假劣农资案值超千万元；新疆破获多起农产品中使用禁限用农药的典型案件。

4. 农产品质量安全评估预警能力明显提升

农业部门连续多年实施国家农产品质量安全例行监测计划（见图2），针对31个省的155个大中城市、110种农产品，监测参数94项，抽检样品21.5万个，获取有效数据804.1万个，及时发现并督促整改不合格问题。组织认定105家风险评估实验室和148家风险评估实验站，对重点产品进行风险评估，初步摸清风险隐患及分布范围、产生原因。不断完善农产品质量安全突发事件应急预案，建立起快速反应、协同应对的应急机制。妥善处置了“速生鸡”“草莓乙草胺”“鸡蛋氟虫腈”等突发问题，将负面影响降到最低。组建农产品质量安全专家组，开展科普解读，回应关切。黑龙江扩大风险监测范围，连续多年对优势产品开展定量抽检；甘肃定西实行红、黄、黑“三色榜”分类管理；辽宁、吉林等积极组织应急培训演练。

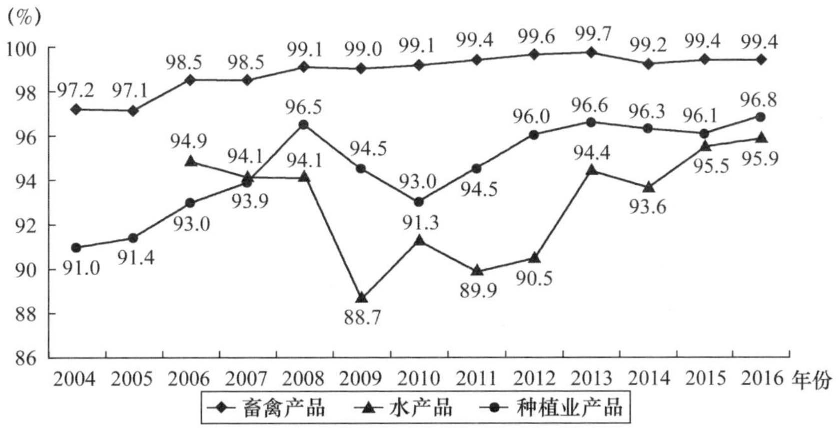

图2　2004～2016年国家农产品质量安全例行监测结果

5. 监管制度和机制不断优化完善

在制度安排方面，修订完成农药、兽药、饲料及饲料添加剂等管理条例；最高法和最高检出台了食品安全刑事案件适用法律的司法解释，把生产销售使用禁用农兽药、收购贩卖病死猪、私设生猪屠宰场等行为纳入刑罚范围；制定修订了饲料质量安全管理规范、监测管理办法、检测机构考核办法、追溯管理办法等多个部门规章；安徽、海南等省份出台了农产品质量安全地方法规。以国家法律法规为主体、部门规章相配套、地方法规为补充的制度体系不断完善。出台农产品质量安全信用体系建设意见，与发改委、中国人民银行等部门建立联合惩戒机制。加强与国家食药总局等部门协调配合，建立产地准出和市场准入的衔接机制，试点食用农产品合格证管理。浙江省率先将合格证纳入地方性法规。具体见表1、表2。

表1　　国家层面的法律体系建设情况

层　次	法律法规名称
法　律	《渔业法》（1986年1月20日首次发布，2000年10月31日修订） 《农业法》（1993年7月2日首次发布，2002年12月28日修订） 《动物防疫法》（1997年7月3日发布，2007年8月30日修订） 《畜牧法》（2005年12月29日发布） 《农产品质量安全法》（2006年4月29日发布） 《食品安全法》（2009年2月28日颁布，2015年修订） 《食品安全法实施条例》（2009年7月20日实施）
行政法规	《植物检疫条例》（1983年1月3日发布，1992年5月13日修订） 《兽药管理条例》（1987年5月21日发布，2001年11月29日第一次修订，2004年3月24日第二次修订） 《农药管理条例》（1997年5月8日发布，2001年11月29日修订） 《饲料和饲料添加剂管理条例》（1999年5月29日发布，2001年11月29日修订） 《农业转基因生物安全管理条例》（2001年5月23日发布） 《国务院关于加强食品等产品安全监督管理的特别规定》（2007年7月26日发布） 《乳品质量安全监督管理条例》（2008年10月6日发布）
部门规章	《绿色食品标志管理办法》（1993年发布） 《农业标准化管理办法》（1993年发布） 《水产养殖质量安全管理规定》（2003年7月24日） 《无公害农产品管理办法》（2003年发布） 《农产品产地安全管理办法》（2006年发布） 《农产品包装与标识管理办法》（2006年发布） 《农产品质量安全检测机构考核办法》（2007年发布） 《农产品质量安全信息发布管理办法》（试行）

表2　　地方法规体系发展情况

省　份	法规名称
贵　州	《贵州省农产品质量安全条例》（2018年1月1日正式实施）
辽　宁	《辽宁省农产品质量安全条例》（2017年6月1日正式实施）

续表

省　份	法规名称
浙　江	《浙江省农产品质量安全规定》（2017 年 5 月 1 日正式实施）
海　南	《海南省农产品质量安全条例》（2013 年 6 月 1 日正式实施）
山　西	《山西省农产品质量安全条例》（2012 年 3 月 1 日正式实施）
山　东	《山东省农产品质量安全条例》（2011 年 10 月 1 日正式实施）
江　苏	《江苏省农产品质量安全条例》（2011 年 9 月 1 日正式实施）
安　徽	《安徽省农产品质量安全条例》（2009 年 12 月 1 日正式实施）
深　圳	《深圳市食用农产品安全条例》（2007 年 5 月 1 日正式实施）
甘　肃	《甘肃省农产品质量安全条例》（2009 年 3 月 1 日实施）
福　建	《福建省食品安全条例》（2017 年 10 月 1 日正式实施）
黑龙江	《黑龙江省食品安全条例》（2017 年 5 月 1 日正式实施）
广　东	《广东省食品安全条例》（2016 年 9 月 1 日正式实施）
湖　北	《湖北省食品安全条例》（2016 年 12 月 1 日正式实施）
海　南	《海南经济特区农药管理若干规定》（2005 年）
湖　北	《湖北省实施 <农产品质量安全法> 办法》（2008 年 11 月 29 日出台）
湖　南	《湖南省农产品质量安全管理办法》，（2005 年 7 月 5 日）
上　海	《上海市食用农产品质量安全监管暂行办法》（2001 年 7 月发布，2004 年修订）
四　川	《四川省〈农产品质量安全法〉实施办法》（2009 年 2 月）
天　津	《天津市农药管理条例》（2006 年 5 月 24 日发布）
河　北	《河北省农产品市场准入办法》（2008 年）

6. 执法监管体系队伍逐步健全

从实际出发，着力推动农产品质量安全监管、检测，执法队伍迅速壮大，解决有人干事、有能力干事问题。全国所有省、88% 的地市、75% 的县、97% 的乡镇建立了农产品质量安全监管机构，落实监管人员 11.7 万人。部分省通过政府购买服务或资源整合，积极推进村级监管员队伍建设。国家投资 130 亿元，建设了部、省、地、县质检机构 2770 个，检测人员达 3.2 万人，基本实现全覆盖，检测能力迅速提升。组织开展检测技能大赛，获奖选手荣获“全国五一劳动奖章”或“全国技术能手”称号，“农产品质量安全检测员”正式纳入《国家职业分类大典》。全国共成立 286 个市级和 2386 个县级农业综合执法机构，覆盖率分别达到80%和99%，福建、广东等8个省成立了省级农业综合执法机构，把农产品质量安全作为农业综合执法重要任务。出台《农产品质量安全追溯体系建设意见》，建成全国统一的追溯管理信息平台，推行种子追溯编码标识、兽药二维码制度和农药质量追溯试点。四川省积极推进省级平台与国家追溯平台对接，实现追溯信息互联互通；江苏省扬州市利用“互联网+”手段，建立了“江苏优鱼买卖”垂直电商平台。

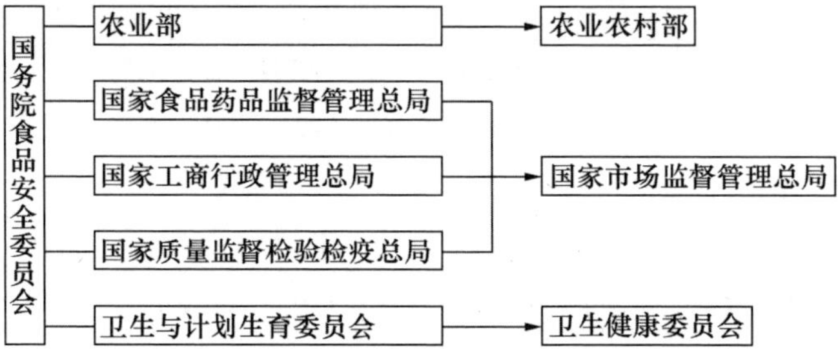

图3　新形势下食品安全监管有关部门监管职能整合情况

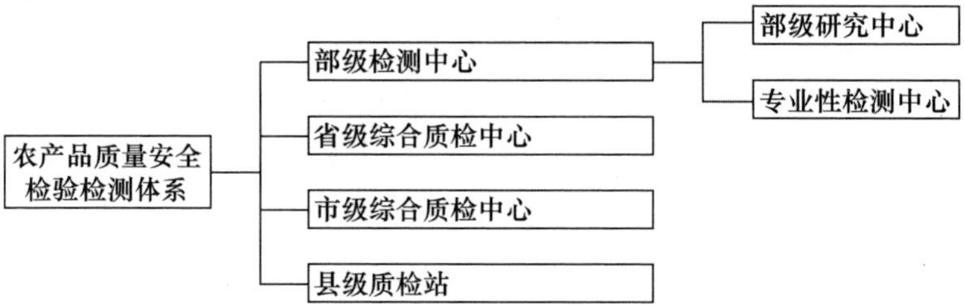

图4　全国农产品质量安全检验检测体系框架

（二）农产品质量安全问题不容忽视

根据2019年全国质量兴农推进会议精神，农业农村部表示，2018年我国主要农产品例行监测总体合格率达到97.5%，没有发生重大农产品质量安全事件。

2018年，农业农村部按季度组织开展了4次国家农产品质量安全例行监测（风险监测），监测范围进一步扩大，重点增加了农药和兽用抗生素等影响农产品质量安全水平的监测指标，监测参数由2017年的94项增加到2018年的122项，增幅29.8%，抽检总体合格率为97.5%。其中，蔬菜、水果、茶叶、畜禽产品和水产品抽检合格率分别为97.2%、96.0%、97.2%、98.6%和97.1%，畜产品“瘦肉精”抽检合格率为99.7%，农产品质量安全水平持续向好。

从监测品种看，全年抽检的76种蔬菜中，甘蓝类、瓜类、食用菌和茄果类蔬菜监测合格率较高，分别为99.8%、99.4%、99.0%和98.7%。抽检的6种畜禽产品中，猪肉、牛肉、羊肉、禽肉和禽蛋的抽检合格率分别为99.7%、98.6%、99.8%、98.8%和96.1%。抽检的13种大宗养殖水产品中，鳊鱼全部合格，鲢鱼、对虾、草鱼和大黄鱼抽检合格率相对较高，分别为99.4%、98.5%、97.9%和97.9%。

各地农业农村部门始终坚持问题导向，落实“四个最严”要求，对监测发现的问题有针对性地跟进开展监督抽查，依法查处不合格产品及其生产单位。从现有掌握的问题情况，主要还表现出以下几个特点。

1. 我国仍然处于农产品质量安全事件高发期

我国有2亿多农户，户均耕地只有7亩多，6000多万生猪养殖户，年出栏量500头以上的规模养殖比例仅占44%。在相当一段时期内一家一户的小农生产仍是我国农业生产的主要形式，导致我国农产品质量安全在生产过程的控制上难度较大。少数生产经营者受经济利益驱动，制假售假、掺杂使假、违规添加使用有毒有害物质等行为屡禁不止。一些生产经营者还没有建立健全内部质量安全管理制度，生产、用药、销售、投入品出入库等记录缺乏或不完整不规范，出现问题后溯源困难。一些生产经营者缺乏应有的知识和技术，传统的生产经营意识还很浓厚，存在滥用农药兽药、不执行休药期规定等现象。目前，我国正处于改革的攻坚阶段和发展的关键时期，正处在一个矛盾突发和深度调整的时期，这导致农产品质量安全风险隐患凸显，农产品质量安全事件进入高发期。

2. 风险来源多样化，新的未知风险数见不鲜

随着生产技术的革新和社会经济的发展，农产品质量安全风险的来源逐步多样化，除了原有的风险危害外，将新技术、新产品应用到农产品生产流通过程中带来了新的未知的危害。我国农产品加工、冷链运输、储藏等技术水平低，冷链运输能力不足，果蔬、肉类、水产品的流通腐损率分别达到25%～30%、12%、15%，给市场监管带来风险；当前我国农产品流通格局呈“买全国、卖全国”的状况，活鸡、活猪、活鱼等长途贩运、现宰现吃，导致运输途中非法添加、疫病传播，加大了质量安全风险。近年来，人用抗生素、镇痛消炎药、神经系统药、降血脂药等，在江河、湖泊、近海等水体中被频繁检出，这些物质可通过种养殖环境进入动植物体内，加剧细菌耐药性，给农产品带来新的危害风险。

3. 农产品产地环境污染形势仍很严峻

产地环境安全是农产品质量安全的基础，尤其是水稻、蔬菜、小麦等对产地环境污染物敏感的农作物。目前，一些地区特别是重金属矿区周边耕地内源性重金属污染问题突出，社会反映强烈。如湖南省花垣县血铅事件、江西省九江市镉米事件、河南省新乡市镉麦事件。同时，工业“三废”和城市生活垃圾等外源污染不断向农业农村扩散，加剧了土壤污染。《全国人民代表大会常务委员会执法检查组关于检查<农产品质量安全法>实施情况的报告》显示当前我国中度和重度污染土壤约占2.6%，轻微污染约占11%，耕地中度和重度污染占2.9%，且部分地区污染速度仍在加快。农业面源污染和污灌区土壤污染也很严重。

4. 消费者质量安全风险认知不够

风险认知是消费者对农产品质量安全风险产生的主观层面的认识、判断和评价。随着生活水平的提升，消费者对鲜活农产品质量安全意识普遍提高，对鲜活农产品质量安全问题的关注日益增强，但风险认知度却远远不够。一旦遇到农产品质量安全问题，绝大部分消费者会选择不了了之，而不是维权。由于一些公众对农产品质量安全知识和安全状况信息缺乏科学认知，而且随着互联网和信息化的发展，农产品质量安全的个别问题、局部问题，往往通过网络等传播途径，迅速发酵、蔓延，影响到全局。例如，2018年上半年，网络上先后出现“吃草莓容易感染诺如病毒”“喝茶等于喝农药”等多组谣言，使得一些消费者无所适从。诸如此类的认知不足，产生的信息不对称，加上新媒体时代对鲜活农产品质量安全事件的披露和曝光越来越频繁化和大众化，造成了消费者对一些质量安全事件的误读，引发信任危机，有些甚至给产业带来致命冲击。

（三）农产品质量安全问题的根源

1. 发展阶段的制约

我国农业生产经营主体小而分散，组织化程度低，农业投入品使用不规范，农产品分级和包装技术水平低，加之社会诚信体系不健全，容易出现知法犯法、违规用药等现象，制约了农产品的标准化生产和追溯管理，制约了农产品质量安全水平的提升，也增加了监管难度。在农产品消费方面，目前我国城乡居民总体收入水平还不高，大多数消费者在购买食品时仍然以价廉作为优先选择；广大消费者虽然越来越重视农产品消费安全，但普遍缺乏足够的质量安全知识，认知水平不高；全社会大力提倡保护消费者权益，但消费者的知情权、监督权还难以落实。从现阶段的实际情况看，农业生产、加工经营和消费者自我保护这 3 个环节还存在安全保障的缺陷，对从源头上提高农产品质量安全水平构成了多重制约。

2. 科技支撑的制约

我国农产品质量安全技术支撑体系的建设亟待完善，风险评估起步较晚，缺乏一个部级层面专门从事风险评估的机构，检验检测体系虽已基本形成部、省、市、县四级构架，但缺乏机构认证和资质认定，缺乏具有较强能力、较高水平的鲜活农产品质量安全研究、检验检测、风险评估队伍，过程控制技术、检验检测技术、设施装备等尚不能满足现实需求和国际贸易要求，现有技术标准科技含量较低、标准体系不够完善和统一，存在大量重复交叉现象等，影响了我国农产品质量安全水平的提高。

3. 监管体制机制制约

我国农产品质量安全管理体系庞大，涉及诸多环节和诸多领域。管理权限分属不同部门，多头管理，在很大程度上存在管理职能错位、缺位和交叉分散现象，难以形成协调配合、运转高效的管理机制。尽管农业部门和市场监管部门分别对产地准出和市场准入做出了具体规定，但在实践中产地准出与市场准入衔接仍然不畅，发现问题难以追溯至生产源头。农业综合执法部门与食品安全执法部门权责边界模糊，导致基层农业综合执法部门和食药监部门监督执法经常发生争议，对初加工农产品和农产品进入市场前直接从产地收购农产品的经纪人等主体及相应的贮存、运输环节，存在重复执法或推诿执法的现象。农业部门、市场监管部门、公安部门之间的信息共享机制有待进一步强化，行政执法和刑事司法衔接机制不畅。例如，2017 年 8 月，山东省寿光市发生的“毒大葱”事件就直接反映出执法监督存在空白、产地准出和市场准入缺乏衔接等问题。

4. 监管执法能力制约

目前农产品质量安全检验检测制度执行还不完全到位。检验检测机构数量众多，分属农业、市场监管、卫生、商务等部门，缺乏统一的发展规划，低水平重复建设情况比较普遍。一些县级监管机构同时承担检测、执法任务，在编人员少、流动性大，监管执法工作难以有效推进。特别是在县乡两级，基层监管人员不足、工作经费不够、监管能力不强、基础设施条件差、检测设备配备数量少、检测人员专业素质低等问题普遍存在，而且越到基层越突出，约 1/4 的县尚未建立监管机构，农产品生产大县大多缺乏农产品质量安全执法经费。大部分乡镇监管机构不具备实验室检测能力，监测手段主要是快速检测。而快速检测只做定性分析，无法进行定量分析，存在着“检不了、检不出、检不准”等问题。许多基层检测机构存在这些问题，导致发现问题只能上报送检，耗时费力，往往等确认为问题农产品时，为时已晚，给问题农产品的封存、处理、销毁带来很大困难。一些省份村级没有设立农产品质量安全协管员，监管“最后一公里”的问题没有解决。

5. 农安法治建设亟须加强

《农产品质量安全法》实施十几年以来，从未进行过修订，有些条款已明显不适应当前农产品质量安全监管形势，一些新问题甚至处于无法可依状态。一些法律条文的操作性不强，实施难度大。现行农产品质量安全法的处罚力度偏弱，一般罚款额度在2000元以内，最高额度为2万元。违法成本低，对违法犯罪分子难以起到震慑作用。食用农产品质量安全的分段监管和“两法”并行的实际情况造成食用农产品在产地准出和市场准入过程中的产品属性发生转变，容易产生执法过程中的监管缝隙。《农产品质量安全法》和《食品安全法》对食用农产品的监管要求存在不一致情况，实践中部分地方出现“两法”混用、择法而用的现象。与农产品质量安全相配套的法规需要健全。目前仍有13个省（区、市）尚未出台配套的农产品质量安全地方性法规。

二、当前面临的新形势与新机遇

在习近平“三农”思想指导下，我国农业农村经济发展进入了新时代。我们要结合新时代、新形势、新要求，站在全局的高度，充分认识推进质量兴农、绿色兴农、品牌强农的重要意义，准确把握当前面临的新形势、新挑战、新机遇。

（一）推进质量兴农、绿色兴农、品牌强农是满足人民群众新期待、决胜全面小康的必然选择

党的十九大做出我国社会主要矛盾转化的重大论断。社会主要矛盾在各行各业有具体体现，在农产品领域主要体现为人民日益增长的安全优质需求和农产品供给数量质量不平衡、农业质量发展不充分之间的矛盾。吃得安全、优质、营养、健康，已成为人民群众对美好生活的新期待。保证民众吃得安全放心，是最基本的民心工程、民生工程。我国当前农产品质量安全形势平稳向好，但由于产业基础、消费方式、市场秩序等原因，风险隐患仍然存在，既有老问题，也有新情况。特别是当前信息传播手段高度发达，一些小问题如果处置不好，很容易演变成全局性问题。我们既要解决好产品安全的问题，

更要解决好老百姓放心的问题。这个问题解决得不好，会对政府的权威性和公信力造成不好的影响，农业农村经济发展得再快老百姓也不会满意。现在距离第一个百年目标只剩 3 年时间，我们要牢固树立“以人民为中心”的理念，顺应人民新期待，加快推进质量兴农、绿色兴农、品牌强农，决不能拖全面小康的后腿。

（二）推进质量兴农、绿色兴农、品牌强农是加快农业供给侧结构性改革和现代农业建设的关键环节

随着农业农村经济发展，我国农业发展导向正在发生深刻变化。2019 年中央明确提出，推动农业由增产导向转向提质导向，由高产量向高质量转变。要实现这个转变并不容易。习近平总书记指出，解决农产品质量问题，比单纯解决数量问题情况更复杂，任务更艰巨。当前，我国农产品供给主要是结构性问题，绿色优质高品质农产品生产供给不足，普通的“大路货”又缺乏市场竞争力。中央提出推进农业供给侧结构性改革，就是要从生产端、供给侧发力，从整体上提高农业供给体系的质量和效率，这也是现代农业发展的内在要求。要把增加绿色安全优质农产品供给放在更加突出的位置，加快推进农业转型升级，实现绿色化、优质化、品牌化。

（三）推进质量兴农、绿色兴农、品牌强农是促进绿色发展、培育乡村发展新动能的有效途径

党的十九大提出实施乡村振兴战略，并作为七大战略之一写入党章。乡村振兴五句话 20 个字的总要求，与我们工作都有密切关系。产业要兴旺，需要首先抓好质量。没有质量基础的产业根基是不牢靠的，要形成“抓产业必须抓质量、抓质量必须树品牌”的发展共识。生态要宜居，需要实现绿色发展。2018 年中办、国办联合下发《加强农业绿色发展的意见》，将质量安全作为重要内容，对标准体系、产地环境、减量化生产、综合利用等方面提出明确要求。乡风要文明，需要传承农耕文明，培育农民的规则意识。这与我

们发展地理标志等传统优势特色农产品、培育生产经营者按标生产等关系密切。治理要有效，需要乡村自治、法治和德治有机结合，与我们的诚信体系建设、基层监管体系等工作密不可分。生活要富裕，需要提高农产品市场竞争力，正是我们“三品一标”等优质绿色农产品一直追求的目标和立身之本。我们要提高站位，放大格局，将工作融入乡村振兴战略的大背景下来谋划和推动，积极思考，主动入位，为乡村振兴提供新动能，开拓新局面。

当然，当前还面临不少困难和挑战。一是产品质量还不够优。农产品质量安全风险隐患仍然存在，如农兽药残留、非法添加等问题，在部分地区、部分品种上还比较突出。产品低质化、同质化情况普遍，精细化、差异化、个性化不够。二是产业效益还不够高。我国农业生产经营标准化、规模化水平总体不高，“小、散、杂”仍是普遍现实，创新能力不强，效益体现不充分，有影响力的产品品牌、企业品牌、区域品牌不多。由于宣传推广、假冒伪劣、消费认知等原因，优质优价的良性市场环境还没有充分形成。三是管理能力还不够强。由于起步晚、基础弱，基层监管能力手段不足的问题仍然存在，而且越往基层越薄弱，“最后一公里”的问题还没有全面解决。此外，以前我们工作的着眼点主要在数量，相关政策、考核、评价、支持措施等多是围绕增产来进行的，对于质量的研究和投入相对不足，尤其是对于除安全要素以外其他的质量问题更是关注不够，质量工作的理论体系、制度体系、政策体系还有待建立健全。时代和人民给我们出了“质量”这个新课题，我们要树立“大质量”的理念，以质量为根本，以安全为底线，促进质量和产业的融合发展，研究好这个新时代的新课题。

三、新时代农产品质量监督管理的发展思路

（一）基本思路

全面贯彻落实党的十九大会议精神，以习近平新时代中国特色社会主义

思想为指引，遵循“创新、协调、绿色、开发、共享”发展理念，落实“四个最严”和“产管并举”的要求，全力推进绿色农业发展，围绕“农业供给侧结构性改革”这一主线，以特色农业资源为依托，以科技创新为动力，以提高农产品质量安全水平和市场竞争力为目标，以节本增效、优质安全、绿色发展为重点，以推进鲜活农产品质量安全科技创新和管理创新，以及人才队伍建设、条件平台建设和技术支撑能力建设为落脚点，构建鲜活农产品质量安全保障体系，为建设现代农业和健康中国提供有力支撑。

（二）基本原则

——坚持源头治理，实施全程管控。强化农产品产地安全管理，综合防治农业面源污染，严格农业投入品监管，大力推进农产品标准化、绿色化、规模化、品牌化生产，建立“从农田到餐桌”的全程质量管控体系。

——坚持预防为主，突出风险防范。强化鲜活农产品风险监测、风险评估和风险预警，努力消除隐患和防患于未然；同时，抓住农产品质量安全领域矛盾最突出、需求最迫切的重大问题，集中力量开展专项整治。

——坚持创新驱动，提升监管效能。强化“从农田到餐桌”管控保障技术与产品研发，探索以合格证和检测验证为手段的执法监管新途径。运用“互联网+”推进农产品质量安全信息化监管能力建设，着力构建新型农产品质量安全保障体系。鼓励适度规模经营，用品牌提振消费者对农产品质量安全的信心。

——坚持多方联动，推进社会共治。建立省市地县上下联动、部门间横向联动等多元协作机制，畅通投诉举报和咨询交流渠道，主动披露产品质量安全全过程信息，增强监管透明度，充分调动行业协会、科研机构和新闻媒体等社会资源，加大鲜活农产品质量安全公益科普宣传，传播质量安全监管正能量，营造全社会共同关注的良好氛围。

——坚持自律守信，实现放心消费。加快推进农产品质量安全信用体系建设，创新建立农产品质量安全守信激励和失信惩戒机制，引导生产经营主体建立信用档案，督促落实生产经营主体责任，恪守诚信守法的经营理念，完善质量安全内控管理制度，及时消除质量安全风险隐患，不断增强自律守信定力，用绿色安全、优质优价的农产品去赢得市场信赖。

（三）发展目标

到 2020 年，农产品质量安全标准化生产和执法监管全面实施，专项治理取得明显成效，违法犯罪行为得到基本遏制，突出问题得到有效解决；到 2030 年，国家农产品质量安全研究科技实力和创新能力大幅跃升，创新驱动发展成效显著。构建以信息化、智能化、网络化为特征的新型农产品质量安全监管体系，农产品质量安全全程监管制度基本健全，农产品质量安全法规标准、检测认证、评估应急等支撑体系更加科学完善，标准化生产全面普及，农产品质量安全监管执法能力全面提高，生产经营者的质量安全管理水平和诚信意识明显增强，优质、安全的农产品比重大幅提升，农产品质量安全水平稳定可靠，打造绿色、安全、营养、高效的农产品新形象。

（四）行动变革

推动农业高质量发展，是一场深刻的变革，绝不是对现有发展路径的“小修小补”，而是工作导向的重大转变和工作重心的重大调整，推动农业来一场质量革命。具体讲，要加快实现“四个转变”。

一是思想观念要从数量优先转向质量第一。过去，我们吃不饱，发展的指导思想是数量优先，越多越好，工作的导向主要是围着增产转；现在，农业生产连年丰收，数量已经不是主要问题了，质量成为主要矛盾。抓农业，一定要抓质量。推动农业高质量发展，首先要转变思想观念，牢固树立质量第一、效益优先的理念，坚持质量就是效益、质量就是竞争力，所有的工作都要围绕提升质量来谋划，尽快实现由总量扩张到质量提升的转变。

二是政策创设要从增产导向转向提质导向。过去，我们的政策目标大多是扶持增产，支持领域大多是生产环节，支持方式大多是给钱给物，这对于推动农业增产增收发挥了很大作用；现在，农业发展形势变了，目标要求变了，政策也要随之调整。推动农业高质量发展，要加快制定相应的政策体系，推动科技研发、农业补贴、项目投资等主要投向绿色发展、质量提升、效益提高等方面。

三是工作方法要从行政推动转向市场引导。当前，我们的工作对象、内容、领域等发生了深刻变化，传统的管理服务模式已难以适应高质量发展要求，必须不断创新工作方法，转变工作方式。我们要更加注重运用市场办法推动工作，用市场机制、价格手段倒逼农业发展变革；要更加注重运用信息化手段推动工作，推进互联网、大数据、人工智能等与农业深度融合；要更加注重发挥农民群众的主体作用，深化农业领域“放管服”改革，创新优化政府服务，让农民放开手脚大胆闯、大胆试。

四是考核方式要从考核总量转向考核质量效益。过去，我们是以产量论英雄，谁能育出高产品种、谁能拿出增产措施，谁就是英雄；现在，要改变这种导向，以质量效益论英雄。要加快构建推动农业高质量发展的考核评价体系，把环境友好、绿色发展、质量安全、带动小农户增收等作为重要考核指标，引导人才、科技、装备等各方面力量聚合到质量兴农上来。

四、国外食品安全监管的经验启示

（一）国外食品安全的政府管理体制

1. 美国

美国的食品安全在100多年来得到了极大的发展，由乱而治，并且不断完善，成为世界上最为严格的食品安全监管国之一。美国的食品安全管理事务主要由联邦政府农业部、环境保护署、联邦食品药品管理局、商务部和财政部等部门承担。农业部负责肉禽蛋及其相关制品的安全监管以及动植物防疫，环境保护署负责农药和饮用水的安全事务，食品药品管理局负责肉禽蛋以外食品的安全管理。总统食品安全委员会负责协调各部门，并负责制定联邦食品安全战略，为总统提供决策咨询意见。近年来，美国多次发生食品污染事件，奥巴马政府根据不断变化的现实对美国食品安全体系进行了一次大变革，签署了《食品安全现代化法案》。

2. 欧盟

口蹄疫、疯牛病、禽流感等疫情频频爆发，暴露了欧盟原有的食品法规和官方控制存在缺陷。为了应对这一新变化，欧盟发布《食品安全白皮书》，成立欧盟食品安全局，并逐渐形成了以《食品安全白皮书》为核心的各种法律、法令、指令并存的食品安全体系新框架。欧盟成立了欧盟食品安全局，统一负责欧盟境内所有食品的相关事宜，负责监督整个食品链安全运行，根据科学证据做出食品风险评估。此外，建立快速反应的预警系统。对原有的预警系统做了大幅调整，实施了欧盟食品和饲料快速预警系统。它是一个连接欧盟委员会、欧盟食品安全管理局以及各成员国食品与饲料安全主管机构的网络。

欧盟各成员国根据实际情况建立了相应的管理体制，各有特点。德国在2001年政府机构调整后，将食品安全工作交由联邦食品与农业部统一监管，下设风险评估研究所和食品安全局两个机构。风险评估研究所主要负责与食品安全有关风险的评估，并提交评估报告和政策建议。食品安全局负责风险管理，应对突发事件，协调国内各州食品安全事务以及与欧盟有关机构的联系。法国的食品安全监管主要由农业部、财经工业部和卫生部三个部门承担。农业部负责从生产到销售等环节的食品安全监管，包括制订有关技术规范。财经工业部负责市场交易环节的食品安全和诚信监管。卫生部负责调查食品安全事件，并对违法行为进行处罚。

3. 日本

2001年发生疯牛病之后，由于民众的反应强烈，日本颁布了新的《食品安全基本法》，成立了食品安全委员会，统一负责风险评估，形成了目前农林水产省、劳动厚生省和食品安全委员会三方协同制衡的食品安全监管体系，并对原有风险管理机构内部的农产品质量安全管理职能进一步独立强化。日本的食品安全监管分别由农林水产省和厚生劳动省两个部门负责。农林水产省负责农产品生产环节的食品安全管理、进口动植物农产品检疫，批发市场和屠宰场保障食品安全的设施建设等；厚生劳动省负责加工和流通环节（除批发市场和屠宰场设施建设外）食品安全监督管理、进口加工食品安全检查。此外，卫生部门负责与食品安全有关的监督抽查并对社会公布结果。

4. 加拿大

加拿大食品安全采取的是分级管理的模式。联邦、各省和市政当局都有管理食品安全的责任，大型国际食品企业也有相应的管理责任。各级机构分工明确、各司其职，相互合作、协同管理，共同构成了一个较为完善的管理体制。在加拿大，一个普遍接受的原则是"食品安全，人人有责"，体现了参与的广泛性。在联邦一级的主要管理机构是加拿大卫生部、农业与农业食品部、加拿大海洋水产部、加拿大食品检察系统实施组织。而在联邦这一级，对食品安全最主要的管理机构是成立于 1997 年的加拿大食品检验署（CFIA）——一个相对独立的联邦机构，但 CFIA 署长向农业和农业食品部报告工作。CFIA 总部设在渥太华，有 4 个执行区，即大西洋区、魁北克区、安大略区和西部区，各区设立区域办公室，下设 18 个地区办公室、185 个现场办公室（包括入境边检站），以及 408 个设在企业的办公室和 22 个实验室及研究机构，共有 4600 人；分级设立国家 FSEP（食品安全督促计划）/HACCP 协调员、四地区 FSEP/HACCP 协调员、FSEP/HACCP 专员和责任监督员。

（二）国外食品安全管理的主要措施

世界主要国家的食品安全管理措施，可归纳为以下三个主要方面。

1. 建立健全法律法规体系

发达国家大多由议会制定食品安全的原则性法律规定。议会授权政府部门制定与食品安全有关的技术性规定和实施细则，并以政府法令和条例的形式颁布。欧盟、美国、加拿大、日本等国家和地区的食品安全立法，大体上有三种情形。第一种情况，在部分综合性法律中，对食品、农业投入品、包装和标签等直接或间接地做出保障食品安全的规定。例如，美国的《联邦食品、药品和化妆品法》、加拿大的《农产品法》。第二种情况，在单一性法律中，专门对食品、农产品、农业投入品的某一类产品或某一个环节的质量安全做出规定。例如，英国的《动物防疫法》，加拿大的《饲料法》《肉类检验法》，日本的《食品安全基本法》。第三种情况，联邦立法和地方立法。例如，美国加州立法禁止食用活的动物。上述不同类型、不同方面的食品安全法律规定，为保障食品安全提供了详细的行为规范和充分的法律依据，形成了比较严密完备的食品安全法律体系。

2. 制定统一权威的技术法规

发达国家有关食品安全的技术法规具有统一性和权威性。对涉及食品安全性状及其产地环境的标准，都是通过政府主管部门发布技术法规、法令和指令来强制执行。这些国家也在世界贸易组织的框架下，采用国际食品法典委员会推荐的食品安全标准。欧盟的食品安全标准由欧盟委员会发布指令。美国的兽药和食品添加剂标准由联邦政府食品药品管理局制定颁布，农药标准由联邦政府环境保护署制定颁布。日本的食品安全标准主要由厚生劳动省负责制定。近年来，在提高食品安全水平和保护本国利益的驱动下，发达国家的食品安全技术法规及其标准不断提高，越来越严格。

3. 强化食品安全监督管理

从近几年的发展趋势看，发达国家越来越重视食品安全监督管理，已将食品安全监管纳入整个社会公共安全管理体系。发达国家强化食品安全监管主要表现在四个方面：一是有明确的法律法规，二是有健全的监管机构，三是有清晰明确的职责分工，四是有一批高素质的专业管理人员。例如，美国的食品监管人员由政府的专业食品检查员、微生物学家、食品化学家、流行病学家及其他食品科学家承担，各方人员携手合作，使美国食品安全监管系统得以有效运行。发达国家还根据国内外政治经济形势变化，对食品安全管理措施做出及时的相应调整。例如，美国为防止通过食品进行的生物恐怖活动，联邦政府及时调整了管理措施，要求各相关部门对可能出现的食品污染物做出危险性评估，并制定出相关的预防和控制预案。另外，要求所有食品标签必须标示出食品的产地，所有进口企业必须重新注册。这些政策调整，提高了对可能发生的食品安全事件的预防能力，尤其是提高了对突发性食品污染事件的应急处理能力。欧盟食品安全局设有食品安全信息评估小组，对汇总的食品安全信息进行及时跟踪分析，并做出评估，根据其危害程度向各成员国发出信息，以便各成员国及时调整食品安全防控措施。

（三）美国《食品安全现代化法案》的核心要求

《食品安全现代化法案》是美国70多年来在食品安全法律方面的重大改革，2011年1月4日由奥巴马总统签署生效以来，美国食品药品监督管理局（以下简称FDA）一直致力于制定7个配套的执行法规，2016年5月31日前全部生效。该法案的核心宗旨是强调食品安全应以预防为主。该法案扩大了美国食品和药物管理局（FDA）的监管权力和职责，并要求食品企业承担更多责任。其包括四部分内容：提高防御食品安全问题的能力；提高检测和应对食品安全问题的能力；提高进出口的安全性；其他相关规定。

1. 预防性控制

新法中被认为最重要的一个条款是所有在FDA备案的生产设施被要求制定和实施书面的食品安全计划。这些计划是在危害分析和关键控制点（Hazard Analysis and Critical Control Points，HACCP）的基础上发展起来的。HACCP在海产以及果汁等被认为风险较高的食品生产中已经实施多年。无论是HACCP，还是预防性控制，重点都在于找出潜在的风险以及实行相应的管控来预防或降低食品安全事件的发生。预防性控制同时包含了很多文件记录的要求。通过这些书面的记录，FDA希望通过审核这些记录来核对食品安全计划的执行。具体来讲，FSMA要求食品生产企业自行进行风险评估，找到已知或者是可以合理预见的危害。这些危害包括生物的、化学的、物理的、放射性的风险和自然毒素、杀虫剂、药物残留、腐烂、寄生虫，以及未经审批的食品添加剂和食用色素。企业应该根据潜在危害的风险来制定合理的控制参数。

在风险评估之后，每一个在 FDA 备案的生产设施需要执行预防性的措施，来保障评估中发现的食品安全的危害被显著地减小或避免。FSMA 列出了多种预防措施，其中以消毒、培训、环境监测、过敏源控制和供应商核验最为重要。除此之外，现行的良好生产规范（cGMP）也被认为是预防措施的一种。作为新法的一部分，FDA 也制定了升级版的食品生产（cGMP）法规。预防性控制必须通过监控、整改和确认来实现。新法中规定了确认机制应包括环境监测和产品测试两个方面。环境监测特指对厂区设备和周边环境进行取样来确定该公司的消毒程序是否有效。风险评估的结果和预防措施必须进行书面记录，并在检查中同其他与食品安全相关的记录一同出示给 FDA。

2. 食品的供应链管理

FSMA 包括一系列特定的针对外国供应商的要求。在外国供应商校验计划下，除了一些特殊的豁免情况之外，所有进口商必须核验进口的食品是否符合 FDA 现行的食品安全程序和标准。相信未来将会有更多的中国企业会被其美国客户要求进行现场审核。新法同时创立了进口商自愿审核计划，这是一种付费的进口“快速通道”，以帮助产品更快地通过审核。参加这个计划的进口商需要向 FDA 提出申请。自愿审核计划往往要求第三方的认证，FDA 是否批准这样的计划取决于食品的性质、食品掺假的风险、外国供应商的合规历史、出口国的食品安全体系和生产设施的过往检查记录等。对特定的食品，根据公共卫生方面的考虑，FSMA 授权 FDA 对产品进行第三方认证。如果 FDA 要求对该类食品进行认证，未能附有认证书的进口食品将被拒绝入境。这些认证书必须来自资格确认的出口国的第三方机构。即使食品具备这些认证，FDA 依然有权独立审核这些认证，来确定它们是否真实有效。FDA 也保有随时抽查的权利。

3. 更强的执法权限

FSMA 通过几个方面赋予了 FDA 更强的执法权限。FDA 在现场检查中可以查看更多的文件记录。除此之外，FDA 会增加检查的频率。所有美国国内的“高风险”厂区至少3年一检，“非高风险”厂区至少5年一检。新法同时提出要更多地增强对外国出口商厂区的检查。这些检查会根据产品的风险评估（包括食品的种类、来源，进口商过去的记录，进口商的外国供应商校验计划的完善度）而定。具体来讲，FSMA 要求 FDA 在接下来的执法中第一年检查不少于600个外国厂区。在此之后5年的检查中，FDA 被要求每年对外国厂区的检查加倍。尽管 FDA 没有足够的资源进行如此多的检查，但在新法下，FDA 对外国厂区的检查还是有了显著的提高，对外国厂区的检查大概是每年1200个。

对厂区，除了常规检查外，新法之下，如果 FDA 认定某厂区生产、加工、包装或贮存的食品可能造成严重的公共卫生危害或致人死亡，FDA 可能直接吊销该厂区的注册资格，失去注册资格的厂区无法生产输美产品。在 FSMA 下，如果 FDA 有理由相信食品掺杂或标记错误，可以随时扣押食品。最后，FSMA 第一次给了 FDA 强制要求食品厂商召回产品的权限。尽管如此，在实际操作中，FDA 一般使用各种方法劝说食品厂商“自愿”召回产品。

（四）国外食品安全管理的基本特点

概括起来，发达国家的食品安全管理主要有以下四个基本特点。

1. 以风险评估为基础的科学管理

食品安全风险评估，是国际食品法典委员会所推崇、世界贸易组织所认可，也是食品安全管理实践中行之有效的重要方法。在食品安全管理过程中，实行风险评估可以为制定标准、掌握食源性疾病变化趋势和形成食源性疾病控制对策提供依据。在发达国家，风险评估是制定食品安全标准、技术法规的必要手段，也是仲裁贸易纠纷的基本准则。目前，世界贸易组织各成员国政府已基本达成共识，未来的食品安全管理体系应该是建立在风险评估基础上的预防性体系。

2. 实施从农田到餐桌的全程质量控制

全程质量控制已成为世界各国公认的食品安全最佳防控模式。其基本方法是：对食品的生产、收获、加工、包装、运输、贮藏和销售等各个环节，以及食品生产过程中所涉及的化肥、农药、兽药、饲料、包装材料、运输工具、食品标签等，进行有效的安全监管，并在控制中广泛采用良好农业规范、良好生产规范、良好卫生规范、标准卫生操作程序，以及危害分析和关键点控制等方法。实践证明，实行全程质量控制既可明显节约人力投入和经费开支，又能最大限度地保证食品安全。通过全程监管，对可能出现问题的环节预先加以评估和防范，并以此为基础，实行问题食品的追溯和召回制度。

3. 提高食品安全管理透明度

发达国家都十分强调食品安全管理政策、管理措施的公开性和透明度，以增强生产者、消费者的食品安全意识，增进公众对食品安全管理的参与和监督，避免媒体对食品安全事件的炒作和误导。例如，美国制定了《行政程序法》《联邦咨询委员会法》和《信息公开法》，以法律的形式保证食品安全管理的公开和透明，让公众参与和了解食品安全管理过程。这不仅使制度更加完善、管理更加有效，而且也使公众对食品安全更有信心。

4. 建立以预防为主的管理机制

发达国家高度重视食品安全的预警和防范。许多国家建立了食品安全预警机制，加强风险信息分析和应急处理能力。普遍采取建立食品安全信息跟踪、采集和分析制度，对所收集到的食品安全预警信息进行分析和评估，预测危害发生的可能性和严重程度。例如，1979 年欧盟委员会开始实施风险评估通报制度，并正式启用了食品、饲料快速预警体系。在这种预警机制下，当一国出现食品安全问题时，能及时向欧盟管理机构和其他成员国提供有效信息，以防止食品安全问题的蔓延。

五、加强农产品质量监督管理的措施建议

按照高质量发展的要求，以推进农业供给侧结构性改革为主线，以优化产能和增加农民收入为目标，以质量为导向，全面提升农业绿色化、优质化、特色化、品牌化水平，加快农业转型升级。

（一）切实增加绿色优质农产品供给，满足公众消费需求

农业发展要从注重保障总量供给转变为更加注重结构优化、品质提升和效益提高。质量第一，首先要坚持“产出来”。

一是加快建立绿色标准体系。标准引领质量发展。要重点制定食品安全国家标准、生态与环境保护标准。要实现新制定农药残留限量标准 1000 项，兽药残留限量标准 100 项，加大标准的推广应用，对已列入农业国家标准和行业标准制修订计划的项目实施督导检查。依法开展复审评估工作，全面清理已制定的农业国家标准和行业标准，及时废止与农业绿色发展不相适应的标准。

二是加强产地环境保护和治理。要加强农业资源养护，统筹山水林田湖草治理，坚决打赢农业面源污染防治攻坚战。启动耕地土壤环境质量类别划分工作，开展重金属污染区耕地修复治理试点，分区域、分品种实施受污染耕地安全利用示范。扩大轮作休耕制度试点规模，不断提升耕地质量。扎实推进畜禽粪污、农作物秸秆、农膜等农业废弃物资源化利用，加强病死畜禽无害化处理，推动农业减施增效，最大程度减轻对环境的污染。

三是大力推进农业标准化。标准的价值在于实施。各级农业部门要充分发挥技术业务优势，切实加强标准宣传推广和使用指导，通过“明白纸”“挂历图”“口袋书”等农民喜闻乐见、易学易懂的方式，大力宣传农兽药等投入品使用规范，严格落实间隔期、休药期规定，从源头上减少非法添加、滥用乱用现象。加快推进规模经营主体按标生产，建立生产记录台账。积极推动

农产品质量安全全程控制基地创建示范，开展综合指数评价。要把农业标准化生产和农产品质量安全水平作为“三区三园”（粮食生产功能区、重要农产品生产保护区、特色农产品优势区，现代农业产业园、科技园、创业园）等园区创建的重要指标。

（二）全面加强问题治理，让人民群众吃得放心

要坚持问题导向，围绕突出问题、薄弱环节、重点领域持续发力，严防、严管、严控农产品质量安全风险。

一是强化专项整治和监督执法。围绕突出问题和重点领域，继续深入开展专项整治行动，在高毒农药、抗生素残留、农兽药隐性添加等方面加大治理力度。强化监督抽检和检打联动，加强日常监督检查，推动建立规模生产经营主体监管名录，发挥好乡镇监管服务机构和村级协管员作用，实现监管服务全覆盖。创新问题发现机制，建立健全暗查暗访和投诉举报奖励制度。按照“五不放过”的原则，对问题要做到发现一个、查处一个。加大执法办案力度，严厉打击非法添加、制假售假、私屠滥宰及违法违规使用农业投入品等行为，及时公布典型案件，震慑违法犯罪分子，切实形成查处一件、警示一片的效果。

二是加强监测预警和风险评估。完善国家例行监测计划，加强监测结果的会商研判、通报发布和预警工作，对问题突出的地区开展监督抽查。对例行监测覆盖不到的产品和指标开展专项监测，排查防范风险。进一步明确各级监测功能定位，发挥部、省、市、县四级监测网络作用。实施省级监测信息报告制度，逐步实现结果直报、部省互联、数据共享。各地要结合实际，有针对性地组织开展质量监测，在抽检安排上避免“上下一般粗”。以量大面广、社会高度关切的风险因子为重点，开展农产品质量安全风险评估及营养品质评价。围绕大宗消费和特色农产品风险隐患点，分品种集成构建风险防控策略，指导地方建立农产品质量安全风险防控示范基地。

三是深入推进安全县创建。农产品质量安全县已经成为各地高度重视的

一张名片，下一步要继续深化。修订完善考核办法，优化遴选评价机制，强化核查验收把关，引导创建单位在做好“规定动作”基础上创出特色、创出亮点。对已命名的安全县，要加强监督检查、跟踪评价等工作，畅通退出机制，发现问题的要坚决淘汰出局，维护安全县的名誉。按照“四个方面作用”要求，总结宣传安全县典型经验做法，形成可推广可复制的创建模式。加大安全县绿色优质农产品推介，提升市场影响力。

四是全面强化质量追溯管理。加强国家农产品质量安全追溯管理信息平台推广应用，扩大国家追溯平台试点范围，选择10个省开展追溯试点，以苹果、茶叶、生猪、生鲜乳、大菱鲆等农产品为重点，整建制组织追溯、监管、监测和执法业务应用。发挥示范引领作用，加强产销对接、过程展示，实现“带证上网、带码上线、带标上市”。推动将追溯与农业项目安排、品牌评定和“三品一标”等工作挂钩，加快应用进程，提高应用效果。加强省级平台与国家追溯平台的对接，已建平台的省份要主动与国家平台衔接，推进互联互通、业务协同、有序发展；尚未建平台的省份，鼓励直接运用国家追溯平台开展追溯业务。

五是完善应急处置机制。抓紧构建属地负责、行业主导、上下协同的机制，力求做到第一时间监测预警、调查核实、会商研判、正面发声、系统处置，防范出现大的问题，把负面影响降到最低。壮大质量安全专家队伍，依托现代农业产业技术体系质量安全岗位科学家，调整充实农产品质量安全专家组，贴近产业、贴近消费者，为农产品质量安全应急处置、技术咨询、科普解读提供强有力的技术支撑。

（三）强化品牌示范引领，提升农业发展效益

品牌是影响力、号召力和竞争力的综合体现。要抓好农业品牌工作，发挥好品牌引领作用，激发企业的创新创造活力，提升产品品质，实现价值链升级，树立和提振消费信心。

一是加强绿色有机产品管理和宣传。按照“稍有不合、坚决不批，发现

问题、坚决出局”的批示要求，稳步推进绿色食品和有机农产品认证工作，扎实做好绿色食品和有机农产品企业年检、产品质量抽检、市场监察和风险预警工作，着力提升绿色食品权威性和含金量。大力加强绿色食品品牌宣传，举办“绿色食品宣传月”活动，组织开展绿色食品进社区、进校园、进超市活动，全方位提升绿色食品知名度和美誉度，做到家喻户晓、深入人心。

二是保护农产品地理标志。把握好农产品地理标志的核心要素，立足独特产地环境和人文历史，着力提炼好、保持好产品的独特品质。建立健全地理标志农产品保护名录制度，稳步开展制度完善、审查评审、质量监测、综合检查等工作，确保登记产品质量。加大品牌建设力度，做好样板打造、展览展示、影片宣传、发布推介、价值评定等品牌宣传工作，推动传统优势地域特色品牌打造和产业发展。

三是强化农产品包装标识使用推广。全面加强农产品包装标识使用管理，提高包装标识使用率。发挥“三品一标”产品示范引领作用，按规定做到应用尽用，带动全国包装标识水平提升。积极组织探索开展绿色环保农产品包装材料的科学研究、筛选评价、展览展示与推广应用，做好农产品包装标识设计研发、比对评价、展览展示与宣传推广等工作。

（四）强化宣传推介和信用管理，营造良好的社会氛围

坚持正面引导，针对当前公众对质量安全情况缺乏了解、对网络不实信息难以辨别等问题，通过多种形式全方位做好科普宣传和市场推介，加强信用体系建设，更好地指导生产和引导消费。

一是加强科普宣传。开展农产品质量安全万里行系列活动，提升农产品生产者质量安全意识，提高消费者质量安全科学认知水平，引导放心消费。依托相关科研教学单位，推进创建一批全国性的农产品质量安全科普示范基地，开展常态化农产品质量安全科学研究、科普宣传、生产指导、消费引导、技术培训和展览展示。做强农产品质量安全官方科普微信公众号，宣传普及农产品质量安全消费知识。加强与主流媒体与相关辟谣机构合作，建立联合

辟谣机制，构建谣言处理数据库，对公众关注、反复出现的谣言进行分类标识，及时有效识别谣言，快速果断破除谣言，营造风清气正、安心放心的舆论环境。

二是加大市场推介。支持各地办好区域性博览会、推介会、发布会等产销对接活动，扩大安全绿色优质农产品影响力。支持办好电商平台，帮助生产企业拓展市场，鼓励、支持专柜、专营店建设，为安全绿色优质农产品搭建营销平台，促进优质优价。做好名特优新农产品名录收集、品质数据库、登录宣传、展示营销等工作。

三是积极推动诚信体系建设。逐步构建以信用为核心，事前信用承诺、事中信用监管、事后信用评价的新型监管机制。推动农产品质量安全县、菜篮子主产县、粮食大县的规模生产经营主体全部建立信用档案。将"农安信用"平台延伸到省，推进部省信息互联互通。建立农产品质量安全信用评价标准，鼓励行业协会和第三方机构开展信用评价，为社会提供更多的信用产品和服务。建立"黑名单"、失信联合惩戒等信用约束机制，将农产品质量安全信用作为各类农业项目评选、资格审查、行政审批等工作的必要条件，对失信主体实行一票否决制，引导诚信经营。

（五）加快提升体系队伍能力，强化支撑保障

面对新形势、新要求，要一如既往地抓好体系队伍建设，扎实提升体系能力，不断强化支撑保障，推动事业高质量发展。

一是加强基层监管执法体系建设。进一步加大对乡镇监管机构的建设和管理，制定相应的规范和标准，切实发挥作用。各地要加强乡镇监管机构条件建设和人才培养，组织开展业务培训和技术练兵，发挥其在生产经营者培训、投入品使用指导、生产过程督导巡查等方面的作用。建立以办案为导向的考核机制，全面加强执法条件建设，为执法人员配备必要的交通工具、调查取证设备、速测设备等现代化执法装备，加大法律知识和执法实务培训力度，严格执法程序，掌握执法技巧。

二是提升检测体系能力。针对县级检测机构人员能力弱、仪器利用率低、功能发挥不充分等问题，加快推进能力考核和资质认定，让仪器运转起来、作用发挥出来。不断提升检测人员的检测能力，实施检测能力校准和检测技术能力验证，对检测人员定期进行知识技能培训，抓紧确定一批农产品质量安全检测技术实训基地。加强农产品食品检验员国家职业资格管理，开展检测员职业技能培训认定，推动农产品质量安全检测人员职称制度改革。

三是增强科技支撑能力。充分发挥科研院校和专家团队作用，加快农产品质量安全关键技术、管理制度的研究和开发工作。开展农业投入品减量化评价研究和示范创建，加大新品种新技术评价鉴定与示范推广力度，加强初加工及收贮运过程中防腐保鲜添加剂的研究和应用。推动农业科技创新联盟、现代农业产业科技创新中心建设，加强质量安全技术的集成、示范和推广。开展好国际食品法典和官方评议工作，积极参与国际标准制修订，增加我国的国际话语权。

四是强化协调配合和绩效落实。牢固树立“全国一盘棋”思想，相互之间保持密切工作联系，上下互动、区域联动，形成工作合力。继续开展农产品质量安全专项绩效考核和相关督导检查，对各地工作落实情况进行督导推动、考核评价。探索建立绩效考评机制，推动将工作纳入地方政府绩效考核范围，健全考核评价、督查督办、责任追究制度，确保工作有部署、有落实、有督导、有考核。

（六）修订和完善法律法规，实现农产品产销全程依法严格管理

要加快农产品质量安全法律法规体系建设，依靠法治保护农产品质量安全。

一是要加快《农产品质量安全法》修订进程。在修订中突出质量导向和全程监管，拓宽法律调整范围，明确部门职责，健全监管制度，与《食品安全法》及相关法律法规做好衔接，保证法律的系统性和完整性；加大对农产品质量安全违法行为的处罚力度，对违法生产经营者实行最严厉的处罚，突

出各类主体责任，建立健全地方政府和监管部门的管理责任；综合运用民事、行政、刑事等手段，建立最严格的法律责任制度，对失职渎职的地方政府和监管部门实行最严肃的问责。

二是进一步厘清各职能部门的监管职责，建立无缝对接的监管机制。加快构建覆盖农产品生产、加工、流通全过程既统一协调又相互制约的监管体系。各职能部门既要守土有责，在职责范围内监管到位，又要密切配合，加强沟通协调，防止出现推诿扯皮；建立健全产地准出与市场准入、行政执法与刑事司法衔接机制，完善联席会商、信息通报、案件移送、涉案产品处置等协作机制，严格落实《农产品质量安全法》和《食品安全法》中关于追究法律责任的各项规定，增强监管的及时性、针对性和实效性。

三是要推动完善地方性法规。各省级人大及其常委会要结合本地实际进一步细化上位法的规定，制定或修改农产品质量安全相关条例，增强法律的操作性、规范性、约束性。

四是加强农产品质量安全标准制修订工作。废止与农业绿色发展不适应的标准，制定农兽药残留、畜禽加工、饲料安全、农业转基因等国家标准；完善促进农业产业发展和依法行政的行业标准，并及时完善配套检验检测方法；制定农产品产地初加工及冷链物流标准，尽快实现农产品生产有标可依、产品有标可检、执法有标可判。

五是要增强政策支持，完善补贴制度。加快培育新型农业经营主体，构建扶持新型经营主体发展的政策支持体系，引导新型农业经营主体与小农户建立紧密利益联结机制，带动扶持小农户发展，通过经营组织形式创新、农业社会化服务和政策引导等方式，把一家一户的小农生产纳入标准化轨道。要推进生产基地建设，健全生产者补贴制度和主产区利益补偿机制，不断提高农业综合生产能力。

专题报告五

中国农业如何才能走上绿色发展之路

于法稳　中国社会科学院农村发展研究所研究员

王　宾　中国社会科学院农村发展研究所助理研究员、博士

一、引　言

“三农”问题是关系国计民生的根本性问题，也始终是全党工作的重中之重。党的十八大以来，国家出台了一系列惠农强农政策与措施，农业发展取得了举世瞩目的成就。与此同时，农村生态环境系统、农业生产环境系统以及农村人居环境系统等都付出了数量与质量双重代价。特别是农业生产环境亮起了“红灯”，农产品质量触碰了“底线”。严峻的农村生态环境、农业生产环境形势以及农产品质量状况，引起了党和政府的高度关注。2017 年中央 1 号文件《中共中央 国务院关于深入推进农业供给侧结构性改革加快培育农业农村发展新动能的若干意见》提出了“以提高农业供给质量为主攻方向，促进农业农村发展由过度依赖资源消耗、主要满足量的需求，向追求绿色生态可持续、更加注重满足质的需求转变”。从国家层面上，为农业的发展指明了方向，提出了明确的目标。

党的十九大报告提出实施乡村振兴战略，坚持农业农村优先发展，按照产业兴旺、生态宜居、乡风文明、治理有效、生活富裕的总要求，建立健全城乡融合发展体制机制和政策体系，加快推进农业农村现代化。2017 年 12 月

28～29 日召开的中央农村工作会议强调，走中国特色社会主义乡村振兴道路，坚持质量兴农、绿色兴农，实施质量兴农战略，加快推进农业由增产导向转向提质导向。这是党中央根据新时代中国农业生产面临的资源环境形势做出的战略部署，必将推动中国农业实现新的跨越，为全面建成小康社会做出应有的贡献。我国社会主要矛盾在农业领域突出表现为：消费者对以绿水青山自然环境、安全优质营养农产品为主要内容的生态需求日益增加与源于严重农村面源污染的安全优质营养农产品市场供应严重不足之间的矛盾。因此，新时代中国农业发展最根本的目标或者出发点，应该立足于为近 14 亿中国人提供安全、优质、营养的农产品。这是关系到中华民族自身健康延续下去的重大战略问题（于法稳，2016a）。由此可见，新时代推进农业绿色发展，是全面落实绿色发展理念，提升农产品品质，切实保障人民群众“舌尖上的安全”的必然选择。其关键是强化农业面源污染防治，切实提升农业生产环境质量，改善农业生产的水土资源质量。

习近平总书记指出，农业发展不仅要杜绝生态环境欠新账，而且要逐步还旧账，要打好农业面源污染治理攻坚战。党的十九大报告提出，要加强农业面源污染防治。此前，农业部先后出台了《农业部关于打好农业面源污染防治攻坚战的实施意见》《到 2020 年化肥使用量零增长行动方案》《到 2020 年农药使用量零增长行动方案》等系列文件，有力地推动了农业面源污染防治工作。但必须清楚认识到，当前中国农业面源污染形势依然严峻，需要采取更有效的对策，切实扭转农业面源污染加重的态势。因此，分析研究新时代农业绿色发展的相关问题，探讨农业如何真正走上绿色发展之路，对贯彻落实中央农村工作会议精神，全面实施乡村振兴战略，到 2020 年全面建成小康社会都具有重要的现实意义。

二、文献综述

农业发展一直都是学术界研究的重点、热点问题之一。基于可持续发展的视角，一些研究多集中在农业面源污染防治、模式选择等方面；进入新时代，农业供给侧结构性改革又引起学术界的广泛关注，学者们围绕着农业供给侧结构性改革的相关问题开展了系列研究。

在农业面源污染研究方面。从全国范围来看，农业面源污染是共性问题，时空维度上具有共性。在时间维度上总体表现为“下降—上升—下降”的波动变化，在一定时段内则呈现出线性增长的态势（李海鹏等，2009；丘雯文等，2018）；在空间维度上表现为农业面源污染严重的区域集中在农业大省和经济发达地区（丘雯文等，2018），并且存在着农资污染区、畜禽污染区和水土流失型污染区等 3 类区域（李海鹏等，2009），具有明显的集聚特征，区域差异较大，极化现象比较严重（吴义根等，2017）。农业面源污染对耕地土壤、地下水体造成污染，进而极大地影响农产品的品质安全。

在农业发展模式研究方面。学术界普遍认为生态农业是实现农业可持续发展的有效途径。早在 20 世纪 80 年代初，针对农业生产中存在的生态环境问题，有学者就开始进行生态农业理论研究，并指出生态农业是中国农业的一次绿色革命，将成为中国农业发展的未来（叶谦吉，1982）。进入 21 世纪，生态农业理论研究不断深入，实践内容不断丰富，实践范围不断扩大，中国生态农业逐步建立了较为完善的理论体系，而且不同层面的生态农业建设试点也取得了显著的成效（李文华等，2010）；与此同时，生态农业的发展也暴露出了一些问题（章家恩等，2005），如在实践层面，生态农业面临生态环境等一系列严重问题，既有自然因素，也有人为作用的因素；既有历史原因，也有现实障碍。要解决这些问题，必须将发展生态农业作为农业现代化的必然选择（贺峰等，2005）。中国农业生产所面临的资源与环境数量、质量双重约束形势日益趋紧，中国农业更应该进入产出高效、产品安全、资源节约和环境友好的生态转型阶段（骆世明，2015）。特别是进入新时代，随着农业发展中新问题、新情况的不断出现，生态农业将不断趋于完善，以更好地促进农业供给侧结构性改革（于法稳，2016c）。

在农业供给侧结构性改革研究方面。2017 年中央 1 号文件提出“以提高农业供给质量为主攻方向，促进农业农村发展由过度依赖资源消耗、主要满足量的需求，向追求绿色生态可持续、更加注重满足质的需求转变”。由此可见，推进农业供给侧结构性改革，实现农业绿色发展，加快提升农业质量效益和竞争力，既是农业自身发展问题倒逼下的客观要求（张红宇，2017），也是一场从“量”到“质”的深刻变革（陈锡文，2017），更是“十三五”期间乃至今后更长一个时期中国农业政策改革和完善的主要方向（宋洪远，2016）。可以说，农村改革40年来，中国农业取得巨大成就的主导动能之一就是化学投入品的大量使用，在彻底解决农产品供应不足的同时，也带来了严重的生态环境问题。新时代背景下，无论是满足人民群众日益增长的美好生活需要，还是提升中国农产品国际市场竞争力，都需要进行动能转换，实现农业绿色发展，推进农业供给侧结构性改革（李国祥，2017）。正是由于生态农业可以有效地协调农业发展与水土资源及其环境之间的关系，提高农产品质量安全，无疑可以成为动能转化、实现农业供给侧结构性改革的有效途径之一（于法稳，2016b）。

在农业绿色发展研究方面。从理论上来讲，农业绿色发展既是农业发展的手段，也是农业发展的目的，关键是要形成一个有利于农业发展的新格局，即资源利用高效、生态系统稳定、产地环境良好、产品质量安全（尹成杰，2016）。可以说，绿色农业的发展具有丰富的内容和完整的理论体系，是中国现代农业可持续发展的最佳选择与主导模式（严立冬等，2011）。但实现农业绿色发展是一项复杂的系统工程，不但面临严峻的水土资源及环境形势，同时也存在着一些需要破解的矛盾（于法稳，2016b）。按照习近平总书记“绿水青山就是金山银山”的科学论断，实现农业绿色发展，需要有良好的生态安全作支撑（汪成等，2017）。因为中国农业生产普遍存在资源消耗和环境污染导致效率损失的现象，转变农业经济增长方式刻不容缓（潘丹，2014）。在新常态下，农业绿色发展不但是落实新理念的具体行动，而且是推动农村生态文明建设的重要抓手，同时也是实现一二三产业融合发展的主战场（翁伯琦等，2013）。农业绿色发展有其自身特定的规律性，同时也具有明显的阶段性特征。为此，在农业绿色发展的不同阶段，都需要优化相应的制度设计（赵大伟，2012），为实现农业绿色发展提供制度保障。除此之外，还要充分考虑在水土资源与生态环境双重约束下，对农业绿色生产率进行核算，并根据核算结果剖析农业绿色生产率增长背后的制度原因，从而提出保护农业生产的资源与环境，推动农业绿色发展的路径及对策（李谷成，2014）。

通过对上述文献的系统梳理发现，已有文献从不同侧面，围绕农业面源污染、生态农业、农业供给侧结构性改革、农业绿色发展等进行了相关研究，为进一步研究农业绿色发展提供了理论基础及政策导向。但已有文献对农业绿色发展中的水土资源的保护，特别是对耕地土壤、灌溉水质的保护还没有给予高度的关注，没有全面认识到水土资源质量保护的战略性意义及对保障农产品品质的核心地位。中央农村工作会议对实施乡村振兴战略提出了明确的时间表，部署了详细的路线图。在此背景下，应立足于水土资源保护这个核心问题，建立一个高效的、可持续的、有竞争力的产业体系支撑乡村振兴，确保为近 14 亿中国人提供安全优质的农产品，进而满足人民群众日益增长的对安全优质农产品的需求，在农业发展领域为破解社会主要矛盾发挥一定的作用。

与此同时，作者产生如下疑惑：中国生态农业理论与实践自 20 世纪 80 年代之初开始兴起，至今已走过了 30 多年的历程，技术的不断创新、模式的不断创新、政策的不断完善，共同推动了生态农业发展。在此过程中，国家也采取了一系列措施推动农业面源污染防治，也围绕生态农业发展开展了示范县建设。但为什么一直没有诱导出生产主体减少化肥、灌水、农药、除草剂及杀虫剂的行为，相反，中国农业面源污染日益严重？为什么生态农业持续发展的生态基础日益走向塌方？为什么农产品质量日益下降？是否生态农业发展的模式还不完善？对这些问题，政府决策部门需要对农业发展方式进行反思，学术界也应该进行反思，以探讨新的途径与措施。正是基于这个考虑，本文在系统梳理相关文献的基础上，分析新时代为什么要实现农业的绿色发展，剖析新时代农业绿色发展的核心问题，进而提出推动农业走上绿色发展之路的对策建议。

三、新时代为何要实现农业的绿色发展

党的十八届五中全会提出了绿色发展理念，随后国家出台了一系列推动绿色发展的政策措施，特别是党的十九大报告提出实施乡村振兴战略，为农业实现绿色发展提供了宏观政策环境；严峻的农业生产资源基础及环境形势，消费者日益增长的美好生活需要，日益严格的国际农产品市场准入条件，以及新时代如何进一步增加农民收入等问题，为农业实现绿色发展提出了现实需求。

（一）农业绿色发展是落实绿色发展理念的客观要求

党的十八大以来，党中央国务院高度重视社会经济的绿色发展，并做了一系列战略部署，推动了农业的绿色发展。但农业主要依靠资源消耗、化学品投入的粗放发展方式没有得到根本改变，农业生产所需的优质耕地资源、水资源被配置到城镇、非农产业的趋势依然强劲，农业面源污染和生态退化的趋势尚未有效遏制，安全优质农产品供给还远远不能满足人民群众日益增长的需求。

十八届五中全会提出了“创新、协调、绿色、开放、共享”的发展理念，以绿色发展理念为导向，推动农业绿色发展，实现资源集约与高效利用，确保农产品质量安全，是全面贯彻落实习近平新时代中国特色社会主义思想的具体行动。2016 年中央 1 号文件《中共中央 国务院关于落实发展新理念加快农业现代化实现全面小康目标的若干意见》明确指出“加强资源保护和生态修复，推动农业绿色发展”。

2017 年中央 1 号文件《中共中央 国务院关于深入推进农业供给侧结构性改革加快培育农业农村发展新动能的若干意见》提出了“推行绿色生产方式，增强农业可持续发展能力”的指导方针，以及“推进农业清洁生产”“集中治理农业环境突出问题”等重点领域。随后，中共中央办公厅、国务院办公

厅又印发了《关于创新体制机制推进农业绿色发展的意见》（简称“《意见》”）。《意见》指出，推进农业绿色发展，是贯彻新发展理念、推进农业供给侧结构性改革的必然要求，是加快农业现代化、促进农业可持续发展的重大举措，对保障国家食物安全、资源安全和生态安全，维系当代人福祉和保障子孙后代永续发展都具有重大意义。

为贯彻党中央、国务院决策部署，推动农业绿色发展，农业部实施了畜禽粪污资源化利用行动、果菜茶有机肥替代化肥行动、东北地区秸秆处理行动、农膜回收行动和以长江为重点的水生生物保护行动等农业绿色发展五大行动，并印发了《2017 年农业面源污染防治攻坚战重点工作安排》，提出要按照“重点突破、综合治理、循环利用、绿色发展”的要求，探索农业面源污染防治有效支持政策，要努力把面源污染加重的趋势降下来。这些政策措施有力地推动了新时代农业的绿色发展。

（二）农业绿色发展是破解新时代社会主要矛盾的重要组成部分

党的十九大报告指出：“中国特色社会主义进入新时代，中国社会主要矛盾已经转化为人民日益增长的美好生活需要和不平衡不充分的发展之间的矛盾。”随着人民生活水平的逐渐提高，在全面建成小康社会的决胜期，人民对安全优质农产品的需求日益迫切，这是人民日益增长的美好生活需要的重要组成部分。近年来，中国经济实现了中高速增长，与此同时也带来了严重的资源破坏、环境污染问题。“保护生态环境就是保护生产力”。针对日益严重的事关国人健康的水、土、大气污染问题，国家相继出台了“水十条”“气十条”“土十条”。近两年实施的中央环保督察实现了两大根本性转变：一是从环保部门牵头到中央主导的转变，二是从以查企业为主到“查督并举，以督政为主”的转变，这是中国环境监管模式的重大变革，对改善生态环境发挥了巨大作用。党的十九大报告将“防范化解重大风险、精准脱贫、污染防治”并列为全面建成小康社会的“三大攻坚战”，就是为了实现高质量发展，更是为了满足人民日益增长的美好生活需要。正如习近平总书记所强调的“良好生态环境是最普惠的民生福祉”。

除水、气、土之外，农产品质量安全也始终是党中央、国务院关注的重大问题之一。习近平总书记指出，民以食为天，加强食品安全工作，关系中国13亿人的身体健康和生命安全。由此可见，实现农业绿色发展，保障农产品质量安全，是全面建成小康社会的迫切需要，更是破解新时代中国社会主要矛盾的重要举措。因此，实现农业绿色发展，确保农产品质量安全，是满足消费者生态需求的根本保证。

（三）农业绿色发展是打好农业面源污染防治攻坚战的重要抓手

党中央国务院高度关注农业面源污染的防治工作，农业部印发了《关于打好农业面源污染防治攻坚战的实施意见》，对农业面源污染防治进行了全面部署。研究表明，农业面源污染具有分散性和隐蔽性、随机性和不确定性、不易监测性和空间异质性等特点，因而对其进行全面防治难度较大，而且具有明显的长期性、复杂性和艰巨性。从行为学视角来看，农业面源污染是源于化肥、农药、杀虫剂、除草剂等化学品的过量投入及低效利用，以及规模化养殖畜禽粪便的不合理处置等行为（金书秦等，2013）。从管理学和经济学视角来看，农业面源污染则是源于“追求增长”的发展观、城乡二元经济社会结构、农业面源污染的负外部性、较高的治理成本以及多元化的农户生产行为（饶静等，2011）。

农村改革40年来，化肥施用量急剧攀升，对提高农业生产能力发挥了巨大作用，但由于过量使用，也导致了一系列生态环境问题。当前，化肥施用总量（折纯量）大与施用强度高并存，使用效率低与流失严重同在。

从化肥施用量变化来看，从1978年的88.4亿千克增加到2016年的598.4亿千克，增加了510.0亿千克，增长5.77倍；其中，2016年与1980年相比，农用氮肥施用量从93.4亿千克增加到231.0亿千克，增加了1.47倍；农用磷肥施用量从27.3亿千克增加到83.0亿千克，增加了2.04倍；农用钾肥施用量从3.46亿千克增加到63.7亿千克，增加了17.41倍；农用复合肥施用量从2.72亿千克增加到221亿千克，增加了80.14倍（见图1）。从化肥施用量的区域分布来看，2016年全国施用量598.4亿千克。其中，东部地区施用量为180.9亿千克，占30.23%；中部地区施用量为236.2亿千克，占39.47%；西部地区施用量为181.3亿千克，占30.30%。

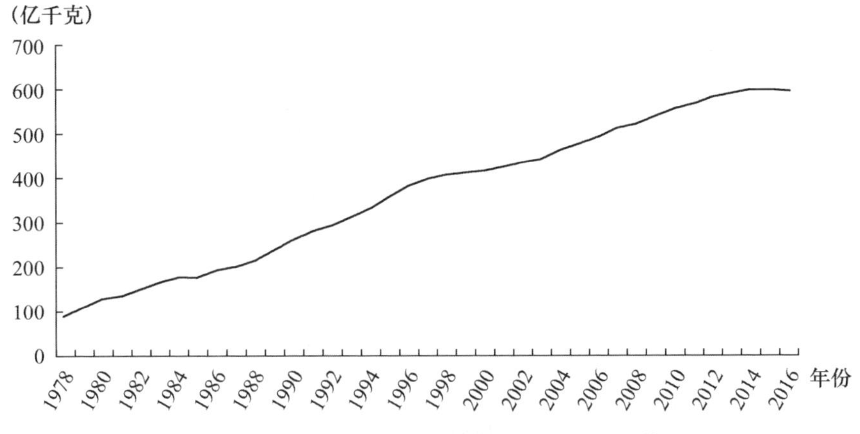

图1　农村改革以来化肥施用量（折纯量）变化情况

简单地讲，化肥施用强度是指单位播种面积的化肥施用数量。从其动态变化来看，化肥施用强度持续递增，已远远高于国际公认的225千克/公顷的安全上限。与农用化肥施用量增加比例相比，同期农作物播种面积仅增加了11.02%，由此导致了化肥施用强度的急剧增加，从1978年的58.89千克/公顷增加到2016年的359.08千克/公顷，增加了300.19千克/公顷，增长5.10倍。这一数据是国际公认安全上限的1.60倍。

根据相关统计数据，对不同时期化肥施用强度进行计算，结果见图2。从中可以看出，中国农业生产中化肥施用强度呈现出明显的增加态势。从“九五”期间到“十二五”期间，化肥施用强度增加了98.59公斤/公顷，增长37.93%。这四个时期中国化肥施用强度分别是国际公认安全上限的1.16倍、1.29倍、1.49倍、1.59倍。对13个粮食主产省而言，从“九五”期间到“十二五”期间，农作物播种面积仅增长7.57%，而化肥施用强度却增长31.26%，呈现出显著的正向耦合状态。由此表明，中国农业生产依靠化肥投入动能驱动的状况依然没有得到改变。有关研究资料表明，中国化肥综合利用率在35%左右，那么，大量流失的总氮、总磷等随着地表径流进入水体或者耕地土壤，对地下水体、耕地土壤等造成一定的污染，进而影响农产品的品质。根据《第一次全国污染源普查公报》，种植业总氮流失量15.98亿千克，其中地表径流流失量3.20亿千克，地下淋溶流失量2.07亿千克，基础流失量10.70亿千克，总磷流失量1.09亿千克①。

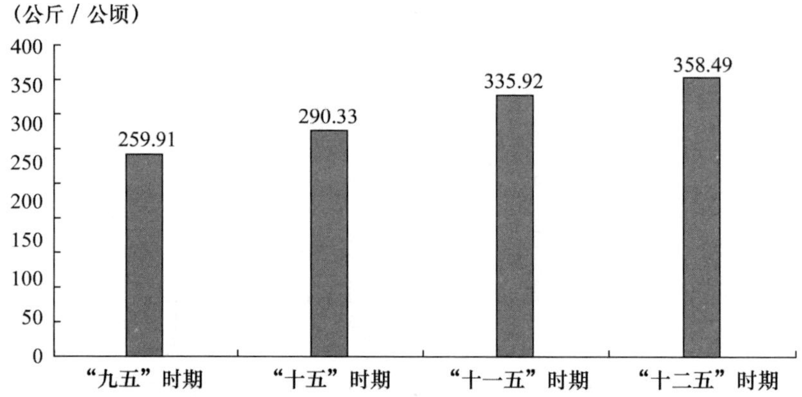

图2　不同时期中国化肥施用强度对比

从不同时期各区域的数据分析，化肥施用强度表现出如下特点：一是全国平均施肥强度、中部地区和西部地区的施肥强度，都呈现出持续增加的态势，东部地区的化肥施用强度从“十一五”时期开始在高位上实现递减；二是同一时期化肥施用强度自东向西依次递减；三是每个时期，东部地区化肥施用强度都高于全国平均水平，而中部地区、西部地区化肥施用强度则低于全国平均水平（于法稳，2018a）。

此外，还有农药长期不合理且过量使用，畜禽粪便、农用薄膜残膜等的不合理处置，也是造成农业面源污染日益严重的重要因素。因此，从转变农业发展方式入手，将农业绿色发展作为打好农业面源污染防治攻坚战的重要抓手。

---

① 中华人民共和国环境保护部、中华人民共和国国家统计局、中华人民共和国农业部：《第一次全国污染源普查公报》，http：//www.stats.gov.cn/tjsj/tjgb/qttjgb/qgqttjgb/201002/t20100211_30641.html。

（四）农业绿色发展是提升农产品国际竞争力的重要保障

在经济全球化背景下，农产品的国际贸易日益频繁。有关研究表明，中国农产品的国际竞争力正在降低，以土地为代表的自然资源要素密集型农产品基本丧失了比较优势，但劳动密集型农产品依然具有较强的比较优势（帅传敏等，2003），但随着劳动力成本的进一步提高，其比较优势也会逐渐降低甚至丧失。"绿色壁垒"是近年来国际贸易中出现的与生态环境紧密关联的一种新型贸易壁垒形式，通常表现为绿色关税、绿色市场准入、"绿色反补贴"、"绿色反倾销"、环境贸易制裁等。对农产品而言，一方面是其生产、使用、消费和处理都与环境密切相关，另一方面世界各国都对其实施了力度较大的保护措施。因此，绿色壁垒必然对国际农产品贸易产生重大的影响。作为传统的农产品出口国，加入WTO之后，中国农产品面临更严格的绿色壁垒。对此，需要从正反两个方面进行分析。对农产品进口国而言，制定严格的绿色标准，将不符合其标准的农产品拒之门外，无疑是出于对本国消费者健康的考虑，当然也不排除故意的贸易保护主义。对农产品出口国而言，由于受"绿色壁垒"的限制，农产品国际贸易受到巨大影响，削弱了其农产品在国际市场上的竞争力，影响了农业创汇能力。这就迫切要求农产品出口国必须提高农产品品质，并且逐渐将其标准与进口国相互认可，从而提高农产品的国际竞争力。

实事求是地讲，中国农产品质量在国际市场上的总体竞争力很弱，应对"绿色壁垒"的能力不足，因质量达不到进口国的绿色标准而被退回的事件时有发生。这一方面可能是由于彼此之间绿色标准不一致造成的，另一方面也说明中国农产品质量依然存在一些问题。因此，推动农业绿色发展，提高农产品品质，为全面提升中国农产品的国际市场竞争力提供重要保障。

（五）农业绿色发展是增加农民收入的有效途径

中国农业农村发展进入新时代，也出现了很多新问题。对农业生产而言，主要表现在两个方面：一是粮食供求品种结构的失衡，从而出现了产量、进口量和库存量齐增的现象；二是相对于现代农业而言，中国农业经营规模依然较小，由此带来比较高的农业生产成本。这在一定程度上影响了农民家庭经营性收入。与此同时，农业发展的外部环境、内部条件都发生了深刻变化，农民增收越来越受到国民经济和全球一体化发展的深刻影响，持续增收有机遇，但也有压力和挑战（张红宇，2015）；农村居民收入增长乏力已成为中国经济发展中的突出问题，到2020年要实现全面建成小康社会的战略目标，需要实现农民收入的超常规增长。但从本质上来看，实现农民收入的超常规增长，不仅需要技术、资金、劳动力、土地等传统要素的优化组合，更需要依靠改革创新驱动来引领新兴要素优化配置（王小华等，2017）。

"让农业成为有奔头的产业。"[①] 要实现农民收入超常规增长，必须进一步稳定家庭经营收入。为此，一是要实现农业绿色发展，把安全、优质、绿色、生态农产品生产摆在突出位置，培育农产品品牌，建立有效机制，实现农产品的优质优价；二是要结合农业绿色发展，大力推广节水、节药、节肥、节电、节油技术，降低农业生产资料、人工、流通等成本；三是要引导发展适度规模经营，通过扩大生产经营规模来增加农民收入。

在稳定农业生产传统业态的同时，需要培育农业发展的新业态，拓宽农业增收新渠道，把农业多功能价值发掘出来，包括培育休闲农业、乡村旅游、创意农业、农村电子商务等新产业新业态，而这些新业态的发展必须以农业绿色发展为前提。因此，实现农业绿色发展，是提高农民收入的有效途径。

四、新时代实现农业绿色发展的核心问题剖析

众所周知，农业生产最基本的生态资源是耕地、水资源。耕地面积及水

---

① 《中共中央 国务院关于实施乡村振兴战略的意见》，http：//www. gov. cn/zhengce/2018 -02/04/content_ 5263807. htm。

资源量的多少是影响农产品产量高低的重要因素，而耕地土壤质量、灌溉用水的水质则直接影响农产品的品质。因此，新时代农业绿色发展的核心问题就是耕地资源、水资源的保护，不但要保护一定数量的耕地面积，以及足量的农业生产用水，更重要的是耕地土壤质量、灌溉用水水质的保护。对此必须从战略上给予高度重视，并采取有效措施加以解决。一旦失去这两个核心，农业绿色发展只能是一句空话。学术界围绕着农业绿色发展提出的体制机制创新、土地流转实现规模化生产、新型农业生产主体以及技术创新等，都属于保障、措施、路径范畴，而不是农业绿色发展的核心。

（一）农业生产中的耕地资源状况分析

中国人均耕地面积仅为世界平均水平的1/3，特别是近几年来，随着工业化、城镇化进程的加快，越来越多的优质耕地用于城镇建设、工业园区建设、道路建设等，数量持续下降趋势短期内难以扭转；同时，在耕地资源质量构成中，优质耕地所占比例呈现逐年下降的态势。“藏粮于地、藏粮于技”战略面临严峻的挑战。为此，“要像保护大熊猫一样保护耕地”。

1. 耕地面积及其变化趋势

《2016 中国国土资源公报》显示：截至 2016 年末，全国耕地面积为13495. 66 万公顷。2015 年全国因建设占用、灾毁、生态退耕、农业结构调整等原因减少耕地面积 33. 65 万公顷，通过土地整治、农业结构调整等增加耕地面积 29. 30 万公顷，年内净减少耕地面积 4. 35 万公顷；全国建设用地总面积为 3906. 82 万公顷，新增建设用地 51. 97 万公顷。

从耕地面积的动态变化来看，2009 ~ 2016 年，耕地面积从 13538. 46 万公顷下降到 13495 万公顷，减少了 43. 46 万公顷，减少 0. 32% 。

导致耕地面积减少的因素是多方面的，一般包括建设占用、灾毁、生态退耕、农业结构调整等，而土地整治、农业结构调整等因素则在一定程度上增加了耕地面积。2011 年以来通过各种因素增加、减少的耕地面积以及每年净减少的耕地面积见表 1。这些数据表明，国家采取最严格的耕地保护制度以及“占补平衡”等措施，对耕地面积保护发挥了很大的作用，耕地面积快速递减的态势在一定程度上得到了遏制。但随着工业化、城镇化的进一步加快，耕地面积递减的态势将会持续很长时间。

表1　2011～2016年耕地面积增减情况　单位：万公顷

年　份	增加耕地面积	减少耕地面积	年内净减少量
2011	37.73	40.68	2.95
2012	32.18	40.20	8.02
2013	35.96	35.47	-0.49
2014	28.07	38.80	10.73
2015	24.23	30.17	5.94
2016	33.65	29.30	-4.35

资料来源：中华人民共和国自然资源部：《2016中国国土资源公报》，http://www.mlr.gov.cn/testtest2/bszxfw/201705/P020170503629020945924.pdf。

2. 耕地质量及其区域分布

以《农用地质量分等规程（GB/T 28407—2012）》为依据，将全国耕地划分为15个等别进行评定，1等耕地质量最好，15等耕地质量最差。评定结果表明：全国耕地平均质量等别为9.96等，高于平均质量等别的1～9等耕地面积占全国耕地评定总面积的39.92%，低于平均质量等别的10～15等耕地面积占60.08%[①]。需要注意的是，城镇化、工业化进程中占用的耕地，绝大部分都是优质耕地，土地生产率较高，而通过土地整治等措施补充的耕地，土地生产率极低；此外，一些区域还存在着严重的耕地水土流失、沙化和荒漠化问题。这些因素都会影响耕地质量的构成，即在耕地质量构成中，优等地、高等地所占比例在一定时期内将会出现递减态势。

根据《2016中国国土资源公报》，如果将耕地等别1～4等、5～8等、9～12等、13～15等划为优等地、高等地、中等地、低等地，评价结果为：

① 中华人民共和国自然资源部：《2016中国国土资源公报》，http://www.mlr.gov.cn/testtest2/bszxfw/201705/P020170503629020945924.pdf。

耕地中优等地、高等地、中等地和低等地所占比例分别为2.9%、26.5%、52.8%、17.7%。对13个粮食主产省而言，从耕地数量上讲，占全国耕地面积的比例为66.03%；从耕地质量构成来讲，其优等地、高等地、中等地、低等地面积占全国同等别耕地面积的比例分别为79.66%、76.74%、62.24%、59.01%。从粮食主产省内部来看，优等地、高等地、中等地和低等地的比例分别为3.55%、30.84%、49.81%、15.81%。这些数据表明，粮食主产区耕地质量构成中，优等地、高等地比例明显高于全国平均水平。13个粮食主产省的耕地质量构成见表2。

表2　13个粮食主产省耕地质量构成　单位:%

行政区	优等地	高等地	中等地	低等地
河北	—	18.30	52.87	28.84
内蒙古	—	0.08	12.58	87.34
辽宁	—	0.59	96.76	2.65
吉林	—	2.36	90.14	7.50
黑龙江	—	0.29	80.06	19.64
江苏	0.07	99.93	—	—
安徽	2.01	38.14	59.85	—
江西	3.79	71.93	23.73	0.55
山东	—	58.24	41.75	—
河南	0.12	85.59	14.29	—
湖北	40.11	44.77	14.91	0.21
湖南	19.02	30.30	42.22	8.47
四川	0.03	29.35	70.00	0.62
粮食主产区	3.55	30.84	49.81	15.81

资料来源：中华人民共和国自然资源部：《2015年全国耕地质量等别更新评价主要数据成果的公告》，http://www.mlr.gov.cn/zwgk/zytz/201702/t20170222_1440804.htm。

3. 耕地污染状况分析

《全国土壤污染状况调查公报》显示：中国耕地土壤的点位超标率为19.1%，其中，轻微、轻度、中度和重度污染的比例分别为13.2%、2.8%、

1.8%和1.1%①。无论是点位超标率，还是主要污染物种类，耕地都远远高于林地、园地及未利用土地等土地类型。

导致耕地土壤污染的原因是多方面的，一是工业“三废”排放，二是农业面源污染，三是生活垃圾、废旧家用电器、废旧电池、废旧灯管等随意丢弃，以及日常生活污水排放，四是一些区域和流域土壤重金属背景值超标。耕地土壤污染直接影响农产品质量，在实现农业绿色发展中，必须将耕地土壤污染治理作为核心问题之一，这是为人民群众提供安全优质农产品的前提条件。

（二）农业生产中的水资源状况分析

众所周知，水资源是保障农业生产不可替代的生态要素，中国是一个水资源短缺的国家，人均水资源占有量仅为世界人均水平的1/4。而且越来越多的水资源被配置到城镇、非农产业，由此导致了中国农业用水供需矛盾长期处于尖锐状态。如果说水资源短缺在一定程度上威胁以粮食为主的农产品数量安全，那么，水资源水质污染将会对农产品质量安全构成严重的威胁，影响农业的健康、可持续发展。

1. 农业用水状况及其变化情况

水资源禀赋是影响农业生产用水的主要因素之一。中国水资源总量多年来平均为26907.91亿立方米，其中13个粮食主产省水资源量占全国水资源总量的38.89%。由于水资源利用量，特别是农业用水量易受到自然因素或者其他偶然因素的影响，故而在数据处理上采取了每个时期5年的平均值。计算结果表明，与“十一五”时期相比，“十二五”时期水资源开发利用率增加了0.84个百分点，粮食主产区增加了1.91个百分点。“十一五”“十二五”两个时期，粮食主产区与全国平均水平相比，水资源开发利用率分别高出

---

① 中华人民共和国生态环境部、中华人民共和国自然资源部：《全国土壤污染状况调查公报》，http：//www.zhb.gov.cn/gkml/hbb/qt/201404/t20140417_270670.htm。

9.03 个百分点、10.11 个百分点（见表3）。

表3　　不同时期水资源开发利用率对比

	"十一五"期间		"十二五"期间	
	总用水量（亿立方米）	开发利用率（%）	总用水量（亿立方米）	开发利用率（%）
全国	5902.15	21.93	6126.17	22.77
粮食主产区	3240.24	30.96	3440.04	32.87
粮食主产区占全国比例	54.90	9.03[a]	56.15	10.11[a]

注：a 为粮食主产区水资源开发率与全国水资源开发利用率之差。

资料来源：中华人民共和国统计局：《中国统计年鉴》（2007～2016 年），中国统计出版社。

《2016 年中国水资源公报》表明，全年用水总量为 6040.2 亿立方米，其中农业用水量为 3768.0 亿立方米，占总用水量的 62.4%。表 4 中的数据表明："十二五"时期与"十一五"时期相比，全国农业用水量增加了 185.25 亿立方米，增长 5.06%；同时，粮食主产区农业用水量增加了 139.71 亿立方米，增长 6.98%；全国农业用水比例增加了 0.75 个百分点，粮食主产区农业用水比例增加了 0.48 个百分点。此外，"十一五""十二五"时期粮食主产区农业用水量占全国农业用水量的比例分别为 54.54%、55.55%，"十二五"时期增加了 1.01 个百分点；但两个时期，粮食主产区农业用水比例分别低于全国平均水平 0.40 个百分点、0.68 个百分点。

表4　　不同时期农业用水量及其比例

	"十一五"期间		"十二五"期间	
	农业用水（亿立方米）	农业用水比例（%）	农业用水（亿立方米）	农业用水比例（%）
全国	3667.91	62.15	3853.16	62.90
粮食主产区	2000.63	61.74	2140.34	62.22
粮食主产区占全国比例	54.54	-0.41[a]	55.55	-0.68[a]

注：a 为粮食主产区农业用水比例与全国农业用水比例之差。

资料来源：中华人民共和国统计局：《中国统计年鉴》（2007～2016 年），中国统计出版社。

不同时期粮食主产区农业生产的相关指标占全国的比例对比情况见表5。从中可以看出，无论是农业播种总面积，还是粮食播种面积或者有效灌溉面积，粮食主产区占全国的比例都有所下降，但农业用水所占比例却增加了1.01个百分点，而粮食产量所占比例增加了0.69个百分点。由此表明：目前粮食主产区农业生产与灌溉用水之间依然呈现出明显的耦合关系，从另外一个方面也表明，农业生产中通过节水等具体措施，可以在一定程度上减缓农业生产与水资源数量短缺之间的矛盾。

表5　不同时期粮食主产区相关指标占全国的比例　单位:%

	"十一五"期间	"十二五"期间	变化情况
农业播种总面积比例	68.78	67.93	-0.85
粮食播种面积比例	71.79	71.75	-0.03
有效灌溉面积比例	69.35	69.19	-0.16
农业用水比例	54.54	55.55	1.01
粮食产量比例	75.25	75.94	0.69

资料来源：中华人民共和国统计局：《中国统计年鉴》(2007~2016年)，中国统计出版社。

2. 农业生产中的地表水水质状况

中国的水资源特点可以概括为两句话：一是资源性缺水、工程性缺水、水质性缺水并存；二是"水多、水少、水脏、水混"四种现象同在（于法稳，2017）。农产品产量的高低依赖于能否有充足的灌溉用水，而农产品质量的好坏则取决于农业灌溉用水的水质。因此，水资源水质是实现农业绿色发展的另一个核心问题。

"十三五"期间，为了进一步完善国家地表水环境监测网，设置的2767个国控断面（点位）覆盖了全国主要河流干流及重要的一级、二级支流，并兼顾重点区域的三级和四级支流以及重点湖泊、水库等，其中参与评价、考核、排名的断面（点位）共1940个，称之为"国考断面"。这些断面（点位）水质监测结果见图2。

2017年，长江、黄河、珠江、松花江、淮河、海河、辽河七大流域和浙闽片河流、西北诸河、西南诸河的1617个水质断面中，Ⅰ类水质断面35个，占2.2%；Ⅱ类594个，占36.7%；Ⅲ类532个，占32.9%；Ⅳ类236个，占14.6%；Ⅴ类84个，占5.2%；劣Ⅴ类136个，占8.4%（见图3）。

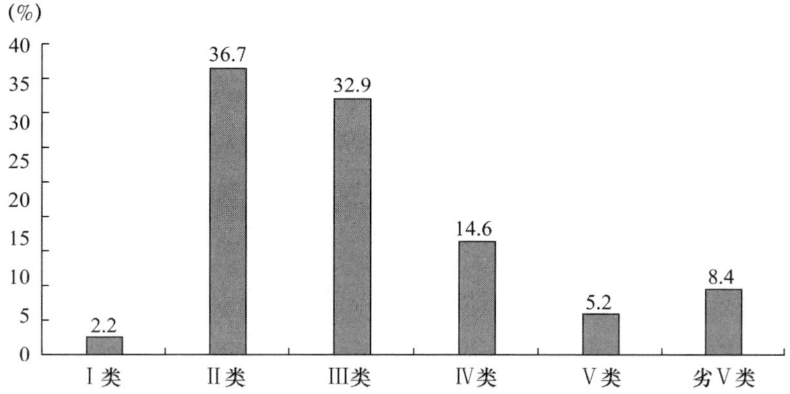

图3　2017年中国地表水水质类别比例

表6是不同时期中国地表水水质监测结果的类别构成。从中可以看出，“十五”时期以来，中国地表水水质改善较为明显，特别是劣Ⅴ类水质断面比例持续下降，从33.9%持续下降到2016年的8.6%。2016年是全面建成小康社会决胜阶段的开局之年。水污染治理取得如此成效，这与各地区、各部门紧紧围绕着党中央、国务院做出的“五位一体”总体布局和“四个全面”战略布局，全面贯彻落实绿色发展理念，紧紧围绕环境质量改善这个中心，重点解决突出环境问题，扎实推进环境保护工作是分不开的。

表6　　不同时期中国地表水水质类别比例　　单位：%

时期	Ⅰ～Ⅲ	Ⅳ～Ⅴ	劣Ⅴ类
“十五”期间	35.9	30.2	33.9
“十一五”期间	53.6	25.3	21.0
“十二五”期间	69.0	20.9	10.2

资料来源：根据2001～2016年《中国环境状况公报》中相关数据计算整理得到。

3. 农业生产中的地下水水质状况

相对于地表水而言，地下水水质情况没有得到足够的关注。直到2009

年，国家相关部门才开始关注地下水环境的状况，并对北京、辽宁、吉林、上海、江苏、海南、宁夏和广东等 8 个省（区、市）641 眼井进行了水质监测。结果表明：水质为Ⅰ～Ⅱ类的监测井比例为 2.3%，水质为Ⅲ类的监测井比例为 23.9%，水质为Ⅳ～Ⅴ类的监测井比例为 73.8%①。2017 年，以地下水含水系统为单元，以潜水为主的浅层地下水和承压水为主的中深层地下水为对象，原国土资源部门对全国 31 个省（区、市）223 个地市级行政区的 5100 个监测点（其中国家级监测点 1000 个）开展了地下水水质监测。评价结果显示：水质为优良级、良好级、较好级、较差级和极差级的监测点分别占 8.8%、23.1%、1.5%、51.8% 和 14.8%。从总体情况来看，中国地下水水质形势不容乐观。

2017 年，水利部门开展了以浅层地下水水质监测为重点的流域地下水水质监测工作，并在松辽平原、黄淮海平原、山西及西北地区盆地和平原、江汉平原等重点区域布置了 2145 个监测站点，这些监测站点涵盖了地下水开发利用程度较大、污染较为严重的地区。地下水质量综合评价结果显示：水质总体较差。水质优良的测站比例为 0.9%，良好的测站比例为 23.5%，无较好测站，较差的测站比例为 60.9%，极差的测站比例为 14.6%②。表 7 是 2017 年各流域片区地下水水质综合评价结果。

表 7　2017 年各流域片区地下水水质综合评价结果　单位：%

流　域	良好以上	较差	极差
松花江	11.2	81.4	7.4
辽河	8.8	81.0	10.2
海河	31.4	52.8	15.7
黄河	26.8	45.7	27.5
淮河	24.4	67.3	8.2

① 中华人民共和国生态环境部：《全国地下水污染防治规划（2011—2020 年）》，http://www.gov.cn/gongbao/content/2012/content_2121713.htm。

② 中华人民共和国生态环境部：《2017 中国生态环境状况公报》。

续表

流　域	良好以上	较差	极差
长江	14.3	80.0	5.7
内陆河	39.1	47.8	13.0
全国	24.4	60.9	14.6

资料来源：中华人民共和国生态环境部：《2017 中国生态环境状况公报》。

五、新时代实现农业绿色发展的对策建议

新时代，要实现中国农业绿色发展，核心是保护水土资源的数量，提升水土资源的质量，以破解实现农产品质量安全所需优质水土资源不足的桎梏，推动农业走上绿色发展之路。

（一）强化对实现农业绿色发展重大战略意义的认识

十九大报告提出，从现在到2020年，是全面建成小康社会决胜期。就农业生产而言，应该是实现农业从传统发展走向绿色发展的战略转折期。针对新时代中国农业生产所面临的资源环境形势，以及安全优质农产品供应状况，必须以保护水土资源为核心，实现农业绿色发展，这是确保农产品质量安全，真正走向绿色生态的重要举措，也是引领中国现代农业发展的有效途径，更是实现中华民族健康、永续发展的坚实保障。换句话说，保护好水土资源，实现农业绿色发展，不仅仅是保证农产品质量安全的农业生产问题，而是关乎中华民族能否健康延续下去的重大战略问题。当前，对实现农业绿色发展还缺乏战略层面的认识，为此，必须强化对农业绿色发展重大战略意义的认识。只有在战略上重视，才能实现战术上的重视。

（二）坚持绿色发展理念，确保中央各项政策的落实

近几年的中央 1 号文件、党的十九大报告以及中央农村工作会议都提出

要提升农业发展质量，不仅提出了农业绿色发展的总体战略，而且还对农业绿色发展的重点领域及措施进行了具体部署。特别是党的十八届五中全会提出的绿色发展理念，以及习近平总书记“绿水青山就是金山银山”科学论断，为实现农业绿色发展指明了方向。为此，迫切需要以绿色发展理念为指导，从数量与质量两个方面保护水土资源，为农产品质量安全提供资源基础。以此作为农业绿色发展的核心与关键，真正将中央的各项政策及部署落到实处，为近 14 亿国人提供安全优质的农产品，以满足其日益增长的美好生活需要。

（三）完善环保制度，严格环保执法，减少工业企业对水土资源的污染

近几年来，国家对环境保护工作的重视程度日益加强，推动了环保制度建设。新时代，保护水土资源，实现农业绿色发展，依然受到工业企业污染的威胁。2016 年，环保部印发了《关于实施工业污染源全面达标排放计划的通知》，在产排污量大、已制定行业污染物排放标准，或发放排污许可证的行业优先实施，通过重点带动一般，推动工业污染源实现全面达标排放。但需要注意的是，在达标排放环境规制下，水土资源依然面临被工业企业污染的风险。因为工业企业污染物排放之后，因富集作用导致浓度愈来愈高，达到一定阈值后将会对水土资源造成污染，导致其质量的下降，进而影响农业绿色发展。据此，工业企业的排污行为应进一步规范，从而实现总量控制取代达标排放，激励性制度、引导性制度取代限制性制度；同时，严格环保执法，对违反环保法规的企业进行严惩，切实转变过去“以罚代法”的做法，根据所造成的环境污染程度，由企业承担相应的法律责任，并处以重罚。此外，建立中央环保督察的长效机制，以规范政府行为，对盲目决策的领导实行严厉的问责，从根本上杜绝企业的违法违规行为。

（四）采取有效措施，确保耕地数量稳定与质量提升

前面已经提到，耕地资源数量是保障以粮食为主农产品数量安全的前提，而保护与提升耕地质量则是从根本上实现农产品质量安全的保证。因此，需

要从数量与质量两个方面采取有效措施，切实对耕地资源进行有效保护。

1. 以最严格的耕地保护制度，实现耕地资源数量的稳定

在快速工业化、城镇化进程中，对耕地的占用会呈现刚性递增的态势，而且短期内难以实现扭转。耕地资源数量的稳定是保障国家粮食安全的最基本要素，必须严防死守18亿亩耕地红线。2017年1月，中共中央、国务院印发了《关于加强耕地保护和改进占补平衡的意见》（中发〔2017〕4号），对新时期加强耕地保护和改进占补平衡作出全面部署。但调研发现，在全国范围内普遍存在着耕地的无序、违规占用现象，并且呈现逐年增加的态势，导致了优质耕地面积的日益减少，从长远来看将严重威胁到中国的粮食安全。为此，需要依据最严格的耕地保护制度，通过耕地占补平衡、永久性基本农田划定等政策性措施，实现耕地资源数量动态平衡的目的。十九大报告也指出，要完成生态保护红线、永久基本农田、城镇开发边界三条控制线划定工作，这也是确保耕地资源数量稳定的有效措施。

2. 建立中央耕地督察机制，解决耕地资源保护中的违规问题

在耕地保护方面，国家采取了严格划定永久基本农田作为保护优质耕地的一种有效手段，对稳定耕地资源数量，保证耕地资源质量，保障国家粮食安全发挥了很大作用。但基层调研发现，在划定永久基本农田过程中，普遍存在着"划远不划近""划劣不划优"等严重问题，特别是在山地丘陵地区，基本农田"上山""下川"、公益林地与基本农田重合等问题尤为突出。此外，在社会经济发展相对落后地区，违规占用耕地现象依然严重。

针对上述存在的问题，国土部门也采取了耕地保护的专项巡查等措施，解决了部分问题，但没有从根本上解决。为此，建议借鉴中央环保督察的成功经验，尽快建立中央耕地督察机制。一是由自然资源部牵头，中纪委、中组部的相关领导参加，成立中共中央耕地保护督察委员会，代表党中央、国务院对各省（自治区、直辖市）党委和政府及其有关部门开展耕地保护督察。二是根据耕地资源对于保障国家粮食安全的重要性，明确开展耕地督察的重点区域。三是建立耕地督察的长效机制，提升国家治理能力以及决策的科学化水平，更好地解决耕地保护工作中的实际问题。四是建立督察信息公开机制，接受广大公众的监督。

3. 保护优质耕地资源的同时，改善耕地土壤的质量

前面已有所论述，在耕地等级构成中，中等地、低等地面积所占比例较高。因此，在实施优质耕地资源保护的同时，需要对中、低产田进行改造，提升耕地土壤质量，提高耕地土地生产率，以保障国家粮食安全。为此，一是从技术层面减少和治理耕地土壤污染。如创新水质监测技术，减少污水灌溉造成的土壤污染；在减少源于化肥的面源污染方面，应关注两个问题，即土壤中业已过量的化肥存量消减问题和生产中化肥流量降低问题。为此，应全面实施土壤肥力检测工程，作为大力推广测土配方施肥技术的依据，提高化肥使用率，减少化肥施用导致的面源污染。与此同时，继续推广有机肥替代化肥，以及实施作物替代技术，加大对污染土壤的治理力度。二是从制度层面保障耕地恢复活力。扩大轮作休耕试点，健全耕地休养生息制度，建立与完善市场化、多元化的生态补偿机制，促进耕地活力的恢复，确保国家粮食安全。三是根据绿色发展理念，通过创新监管体系，规范农业生产资料的生产行为，从源头上解决农产品生产中生产资料投入带来的污染。

（五）加强水生态建设的同时，实现水资源的高效利用

1. 强化水生态治理，提升水资源的保障能力

水生态建设和保护是水治理之本。习近平总书记指出，自然界的淡水总量是大体稳定的，但一个国家或地区可用水资源有多少，既取决于降水多寡，也取决于盛水的“盆”大小。做大盛水的“盆”是实现水资源可持续利用的根本。为此，应立足于系统论思维，统筹自然生态各种要素，把治水与治山、治林、治田有机结合起来，协调解决水资源问题，提升水资源对农业发展的保障能力。

2. 以最严格的水资源保护制度，确保水资源可持续利用

2012 年《国务院关于实行最严格水资源管理制度的意见》提出，要严格

控制用水总量、全面提高用水效率、严格控制入河湖排污总量“三条红线”，以加快节水型社会建设，促进水资源可持续利用。基层调研发现，中国水资源污染形势依然相当严重，治理水资源污染任重而道远。为此，应根据最严格水资源管理制度的要求，采取综合管理措施，确保水资源管理的“三条红线”，以实现水资源的可持续利用以及满足农业生产灌溉用水的需求。同时，切实加强水域环境监测与环保执法力度，切实杜绝工业企业对水资源的污染；在农业生产领域，应从生产投入着手，控制农业面源污染，减少其对水体的污染。

3. 创新农业用水机制，实现农业节水目的

当前，中国农业用水具有很大的节水潜力，应充分采取有效措施，创新农业用水机制，大力推广农业节水。为此，应强化“适地”原则，一是依据不同区域的气候条件、水资源条件等，确定农业节水的重点区域；二是根据重点区域的农业生产状况，注重其节水技术的开发与集成；三是建立不同区域农业用水机制，以实现农业节水的目的。

（六）创新机制，打好农业面源污染治理攻坚战

1. 重构产业发展模式，减少面源污染

农村改革40年，农业生产方式从原来的传统模式逐渐转变为依靠化学投入品的化学农业模式，农业面源污染日益严重。在农业发展演变过程中，不自觉地将种植业、养殖业之间的生态链条割裂了，进而切断了农业生态系统中物质循环的路径，从而导致了养殖业的污染以及对化肥的过度依赖。为此，应重构循环型农业产业体系，实现种植业与养殖业的协调发展。针对农作物秸秆综合利用问题，应积极寻找“出口”，依靠诸如“冒烟就查，见火就抓”“焚烧秸秆罚款2000元，拘留15天”等遍地的标语口号短期内可能发挥一定的作用，但无法从根本上解决秸秆问题。因此，应注重加强农作物秸秆还田技术的成果转化，提升农作物秸秆综合利用水平。加快促使适用于低温地区农作物秸秆腐烂的生物技术及产品的开发，以及深耕技术及机械、秸秆粉碎

技术及机械的开发。

2. 创新监管机制，规范农资主体、农业主体的生产行为

对农资生产主体而言，其行为的规范可以从源头上解决农业生产中的污染问题。为此，在化肥生产方面，要根据农业部推行的测土配方施肥的要求，生产满足区域需要的肥料。在农药生产方面，应杜绝剧毒农药的生产，加大生物农药的技术推广；一旦发现生产国家明文禁止的农药的生产行为，应严厉处罚，绝不能手软。在农用地膜生产方面，推广可降解薄膜生产技术，降低其生产成本。在饲料生产方面，杜绝铜、锌、砷等重金属元素的添加，以减少随养殖废弃物进入土壤或水体造成重金属污染。

通过加强监管，逐渐规范农业生产主体的生产行为。首先，要加快制定严格的农产品质量标准体系，使产前、产中、产后的质量监督、管理都能与国际市场接轨；其次，要建立、完善农产品生产服务体系，提高农产品生产化解自然和市场风险的能力；再次，强化农产品质量的安全检测监督，建立一支专业技术人才服务队伍，发挥其在农产品质量检测中的作用，强化检测监督力度。

3. 创新回收机制，实现农业废弃物资源化利用

创新农药包装物、农用塑料薄膜回收机制。根据不同区域情况建立农业废弃物回收模式，实现资源化利用，是减少农业生产系统二次污染的重要途径。为此，对解决“白色污染”而言，一是开发可降解的农用塑料薄膜，二是开发残留在耕地中的农用地膜捡拾机械。农业废弃物资源化利用要有畅通的途径。政府部门要积极推进农业废弃物资源化利用工作，提前为农业废弃物资源化利用找到出口；企业或者科研部门要积极参与其中，研究资源化利用的技术，确保回收之后的再利用落到实处。除此之外，应进一步创新补偿机制，使得利益相关者都能积极参与其中，形成完善的农业废弃物资源化利用网络。

（七）发展中医生态农业，推动农业绿色发展

中医生态农业作为一种以尊重生命、尊重健康为前提，依托传统中医优

势，以现代科技手段为支撑，将中医方法与生态农业紧密结合，生产及开发能够促进人体健康、调节人体机能的优质化、营养化、功能化农产品，同时有效治理农业面源污染，改善农业生产环境系统，保护与提升水土资源质量，构建经济效益、社会效益、生态效益相统一的可持续发展的新型农业生态经济系统，有望成为从根本上推动农业走上绿色发展之路的一种选择（于法稳，2018b）。

在战略层面上，应高度重视中医生态农业的发展，并采取有效措施加以推动。诸多研究和实验均已证明，中医生态农业发展中所利用的肥料、农药和饲料等投入品，一方面减少了农业生产的面源污染，另一方面改善了土质、水质和生态环境，更重要的是为国人提供了优质安全的农产品，这正是健康中国最终要实现的目标。

在规划层面上，应尽早对中医生态农业进行产业布局。为此，要加快制定中医生态农业发展规划，针对中医生态农业发展需要解决的关键问题，制订具体的实施方案。为此，应在完善我国农业分区治理办法的基础上，明确区域内采取中医措施与手段开展生态治理的核心问题、重点目标和农业产业适宜发展模式及规模，特别是要进行科学的空间布局。

在科技层面上，应加大中医生态农业发展的相关技术研究。应加深中医应用于农业的关键领域和作用机理研究，通过中医、农学、管理等不同学科之间的融合，为中医生态农业的发展提供有力支撑。

此外，从公众认知层面，应加大宣传力度。注重科普、科教与科研进程的协调，形成一体化协同发展。同时，加大中医生态农业的宣传力度，提升中医生态农业的社会认知，进而营造中医生态农业的良好发展氛围。

参考文献

[1] 陈锡文．论农业供给侧结构性改革．中国农业大学学报（社会科学版），2017（2）
[2] 贺峰，雷海章．论生态农业与中国农业现代化．中国人口·资源与环境，2005（2）
[3] 金书秦，沈贵银，魏珣，韩允垒．论农业面源污染的产生和应对．农业经济问题，2013（11）
[4] 李谷成．中国农业的绿色生产率革命：1978—2008 年．经济学（季刊），2014（2）

[5] 李国祥．论中国农业发展动能转换．中国农村经济，2017（7）
[6] 李海鹏，张俊飚．中国农业面源污染的区域分异研究．中国农业资源与区划，2009（2）
[7] 李文华，刘某承，闵庆文．中国生态农业的发展与展望．资源科学，2010（6）
[8] 骆世明．构建我国农业生态转型的政策法规体系．生态学报，2015（6）
[9] 潘丹．考虑资源环境因素的中国农业绿色生产率评价及其影响因素分析．中国科技论坛，2014（11）
[10] 丘雯文，钟涨宝，原春辉等．中国农业面源污染排放的空间差异及其动态演变．中国农业大学学报，2018（1）
[11] 饶静，许翔宇，纪晓婷．我国农业面源污染现状、发生机制和对策研究．农业经济问题，2011（8）
[12] 帅传敏，程国强，张金隆．中国农产品国际竞争力的估计．管理世界，2003（2）
[13] 宋洪远．关于农业供给侧结构性改革若干问题的思考和建议．中国农村经济，2016（10）
[14] 汪成，高红贵．粮食安全背景下农业生态安全与绿色发展——以湖北省为例．生态经济，2017（4）
[15] 王如松，蒋菊生．从生态农业到生态产业——论中国农业的生态转型．中国农业科技导报，2001（5）
[16] 王小华，温涛．农民收入超常规增长的要素优化配置目标、模式与实施．农业经济问题，2017（11）
[17] 翁伯琦，张伟利．试论生态文明建设与绿色农业发展．福建农林大学学报（哲学社会科学版），2013（4）
[18] 吴义根，冯开文，李谷成．我国农业面源污染的时空分异与动态演进．中国农业大学学报，2017（7）
[19] 严立冬，屈志光，邓远建．现代农业建设中的绿色农业发展模式研究．农产品质量与安全，2011（4）
[20] 叶谦吉．生态农业——我国农业的一次绿色革命．农业经济问题，1982（11）
[21] 尹成杰．加快推进农业绿色与可持续发展的思考．农村工作通讯，2016（5）
[22] 于法稳．实现我国农业绿色转型发展的思考．生态经济，2016（4）
[23] 于法稳．生态农业：我国农业供给侧结构性改革的有效途径．企业经济，2016（4）
[24] 于法稳．加快生态农业建设的建议．中国国情国力，2016（1）
[25] 于法稳．基于资源视角的农业供给侧结构性改革的路径研究．中国农业资源与区划，2017（6）
[26] 于法稳．基于健康视角的乡村振兴战略相关问题研究．重庆社会科学，2018（4）
[27] 于法稳．绿色发展理念视域下的农村生态文明建设对策研究．中国特色社会主义研究，2018（1）
[28] 张红宇．新常态下的农民收入问题．农业经济问题，2015（5）
[29] 张红宇．牢牢把握农业供给侧结构性改革的方向．党政干部参考，2017（2）
[30] 章家恩，骆世明．现阶段中国生态农业可持续发展面临的实践和理论问题探讨．生态学杂志，2005（11）
[31] 赵大伟．中国绿色农业发展的动力机制及制度变迁研究．农业经济问题，2012（11）

专题报告六

我国畜牧业供给侧结构性改革研究

王明利　中国农业科学院农业经济与发展研究所研究员

石自忠　中国农业科学院农业经济与发展研究所博士

高海秀　中国农业科学院农业经济与发展研究所博士

随着中国特色社会主义步入新时代，党中央、国务院对我国农业农村发展提出了许多新要求，也明确了农业农村发展的诸多新理念、新思想、新战略。畜牧业作为农业农村经济发展的主导产业和重要战场，是新时代农业供给侧结构性改革中重点关注的产业，事关 14 亿人口的优质肉、蛋、奶供应。然而，受当前非洲猪瘟疫情的影响，生猪产能严重下降，导致主要畜产品价格快速上涨，今后畜牧业发展将面临更为严峻的挑战。主动适应新时代，迫切需要推进畜牧业供给侧结构性改革，提出方向性、理念性、战略性的指引，为畜牧业现代化发展提供必要遵循。基于此，本研究在回顾改革开放 40 年我国畜牧业发展历史的基础上，系统阐述畜牧业发展的成就与经验，把握畜牧业供给侧结构性改革面临的挑战及未来趋势，最后提出推动畜牧业供给侧结构性改革的对策建议，以期为我国中长期畜牧业发展提供方向性的策略和建议。

一、畜牧业供给侧结构性改革背景

（一）农业供给侧结构性改革的背景

近年来，国家高度重视农业供给侧结构性改革。2016 年中央 1 号文件提出，要推进农业供给侧结构性改革，加快转变农业发展方式，走产出高效、产品安全、资源节约、环境友好的农业现代化道路。2017 年，中央 1 号文件围绕农业供给侧结构性改革，系统阐述推动农业增效、农民增收、农村增绿的系列发展战略。习近平总书记在党的十九大报告中明确指出，要以供给侧结构性改革为主线，推动经济发展的质量变革、效率变革和动力变革；李克强总理在 2018 年政府工作报告中进一步强调，要着力推动农业供给侧结构性改革。2018 年中央 1 号文件继续明确了农业供给侧结构性改革的重要意义，并将农业供给侧结构性改革作为乡村振兴中产业兴旺的主线。

畜牧业作为农业乃至国民经济发展的重要组成部分，是保障国家食物安全的重要抓手，是推进区域经济社会发展水平、提高农牧民增产增收能力的重要保障，是实现人民群众对美好生活向往目标的重要基础。改革开放 40 年来，我国畜牧业体量迅速扩大，产业整体素质发生了质的飞越，完全扭转了畜产品供给短缺的局面，畜牧业已经成为农业农村经济发展中不可撼动的主导产业。但长期以来，畜牧业一直是我国农业发展的主要短板，存在诸如生产发展方式滞后、生产结构亟待优化、生产效率总体不高、国际市场竞争力不强、资源环境约束趋紧、粪污处理难度加大、产品质量安全隐患突出等问题，降低了生产者和消费者福利，增加了资源环境成本，不利于畜牧业持续、稳定、健康发展。可见，推进畜牧业供给侧结构性改革已成为畜牧业向现代化全面转型升级的重要保障。只有这样，才能为城乡居民实现美好生活提供充足的营养，才能为社会主义现代化的基本实现提供坚定的经济和物质基础，才能为建成富强、民主、文明、和谐、美丽的社会主义现代化强国提供现实可能。

（二）改革开放 40 年我国畜牧业发展的历史回顾

改革开放 40 年的畜牧业发展，大致经历了如下四个发展阶段①。

1. 改革发展阶段（1978～1984 年）

1978 年开始，在全国范围内实施的家庭联产承包责任制，使畜牧业生产释放出巨大活力，畜牧业生产除了国营牧场、集体所有牧场外，专业户、重点户不断涌现，独立自主的多元市场主体开始形成；20 世纪 80 年代初期，全国第一个牧工商联合企业诞生，到 80 年代中期，全国牧工商企业已经达到 600 多个；1984 年 7 月，我国开始改革畜产品的流通体制和价格体制，取消统派购制度，放开畜产品市场，绝大多数畜产品可以随行就市，打破了国营企业独家经营的格局。一系列的改革措施和政策出台，有效释放了畜牧业发展的活力，推动了畜牧业的大发展。如十一届四中全会通过的《中共中央关于加快农业发展若干问题的决定》，提出要“大力发展畜牧业，提高畜牧业在农业的比重”“继续鼓励社员家庭养猪养牛养羊，积极发展集体养猪养牛养羊”；1980 年国务院批转农业部《关于加快发展畜牧业的报告》中，强调“要把一切行之有效的鼓励畜牧业发展的政策落实到各户”，且“取消禁宰耕牛的政策”。这些政策释放了农牧民生产经营的自主权，极大地调动了农牧民养畜的积极性，短期内畜牧业得到快速发展。到 1984 年，肉类总产量达到 1540.6 万吨，比 1978 年增长 79.9%（见图 1）；生猪出栏达到 2.2 亿头，比 1978 年增长 36.9%；其他大牲畜的存栏、出栏以及人均肉类占有量均有大幅上升。

2. 全面快速增长阶段（1985～1996 年）

该阶段，畜牧业经营体制实现了根本转变，畜产品市场和价格逐步放开；主要畜禽产品生产快速增长，长期严重短缺的局面得到根本扭转，主要畜产

---

① 笔者有幸于 2008 年参与农业部畜牧业司组织的“腾飞的畜牧业”（改革开放 30 年的畜牧业发展总结）的撰写，其中关于畜牧业发展阶段的划分，到目前为止，笔者认为该划分仍然比较科学，只是随着时间的推移，部分提法需作适当修改。

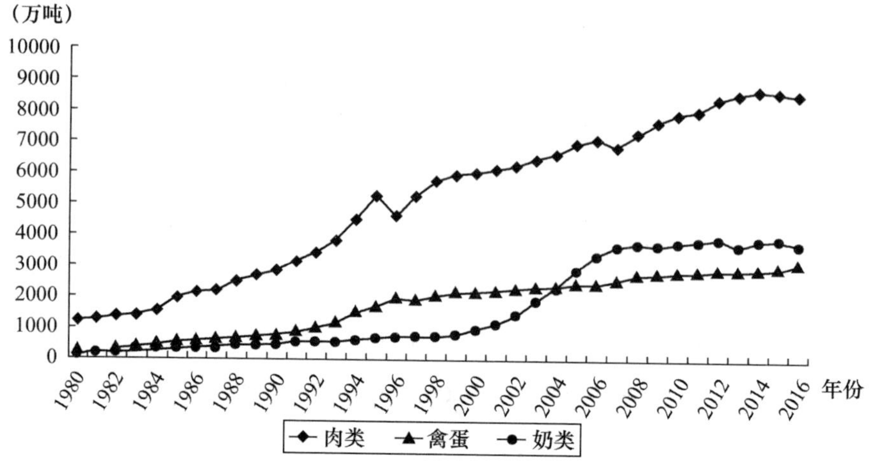

图1　我国主要畜产品产量走势

资料来源：《中国畜牧业统计》。

品实现了供求基本平衡。1985 年 1 月，中共中央、国务院发布了《关于进一步活跃农村经济的十项政策》，其中重要内容就是取消生猪派养派购，实行自由上市，随行就市，按质论价；同时取消了多数畜产品的统一定价，从而使畜牧业成为农业中最早引入市场机制的行业部门。1988 年，农业部开始实施“菜篮子工程”，建立了一大批中央和地方的肉蛋奶生产基地及良种繁育、饲料加工等服务体系，有效促进了畜牧业向商品化、专业化和社会化的发展。1992 年国务院颁布了《我国中长期食物发展战略与对策》，明确提出“要将传统的粮食和经济作物的二元结构，逐步转变为粮食作物、经济作物和饲料作物的三元结构”。随着 1992 年我国农村改革进入全面向市场经济转轨以及后续各项改革的不断深入，逐步形成了有利于畜牧业发展的社会环境和开放的市场条件，畜牧业生产得到了快速的发展，实现了主要畜产品供求基本平衡的历史性跨越，夯实了在农业中的支柱产业地位。到 1996 年，我国肉类总产量达到 4584. 0 万吨，比 1985 年增长 1. 4 倍，年均增长率达 8. 2%；禽蛋产量 1965. 2 万吨，比 1985 年提高 267. 5%；奶类产量 735. 8 万吨，比 1985 年提高 154. 3%（见图 1）；畜牧业总产值占同期农业总产值的比重为 26. 9%，比 1985 年提高 4. 8 个百分点（见图 2）。

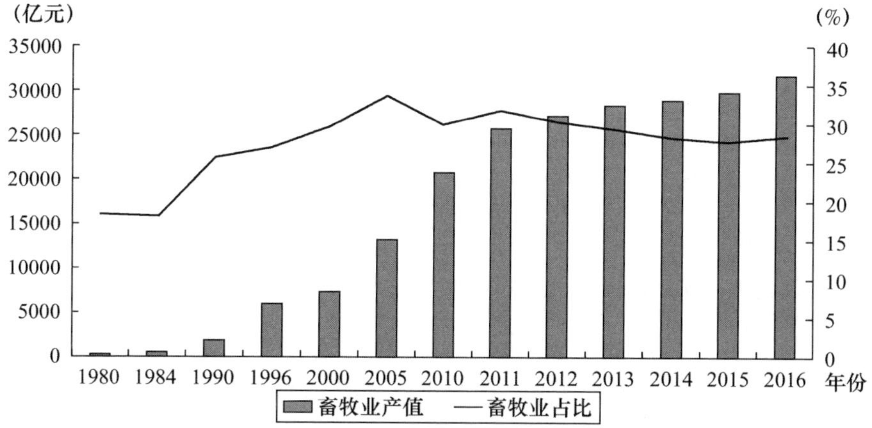

图 2　我国畜牧业产值及占农业总产值比重走势

资料来源：《中国畜牧业统计》。

3. 提质增效发展阶段（1997～2014 年）

随着畜牧业的快速增长，到 20 世纪 90 年代后期出现了阶段性、结构性过剩；随着经济的发展，人们对优质畜产品、花色多样的畜产品日渐青睐；随着市场的逐步开放，国际市场竞争的压力越来越大。这些迫切需要调整畜产品结构、提升畜产品质量和安全性以及提高生产效率和产业效益。在此背景下，国家适时制定和出台了一系列促进畜牧业发展的政策措施。1998 年十五届三中全会通过的《中共中央关于农业和农村工作若干重大问题的决定》中提出，“菜篮子”产品生产要推广优新品种，降低成本，提高效益。1999 年国务院转发农业部《关于加快畜牧业发展的意见》中提出，稳定发展生猪和禽蛋，加快发展牛羊肉和禽肉生产，突出发展奶类和羊毛生产；加快转变养殖方式，大力调整、优化畜牧业结构和布局……提高生产效率、经济效益和畜产品质量安全水平。1999 年后国家实时启动了农业行业标准专项制修订计划，加快了畜牧业标准化生产。2004 年国家设立了首席兽医官制度。之后几年又陆续发布和实施了《国务院关于促进畜牧业持续健康发展的意见》《国务院关于促进奶业持续健康发展的意见》《振兴奶业苜蓿发展行动》《全国牛羊肉生产发展规划（2013—2020）》等。经过这一阶段的发展，主要畜禽生产规模化、标准化程度显著提升。到 2014 年，我国生猪年出栏 500 头以上规模比重达到 41.8%，肉牛年出栏 100 头以上规模比重为 17.4%，肉羊年出栏 500 只以上规模比重为 12.9%，肉鸡年出栏 50000 只以上规模比重为 44.7%，蛋鸡年存栏 10000 只以上规模比重为 35.8%①（见表 1）；生猪、肉牛、肉羊和家禽出栏率分别达到 157.0%、46.3%、94.8% 和 204.3%；牛羊肉占肉类比重达到 13.2%；奶类产量比 1997 年增长 524.6%，是增幅最快的畜产品；畜牧业科技进步贡献率从“六五”时期的 34% 增加到 2014 年的 54% 左右；畜产品生产进入追求质量安全的阶段，并逐步向区域集中、产业整合方向发展，“龙头企业 + 家庭农场（或养殖大户）”模式已成为我国畜牧业发展的主导力量，如温氏模式、德康模式、正大模式、襄大模式等。

表 1　　　　我国主要畜禽养殖规模化程度一览

年份	生猪（%）	肉牛（%）	肉羊（%）	肉鸡（%）	蛋鸡（%）
2010	34.5	14.1	6.3	33.2	27.6
2011	36.6	14.8	7.9	36.6	29.2
2012	38.5	16.3	9.6	40.2	31.9
2013	40.8	16.7	11.4	42.3	34.7
2014	41.8	17.4	12.9	44.7	35.8
2015	43.3	17.7	12.9	45.5	37.2
2016	44.9	17.5	13.7	49.6	40.7

资料来源：《中国畜牧业统计》。

4. 以环保为重点的全面转型升级阶段（2015 年以来）

2015 年以来，国家密集出台若干政策方案，以促进畜牧业提质增效，实现绿色发展。第一，“粮改饲”和草牧业发展，有效支撑了畜产品的质量安全和生产效率的提升。2015 年，中央 1 号文件提出“加快发展草牧业，支持青贮玉米和苜蓿等饲草料种植，开展粮改饲和种养结合模式试点，促进粮食、经济作物、饲草料三元种植结构协调发展”，第一次在农业结构调整中突出了

① 2015 年以前我国各畜种的规模化标准普遍较低，2015 年农业部对各畜种规模化标准做了调整，标准大幅度提升，这是调整后的标准。下同。

优质饲草的重要地位，突出了种养结合和农牧循环的有效模式；当年农业部即在“镰刀湾”地区的10个省进行了粮改饲试点，随后拓展为17个省（见表2）；同年也在河北等12个省区组织开展草牧业发展试验试点。2016年农业部又发布了《促进草牧业发展的指导意见》，具体确定了重点实施区域、各地区草牧业发展重点和经营模式。围绕畜牧业环保和粪污资源化利用，规范和扶持政策不断发力，有效提升了畜牧业环境保护和粪污的资源化利用水平。第二，各项环保政策的落实，有效规范和扶持了畜禽粪污的资源化利用和养殖场的达标排放。2015年国家发布了《水污染防治行动计划》（以下简称“水十条”），要求将现有规模化畜禽养殖场（小区）根据污染防治需要，配套建设粪便污水贮存、处理、利用设施，而散养密集区要实行畜禽粪便污水分户收集、集中处理利用。2016年发布了《土壤污染防治行动计划》（以下简称“土十条”），严格规范兽药、饲料添加剂的生产和使用，促进源头减量，加强畜禽粪便综合利用，鼓励支持畜禽粪便处理利用设施建设。2015年，国务院发布了《关于促进南方水网地区生猪养殖布局调整优化的指导意见》，要求这些区域的生猪主产县以资源禀赋和环境承载力为基础，制定养殖规划，合理划定适宜养殖区域和禁养区，改进生猪养殖和粪便处理工艺，促进粪便综合利用。2016年发布了《中华人民共和国环境保护税法实施条例》，明确从2018年1月1日开始实施，要求达到省级人民政府确定的规模标准并且有污染物排放口的畜禽养殖场，应当依法缴纳环境保护税。

表2　　2017年“粮改饲”政策试点任务分配情况

地　区	面积任务（万亩）	收储量任务（万吨）	地区	面积任务（万亩）	收储量任务（万吨）
河　北	104.0	312.0	广　西	8.9	26.7
山　西	47.8	143.3	贵　州	28.3	85.0
内蒙古	111.6	334.8	云　南	48.7	146.2
辽　宁	55.0	165.0	陕　西	41.5	124.4
吉　林	60.0	180.0	甘　肃	46.4	139.1
黑龙江	86.0	258.1	青　海	15.0	45.0

续表

地　区	面积任务（万亩）	收储量任务（万吨）	地区	面积任务（万亩）	收储量任务（万吨）
安　徽	29.0	87.0	宁　夏	33.8	101.3
山　东	119.5	358.6	新　疆	64.5	193.4
河　南	80.0	240.0	黑龙江农垦	20.0	60.0
			合　计	1000	3000

资料来源：《农业部关于印发〈粮改饲工作实施方案〉的通知》（农牧发〔2017〕8号）。

二、发展成就与经验总结

（一）取得的成就

1. 主要畜产品生产有效保障了国内需求

经过40年的快速发展，我国主要畜产品人均占有量快速提高。1980年人均肉类、禽蛋、牛奶占有量只有12.3公斤、2.6公斤和1.2公斤，只有当年美国人均肉、蛋和奶的12.9%、15.7%和1.1%；与当年的世界平均水平相比，也分别只有44.8%、45.8%和2.8%。到2016年，人均肉、蛋、奶占有量已分别达到61.9公斤、22.4公斤和26.1公斤，年均增长4.59%、6.16%和8.93%（见图3），已经达到美国同期人均占有量的44.2%、121.7%和9.9%，分别是世界平均水平的140.2%、213.2%和28.0%。可见，我国的人均肉、蛋占有量已超出同期世界平均水平，只有人均奶类占有量与世界平均水平还有差距，但这个差距正在逐步缩小（见图4、图5）。

2. 畜产品供给结构逐步趋于合理

1985年[①]，我国肉类生产中猪肉占85.9%，牛羊肉只占5.5%，禽肉占

① 由于1985年之前国家统计局没有专门统计禽肉，这里为了具有可比性，从1985年开始分析肉类结构。

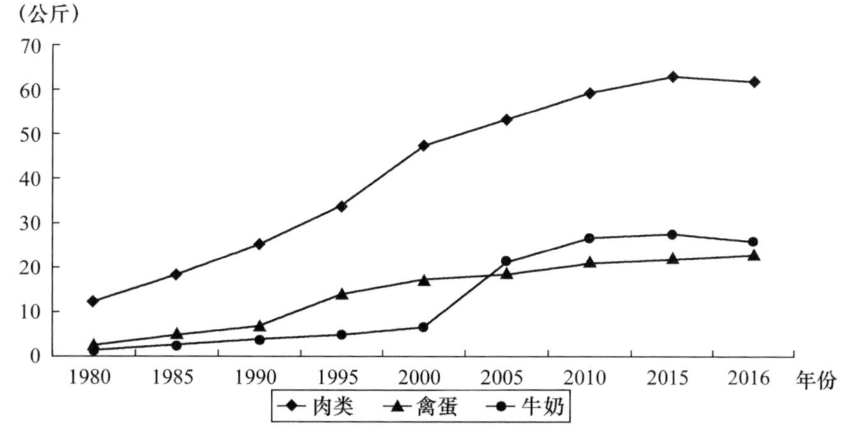

图3　我国肉、蛋、奶人均占有量走势

资料来源：《中国畜牧业统计》。

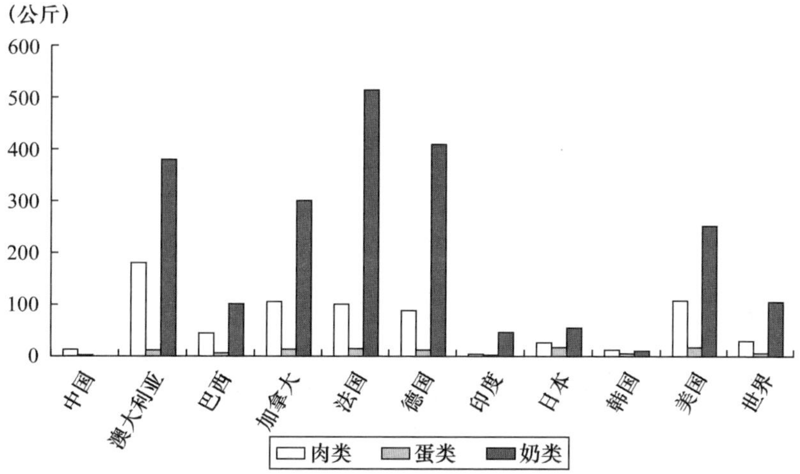

图4　1980年主要国家肉蛋奶人均占有量对比

资料来源：FAO 数据库（http：//www. fao. org/faostat/en/#home）。

8. 3%；到2016年，我国肉类生产中猪肉占比下降到62. 1%，下降了23. 8个百分点；而同期牛羊肉占比已提高到13. 8%，提升了8. 3个百分点；禽肉占比更是提高到22. 1%，大幅提升了13. 8个百分点（见图6）。尤其需要说明的是，牛奶生产经过20世纪90年代以来的超常速发展，已经成为我国畜牧业生产中重要的力量，在改善居民膳食结构中起到了重要的作用，人均奶类占有量翻了约10番。

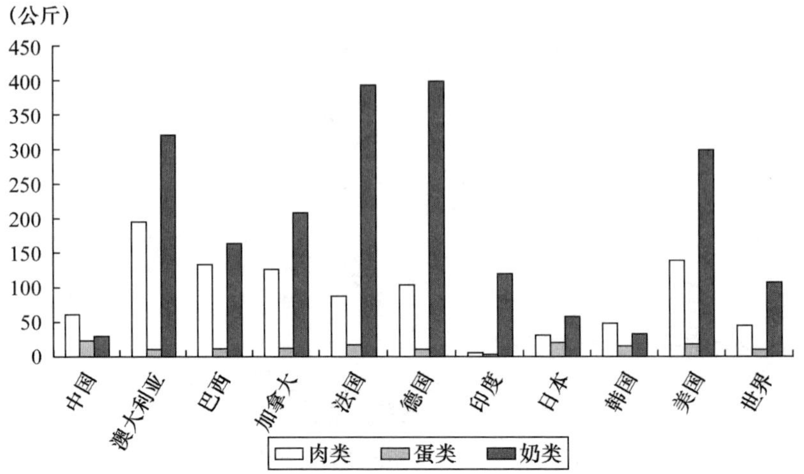

图5　2016 年主要国家肉、蛋、奶人均占有量对比

资料来源：FAO 数据库（http：//www. fao. org/faostat/en/#home）。

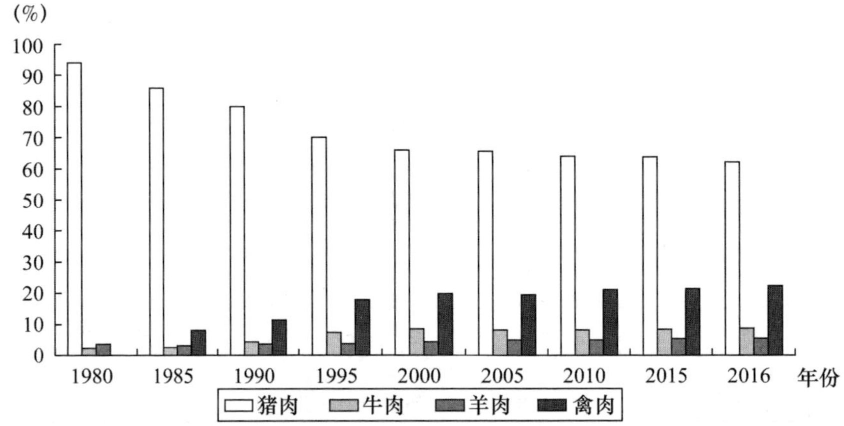

图6　我国肉类结构走势

资料来源：《中国畜牧业统计》。

3. 规模化程度稳步提升，生产效率不断提高

改革开放之初，我国的畜禽养殖以集体饲养和农户饲养为主，只有极少量的国营大牧场。自 20 世纪 80 年代中期开始，在养殖领域出现了专业户和重点户；到 90 年代中期，专业户和重点户已相当普遍，规模化程度快速提高。90 年代中后期，随着国家对养殖业的规范力度进一步加强和对规模化、标准化养殖的政策推动，养殖业规模化程度显著提高。由于国家从 2007 年才

开始统计不同规模的生产情况，所以这里只能从 2007 年开始比较，即使这样，变化也非常显著。2007 年，我国生猪规模化比重为 20.8%、肉牛规模化比重为 8.2%、肉羊规模化比重为 4.7%、奶牛规模化比重为 16.4%、肉鸡规模化比重为 22.0%、蛋鸡规模化比重为 14.9%，到 2016 年，各畜种相应的规模化程度分别达到 44.4%、17.6%、18.9%、49.9%、65.4% 和 40.2%。随着养殖规模化、标准化程度的提升，主要畜禽养殖的生产效率也得到有效提升。1980 年，我国生猪出栏率只有 65.0%，胴体重只有 57.1 公斤；到 2016 年，我国的生猪出栏率已达 157.5%，胴体重达到 77.4 公斤（见图 7）。每头能繁母猪每年提供的商品猪头数在 1980 年只有 10 头左右，到 2016 年已达 16 头。全群奶牛单产在 1980 年只有 1780.03 公斤/头，2016 年已达 2527.33 公斤/头（泌乳牛单产平均已达 6000 公斤左右）（见图 8）。蛋鸡产蛋量 1980 年只有 4.2 公斤/只，到 2016 年已达 8.9 公斤/只。

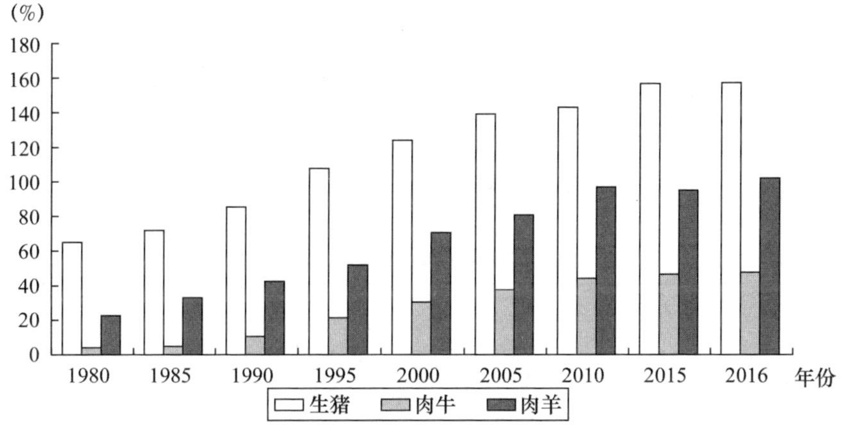

图 7　我国主要畜禽出栏率变化趋势

资料来源：《中国畜牧业统计》。

4. 优质饲草的重要性得到认可，种养结合、农牧循环养殖模式开始推广

我国的农耕文化思想导致决策者和生产者长期忽略了畜牧业中优质牧草的作用。自 2008 年奶业发生“三聚氰胺”事件以后，优质牧草的重要性才逐步得到重视。2008 年国家启动现代农业产业技术体系，第一次将牧草作为一个产业进行研发支持。在市场的拉动与行业科技支撑下，牧草产业在国内逐

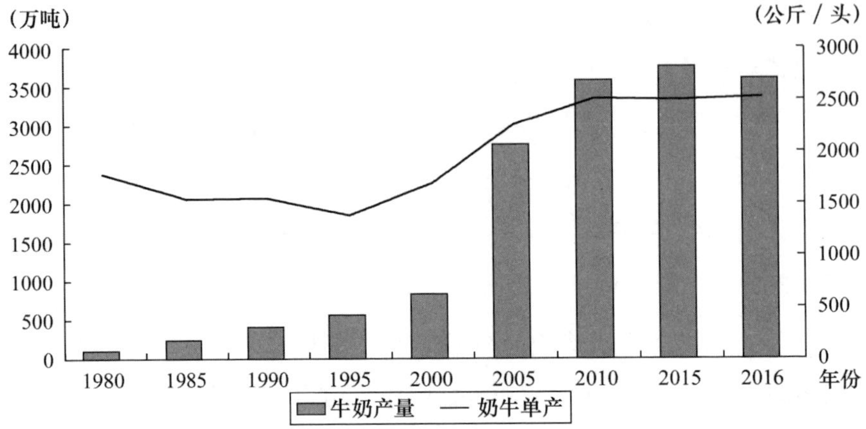

图8　我国牛奶产量及单产变化趋势

资料来源：《中国畜牧业统计》。

步发展起来（见表3）；2012年国家正式启动实施“振兴奶业苜蓿发展行动”；2015年中央1号文件提出实施“粮改饲”试点，推动发展草牧业。牧草产业的快速发展，有效支撑了国内奶业的转型升级，泌乳奶牛平均单产水平由2008年的不足3吨快速提高到目前的6吨左右，10年时间单产水平翻了一番。随着行业内对牧草重要性的认识不断深入和环保压力的加大，种养结合、农牧循环正在成为畜牧业发展的新趋势。

表3　我国牧草生产情况一览

年份	牧草				商品草			
	牧草年末保留面积（万亩）	牧草产量（万吨）	苜蓿年末保留面积（万亩）	苜蓿产量（万吨）	商品草生产面积（万亩）	商品草产量（万吨）	苜蓿商品草面积（万亩）	苜蓿商品草产量（万吨）
2001	25339.10	8819.29	4273.81	1697.68	273.10	149.22	196.61	96.58
2005	32270.00	14034.45	5114.40	2607.27	1002.80	454.24	471.50	301.38
2010	32023.00	18292.33	6118.00	2476.19	3152.00	1209.00	716.00	523.23
2011	29266.00	16866.38	5662.40	2329.62	3049.00	1021.00	538.00	359.00
2012	29719.00	16499.91	6250.60	2879.94	1745.00	800.00	423.00	271.00
2013	31301.00	18938.67	7447.90	3325.06	4767.00	924.57	581.00	343.62
2014	33010.00	17999.71	7117.20	3285.25	3827.35	936.67	598.11	357.93

续表

年份	牧草				商品草			
	牧草年末保留面积（万亩）	牧草产量（万吨）	苜蓿年末保留面积（万亩）	苜蓿产量（万吨）	商品草生产面积（万亩）	商品草产量（万吨）	苜蓿商品草面积（万亩）	苜蓿商品草产量（万吨）
2015	34629.00	17426.67	7067.00	3217.52	2801.00	783.12	649.00	368.51
2016	30843.00	16405.26	6562.00	3021.27	2617.25	817.11	677.58	379.84

资料来源：《中国草业统计》。

5. 有效壮大了农业农村经济，提升了农牧民收入

经过40年的快速发展，畜牧业已经成为我国农业农村经济发展的重要支柱产业，成为农民收入的主要来源，更是成为广大中西部地区脱贫致富的首选产业。2016年我国畜牧业产值达到3.17万亿元，占农业总产值的比重达到28.3%；带动上下游产业（屠宰加工、乳品加工、蛋品加工、饲料、兽药等）产值约3万亿元（辛国昌，2018）。畜产品加工业在我国农产品加工业中更是独树一帜，国内农产品加工有影响力的品牌和企业大多在畜牧行业，如伊利、蒙牛、三元、双汇、温氏、新希望、科尔沁等在国内甚至国际上都是很有影响力的品牌企业。2016年农牧民从畜牧业获得的收入为573.7元；对牧民来说，畜牧业收入更是其几乎唯一的收入来源。2016年，全国牧区县人均纯收入为8462.6元，其中畜牧业收入为5615.9元，占其收入的比重高达66.4%（见表4）。

表4　牧区及半牧区县人均纯收入及畜牧业收入占比

年份	牧区县			半牧区县		
	人均纯收入（元）	畜牧业收入（元）	畜牧业收入占比（%）	人均纯收入（元）	畜牧业收入（元）	畜牧业收入占比（%）
2010	4133.64	2419.75	58.54	4691.54	1957.27	41.72
2011	5464.43	3579.07	65.50	5361.42	2327.96	43.42
2012	6111.20	4012.70	65.66	6221.30	2684.70	43.15
2013	6485.40	4137.50	63.80	6993.30	2788.30	39.87
2014	7123.10	4874.80	68.44	7772.60	3144.00	40.45

续表

年份	牧区县			半牧区县		
	人均纯收入（元）	畜牧业收入（元）	畜牧业收入占比（%）	人均纯收入（元）	畜牧业收入（元）	畜牧业收入占比（%）
2015	7800.40	5133.00	65.80	8154.90	3284.30	40.27
2016	8462.60	5615.90	66.36	8826.50	3505.60	39.72

资料来源：《中国畜牧业统计》。

（二）畜牧业发展的经验借鉴

1. 必须根据不同区域的资源条件实施适度规模养殖

畜牧业必须走规模化养殖的道路，这是实现专业化、标准化和现代化的基础。但畜禽养殖的规模化必须是适度规模养殖，不能不考虑当地自然经济条件，不切实际地大规模养殖。在我国奶牛、肉牛和生猪规模化养殖中，都曾出现过不切实际的“贪大求洋”，最终导致当地自然条件难以容纳那样的单体大规模，造成治理环境污染的难度加大，养殖成本提高，很难持续下去，最后不得不停产的窘境。相反，根据区域内自然条件，选择种养结合、生态循环的适度规模养殖，走“龙头企业+家庭农牧场”的群体大规模道路，是很有生命力的发展模式。如温氏集团、襄大集团、正大集团等，既通过少量投资（轻资产发展模式）短期实现大规模扩张，又带动了农民致富。

2. 必须实施猪、牛、羊、禽全面发展的多元化畜种结构

我国是农业大国，又是人口大国，主要畜禽产品的供应必须主要依靠国内。因新时代“两步走”战略目标，必须满足居民对畜禽产品消费花色品种多样化的要求。更为重要的是，我国农业体量全球第一，主要农作物副产品以及农产品加工品的副产品总量都很大。据估算，每年产生酒糟 1500 万吨，醋糟 200 万吨，马铃薯渣 150 万吨，果渣 150 万吨，番茄渣 30 万吨，还有大量有营养价值的各类秸秆。尽管我国每年牛肉产量 700 多万吨，羊肉产量 400 多万吨，两者相加也只有肉类总产量的 13% 左右，单从经济角度看，可以依

赖从国际市场进口解决。但是，从整个农业生产系统来看，只有肉牛、肉羊产业才能把这么多的农作物副产品及农产品加工副产品消纳掉。若没有肉牛、肉羊产业，则这些副产品将成为环境的一大公害。所以，肉牛、肉羊产业是整个农业生产系统中的重要中枢，是农业生产系统良性循环的必备产业。对于我国如此大的农业体量，猪、牛、羊、禽产业都应发展，相互协调，不可偏废。

3. 健康养殖是保障畜牧业生产优质高效和安全的基础

畜禽健康养殖是通过一系列工程、技术措施，实现圈舍环境良好、饲料营养充足、粪污资源化利用、疫病防治及时有效，达到畜禽本身健康、畜产品安全和环境友好的目的（王明利，2008）。畜禽本身的健康是保障畜牧业生产效率提升的关键，也是保障畜产品优质安全的基础。只有畜禽所处圈舍及周边环境良好，饲料营养供应及时充足，疫病防控及时有效，才能保证畜禽本身的健康。若这些基本条件不能满足，畜禽就会产生各种应激反应，体内产生毒素，既影响畜禽生产效率的提升，也影响畜禽产品的质量安全水平。保障畜禽健康，并不是圈舍建设越高档豪华越好，也不是给动物提供饲料越精细越好，而是根据不同畜禽的自然生产和生活习性提供起居环境和安排饲草料给养，该精细的一定要精细，该粗放的一定要粗放。例如，畜禽也需要感受阳光雨露、风吹日晒，就要提供这样的场所，牛羊的围栏和挡风墙足矣，不一定需要高档圈舍，既节约了固定资产投资，又保障了畜禽的舒适场所；草食动物以草为主食，精饲料是补充料，就应提供充足的优质饲草，精饲料作为营养补充适量供给，既可节约饲料成本，也能提高生产效率；牛羊在冬季饮用温水，替代传统的冷水，可显著提升生产效率；牛羊母畜提供放牧场条件，替代圈舍，既节约人力投资，又显著提升母畜的繁殖率和仔畜的成活率，还可保障母畜体质健康，最终提升生产效率和经济效益。这些恰恰是我国过去饲养管理中忽略或没有引起足够重视的方面，也是导致与发达国家畜禽生产效率和产品竞争力差距大的主要原因。

4. 优质饲草的有效利用是提升畜牧业生产效率的重要途径

优质饲草是草食家畜的“主食”，而中国长期的农耕文化更多追求作物的

“籽实”，忽视了作物的全株利用；对草食动物大都采用“秸秆 + 精料”的饲喂模式，一方面导致精料消耗很大，另一方面草食家畜的营养健康也得不到保障，进而生产效率不高，畜产品质量安全水平较低。根据相关专家的测算，同样一亩耕地，适时收获植物的地上部分营养体所获得的营养物质一般是籽实的 3 ~5 倍。如在同样条件的耕地上，按照粗蛋白计算的农田当量，苜蓿草为4.9，黑麦草为 3.1，即 1 亩苜蓿草相当于 4.9 亩水稻、7.0 亩小麦或 6.4 亩玉米；1 亩黑麦草相当于 3.1 亩水稻、4.4 亩小麦或 4.0 亩玉米。若按照代谢能计算的农田当量，1 亩苜蓿草相当于 1.6 亩水稻、3.6 亩小麦或 2.3 亩玉米；1 亩黑麦草相当于 1.3 亩水稻、3.0 亩小麦或 1.9 亩玉米（见表5）。地上植株部分全株利用，营养吸收，过腹还田，不会留下污染公害；若只利用籽实，单位面积耕地上产生的营养大量减少，秸秆被废弃或燃烧，成为一大污染公害，且为此付出的监管成本增加很多。过去将饲草和饲料混为一谈，统一称作“饲草料”，其实两者不管是在种植制度、收获方式、贮存条件、利用方式上，还是产品功能等方面，都是性质完全不同的两类作物，必须将饲料和饲草产业分开分别施策，才能促进牧草产业尽快发展起来，突出牧草的地位和作用。

表 5　粮食作物与饲草的干物质、粗蛋白、代谢能产出及农田当量折算

作物种类	稻　谷	小　麦	玉　米	苜　蓿	黑麦草
干物质产量（kg/hm^2）	5500	2500	3800	14400	12000
利用系数	1	1	1	0.8	0.8
干物质可利用量（kg/hm^2）	5500	2500	3800	11520	9600
粗蛋白含量（%）	8.5	13	9.5	20	15
粗蛋白产量（kg/hm^2）	467.5	325	361	2304	1440
按粗蛋白计的农田当量	1	0.7	0.77	4.93	3.08
代谢能含量（MJ/kg）	13	13	13	10	10
代谢能产量（MJ/hm^2）	71500	32500	49400	115200	96000
按代谢能计的农田当量	1	0.45	0.69	1.61	1.34

注：根据任继周等（2007）研究的结果进行整理。

5. 产业化是拉动畜牧业提质增效的重要抓手

由于资源条件的限制，总体上看，我国的畜牧业不能走单体大规模的"美国式"规模化道路。但面对国际大市场的竞争，又必须将分散的中小规模养殖组织起来，集中统一地在市场上"讨价还价"；同时，为了有效实现产品的标准化，有效实现全产业的利润留在产业内部，必须实现全产业链的一体化经营。畜牧业产业化在我国整个农业中一直处于领先地位，从 20 世纪 80 年代出现的牧工商联合公司，到目前的以奶产品加工、肉类加工、饲料加工等为龙头的"龙头企业 + 合作社 + 养殖场户"或"龙头企业 + 家庭农牧场"等产业化经营模式，都在提升畜牧业的组织化、规模化、标准化方面，以及提升产品质量和安全性方面，强化先进实用技术推广和品牌经营、抵御市场风险等方面起到了积极的推动作用。不过，目前来看，畜牧业产业化在利益联结机制等方面还很不规范，特别是奶业方面，由于原奶不耐贮存，容易受到龙头企业的压级压价等"卡脖子"现象，但这不能否定产业化的整体优势，而是国内市场监管不到位、标准不科学等问题引起的。目前在生猪养殖行业，产业化势头很好，迎合了国内资源和环保约束下的生猪养殖模式，前景广阔，如温氏模式、襄大模式、正大模式等，今后随着这些龙头企业一体化经营的深入推进，预期将会使生猪产业化提升到更高程度。此外，肉牛、肉羊的产业化程度普遍较低，今后必须在规范市场和强化法治的基础上提升产业化水平。

三、畜牧业供给侧改革面临的挑战及未来趋势判断

（一）畜牧业供给侧改革面临的挑战

1. 资源条件约束趋紧

我国人多地少，水土资源短缺将长期存在，直接影响着发展畜牧业所需饲草料的充足供应。预计到 2020 年和 2030 年，中国饲料粮占粮食的比重将分别达到 50% 和 55%，所以，中国的粮食安全问题本质上是饲料粮的安全问

题。2017 年，我国进口大豆 9541 万吨，大麦 886 万吨，高粱 502 万吨，玉米 274 万吨，此外还进口酒精副产物（DDGS）38 万吨[①]。除进口大量饲料原料外，饲草进口也快速增加。2008 年以前，我国基本不进口草产品，还大量出口。2008 年之后，草产品进口大幅提升。到 2017 年，我国进口草产品达到 185.6 万吨，比 2008 年增长 92.7 倍（见图 9）。土地资源的短缺也直接影响着畜禽养殖场用地的科学选择，从而直接影响着标准化规模养殖的顺利推进。一方面，养殖场用地审批困难；另一方面，即使审批通过，流转成本高企，大多地区每亩每年流转成本得五六百元，部分地区已经达到千元以上，使许多养殖户望而止步，不少地区畜禽养殖不得不向大山深沟发展，楼上养猪、地下养鸡等模式也屡见不鲜。此外，劳动力资源的短缺也影响着畜牧业的持续发展。自 2004 年发端于沿海地区并向全国蔓延的劳动力短缺现象，预示着中国经济发展的“刘易斯转折点”正逐步呈现。近年来中国城市经济的快速发展，吸收了大量农村劳动力进入二三产业，从事养殖业的劳动力越来越少，素质越来越低。而畜牧业本来是个劳动力密集型的产业，并且劳动强度很高，许多方面机械难以代替，最终导致畜牧业生产的劳动力成本居高不下。

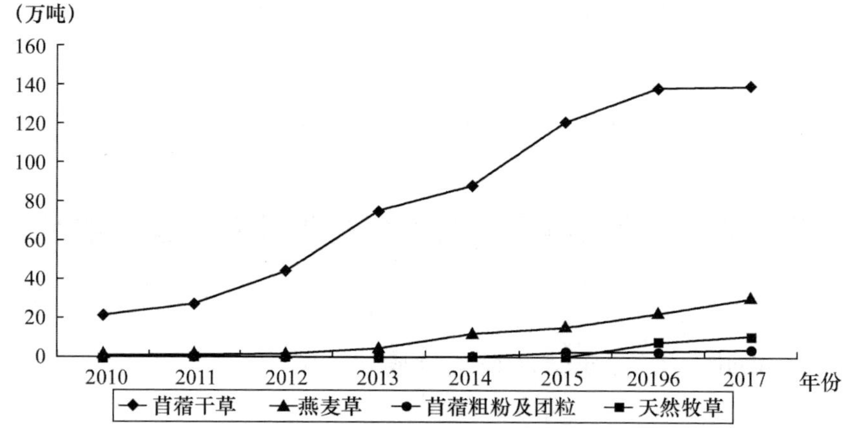

图 9 我国牧草进口走势

资料来源：中国海关。

① 2010 年以来我国每年进口 DDGS 的量达到几百万吨，2016 年以来快速下降。

2. 环保约束趋严

国家出台的“水十条”中，要求严格划定畜禽养殖禁养区，并要求在2017年底前，依法关闭或搬迁禁养区内的畜禽养殖场（小区）和养殖专业户，京津冀、长三角、珠三角等区域提前一年完成。要求对现有规模化畜禽养殖场（小区），必须配套建设粪便污水贮存、处理、利用设施；在散养密集区必须实行畜禽粪便污水分户收集、集中处理利用；自2016年起，新建、改建、扩建规模化畜禽养殖场（小区）要实施雨污分流、粪便污水资源化利用。2016年发布的“土十条”，要求加强畜禽粪便综合利用，要求到2020年，规模化养殖场、养殖小区配套建设废弃物处理设施比例达到75%以上。2015年发布的《关于促进南方水网地区生猪养殖布局调整优化的指导意见》，根据珠江三角洲、长江三角洲、长江中下游、淮河下游、丹江口等5个重点水网区域的水环境保护要求和土地承载能力，科学确定了禁养区和限养区，这些地区的许多养殖场发生了停养或搬迁。据调查，珠江三角洲某县已关掉2774个养殖场，减少生猪养殖10万多头。

3. 疫病防控形势仍较严峻

近年来，各类重大疾病在中国时有发生，每年带来的直接经济损失近1000亿元，特别是2004年爆发的高致病性禽流感给家禽业养殖户造成了严重损失；2005年发生在四川的猪链球菌病和2006年蔓延到全国的高致病性猪蓝耳病，引起了生猪生产下降和价格的剧烈波动，严重影响着生猪产业的健康发展，成为拉动2008年全国CPI快速上升的重要因素。2012年秋冬季节发生H7N9流感，初步测算，截至2013年4月21日，中国家禽业已损失约230多亿元；2014年H7N9流感又给国内的家禽业带来400亿元的损失。前几年全国范围内发生的仔猪流行性腹泻，一直困扰着国内生猪生产效率的提升，基本上每一次猪价的大幅波动背后都有疫病流行的影子（见图10）。2014年发生的家畜小反刍兽疫，成为其后几年国内肉羊价格大跌和养殖户亏损的直接原因。2018年以来爆发的非洲猪瘟，给生猪产业乃至畜牧业的持续稳定发展带来巨大负面影响，生猪产能持续下滑，推动着畜产品市场价格持续上涨（见图10～图11、表6～表7）。近年来随着疫病防控体系的进一步健全和防控力度的不断加大，尽管疫情总体稳定，但局部地区出现的一些人畜共患病仍不可小觑，特别是从种畜开始的疫病源头净化工作长期而艰巨。

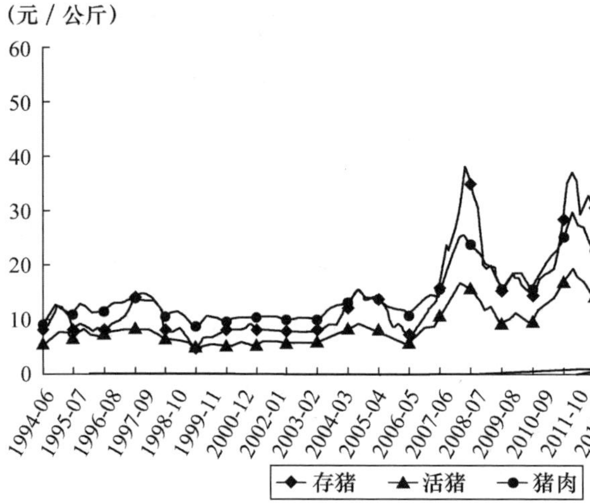

图10　生猪价格走势

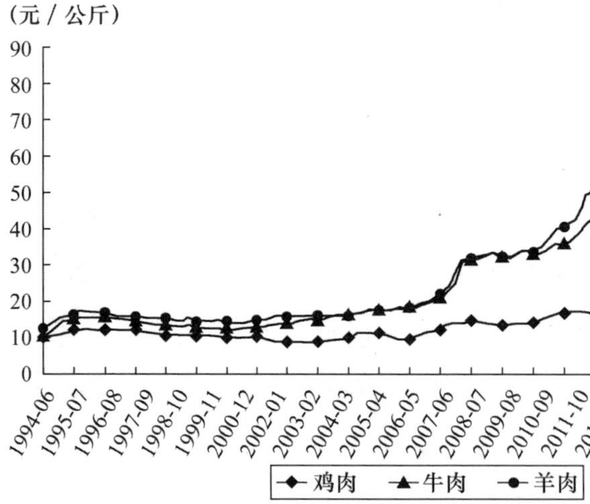

图11　牛羊肉及鸡肉价格走势

表6 生猪生产趋势一览

时 间	生猪存栏定点监测变化率（%）		能繁母猪存栏定点监测变化率（%）	
	环 比	同 比	环 比	同 比
2018年1月	2.7	0.5	3.7	-0.3
2018年2月	-0.9	-0.3	0.2	0.2
2018年3月	1.4	0.2	0.0	0.1
2018年4月	-0.6	-0.7	-0.9	-0.9
2018年5月	-1.6	-1.0	-2.1	-2.3
2018年6月	-1.3	-1.9	-1.3	-2.9
2018年7月	-0.8	-2.0	-1.9	-4.0
2018年8月	-0.3	-2.4	-1.1	-4.8
2018年9月	0.8	-1.8	-0.3	-4.8
2018年10月	0.1	-1.8	-1.2	-5.9
2018年11月	-0.7	-2.9	-1.3	-6.9
2018年12月	-3.7	-4.8	-2.3	-8.3
2019年1月	-5.7	-12.6	-3.6	-14.8
2019年2月	-5.4	-16.6	-5.0	-19.1
2019年3月	-1.2	-18.8	-2.3	-21.0
2019年4月	-2.9	-20.8	-2.5	-22.3
2019年5月	-4.2	-22.9	-4.1	-23.9
2019年6月	-5.1	-25.8	-5.0	-26.7
2019年7月	-9.4	-32.2	-8.9	-31.9
2019年8月	-9.8	-38.7	-9.1	-37.4

资料来源：农业农村部统计监测预警。

表7 2019年9月第3周畜产品集市价格一览

项 目	本周（元/公斤）	去年同期（元/公斤）	前一周（元/公斤）	同比（%）	环比（%）
仔 猪	56.81	25.54	55.21	122.4	2.9
活 猪	27.15	14.19	26.68	91.3	1.8
猪 肉	42.57	23.43	41.9	81.7	1.6
活 鸡	23.41	19.14	23.11	22.3	1.3

续表

项　目	本周（元/公斤）	去年同期（元/公斤）	前一周（元/公斤）	同比（%）	环比（%）
白条鸡	24.28	19.56	24.02	24.1	1.1
牛　肉	77.93	65.33	77.34	19.3	0.8
羊　肉	75.04	62.17	74.49	20.7	0.7

资料来源：农业农村部。

4. 核心科技对外依存度高

我国畜牧业生产的一些关键环节科技创新任务艰巨，对外依存度大。首先，我国畜禽及牧草种质资源对外依赖大。国内种猪市场“洋三元”已成主流，市场份额占80%以上，国内地方品种市场份额不到20%；白羽肉鸡种源全部依赖进口，肉鸭品种中进口的“樱桃谷鸭”国内市场占有率超过80%，禽蛋产量50%左右由国外蛋鸡品种提供；肉牛中西门塔尔、利木赞、夏洛莱、和牛、安格斯等优质肉牛品种都源自国外；黑白花、娟珊等主要高产奶牛品种都是从国外引进；波尔、杜泊、陶赛特、萨福克等肉羊品种都来自国外；2017年，苜蓿、三叶草、羊茅及黑麦草种子进口量分别达到1237吨、2932吨、15202吨和31279吨，分别是2010年进口量的3.4倍、1.5倍、1.2倍和2.1倍。其次，畜牧业生产各环节的机械设备许多都依赖进口。近年来，尽管我国畜禽养殖及饲草料生产机械设备生产取得一定成效，但与国外机械相比还存在很大差距，对外依赖程度依旧较高。从奶业生产机械进口来看，1994年其进口额就突破千万美元；2014年进口额达到历史最高，为5403万美元；到2016年有所下降，但也达到2956万美元。2010～2016年，我国动物饲料配制机械累计进口8914台套，家禽孵化器及育雏器累计进口21619台套，家禽饲养机械累计进口36735台套，干草制作机械、牧草打包机累计进口7410台套和40630台套（孔平涛，2018）。

5. 国际竞争力不强

首先，我国主要畜禽养殖的生产效率仍不高，比欧美、日韩等发达国家普遍要低。从出栏率看，2016 年我国生猪、肉牛、肉羊和肉鸡的出栏率分别为 156.4%、58.3%、88.9%和 182.2%，而美国为 165.5%、33.9%、29.5%和 451.8%[①]（见图 12）。从主要畜禽个体生产能力看，2016 年我国生猪、肉牛、肉羊和肉鸡的胴体重分别为 76.7 公斤、142.3 公斤、16.3 公斤和 1.4 公斤，美国为 95.7 公斤、367.8 公斤、30.2 公斤和 2.1 公斤（见图 13）；我国泌乳奶牛的单产为 2905.7 公斤，而美国为 10330.1 公斤；我国产蛋鸡个体产

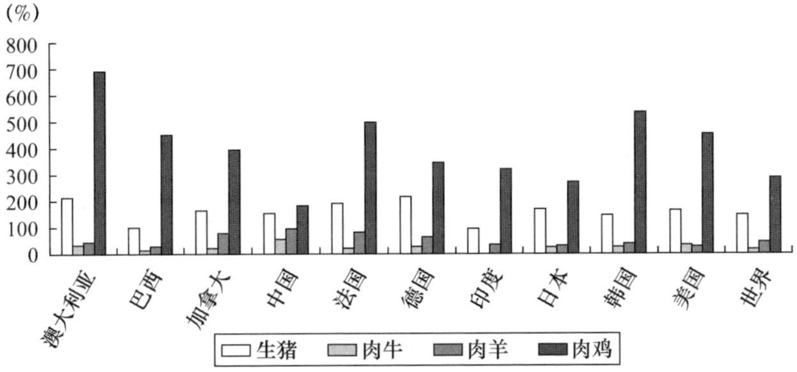

图 12　2016 年主要国家畜禽出栏率对比

资料来源：FAO 数据库（http://www.fao.org/faostat/en/#home）。

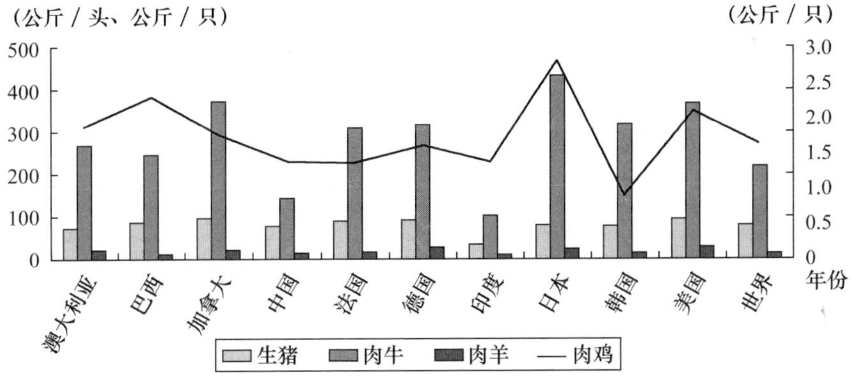

图 13　2016 年主要国家畜禽出栏胴体重对比

资料来源：FAO 数据库（http://www.fao.org/faostat/en/#home）。

---

① 我国在肉牛和肉羊方面的出栏率高于美国，主要是因为我国的专业化短期强度育肥及出栏量重复计算所导致。

蛋量为8.9公斤，美国为16.5公斤（见图14）；我国能繁母猪每年提供的育肥猪头数（MSY）为16头，而美国等发达国家普遍都在20头以上。其次，我国主要畜禽生产的成本普遍高于国际上的主要畜禽主产国，导致在国际市场上没有成本优势，竞争力不强。由于资源禀赋差异，特别是养殖技术、饲养管理水平和理念等多方面差异，导致我国主要畜禽生产的成本普遍比国际上相应畜禽的主产国高很多。

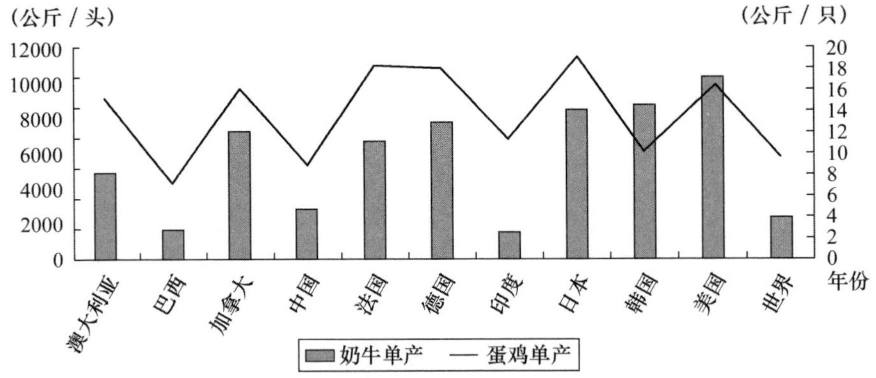

图14 2016年主要国家奶牛和蛋鸡单产对比

资料来源：FAO数据库（http：//www.fao.org/faostat/en/#home）。

（二）畜牧业供给侧改革趋势判断

1. 畜牧业必须进一步做大做强

2016年我国畜牧业总产值占农业的比重为28.3%，而目前主要发达国家畜牧业占农业的比重都在40%以上，我国畜牧业比重继续上升的趋势不可逆转。从国内经济发展及人民生活改善的需求看，总人口仍在增加，城镇化仍在加速推进，且目前人均肉、蛋、奶占有量与发达国家相比差距还很大，人均肉、蛋、奶消费量和占有量都还有很大的增长空间。从生产和供给来看，尽管受到的资源、环境等约束越来越大，但通过实施畜牧业转型升级，通过科技进步的提升，不断提升资源的利用效率和生产效率，提升畜禽的个体生产能力，以提供更多的肉、蛋、奶。目前与发达国家在这方面的差距仍然很大，潜力也很大。此外，充分利用“两种资源和两个市场”，实施“走出去”

战略，以满足国内消费者的需求。

2. 部分畜产品进口的规模将继续扩大

近年来我国猪肉和牛羊肉的进口量越来越大，且增长迅速。这种趋势将继续存在。主要基于如下判断：一是我国主要畜禽产品生产的比较优势及国际竞争力较低，且短期难以扭转。导致我国畜禽产品比较优势及国际竞争力低的原因主要是生产成本较高且短期难以下降。目前，我国大多数畜禽产品的生产成本比国际上相应畜禽产品的主产国要高 40% 以上，国内外成本的巨大差距直接导致大量进口。二是满足消费者更多的花色品种、调剂余缺需要扩大进口。随着居民生活水平的提升，对国际上优质的、具有丰富差异化的畜禽产品需求量也快速增加；此外，应对国内畜禽产品生产的波动也需要利用国际市场来调剂余缺。

3. 优质、环保、安全、高效将是未来发展的基本方向

适应新时代我国现代化分“两步走”的战略，畜牧业生产只有不断转向优质、环保、安全、高效，确保在 2035 年之前完成全面转型升级，才能为城乡居民实现美好生活提供充足、营养、安全的肉蛋奶来源，才能为社会主义现代化的基本实现和 2050 年全面实现现代化提供坚实的经济和物质基础，才能为建成富强民主文明、和谐、美丽的社会主义现代化强国提供现实可能。其中，环保是畜牧业发展的必备条件，优质和安全是畜牧业生产的基本前提，高效是畜牧业持续发展的最终保障。

4. 种养结合、农牧循环将是未来畜牧业生产的主要模式

欧美、日韩等发达国家畜牧业走过的道路，特别是作为世界沼气发电鼻祖的德国的实践经验，以及我国大规模、集约化养殖场所面临的问题反复证明，只有实施种养结合和农牧循环，才是畜禽粪污消纳和环境污染治理的最有效方式。20 世纪 90 年代，德国就开始大规模实施沼气发电来达到畜禽粪污的资源化利用。经过多年的实践，最终抛弃了沼气发电，重新捡起了过去的“种养结合和农牧循环”。我国已经发展起来的大型沼气发电，大多也是“面子工程”，亏损严重，难以持续运行。我国不能再重走被国内外实践反复证明是失败的老路，必须在科学测定和评价的基础上，根据不同区域的自然条件和生态特点，重新布局和统筹规划种养业，以实现良性循环。

5. “龙头企业＋家庭农场”的群体大规模将是未来的主要经营模式

人多地少的基本国情决定了我国畜牧业生产总体上不能走集约化单体大规模经营的道路，必须走“龙头企业＋家庭农场”的群体大规模路子。当然，这并不排除个别资源条件丰富的地区采取集约化的单体大规模经营道路。首先，适度规模的家庭农场既可有效实现种养结合和农牧循环，又可保障一定经营规模的农户通过直接从事农业生产即可获得稳定收入，保障农村劳动力的稳定，保障畜牧业的稳定发展。其次，“龙头企业＋家庭农场”的经营模式也是提升组织化的有效形式。畜禽产品总体上是生活必需品，需求弹性小，“增产不增收的现象”经常会出现，这就要求生产必须组织起来，具有一定的计划性，不能随意扩大规模，只有这样才能保障生产者获得一定的利润。

6. 不断夯实疫病防控基础仍将是未来畜牧业发展的重点

长期以来，我国畜牧业发展备受疫病影响。特别是2018年8月爆发的非洲猪瘟，已成为我国养猪业的“一号杀手”。放眼国际，非洲猪瘟1921年首次在肯尼亚发现，至今已在63个国家爆发，已根除的13个国家中有3个国家2018年又重新爆发。可以预见，非洲猪瘟“歼灭战”是一场“持久战”，对我国生猪产业及市场的影响将长期存在。为打好非洲猪瘟“歼灭战”，2019年中央1号文件明确提出要加大非洲猪瘟等动物疫情监测防控力度，国务院政府工作报告更是将其纳入2019年政府工作任务，近期国家更是在非洲猪瘟防控形势下出台系列扶持生猪产业发展的政策措施。此外，禽流感、小反刍兽疫等其他畜禽养殖疫病风险难以根除。疫病爆发一次次教训深刻，必须从最基层的疫病防控体系建设做起，不断夯实基础，做到及时应急反应，根据不同疫情等级启动分级响应，每一级响应分别由哪一级防疫部门主体实施，其他相关部门及时配合，这些都应以法律形式固定下来。未来，不断夯实疫病防控体系的物质基础、法律法规基础与打好疫病防控攻坚战需同时实施，这些将是新形势下畜牧业发展亟待关注和解决的重点难点问题。

四、畜牧业供给侧结构性改革的建议

（一）转变观念、创新理念有时胜于科技创新

改革开放40年我国畜牧业发展的实践证明，很多情况下转变观念、创新理念比科技进步还重要。目前国内应用的许多科技成果，也是当今世界正在应用的科技成果，但我国的畜牧业与国际先进水平相比，仍然差距较大。仔细分析，还是观念、理念和思路的问题。今后的畜牧业发展，必须要树立根据不同畜种的自然习性来进行科学饲养管理的理念。国外先进的养殖理念是“该精细的必须精细，该粗放的一定粗放”。如国外圈舍建设不一定豪华，许多圈舍只有围栏和挡风墙，没有顶棚，既保障了牛羊的风吹日晒，也大幅节约了固定资产投资，但在饲草料供给上是“货真价实”，绝对优质；而国内大多数大中型养殖场建设得都比较豪华，但在饲草料供应方面普遍比较吝啬。另外，国外许多养殖场在冬季给牛羊供应温水，而国内大多数养殖场是做不到这一点的。此外，国外对于牛羊母畜必然是采取放牧养殖，没有天然草场的地区也要建设人工放牧场，既保障了母畜的健康，提升了生产效率（提高了母畜的繁殖率和仔畜的成活率），又节约了人工、机械等成本，从长期算总账效益是提高的；而我国大多养殖场都是舍饲养殖。

（二）强化重视草的作用，构建“粮+经+饲+草”四元结构

长期以来，传统农耕文化一直影响着关于发展牧草产业的认识。我国多少年来从事农业生产的目标就是收获籽实，特别是在长期粮食安全的目标指引下，更是如此。直到21世纪头10年，特别是2008年“三聚氰胺”事件后，业界才对牧草的重要性有所认识。2008年国家启动的“现代农业产业技术体系”，将牧草作为50个产业之一同步启动，标志着国家第一次将牧草真正作为一个产业来对待和决策。其实在畜牧业发达国家，长期以来一直将牧

草作为“作物”来对待，美国就一直将苜蓿草作为仅次于大豆之后的第四大作物，详细地设置于农业统计体系中。基于牧草产业在畜牧业转型升级中的重要意义，今后我国的农业生产中，必须将牧草作为作物对待，将牧草生产作为农业产业对待。目前的“粮+经+饲”三元结构，其实在1992年就提出来了，但饲草一直没有发展起来，究其原因，主要是饲草的地位没有突显出来（见表8）。这里的“饲”尽管指“饲草料”，但饲料和饲草不管在种植制度、收获方式、贮存条件、利用方式上，还是产品功能等方面，都是性质完全不同的两类作物，不能将其混为一谈，必须突出牧草的地位和作用，全面构建“粮+经+饲+草”四元结构。

表8　　　　我国“粮+经+饲”三元种植结构变化情况

年　份	将玉米计入粮食作物（%）	将玉米计入饲料作物（%）
1980	80.09∶18.69∶1.22	66.37∶18.69∶14.94
1990	76.48∶22.27∶1.26	62.05∶22.27∶15.68
1995	73.43∶25.35∶1.22	58.24∶25.35∶16.41
2000	69.39∶29.24∶1.37	54.64∶29.24∶16.12
2005	67.07∶30.76∶2.17	50.11∶30.76∶19.12
2010	68.38∶30.43∶1.17	48.16∶30.44∶21.40
2015	68.13∶30.67∶1.20	45.21∶30.67∶24.11
2016	67.83∶30.86∶1.32	45.76∶30.86∶23.38

资料来源：历年《中国统计年鉴》。

（三）每一个产业的发展，不能仅从经济角度考虑，应从整个农业生产良性循环中定位

从发达国家走过的道路来看，农业的发展都不是单纯从经济角度定位，农业的多功能性早已被国内外学界、产业界认同。对于畜牧业中的生猪、肉牛、肉羊、奶牛、肉鸡和蛋鸡等产业，尽管个别产业从产量的贡献和经济的贡献看都不够大，且资源消耗较多，即使这样，也不应轻易放弃而由国际市场来解决。比如肉牛、肉羊产业，尽管两者加起来每年仅供应国内1100多万

吨肉，占国内肉类总产量的比重在13%左右，但其重要性不可低估。首先，牛羊产业是改善居民膳食结构、提升居民健康营养水平的重要产业，更是边疆少数民族地区居民赖以为生的重要产业。其次，从整个农业生产循环系统看，牛羊产业又是保障我国农业生产良性循环的中枢产业。我国的农业体量世界第一，许多农作物副产品和农产品加工副产品都依赖牛羊产业来消纳转化，然后还田，进入下一轮循环。若没有这个中枢环节，这些副产品不仅不会成为可利用资源，反而又会成为环境污染的一大公害。再次，从生物多样性来看，畜牧业生产中的猪、马、牛、羊、禽一个也不能少，只有这样，才能保障整个生态系统的良性循环。

（四）扎实推进以种业和畜牧机械为核心的科技创新，强化科技推广的广度和深度

畜禽种业和畜牧业生产机械装备是我国畜牧业的短板和瓶颈，必须下大力气持之以恒推进以种业和机械为核心的科技创新。这些方面的全面创新和自主研发不是单靠一两个项目或一两个五年计划就能实现的，建议单独对这些方面的研发组建国家级、省级和地区级的创新研发团队；各层级的创新研发团队分工负责、紧密协作；在财政资金支持上定向、长期、稳定支持。在科技推广方面，坚持实施政府推广部门为主导，龙头企业、合作组织、科研院校等共同推进的多元科技推广体系。在推广技术的选择上，政府推广部门深入分析和严格审核不同区域制约不同畜禽产业发展的关键技术环节，在人员培训和技术示范等方面集中发力，并定期测算和评估推广的广度和农民掌握的程度，扎实推进、持续推广；龙头企业、合作组织等根据市场所需产品的标准，选择一整套先进适用的技术体系全面推广；科研院校应针对某一产业全产业链的技术需求进行重点攻克和集成示范，重点应聚焦在服务地方政府部门、龙头企业和合作组织上。

（五）重构畜牧业发展的支持保护体系

一是推动畜牧业支持保护政策措施的精准化。主要包括政策制定的精准

化、政策实施的精准化和部门权责的精准化。二是应区分畜牧业支持保护的市场化与公益性。充分利用市场化机制推进畜牧业支持保护体系建设，强化基础设施、环保及防灾减灾等公益性政策扶持。三是推进畜牧业支持保护政策实施的制度化。具体包括推进支持保护制度化建设，实现支持保护制度的层次化，推进制度建设的系统化。四是推进畜牧业支持保护政策实施的法制化。建议及时启动制定有关畜牧业支持保护的相关法律或法规，推动支持保护方式方法、政策工具、补贴标准、监督管理等方面的明确化和常态化，提高支持保护政策的稳定性和连续性。此外，应加快畜牧业投资立法，明确各级政府在畜牧业投资中扮演的角色，明确各级政府的权力范围，规范各级政府权力行使，促进畜牧业投资规模不断扩大、投资结构更加完善合理、投资质量和效益持续提高。

（六）着力构建完善的畜禽疫病防控体系

高效的疫病防控体系对于推动畜牧业健康发展、保障畜产品稳定供给具有重要现实意义。2018 年以来，席卷全国的非洲猪瘟疫情反映出我国的畜禽疫病防控体系“形同虚设”，迫切需要构建完善的疫病防控体系。一是做好疫情实时报告与处置。在以法律法规形式明确畜禽疫病防控问题、建立健全畜禽疫病防控体系的基础上，出台系统科学的疫病防控方案，做好疫病监测检查，严格落实扑杀、消毒、无害化处理等措施，实现科学监测、实时报告、及时处理。二是强化畜禽疫病防控能力。落实各级责任，明确主体权利，强化基层畜牧兽医体系建设，提升政府部门及企业、养殖场户等经营主体的疫病防控能力；总结疫病防控经验，宣传科学有效的防控策略；严格畜禽养殖清洗消毒等防控措施，改善防疫条件，加强防疫管理。三是做好畜禽疫病防控基础研究工作。统筹科研院所、高等院校、政府、企业等部门和组织，结合国内外科技力量，组织优势科研队伍，加快疫苗、诊断试剂等的研发进程，强化疫苗推广使用力度，从基础研究出发，切实做好畜禽疫病防控体系建设，为畜牧业持续健康发展保驾护航。

参考文献

[1] 任继周，林惠龙，侯向阳．发展草地农业，确保中国食物安全．中国农业科学，2007，40（1）
[2] 王明利等．中国肉牛产业发展规律及政策研究．中国农业出版社，2016
[3] 王明利等．中国生猪产业波动规律及调控对策研究．中国农业出版社，2013
[4] 王明利．转型中的中国畜牧业发展研究．中国农业出版社，2008.
[5] 王明利．有效破解粮食安全问题的新思路：着力发展牧草产业．中国农村经济，2015（12）
[6] 卢良恕等．我国中长期食物发展战略与对策．中国软科学，1992（1）
[7] 中国共产党中央委员会．关于加快农业发展若干问题的决定．1979 年 9 月
[8] 中华人民共和农业部．关于加快发展畜牧业的报告．1980 年 3 月
[9] 中国共产党中央委员会、中华人民共和国国务院．关于加大改革创新力度加快农业现代化建设的若干意见．2015 年 2 月

专题报告七

农民专业合作社发展与政策支持

李瑞芬　北京农学院经济管理学院教授

一、引　言

农民专业合作社是重要的新型农业经营主体，也是现代农业建设的中坚力量。在农业供给侧结构性改革的背景下，农民专业合作社是推进农业供给侧结构性改革的有效载体和重要抓手。国家对农民专业合作社的发展尤为重视，从法律、政策及财政投入方面给予大力支持。为顺应实践发展需要，2017 年 12 月 27 日第十二届全国人民代表大会常务委员会第三十一次会议修订了《中华人民共和国农民专业合作社法》。2013 ~ 2019 年的中央 1 号文件等都对农民专业合作社的发展给予极大的重视。2018 年 1 月，党中央、国务院发布《关于实施乡村振兴战略的意见》，指明了农民专业合作社的发展目标，强化了对农民专业合作社在科技和人才方向的支持，明确了通过政策和资金扶持促进农民专业合作社规模化发展，推动加快形成财政优先保障、金融重点倾斜、社会积极参与的多元投入格局，确保农民专业合作社投入力度不断增强、总量持续增加。2019 年出台《关于开展农民合作社规范提升行动计划》《关于开展农民合作社规范提升行动的若干意见》，进一步明确了农民合作社规范提升的发展目标和指导意见。同时，农民专业合作社的财政扶持体系日渐完善，且财政投入力度持续加强，据财政部“加大投入推进合作社健康发展”（2017 年 10 月 5 日）资料，2007～2017 年中央财政累计安排农民专业合作社发展资金 118 亿元，年均增长 21.5%。这对农民专业合作社的发展具有重大意义。

但从农民专业合作社的发展来看，存在内部控制机制薄弱，运行不规范，甚至出现以农民专业合作社为名挤占国家政策、套取财政补贴，实际并未开展生产经营活动的“空壳社”“休眠社”等制约因素和亟待解决的问题，严重制约了农民专业合作社带动功能的充分发挥。如何破解农民专业合作社发展的制约因素及合理有效解决存在的问题，是推动农民专业合作社持续稳定发展的关键。

本报告以农业供给侧结构性改革为视角，以支持农民专业合作社发展为目的，以新疆某州为例①，研究农民专业合作社的发展现状、面临的问题和政策需求。对农民专业合作社发展的相关问题做出有益尝试是本报告研究的理论意义。为相关管理部门出台农民专业合作社的政策提供理论依据，进而促进农民专业合作社的发展是本报告研究的实践意义。

二、改革开放以来农民专业合作社的发展历程

我国农民专业合作社的发展经历了由人为推动逐步走向自发形成，再到政府引导、自主发展的过程。总体上，20 世纪 80 年代之前的农民专业合作社的发展经历了 4 个阶段。第一个阶段是新中国成立之前的农村合作运动。清末民初，在罗虚代尔公平先锋社成立大约 50 年之后，部分在国外留学的中国知识分子已开始研究、传播合作社思想，并进行了早期的合作社实践。后经各社会团体、国民政府和中国共产党的推动，农村合作运动在中国各地广泛

① 一方面偏远地区农民专业合作社在农业农村发展中的作用更加凸显，新疆某州是偏远地区的代表，该州截至 2017 年底，农民专业合作社带动农户数占农村农民总户数的 76.3%，研究该地区的农民专业合作社的发展更加有意义；另一方面课题组通过调研及其他途径掌握了该地区农民专业合作社的真实发展情况。

发展起来。第二个阶段是合作化时期的农业集体经济。从中华人民共和国成立到1957年是我国农业的合作化时期。新中国成立后，党和政府在全国范围内实行了土地制度改革，在中国共产党领导下，通过互助组、初级农业生产合作社、高级农业生产合作社等互助合作形式，逐步把以生产资料私有制为基础的农业个体经济，改造成为以生产资料公有制为基础的农业集体经济。第三个阶段是人民公社时期的农业集体化。自1958年8月中共中央通过《中共中央关于在农村建立人民公社的决议》之后农业生产合作社被改组为人民公社，人民公社组织的基本特征可以概括为“政社合一”“一大二公”。人民公社实行集体经济组织模式，不允许私有经济成分存在，高级合作社财产和社员的私有财产都转归人民公社共有，取消自留地。在全社实行统一经营、统一分配。1962年，经过调整，核算单位由公社改为生产队，劳动力归生产队所有，产品由生产队分配。第四个阶段是改革开放来的农村新型合作经济。1978年开始的我国农村经济体制改革，恢复了家庭经营在农业生产中的基础地位，也促进了我国农业和农村经济的发展。

从20世纪80年代至今，农民专业合作社大致经历了四个阶段，即萌发、起步、深化加速和规范提升阶段。

（一）萌发阶段

20世纪80年代初到90年代初，可称作农民专业合作社的萌发阶段。这一时期的合作经济组织大多是在农村能人和专业户的倡议下根据自身利益与生产需求自发组建起来的，大多数称为“专业技术协会”或“研究会”。80年代初出现的第一批农村合作经济组织是农民自己组织起来的技术服务组织。农协最早出现于四川，即在郫县成立了养蜂协会。随后各地出现了专业协会，如天水市界牌镇水产研究会，成立于1982年，是我国改革开放以来成立最早的农民专业研究会之一；1985年在山西省太谷县成立的西瓜研究会等。

这一时期成立的合作经济组织，活动内容以技术合作与信息交流为主。数量较少，而且规模较小、稳定性较差。规范化程度也很低，大部分都没有独立的章程和组织机构，成员是凭借朴素的感情纽带联结在一起的。成员的权利和义务也不十分明确，农民从中获取的利益非常有限，作用不是很明显。这个阶段的合作经济组织大多停留在单纯从事技术推广、信息交流层次，很少向商业领域延伸。覆盖面较小，成员之间的合作与联合往往局限在社区内部。

（二）起步阶段

20 世纪 90 年代初至 90 年代后期，可称作农民专业合作社的起步阶段。80 年代中后期专业合作协会得到了中国科协、科委等有关部门的扶持，得到较快发展。当时发展较快的有山东、四川、黑龙江、湖南等省。1987 年，全国有专业协会 7.8 万个。在这个阶段，政府逐步加大了对农民专业合作社的政策支持，并积极组织试点工作。1991 年，国务院发布《关于加强农业社会化服务体系建设的通知》，把农业专业技术协会、专业合作社作为农业社会化服务的形式之一，要求各级政府给予支持，保护其合法权益，引导它们健康发展。同时，要求有关部门在资金、技术、生产资料供应等方面予以支持。1993 年，第八届全国人民代表大会第二次会议通过的《中华人民共和国农业法》和《中华人民共和国农业技术推广法》，明确指出国家支持农民举办各种形式的科技组织，首次以法律形式肯定了农民科技推广组织。1994 年，农业部开始进行农民专业协会的立法和试点工作。1998 年，中共中央、国务院发布《关于 1998 年农业和农村工作的意见》（中发〔1998〕2 号）指出，国家鼓励并大力支持农民发展多种形式的联合与合作。

在国家法规、政策的大力支持下，农民专业合作社获得快速发展，逐步由技术合作型向技术经济合作型升级，活动内容逐步拓宽，除进行技术合作外，还从事生产资料购买、农产品销售、储藏及运输等多项业务。合作社的牵头人呈现多元化趋势。活动范围逐步扩大，打破了原来的社区限制，跨乡、县的合作社开始出现。成员与合作社之间的关系由“松散”走向“紧密”，数量和质量均有明显提高，并涌现了一批规模较大、产业链较长、运作规范、覆盖面广、带动力较强的典型。据统计，截至2000年底，全国共有专业合作社26000家，成员858万户，销售农产品产值126.77亿元。

（三）加速阶段

2000年至今，我国农民专业合作社处于深化和加速阶段。随着农村经济体制改革的不断深入，越来越多的农产品实行市场调节，一家一户小规模分散经营与大市场的矛盾突显出来。品质要提高，对技术的要求越来越高。农民收入增长趋缓要求提高效益，增加农民收入，适应这些变化的要求，有的通过政府推动，有的是农民的自发组织等，使农村新型合作经济组织得到了较快的发展。在这一时期，农民专业合作社之所以开始向纵深发展，究其原因，主要有三个方面：一是农业和农村经济结构调整不断加快并向深入推进，为农民专业合作社的发展提供了良好的土壤；二是“入世”效应的逐步释放，使农民组织化发展变得更为重要也更加紧迫；三是农民专业合作社获得的政策支持力度显著增大、可操作性明显增强。因此，2000年以来，我国农民专业合作经济组织以更快的速度向前发展，数量和规模都在不断扩大，并呈现多样化趋势。由成员共同投资，经营业务以从事农产品加工为主的经济实体，成为这个时期农民专业合作社的突出特点。农民专业合作社在推进农业产业化经营、搞活农村经济、促进农民增收方面的作用日益增强，为农业和农村经济注入了新的活力。

为了支持、引导农民专业合作社发展，十届全国人大常委会第二十四次会议通过了《中华人民共和国农民专业合作社法》，并于2007年7月1日起施行。《中华人民共和国农民专业合作社法》的颁布，标志着我国农民专业合作社进入依法发展的新阶段。

（四）规范提升阶段

目前我国农民专业合作社发展基础仍然薄弱，还面临运行不够规范、与成员联结不够紧密、扶持政策精准性不强、指导服务体系有待健全等问题。

为了推动农民合作社高质量发展，2019 年 9 月 4 日，中央农办、农业农村部、发展改革委、财政部、水利部、税务总局、市场监管总局、银保监会、林草局、供销合作总社、国务院扶贫办联合出台《关于开展农民合作社规范提升行动的若干意见》（以下简称《意见》）。

《意见》提出规范提升的指导思想：以习近平新时代中国特色社会主义思想为指导，全面贯彻党的十九大和十九届二中、三中全会精神，紧紧围绕统筹推进“五位一体”总体布局和协调推进“四个全面”战略布局，按照党中央、国务院决策部署，落实新发展理念，坚持以农民为主体，以满足农民群众对合作联合的需求为目标，围绕规范发展和质量提升，加强示范引领，优化扶持政策，强化指导服务，不断增强农民合作社经济实力、发展活力和带动能力，充分发挥其服务农民、帮助农民、提高农民、富裕农民的功能作用，赋予双层经营体制新的内涵，为推进乡村全面振兴、加快农业农村现代化提供有力支撑。

《意见》明确了规范提升的目标：到 2020 年，农民合作社质量提升整县推进稳步扩大，运行管理制度更加健全，民主管理水平进一步提升，成员权利得到切实保障，支持政策更加完善。到 2022 年，农民合作社质量提升整县推进基本实现全覆盖，示范社创建取得重要进展，辅导员队伍基本建成，农民合作社规范运行水平大幅提高，服务能力和带动效应显著增强。

三、农民专业合作社的发展现状——以新疆某州为例

经过多年不懈努力，我国农民专业合作社呈现高速发展态势，突出表现为数量快速增长、产业类型日趋多样、合作内容不断丰富、服务能力持续增强。

（一）农民专业合作社注册及实际运行数量

《农民专业合作社法》自 2007 年实施以来，农民专业合作社的数量呈井

喷式增长，但部分农民专业合作社未能有效运行并发挥作用。

1. 注册数量井喷式增长

据资料记载，自2007年的《农民专业合作社法》实施以来，农民专业合作社快速增长。2012～2017年9月底，全国依法登记的农民专业合作社从68.9万家增长到196.9万家，是2007年底的76倍（见表1和图1）。全国入社农户超过1亿户，占全国总农户数的46.8%，社均成员约60户。

表1　2012～2017年全国农民专业合作社数量

年　份	农民专业合作社数量（万家）	年　份	农民专业合作社数量（万家）
2012	68.9	2015	153.1
2013	98.24	2016	179.4
2014	128.88	2017	196.9

资料来源：根据农民日报社三农发展研究中心各年报道资料汇总整理。

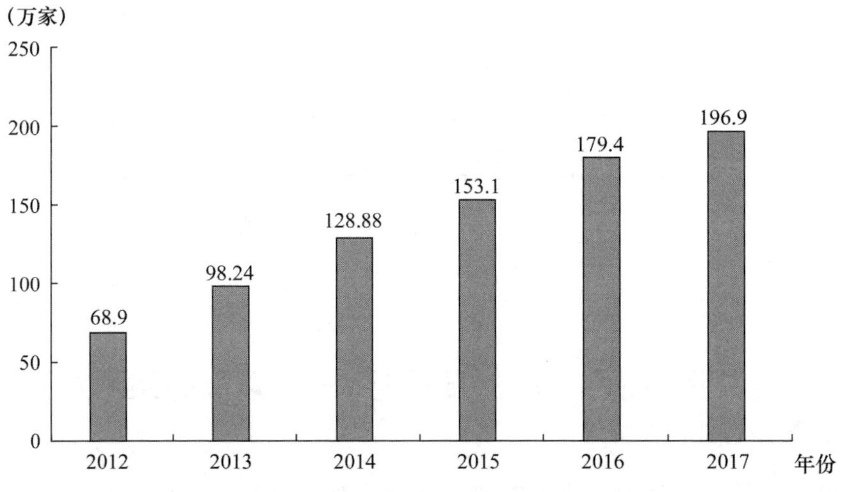

图1　2012～2017年全国农民专业合作社数量

资料来源：根据农民日报社三农发展研究中心各年报道资料汇总整理。

以新疆某州为例，据课题组的调研可知，截至2017年底，新疆某州农民专业合作社注册数量共有3311家，其中，国家级示范社15家，自治区级示范社118家，自治州级示范社117家。农民专业合作社成员6.14万户，带动成员8.5万户。

2. 实际运行数量偏低

从全国整体来看，有很多已注册登记的农民专业合作社并未有效运行，调查发现，几乎所有地区都存在程度不同的“空壳社”现象，预计“空壳社”在1/3以上。但不同地区的“空壳社”比例存在较大差异。有些较发达地区如浙江等地，近几年率先出台清理“空壳社”相关文件和举措，“空壳社”问题得到较明显的改观。近两年各地陆续对农民专业合作社的运行情况进行摸底。以新疆某州为例，于2016年完成了摸底，确定了925家无经营活动的合作社，占比为36.8%，并采取了初步的清理措施。

（二）农民专业合作社的发展规模及覆盖行业

伴随着城镇化的快速推进，农民专业合作社的发展规模不断扩大，覆盖行业范围逐步拓宽。

1. 发展规模不断扩大

全国农民专业合作社发展规模不断扩大。据“农村经营管理－中国农村网（2018－11－6）”数据显示，截至2017年底，纳入统计调查的农民专业合作社总数达175.4万个，比2016年底增加19.1万个，增长12.2%；农民专业合作社成员数达6794.3万个（户），比2016年底增长5.2%。

以新疆某州为例，全州农民合作社数量规模日益扩大。截至2017年底，农民专业合作社3311家，比2016年底增加385家，增长13.2%；入社农户8.5万户，比2016年底增加1.1万户，增长14.9%。

2. 覆盖行业逐步拓宽

农民专业合作社的覆盖行业范围进一步拓宽，由种植业、林果业拓展至服务业。

以新疆某州为例，截至2017年底，按从事的行业来分，其中：种植业1049家，占31.68%；林果业470家，占14.20%；畜牧业1247家，占37.66%；渔业13家，占0.39%；服务业277家，占8.37%；其他255家，占7.70%（见表2和图2）。

表 2　　2017 年新疆某州不同行业合作社的数量

类　型	数量（家）	占比（%）
种植业	1049	31. 60
林　业	470	14. 20
畜牧业	1247	37. 66
渔　业	13	0. 39
服务业	277	8. 37
其　他	255	7. 70

资料来源：据调研数据整理。

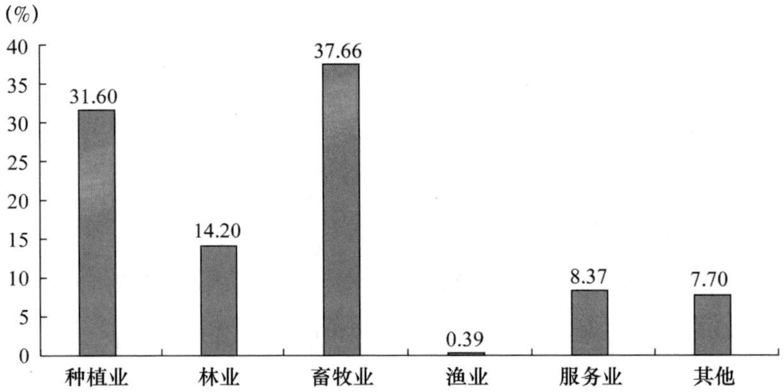

图 2　2017 年新疆某州不同行业合作社数量的占比

资料来源：据调研数据整理。

（三）农民专业合作社的品牌建设、标准化生产

总体而言，实施品牌建设和标准化生产的农民专业合作社数量不断上升，农民专业合作社的发展质量日益提高。

1. 品牌建设效果显著

农民专业合作社探索有效方法推动品牌建设，效果显著。从全国来看，截至 2017 年底，农民专业合作社拥有自主品牌的占 29. 6%；农民专业合作社拥有两个及两个以上品牌的约 14. 5%①。

① 彭超："2018 中国新型农业经营主体发展分析报告（二）"，《农民日报》2018 年 2 月 23 日。

以新疆某州为例，在品牌化建设方面的主要做法是引导农民专业合作社与高等院校、农科技术推广中心等科研机构合作，采用先进的种养技术增加农产品附加值，积极申请注册商标，依靠当地的特色产业发展特色品牌。例如，新疆某州某县永创农副产品专业合作社创建的“回乡味”火锅底料主要采用本地农民种植的葵花、菜籽、红辣椒等农作物作为原材料生产加工而成。

2. 标准化生产成效明显

农民专业合作社的标准化生产取得成效，但地区差异明显，偏远地区农民专业合作社的标准化生产水平较全国偏弱。据资料记载，全国已实施标准化生产和服务的农民专业合作社占比43.7%，已注册商标的农民专业合作社占比65.5%，能够注册两个及两个以上商标的农民专业合作社占比15.4%。另外，农民专业合作社在农产品认证方面也取得一些成效，从全国范围来看，通过国家无公害、绿色或有机食品认证的占比49.9%，能够有两种以上产品通过国家无公害、绿色或有机食品认证的农民专业合作社占比23.7%①。

以新疆某州为例，据统计，2017年新疆某州实施标准化生产的合作社有55家，占比1.66%；拥有注册商标的合作社有89家，占比2.69%；通过农产品质量认证有41家，占比1.24%（见表3）。

表3　2017年新疆某州农民专业合作社标准化生产、注册商标及认证情况

地　区	数量（家）	标准化生产		拥有注册商标		通过农产品质量认证	
		数量（家）	占比（%）	数量（家）	占比（%）	数量（家）	占比（%）
库尔勒市	585	11	1.88	17	2.91	6	1.03
轮台县	341	5	1.47	2	0.59	1	0.29
尉犁县	350	0	0.00	24	6.86	7	2.00
若羌县	153	15	9.80	14	9.15	14	9.15
且末县	230	0	0.00	0	0.00	0	0.00
焉耆县	351	5	1.42	1	0.28	3	0.85

① 彭超：“2018中国新型农业经营主体发展分析报告（二）”，《农民日报》2018年2月23日。

续表

地　区	数量（家）	标准化生产		拥有注册商标		通过农产品质量认证	
		数量（家）	占比（%）	数量（家）	占比（%）	数量（家）	占比（%）
和静县	679	19	2.80	19	2.80	3	0.44
和硕县	391	0	0.00	0	0.00	0	0.00
博湖县	231	0	0.00	12	5.19	7	3.03
合　计	3311	55	1.66	89	2.69	41	1.24

资料来源：据调研数据整理。

由此可知，以新疆某州为代表的偏远地区与全国相比，农民专业合作社的标准化生产较弱。不过偏远地区目前已采取各种措施提高标准化生产水平，如新疆某州将实施标准化生产纳入示范社考核体系，具体为在州、县、乡级示范社创建标准中明确规定，乡级标准化生产不低于80%，县、州级不低于100%。

（四）农民专业合作社人才建设

政府对农民专业合作社的人才建设尤为重视，采取了一系列措施推进人才建设，对农民专业合作社发展的作用明显。

1. 人才培训基地输出大量人才

2007年开始，农业农村部会同中组部依托30个农村人才培训基地，大规模开展农村实用人才带头人和大学生村官示范培训，累计培养农村实用人才带头人9万余人①。

以新疆某州为例，2017年举办的各类农民专业合作社培训班共8期，培训农民专业合作社负责人、经营管理人员以及财务、骨干成员等500余人次。

2. 新型职业农民培育工程效果显著

2014年以来，启动实施新型职业农民培育工程，重点面向农民专业合作

---

① 《农业农村部对十三届全国人大一次会议第6029号建议的答复》（农办议〔2018〕192号）。

社骨干、返乡涉农创业者等。截至2018年6月底，中央财政累计投入50.9亿元培育新型职业农民，全国新型职业农民超过1500万人。全国农民专业合作社面向成员开展技能培训，共培训4349.5万人次①。

以新疆某州为例，以农民专业合作社为平台，按照“大学生村官+合作社+农户”的模式，实现大学生人才与合作社和农户的结合，开展科技种田实践。

（五）农民专业合作社融资情况

农民专业合作社的融资渠道分为财政扶持和自身融资两部分。

1. 财政扶持方式多元化

近年来，对于农民专业合作社，中央财政不断创新财政扶持方式，涉及信贷担保、贷款贴息及担保基金等。截至2018年3月末，全国涉农贷款余额达到31.55万亿元。其中，包括农民专业合作社在内的农村企业及各类组织贷款余额达到17.1万亿元②。从2017年起，农业部会同财政部实施中央财政农业生产发展（支持农民合作社发展）项目。

以新疆某州为例，2017年中央“大专项+任务清单”农民专业合作社及家庭农场项目获得财政补助资金233万元，其中，支持国家级农民专业合作社225万元，涉及9个项目单位，地州培训经费8万元；2017年自治区农业生产社会化服务项目获得财政补助资金300万元，涉及9家农民专业合作社。2018年，根据《关于2017年拨付自治州农业供给侧结构性改革补贴资金的通知》（巴财农〔2017〕111号）精神，新疆某州共有18家农民专业合作社获得财政补助资金300万元。截至目前，上述项目单位均已完成项目建设和自验，5家合作社已通过地州抽验，通过验收来看，财政扶持资金为合作社发展注入了新的活力，激发了合作社自我发展的动力。但与全国相比，新疆某州获得财政扶持的合作社数量和扶持资金总额占比偏小。

①② 《农业农村部对十三届全国人大一次会议第6029号建议的答复》（农办议〔2018〕192号）。

2. 自身融资能力不断优化

随着农村信用评价体系的健全，农业供应链金融、信贷担保联盟等将会进一步建立健全，农民专业合作社将成为众多金融机构发展供应链金融的中介载体。据统计，全国能够为社员提供融资担保的农民专业合作社占比25.0%，能够提供内部信用合作的农民专业合作社占比26.4%，能够承担金融中介功能的农民专业合作社占比仅7.0%。但偏远地区的农民专业合作社自身融资能力有待提高。

以新疆某州为例，2017年新疆某州未开展互助合作保险的农民专业合作社为3207家，占比96.86%；没有开展内部信用合作，且未涉及农业保险险种。

（六）农民专业合作社盈余分配

农民专业合作社盈余分配能力逐渐增强，社员受益均在不同程度上有所提高。但地区间差异明显，偏远地区（如新疆某州）明显低于经济发达地区（如北京市）。

1. 偏远地区盈余分配能力较低

偏远地区农民专业合作社盈余分配能力较弱。以新疆某州为例，2017年农民专业合作社总收入约4.5亿元，实现盈余0.48亿元，占经营收入的10.71%；可分配盈余0.41亿元，占经营收入的9.20%；按交易量（额）返还成员总额0.14亿元，占经营收入的3.23%（见表4）。2017年新疆某州农民专业合作社可分配盈余按交易量返还成员的合作社为166家，占比为5.01%；提留公积金、公益金及风险金的合作社为91家，占比2.75%（见表5）。

2. 经济发达地区盈余分配能力较强

经济发达地区农民专业合作社的盈余分配能力总体上要强于偏远地区。以北京市为例，据农经部门统计显示，2016年农民专业合作社总收入48.6亿元，实现总盈余6.95亿元，其中提取公积金0.51亿元，占总盈余的7.40%；提取公益金0.23亿元，占总盈余的3.28%；提取风险金0.26亿元，占总盈

表 4　　2017 年新疆某州农民专业合作社盈余及其分配情况

地　区	经营收入（万元）	总盈余		可分配盈余		按交易量返还成员总额	
		总额（万元）	占比（%）	总额（万元）	占比（%）	总额（万元）	占比（%）
库尔勒市	10263.27	825.88	8.05	1137.05	11.08	28.29	0.28
轮台县	1362.46	107.25	7.87	244.60	17.95	83.01	6.09
尉犁县	1211.54	95.54	7.89	782.00	64.55	329.00	27.16
若羌县	11200.00	2600.00	23.21	878.00	7.84	315.00	2.81
且末县	282.00	21.56	7.65	40.00	14.18	13.00	4.61
焉耆县	4182.50	112.00	2.68	131.00	3.13	32.00	0.77
和静县	6486.37	522.81	8.06	463.32	7.14	302.70	4.67
和硕县	5756.34	454.28	7.89	384.00	6.67	276.00	4.79
博湖县	4151.90	70.57	1.70	70.57	1.70	69.88	1.68
合　计	44896.38	4809.89	10.71	4130.54	9.20	1448.88	3.23

资料来源：据调研数据整理。

表 5　　2017 年新疆某州农民专业合作社盈余分配数量分布情况

地　区	可分配盈余按交易量返还成员的合作社数		提留公积金、公益金及风险金的合作社数	
	数量（家）	占比（%）	数量（家）	占比（%）
库尔勒市	2	0.34	2	0.34
轮台县	4	1.17	28	8.21
尉犁县	43	12.29	59	16.86
若羌县	38	24.84	0	0.00
且末县	8	3.48	0	0.00
焉耆县	13	3.70	0	0.00
和静县	21	3.09	0	0.00
和硕县	32	8.18	0	0.00
博湖县	5	2.16	2	0.87
合　计	166	5.01	91	2.75

资料来源：据调研数据整理。

余的 3.82%。可分配盈余总额达 5.94 亿元，占总盈余的 85.51%。其中，提取公积金比例最高为房山区，占比 15.91%；提取公益金比例最高为房山区，占比5.09%；提取风险金比例最高为密云区，占比8.95%；可分配盈余总额基本保持在70%以上（见表6和图3）。按交易量（额）返还总额占可分配盈余总额的比例差异较大，最高占比81%，最低占比6%。按资金额比例返还总额占可分配盈余总额最高比例为39.60%（见表7）。

表6　2016年北京市农民专业合作社盈余及其分配情况

地　区	总盈余（万元）	提取公积金		提取公益金		提取风险金		可分配盈余总额	
		总额（万元）	占比（%）	总额（万元）	占比（%）	总额（万元）	占比（%）	总额（万元）	占比（%）
北京市	69503.03	5142.37	7.40	2277.74	3.28	2651.6	3.82	59431.32	85.51
门头沟区	654.78	37.5	5.73	27.7	4.23	31.51	4.81	558.07	85.23
房山区	3658.75	582.22	15.91	186.07	5.09	243.12	6.64	2647.34	72.36
大兴区	3507.33	252.29	7.19	134.7	3.84	21.1	0.60	3099.24	88.36
通州区	2216.67	36.2	1.63	14.6	0.66	14.5	0.65	2151.37	97.05
顺义区	15076.27	324.07	2.15	329.6	2.19	132.57	0.88	14290.03	94.78
昌平区	2361.58	47.63	2.02	25.62	1.08	5.02	0.21	2283.31	96.69
怀柔区	7558.51	695.75	9.20	169.16	2.24	79.26	1.05	6614.34	87.51
平谷区	10002.85	1126.77	11.26	418.21	4.18	200.85	2.01	8257.02	82.55
密云区	20727.32	1916.94	9.25	902.38	4.35	1855.07	8.95	16052.93	77.45
延庆区	3738.97	123	3.29	69.7	1.86	68.6	1.83	3477.67	93.01

资料来源：据调研数据整理。

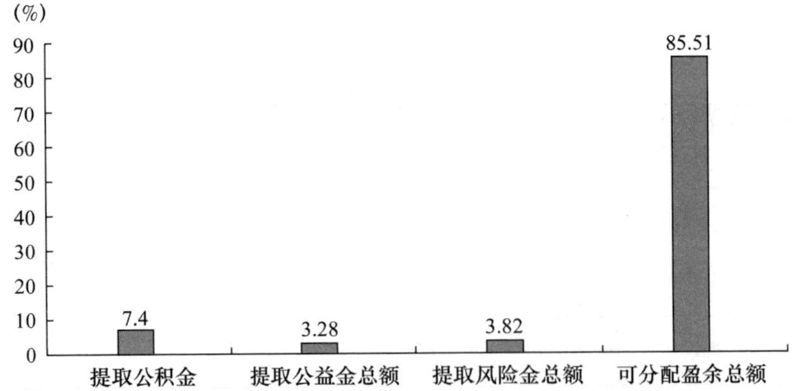

图3　2016年北京市农民专业合作社盈余及其分配比例分布

资料来源：据调研数据整理。

表 7　　2016 年北京市农民专业合作社可分配盈余分配情况

地　区	按交易量（额）返还总额		按资金额比例返还总额		未分配盈余	
	总额（万元）	占比（%）	总额（万元）	占比（%）	总额（万元）	占比（%）
北京市	22867.66	38	12475.85	20.99	11903.43	20.03
门头沟区	450.81	81	76.19	13.65	178.91	32.06
房山区	1575	59	483.19	18.25	230.56	8.71
大兴区	333.5	11	126.99	4.10	1190.25	38.40
通州区	128.4	6	123.8	5.75	3192.69	148.40
顺义区	832.22	6	1873.44	13.11	1922.23	13.45
昌平区	147.37	6	69.66	3.05	1207.1	52.87
怀柔区	3712.92	56	2619.33	39.60	211.62	3.20
平谷区	4466.42	54	1177.38	14.26	806.27	9.76
密云区	10308.22	64	5829.07	36.31	403.36	2.51
延庆区	912.8	26	96.8	2.78	2560.44	73.63

资料来源：据调研数据整理。

（七）农民专业合作社联合社发展

《农民专业合作社法》修订后，专门增加了“农民专业合作社联合社”一章，对联合社的成员资格、注册登记、组织机构、治理结构等做了规定，使联合社的发展有了法律依据。从全国来看，联合社数量递增，带动能力加强，但地区发展不平衡。

1. 数量递增且带动能力加强

据农业农村部初步统计，我国农民专业合作社联合社已经成立了 7200 多家，涵盖农民专业合作社 9.4 万多个，带动农户超过 560 万户①，服务范围涉及多领域，广泛分布于种植、养殖、农机、植保、加工等领域；服务层次逐

① 谭智心：“农民合作社联合社主要类型及未来展望”，《农村经营管理》2018 年第 7 期，第 14～16 页。

步提高，已从单一服务过渡到产加销一体化服务，产前、产中和产后一条线服务。农民专业合作社联合社已成为我国发展现代农业、繁荣农村经济、增加农民收入的重要组织力量。

2. 地区发展不均衡

农民专业合作社的地区差异较明显。如2017年北京市成立了市和区县两级农民专业合作社联合会，全市农民专业合作社联合社已经达到39家。加入各类联合社的合作社有185家，占合作社总数的2.9%。再如新疆某州，截至2018年6月30日，在工商部门注册的联合社共有10家。

（八）农民专业合作社为农服务

农民专业合作社为农服务能力不断提高，主要体现在带动农民增收和为社员提供服务两方面。

1. 带动农民增收能力强

农民专业合作社表现出了较强的带农增收能力。根据农民日报社三农发展研究中心调查的579家典型农民合作社的数据显示，在2017年接受调查的农民专业合作社当中，能够带动入社农户户均增收2000元以下的占比18.1%；带动农户户均增收2000~4000元的占比40.2%，带动农户户均增收4000~6000元的占比16.9%，带动农户户均增收6000元以上的占比24.9%（见表8和图4）。

表8　2017年典型农民专业合作社带农增收情况

带动农户户均增收范围	占比（%）	带动农户户均增收范围	占比（%）
2000元以下	18.1	4000~6000元	16.9
2000~4000元	40.2	6000元以上	24.9

资料来源：《农民日报》。

2. 服务类型多样化

农民专业合作社为社员提供的服务中，以农产品销售服务和农业技术培训为主。根据农民日报社三农发展研究中心调查的579家典型农民合作

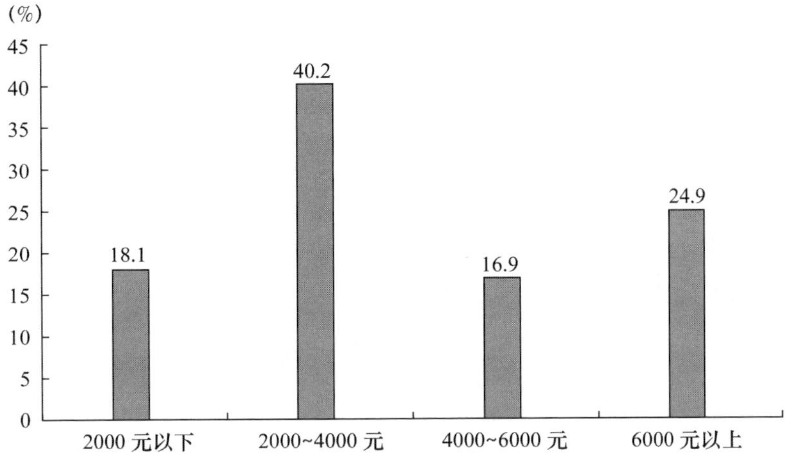

图 4　2017 年典型农民专业合作社带农增收情况

资料来源:《农民日报》。

社的数据显示:农产品销售服务占比 87.7%;农产品加工服务占比 41.9%;农产品运输及储藏服务占比 49.5%;良种引进与推广服务占比 28.3%;农业技术培训占比 83.7%;购买农业保险占比 60.2%;其他占比 14.8%(见表 9 和图 5)。

表 9　　2017 农民专业合作社为社员提供的服务类型占比情况

服务类型	农产品销售服务	农产品加工服务	农产品运输及储藏服务	良种引进和推广服务	农业技术培训	购买农业保险	其他
农民专业合作社为社员提供的服务类型占比情况	87.7%	41.9%	49.5%	28.3%	83.7%	60.2%	14.8%

资料来源:《农民日报》发布的《2018 中国新型农业经营主体发展分析报告(二)》。

提供金融服务是农民专业合作社为农服务的重要服务项目,而金融服务以赊销农资为主。根据农民日报社三农发展研究中心调查的 579 家典型农民合作社的数据显示:赊销农资占比 48.9%;预付定金占比 22.6%;提供借款占比 20.3%;提供贷款担保 25.0%;建立内部资金互助 26.4%;提供金融中介服务 7.0%;其他 0.4%;未提供过任何金融服务占比 23.9%(见表 10 和图 6)。

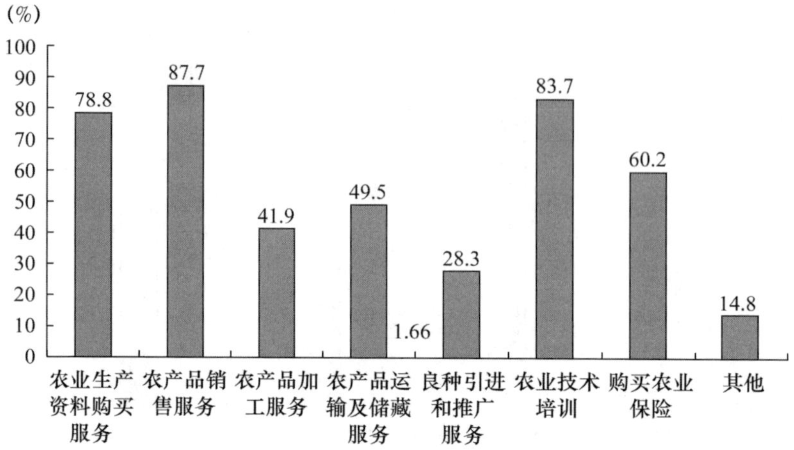

图5　2017农民专业合作社为社员提供的服务类型占比情况

资料来源：《农民日报》发布的《2018中国新型农业经营主体发展分析报告（二）》。

表10　　2017农民专业合作社提供金融服务的种类占比情况

提供金融服务种类	赊销农资	预付定金	提供借款	提供贷款担保	建立内部资金互助	其他	提供金融中介服务	未提供过任何金融服务
农民合作社提供的金融服务的占比	48.9%	22.6%	20.3%	25.0%	26.4%	0.4%	7.0%	23.9%

资料来源：《农民日报》发布的《2018中国新型农业经营主体发展分析报告（二）》。

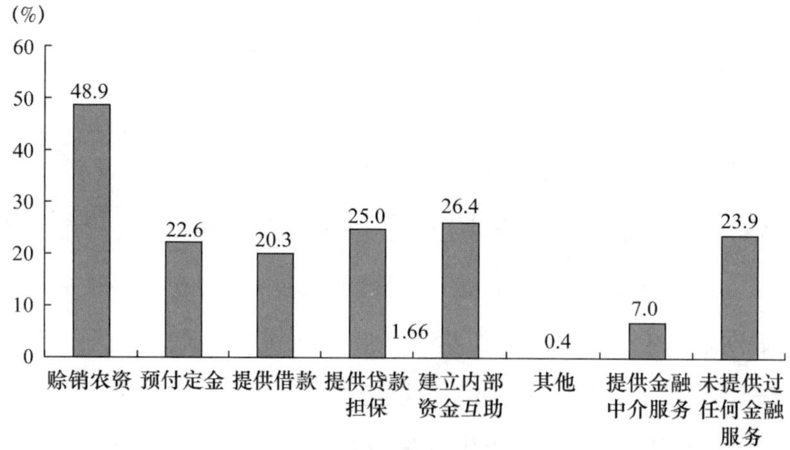

图6　2017农民专业合作社提供金融服务的种类占比情况

资料来源：《农民日报》发布的《2018中国新型农业经营主体发展分析报告（二）》。

以新疆某州为例，2017 年农民专业合作社为社员提供服务的情况如下：统一组织销售农产品 59131.36 万元，其中，统一销售农产品达 80% 以上的农民专业合作社 1172 家，占比 35.40%；统一组织购买农业生产投入品总值 11343.92 万元，其中，统一购买比例达 80% 以上的农民专业合作社 230 家，占比 6.95%；培训成员 11168 人次。此外，创办加工实体的合作社 55 家，占比 1.66%；开展农村电子商务的合作社 20 家，占比 0.60%；开展休闲农业和乡村旅游的合作社 22 家，占比 0.66%（见表 11 和图 7）。

表 11　2017 年新疆某州农民专业合作社为农服务类型情况

为农服务的类型	数量（家）	占比（%）
统一销售达 80% 以上	1172	35.40
统一购买达 80% 以上	230	6.95
创办加工实体	55	1.66
开展农村电子商务	20	0.60
开展休闲农业和乡村旅游	22	0.66

资料来源：据调研数据整理。

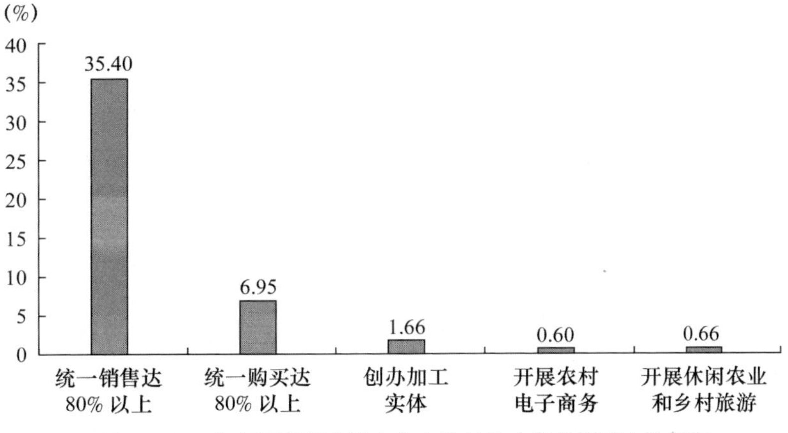

图 7　2017 年新疆某州农民专业合作社为农服务类型占比情况

资料来源：据调研数据整理。

（九）农民专业合作社参与精准扶贫

农民专业合作社通过多种方式参与精准扶贫，效果显著。

1. 扶贫方式多元化

农民专业合作社参与精准扶贫的方式多样，可以归纳为三方面。一是产业扶贫。在贫困地区发展特色产业，增强贫困户的市场竞争能力。农民专业合作社是贫困地区政府发展特色产业依靠的重要组织平台，主要是将分散的贫困户聚集起来，因地制宜地发展特色产业。二是就业扶贫。推动农民专业合作社产业化、规模化，以提供更多的就业岗位。贫困户要实现精准脱贫，就需要长期的工作来提高收入，农民专业合作社做大做强就会实现合作社和贫困户的双赢。三是技术扶贫。农民专业合作社是传播农业科技的重要载体和低成本平台，政府依托农民专业合作社可更好地实施科技扶贫工程，可将农业技术转化为农业成果和收入，以解决贫困户暂时性脱贫的难题。

以新疆某州为代表的偏远地区，依托农民专业合作社带动贫困户脱贫的主要做法是：区别不同特征的贫困户，采取不同的扶贫措施。可归纳为四方面：第一，吸纳社员帮扶。将有劳动能力和一定经济基础又有参与合作社发展意愿的贫困户吸纳为社员，由合作社提供种养殖生产资料、技术等，并按市场价负责回收农畜产品，安排专业技术人员“一对一”进行种养殖技术、防疫指导，实现贫困户种养殖的低风险、高回报，实现产业脱贫。第二，资本参股帮扶。针对劳动力少、缺乏资金和管理能力的贫困户，合作社采取资金参股方式，主要是根据各县政府的扶贫政策，贫困户社员依据信用等级状况，可从银行获得5万元不等的小额信用贴息贷款。村委会与合作社签订扶持资金使用协议，与贫困户签订资金到户协议，合作社将贫困户的小额贴息贷款入社作为参股资金，享受分红收益。这类小额贴息贷款由合作社向银行提供担保，并负责偿还本息。第三，土地参股帮扶。针对既无劳动能力又无经济实力的贫困户，通过土地参股帮扶方式实现脱贫致富。合作社从贫困户手中流转承包地，按每亩600～800元的标准支付土地流转费。第四，就业带动帮扶。针对有劳动能力但无经济实力的贫困户，通过就业创收基本实现脱贫致富。合作社优先安排贫困户在社内合适岗位就业，保证年收入不低于1.5万元。

2. 精准扶贫效果显著

农民专业合作社对贫困户脱贫具有很强的组织和带动作用，与贫困户的利益联结机制紧密，从全国来看扶贫效果显著，尤其偏远地区成效凸显。

以新疆某州为例，农民专业合作社已成为精准脱贫的重要平台。截至2017年11月，新疆某州农民专业合作社已覆盖全部38个贫困村，其中合作社数量最多的一个村有18家，最少的1家。38个贫困村农户总数9180户，贫困户总数5353户，贫困人数12403人，其中，有劳动能力的贫困户3395户，已加入农民合作社的1893户，涉及118家农民合作社，未加入合作社的1533户，有劳动能力的贫困户加入合作社率达55.76%。轮台县、焉耆县、博湖县、尉犁县和且末县，有劳动能力的贫困户加入合作社率达到100%，若羌县有劳动能力的贫困户加入合作社率为16.14%（见表12）。

表12　　2017年新疆某州农民专业合作社参与扶贫情况

地　区	贫困户（户）	贫困人口数（人）	有劳动能力的贫困户加入合作社率（%）
轮台县	445	1282	100
若羌县	440	1409	16.14
焉耆县	1401	792	100
博湖县	426	1209	100
尉犁县	88	260	100
且末县	674	2252	100
和静县	1769	4831	27.66
和硕县	110	368	70.91

资料来源：据调研数据整理。

四、农民专业合作社面临的主要问题

近年来，我国农民专业合作社对完善新型农业经营体系、推进农业供给侧结构性改革的作用日益显著。但总体而言，农民专业合作社的发展仍然面临不少问题。

（一）人才建设需继续强化

人才匮乏的问题整体上较严重，偏远地区更加凸显。尽管各地采取一系列措施加强农民专业合作社的人才培养，但效果微弱。

1. 综合性管理人才缺乏

农民专业合作社的综合管理人才缺乏，尤其是偏远地区更为凸显，主要原因是管理人员构成中基层干部和种养大户占相当大的比重，而这些人员的文化水平、创新发展理念等受限。如新疆某州农民专业合作社主要负责人是村干部的比例大约为5%，而大部分是有经验的种养殖大户。整体来看，农民专业合作社负责人对合作社的发展定位、发展前景和运营模式模糊不清，缺乏对创优创牌方面的意识，从而导致产品缺乏核心竞争力，经营活动难以持续有效开展。

2. 人才遴选合理性有待提高

人才遴选合理性有待提高，专业人才供需矛盾较突出。特别是偏远地区基于血缘关系的核心成员选拔问题较普遍，专业人才参与决策难。其一，部分农民专业合作社社员大多都是亲戚关系，作为合作社的核心管理人员，更是其中具有威望的人员，这些核心社员一般都有血缘关系，主要岗位人员仅从亲戚、至交好友中遴选，对不熟悉的人员采取“自动屏蔽”的行动。其二，合作社内部经营管理人员普遍存在学历偏低、年龄偏大现象。他们缺乏理论知识和新科技知识，难以适应现代农业规模化生产的要求。受农民专业合作社工作环境及待遇影响，存在人才引进难和留不住等问题，即使部分农民专业合作社聘请经营者、销售团队等，但不让参与决策。

（二）金融支持有待优化提高

有限的资本和缺乏稳定而充足的资金来源，使农民专业合作社盈利能力较弱，存在生存困难。

1. 资金来源渠道单一且供需矛盾较突出

农民专业合作社的资金主要来源于入社成员缴纳的股金，但社员缴纳的股金水平较低。这在经济发展落后的偏远地区更加明显。以新疆某州为例，农民专业合作社原始资本积累较少，缺少流动资金，现有主要融资渠道为成员出资，其中，成员出资占99%，银行贷款出资占1%。对于经营状况较好的合作社，在产品销售旺季，限于无法筹措足够的流动资金，只能选择减少收购量或借高利贷来维持运转。特别是对于养殖业农民专业合作社而言，前期基础设施投入较大，资金尤为紧缺，能够贷到款的合作社很少，大多数合作社无后续资金进行运作。诸如此类的问题严重制约了合作社的发展，形成了一系列不良反应。

2. 财政资金覆盖范围窄且拨付到位慢

虽然国家对农民专业合作社给予了财政资金支持，但存在覆盖范围窄、资金拨付到位慢的问题，偏远地区更为凸显。

一是项目覆盖范围窄。虽然各级财政都安排了专项资金，但从合作社对扶持资金的需求来看项目覆盖范围比较窄，大部分农民专业合作社享受不到财政支持的优惠政策。如新疆某州农民专业合作社各级示范社557家，2017年、2018年获得项目支持的合作社仅36家。

二是资金拨付到位慢。以新疆某州为例，财政专项资金的拨付要经过中央到自治区、自治区到地州、地州到县市、县市到农业部门多个环节，2017年项目资金从自治区拨至新疆某州财政已到12月，新疆某州财政再将专项资金拨付至各县市财政已至12月底了。按照自治区文件的要求，很多项目实施时间在2017年12月中旬至下旬，导致项目合作社都是垫资实施项目，给合作社造成了一定的负担。

3. 金融支持不足且融资难问题较突出

虽然相关政策法规要求国家政策性金融机构以及商业性金融机构应当采取多种形式，为农民专业合作社提供多渠道的资金支持，但实践中融资难的问题依旧普遍较突出。原因主要有以下几个方面。

一是注册不验资使真实性受疑。虽然农民专业合作社已依法在工商部门注册，市场主体和承贷主体也都得到法律的确认，但其在注册成立时不需验资，多数金融机构对此类法人性质缺乏信任度，直接融资能力受到影响。

二是缺乏担保或抵押物。银行贷款要求农民提供一定的担保或抵押，但合作社由于注册资金较少而缺乏有效的抵押品，导致放贷风险增大，因此金融机构在审查其贷款资格时，相应提高合作社的贷款条件，从而增大合作社融资难度和融资成本，致使农民专业合作社无法上档次、上规模。以新疆某州为例，大多数农民专业合作社的固定资产没有办理有效证件，致使贷款抵押存在困难。虽然新合作社法规定成员的股权可以抵押贷款和转让，但目前新疆某州的银行没有提供这方面的贷款，也没有融资创新模式。

（三）规范化建设有待加强

规范化建设是农民专业合作社有效运行的基础，但在组织机构建设和利益联结方面普遍存在问题。

1. 组织机构建设需加强重视

组织机构及规章制度形同虚设问题全国普遍较突出。部分农民专业合作社将精力局限于产品经营，对自身组织机构的建设关注不够，忽视了规章制度的完善，规章制度执行力度弱。虽然成立时有《合作社章程》，但大多流于形式，能真正发挥作用的寥寥无几，可操作性不强。此外，内部控制由少数人说了算，普通社员缺乏话语权，民主管理的基本原则被忽视，监督机构形同虚设。这些都给农民专业合作社的发展带来了严重阻碍。

2. 利益联结紧密性需加强

从全国整体来看，农民专业合作社与社员及社员之间利益联结普遍不紧密，组织结构松散。有的只是买卖关系，分散经营，各干各的，往往是“有利就合，无利就散”，没有形成真正的利益共同体，谈不上“风险共担，利益共享”。

（四）辐射带动能力有待提高

产业融合功能弱和经营地区的局限性，限制了其所辐射的区域，在辐射带动能力、市场竞争力方面都会体现出一定的疲软状态。

1. 产业融合功能弱

农民专业合作社的重要利润来源是发挥规模优势，提高竞争能力。实践中，产业链构建促推力度不够，产业融合功能有待加强。

一是采购与销售方式有待优化。生产资料的采购方面，多数农民专业合作社的采购渠道依旧处于物流链的下端，采购来源于厂家县级代理商，并不是厂家直接购进，采购成本仍然有压缩的空间。最终产品的销售方面，农民专业合作社的规模优势未得到充分发挥。主要表现在：会员自行分散销售产品的模式削弱了签订大合同提高售价的效力；信息不对称和缺乏谈判技巧使得最高价成交目标难以实现，损失部分利润。

二是品牌效应尚未形成。农产品科技含量及附加值低，品牌建设匮乏，尚未形成品牌效应，产业链向中高端延伸困难。特别是，农民专业合作社没有认识到地方文化的重要性，对农业产品的品牌效应没有给予高度的重视，这必然会影响农民专业合作社在市场环境中的竞争力。以新疆某州为例，新疆某州农民专业合作社不够注重与当地文化相结合开发自我品牌，提高产品的知名度和影响力，这在很大程度上限制了合作社市场竞争能力的增强。

2. 经营地区具有局限性

经营地区的局限性制约了农民专业合作社规模的扩大。主要表现为，局限于本村域范围，使得合作社成员数量构成少，成员入资低，有限的资产难以支撑经营重大项目，进而导致经营收入少，社员盈余分配少。

3. 联合意识需加强

农民专业合作社主要负责人对联合社的定位及如何组建联合社认识不深，部分农民专业合作社对联合社的定位及如何组建联合社尚未清晰。部分地方指导部门尚未认识到发展联合社的重要性，更谈不上指导和规范联合社的建设与发展。这些致使部分地方对发展联合社思路不清和措施不具体，影响了联合社的健康发展。在偏远地区尤为明显，例如联合社在新疆某州尚处于起步阶段，大部分联合社运行不规范，成员参与联合社积极性不高，合作社相互依存度不够，观望心理严重。

（五）管理监督亟待提高

实际运行中，由于管理监督较宽松，导致出现部分有名无实、流于形式的合作社等，制约了农民专业合作社在农业转型升级中作用的发挥。该类型合作社主要有以下表现形式。

1. “空壳社”

“空壳社”的出现主要是由于部分农民专业合作社的带头人和社员对合作社缺乏了解，不懂得如何经营管理，虽然取得了营业执照，但实际上无经营场所并且连续一年以上未组织生产经营活动。以新疆某州为例，2016 年“空壳社”有 427 家，约占合作社总数（2926 家）的 14.6%，且已被列入工商部门年度报告的黑名单。

2. “休眠社”

“休眠社”主要是指农民专业合作社为套取国家优惠政策而成立，如果获得政策支持可能性小，便逐步进入“休眠”状态。管理不善等原因致使“休眠社”停止运行，但也不到工商部门注销。以新疆某州为例，该州部分农民专业合作社成立的动机是该合作社理事长看到有合作社会得到项目资金支持，便到工商部门登记注册，以期获得政府财政补助。部分合作社社员不知道合作社的具体名称，甚至不知道自己是合作社的成员。2016 年新疆某州“休眠社”约有 175 家，大约占合作社总数的 6.0%。

3. 少数人控制型合作社

少数人控制型合作社是指部分合作社虽设有相关制度，但只有少数成员拥有合作社的控制权，大部分成员只是作为使用者的角色存在，并未参与合作社的管理。以新疆某州为例，该州这种合作社没有建立“三会”制度，且连续两年未召开成员大会，无会议记录。2016 年新疆某州少数人控制型合作社有 108 家，大约占合作社总数的 3.7%。

4. 无经济效益型合作社

无经济效益型合作社是指虽然已建立账目但未设立成员账户，成员权益不明晰，有盈余也未实行盈余返还。甚至部分合作社基本没有什么经营效益，更无带动能力可言，发展前景令人堪忧。以新疆某州为例，2016 年该州未设立成员账户、未实行盈余返还、无经营效益和带动能力的合作社有 173 家，大约占合作社总数的 5.9%。

5. 无法恢复生产经营型合作社

无法恢复生产经营的合作社是指在成立之初经营效益不错，但由于对市场缺乏了解，经过一段时间的经营实践后被市场竞争淘汰，且无法恢复生产经营。以新疆某州为例，2016 年该州无法恢复生产经营的合作社有 42 家，大约占合作社总数的 1.4%。

五、发展趋势

针对目前合作社发展出现的问题，摸清未来发展趋势，积极进行政策引导，对合作社做大做强至关重要。

（一）"一带一路"背景下农民专业合作社的跨国联合

"一带一路"背景下，国内农民合作社面临跨国文化、技术交流以及农产品贸易合作联合的发展机遇。一是农民专业合作社跨国际交流合作机遇。"一带一路"建设给国内农民专业合作社搭建了跨国交流平台，带来了跨国之间互相交流借鉴经验的机遇。二是农民专业合作社的农产品贸易合作机遇。"一带一路"建设规划在沿线国家开展合作运输等农产品贸易的基础设施一体化建设，给国内农民专业合作社带来了扩大农产品贸易规模，拓展农产品贸易范围，实现沿线国家农民专业合作社不同农产品的贸易交换的机遇。三是农民专业合作社的农业技术交流机遇。“一带一路”建设将在沿线国家共建国际联合的国际技术交流平台，如农业技术试验示范基地、实验室、农业科技研发和成果示范等，有利于国内农民专业合作社了解学习国外的先进农业科学技术，提升合作社农业技术水平。

国内农民专业合作社抓住机遇，借鉴国际先进经验规范运营，实现自我改造提升，建立跨国合作社以及合作社跨国联合社是大势所趋。

（二）多种形式的股份合作社

随着我国合作社制度的进一步发展，传统合作社成员自愿联合、民主管理基础上的互助性经济联合，已不能完全满足农民及外部市场的需求。一种以出资多元化、要素股份化、发展规模化、生产标准化、经营产业化、管理规范化、运作市场化为主要特征的新型农民专业合作组织——股份合作社逐渐兴起。当前我国股份合作社已经占据相当比例，2018 年 7 月 1 日开始实施的《农民专业合作社法》修订明确提出鼓励发展多种形式的农民股份合作社。各地也纷纷出台大力发展股份合作社的规章制度和具体措施，以壮大股份合作社的发展。当下我国的股份合作社的发展形式多种多样，如北京等地区发展的社区股份合作社（股份经济合作社），苏州等地区发展的土地股份合作社等。

（三）农民专业合作社联合社

合作社联合社是合作社发展到一定阶段的产物。广大弱势小农为了降低交易成本、实现规模经济、改善市场地位、提高市场竞争力组成了合作社。与小农分散独自进入市场相比，合作社有着明显的优越性，不仅可以通过横向一体化实现规模经济、范围经济，并最大限度地降低合作社的交易成本、提高议价能力，改善为社员的服务，解决合作社依靠自身力量无法解决的问题，而且可以促进纵向一体化经营，向农产品深加工领域延伸，扩大合作社的业务范围，巩固和增强合作社的市场地位。2018 年 7 月 1 日实施的《农民专业合作社法》修订中增加了联合社的内容，不仅赋予联合社发展的法律地位，而且为联合社的发展指明了方向。目前联合社的发展模式多样。

1. 同行业（或相近行业）的合作社联合组建的合作社联合社

以生产为纽带组成的合作社联合社地域性较强，以生产某种相同或相近的农特产品为纽带，将本地的相关农民合作社联合起来组成联合社。其主要功能包括：一是提升影响力。通过各种资源的整合，在市场上形成强大的冲击力，从而扩大产品影响力。二是提升品牌知名度。通过建立统一的生产技术标准、申请商标、建立网站、实施统一的营销方案，有效实现品牌度的提升。三是规模经济明显。资源整合后的结果是使产业链的延伸成为可能，有效增加合作社的机械化、信息化水平，一些单个合作社过去无法实现的深加工在合作社联合之后发展起来。

比如，2010 年东台市民星蚕业专业合作社牵头与南京、南通、徐州、苏州、盐城、连云港的 26 家蚕业专业合作社联合建立的江苏民星蚕业专业合作社联合社，拥有注册资金 5108 万元，成员逾 8 万户，带动农民 20 万人以上，总规模达到江苏蚕业的 1/3，成为推动整个江苏茧丝绸产业发展的强大动力源。

2. 以行业上下游产业链延伸为纽带组建的联合社

以产业链延伸为纽带组建的联合社以延长产业链、增加产品附加值、提高价值链价值为基本目标。其运作模式是以产业链上的大型合作社为核心和龙头，依托其强大的技术实力、资金实力、管理实力、销售实力形成，由其牵头组织产业链上下游的合作社联合。这种模式的联合社能实现以下功能：一是形成上下游相对稳定的供求关系，从而降低交易风险。二是通过建立合作社之间的供应链关系，上下游之间形成无缝衔接，将外部经济内部化，降低交易成本，实现多赢合作关系，从而提高整个供应链的价值。三是紧密的合作关系有利于形成合力，联合社实际上成为战略联盟关系，从而形成更强的竞争优势。

比如，2010 年，为联合直销农民专业合作社产品，由盐城市鼎仪农产品专业合作社发起，联合与其产业链相关的 28 家农民专业合作社，出资 305 万元，组建了盐城市苏合农产品销售合作社联合社，力图实现联合社内的合作社产业一体化。并在盐城市区开设了 1 家直营店，营业面积逾 160 平方米，在店内销售 100 多种农产品，苏合农产品销售合作社联合社的成立为实现合作社产品直销构建了很好的平台。

3. 同地区不同行业的合作社组建的同城型农民专业合作社联合社

以地域为纽带组建的联合社，各合作社之间不具有明显的共同特征，产品类型、服务类型、技术类型、客户类型具有较大的差异性，成员大多分布在某一较小的地域范围，因为没有产品、营销、技术等作为联系纽带，各成员之间一般没有共同的价值实现平台。联合社的主要功能是某些服务的共同实现。比如，通过联合社的平台集中开展培训、产品展销会、公共物资采购和形象宣传等。

（四）“农民合作社 + 家庭农场”的新型模式

家庭农场是指以家庭成员为主要劳动力，从事农业规模化、集约化、商品化生产经营，并以农业收入为家庭主要收入来源的新型农业经营主体。发展“农民合作社 + 家庭农场”的新模式，不断提高农民组织化程度，进一步推进我国农业产业化进程。

1. “农民合作社 + 家庭农场”的经营模式

（1）“家庭农场 + 合作社 + 公司”模式。这种模式的主要做法是：公司根据市场需求与合作社签订契约，合作社按照契约规定的品种、数量、质量组织家庭农场生产。农产品成熟后由合作社收购，而后由公司进行加工和销售。

（2）“家庭农场 + 合作社 + 超市”模式。这种模式的主要做法是：家庭农场负责生产环节，合作社统一品牌和标准化生产服务，建立农产品质量的可追溯机制，保证超市稳定的货源供应。这种模式将订单农业与现代经营业态有机结合起来，缩短了农产品采供周期，减少了中间流通环节和物流成本。

（3）“家庭农场+合作社+直销（社区）”模式。这种模式的主要做法是：生产同类农产品的家庭农场联合成立合作社，合作社进入城市社区、街道直销农产品，或者由合作社与学校和企业食堂、餐饮企业、直销展会签订供货合同。

（4）“家庭农场+合作社+合作社自办加工企业”模式。这种模式的主要做法是：家庭农场联袂合作社，发展壮大后自办加工企业来销售、加工家庭农场的农产品。这种模式以合作社为产业化经营的主导力量，对农业产业链各环节进行统一经营管理，是四种产业化经营模式中一体化程度最高的模式。

2. 上海市松江区先进经验及其启示

近年来，我国各地开展了大量的“农民合作社+家庭农场”模式的实践。如上海市松江区试点“农民合作社+家庭农场”模式，自2007年率先探索发展种粮家庭农场以来至今，松江区的家庭农场已有1206户，经营面积13.66万亩，覆盖全区80%的粮田。推广家庭农场后，全区水稻亩产572公斤，比之前增加21公斤。规模化经营更易推广用地与养地相结合技术，2018年粮田土壤有机质比之前增加23%。种养结合型的家庭农场一般农户每年在承包100亩左右粮田基础上，再在一年里养殖出栏1200多头猪，粮田化肥使用量（折纯氮）可减少30%。

因此，发展“农民合作社+家庭农场”，既稳定了粮食和生猪生产，保护了耕地并改善了农业生态环境，又促进了农业规模经营和农业发展方式转变，提高了农业专业化生产水平。实践证明，这种“农民合作社+家庭农场”的经营形式是我国今后应重点发展的“以农民为主体”的农业产业化经营的新模式。但是国内目前多数的农民合作社组织成员较少，规模偏小，难以与大市场对接，资本投入少、经营领域狭窄，真正大而强的数量不多，应对市场的能力不强。农民合作社在办公场地、管理人员、加工设备等方面还不能满足服务家庭农场的要求。农民合作社与家庭农场之间还处于简单的买卖关系，没有建立起规范的利益连接和共享机制。因此，我们应积极开展“农民合作社+家庭农场”农业产业化经营新模式的试点和示范工作，研究和探索“农民合作社+家庭农场”新模式的运作机制。

六、政策需求

立足于现有政策执行情况，发现政策执行中的薄弱点，研究农民专业合作社运行中政策的实际需求，对于发挥农民专业合作社在推进农业供给侧结构性改革中重要载体的作用十分必要。

（一）各级各类政策情况

扶持农民专业合作社发展的政策涉及范围广，涵盖产业、补助、税收和金融等。

1. 产业扶持政策类型多样

产业扶持政策类型多样。其一，法规扶持。修订的《农民专业合作社法》第64条规定，国家支持发展农业和农村经济的建设项目，可以委托和安排有条件的农民专业合作社实施。其二，专项资金扶持。专项资金扶持力度大，但覆盖范围相对较小，需要在项目通知后申报争取。其三，专项项目。具体有，一是农业综合开发贷款贴息项目；二是农业综合开发产业化经营项目、土地治理项目；三是农业综合开发产业化经营项目财政补助项目、龙头企业带动产业发展和“一县一特”产业发展试点项目，扶持资金合作社50万~150万元；四是“菜篮子”产品生产扶持项目，扶持资金100万元左右。2013年中央现代农业生产发展项目资金采取直接支付到农民专业合作社账户的方式拨付，省去了资金由“州财政—县（市）财政—县（市）业务主管部门—乡（镇）—农民专业合作社”的繁冗过程，也避免了县、乡各种债务关系影响补助资金的发放，提高了资金支出效率。

2. 补助政策覆盖广

补助类政策覆盖面较广。主要体现在，其一，给予补贴。国家给予农民专业合作社贷款补贴、购农机补贴、种粮补贴及农资综合补贴等。主要的农业补贴有种粮直补、农资综合补贴、农业保险补贴、粮食最低收购价政策等。其二，奖励资金。重点使用方向为，一是组织实施农业标准化生产和农产品质量安全建设；二是市场营销和农产品品牌建设；三是开展成员标准化生产培训。

例如，新疆焉耆县制定“星级”农民专业合作社奖励制度。考核结果95分以上，奖励10万元；考核结果90～95分，奖励5万元；考核结果80～90分，奖励3万元。当年获得国家级示范社的，单独奖励5万元；获得自治区级示范社的，单独奖励3万元；获得自治州级示范社的，单独奖励1万元。再如，轮台县加大实施农业直补政策力度，把农业、林业、农资直补等相关补贴政策优先对农民专业合作社员进行扶持补贴，加大农民专业合作社产业发展培育力度。

3. 税收优惠涵盖宽

新修订的《农民专业合作社法》规定，农民专业合作社作为独立的农村生产经营组织，享受国家规定的对农业生产、加工、流通、服务和其他涉农经济活动相应的税收优惠。农民专业合作社从事相关经营活动符合条件的，可按规定享受小微企业税收优惠政策。主要表现为：其一，增值税。如对月销售额2万～3万元的增值税小规模纳税人，免征增值税。其二，所得税。对年应纳税所得额不超过50万元的小型微利企业，其所得额减半计算，并按20%税率征收企业所得税，实际税负为10%。其三，印花税。对金融机构与小型企业、微型企业签订的借款合同免征印花税。

4. 金融支持不断优化

修订的《农民专业合作社法》第66条规定，国家政策性金融机构应当采取多种形式，为农民专业合作社提供多渠道的资金支持。主要体现为：其一，建立健全全国农业信贷担保体系。符合政策规定的农民合作社信贷担保需求可统筹纳入省级农业信贷担保公司业务范围。其二，设立普惠金融发展专项资金。用于创业担保贷款贴息、涉农贷款增量奖励和农村金融机构定向费用补贴，鼓励引导金融机构加大对农民合作社信贷供给。其三，计划联合有意愿的金融机构共同出资设立国家融资担保基金。国家鼓励保险机构为农民专业合作社提供多种形式的农业保险服务。鼓励农民专业合作社依法开展互助保险。探索建立新型农业经营主体信用评价体系，灵活确定贷款期限，简化审批流程，符合条件的可以优先贷款。

（二）政策执行中的薄弱点

国家颁布的一系列政策对农民专业合作社的发展具有重要作用，但在政策执行过程中存在以下薄弱点。

1. 各专项资金规模小

农民专业合作社财政资金渠道偏散，需形成合力才能提高资金使用效率。“撒芝麻盐”式的资金投入方式也极易造成资金使用摩擦与抵消效应，难以形成合力，继而降低使用效率，导致农民专业合作社建设进程缓慢。例如，新疆某州各级财政合作社专项资金的项目建设都涉及相当数额的自筹资金，而专项资金本身和各级配套资金所占的比重较小且偏散，加之合作社贷款融资难度大，导致项目建设容易出现进度缓慢、成效滞后等问题。

2. 优惠政策落实不到位

优惠政策仍停留于文件，并未真正落实。调研走访了解到，政策支持落实不到位的问题普遍存在。特别是偏远地区，主要表现在以下两方面：一是金融支持政策落实不到位。主要表现为合作社贷款难，即便是发展十分规范、实力强的合作社，也难以贷上款。二是项目补贴和奖励落实不到位。目前，对合作社的各项补贴和奖励资金尚未落实到位。虽然地方政府出台了一系列优惠政策，但仅停留于文件中，执行力度弱，没有具体的、行之有效的落实措施。

3. 监管机制有待加强

尚未出台详细的农民专业合作社监管措施，导致部分农民专业合作社滥竽充数。政策监管的薄弱点主要体现在准入机制、监测机制和退出机制三方面。一是准入机制宽松。注册农民专业合作社成本较低，工商管理部门对合作社的登记注册，不需要验资，没有出资额的限制，出资方式为现金和实物均可，直接造成合作社成员出资的真实性无法确认和核实。再者，市场监管部门在审核签字时只限于形式审查，无法进行实质核查。调研了解到，部分合作社登记注册时为扩大经营范围以更易获得国家政策资金的扶持，特意夸大注册资本，特别是对于实物资产，并未经过第三方专业评估机构评估，仅依靠社员间讨论估价作资入股。二是监测机制缺失。工商部门日常监管政策宽松，不年检、不处罚，以致对合作社生产经营活动是否开展、经营状况如何不了解，也直接导致合作社负责人对合作社经营管理不用心。三是退出机制欠缺。工商部门负责农民专业合作社的设立注册，农业部门管理农民专业合作社的业务指导，退出机制欠缺。

（三）政策需求

随着农民专业合作社数量的增加和发展质量的提高，出现了新的政策需求。

1. 财政扶持需求

一是扶持资金的整合和扶持力度的需求。调查可知，大部分地区经管站（农经站）负责人和合作社负责人一致提出，各部门的扶持资金整合并加大扶持力度，才能有效解决合作社资金短缺的问题。二是突出扶持重点的需求。调研发现的大部分合作社一致呼吁重点扶持基地建设、仓储运输、加工包装、销售网点等基础设施建设，以增强发展后劲。三是简化扶持资金的落实使用环节的需求。普遍提出扶持资金的落实使用程序烦琐，到位速度太慢。

2. 监管退出机制需求

一是严把注册登记关需求。大部分地区经管站希望工商行政管理部门严把农民专业合作社的注册登记关，注重实体调查，现场勘验。二是建立动态监测考核机制需求。希望对各级命名表彰的示范社、规范社进行跟踪复查，定期进行通报。三是建立退出机制需求。每年农经部门统计“僵尸社”需要投入大量的精力，“僵尸社”不退出每年都要再统计一遍。农经部门希望能够简化合作社的退出机制。

3. 人才扶持需求

一是转变培训交流方式需求。转变过去硬性培训为主动积极参加培训，有针对性的按需培训需求；创建交流平台，多采取“请进来，走出去”的方式。二是人才引进需求。希望出台大学生到农民专业合作社就业的优待政策，大专院校专家、科研人员包社政策，引进和培育一批物流、信息、营销方面的合作社职业经理人，促进生产和市场的融合对接。

4. 优惠政策快速落实需求

一是税收优惠政策快速落地需求。凡是已明确规定农民专业合作社应当享受的生产、加工、流通、服务等税收优惠政策，希望快速落实。二是落实用地政策的需求。农民专业合作社兴办加工企业所需的非农建设用地，希望国土资源部门尽快优先安排用地计划，及时办理用地手续。三是落实用电政策需求。希望电力部门尽快落实对农民专业合作社及下属经营实体农业生产电价，并提高供电质量。

七、政策建议

面对农民专业合作社发展中的问题，针对相关政策的薄弱点和政策需求，需要采取一系列政策、机制等方面的创新性举措，推进农民专业合作社的发展进程。

（一）抓住“一带一路”发展机遇，发展合作社跨国联合社

一是加强国内农民专业合作社的规范建设和管理。借鉴国际先进经验规范合作社运营，以实现自我改造提升，建立跨国合作社以及合作社跨国联合社。

二是延伸与整合农产品产业链，通过与国外农民专业合作社的合作，将

农产品种植、加工、仓储、贸易等产业链从国内延伸到国外，形成覆盖“一带一路”沿线区域的农产品产业链。

三是加强农民专业合作社国际品牌合作。鼓励国内的农民专业合作社注册海外商标，打造国际农民合作社品牌，发展合作社农产品跨境电子商务等。

（二）推进合作社人力资源建设，发挥人才引领作用

健全的人力资源管理机制是农民专业合作社良好发展的开端，人力资源建设可从内部管理、发展环境及培养机制等方面着手建设。

1. 健全人力资源管理机制，使合作社人力资源建设常态化、高效化

要健全人力资源管理机制。首先，建立农民专业合作社人力资源管理与建设联席会议制度，加强对合作社人力资源的顶层设计、规划制定、政策制定和落地及指导监督等；其次，各合作社设置人力资源部或人事部，并设有专人进行合作社人力资源管理与建设；再次，合作社管理机构设置专人负责本区合作社人力资源管理与建设。

2. 形成人力资源的“造血”机制，营造聚人、育人和用人的良好环境

要引导合作社积极创造条件优化发展环境，用合作社的规范发展好势头吸引人才、留住人才，形成在合作社工作大有作为的良好态势。合作社应该按照现代企业的分工思想进行组织结构的设计，设置经营管理、农资采购、种养、农产品销售、品牌建设、财务管理等专业岗位和职能。在此基础上逐步规范，不断壮大产业，才能建立吸引人才的平台。

3. 构建多层次、广覆盖的人才培养机制，输出优质人才

要健全农村培育人才、吸引人才的体制、机制。整合资源，开展职业教育和个性化培训。一是借助地方农业院校、职业技术学院、科研单位及其他资源实施合作社人力资源职业教育。二是按照“缺什么、补什么”“要什么、学什么”的基本原则，区县政府主导，开展校舍、企社、科社对接，开展好个性化培训工作。三是完善培训的技术支持。要有效运用互联网技术，高起点地建设农村教育培训的网络技术条件。

（三）优化金融扶持方式，切实提高金融扶持效益

金融支持需尽快通过详细明确的措施落地，且不断创新金融模式。

1. 开展合作社信用评价体系建设，促进合作社提高信用度

成立地方（省、市、区）合作社联合会，建立合作社信用评价体系，开展合作社信用评价，一方面为合作社融资、担保提供依据，另一方面促进合作社信用建设，提高信用度。

2. 政府“搭桥”，加大农民专业合作社与金融机构的对接洽谈力度

以政府“搭桥”模式，加大与农行、信用社等金融机构的对接洽谈力度，组织开展银社对接活动，对合作社降低贷款门槛，采取贷款额度授信、产品和销售合同抵押等多种形式，为合作社提供多渠道资金支持。对于发展层次较高的农民专业合作社，在信用评级基础上予以重点支持。如北京市密云区成立密云农业担保有限公司，以政府“搭桥”的模式，通过简化担保贷款流程、建立理事长托管制度、丰富惠农贷款贴息奖励机制等举措，解决合作社融资难的问题。

3. 开展内部资金互助，提高农民合作社内部资金的效益

依靠合作金融来推动农村金融的发展，即鼓励一些规模较大、制度健全、发展平稳的农民合作社内部社员之间开展资金互助活动。如北京市密云区遵循“入资有收益、用款有费用、闲散资金得利益、急需资金得方便”的原则，为合作社解决资金困难、成员创收开辟了一个新的可行渠道。

4. 完善企业与合作社的利益联结机制，实现龙头企业与合作社的深度融合

鼓励农民专业合作社入股企业，支持农民专业合作社兴办企业，实现龙头企业与农民专业合作社深度融合。工商资本的注入不仅可以迅速解决合作社资金问题，而且还能帮助打开农产品市场，助推合作社进一步发展壮大。

（四）创新扶贫方式、明确脱贫责任，助力精准脱贫

选择一批产业特色明显、市场开拓前景较好、内部管理较规范的农民专

业合作社进行试点，赋予其带领贫困农民脱贫致富的职责，在政策、资金、技术指导和服务等方面给予大力帮扶。

1. 创新扶贫资金投入机制，优化扶贫资金效益

一是整合扶贫资金，加大项目倾斜力度。整合有关水利建设、农业综合开发、扶贫开发等支农惠农项目财政资金，改变以往扶贫资金“撒胡椒面”的做法，重点扶持辐射带动能力强的农民合作社，可优先委托和安排具备条件的农民专业合作社实施。二是政策性扶贫资金入股合作社。将政策性扶贫资金注入合作社发展，实现由“输血”变为“造血”。采取量化分红的模式，将贫困群众纳入农民专业合作社成为社员发展规模化农业产业。如，云南怒江傈僳族自治州把国家对建档立卡贫困户的部分政策性扶持资金，以农户入股的方式投入到农民专业合作社，让农民以“抱团取暖”等方式联营参与规模化产业发展。

2. 明确脱贫责任机制，量化合作社脱贫任务

一是落实相关部门责任机制。要明确具体的监管部门，并协调相关部门共同对农民专业合作社开展深入细致的业务指导工作。二是明确合作社精准脱贫考核机制。根据实际制定简单有效的农民专业合作社考核机制，协调合作社与入社贫困户逐一签订帮扶协议。三是制定合作社扶贫任务指标。明确贫困户参与分红的下限和合作社在生产经营中应当提供的倾斜性服务，推进农民专业合作社和精准扶贫工作有机结合、互促发展。

（五）拓宽合作社创新发展平台，推动区域性联合发展

拓宽农民专业合作社创新发展平台，以加强农民专业合作社外部运行支持机制。推动农民专业合作社的区域性联合发展，以增强竞争力。

1. 搭建多层次、多领域的发展平台，用科技创新驱动发展

一是开拓市场体系。组织有条件的农民专业合作社积极参加各类展示展销会、农产品交易洽谈会、博览会等活动；支持开展农超对接、农社对接等活动；引导农民专业合作社发展电子商务，通过大数据加紧市场、农民专业

合作社与贫困群众家庭的合作。如，贵州省贵定县着力打造“电子商务＋农民合作经济组织”示范点，为服务“三农”发展助推精准扶贫提供了新模式。二是科技创新驱动农民专业合作社发展。组织开展农民专业合作社科技对接专题活动，解决合作社的科技对接需求。如，北京合作社联合会组织32家合作社参加“首都科技条件平台百家重点实验室进千家企业”专题对接会，指导一批本市示范社向其他省份发展特色产业基地和开展多种形式联合与合作。三是优化利益联结机制并创新利益联结方式，加强利益联结的紧密性。如，北京市发挥农联平台优势，开展了促进低收入农户增收、公平贸易国际认证、爱心集市、微信商城、农产品义卖等公益活动，优化了合作社利益联结机制。

2. 整合资源、形成合力，推动区域性联合发展

一是依法规范引导合作社联合发展。将分散经营、小规模的农户，按照市场需求、优化生产、区域化布局、集约化经营、标准化管理、品牌化销售组织起来，实现产销联合，引导有条件的合作社通过共同出资、共创品牌、共享利益等方式进行联合与同业兼并，引导其向综合性、跨行业发展。二是拓展联合方式。激发各类资源要素活力，鼓励以土地经营权、林权入股等多种出资方式发展合作，实现合作社由“同类”产品或服务的专业合作向资源要素股份合作拓展。三是建立区域性的联动组织。引导合作社以产业为依托、以市场为导向、以品牌为纽带、以产权重组为辅助，建立区域性的联动组织，探求通过农业的观光休闲、创意农业等非产品功能来获得更大的收益，实现一二三产业融合发展。四是鼓励跨区域联合。允许并鼓励合作社跨省开展多种形式的合作与联合，如向其他省份发展特色产业基地等。

（六）严格准入、监测及退出机制，促进规范化发展

严把准入关，加强动态监测，无效运行的要及时清退，促进农民专业合

作社规范化发展。

1. 严格设定准入机制，做好登记前的调查核实工作

一是注重实体调查。工商行政管理部门要严把农民专业合作社的注册登记关，对社员名单、办公场地、注册资金、经营规模等要素进行实地调查、现场勘验。二是实行一票否决制。注重实体，没有实体的，一票否决。特别是要做好登记前的调查核实工作，对不符合条件的，一律不予登记。

2. 创新动态监测考核机制，确保合作社运行有效、发挥作用

一是跟踪复查。对各级表彰的示范社、规范社进行跟踪复查，凡复查不符合条件的，要取消其示范社、规范社称号。二是定期通报。对于一般性合作社实行动态监测，对无实际运作、无发展潜力、无创收能力、无带动作用的“空壳社”定期进行通报，严格把关。

3. 建立退出机制，清理一批无效运行合作社

一是实施整改。将无效运行的农民专业合作社按照法律程序来办理，对不经营、不服务、不按章程规范运作的，加强督促检查，提出整改意见，促其规范发展。二是撤销营业执照。拒绝整改的，工商行政管理部门要撤销其营业执照。可借鉴新疆某州的做法。新疆某州采取的措施包括督促补报年度报告、纳税申报、变更合作社登记事项、注销营业执照等。凡列入清理整顿对象且不注销的合作社，其法人代表同时注册其他农业实体经济的，取消相关政策扶持，并直接挂钩其个人信用登记。市监部门要指导合作社依法做好注销登记工作；列入经营异常名录满三年的合作社，依法将其列入严重违法企业名单，向社会公开并依法采取限制性措施。

（七）创设以合作社为承接主体的农业基础设施建设投资基金

参照股权投资引导基金模式，创设以合作社为承接主体的农业基础设施建设投资基金，充分发挥财政投入的杠杆作用，弥补农民专业合作社农业基础设施建设的缺口。

1. 明确权责，合作共赢

一是建立紧密的利益联结机制。鼓励农民专业合作社参与农业基础设施建设，并通过订单带动、利润返还、股份合作等模式进一步完善与农户的利益联结机制，建立长期稳定的合作关系。二是平衡各方利益。在平等协商基础上订立合同，平衡农民专业合作社、政府和社会资本等各方利益，明确各参与主体的责任、权利关系和风险分担机制。三是建立稳定的投资回报机制。合理确定农业基础设施投融资模式和运行方式，推进投融资体制机制创新与建设管护机制创新、农村集体产权制度改革等有机结合，保障农民的参与权和受益权，建立风险分担和投资回报机制。

2. 试点先行，逐步推进

一是承接主体的选择。重点选择土地经营已达一定规模、与农民建立紧密利益联结机制、迫切希望改善基础设施的农民专业合作社进行试点。二是投资领域、项目的选择。选择重点领域、重点项目先行试点探索，及时总结经验，完善相关政策，形成可复制、可推广的合作模式。

参考文献

[1] 王国军，李京徽．基于新型农业经营主体需求导向的农业保险供给侧改革研究．农村金融研究，2018（6）

[2] 柳天滋，赵潜生，陈友来．乡村振兴战略背景下农民专业合作社发展方向．农业科研经济管理，2018（1）

[3] 彭超．2018 中国新型农业经营主体发展分析报告（二）．农民日报，2018－02－23

[4] 董红，王有强．农民专业合作社发展的现状、困难及对策探析．云南民族大学学报（哲学社会科学版），2018，35（2）

[5] 谭鑫．发展农民专业合作社助力精准扶贫．社会主义论坛，2017（5）

[6] 杨迎芬．农民专业合作社的现状、问题及解决方法．农村经济与科技，2017，28（4）

[7] 刘同山，周振，孔祥智．实证分析农民合作社联合社成立动因、发展类型及问题．农村经济，2014（4）

[8] 农民专业合作社联合社发展研究课题组．农民专业合作社联合社调查研究报告．山西农经，2014（2）

[9] 湖南大学金融与统计学院项目组，彭悦，王欢，谢琦，李筱晗，金南朴，王恬恬，霍子欣，陈雪飞．农民专业合作社融资现状与影响因素研究——基于湖南省邵阳县 112 个样本分析．长春金融高等专科学校学报，2018（3）

[10] 马晓鹏．拉萨市农民专业合作社扶持政策研究．西藏大学，2017

[11] 裴育希，韩晶，姜岩．天津市农民专业合作社发展问题及对策研究．天津农业科学，2018，24（3）
[12] 吴海江，郭涛涛．浅谈农民专业合作社面临的问题及发展对策——基于对新乡市部分农民专业合作社的调查．现代经济信息，2017（13）
[13] 郭强．农民合作社“僵尸”社泛滥亟待出清．经济参考报，2016－12－06
[14] 邱立军．吉林省农民专业合作社的融资问题研究．中国农业资源与区划，2016，37（11）
[15] 李林．临渭区农民专业合作社的发展现状与存在问题的研究．西北农林科技大学，2014

专题报告八

完善农业生产服务体系

路自愿　中国人民大学农业与农村发展学院博士生

庞晓鹏　中国人民大学农业与农村发展学院教授、博士生导师

一、引　言

针对当前我国经济发展面临的主要矛盾，习近平总书记2015年11月在中央财经领导小组第十一次会议上提出：推进供给侧结构性改革，是当前和今后一个时期经济工作和经济发展的主线。党的十九大报告进一步指出："中国特色社会主义进入新时代，我国社会主要矛盾已经转化为人民日益增长的美好生活需要和不平衡不充分的发展之间的矛盾"，"我国经济已由高速增长阶段转向高质量发展阶段"，建设现代化经济体系必须"把提高供给体系质量作为主攻方向"。

推进供给侧结构性改革的重点之一是推进农业供给侧结构性改革。2015年12月召开的中央农村工作会议要求，"着力加强农业供给侧结构性改革，提高农业供给体系质量和效率，真正形成结构合理、保障有力的农产品有效供给"。2016年中央1号文件进一步提出："推进农业供给侧结构性改革，加快转变农业发展方式，保持农业稳定发展和农民持续增收。"2017年中央1号文件进一步明确：当前"农业的主要矛盾由总量不足转变为结构性矛盾，突出表现为阶段性供过于求和供给不足并存，矛盾的主要方面在供给侧"，"必

须顺应新形势新要求，坚持问题导向，调整工作重心，深入推进农业供给侧结构性改革，加快培育农业农村发展新动能，开创农业现代化建设新局面”。推进农业供给侧结构性改革，是加快转变农业发展方式的重要途径，也是加快转变农业发展方式在农业供给侧的聚焦和升华（姜长云、杜志雄，2017）。

那么，什么是农业供给侧结构性改革呢？2016 年 3 月，在十二届全国人大第四次全体会议上，习近平总书记在参加湖南团讨论时指出：“新形势下，农业主要矛盾已经由总量不足转变为结构性矛盾，主要表现为阶段性的供过于求和供给不足并存。要把推进农业供给侧结构性改革、提高农业综合效益和竞争力，作为当前和今后一个时期我国农业政策改革和完善的主要方向。”总书记的这段话，揭示出了我国农业当前面临的主要矛盾以及农业供给侧结构性改革的基本含义：不同农产品面临阶段性供过于求与供给不足并存的局面，因此不能单纯追求农产品产量的增长，也不能只从国内市场供求的视角对现有各类农产品进行生产结构上的调整，而是在经济全球化的背景下，深入思考如何在总体上提高我国农业的综合效益和国际竞争力（陈锡文，2017）。2016 年 12 月 31 日发布的《中共中央、国务院关于深入推进农业供给侧结构性改革 加快培育农业农村发展新动能的若干意见》指出：“推进农业供给侧结构性改革，要在确保国家粮食安全的基础上，紧紧围绕市场需求变化，以增加农民收入、保障有效供给为主要目标，以提高农业供给质量为主攻方向，以体制改革和机制创新为根本途径，优化农业产业体系、生产体系、经营体系，提高土地产出率、资源利用率、劳动生产率，促进农业农村发展由过度依赖资源消耗、主要满足量的需求，向追求绿色生态可持续、更加注重满足质的需求转变。”

推进农业供给侧结构性改革的目标是提高农业综合效益和竞争力。也就是，一要从整体上提高农业的综合效益，二要提高农产品的国际竞争力（陈锡文，2017）。通过增强农业的创新能力、竞争能力和可持续发展能力，更好地满足人民日益增长的美好生活需要，更好地促进农业增效、农民增收和农村增绿，更好地提高农业土地产出率、资源利用率和劳动生产率（姜长云，

2018）。而要从整体上提高农业综合效益和农产品的国际竞争力，必须注重分工和专业化，必须紧紧围绕市场需求组织农业生产，使农产品供给在数量上更加充足、在品质上更加符合消费需求。

因此，推进农业供给侧结构性改革需要大力发展现代农业生产服务业，健全农业生产服务体系，要统筹推进现代农业产业体系横向拓展、纵向延伸以及高度提升，进而达到提高农业整体效益、增强农业整体竞争力、带动农民增收的效果。通过构建农业社会化服务组织，健全农业社会化服务体系，增强农业的分工与协作效应，提升农业品牌价值，增强农业产业体系的创新驱动能力和整体竞争力。这样，一方面可以促使我国农业节约生产成本、提高生产质量和生产效率、降低农业生产过程中面临的风险；另一方面也是在农业劳动力弱化以及农户兼业化背景下解决“谁来种地，如何种地”的有效选择（姜长云，2018）。所以，培育农业社会化服务组织，发展生产性服务业是推进农业供给侧结构性改革的重要任务之一（韩长赋，2016）。

习近平总书记在十九大报告中对实施乡村振兴战略进行决策部署时明确要求：“构建现代农业产业体系、生产体系、经营体系，完善农业支持保护制度，发展多种形式适度规模经营，培育新型农业经营主体，健全农业社会化服务体系，实现小农户和现代农业发展有机衔接。”

健全农业生产服务体系是提高小规模农业整体经营效率和竞争力的有效措施。我国是有着 2 亿农户的农业大国，全国还有 2/3 的土地仍然由超小规模的农户经营（孔祥智，2013）。如何提高这部分小规模农业经营的效率和竞争力？构建和完善新型农业社会化服务体系，通过服务创新实现专业化和规模化，是必经之路。围绕小农户的农业生产提供先进、高效、优质的全方位服务，从而使小农户更好地与大市场对接，这样才能保证农产品供给更加符合消费需求，真正形成有效供给。这也是健全农业生产服务体系的时代背景。

目前，关于农业社会化服务体系、农业生产服务体系、农业生产性服务业的研究文献很多。主要研究内容可以概括为三个方面：一是对农业生产服务体系有关概念内涵与外延的研究和讨论；二是从供求角度研究农业社会化服务的现状，研究的核心问题是供给和需求的匹配问题；三是研究分析农业社会化服务发挥的作用和影响，比如对农户增收的作用等。围绕农业生产服务供给问题的研究内容包括我国农业社会化服务体系的政策或者制度供给、社会化服务体系的现状以及中外农业生产性服务业的对比和经验借鉴。对农业生产服务需求问题的研究则主要包括三大类内容：一类是研究农户对不同种类服务选择的优先顺序及其影响因素；另一类是针对一些具体社会化服务需求，如技术服务需求、金融需求等，研究其影响因素；还有一类是研究农户选择不同农业社会化服务组织的影响因素。

现有研究也存在诸多不足。比如，对于农业社会化服务、农业生产服务的概念讨论没有跳出既有的框架，从而形成了如今的概念依赖；缺乏对我国农业生产服务体系系统的分析评估，尤其缺乏在供给侧结构性改革背景下对现有农业生产服务体系的系统评估。

综上，本研究将围绕实现农业供给侧结构性改革目标的需要，系统评估我国农业生产服务体系的现状和面临的挑战，并提出完善我国农业生产服务体系的对策建议。具体而言，本研究的主要内容包括：第一，总结分析我国农业生产服务体系的历史发展沿革；第二，分析评估当前我国农业生产服务体系的模式、规模、服务内容、结构、效率；第三，分析总结发达国家建立和发展农业生产服务体系的经验做法和对健全我国农业生产服务体系建设的启示；第四，提出完善我国农业生产服务体系的建议，比如在服务供给主体的培育、有关要素的整合、整个农业生产体系的机制设计与制度安排等方面，进而更好地适应农业供给侧结构性改革的需求和当前农业发展的需要，加速推进农业现代化。

本研究报告的结构安排如下：第二部分将从分工和专业化角度分析界定农业生产服务体系的概念及研究框架；第三部分从农业生产服务的供给内容、供给主体、供给方式角度，分析评估我国农业生产服务体系的历史沿革；第四部分对当前我国农业生产服务体系进行评估；第五部分将研究美国、日本、韩国农业生产服务的供给内容、供给主体和供给方式，总结可借鉴的经验；

最后一部分将总结本研究的主要结论，并提出完善我国农业生产服务体系的对策建议。

二、农业生产服务体系的概念界定和本研究的分析框架

现有研究文献中，与农业生产服务体系密切相关的也是最常用的概念有两个：农业生产性服务业和农业社会化服务体系。这两个概念也常常与农业生产服务体系混用。然而，从社会分工和生产的专业化角度，我们认为有必要对其进行区分并界定。这一部分，我们首先综述现有研究中对相关概念的界定，然后提出本研究中“农业生产服务体系”的概念及分析框架。

（一）农业生产性服务业

与农业生产性服务业有关的概念包括生产性服务和农业生产性服务。其中，生产性服务（生产者服务）是与终端消费性服务相对的，向其他组织或者个人以市场化的方式在生产环节向生产者提供中间投入的服务。生产性服务的存在有助于提高商品生产或者服务生产的效率和质量。其包含的内容十分广泛，涉及金融、保险、法律、会计、交通、运输等诸多方面（韩坚、尹国俊，2006）。

农业生产性服务指的是在农业生产过程中为农业生产整个链条提供的服务。具体而言，包括农业生产产前涉及的种子、化肥、农药、能源等物资的供应服务；农业生产产中涉及的田间管理、打药、灌溉等服务；农业生产产后涉及的储藏、加工、运输、销售等服务（韩坚、尹国俊，2006；庄丽娟，2011）。

农业生产性服务业则指的是市场化、外部化的农业生产性服务提供者的集合体，是为提高农业劳动生产率而向农业生产活动提供中间投入服务的产业（关凤利、裴瑱，2010；庄丽娟，2011），与其相对的是农业消费性服务业（曲昊月、庄丽娟，2018）。农业生产性服务业有时也称作农业服务业、面向

农业的生产性服务业（姜长云，2016）、农业现代服务业、农业生产服务业（芦千文，2018）。其主要特征是：以中间投入品为主、涉及知识和资本的交换、提供定制化的服务（程大中，2006）、面向农业产业链提供生产性服务（姜长云，2011）。

（二）农业社会化服务体系

农业社会化服务通常是指与农业相关的社会经济组织，为满足农业生产的需要，为农业生产经营主体提供的各种服务。农业生产中的各种社会化服务作为现代农业的重要内容，不仅在推动现代农业发展中担当重要的角色，也是实现农业现代化的一个重要切入点（张书，2016）。

农业社会化服务体系则是指为农业生产提供产前、产中、产后服务的各类机构和个人所组成的网络或者系统，具有组织系统性和服务社会化两个基本含义（孔祥智等，2009）。为了使农户的生产适应市场的需要、解决农户分散经营和大市场之间的对接问题，需要发挥社会各方力量推动农业生产更好地适应市场需求，进而增加农户的收入。农业社会化服务体系的功能便是如此。

农业社会化服务体系是一个国家农业生产力和商品经济高度发展的必然结果。纵观世界各经济发达国家的农业发展历程，尽管各国的自然条件和社会经济背景不同，但是随着社会分工和专业化程度的不断加深，农业生产力的发展最终都形成了形式不同、服务重点不同的农业社会化服务体系。例如，在北美及澳洲这样劳动力相对稀缺的国家，逐步形成了以农产品加工、销售服务为重点的农业社会化服务体系；而在日本这样的小规模、兼业化农业经营的国家，农业社会化服务体系则围绕减少人们的务农时间、提高农业生产效率提供服务。无论哪一个国家，随着农业的发展都逐步建立了农业社会化服务体系。并且，农业现代化水平越高，农业社会化服务的内容越多、范围越广。

现有文献中所使用的“农业生产性服务业”和“农业社会化服务体系”

两个概念，内容上有相似之处。二者都强调农业生产服务主体的多元化和运行社会化，都比较注重综合性服务和专项服务的分类发展（姜长云，2016）。但也有明显的区别。首先，农业社会化服务体系更加注重服务的系统性和协调性，在思维习惯和政策运行惯性的影响下更加容易把关注的焦点放在公益性服务上，尤其是政府主导的公益性服务。即使在关注经营性服务时，关注的重点往往是农业产业化龙头企业和农民合作社等经营性组织提供的服务上，很难将目光转到范围更广的经营性服务组织的成长上。而农业生产性服务业则更多地强调服务的市场化、产业化，强调服务创造价值。因此营利性是其主要特性。其次，农业社会化服务供给的主体比较明确；而农业生产性服务业一般较少关注服务的供给主体，更多的是从行业发展角度分析问题。例如，利用投入产出表考察运输邮电业、商业餐饮业、金融保险业等对我国农业生产的贡献（韩坚、尹国俊，2006）等。

（三）本研究的概念界定和基本分析框架

本研究中，我们从生产和服务发展的本质出发，选择使用“农业生产服务体系”这一概念。这一概念的内涵和外延与现有文献中使用的“农业社会化服务体系”相近，但是，我们认为用“农业生产服务体系”来表述更准确。原因有以下两点。

第一，从农业生产和为农业生产提供服务的本质来说，我们认为农业生产服务的提供就是社会化的服务，属于社会分工的范畴，无须再加上“社会化”这个修饰词。在农产品从生产到消费的社会生产全过程中，我们把属于动植物自然生长过程且由农户或其他生产主体直接完成的操作叫作生产，把其他的、由农户以外的独立市场主体完成的操作称为服务。因此，农业生产服务就是围绕农产品生产全过程的需要、为农户提供的各项服务。

第二，农业生产服务体系是社会分工与专业化的结果。一般而言，农业生产服务最初是围绕农业生产逐步发育起来的。例如农场生产什么、剩余什么，农产品加工企业就加工什么、经营什么。后者对前者有很大的依附性。

但是，随着社会分工与专业化程度的不断提高，为农业生产提供服务的组织，其社会化程度不断提高，农业生产服务的重心开始转移，由农场依附转向市场主导。市场导向的作用越来越大，市场需要什么，农场就生产什么。于是，为农业生产提供服务的组织便成为农业生产的组织者和协调者。

因此，本研究中农业生产服务是指在农产品生产和消费全过程中，由社会、市场和政府提供的，除动植物自然生长过程和农户自己完成的操作以外的所有操作环节。从内容上看，农业生产服务涵盖了农业生产性服务以及农业社会化服务所涉及的服务内容，既注重公益性服务，也关注经营性服务；从服务的供给主体看，则同时强调公益性的政府有关部门、农民专业合作社、农业产业化企业和其他社会服务组织。

而本研究中的农业生产服务体系则是指在农业生产过程中通过不同的组织形式将社会、市场、政府和农户联系起来，优化组合不同生产要素，进而为农业生产提供服务的系统化服务体系。现阶段的农业生产服务体系是在家庭承包经营的基础上，力求为农业的产前、产中、产后各个环节提供服务。农业生产服务体系的健全程度，可以作为衡量现代农业发展水平的重要因素（生吉萍等，2013）。某种程度上，农业生产服务体系是农业生产性服务业和农业社会化服务体系的有机结合。

通常所讨论的农业生产服务体系，从严格意义上讲，有广义和狭义两种。广义的农业生产服务体系既包括直接为农业生产提供服务的组织及服务内容，也包括为农业生产提供科研、气象、市场信息等间接服务的组织和部门。而狭义的农业生产服务体系只包括直接为农业生产提供产前、产中、产后服务的组织和部门。

到目前为止，中央的1号文件及相关文件中提到的农业生产服务以及农业社会化服务基本上还是局限在狭义的农业生产服务体系，没有将农业作为国民经济的一个部门、作为面向市场的一个行业，从与其他更多部门之间的分工与联系的角度考虑。20世纪80年代的中央1号文件及相关文件在深化农村改革的背景下将农业社会化服务当作解放农村生产力的重要手段，对农业社会化服务内容的关注集中在农业生产产中环节，没有考虑农业生产完整链条所需的服务。后续的中央1号文件及相关文件从完善农业社会化服务内容、供给主体层面进行了关注，但依旧局限在农业社会化服务这一概念本身，没有从农业与工业、服务业的分工与联系视角，以及市场的供求视角出发，思考农业生产服务体系的建设。即仅仅关注农业社会化服务本身，没有关注其与国民经济其他部门、行业的分工与协作（高强、孔祥智，2013）。

为了全面系统地评估我国农业生产服务体系发展状况，分析明确在供给侧结构性改革背景下农业生产服务体系面临的新问题，更好地寻求解决问题的办法，本研究采用广义的农业生产服务体系概念。此外，采用广义的农业生产服务体系框架，是市场分工及专业化发展的需要。

农业生产服务的内容很广泛，包括农业生产全链条涉及的化肥、种子、农药等生产资料的供应服务、销售服务、加工服务、储藏运输服务、科技服务、信息服务、金融服务、保险服务、法律服务、经营决策服务、生活方面的服务等。

农业生产服务体系的组织形式也是多样的，大致可以分为三类：公共服务组织即公益性的政府服务部门（包括各级政府部门、供销合作社系统、村级集体组织、科研教育单位）、合作服务组织（农民专业合作社）以及经营性服务组织（包括农业产业化企业、农民经纪人等其他以营利为目的的服务组织）。

不同形式的服务组织提供服务的方式不同，一般可以分为有偿服务和无偿服务、直接服务和间接服务、专项服务和综合服务等。并且，随着农业生产条件的不断变化，提供农业生产服务的方式也不断变化。

本研究主要围绕农业生产服务供给主体、服务方式及服务内容进行分析。按照供给主体的性质，我们将农业生产服务供给主体分为公共服务组织、合作服务组织、经营性服务组织三类。其中，公共服务组织包括各级政府部门、供销合作社系统、村级集体组织和科研教育单位；合作服务组织主要是农民专业合作社；经营性服务组织主要包括农业产业化企业、农民经纪人、专业技术协会等其他以盈利为目的的服务组织。农业生产服务方式包括有偿服务和无偿服务、直接服务和间接服务、专项服务和综合服务、单一主体服务和多元主体服务等。农业生产服务内容涉及农业生产产前、产中和产后全过程。其中既包括种子、化肥、农药、管理、灌溉等直接的单项的服务，也包括金融、保险、科研、气象、市场信息等间接的综合的服务。

三、我国农业生产服务体系建设的历史沿革

按照农业生产服务的供给主体以及供给方式的多元化发展情况，我国农业生产服务体系的发展可以分为四个阶段。

（一）第一阶段（1949～1977年）：公共服务部门主导的发展阶段

这一时期农业生产服务的供给主体是比较单一化的政府公共服务部门，以无偿的方式为农业生产提供服务。

1. 政府公共服务部门是农业生产服务供给主体

新中国成立后，尤其是计划经济时期，政府通过计划经济手段管理整个国民经济，通过建立大量的事业性单位为社会提供服务。农业生产服务体系就是在这种情况下建立起来的一个垂直管理的服务体系。

这一时期的农业生产服务供给主体以“七站八所”为代表。所谓“七站八所”，是指县、市、区或者上级部门在乡镇的派出机构。这里的“七”和“八”都是概指，并非确数。这样的机构，通常有20个以上，有的高达30多个。“七站八所”主要包括三类：一是乡镇直属事业站（所），包括房管所、农机站、农技站、水利站、城建站、计生站、文化站、广播站、经管站、客运站等；二是县直部门与乡镇双层管理的站（所），包括司法所、土管所、财政所、派出所、林业站、法庭、卫生院等；三是“条条管理”的机构，包括国税分局（所）、邮政（电信）所、供电所、工商所、信用社等（彭玮、王

金华，2012）。在计划经济时期，我国农业生产所需的服务主要由“七站八所”提供。此外，在后续的集体化、合作化时期，通过构建农业生产合作化、农村信用合作化、农村手工业合作化和农业供销合作化进一步完善了我国的农业生产服务体系（芦千文、姜长云，2016）。

其中，农业技术推广部门的发展是核心。统计资料显示，截至1956年，全国共建立农业技术推广站1.6万多个，配备干部9.4万人（杨汇泉、朱启臻，2010）。人民公社时期，建成了从农业的种子、植保、农机到林业、水利、畜牧兽医等领域的服务体系，且普遍下伸到公社即现在的乡镇一级。“文革”时期虽然受到一定程度的破坏，其后经过恢复和发展，到20世纪70年代末，基本建立了县、公社、生产大队、生产队四级农业技术推广网。此时，全国有1100多个县建立了农科所，近2.7万个公社建立了农科站，3.3万多个生产大队224万多个生产队建立了农科组（杨汇泉、朱启臻，2010）。在村一级还有科技组和科技示范户（芦千文、姜长云，2016），农业技术推广得到进一步加强。

信用合作社作为民间重要的金融力量，通过对农村地区进行信贷活动，帮助农民解决生产中因购买农具、种子、肥料以及牲畜产生的资金不足问题。供销合作社则是计划经济条件下农产品流通交换的重要途径。通过其纵横全国的流通网络，实现农产品在国内的流通，以及农产品与工业品的交换。

2. 服务内容基本覆盖农业生产全过程

这一时期，围绕农业生产发展需要，基本形成了具有一定规模的农业生产服务体系。服务的内容涵盖了农业生产的各个环节，比如农田水利、农业种子、植保、农机、水利、畜牧兽医、气象、科技、金融等。

3. 以计划性和无偿性方式提供服务

计划性、无偿性是这一时期农业生产服务供给方式的明显特征。由于农业生产服从于国家整体国民经济计划且管理体制条块分割，农业生产过程中所需要的服务，全部由有关政府部门和集体组织按计划提供。无偿性是这一时期农业生产服务的另一个显著特征。一方面，大部分的服务是由政府有关部门提供的；另一方面，如农田水利则是由集体组织成员自己出工，建设成果也是成员自己享用。因此，整个农业生产过程所需要的服务都是无偿性的。

这一时期农业生产服务中存在的主要问题：一是服务供给主体单一；二是农业生产服务的供给方式缺乏弹性和可持续性；三是兴建了大量的灌溉、防洪等水利项目和工程。农业生产服务虽然对农业生产和发展起到了一定作用，但是由于信息不对称、激励和监督机制的缺乏，使得整个体系的运行成本不断上升。

（二）第二阶段（1978～1990年）：公共服务部门进行体制机制改革，经营性服务组织、合作服务组织自发发展阶段

这一时期是体制调整和制度转型期，在农业生产服务中仍旧占主要地位的原有公共服务部门也开始进行市场化改革。与此同时，由于政策的放松，农民合作服务组织以及市场化的经营性服务主体开始出现。仍以无偿服务为主，市场化、经营性的服务方式开始出现。

随着家庭承包经营体制的迅速推进，原有的以公共服务部门为主的农业生产服务机构，一时不能适应由面向公社、大队到直接面向千家万户的转变。加之改革之初集体经济组织职能出现弱化（芦千文、姜长云，2016），农业生产所需要的服务供给严重不足。为了解决这一问题，1982年成立了全国农业技术推广总站，恢复了各级农业技术推广机构；恢复了基层供销合作社商业性质并且将县级供销社改为基层社的联合体。1983年中央1号文件又要求社队办好机耕、水利、植保等服务；基层供销合作社办成供销、加工、储藏、技术等综合服务中心。

为了更好地为农业生产提供服务，20世纪80年代中期开始对公共服务部门的部分职能进行了市场化改革。首先，改革农业科技和技术推广体系。主要包括：对重大农业技术项目实行公开招标、择优委托，建立科技成果应用示范基地；通过有偿服务的方式鼓励技术推广。其次，从政策上支持通过合

作形式提供农业生产服务。1985 年中央 1 号文件提到合作组织由群众民主制定简明章程，提供机械、水利、植保、经营管理等服务。1986 年中央 1 号文件则又指出“通过服务逐步发展专业性的合作组织”（芦千文、姜长云，2016）。

由于这一时期政策环境的逐渐宽松，农民自发成立的农业生产服务组织开始出现。一是农民自发地组织起专业技术协会，如 1980 年四川郫县成立了养蜂协会，后浙江、广东等地也出现了类似的协会；二是成立了经营性服务组织，比如成立专业服务公司。此外，还出现了农民经纪人。

总体而言，这一时期我国农业生产服务的需求面临较大缺口。由于已有的农业生产服务体系被打破，无法适应农业生产过程中出现的新问题；而与市场条件下农业生产相适应的服务体系还没有完全建立。因此，农业生产服务体系处于“空窗期”。具体而言，一方面，原有以公共部门为主的服务部门由于行政制度改革和调整等问题功能弱化或者丧失；另一方面，市场化的服务主体没有较好发育起来，导致服务主体单一，服务内容也比较单一，供给方式则依然以政府和村级集体组织提供的无偿服务为主。

市场化、经营性的服务逐渐兴起。但是，这一时期政策环境的宽松程度有限，上述协会等组织形式比较松散，经营性服务和合作性服务呈现出发育程度低、规模小、不稳定的特征，基本上处于自生自灭阶段（芦千文、姜长云，2016）。非公共部门农业生产服务组织的出现，在一定程度上缓解了农业生产服务供给不足的情况，但作用仍很有限。

（三）第三阶段（1991～2007 年）：公共服务部门继续深化改革，经营性服务组织、合作服务组织加速发展阶段

这一时期，公共服务部门的体制和制度改革继续深化、服务体系逐步形成，市场化的服务主体也快速发展。随着《中华人民共和国农民专业合作社法》的颁布，合作服务组织发展进程加快；公共服务组织、经营性服务组织以及农民合作经济组织开始呈现并行发展的格局；提供服务的方式更加多

元化。

在前一阶段恢复发展的基础上，通过继续深化改革，公益性农业生产服务部门的功能逐步完善健全。一方面，针对上一阶段部分公益性职能市场化改革中出现的一些问题，例如，农技推广出现的“网破、线断、人散”的局面（李俏，2012），弱化了一些公益性服务机构职能。国家出台了《农业法》《农业技术推广法》等，同时还允许事业单位兴办为农服务实体，提供有偿服务，进而强化了涉农部门和服务机构职能。另一方面，加快传统服务组织的改革进度，即让供销合作社利用自身优势发挥带动农户进入市场的作用；增强集体经济组织实力，同其他专业合作组织一起发挥联结龙头企业和农户的桥梁作用；加大原有农村金融机构改革力度，增强其服务功能（芦千文、姜长云，2016）。

1991 年国务院出台了《关于加强农业社会化服务体系建设的通知》（国发〔1991〕59 号），要求发展“以乡村集体或合作经济组织为基础，以专业经济技术部门为依托，以农民自办服务为补充，形成多经济成分、多渠道、多形式、多层次的服务体系”。这意味着构建农业生产服务体系成为后续工作的重点。随着这一时期公益性服务部门改革的深化和完善，经营性组织以及合作组织等其他主体的快速发展，农业生产服务逐渐发展成为一个体系。以经营性服务为主的农业生产服务组织快速发展。20 世纪 90 年代初期，山东等地的农业一体化经营实践得到了肯定。随后，通过公司或者龙头企业提供农业生产所需的系列服务，成为党中央和地方做好农业生产服务工作的主要着力点。2007 年全国龙头企业达到 17.2 万个，带动农户 9511 万户（芦千文、姜长云，2016）。

此外，2006 年《中华人民共和国农民专业合作社法》颁布，进一步推动了农民专业合作组织等其他服务组织的发展，并且逐渐成为和公共服务部门、经营性服务组织并行的为农业生产提供服务的重要力量。

得益于公益性服务体系的不断完善、经营性服务组织及合作服务组织的较快发展，这一时期，农业生产实现了所需服务总体上的供求基本平衡，但在供求结构上仍然严重不平衡。服务的供给方式也更加灵活多样。从原来专项的、无偿性的服务，向专项服务和综合服务、无偿服务和有偿服务结合转变。

（四）第四阶段（2008 年至今）：农业生产服务供给主体多元化发展阶段

2008 年党的十七届三中全会指出，要“加快构建以公共服务机构为依托、合作经济组织为基础、龙头企业为骨干、其他社会力量为补充，促进公益性服务和经营性服务相结合、专项服务和综合服务协调发展的新型农业社会化服务体系”。这是第一次提出“新型农业社会化服务体系”这一概念，也意味着此后农业生产服务体系进入供给主体多元化发展阶段。其后随着农业生产的不断商品化、兼业化和产业化，农业生产服务体系也得到了迅速发展。服务主体多元化格局基本形成，服务内容更加完善，服务方式也更加丰富（关锐捷，2012）。至此，农业生产服务体系进入供给主体多元化发展阶段，形成了较完善的公共服务部门、农民专业合作社、农业产业化企业以及其他社会服务组织的多元主体格局；服务方式也更加多样，既有无偿服务又有偿服务，既有专项服务也有综合服务，既有直接服务又有间接服务。

政府有关部门构建了五级服务体制；供销合作社系统经过不断改革后服务能力显著增强；科研教育单位在教学、科研与技术推广中也发挥了部分作用；农村集体经济组织的服务能力进一步提高，但形势依旧比较严峻；农民专业合作社在为农业生产提供服务的过程中扮演了中坚的角色；以农业产业化企业为主的经营性服务组织的辐射带动能力也显著提升；专业技术协会、研究会以及农民经纪人等服务主体发挥着重要的补充作用。

供给内容方面，农田水利设施的保障能力不断改善，种子、化肥、农药等生产资料的供给基本可以满足需求，但销售服务却面临渠道单一的问题。信息服务的体制机制构建比较完善，相关人才也有保障，技术服务、金融服务功能进一步增强。这一时期的供给方式也更加丰富多样，从直接服务到间接服务、被动服务到主动服务、无偿服务到有偿服务、专项服务到综合服务，农业经营主体在接受服务的方式上也有了更多的选择。

四、对当前农业生产服务体系的评估

从2008年中央1号文件提出“加强农业科技和服务体系建设是加快发展现代农业的客观需要”开始，接下来连续5年的中央1号文件中陆续强调要增强农村金融服务能力、推进基层农业公共服务机构建设；要积极发展农业农村各种社会化服务组织，为农民提供便捷高效、质优价廉的各种专业服务；要健全基层水利服务体系，全面提高基层水利服务能力；要提升农业技术推广能力，大力发展农业社会化服务。2013年的中央1号文件提出要构建农业社会化服务新机制，大力培育发展多元服务主体，农业生产服务供给主体多元化的格局逐步形成。

（一）当前农业生产服务体系的基本特征

1. 服务供给主体的多元化

在公益性农业生产服务主体不断进行改革、逐步适应农业发展需要的同时，合作服务组织、经营性服务组织不断发展，服务能力不断增强。

（1）五级行政体制下的政府农业服务部门。中央到地方的五级公益性政府服务部门包括：中央有关部门、省级有关部门、地市级有关部门、县级有关部门以及乡镇部门。其中，计划经济时期的“七站八所”经过行政体制改革后，转变为乡镇的经济发展服务中心和乡镇的社会发展服务中心。这五级政府服务部门，下级部门在行政上既要受到本级政府的领导，也要受到上级有关职能部门的领导。在这个体系中，后来又在村级集体组织层面设置了村科技组，在村民小组层面设置了科技示范户（孔祥智等，2009）。

目前，在中央和部委层有中华人民共和国农业农村部，其设有部级机关和直属单位49个，省级农业管理部门共计33个，每个省级部门设有直属单位若干。以安徽省为例，安徽省农业农村厅下设农业技术推广总站等省直属单位 51 个。其下则是地市、县级、乡镇有关部门①。

据推测，截至 2013 年，全国种植业、畜牧兽医、渔业、农机、农经管理等系统共有县乡两级公益性监管服务机构 19.6 万多个，其中各类农技推广站（所）占 63.0%，农经管理部门占 14.5%，疫病防控部门占 8.2%，综合服务中心（站）占 8.1%，质量监管部门占 6.3%；乡级公共服务机构仍占多数，占比为 78.9%；各级农业公共服务机构人员超过 120 万人（关锐捷、周纳，2016）

（2）供销合作社系统。自 1995 年全国供销合作社系统恢复成立以来，通过不断深化改革，形成了从部委级的中华供销总社，到省、地市、县的四级供销合作社系统。其中，县级供销合作社是为农业生产提供服务的主要力量。截至 2017 年底，县（区、市、旗）供销合作社占供销合作社总数的 86.5%，95.8% 的供销社为事业单位性质，资金来源以财政全额拨款为主，还有一些依靠财政的差额拨款和财政定额补贴才能运行（见表 1）。全系统共有县及县以上供销合作社机关人员编制 5.1 万个，其中，参照公务员法管理的人员编制 3.7 万个，占人员总编制数的 72.8%②。

表 1　不同层级、性质、资金来源的供销社概况

		数量（万个）	百分比（%，四舍五入。下同）
层　级	省　社	32	1.2
	省辖市社	342	12.3
	县　社	2403	86.5
性　质	事业单位性质	2660	95.8
	企业性质	78	2.8
	其　他	39	1.4

① 这部分数据由作者根据中华人民共和国农业农村网站整理（http：//www.moa.gov.cn/）。

② “总社概况”，中国供销合作网（http：//www.chinacoop.gov.cn/HTML/Article/ZGHZS/zsgk.html）。供销合作社这一部分的数据全部根据这一网页整理，在此统一说明，后续不再赘述。

续表

		数量（万元）	百分比（%，四舍五入。下同）
资金来源	财政全额拨款	2409	86.8
	差额拨款	142	5.1
	财政定额补贴	68	2.4
	自收自支	158	5.7

资料来源：作者根据中国供销合作网相关数据整理。

基层社方面，截至2017年底全系统共有基层社30281个，比上年增加1265个。其中，集体企业性质的占比最高，达到了65.7%；股份有限公司性质的最少，占比仅有2.4%。农民合作社性质和股份合作公司的比例相当（见表2）。管理模式上，以县社垂直管理为主。就经营方式而言，超过半数的供销社实行自营，其次是承包经营和租赁经营，还有小部分处于停业歇业的状态（见表3）。

表2　　不同性质基层供销社情况

性　质	数量（个）	百分比（%）
集体企业	19883	65.7
有限责任公司	2649	8.7
股份有限公司	725	2.4
股份合作公司	1442	4.8
农民合作社	2790	9.2
其　他	2792	9.2

资料来源：作者根据中国供销合作网相关数据整理。

表3　　不同管理模式、经营模式下的供销合作社

		数量（个）	百分比（%）
不同管理体制	县社垂直管理	22612	74.7
	属地管理	1169	3.8
	民营	2575	8.5
	其他	3925	13.0

续表

		数量（个）	百分比（%）
不同经营方式	自主经营	15699	51.8
	承包经营	5927	19.6
	租赁经营	4444	14.7
	停业歇业	4211	13.9

资料来源：作者根据中国供销合作网相关数据整理。

供销合作社全系统带动农户的能力以及提供农业生产服务的能力明显增强。2017 年，全系统组织农民兴办各类专业合作社 185934 个，比上年增加 16038 个；入社农户 1582 万户。其中，农民合作社联合社 7608 个。各类专业合作社中，农产品类 161306 个，农业生产资料类 6700 个。此外，在全系统 21852 个法人企业（不含基层社）中，有农业生产资料经营企业 3873 个，其中农产品生产加工企业 1114 个；在 2381 个获得有关部门认定的农业产业化龙头企业中，从事农产品加工的农业产业化龙头企业将近一半，有 1176 个。

（3）涉农科研教育单位。涉农科研教育单位扮演着进行农业科学研究、培养涉农专业人才和推广农业技术的角色。我国涉农科研教育单位由科研机构和高校两个部分组成。科研机构总计 34 个，以中国农业科学院和各省农业科学院为主，此外还包括中国科学院的部分涉农机构、中国水产科学院、中国热带农业科学院以及林科院。中国农业科学院、中国水科学院、中国热带农业科学院隶属于农业农村部，中国林业科学院则直属于国家林业和草原局。科研机构通过建立研究中心（所）进行农业科技研究，并且通过成立相关的成果转化局（中国农业科学院）等部门进行农业研究成果的转化和推广工作。

涉农高校除了进行科研活动外，还担负着教育的职能。据国务院颁布的数据显示，截至 2017 年我国涉农类高校达 40 余所，在校大学生约有 9 万人，教学和科研人员为 3.5 万人①。高校系统成为涉农专业人才的重要来源。

① “2017 年大学生就业率调查报告与分析”，http：//www.chashebao.com/shiyebaoxian/17488.html。

（4）农村集体经济组织。集体经济组织在农田灌溉、水利建设等方面起着重要的作用。数据表明，在用于农村公共基础设施建设的资金中，超过一半来自集体经济组织（刘璐，2016）。此外，村集体通过土地托管、建立村级综合服务站、“村集体 + 中介组织 + 农户 + 基地”等模式为农业经营主体提供多样化的农业生产服务（孔祥智等，2009）。

农村集体经济组织服务农业生产的能力与其财力和所在地区的经济发展水平密切相关。集体经济实力强的村和所在地区经济发展水平较好的村，除了政府公益性有关部门、村集体外，合作性和经营性服务组织也蓬勃发展，通常会为农业生产提供系列化、综合性的服务，而“空壳村”和所在地区经济发展水平较低的地区合作性与经营性等服务组织发展较慢，村集体也没有给农业生产提供任何服务，农业生产所需的服务主要由政府有关部门提供（李俏，2012）。

（5）农民专业合作社成为提供农业生产服务的中坚力量。农民专业合作社是农民自愿参加，以农户经营为基础，以某一产业或者产品为纽带，以增加成员收入为目的，实行资金、技术、生产、购销、加工等的互助合作经济组织。

农民专业合作社已经成为为农业生产提供服务的中坚力量。截至 2017 年 7 月底，在工商部门登记的农民专业合作社达到 193. 3 万家，是 2007 年底的 74 倍，年均增长 60. 0%；实有入社农户超过 1 亿户，约占全国农户总数的 46. 8%，参加合作社农户的收入普遍比非成员农户高出 20% 以上①。另有数据表明，2015 年全国有 8. 52 万家土地股份合作社，入股土地面积 3157 万亩，家庭承包经营耕地流转入合作社的面积占流转总面积的 21. 8%②。

地区分布、行业分布不均衡是农民专业合作社的显著特征。从地区分布来看，东部地区合作社数量最多，占到 32. 0%，其次为西部地区，占到 28. 0%，中部地区和东北部地区分别占到 27. 5% 和 12. 5%（任红霞，2016）。

① “在农民专业合作社法实施十周年座谈会上的讲话提纲”，http：//www. jgs. moa. gov. cn/nmhzs/201801/t20180105_ 6134236. htm。

② “新常态下引导和促进农民合作社健康发展”，http：//www. jgs. moa. gov. cn/nmhzs/201801/t20180105_ 6134237. htm。

从行业结构看，种植业占比最高，有超过一半的合作社是种植业合作社，畜牧业次之，林业和渔业占比较小，但是各行业的增长率差别不大①（见表4）。

表4　　不同行业农民专业合作社分布

行　业	数量（万个）	增长率（%）	占比（%）
种植业	84.3	18.7	54.0
畜牧业	37.1	14.3	23.7
服务业	12.3	13.4	7.9
林　业	9.2	15.0	5.9
渔　业	5.1	12.0	3.3
其　他	8.2	22.4	5.2

资料来源：作者根据中华人民共和国农业农村部农村合作经济经营管理总站网站相关数据整理。

按服务内容划分，超过一半的合作社提供的服务是产销一体化服务，其次是提供生产服务的，占比为28.7%，合作社提供最少的是仓储服务，只有约1%的合作社提供这一服务②（见表5）。从合作社的牵头领办人来看，超过九成是由农村能人牵头。其中，由村组干部牵头兴办的合作社19.1万个，占该类型合作社的13.4%。企业牵头领办的合作社数量较少，此外基层农技组织也发挥了部分作用③（见表6）。

表5　　农民专业合作社不同服务提供情况

服务内容	数目（万个）	百分比
产销一体化	83	53.1
生产服务	45	28.7
购　买	5	3.4
仓　储	1	0.9
运　销	4	2.4
加　工	3	2.0
其　他	15	9.5

资料来源：作者根据中华人民共和国农业农村部农村合作经济经营管理总站网站相关数据整理。

①②③　“体系建设与信息化”，http：//www.jgs.moa.gov.cn/txjsxxh/201801/t20180105_6134211.htm。

表 6　　不同领办人情况下的农民专业合作社

类　型	数目（万个）	占比（%）
农村能人	142.4	91.2
企　业	3.8	2.4
基层农技组织	2.5	1.6
其他主体	7.5	4.8

资料来源：作者根据中华人民共和国农业农村部农村合作经济经营管理总站网站相关数据整理。

（6）农业产业化组织的辐射和带动。农业产业化组织是农业产业化的组织载体，是用管理现代工业的办法来组织现代农业产业经营的企业。它以国内外市场为导向，围绕支柱产业和主导产品，优化组合各种生产要素，对农业和农村经济实行区域化布局、专业化生产、一体化经营、社会化服务、企业化管理，形成以市场牵龙头、龙头带基地、基地连农户，集种养加、产供销、内外贸、农科教为一体的经济管理体制和运行机制。

农业产业化组织通过两方面提供农业生产所需的服务：一是在生产、加工、销售农产品和生产资料获取利润时间接地提供了服务；二是直接或者间接地为农户提供各种技术、信息与资金等服务。

近年来农业产业化组织不断发展壮大，其辐射带动作用不断增强。截至2013年底，全国农业产业化组织达到33.41万个，龙头企业达12.34万家，销售收入突破7.86万亿元，各类产业化组织带动农户1.22亿户，户均增收3097元，比上年增长10.49%（华静、王玉斌，2015）。

（7）其他社会服务组织。其他社会服务组织是指在社区范围内自发建立的各类服务组织，它们在为农业生产提供服务的过程中也发挥了重要补充作用。目前，我国社会服务组织包括服务联合体、专业技术协会、研究会、个体私营性质的加工、运输、农机租赁组织、小额信贷组织、农资商店、农民经纪人、种养大户和科技示范户等，是现代农业社会化服务体系的补充性力量。

2. 基本完善的服务内容

农业生产服务的内容涵盖范围很广，为了从总体上反映当前农业生产服务内容，我们把我国农业生产所需的服务分为基础设施服务、生产资料服务、销售服务、信息服务、技术服务和金融服务。下面分别进行讨论。

（1）不断增长但又存在差别的农业基础设施建设服务。农业基础设施是从事农业生产过程中所必需的物质条件和社会条件，是在农业生产完成的各个环节所使用的劳动资料、劳动对象等生产力要素的总和。农业机械以及农田水利建设是两个能够反映农业基础设施建设情况的重要指标。

1990～2016年我国农业机械实现了巨大的增长，但也透露着隐忧（见表7）。农业机械总动力从1990年的28707.7万千瓦到2016年的97245.6万千瓦，增长了约3.4倍。其中，柴油发动机的动力增长得最多，增长了51044

表7　主要农业机械年末拥有量及增长情况

指　标	1990年	1995年	2000年	2015年	2016年	2016/2015（%）
一、农业机械总动力（万千瓦）	28707.7	36118.1	52573.6	111728.1	97245.6	87.0
柴油发动机动力（万千瓦）		24176.3	39140	89783.8	75220.3	83.8
汽油发动机动力（万千瓦）		3433.9	3128.9	3669.8	3640.7	99.2
电动机动力（万千瓦）		8443.7	10126.7	18189.3	18299.7	100.6
其他机械动力（万千瓦）		64.2	89.9	85	84.9	99.9
二、主要农业机械与设备						
大中型拖拉机（万台）	81.4	67.2	97.5	607.3	645.4	106.3
小型拖拉机（万台）	698.1	864.6	1264.4	1703	1671.6	98.2
大中型拖拉机配套农具（万部）	97.4	99.1	140	962	1028.1	106.9
小型拖拉机配套农具（万部）	648.8	958	1788.8	3041.5	2994	98.4
农用排灌电动机（万台）	430.8	535.2	741.3	1303	1313.9	100.8
农用排灌柴油机（万台）	411.1	491.2	688.1	939.9	940.8	100.1
联合收获机（万台）	3.9	7.5	26.2	173.9	190.2	109.4
机动脱粒机（万台）	493.3	605.9	876.2	1061.8	1063.8	100.2
机电井（万眼）			435.8	483.2	487.2	100.8
节水灌溉类机械（万套）	39.3	58.6	91.9	222.9	226	101.4
农用水泵（万台）	723.9	903.5	1392.5	2249.2	2241.3	99.6

资料来源：《2017年中国农村统计年鉴》。

万千瓦；其次是电动机的动力。排除其他机械动力后，增长得最少的是汽油发动机动力，从 1995 年到 2016 年，仅仅增加了 206. 8 万千瓦。此外，与 2015 年相比，2016 年的农业机械总动力仅是 2015 年的 87. 0%，出现了较大幅度的下降。柴油发动机动力的减少是主要原因。

主要农业机械与设备方面，数量上看小型拖拉机配套农具的数量增加得最多，从 1990 年到 2016 年增加了约 2345. 2 万部，其次是农用水泵，增长了约 1517. 4 万台，紧接着是小型拖拉机，增加了 973. 5 万台。增长最少的是节水灌溉类机械和联合收获机，分别增长了 186. 7 套和 186. 3 万台。但是就增长率来看，联合收获机的增长率最高，是 1990 年的 47. 77 倍，其次是大中型拖拉机配套农具和大中型拖拉机的增长率，二者 2016 年和 1990 年相比，分别增加了 9. 56 倍和 6. 93 倍。但是不难发现，机动脱粒机和农用排灌柴油机的增长率较低。

农田水利方面，各项指标均得到了改善，但改善的情况差别较大（见表 8）。其中，万亩以上灌区从 1990 年到 2016 年增加了 2444 处；有效灌溉面积增加了 1181. 4 万公顷；水库 2016 年有 98461 座，增加了 16934 座，其中小型水库增加得最多，增加了 15188 处；水库的容量增加了 4333 亿立方米，大型水库的容量增加最多；节水灌溉的面积也有较大的增长，从 2000 年的 1638. 9 万公顷增加到 2016 年的 3284. 7 公顷；除涝面积增加得较少，从 1990 年的 1933. 7 万公顷增加到 2016 年的 2306. 7 公顷，增加了 373 万公顷；水土流失治理的面积增加较多，增加了 6741. 2 万公顷；堤防长度增加得最少，仅仅增加了 7. 9 万公里，但是堤防保护的耕地面积增加得略多，是 908. 7 万公顷。

整体而言，家庭承包经营制度实行以来，我国农业基础设施建设得到了显著的改善，但是出现部分基础设施增长较慢、个别年份服务减少的情况。

（2）供给需求基本平衡的生产资料服务。主要从种子、化肥和农药角度考察农业生产资料的供给情况。

种子市场而言，种子企业近年来数量大幅减少、注册资本集中在 500 万 ~3000 万元、市场规模不断增大、市场供给需求基本平衡是其主要特征。

表 8　　　　　　　　　灌区、水库、除涝、治水情况

指　标	1990 年	1995 年	2000 年	2010 年	2012 年	2015 年	2016 年
年底万亩以上灌区数（处）	5363	5562	5683	5795	7756	7773	7807
其中：3.3 万公顷以上（处）	72	74	101	131	176	176	180
2.0～3.3 万公顷（处）	76	99	141	218	280	280	281
灌区有效灌溉面积（万公顷）	2123.1	2249.9	2449.3	2941.5	3008.7	3230.2	3304.5
其中：3.3 万公顷以上（万公顷）	604.7	631.4	788.3	1091.8	624.3	1202.4	1239.4
2.0～3.3 万公顷（万公顷）	189.6	244.4	344	474	501.7	566.3	543
水库（座）	81527	82915	83260	87873	97543	97988	98461
大型水库（座）	366	387	420	552	683	707	721
中型水库（座）	2499	2593	2704	3269	3758	3844	3890
小型水库（座）	78662	79935	80136	84052	93102	93437	93850
水库库容量（亿立方米）	4660	4797	5183	7162	8255	8581	8993
大型水库（亿立方米）	3397	3493	3843	5594	6493	6812	7192
中型水库（亿立方米）	690	719	746	930	1064	1068	1096
小型水库（亿立方米）	573	585	593	638	698	701	705
节水灌溉面积（万公顷）			1638.9	2731.4	3121.7	3106	3284.7
除涝面积（万公顷）	1933.7	2006.5	2098.9	2169.2	2185.7	2271.3	2306.7
水土流失治理面积（万公顷）	5300	6690	8096	10680	10295.3	11554.7	12041.2
堤防长度（万公里）	22	24.7	27	29.4	27.7	29.1	29.9
堤防保护耕地面积（万公顷）	3200	3060.9	3960	4683.1	4259.7	4084.4	4108.7

资料来源：《2017 年中国农村统计年鉴》。

截至 2016 年 5 月，种业企业总量由 3 年前的 8700 多家减少到目前的 3951 家，减幅达 54.6%。其中注册资本 1 亿元以上企业 298 家，占企业总数比例的 7.5%；3000 万～1 亿元的有 1291 家，占比 32.7%；500 万～3000 万元的占比为 40.8%；500 万元以下的占比为 19.0%。[①]

市场规模方面，2007 年我国农作物种子市场规模约为 300 亿元，到 2009 年约为 418 亿元，2015 年种子市场规模则达到了约 780 亿元，成为全球第二

① “2017 年中国种子行业发展现状分析”，http：//www.chyxx.com/industry/201705/527576.html。

大种子市场（见表9）。从近年来我国种子市场供需态势来看，我国种子市场供需基本处于平衡态势，2015 年我国国内种子总产量为 1865 万吨，产量同比增长 3. 5%；种子需求量为 1850 万吨，需求同比增长 3. 9%[①]（见表10）。

表 9　　2007 ~ 2015 年中国种子市场情况

年　份	规模（亿元）	增长率（%）
2007	300	基期
2008	352	17. 3
2009	418	18. 8
2010	502	20. 1
2011	582	15. 9
2012	625	7. 4
2013	668	6. 9
2014	750	12. 3
2015	780	4. 0

资料来源：作者根据中国产业信息网相关数据整理。

表 10　　2008 ~ 2015 年种子供给需求情况　　单位：万吨

	2008 年	2009 年	2010 年	2011 年	2012 年	2013 年	2014 年	2015 年
产　量	1320	1400	1480	1560	1650	1680	1800	1865
消费量	1320. 3	1401	1481. 2	1561. 5	1651. 6	1679	1780	1850

资料来源：作者根据中国产业信息网相关数据整理。

化肥和农药方面（见表 11），近年来化肥和农药的生产整体保持稳定，产量小幅增长。其中，化肥的产量从 2009 年的 6188. 3 万吨增长到 2016 年的 6814. 5 万吨，产量增长了 626. 2 万吨。从种类来看，氮肥的产量最多，其次是复合肥，钾肥的产量最少。2016 年化肥的产量与 2015 年相比有小幅度的下降。农药的产量则从 2009 年的 1708999 吨增长到 2016 年的 1754000 吨，增加了 45001 吨。其中 2015 年、2016 年连续两年产量下跌[②]。

---

① “2017 年中国种子行业发展现状分析”，http：//www. chyxx. com/industry/201705/527576. html。

② 中国种植业信息网 – 生产资料数据库（http：//zzys. agri. gov. cn/huafei. aspx）。

表 11　　2009～2016 年化肥、农药生产情况

年　份	化肥（万吨）	氮肥（万吨）	磷肥（万吨）	钾肥（万吨）	复合肥（万吨）	化肥增长率（%）	农药（吨）	农药增长率（%）
2009	6188.3	2329.9	797.7	564.3	1698.7	2.9	1708999	2.2
2010	6340.9	2353.7	805.6	586.4	1789.5	2.5	1758219	2.9
2011	6520.0	2381.4	819.2	605.1	1895.1	2.8	1787001	1.6
2012	6664.7	2399.9	828.6	617.7	1990.0	2.2	1806057	1.1
2013	6740.4	2394.2	830.6	627.4	2057.5	1.1	1801862	-0.2
2014	6841.3	2392.9	845.3	641.9	2115.8	1.5	1806919	0.2
2015	6866.7	2361.6	843.6	642.3	2175.7	0.4	1794111	-0.7
2016	6814.5	2310.5	830	636.9	2207.1	-0.7	1754000	-2.2

资料来源：作者根据中华人民共和国农业农村部种植业管理司网站相关数据整理。

（3）渠道单一且信息流通性差的销售服务。农产品的销售是农业生产过程中至关重要的环节，与农户收入密切相关。现阶段，我国粮食产量巨大且整体呈现上涨趋势，但是农产品销售依然存在困难。

总结而言，我国农业销售服务的现状如下。

——由于地理、经济发展状况的巨大差异，我国农产品销售渠道多种多样。目前主要有市场销售、销售公司销售、合作组织销售、销售大户销售和农户直接销售五种渠道（李伟伟、任晓娜，2008）。

——销售渠道单一，以初级产品为主，缺少深加工产品。虽然有上述五种渠道，但是大部分农产品的销售渠道主要是农户自己到集市零售，农民把农产品卖给收购的商贩，初级产品缺乏相应的技术含量，销售价格低（刘新智，2016）。

——销售信息流通性、公开性差，农户与消费者之间的供给需求信息交互性不完善。农户种植农作物通常是根据习惯性经验或者周边地区农户的种植情况，缺少对市场的了解。同时，销售信息的不流通导致消费者有需求但找不到购买的渠道，严重制约了农产品的销售（张金华，2006）。

（4）体制机制完善、人才有保障的信息服务。当前我国农业信息服务建设取得了重大进展，主要表现为：农业信息收集系统不断完善、农业信息处理与发布系统已经建立和运行、农业信息服务体系人才资源保障机制更加充分（倪羽，2016）。

从国家层面上来看，农业部已经在我国主要农业产区以及农业科技园区建立了农业信息收集站。从农业产业链上来看，农业信息服务系统的建立是自上而下的一种建设方式，目前全国建立的农业信息服务渠道达到了40条以上，信息采集点也达到了8000个以上。从采集信息时效上来看，各信息采集点均建立了农业信息采集的规章制度，配备了专业人员，很多地区农业信息采集方式已经适应了现代化信息处理的能力。

网络系统和云技术是农业信息处理和发布的核心支撑技术。随着财政资金的大量投入，目前我国形成了以县级服务站为基点的全国农业信息网络平台，实现了多种农业信息的共享；互联网方面，我国还建立了农业信息网站，及时收录农业生产、农产品销售以及林牧渔等与农业有关的信息。此外，农业部颁布了农业信息发布制度，从制度层面保证有关信息能够准确及时的发布并且传达到农民手中。

在人力资源保障方面，国家层面设置了专业的农业信息采集、处理和发布机构以及专业技术人员；地方政府在市县两级配备了相应的机构和专职人员。在农业生产一线，将近有80万的基层服务人员。

（5）具备一定规模的技术服务。2006年末我国的农业技术人员有207万人，其中具有初级职称的149万人，中级职称的46万人，高级职称的12万人[①]（见表12）。另有数据表明，到2006年6月30日，我国有15.5万个农业技术推广机构，103万在编农业技术推广人员（孔祥智，2008）。

（6）广覆盖、多层次的金融服务。金融服务作为农业生产服务的重要内容，近年来在农村金融体系建设、涉农贷款数额以及基础设施建设方面取得了重大进展（胡瑞法、孙艺夺，2018）。

---

① 由于第三次农业普查没有公布有关农业技术人员的信息，因此在此报告第二次农业普查的数据。

表 12　　农业技术人员数量　　单位：万人

级　别	全国	东部地区	中部地区	西部地区	东北地区
初　级	149	53	25	58	13
中　级	46	14	11	15	6
高　级	12	3	3	4	2
合　计	207	70	39	77	21

资料来源：第二次全国农业普查公报。

当前，广覆盖、多层次的农业生产金融服务体系基本形成。银行业金融机构为主体，非银行业金融机构和其他微型金融组织为补充，商业性金融与政策性金融和合作性金融三者有机统一。随着互联网技术的发展，一些互联网金融组织开始涌现，如“旺农贷”等（见表 13）。

表 13　　2011 ~ 2012 年农村金融机构数量变化　　单位：家

机　构	2011 年	2012 年	2013 年	2014 年	2015 年
农村信用社	2265	1927	1803	1596	1373
农村商业银行	212	337	468	665	859
农村合作银行	190	147	122	89	71
村镇银行	635	800	987	1153	1311
农村资金互助社	46	49	49	49	48
合　计	3348	3260	3429	3552	3662

资料来源：根据“胡瑞法、孙艺夺：‘农业技术推广体系的困境摆脱与策应’，《改革》2018 年第 2 期，第 89 ~ 99 页”整理。

可以看出，农村金融机构的数量总体上一直在增加，其中农村商业银行和村镇银行的增长幅度大，但同时农村信用社以及农村合作银行的数量呈递减趋势。此外，2011 ~ 2015 年农村金融机构涉农贷款稳定增长，占同期各贷款的比重也逐步上升（见表 14）。

农村金融基础设施建设也不断完善。首先是县城物理网点、ATM 机以及 POS 机等数量显著增长，农民获得金融服务的成本下降；其次是农村保险的发展给农民提供了金融保障；最后是在少数民族地区行政村设立惠民支付服

表 14　各期涉农贷款情况

时　间	本期数（万亿元）	占同期各贷款比重（%）
2011 年 12 月	12.1	20.9
2012 年 12 月	14.5	21.6
2013 年 12 月	17.3	22.6
2014 年 12 月	19.4	23.2
2015 年 12 月	26.4	28.1

资料来源：根据“胡瑞法、孙艺夺：‘农业技术推广体系的困境摆脱与策应’，《改革》2018 年第 2 期，第 89 ~ 99 页”整理。

务店，简化流程（胡瑞法、孙艺夺，2018）。

3. 丰富多样的服务方式

这一时期随着新型农业社会化服务主体的不断发育，农业生产服务供给的方式不断创新。从被动服务到主动服务、直接服务到间接服务、无偿服务到有偿服务、专项服务到综合服务，从单一主体到多元主体，服务方式更加多元化，农业经营主体有了更多的选择。

从服务的供给主体角度来看，有依托政府公共服务部门提供服务的方式，比如乡镇服务经济发展中心、农技推广责任制、村民小组科技示范户等。这些服务基本以无偿的方式提供，且服务内容比较单一；有依托村级集体组织提供服务的方式，包括村集体直接无偿或者低偿提供的农田水利服务、“村集体 + 中介组织 + 农户”间接为农户提供的服务；有依托农民专业合作经济组织提供服务的方式，包括产前农业生产资料的团购、产中田间管理以及产后的集体销售等综合服务，服务的提供一般比较综合且无偿，或者收取少量的费用；有依托农业产业化龙头企业提供服务的模式，比如“公司 + 农户 + 基地”等，这一类服务以有偿性为特征；有依托其他社会服务组织提供服务的方式，比如农民经纪人协会、农产品批发市场等，此类服务也以有偿性为特征（高强、孔祥智，2013）。

综上所述，随着农业经营体制从计划体制向市场化转轨，我国的农业生产服务体系也从以往的体制内循环体系转向市场化的运行体系（杨汇泉、朱启臻，2010）。在此过程中经过四个时期的发展，当前我国的农业生产服务体系取得了长足的进步。

首先是多主体参与的农业生产服务体系基本形成。随着我国市场化取向改革不断深化，我国农业生产服务体系中的各主体得到了迅速的发展，进一步发展了以农村集体经济或者合作经济组织为基础、以公共服务部门为依托、以社会其他力量为补充的农业生产服务体系（黄婧、纪志耿，2009）。

其次是所提供的农业生产服务内容不断丰富。为了满足农户需求的变化，各农业生产服务提供主体除了提供农业生产基础设施、机耕、机收、植保、加工运输、销售以及农资等服务以外，还会提供其他各类的综合型服务，比如信息、技术、保险、金融服务等。同时许多传统的专项服务业开始向更加全面、更加多样化的综合性服务转变，服务范畴不断扩大，且专业化的水平也在不断提升。具体而言包括政策引领支持下的农业、农业基础建设服务快速发展，农业信息服务发展也比较迅速（刘璐，2016）。

最后是农业生产服务提供的方式更加多元化。先后出现了以公共服务部门、村级集体经济组织、农民专业合作经济组织、产业化龙头企业等为依托的服务方式。不同的服务方式通过无偿或有偿、单项或者综合的服务为不同的农业经营主体提供有关服务。从而形成了多元化的供给方式，为农业生产经营提供了保障（高强、孔祥智，2013）。

（二）当前农业生产服务体系存在的问题

农业供给侧结构性改革对农业生产服务体系提出了新要求。深化农业供给侧结构性改革的任务之一是降低农业生产经营成本，从整体上提高农业的综合效益。而降低农业生产经营成本便要求改善农业生产服务体系，提高农业生产服务体系的效率（韩俊，2014）。深化农业供给侧结构性改革的另一项任务就是要提高农产品的国际竞争力。而要从整体上提高农业综合效益和农产品的国际竞争力，必须注重分工和专业化，必须紧紧围绕市场需求组织农业生产，使农产品供给在数量上更加充足、在品质上更加符合消费需求。

以实现农业供给侧结构性改革目标为参照，来评估当前我国农业生产服务体系，我们发现仍然存在以下问题。

1. 各主体间角色定位不清，出现缺位、越位现象

政府有关部门既担负着部分行政职能，又担负着提供某些农业生产服务的职能。为了在市场竞争中获取生存，政府有关部门往往会将部分自己应当承担的公益性服务比如农技推广、植保、农田水利建设等推给村集体组织，而后插手一些盈利性较强的服务比如农资供应、农产品运输和销售等（李俏，2012）。由此形成了政府有关部门既是规则的制定者又是服务的参与者两种身份，破坏了市场竞争（高强、孔祥智，2013；刘璐，2016）。作为盈利导向的市场化服务主体，在提供服务时，将关注的焦点放在盈利性较大的项目上，对于盈利性较小的服务则缺乏相应的动力。由此造成了部分服务供给过剩与部分服务供给不足并存的现象，农业生产所需的服务不能很好地满足需求（李俏，2012）。

2. 部门利益博弈导致体系建设迟缓、服务效率低下

农业生产服务体系的构建依赖于具体的政府有关部门，具体而言包括中央、省、市、县、乡镇五级政府部门。在构建农业生产服务体系的过程中，从中央到地方均会遇到部门协调和资源分配的问题。在争取资源的过程中便形成了各部门自身的利益（仝志辉，2007a）。此外，当某些服务需要协调不同的部门时，部门利益的存在无疑会使得协调的难度加大。不仅如此，当政府部门之外的供给主体出现并且提供和政府部门同样的服务时便形成了和政府部门竞争的局面。而政府部门出于自身利益，可能凭借自身的资源打压有关的供给主体（仝志辉，2007b）。而这种竞争往往是不公开、不透明的。上述因素的综合作用，最终使得农业生产服务体系的构建比较迟缓，各服务不能有效的衔接，进而使得提供服务的效率低下（仝志辉，2016）。

3. 各主体自身发展不健全

（1）基层政府有关部门服务能力弱化。基层政府公共服务部门在机构改革中职能受到削弱。在乡镇机构改革过程中，基层政府部门体制不顺、机制不活、队伍不稳、资金保障不足等方面的问题更加突出（孔祥智等，2009）。一些地方在机构改革的过程中过度强调减人、减事、减支，政府公益性的服务机构被简单的撤并，专业人员被分流或者安排从事其他工作（关锐捷，2012）。显然，由于服务职能的模糊、涉农资金投入的缺乏和有关专业人才的流失，基层政府有关部门的服务能力受到削弱。

（2）农业科研教育单位的教学、科研和推广结合不紧密。这是当前我国科研教育单位在服务农业生产过程中的显著特征。长期以来，农业院校的科研人员以申请课题、发表论文、职务晋升为主，忽视了对实际农业生产过程的投入（戴姣，2014）。在完成项目的过程中，一些有用的技术仅仅停留在实验室里，与现实需求结合不够紧密。加上服务经费的缺乏，科研人员没有激励深入农业生产一线，了解农户需求，从而存在着信息沟通渠道不畅通等问题。结果是科研成果无法推广或者因不适合现实生产需要而不能推广（杨倩，2014）。

（3）农村集体组织服务能力弱。村级集体经济组织被国家赋予提供机耕、排灌、植保、收割、运输等农业生产服务。但是由于大多数村集体经济组织缺少集体资产或者经营收益较低，使得其提供服务的经济实力不足[①]。从提供的服务内容看，农村经济组织提供的服务集中在产前和产中，对于产后服务以及综合性服务的提供较少，且部分地区村集体在公益性服务和经营性服务之间定位不准，出现了借助国家扶持项目“搭便车”收费的现象（高强、孔祥智，2013）。另外，由于“村两委”等农村集体经济组织的管理队伍能力不强、素质欠缺，进一步弱化了农村集体组织提供农业生产服务的能力（刘新智，2016）。

（4）农民专业合作社发展存在诸多困境。农民专业合作社的发展受到内

---

① “在农民专业合作社法实施十周年座谈会上的讲话提纲”，http：//www. jgs. moa. gov. cn/nmhzs/201801/t20180105_ 6134236. htm。

外部诸多因素的制约。就统计情况而言，目前合作社成员整体受教育程度偏低，容易导致合作社在发展过程中出现沟通不畅、对新事物接受慢、决策能力低、精英俘获等问题（温铁军，2013）；内部治理机制不完善是合作社健康发展的另一问题。农民专业合作社在投票机制、领导人产生机制、监督机制、激励机制、利益联结机制等方面容易产生对普通成员的忽视，进而使得合作社的发展违背了其组织宗旨，不能很好地为农业经营主体服务（张淑惠、文雷，2014；王军，2011）。外部因素而言，则存在着法律法规不完善、政府扶持政策缺位、乡土文化制约的问题（任红霞，2016）。有关合作社的法律法规中，由于存在着诸如工商登记规定、社员资格规定界定模糊、范围模糊等问题，进而导致农民专业合作社出现管理不规范的现象；政府有关部门在制定实施有关政策时，为了追求政策效果，容易出现重点关注发展规范、已经形成一定规模的合作社，忽视初生的、规模小、发展不规范的合作社，从而造成合作社的分化，进而制约了其健康发展；乡土文化背景下的熟人社会存在着关系型信任、习俗规范等，其与具有契约性质的合作社存在着巨大差异且合作社的发展深受其影响（贺雪峰，2004）。

（5）农业产业化龙头企业提供服务面临诸多要素制约。出于稳定的原料来源和固定市场份额需要，农业产业化龙头企业一般都会提供农业生产服务。但提供的服务却不足，具体表现为：一是提供的产中服务居多，产前和产后额度配套服务较少；二是全盘服务意识不强。一个区域内的企业往往各自为战，不能有效地组织起来提供农业生产服务。政府相关优惠政策没有落到实处是制约其提供农业生产服务的制度条件。尽管国家出台政策支持农业产业化龙头企业提供与农业生产有关的服务，但具体的政策却没有很好地得到落实。此外，由于农产品加工业较强的季节性，在生产旺季需要较大的现金流，企业此时容易出现资金紧张的局面，但信贷环境不好，企业很难获得贷款，从而使得资金成为其提供农业生产服务的重要瓶颈（谭智心、孔祥智，2009）。

优秀的人才是农业产业化龙头企业提供好的生产服务的重要保证。但目前我国农业产业化龙头企业中的人员素质偏低，相对于城市中的大型企业而言受到的职业培训较少，从而阻碍了其提供农业生产服务的效果。就运行制度而言，“公司+农户”的模式存在严重缺陷。由于缺乏有效的制约机制，因此当农户和农业产业化龙头企业产生冲突时，公司容易向农户施压或者转嫁风险，从而使得农户的利益难以得到维护（姜长云，2013）。这种带有利益倾向和地位不对称的运行制度在公司提供农业生产服务时很容易出现损害农业经营主体利益的情况（孔祥智等，2009）。

（6）其他社会化服务组织发展承受较大风险，自身建设有待规范。一方面，个体形式的民间服务主体难以承受多方面的风险。比如农产品经纪人难以控制收购农产品的数量和质量，经纪人群体在总体上缺乏相应的技术和信息，更缺乏帮助农民引进技术支持的资金；农产品经纪人合作化进程较为缓慢，“单兵作战”，力量更弱（刘新智，2016）。另一方面，农产品批发市场建设有待进一步规范。目前，大多数农产品批发市场的价格发现和信息发布功能不强，对生产环节进行调节和引导的功能难以发挥。此外，绝大多数农产品批发市场的食品质量安全管理保障功能缺乏，检测手段落后，这在广大消费者非常关注农产品质量的今天，批发市场对生产者的引导和服务作用就更加有限（孔祥智等，2009）。

4. 供给结构不合理，部分新需求难以满足

农业专业化、现代化和多功能化的不断拓展对农业生产服务提出了更高的要求。由此也引出了农业生产服务供给需求结构不合理的问题（李俏，2012）。一是对于农业生产服务的需求而言，农业经营主体的需求逐渐由单项服务转向资金、信息、技术、加工、销售等综合性服务，但是，对于上述综合性服务的供给还相对不足。二是金融、保险服务比较落后。目前全国金融机构存在空白的乡镇有1696个，普通行政村基本没有金融网点。全国仅有20%的农户享受过贷款。此外，由于农业保险风险高、收益低，商业保险机构涉足农业领域的积极性不高，农村保险服务体系发展滞后（高强、孔祥智，2013）。三是部分新需求难以得到满足。由于生态环境保护力度的增加，出现了对绿色生产技术服务、农业废弃物资源利用服务的新需求，但有关服务的供给不足。

五、美国、日本、韩国农业生产服务体系的总结与经验借鉴

在完善我国农业生产服务体系的过程中，考察其他国家的经验做法十分必要。尽管其他国家与我国存在着巨大的制度、文化等差异，但国外的一些经验做法对于构建我国的农业生产服务体系仍然可以提供借鉴和思考。通过研究借鉴其他国家的做法和经验，在实践中可以少走弯路，减少探索的成本，进而更好、更快的构建与自身情况相适应的农业生产服务体系。

根据不同国家农业生产特点以及对我国农业生产发展的可借鉴性，我们选择美国、日本、韩国的农业生产服务体系进行研究，总结出可借鉴的做法如下。

（一）公共部门、私人公司、合作社有机协调的美国农业生产服务体系

经过100多年的发展，作为美国现代农业重要组成部分的农业生产服务体系形成了三大部分，即政府公共服务部门、私人公司和合作社。三者之间相辅相成，相互协调，优势互补，共同形成了一个完善的农业生产服务体系（许先，2003）。

1. 政府部门负责提供公益性服务

比如加强农业基础设施建设、为农业发展提供信贷资金等（贾广东等，2015）。具体而言，美国农业的公共服务部门是农业部下属的农业研究局、农业推广部门、各州际合作部门、各州立大学农学院、州立农业试验站以及各县农业技术推广站等部门。在联邦政府的管理与支持下，上述部门开展农业科技、金融及信息等服务，为农业生产提供指导（刘新智，2016）。

各州立大学农学院提供的服务是公共服务系统中最大的亮点。农学院与

农业试验站、农业技术推广站紧密结合构成了农业教育、科研与推广的“三位一体”服务体系（杨爽等，2014）。同时，美国政府以法案的形式规定了农学院的农业教育、科研与推广职能（李俏，2012）。农学院的教师必须同时负有教学、科研以及农业推广的职能，三种职能相互促进，密切围绕农业生产实践进行教育、研究。

此外，美国各级政府部门还提供基础设施以及农业教育和推广、农业保险等服务。比如，通过农业协助部门为条件差的农场主提供信用担保，通过国外农业服务部门收集、分析和发布国外的各种信息，通过风险管理机构提供各种保险等。可以看出，美国发达的农业是以分工明确、协调一致的公共服务体系为基础的。

2. 私人公司是向美国农场主提供专业化服务的基本经济组织

为农业生产提供服务的私人公司包括生产农用生产资料的厂商和供应销售公司。私人服务系统主要有两种形式。第一种是农工商综合体，即由大型农产品加工企业投资购买农场作为自己的农产品生产基地，或者大型农场投资工商业为自己的产品寻找销售渠道而形成的安全垂直一体化的农工商综合体。第二种是合同制，即私人公司通过与农场主签订合同，以直接的业务往来为农场主提供服务。合同制在实现了一体化的农产品产值中占3/4。

3. 合作社

成员话语权大且金融服务显著的合作社服务部门在美国农业生产服务体系中发挥着至关重要的作用。这一部门由两部分组成：一是各种农场主合作社，其为非营利机构，为保护自己利益而建，有生产合作社、销售合作社、购买合作社等。二是合作农业信贷体系，包括联邦土地银行、联邦中期信贷银行和合作社银行，主要是向一些收入低的农户或者农场主提供廉价信贷服务。土地银行侧重于提供固定资本贷款；中期信贷银行则以解决流动资金不足为主。

4. 服务方式的多样性

具体到服务方式而言，“公司 + 农场”“公司 + 农户”与合作供销是美国农业生产服务的三种基本形式（王洋，2010）。

“公司 + 农场”又叫公司农场，由国有或私有工商业大公司直接经营，大多以农产品加工销售为其核心业务，从事农业生产的目的主要是为公司的核心业务提供稳定可靠的农产品原料。公司与农户具有产权关系。“公司 + 农户”方式是由与农业关联的工商业大公司与农场、农户之间通过各种供销合同形成的相互依赖关系，不存在产权联系，以合约形式建立互惠互利的商业关系。合作供销是由许多合作社整合一体所形成的合作社，为农户提供多种多样的一体化服务，有专门农协、一般农协和综合农协（胡家浩、张俊飚，2008）。

综合上述，可以看出美国农业生产社会化服务体系呈现出组织体系分工明确、农业生产经营过程全覆盖、市场机制发挥决定作用、农业保险金融等服务健全的特征。

（二）综合农协作为主要载体的日本农业生产服务体系

日本农业生产服务体系主要包括两个部分，分别是政府相关职能部门（比如农业技术推广、农业科研教育以及农业信息服务等部门）和农户自发形成的各类农协组织。

1. 综合农协的核心角色

在政府有关政策的鼓励与支持下，农协已经成为规模最大、影响最广的农村综合性合作社，大约 99% 的日本农户加入了农协（高峰、赵密霞，2014）。综合农协实行两级体制，分别是农协中央会和基层农协联合会。其中，农协中央会对基层农协联合会提供业务指导（田小平，2016）。基层农协联合会的成员提供与农业生产有关的各类服务。

2. 系统化、综合化的服务内容

农协提供的服务涵盖了农业生产的全过程。

一是农协通过购买系统提供农业生产资料供应服务。采取的是预约订购、送货到户的方式。在购买农业生产资料前，农户预先向农协订购，农协再将数量汇总后同县联合会签订合同，最终由县联合会向有关组织订货。而后将生产资料送到农户手中。通过农协购买的农业生产资料价格相对较低且质量有保证（杨爽等，2014）。

二是农协通过销售服务系统提供农产品的加工、储存、运输和销售等方面的服务。销售渠道主要包括各地的中央拍卖市场、城市居民“消费生活协同组合”和直接卖给超级市场销售。实现方式包括农户直接将农产品交给农协，最后按照销售情况农户进行结算；农户事先和农协就农产品的等级、价格、出售时间、手续费等达成一致，而后再交给农协出售；农协帮助农户寻找销售对象，但不经营商品，一切责任由买卖双方承担，农协只提取少量手续费（高峰、赵密霞，2014）。

三是提供农业机械和设施服务。为给农户生产提供方便，农协会购买一些农户个人无力购买的大型机械设备与生产设施，如粮食加工、育苗、储藏等设施，以及大型拖拉机、运输车等（顾瑞兰、杜辉，2012）。对于上述机械设备的购买，政府会给予30%～50%的财政补贴（田小平，2016）。同时，农协还配备必要的技术人员对农业机械进行维护和保养，农机具服务站会收取一定的使用费、维修保安费等。此外，农协还设置了农机具服务站、机械服务中心等机构为农户提供服务。

四是金融服务。农协通过其信用系统从事为农户筹集资金的业务。具体的职能部门包括市町村一级的基层综合农协信用部、都道府县一级的信用联以及中央一级的农林中金。而其筹集资金的渠道包括吸收农户储蓄存款①、通过农林中金发布农林债券以及政府的财政补贴②。除信贷服务外，农协还提供保险服务。日本农协的保险体系分为两个层次：第一级是基层的村、町、市的农业共济会，是基层的一种农业合作组织；第二级是县、府、道、都的农业共济联合会，这也是一种农业合作组织，但只是一个重要的过渡性机构，

① 农民在农协的存款利率高于一般银行，且农户在农协购买生产等资料时可以直接转账。

② 日本财政预算支出中会设有农业现代化资金科目，当农协向农户提供贷款时，可从此科目予以补贴。

一方面是接受基层共济组织的再保险业务，另一方面又将一定比例的保费上缴至上一级的农林共济再保险特别会计处进行再保险，它的职能是对上、下两级进行再保险业务（高峰、赵密霞，2014）。

综上可见，日本农业生产服务体系呈现出以下显著特征：第一，农协作为主要服务供给主体，具有半官半民的性质。农协在为日本农民提供综合服务的同时，又接受政府的监督，协助政府实现政策目标。第二，服务组织形式单一，服务范围广泛。日本的农业生产服务体系有统一的组织，农协在组织结构上从中央到地方均有一个完整的组织体系。但正是因为组织形式单一，因而所有的服务基本都由农协在提供，因此农协提供的服务具有高度的综合性（刘玉梅等，2009）。第三，地域性的农户全员加入。日本农村除极少数例外，地域内农户基本都属于农协成员，这使得农协在日本民选格局下具有强大的政治力量（王醒男，2006）。第四，农协的综合化与多功能属性更加明显。农协在发展的过程中逐步成为集市场属性、金融属性、生活属性以及政治属性于一体的高度综合的组织实体。

（三）政府主导、农协为媒介的韩国农业生产服务体系

1. 半官半民性质的农协

不同于日本自下而上的产生发展模式，韩国农协的产生和发展具有显著的政府主导、自上而下的色彩。政府为了从宏观上调控农业，并且运用低价的粮食政策积累工业化资本，需要建立一个能够代理国家级“农政”的民间机构（申龙均，1995）。因此，政府通过行政和经济手段自上而下组建全国的农协系统，对其给予资金支持，并且依靠农协来实现政府的农业政策和计划。经过半个多世纪的发展，已经成为韩国组织体系最完整、规模最大、影响力最强的农民合作组织。

简单的组织结构和全面的服务内容是韩国农协的两大特征。现阶段韩国农协的组织结构分为两级，即中央农协和基层农协。基层农协包括地区农业合作社、专业合作社等。中央农协采取基层农协出资进而成为其会员的机制

进行运作。基层农协和中央农协的领导人均以民主选举的方式产生，因而显示出高度的自治特征（吴菊安，2016）。

2. 全面的服务内容

基层农协承接中央农协的经济、金融、教育支持三大事业，为农业生产提供综合服务。具体服务内容包括农业生产资料的供销服务、农村金融及农业保险服务、市场信息服务以及技术培训与教育服务（周晓庆，2010）。

金融服务是韩国农协发展的基础。金融服务提供的方式包括两类，一是金融公司。下面设农协银行、生命保险、损害保险、证券等部门。农协银行以城市为中心，向下延伸建立分支机构。二是合作金融。中央设有相互金融部与基层农协金融业务开展对接，为成员提供多种金融服务。农协银行与合作金融、中央会相互金融部与基层农协合作金融之间相互合作，为农协流通事业和教育支援事业提供资金支持（赵增华，2014）。

（四）对我国的启示

通过考察研究上述三国农业生产服务体系的概况，对于完善我国农业供给侧结构性改革背景下的生产服务体系至少有以下启示。

1. 明确公共部门、私人部门以及农民专业合作社的界限

公共服务部门应减少对农业生产服务的直接干预，聚焦于投资期限较长、投资成本较大、市场难以提供的基础设施服务领域。市场主体在市场力量的作用下需要紧密结合农业生产的需求运用灵活的方式提供服务。农民专业合作社作为与农户接触最频繁的组织，需要进一步完善治理结构、提供适合农户需求的农业生产服务。

2. 增强农业科研教育机构的推广职能

相比于美国各州的农学院，目前我国的农业科研教育机构更多的是关注科研、教育职能。由于科研、推广职能结合不够紧密，农业科研教育机构提供的农业生产服务经常难以满足农户需求，与现实脱节。可以从立法、资金来源等角度支持鼓励农业科研院校增强农业的研究与推广职能。

3. 农民专业合作社需要改善治理机制、赋予金融服务功能、提供更加完善的综合服务

相比于上述国家的农民专业合作组织，我国的农民专业合作社治理机制存在诸多缺点，没有真正实现共有、共享、共治的目标；金融服务作为农业生产服务中的重要部分，当前我国的农民专业合作社在法律上并没有上述服务职能；除了金融服务外，目前我国的农民专业合作社提供的服务大多集中于产前和产中服务，缺少产后服务以及信息等综合服务。所以农民专业合作社需要从改善治理机制、增加金融服务功能、完善综合服务三个维度进行改进。

4. 改革涉农有关部门、供销社系统、农民专业合作社和农村集体经济组织架构

可以考虑将供销社系统的职能并入涉农有关部门，在村一级将农民专业合作社和村集体组织的职能整合，进而简化农业生产服务主体架构，提高组织效率。

六、对策建议

农业供给侧结构性改革的核心目标是提高农产品竞争力，保障粮食有效供给。完善的农业生产服务体系通过降低农业生产成本、有机地连接小农户与大市场进而提高农业生产效率，增强农产品竞争力和粮食有效供给能力。

新中国成立以来我国农业生产服务体系实现了从政府主导到政府、市场、社会的协调推进转变。基本形成了多元化的服务供给主体、比较完善的服务内容以及多种形式的服务方式。然而，面对农业供给侧结构性改革以及实现农业现代化的需要，农业生产服务体系建设还存在很多问题。

在分析考察美国、日本、韩国的经验做法后，下面从供给主体和供给内容两个视角提出了我国可供借鉴参考的建议。

（一）明确供给主体权责边界，构建有效衔接、紧密配合的服务体系

公共服务组织只提供公共性服务，逐步减少直至退出经营性服务组织提供的有关服务，专注提供农技推广、植保、水利、气象等具有公共物品性质的服务，进而维护有效的市场竞争；政府有关部门通过制定有关法律法规、财税减免等措施引导经营性服务组织关注盈利性较小的服务的提供；合作性服务组织专注于为组织成员自身提供更多的服务，尤其是为成员提供金融服务和市场信息服务；其他社会组织则作为重要补充。

1. 公共服务部门要明确自身作为服务主体的性质——为农业生产提供具有公共物品性质的服务

政府涉农有关部门要整合人、财、物等资源，完善制度设计，进而加强农业技术、信息、金融等服务的提供；供销合作社要进一步深化改革，尝试与有关服务主体的职能衔接和整合，增强为农服务的能力和效率；农村集体经济组织既要发展壮大农村集体经济，还要增强“村两委”班子成员的综合素质与能力，以便更好地提供水利、农资购买、耕种等服务。

2. 加强农民合作社在农业生产服务供给中的作用，扩大其提供服务的范围

要给予农民合作社资金合作的权利和法律地位，为农业生产提供金融服务。现存的农民专业合作社是基础。一要改善治理机制，增强农户主体地位，办成真正的农民合作社；二要赋予农民专业合作社金融合作、信用合作功能和法律地位，从而提供更加完善的服务，三是参考借鉴日本、韩国大农协的方式建立以农民专业合作社为基础的具有政府背景、综合性、全国性的农民合作社系统。

3. 要特别加强农业科研教育机构的推广职能

这是从长期和根本上提升农业生产效率和综合竞争力的方式。随着人们生活水平的提高，对农产品及农业经营提出了更高的要求，而从根本上满足这些要求的方式是技术创新——把新技术不断地应用到农业生产中。此外，涉农科研教育机构要更加密切教学、科研和推广职能的结合。一是加大对上

述科研教育机构履行职能的政策、资金、人才支持，二是通过立法手段明确涉农科研教育单位应该履行的推广、教育、科研职能。

4. 协调部门利益冲突，提高服务效率

部门利益冲突的存在阻碍了农业生产服务体系化的建设，降低了服务的效率。对于整个供给主体架构而言，需要整合有关主体职能，弱化部门利益冲突。供销合作社系统一方面接受政府有关部门的领导，另一方面在定位中又要真正实现农民合作，存在着一定的冲突。需要明确定位，可考虑将其职能与涉农有关部门进行整合或者与农民专业合作社进行整合；对于涉农政府部门之间存在的冲突，可通过建立跨部门利益协调小组等形式减少利益冲突。

（二）在加强已有单项服务的基础上，注重综合服务、新型服务项目

1. 不断加强已有的单项服务能力

现阶段我国的农业生产服务体系虽然基本覆盖了农业生产产前、产中、产后的全过程。但是像农田水利设施、农业机械设备、农业技术推广等服务的提供能力需要进一步增强。

2. 注重增加综合服务

结合现代农业发展的需要，更加注重信息、金融等综合性服务以及绿色生产技术、农业生产废弃物回收利用、土地托管等服务的提供。

3. 注重互联网、物联网及人工智能等新技术在农业生产服务中的应用

互联网、物联网及人工智能等新技术在农业领域的应用，对推动农业的进步、传统农业生产方式转变和农业产业改造升级、提升农业竞争力具有重要意义。例如，近年来，美国政府为满足农业领域对信息技术和物联网技术提出的更多需求，加大了对农业物联网的推广力度。目前在美国大农场中，物联网技术实现了高达80%的应用率（鞠晓晖等，2016）。农民可以通过各级农业推广机构的网站随时获取自己需要的生产技术、品种资源、管理经验和市场价格等信息。

因此，我们应该学习借鉴发达国家农业互联网、物联网等建设经验，注

重发挥互联网、物联网等新技术在提供农业生产服务中的作用。培养有关人才，建设制度体系，进而更好地完善农业生产服务体系。

参考文献

[1] 程大中．生产者服务论——兼论中国服务业发展与开放．上海：文汇出版社，2006
[2] 陈锡文．论农业供给侧结构性改革．中国农业大学学报（社会科学版），2017（4）
[3] 戴姣．中美高等农业院校服务农业模式比较研究．湖南农业大学，2014
[4] 高峰，赵密霞．美国、日本、法国农业社会化服务体系的比较．世界农业，2014（4）
[5] 高强，孔祥智．我国农业社会化服务体系演进轨迹与政策匹配：1978～2013年，改革，2013（4）
[6] 关凤利，裴瑱．我国农业生产性服务业的发展对策，经济纵横，2010（4）
[7] 关锐捷．构建新型农业社会化服务体系初探．农业经济问题，2012（4）
[8] 关锐捷，周纳．购买农业公益性服务的实践探索与理性思考．毛泽东邓小平理论研究，2016（1）
[9] 顾瑞兰，杜辉．日本农业社会化服务体系的经验与启示，世界农业，2012（7）
[10] 韩长赋．着力推进农业供给侧结构性改革，中国农业会计，2016（5）
[11] 韩坚，尹国俊．农业生产性服务业：提高农业生产效率的新途径，学术交流，2006（11）
[12] 韩俊．农业改革须以家庭经营为基础，经济日报，2014
[13] 贺雪峰．熟人社会的行动逻辑，华中师范大学学报（人文社会科学版），2004（1）
[14] 华静，王玉斌．我国农业产业化发展状况实证研究，经济问题探索，2015（4）
[15] 黄婧，纪志耿．完善中国特色农业社会化服务体系评析．现代经济探讨，2009（4）
[16] 胡家浩，张俊飚．中美农业社会化服务体系的比较，科技与经济，2008（4）
[17] 胡瑞法，孙艺夺．农业技术推广体系的困境摆脱与策应，改革，2018（2）
[18] 贾广东，张涛，刘睿文，魏杰．美国现代农业社会化服务体系发展对我国的启示，农村经营管理，2015（10）
[19] 姜长云．推进农业供给侧结构性改革的重点．经济纵横，2018（2）
[20] 姜长云．关于发展农业生产性服务业的思考．农业经济问题，2016（5）
[21] 姜长云，杜志雄．关于推进农业供给侧结构性改革的思考，南京农业大学学报（社会科学版），2017（1）
[22] 姜长云．农业生产服务业发展模式举证：自安徽观察．改革，2011（1）
[23] 姜长云．发展农业产业化龙头企业的若干思考，宏观经济管理，2013（12）
[24] 鞠晓晖，朱玉东，陈雨生．美国农业物联网生产服务体系建设及对中国的启示，世界农业，2016（7）
[25] 孔祥智．农业供给侧结构性改革的基本内涵与政策建议，改革，2016（2）
[26] 孔祥智，徐珍源，史冰清．当前我国农业社会化服务体系的现状、问题和对策研究，江汉论坛，2009（5）
[27] 孔祥智．崛起与超越：中国农村改革的过程及机理分析．北京：中国人民大学出版社，2008
[28] 李俏．农业社会化服务体系研究．西北农林科技大学，2012
[29] 刘璐．我国农业社会化服务体系发展问题研究．吉林大学，2016
[30] 刘新智．农业发展新阶段农业生产社会化服务体系创新研究．北京：科学出版社，2016

[31] 刘玉梅，崔明秀，田志宏. 农户对大型农机装备需求的决定因素分析. 农业经济问题，2009（11）
[32] 李伟伟，任晓娜. 农产品销售渠道的分析及建议. 北京农业职业技术学院学报，2008，22（3）
[33] 芦千文. 农业生产性服务业发展研究述评. 当代经济管理，2019，41（3）
[34] 芦千文，姜长云. 我国农业生产性服务业的发展历程与经验启示. 南京农业大学学报（社会科学版），2016（5）
[35] 倪羽. 我国农业信息服务体系建设现状分析. 农业科技与信息，2016（1）
[36] 彭玮，王金华. 构建新型农村社会化服务体系. 武汉：湖北科学技术出版社，2012
[37] 曲昊月，庄丽娟. 农业生产服务、技术进步与技术效率——基于35个经济体的实证研究. 经济问题探索，2018（3）
[38] 任红霞. 中国农民专业合作社治理改进研究. 河北师范大学，2016
[39] 生吉萍，王健健，吴文良. 现阶段我国农业生产服务体系问题分析及政策建议. 第九届中国软科学学术年会，2013
[40] 申龙均. 韩国农业社会化服务组织——农业协同组合. 东北亚论坛，1995（1）
[41] 谭智心，孔祥智. 新时期农业产业化龙头企业提供农业社会化服务的现状、问题及对策研究. 学习论坛，2009（11）
[42] 田小平. 美国、日本农业社会化服务体系经验借鉴——以中国河南省为例. 世界农业，2016（4）
[43] 仝志辉. 论我国农村社会化服务体系的“部门化”. 山东社会科学，2007（7）
[44] 仝志辉. 我国农村社会化服务体系的“部门化”及其改革. 理论视野，2007（8）
[45] 仝志辉. “去部门化”：中国农业社会化服务体系构建的关键. 探索与争鸣，2016（6）
[46] 王军. 农民专业合作社激励机制研究. 经济论坛，2011（5）
[47] 王洋. 新型农业社会化服务体系构建研究. 东北农业大学，2010
[48] 王醒男. 日本农协演变经纬的政治经济学分析. 中国农村观察，2006（1）
[49] 温铁军. 农民专业合作社发展的困境与出路. 湖南农业大学学报，2013（8）
[50] 吴菊安. 日本、韩国农业经营方式和社会化服务体系发展经验及借鉴. 世界农业，2016（5）
[51] 许先. 美国农业社会化服务体系发展的经验与启示. 山东大学学报（哲学社会科学版），2003（4）
[52] 杨汇泉，朱启臻. 新中国成立60年来农业社会化服务体系组织建构回顾及研究述评. 华南农业大学学报（社会科学版），2010（1）
[53] 杨倩. 美国农业院校教育科研推广体系研究. 东北师范大学，2014
[54] 杨爽，余国新，闫艳燕. 发达国家农业社会化服务模式的经验借鉴. 世界农业，2014（6）
[55] 张金华. 我国农产品营销存在的问题及对策分析. 产业与科技论坛，2006（1）
[56] 张书. 农业生产服务标准体系研究. 中国标准导报，2016（3）
[57] 张淑惠，文雷. 新型农民专业合作社的效率来源分析——以治理理论为视角. 当代世界与社会主义，2014（5）
[58] 赵增华. 关于借鉴韩国农协经验推进供销合作社综合改革的思考. 中国合作经济，2014（7）
[59] 周晓庆. 中日韩农业社会化服务体系比较研究. 世界农业，2010（11）
[60] 庄丽娟. 农业生产服务需求意愿及影响因素分析——以广东省450户荔枝生产者的调查为例. 中国农村经济，2011（3）

专题报告九

城镇化和老龄化下的农业劳动力供给

周祝平　中国人民大学社会与人口学院副教授

一、引　言

费孝通先生对于中国乡土社会的研究最为著名，乡土社会结构约束并塑造了中国发展的态势（费孝通，2016）。然而，当今中国正进入百年未有之大变局。于是，有学者提出了后乡土社会的概念（陆益龙，2017）。从乡土中国到后乡土中国的转变，是否是一场中国真正的社会革命？转变机制怎么样？转变期间的人口、产业、城镇、家庭、技术、资本等究竟在发生哪些方面的变化？城镇化和人口老龄化分别作为社会经济过程和人口过程，较好地抓住了这个转变过程的人口、社会和经济特征。深入研究这两个特征，对于把握中国社会转型脉络具有重要参考价值。

农业劳动力供给问题不只是个经济学问题，还是一个人口转变与人口世代更替问题。原因在于，新一代人口和劳动力已经和将要发生很大的变化。传统的重农思想、安土重迁的思想都将发生变化，进而使农业劳动力供给的条件发生根本变化。北宋易学家邵雍在其《皇极经世书》观物篇六十中也谈道："古者谓三十年为一世。"当代著名国学大师钱穆在其《中国历史人物》的名篇中谈到孟子时说"圣人者，百世之师也"，特别强调"一世三十年，百世就是三千年"。

然而，从西方的启蒙运动以来，直到马尔萨斯的人口论，主流学术界形成了一个共识，即采用人均物质生活水平的高低来衡量历史和社会进步的程度。马尔萨斯为工业革命前的几千年划定了一条人口调节线，人均生活水平围绕生存水平上下浮动。欧洲现代著名计量经济史学家的研究表明，从公元元年至公元1000年，世界人口增长了1/6，人均收入略有下降；从公元1000年至1820年，人均收入增长也极其缓慢（麦迪森，2003）。因此美国的经济增长理论家Oded Galor认为，工业革命前的时代称为马尔萨斯停滞时期。Galor的实证研究表明，人类存在的大部分历史发展过程都突出地表现为“马尔萨斯停滞（Malthusian Stagnation）”，这期间的技术进步非常不显著，由技术进步所带来的资源增加和土地扩张，都被用于增大人口规模，对于长期的人均收入水平贡献微乎其微。

启蒙运动、科学革命和工业革命把人类带入了一个史无前例的现代经济增长阶段。这个过程同时伴随着人口的革命性变化，人口学家称之为“人口转变”。人口转变的革命性意义虽然被人口学家注意到了，但是迄今还很少被经济学、社会学、政治学等其他社会科学家特别关注。人口转变不仅意味着人口再生产模式从高出生率、高死亡率、低自然增长率向低出生率、低死亡率、低自然增长率转变，还意味着改变了过去人类历史大部分时期以来人口的稳定结构和代际分配模式。

在经济高速增长的时代，由于“蛋糕”在快速变大，不分年龄人人都能够或多或少享受到增长带来的好处。即使收入分配差距扩大了，经济增长所带来的“滴落效应”也能够使不同年龄的人群普遍受益。但是，当经济增长进入缓慢甚至停滞下降时期，财富在城乡人口之间的分配问题就更加重要。从这个意义上说，观察城乡人口规模的相对变化趋势就显得非常有参考价值了。

中国农村人口规模至1995年到最高峰，随后开始减少，迄今已经连续减少23年了。1995年时农村人口规模8.59亿，至2018年降至5.64亿，总共减少了2.95亿（见图1）。在中国几千年历史上，和平时期农村人口如此持续多年大规模减少，可谓是空前的。所谓千年未有之大变局，除了 20 世纪发生的政治革命之外，城乡人口之变，是社会基底之变，其产生的挑战迄今缺少全面深入的评估。

图 1　1949～2018 年中国乡村人口

资料来源：国家统计局官方网站。

从国际上来看，与中国文化接近且已经进入老龄化社会的国家是日本。日本的农村人口从 19 世纪末到 20 世纪中期呈现缓慢增长的态势，至 1950 年左右达到高峰，随后开始快速下降。从 20 世纪 70 年代中期至 20 世纪末，农村人口呈现平稳态势。进入 21 世纪以后，农村人口再次呈现下降趋势。1898 年时，日本农村人口高达 88.3%，至 1950 年下降到 62.7%，1975 年进一步下降到 24.1%，1990～2017 年，日本农村人口比例仅为 8.5%（见图 2）。这意味着城市人口占 91.5%。与中国相比较而言，日本在 1975 年时的人口城镇化比例已经达到 77.5%，而中国 2018 年的城镇人口比例只达到 59.6%。以此推测，中国未来的人口城镇化水平还有很大提升空间。

农村人口减少，直接导致农村劳动力供求形势发生重大变化。究竟农村人口减少的背景如何？未来趋势如何？哪些因素影响了农村人口减少？农村人口减少将如何影响农村劳动力供给？对农村经济发展将产生什么影响？

农村人口减少和劳动力供给形势的变化，与中国人口的快速城市化、城乡人口迁移、农业技术进步等密切相关。同时中国的人口转变、生育水平下

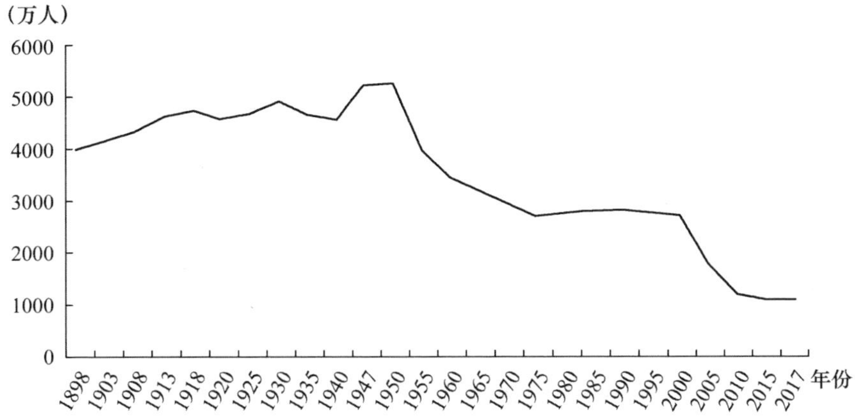

图 2　日本农村人口变动（1898～2017 年）

资料来源：日本国家统计局，世界银行。

降，也是重要的影响因素。在农村人口快速向城市迁移流动的过程中，由于人口迁移流动的年龄选择性，导致农村留下的人口快速老龄化，农村人口老龄化的速度快于城市人口。农村人口的“空心化”问题愈演愈烈，严重影响农村的劳动力供给。

是否中国的人口红利已经消失？是否已经越过刘易斯转折点？这些问题涉及对中国未来经济形势和劳动力供给形势的重要判断。2017 年，中央提出乡村振兴战略，在农村人口持续减少、城市化对农村劳动力的“虹吸效应”、农村人口高度老龄化的背景下，如何实现乡村振兴？这是很大的挑战。

本文研究的目的是通过对中国城乡人口变动历程和未来变动趋势的研究，在分析城镇化和老龄化趋势的基础上，深入研究农村劳动力供给历史、现状，并利用人口学和经济学方法对未来劳动力供给趋势进行预测。

二、农村劳动力供求的新古典模型

劳动力市场由劳动力供给与需求构成。若没有劳动力需求，只有劳动力供给，那么劳动力供给是没有出路的。反过来，如果没有劳动力供给，只有劳动力需求，则劳动力需求也无法实现。农村劳动力需求的影响因素包括农村资本积累、农业劳动生产率和农产品价格。根据经济学原理，劳动需求趋向实际上是劳动要素的边际产品价值曲线，而边际产品价值与边际产量和产品价格正相关。随着农业资本积累、农业技术进步，劳动力的变量产量增加，加上农产品价格上升的因素共同作用，使劳动需求曲线向右移动，从 D 曲线位置移动到 D′位置（见图 3）。如果原来的均衡名义工资 W_1^* 不变，那么农业的劳动需求量将上升到 L_3^*。然而，劳动供给曲线向上倾斜，即意味着在原有的均衡条件下，如果需要劳动者增加劳动供给，就必须提供更高的工资激励。因此，在劳动需求增加而劳动供给不变的情况下，农业劳动的工资上升到 W_2^*，劳动供给量为 L_2^*。

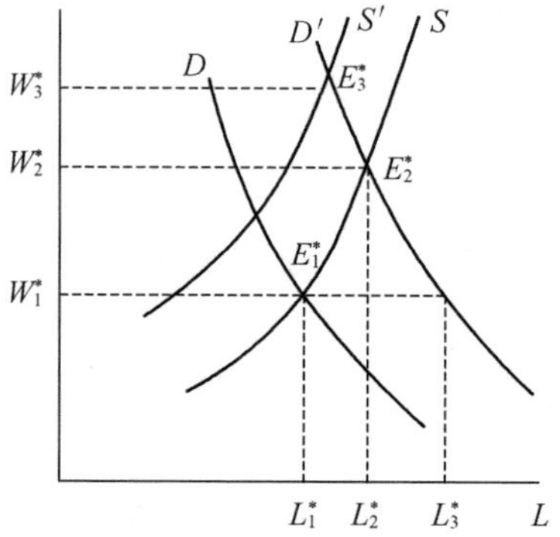

图 3　农村劳动力市场供求

在城市化和城乡人口迁移的条件下，农村劳动供给不可能不变。影响农村劳动力供给的主要因素包括农村人口迁出和生育转变。农村人口迁出主要是农村劳动力迁出，直接导致农村劳动力供给减少。生育转变的影响可能不大容易理解。生育转变的直接人口学表现是生育水平下降，家庭表现是平均每个家庭的生育数量减少。生育数量减少，自然会减少进入劳动力队伍的增量。同时，由于家庭的孩子数量减少，根据贝克尔的“质量数量替代”理论，孩子的人力资本投资增加，由此必然导致原有工资水平下的劳动供给减少。这两个因素的综合作用，导致农村劳动力供给曲线从 S 移动到 S′，结果使工资水平进一步上升到 W_3^*。

对图 3 这个新古典劳动力供求理论模型提出最大挑战的是刘易斯模型。

他提出在发展中国家，农村劳动力是过剩的，农村剩余劳动力的农业边际生产率为零，因此可以在劳动工资不变的水平下无限供给劳动。也就是说，农村劳动力的劳动供给弹性是无限大的。直观地说，就是在 E_1^* 的劳动供给均衡点上，劳动供给曲线是水平的，当劳动需求曲线移动到 D′时，劳动供给量增加到 L_2^* 。由于工业化主要发生在城镇，城镇资本积累速度远远超过农村，所以城镇对劳动力的需求增长取决于资本积累的进度，农村只不过是随时“待召”的劳动力供给蓄水池而已。

刘易斯的二元经济结构理论奠定了发展经济学的基础。此后的费景汉－拉尼斯模型和托达罗模型都是在此基础上的改进版本。对于发展中国家人口过剩和农村劳动力无限供给的理论是没多大异议的。因此国内许多学者不断尝试对农村剩余劳动力的规模经济估算，并且往往与人口红利、民工荒、刘易斯转折点等问题交织在一起。2005 年左右是社会各界对民工荒讨论最热烈的时期，从知网的搜索记录可以看出，2004 年最早出现民工荒的期刊论文发表。由此引发对中国农村到底还有多少剩余劳动力的担忧。王检贵等（2005）估计，在农业技术不变的情况下，农村剩余劳动力还剩下 4600 万人。蔡昉（2012）坚持认为，民工荒十几年来一直存在：“2010 年随着中国经济从金融危机阴影中走出来，民工荒变本加厉，最终导致农民工工资实际增长了 19%。”利用农民工工资上涨来证明民工荒，就是基于刘易斯的劳动供给弹性无限大的理论假说。

三、城镇化趋势下的农业劳动力供给

（一）小城镇化战略与农业剩余劳动力

农业劳动力供给问题不是一个孤立的问题，一方面取决于农村人口的自然增长趋势，另一方面取决于第一产业、第二产业和第三产业的相对发展状况。如果农村人口增长较快，而二三产业发展缓慢，那么农业劳动力供给就会迅速增加。当增加的劳动力人口无法被农业产业吸纳的时候，就会成为农村剩余劳动力。因此，研究发展中国家的农业劳动力供给问题，首先遇到的就是农村人口增加过快和农村剩余劳动力问题，或者是农村剩余劳动力转移问题。最初解决这个问题的办法是小城镇战略。由于农业生产根本用不着这么多农村劳动力，所以发展小城镇也是为农村剩余劳动力找出路。

同时，发展小城镇也是经济体制改革的必然要求。发展小城镇是中国改革开放初期形势逼人的结果。一方面是知识青年返城压力和农村剩余劳动力外迁的压力，另一方面是大城市就业岗位不足。所以费孝通在他著名的“小城镇、大战略”系列文章中，特别提到党的领导人在 1980 年的一次讲话，强调要通过恢复小城镇来发展商品经济，“要使农村的知识分子不想到大城市来，不解决小城镇问题就难以做到”，特别在城市等级序列中不能只有大城市和中等城市，因为小城镇是农村政治、经济和文化中心。而费孝通（1984）认为：“小城镇建设是发展农村经济、解决人口出路的一个大问题。”可见，“小城镇、大战略”最初提出来时，有深刻的人口问题背景，希望通过小城镇的大发展，解决人口“大问题”。

小城镇恢复和发展是城乡改革开放的重要内容。然后，经济社会的发展并不是飞跃前进，而是渐进连续、血脉相连的关系。传统乡村与大城市之间有着千丝万缕的历史联系，绝对计划经济时期曾经试图把这种联络纽带斩断，结果造成城乡经济更加失衡。要重新建立这种联系，就要恢复城乡经济纽带的血脉相通。乡镇企业发展源于计划经济时代社队企业的兴起。费孝通（1984）在吴江的调查，充分说明了乡镇企业发展对于繁荣小城镇经济具有至关重要的意义。他调研的一个集镇是与上海接壤的公社，在 1975 年以前只种粮食，副业只是养猪，造成小城镇越来越破败。1975 年以后，公社办的企业和队办企业逐渐增加，至 1982 年，共有 57 家社队企业。社队企业发展的积极效果体现在三个方面：一是解决了农村大量的剩余劳动力就业问题，二是增加了农民的收入，三是增加了政府的财政收入。

在改革开放以前，农村剩余劳动力的就业压力、社员的增收压力、基层政府财政压力，使社队企业发展积蓄了很大的能量。比如吴江县在20世纪70年代的剩余劳动力达到全县1/3～1/2的比例。在农村粮食产量不增加的情况下，劳动力挣工分的情况比较严重。“文革”期间大城市“停产闹革命”和知青下乡，给了社队企业发展以良好的契机。在原材料和市场具备的条件下，苏南社队企业在夹缝中发展。十一届三中全会给乡镇企业的腾飞插上了翅膀，社队企业和其他小工业如雨后春笋般发展起来，成为城乡改革和经济发展的助推器。

1993年的十四届三中全会决定提出“乡镇企业是农村经济的重要支柱”，要“引导乡镇企业适当集中，充分利用和改造现有小城镇，建设新的小城镇”。这既是对20世纪80年代农村改革和发展经验的总结，又是对未来乡镇企业和小镇发展的战略方针。陈俊生在1994年归纳改革开放以后农村经济取得的举世瞩目成就主要体现在两个方面：一是农业综合生产能力明显提高，二是乡镇企业异军突起，其产值占农业总产值的2/3。当时领导人意识到乡镇企业发展是小城镇建设的基础，没有乡镇企业的集中连片发展，就没有农村剩余人口向城镇的集中，也就没有小城镇化的发展。

必须认识到，小城镇战略的提出具有长远的人口因素考量。这是从费孝通提出发展小城镇、解决人口大问题的思路以后，中央决策层比较统一的认识。田纪云1993年谈道：“我们中国11亿人口，不可能都涌向城市，以乡镇企业为依托，发展小城镇，这可能是中国缩小城乡差别、实现现代化的唯一可行之路。”① 这就明确地把乡镇企业、小城镇战略与中国人口国情联系起来了。1998年十五届三中全会第一次把小城镇战略上升到一种大战略的高度，会议的决定中指出：“发展小城镇，是带动农村经济和社会发展的一个大战略，有利于乡镇企业相对集中，更大规模地转移农业富余劳动力，避免向大中城市盲目流动。”2000年6月，中共中央和国务院出台了《关于促进小城镇健康发展的若干意见》，再次强调小城镇战略在带动农村基础设施建设和房

---

① 国务院研究室课题组：《小城镇发展政策与实践》，中国统计出版社1994年版。

地产业发展，以及扩大内需方面的重要地位，认为“发展小城镇，可以吸纳众多的农村人口，降低农村人口盲目涌入大中城市的风险和成本，缓解现有大中城市的就业压力，走出一条适合我国国情的大中小城市和小城镇协调发展的城镇化道路”。

然而，随着中国经济进一步深化改革和发展，乡镇企业和小城镇战略暴露出的问题也越来越受到批评。比如，由于小城镇布局分散，造成公共基础设施投资成本高、使用率低下；乡镇企业“村村点火、户户冒烟”，低水平重复建设，无法形成规模经济，资源浪费严重。由此造成基本建设和公共设施分散化，成本很高，使用率很差。特别是20世纪90年代后期的东南亚金融危机以及中国加入WTO以后，许多小城镇的比较优势越来越弱化，大中城市的要素集聚优势显现出来，农村外出人口越来越倾向于到大中城市打工和生活。2000年的人口普查数据表明，省内跨县流动人口占全国流动人口的比重达到24%，而跨省流动人口占全国流动人口的比重为27%（翟振武、段成荣，2006）。这说明就近迁移流动、在本乡镇企业就业已经不是农村剩余劳动力的首选出路。小城镇和乡镇企业发展无法主导中国的人口城镇化进程。正因为如此，十七大报告提出了统筹城乡发展战略，强调“走中国特色城镇化道路，按照统筹城乡、布局合理、节约土地、功能完善、以大带小的原则，促进大中小城市和小城镇协调发展”。该提法是在中国城市化发展新形势下对小城镇战略的一种修正和完善。

（二）户籍制度改革对农业劳动力供给的影响

城乡分割的劳动力市场是在特定条件下形成的。根本原因在于人口压力与资本积累速度的不协调。在人口过剩的条件下，城镇投资与资本积累速度无法创造足够的就业岗位，需要户籍制度作为一道“防火墙”。因此，户籍制度的改革历程就是农村劳动力供给条件改变的历程。

第一阶段：户籍制度建立和稳定运行阶段（1949～1978年）

户籍制度的建立与一系列的法律法规颁布相联系。彭希哲等学者（2007）

详细列举了1950～1956年政府关于户口登记和户籍管理的法律法规，以此说明户籍制度形成的过程。然而，他们的研究忽视了各种法律法规背后的国家意志和战略背景。王美艳等（2008）着重研究了户籍制度形成的战略背景，认为20世纪50年代建立户籍制度的目的是国家的工业化战略特别是重工业优先发展战略。但是文章对于国家为何要通过控制城乡人口流动来实施重工业优先发展战略，则缺乏足够的解释。

第一个阶段的户籍制度形成和运行包括三个时期。

1949～1952年是第一个时期，是政权巩固期，是过渡时期。恢复城市社会经济秩序是新政权的首要任务。镇反、肃反是重要维稳手段，户口登记制度是辅助手段。1950年8月，公安部制定了《关于特种人口管理的暂行办法草案》，同年11月，第一次全国治安工作会议要求先在城市开展户籍管理工作。1951年7月，公安部颁布了《城市户口管理暂行条例》，旨在建立全国统一的城市户口登记制度。

1953～1958年是第二个时期，这是社会主义改造和计划经济制度建立时期。这个时期中国开始实施第一个五年计划。这是国家推进工业化的第一次系统性尝试。户籍制度要配合统购统销制度，为计划经济制度的建立铺平道路。通过对人口信息的登记管理，实现对粮食、物资的综合调配，实现全国"一盘棋"的计划体制目标。1953年4月，政府发布了《为准备普选进行全国人口调查登记的指示》，并制定了《全国人口调查登记办法》。1954年12月，由内务部、公安部、国家统计局联合发出通知，要求普遍建立农村户口登记制度，并规定农村户口登记由内务部主管。1955年6月，国务院发出了《建立经常户口登记制度的指示》，规定全国城市、集镇、乡村都要建立户口登记制度，开始统一全国城乡的户口登记工作。1958年1月，政府颁布了《中华人民共和国户口登记条例》，对人口自由流动实行严格控制，第一次明确将城乡居民区分为"农业户口"和"非农业户口"，在事实上废弃了1954年《宪法》关于迁徙自由的规定。

1959～1977年是第三个时期，也是户籍制度的稳定运行时期。由于计划经济制度和统购统销制度已经建立，人口在城乡之间的流动，完全是为了适应国家工业发展计划的需要。当工业发展停滞的时候，不仅农村剩余劳动力无法自由进入城镇，反而要求城镇人口精简和“上山下乡”。

第一个阶段的户籍制度，完全服从以物为本的城镇化需求，资本积累的速度和工业发展速度决定了人口在城乡之间流动的规模和速度。迁徙自由服从工业发展计划，以至于1975年《宪法》正式取消了有关迁徙自由的规定。“勒紧裤带搞建设”是对这个阶段户籍制度功能的形象概括。

第二阶段：户籍制度适应调整阶段（1978～2000年）

这个阶段的户籍制度适应市场化改革的需要，进行局部的修补和调整。随着计划经济体制改革和统购统销制度的相应调整，城乡人口的经济自由度增加，客观上推动了户籍制度调整。首先是适应农村经济改革和城镇非公有制经济发展的需要，越来越多的农村人口到城镇从事非农产业。1983年人民公社解体。农民种粮积极性提高以后，粮食产量大增，1984年的粮食产量达到历史最高水平，其他农副产品也大幅度增长。粮食的统购统销政策有所松动。因此，1984年10月，国务院发《关于农民进入集镇落户问题的通知》允许农民“自理口粮”进集镇落户。1985年7月，公安部颁布《关于城镇人口管理的暂行规定》，对城市和集镇实行暂住证管理制度。该规定仍是以外来人口管控为主，是对城乡人口经济交流的被动适应和调整。1997年5月，国务院批准了公安部《小城镇户籍管理制度改革试点方案》和《关于完善农村户籍管理制度的意见》，决定“选择少量经济和社会发展水平较高、财政有盈余、城镇基础设施建设等具有一定基础、在当地具有一定代表性的小城镇，先期进行两年的户籍管理制度改革试点”，允许已经在小城镇就业、居住并符合一定条件的农村人口在小城镇办理城镇常住户口，继续严格控制大中城市特别是北京、天津、上海等特大城市人口的机械增长。1998年7月，国务院批转了公安部《关于解决当前户口管理工作中几个突出问题的意见》，提出有必要在继续坚持严格控制大城市规模、合理发展中等城市和小城市的原则下，逐步改革现行户口管理制度，适时调整有关具体政策。这个规定的出台，是基于人性化的原则，适应市场经济人口流动增长的新形势做出的户籍制度微调。

第二个阶段户籍制度改革的特点，主要体现为“以物为本”和“以人为本”相结合，但更倾向于“以物为本”。户籍改革主要基于小城镇战略，对城市户籍制度的改革依然采取谨慎的态度。

第三阶段：户籍制度改革的探索有限放开（2001～2012 年）

2001 年 3 月，国务院批转了公安部《关于推进小城镇户籍管理制度改革的意见》，对办理小城镇常住户口的人员，不再实行计划指标管理。这个文件的出台，标志着户籍制度主动改革阶段的开始。这个阶段，中国加入 WTO 以后，经济摆脱 90 年代后期东南亚金融危机的阴影，再次进入高速发展的时期。经济进一步市场化，对外开放全面深化。户籍改革需要跟上经济全球化步伐。中国流动人口的规模、流向都发生了重大变化，新的形势要求进行新的改革。2003 年 6 月 18 日的国务院常务会议，审议并原则通过《城市生活无着的流浪乞讨人员救助管理办法（草案）》，并废止 1982 年 5 月国务院发布的《城市流浪乞讨人员收容遣送办法》。这意味着户籍制度对城市常住人口的规模控制失去了一根重要绳索。

第四阶段：户籍制度改革与流动人口市民化协同推进阶段（2013 年以后至目前）

这个阶段以 2013 年十八届三中全会决定为标志，以 2014 年出台的新型城镇化规划为动力。2013 年十八届三中全会通过了《中共中央关于全面深化改革若干重大问题的决定》（以下简称《决定》），明确提出：“加快户籍制度改革，全面放开建制镇和小城市落户限制，有序放开中等城市落户限制，合理确定大城市落户条件，严格控制特大城市人口规模。”这为户籍制度改革指明了方向。流动人口家庭化和市民化的进程加快，中国社会将进入一个以流动人口市民化为推动力的市民社会和公民国家建设时期。2019 年 4 月 8 日，国家发改委公布《2019 年新型城镇化建设重点任务》，其中提到“积极推动已在城镇就业的农业转移人口落户”，继续加大户籍制度改革力度，在此前城区常住人口100万人以下的中小城市和小城镇已陆续取消落户限制的基础上，对Ⅰ型大城市全面取消落户限制，对Ⅱ型大城市放宽落户限制，对超大特大城市大幅增加落户规模。这表明，农民工落户城镇已经成为国家一项重大战略。这项战略的实施必将对农业劳动力供给产生重要影响。可以预计，一场城市与农村的劳动力争夺战正在到来。

最明显的迹象是近两年各地的人才争夺战。一些城市在高校新一届毕业生离校之际，借户籍改革的东风，出台了一系列针对高学历人才的优惠落户政策，集中反映了中国区域人口与经济失衡的矛盾。过去一些地方政府奉行"招商引资"至上的政策，如今逐渐意识到，地方经济社会发展不仅要靠招商引资，还要靠招贤纳士。然而，从各地出台的政策来看，依然反映出某些人口观念上的误区。这种人口观念误区直接的后果是政策的短视。实际上，对一个城市长期可持续发展起作用的不只是高学历人才，任何学历的劳动力，只要其能够在城市安居乐业，就说明城市的市场分工体系需要他们，城市就应该欢迎他们。城市的创新和活力岂能仅依靠大学毕业生？在《国家新型城镇化规划（2014—2020年）》中，国家从顶层设计的角度提出了人口城镇化目标，其中包括实现"1亿左右农业转移人口和其他常住人口在城镇落户"。这个目标绝不只涉及高学历人口，而是包含各种学历和各种年龄段的人口。截至2018年底，中国流动人口规模依然高达2.41亿，能否让他们在城市安居乐业，是检验中国现代化程度的重要指标。经济发展的实践表明，哪个地方的流动人口比例高、外来人口多，哪个地方的经济就充满活力、发展比较快。哪个地方能够吸引流动人口、外来人口，并且留住外来人口，哪个地方就会成为区域经济的重心。仅从东北和珠三角地区的对比就可以看出这一规律的作用。

近两年各城市的"户籍新政"，反映了目前中国城乡劳动力失衡的难题。一方面，城镇的房地产过剩，另一方面，2亿多流动人口并没有打算在城市购买住房，而是返乡建房。在城市租住蜗居，回农村修建豪宅。一年当中大部分时间并不回乡村新房居住，造成大量的住房资源浪费。同时，城镇户籍的吸引力下降，大量的农民工宁愿保留农业户籍也不愿要城镇户籍。目前存在的问题是，农民工希望获得的一些超大城市的户籍依然控制很严，而农民工不想要的中小城镇户籍纷纷放开。

户籍制度改革对农业劳动力供给最终产生什么影响？最重要的影响是拆除了城乡劳动力流动迁移的壁垒。农村劳动力今后将根据比较优势的原则选择迁入地和长期生活之所。因此，户籍制度改革将加快那些有条件在城镇安居乐业的农村转移劳动力彻底脱离农业、定居于城镇的步伐，进一步减少农业劳动力供给。

四、老龄化条件下的农业劳动力供给

（一）农业劳动力供给：从劳动力无限供给理论到新结构主义经济学

美国现代著名经济理论史学家熊彼特（1997）在他的名著《经济发展理论》中特别指出：“社会过程实际上是一个不可分割的整体。把一个事实称为经济的事实这已经包含了一种抽象。一个事实决不完全是或纯粹是经济的；总是存在着其他的——并且常常是更重要的——方面。”人口老龄化背景下的群体更替作为一种新的社会结构和人口结构变化，长期以来并不在经济发展理论的考虑范围内。从 20 世纪 40 年代以来，特别是二战以后，经济发展理论主要关注的是经济增长、资本积累、经济结构转型、技术转移和国际贸易。但是这种经济至上主义受到其他学科学者的挑战，社会学、政治学和心理学等领域的学者从更广阔的角度看到整个发展过程，形成了一种跨学科的研究动力，推动经济发展理论转型。超越经济和政治视角，向关注人的发展转型（David Clark，2006）。按照这种趋势，经济学、政治学、社会学、人口学交叉融合的趋势将更加明显。如果把社会看作是最宏大的概念的话，回到熊彼特的观点，社会过程包含了经济、政治和人口过程，成为一个一体化的过程。

从经济发展理论研究的重点来看，多数学者关注的焦点是发展中国家的发展和赶超问题。刘易斯的二元经济模型描绘了一幅发展中国家从农业经济向工业经济过渡图景，其中假定农村剩余劳动力是同质的，可以源源不断满足城市工业化的劳动力需求。该理论不考虑农村人口“空心化”问题，不考虑留守老人问题，也不考虑发展中国家的人口老龄化对资本积累进程的影响。罗斯托的经济成长阶段论只是总结了发达国家的经验，把经济发展的过程分为五个阶段，即传统社会阶段、为起飞创造条件阶段、起飞阶段、向成熟推进阶段、高额群众消费阶段，后来又追加了一个追求生活质量阶段。该理论把发达国家设置为终极目标，对发达国家的进一步发展没有指导意义，同时，没有考虑发展中国家的赶超特点，没有考虑到发展中国家的“未富先老”问题。

以亚当·斯密为传统的自由放任的经济发展理论，虽然长期以来占据经济发展理论的主流，但是该理论无法把以技术进步和产业升级为特征的现代经济与前现代经济增长区分开来。经济发展理论沿着两条路线向前推进：增长理论和发展理论。虽然现代经济增长理论的一些重要组成成分，如竞争性行为、动态均衡、物质资本和人力资本的重要性、报酬递减的可能性、技术进步的影响等，已经在古典经济学家的著作中出现了（Ramsey，1928；Schumpeter，1934），但是系统的模型化是从20世纪40年代开始，一些先驱者基于总生产函数建立了一类模型。Harrod（1939）和Domar（1946）沿着这条路线做了广泛的研究，随后Solow-Swan模型激起了第一波系统性的增长分析。其目标是理解增长的机制，识别增长的决定因素，研究增长核算技术。第一代增长理论的研究者突出了资本的中心地位，预言了落后国家的发展会更快，但是对于长期增长最重要的决定因素——技术，则放在了模型之外。新一波的增长模型，即内生增长理论，提供了令人信服的技术进步理论（Romer 1986，1990；Aghion and Howitt，1992）。该理论坚持把技术看作是一种与资本和劳动截然不同的要素，具有非竞争性的公共物品特点，但是又具有部分排他性。技术可以被无限制的重复使用，而其边际成本为零。内生增长理论放弃了完全竞争假设，证明技术可以通过新思想观念而得以与时俱进。另一方重要问题是技术扩散问题，为什么存在国别差异，为什么技术扩散能够在有的国家支撑持续的增长而在另一些国家却不能落地生根？一些学者对这个关键的问题进行了探索（Jones 1998；Acemoglu、Johnson and Robinson 2001；Glaeser、Shleifer，2002）

所有的增长理论都无法回答一个问题，即如何识别可行的政策杠杆以推动特定国家的增长。Rosenstein-Rodan（1943）提出个体企业的规模经济和市场规模之间的良性互动，但是市场规模则依靠对现代生产技术的采纳。所以，现代化过程可以从一个非常大的规模开始，然后经济发展过程可以进入一个自我强化、自我持续的轨道。否则，落后国家将永远陷入贫困。

Rosenstein-Rodan 的研究范式引发了一股结构主义理论的研究热潮（Chang，1949；Lewis，1954；Myrdal，1957；Hirschman，1958）。这种理论认为，市场包含巨大的缺陷，而国家可以作为一种强有力的手段以推动经济发展。（Rosenstein-Rodan，1943；Nurkse，1953；Hirschman，1958）。20 世纪 30 年代经济大萧条期间，国际贸易大幅度萎缩，导致了战后的出口悲观主义。拉美国家认为，国际贸易条件恶化是长期的，且将导致收入从资源密集的发展中国家向资本密集的发达国家转移。为了避免被发达国家剥削，发展中国家需要通过实施进口替代战略，发展国内制造业。亚洲、中东和非洲刚刚走向独立的国家都具有强烈的民族主义情绪，从而支撑了这种政策的普遍实施。然而，这种发展战略经过 60 ~ 70 年代的实践证明是失败的。

发展经济学家从 20 世纪 80 年代开始，对政策、制度或外国援助等影响增长的传导渠道和机制进行了研究，试图更好地理解各种传导机制之间的因果关系，越来越注重从家庭户和企业的微观经济层次研究增长问题，目标有两个：一是考虑经济的一致性（国家间或国内），二是探究增长的诸多约束如何在微观层次上起作用。但是这种趋势同样受到批评，认为关注点过于狭窄，以至于无法归纳出一般性的有助于减少贫苦和促进持续增长的结论。

林毅夫等（2012 年）提出了一种所谓的“新结构主义理论”，试图对传统发展经济学理论进行一种超越，旨在掀起第三波发展经济学研究热潮。新结构主义认为，这些前社会主义国家和发展中国家的发展失败，主要原因之一是这些国家忽视了由其禀赋结构决定的比较优势，而是在国内资本稀缺的情况下，采用了一种优先发展资本密集型重工业的发展战略。1982 年爆发的拉美债务危机，使新自由主义范式重新占据上风，形成了所谓的“华盛顿共识”。它是由总部设在华盛顿的一些国际金融机构施加于那些发展失败的发展中国家的一系列新自由主义政策，即推动经济自由化和私有化，并实施严格的稳定计划。新自由主义政策的成功与否引发了许多争议（Easterly、Loayza and Montiel，1997；Easterly，2001），由此导致 20 世纪 90 年代末发展经济学界同时摈弃了结构主义和新自由主义的方法，认为建立在跨国回归方程基础上的政策“药方”作用有限。各国之间的差异性和异质性逐渐受到重视，然而提出的“俱乐部收敛”等理论解释依然无法为经济发展研究指明新方向。难道发展经济学家追寻增长的决定因素是找错了“药方”吗？是否除了更应该关注制度或制度的结果，而不是或不仅仅是政策？良好的制度结果又是如何产生的呢？这些问题都没有得到很好的回答。

新结构主义经济学把结构变迁重新拉回到发展研究的核心，强调市场和国家在推动经济发展中扮演的重要角色。该理论承认市场作为资源分配的基本机制，但同时认为政府应该扮演一个积极的角色，协调产业升级和多样化的投资，补偿在动态增长过程中第一推动者带来的外部性。分析经济发展的起点是一个国家或地区的禀赋，而禀赋在任何特定的时间是给定的，且随时间而变。根据古典经济学的传统，一个国家的禀赋仅包括土地（或自然资源）、劳动和资本（物质资本和人力资本），这些确实是企业用于生产的要素禀赋。新结构主义经济学的特点在于关注资本劳动比例的动态变化。通常还加入一个基础设施作为国家的禀赋，包括硬件设施和软件设施。硬件设施包括高速公路、港口、机场、通信系统、电网，以及其他公共设施。软件设施包括制度、管理、社会资本、价值系统，以及其他社会经济安排。基础设施影响企业的交易成本和投资的边际回报率。新结构主义理论的一个重要观点是：经济结构对于要素禀赋结构是内生性的，持续的经济发展是由要素禀赋变迁和持续的技术创新推动的。

（二）人口老龄化对农业劳动力供给的影响

无疑，新结构主义经济学对于刘易斯二元经济结构理论是一种超越，因为该理论改变了二元经济结构的外生性特点，而把要素禀赋结构的可变性当作一个重要的理论出发点。但是，新结构主义经济学并没有对要素禀赋结构的变化机制给予清晰的阐述。恰恰是人口学中的人口转变理论填补了这一缺口。人口转变是人口结构性变化的动态过程，是人类社会现代化过程中普遍的必经之路。人口转变的人口学原因是死亡率下降和生育率下降，直接的人口结构表现是人口老龄化。人口转变的中间过程被称为人口红利期。人口转变的结束意味着人口红利期的结束，同时意味着刘易斯转折点的到来。以下仅从老龄化的视角对此问题进行探讨。

人口老龄化本身是好事，它是经济和社会进步的象征。正如 Notestein（1954）所说，“老龄化问题”只是看待人类文明巨大成功的一种悲观方式，出现一个相对老化的人口是因为我们中的大多数人成功实现了个体生存的目标。但是，当我们把经济增长看作是一个社会是否成功的标志，那么在人口老龄化已经成为一种必然趋势的情况下，就不能不考虑人口老龄化对经济增长的影响。

国外学者在这方面做了大量的研究，虽然理论上能够得出经济增长不受人口老龄化独立影响的结论，但是实证研究表明人口老龄化对经济增长具有不利影响。William A. Jackson（1998）对人口老龄化进行的政治经济学分析引人注目，他在分析中把老龄化看作是一种制度建构，老龄化本身并不会对经济增长产生不利影响，通过适当的制度调整就能够应对老龄化问题。但是实证研究结果表明，合理的人口年龄结构确实有利于经济增长。David Bloom 等（1997，2000，2001，2003，2009）利用国别数据证明，随着一国的人口增长和人口转变，当该国大部分人口处于劳动年龄阶段的时候，这个额外增加的生产力能够为经济增长创造出“人口红利”。欧洲的低生育水平短期内能够提高人均收入，长期将使人均收入下降。这意味着人口老龄化在长期将使经济面临负增长的危险。虽然过去的人口转变对东亚经济增长产生了积极作用，但是人口进一步变动的后果是抑制东亚的经济增长。

人口老龄化影响经济增长的机制，一种是通过增加资本积累促进经济增长，另一种是由于需求转向更加劳动密集型的服务，经济结构将发生变化，并且生产率增长将放慢。在一个老龄化社会中，因为老年人使用更多的服务，所以劳动密集型的服务需求将会增加。服务于老年人的产业是一种难以用资本替代劳动的产业，劳动生产率难以提高。Bas van Groezen、Lex Meijdam and Harrie A. A. Verbon（2004）的研究表明，人口老龄化通过影响生产结构，进而对经济增长产生不利的影响。

因为人口老龄化可能通过一些中间变量影响经济增长，国外学者的实证研究很多涉及劳动供给、资本积累、储蓄率变化、劳动生产率方面，但是并没有得出人口老龄化不利于储蓄和技术进步的结论，仅仅是对劳动力供给产生不利影响。Axel Börsch-Supan 等人（2005）的研究发现，储蓄率、劳动供给对人口老龄化做出相应的调整非常重要，一旦家庭通过更多工作来吸收部分人口冲击，储蓄率、资本收益率和国际资本流动都将对人口变动做出更少反应。Landis Mackellar 等人（2004）的研究结果表明，人口老龄化对经济的影响反映了包括资本和劳动在内的生产要素变化及其对全要素生产率的影响。劳动力老化对生产率的影响基本上只是一种理论推测。基于局部均衡假设，如固定劳动力参与率与储蓄率，可能会高估老龄化的影响，因为人口老龄化过程是在动态一般均衡框架下发生的。Yuji Genda 等人（2007）研究了日本的人口老龄化与劳动力市场之间的关系，发现劳动力市场制度影响了政府、企业和个人对就业机会的反映。

与国外学者相比，国内学者也对老龄化对劳动力供给、储蓄、生产率、消费、产业结构、社会保障等方面的影响进行了一些研究。张车伟（2006）认为，从长期来看，人口老龄化将给中国经济社会带来诸多不利影响；而从近期来看，人口老龄化的经济后果主要体现在对劳动供给的影响上。而应对人口老龄化挑战的关键就是要在继续保持经济快速增长的前提下尽快建立起能够覆盖城乡的社会养老保障体系。程永宏（2006）的实证研究结果比较乐观，他认为现收现付制基本上不会因人口老龄化而出现支付危机，人口老龄化程度提高不能作为中国养老保险和医疗保险实行基金积累制的理论根据。左学金（2001）分析了人口老龄化对社会养老保险的影响，直接影响表现为：人口老龄化意味着领取养老金的退休职工相对于向养老基金缴费的在职职工的比率不断提高，从而将对中国养老保险基金的收支平衡产生直接的影响。间接影响表现在：人口老龄化可能引起经济增长以及就业与工资收入增长速度放慢，最终影响养老基金的收入。

杨道兵、陆杰华（2006）研究发现，在劳动力老化最严重的2035年，三个方案中的总产出效率都是历年最低的。王德文、蔡昉、张学辉（2004）则认为人口年龄结构对储蓄率具有显著的负的影响。而另外一部分学者则认为二者之间存在正的相关性。袁志刚、宋铮（2000）发现人口老龄化会激励居民增加储蓄。唐东波（2007）利用两期叠代模型研究发现，不论是短期还是长期，人口年龄结构对中国居民储蓄的作用都是显著的扩张性影响。人口老龄化通过消费对产业发展的影响是经济发展中的重要问题。王金营、付秀彬（2006）发现老龄化将会降低未来的消费水平和消费比率。李洪心、高威（2008）认为人口老龄化的加剧将进一步影响消费结构的变化。袁芳英（2009）则研究人口老龄化背景下最优跨期消费路径的问题，建议从提高老年人的消费水平入手增加有效需求。邬沧萍（2001）认为发展老年照料护理行业非常重要。关于老龄化对产业结构的影响，乜堪雄、何小洲（2007）认为人口老龄化要求调整现有的产业结构，以满足老年人口对物质和精神文化特殊的需要。钟若愚（2005）研究了人口老龄化影响产业结构调整的传导机制，认为顺应增长方式的转变是老龄产业结构变动的深层次要求，应从实际出发促进比较优势产业与高新技术产业的结合。周祝平等（2016）研究了人口老龄化对劳动力参与率的影响，结果发现二者存在显著的负相关关系。

根据现有研究可以看出，老龄化为宏观经济发展提供了一个大背景，但是对经济增长和经济发展的影响机制非常复杂。如果我们从老龄化对农业劳动力供给的影响角度看，就会发现，中国的人口老龄化具有城乡二元特点，也就是说，农村人口老龄化比城镇人口老龄化更加严重。

（三）城乡二元人口结构对农业劳动力供给的影响

从2000年第五次全国人口普查分布来看，城市人口年轻劳动力人口的比例大大高于全国总人口、镇人口或乡村人口中年轻劳动力人口的比例。2000年，城市人口中15~39岁人口的比例超过一半，达到50.1%，而乡村人口中15~39岁人口的比例只有41.5%。人口老龄化程度方面，城市人口中65岁以上人口的比例为6.7%，乡村人口中65岁以上人口的比例达到7.5%。

至2010年，中国的城乡二元人口老龄化的特点更加明显（见图4）。农村中0~14岁少儿人口比例比城镇高5.1个百分点，而15~64岁劳动年龄人口比例却要比城镇低7.3个百分点，65岁以上老年人口比例高2.3个百分点。这是根据城乡常住人口计算出来的人口结构，反映出农村青壮年人口大量外出打工以后出现的城乡人口禀赋结构。如果与2000年进行对比，可以看出农村人口老龄化程度与城镇人口老龄化程度的差距进一步拉大。可见，进入21世纪以来，青壮年劳动力进一步向城镇集聚集中的趋势更加明显。笔者曾经把青壮年人口流向城镇而老年和儿童留在乡村的现象，称之为农村人口“空

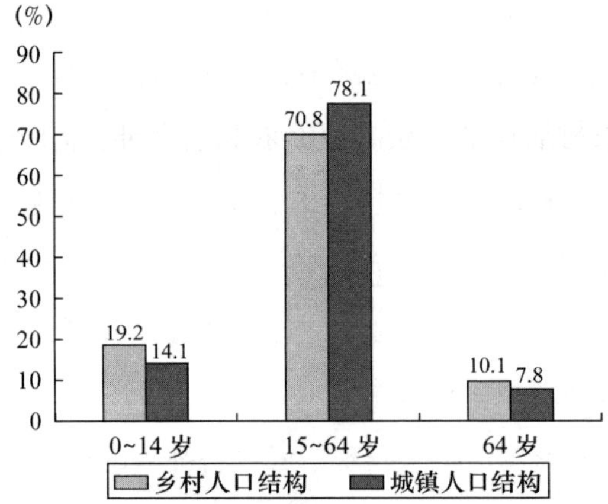

图4　中国城乡二元人口结构

资料来源：2010第六次人口普查数据。

心化”。从普查数据可以看出，农村人口“空心化”加重了而不是减轻了。

如果我们把经济发展比作赛跑，那么当发令枪响的时候，青壮年是跑得最快的，年龄越大越跑不动。而经济发展主要是一种城镇现象，城镇的发令枪一响，青壮年劳动力就纷纷奔向城镇的工厂和公司。对于已婚的农民工而言，如果有能力，在必要的时候可能把子女带到城里，而老人一般是留在乡下老家的。少数老人也流动到城市帮助农民工带孩子。这种情况是很少见的，大多数老人留守农村。不能跟着到城镇的儿童就变成留守儿童。

当然，我们不能说，城乡二元人口老龄化就意味着农村劳动力短缺。在市场经济条件下，劳动力过剩或者短缺是通过失业率来表现的。只要农村不存在大量失业或隐性失业，就说明农村劳动力市场是均衡的。所谓“刘易斯转折点”的到来，就意味着农村的隐性失业消失，农村劳动力市场转变成一种正常状态。近几年笔者到贵州、云南、山东、湖南、江西、河北、河南、内蒙古等地深入调查发现，农业劳动生产率普遍提高，许多地区的农业机械化程度提高，每个劳动力耕种的农地数量大大上升，同时每年农忙季节的用工需求也大大减少了。农村用工价格普遍上升。农村劳动力工资的上升引起了资本对劳动的替代，各地农村纷纷采用更多的机械化耕作方式。

农村与城镇对劳动力的竞争，当前取决于城乡工资差异。随着刘易斯转折点的到来，城乡收入差距缩小的趋势将不可避免。但是，只要城镇居民的工资仍然大大高于农村居民的工资，那么农村青壮年劳动力选择城镇的趋势就不会改变。

2003 年以来，中国的粮食产量连续 12 年保持增长的增长势头（见图 5）。从 2003 年的 4.3 亿吨增加到 2015 年的 6.6 亿吨。可见，农村劳动力流入城镇并没有使农业减产。当然，也有学者通过统计分析，发现在没有农业技术进步等条件下，农村人口老龄化对农业产业是有负面影响的（魏君英，夏旺，2018）。但是，城乡人口经济结构调整是一个优化过程，是劳动、土地和资本的要素禀赋结构调整优化的过程，农村劳动力持续流入城镇，农村用资本和技术替代劳动，更有利于整体经济的增长和劳动生产率的提高，对农民增收具有决定性的作用。我们无法想象把农村每年新成长起来的劳动力固定在农业产业的时代再现。事实上，我们看到，农民工还有大量就地从事非农产业，兼业型的农民工非常普遍。兼业型的农民工，可以看作是随时向城市或农村供应劳动力的蓄水池，他们随时在寻找最好的、最便利的、收入最高的就业机会。

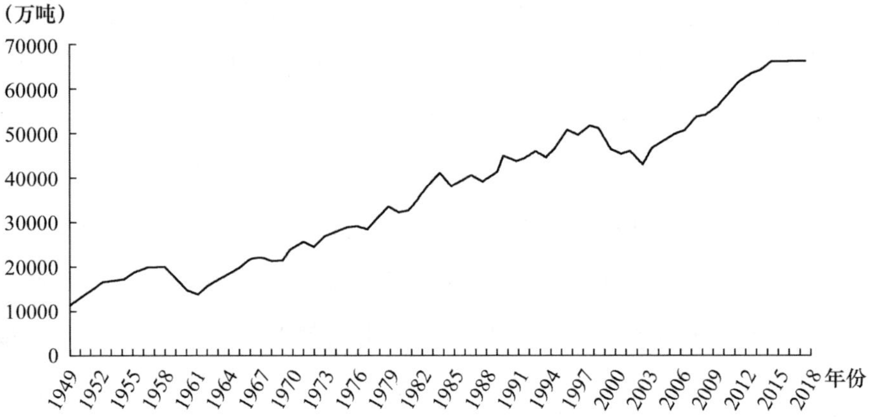

图 5　1949 ~ 2018 年中国粮食产量

资料来源：国家统计局网站。

城乡劳动力市场相互竞争的过程也是城乡劳动力市场统一的过程。最能够体现农村劳动力市场竞争力的指标是农村劳动力工资上升得比城镇更快，进而导致城乡收入差距的缩小。如果我们把城乡收入差距缩小的时间看作是城乡劳动力市场统一的起点，那么这个年份是 2008 年。2007 年城乡人均收入比达到最高（3. 14），2008 年开始缩小，至 2018 年，城乡收入比例已经下降到 2. 69（见图 6）。不可否认，目前城乡收入差距还比较大，这是城镇继续吸引农村劳动力的优势所在。但是我们也要看到，城乡除了货币收入差异，还有非货币收入差异。非货币收入差异主要体现在城镇生活方式对青壮年人更有吸引力，而老人可能更倾向于叶落归根，回到农村生活。同时，城市的就业机会也对青壮年劳动力更有利。这些都是导致城乡人口结构差异的重要因素。

图 6　城镇居民人均可支配收入与农村居民人均纯收入之比

资料来源：国家统计局网站。

五、未来农业劳动力供给趋势及其对农业生产的影响

从城乡统一劳动力市场来看，农业劳动力的供给并不仅取决于农村人口，因为城乡人口是一体的。然而，人口预测只估计长期的大趋势，在特定参数假设条件下进行，忽略中间的波动性影响，对未来依然有一定的参考价值。就像我们观察 1996 年以来中国农村人口连续 22 年下降，从未因为经济周期性波动或者国际经济危机而逆转，农村人口和劳动力变动趋势确实有规律可循。

（一）人口参数设定

农村未来人口与劳动力变动趋势不仅取决于人口迁移，还取决于农村人口的生育率、预期寿命等人口学因素。我们以下的预测，主要以 2010 年人口普查分年龄、性别和城乡人口为基数，利用联合国平均模型生命表，假设中国人口的生育水平从 2010 年的 1. 60 上升到 2020 年的 1. 70，随后逐渐下降到 2040 年的 1. 50，假设城市化速度为每年提高 1 个百分点，并且忽略国际人口迁移的影响，男性平均预期寿命从 2010 年的 72. 4 岁上升到 2040 年的 80 岁，女性平均预期寿命从2010年的77.4岁上升到2040年的85岁。出生性别比从119下降到2040年的107。

（二）预测结果

我们可以2018年的预测值与2018年的实际值，发现预测值为5.84亿，实际值为5.64亿，预测值比实际值略高，误差率3.5%。这里面既有生育率高估的原因，也有迁移率低估的原因。因此，我们大致可以把表1的2040年预测值作为2040年的上限值来看待。

中国总人口规模在2025～2029年达到峰值，然后开始缩减。也就是说，中国人口规模缩小的时间点比日本晚18年左右。到2040年下降到1.39亿（见表1）。而农村人口规模在未来20年继续保持下降趋势，至2030年下降到4.24亿，15～64岁劳动年龄人口下降到2.62亿，占总人口的比重只有61.8%。而15～39岁青壮年劳动力则更只有1.6亿了。到2040年，农村总人口下降到2.77亿，15～64岁劳动年龄人口1.55亿，比重只有55.9%。这从另一个侧面反映出农村人口老龄化非常严重。15～39岁青壮年劳动力减少到8949万人。

表1　2010～2040年中国农村总人口和劳动年龄人口预测

年份	总人口（亿人）	农村总人口（万人）	农村15～64岁劳动力人口（万人）	农村15～49岁劳动力人口（万人）
2010	1.33	66281	46912	35305
2011	1.34	65720	46411	34600
2012	1.35	64725	45499	33543
2013	1.35	63720	44509	32406
2014	1.36	62702	43453	31221
2015	1.37	61666	42348	30013
2016	1.38	60607	41200	28797
2017	1.38	59521	40021	27578
2018	1.39	58403	38838	26374

续表

年份	总人口（亿人）	农村总人口（万人）	农村 15 ~64 岁劳动力人口（万人）	农村 15 ~49 岁劳动力人口（万人）
2019	1.40	57253	37683	25201
2020	1.40	56069	36575	24072
2021	1.41	54843	35554	23022
2022	1.41	53578	34570	22016
2023	1.41	52277	33598	21060
2024	1.41	50941	32606	20162
2025	1.42	49576	31576	19323
2026	1.42	48186	30540	18573
2027	1.42	46774	29483	17881
2028	1.42	45345	28408	17229
2029	1.42	43900	27319	16598
2030	1.41	42443	26220	15974
2031	1.41	40976	25110	15351
2032	1.41	39502	23989	14727
2033	1.41	38024	22867	14087
2034	1.41	36545	21754	13417
2035	1.40	35068	20658	12712
2036	1.40	33594	19575	11964
2037	1.40	32124	18508	11190
2038	1.39	30659	17464	10413
2039	1.39	29199	16449	9660
2040	1.39	27742	15468	8949

资料来源：根据 2010 年第六次人口普查数据预测。

人口与劳动力预测是在一定生育水平、预期寿命和生命表参数下得到的结果，只要基础数据准确、参数给定，预测结果就是准确的。导致结果不确定的原因有三个：一是基础数据有偏差。比如人口普查数据往往存在漏报问题，生育水平和死亡率数据都存在偏差。二是参数设定带有一定的主观性。生育水平未来的变动趋势究竟如何？预期寿命、国际人口迁移趋势究竟怎么样？这些参数的不确定性都将直接影响到预测结果。三是城镇化率的变动趋势。一般人口预测的优势在于对总人口及其结构进行预测，而对于城乡人口规模变动趋势的预测则必须建立在城镇化率的变动趋势上。城镇化率的变动往往取决于城镇经济发展、城镇化的惯性以及城乡经济均衡的条件等因素，这就给未来的农村劳动力的预测带来更大的不确定性。综合而言，本文的农业人口和劳动力预测在参数选取上采用中方案，与高方案和低方案相比，更稳妥一些，发生预测偏差的可能性更小一些。

（三）农业劳动力供给趋势对农业发展的影响

未来中国农村劳动年龄人口减少的趋势将不可逆转，由此决定未来中国农业发展不可能回到劳动密集型的农业生产方式。有学者的研究证明，过去20年，农业技术进步是我国粮食生产能力增长的主要原因，“小麦、玉米以机械型技术进步为主导，早稻以生化型技术进步为主导”（孙玉竹等，2019）。在农业生产函数中，以资本替代劳动，是过去20年农业进步的关键，也是未来农业发展的必由之路。根据笔者近年来到各地农村的调研经验，随着农业技术水平的提高，不仅农业生产所需的劳动力投入大大减少，且劳动力用工的季节性特别明显。外出打工的农村劳动力为了短期的农业季节性生产而赶回老家务农者越老越少。农地流转、土地的集约化种植早已经成为一种潮流，农户承包、转包100亩以上者越来越多。土地规模化经营需要土地确权工作的推进。有研究表明，农地确权颁证主要通过地权安全性、地权可交易性以及信贷可得性三种中间传导机制，对农业投资行为产生促进作用（林文声等，2017）。周其仁对于农村土地确权的论述最彻底，他认为（2009），确权“不仅指明确界定土地的集体所有权，而且是要明确界定所有农村耕地、山林、建设用地与宅基地的农户使用权或经营权，以及住宅的农户所有权”，如果不以确权为基础，将会损害农民的财产权利。

然而，在土地确权和规模化经营过程中，并非顺风顺水、毫无障碍。中国各地区的土地状况有很大差异，地势高低、肥沃程度大不相同，联产承包责任制实施的分田到户造成了土地碎片化经营的历史格局，为了平衡每户的亩产量，往往东一块西一块，每户的土地难以整片流转。为了实现规模化经营，往往需要付出比较大的协商和交易成本。农村土地承包时往往以口头加书面记录的形式确定每户的田地具体位置，这几年各地方政府在推进土地确权工作时难度较大。有调查发现，在农村土地流转的诸多困难，包括农村“空巢”家庭增加导致找人难，农户千差万别导致成片流转难，农民法制意识薄弱导致规范流转难（范非，2019）。李金宁（2017）等的研究把现阶段我国农地确权方式分为确权确地和确权不确地两种，确权确地是指农户承包地有明确的位置，确权不确地是指农户承包地只确定面积或者份额，其收益根据面积或份额进行分配。从各地农地流转的实践看，农地流转的去向大多数为亲友、本村农户、外村农户、合作社或企业，农地流转市场化程度依据流转去向而存在差异。

在农村人口和劳动力日趋减少的背景下，农村土地确权和土地流转的需求将会日益增加。老一代农民具有较强的乡土意识，落叶归根意识较浓。随着第二代、第三代农民工的成长，绝大部分不可能回乡种地，他们继承下来的、留在农村的碎片化土地如何有效流转，将决定农业规模化经营的可持续推进。农村土地流转与再流转的问题也要引起重视。要防止农户宁愿抛荒也让土地流转的行为出现，减少土地资源的浪费。

在2018年中共中央、国务院颁布的《乡村振兴战略规划（2018—2022）》中，特别强调了要“建立农村产权交易平台，加强土地经营权流转和规模经营的管理服务。加强农用地用途管制”。同时提出，“鼓励工商资本到农村投资适合产业化、规模化经营的农业项目，提供区域性、系统性解决方案，与当地农户形成互惠共赢的产业共同体”。认清农村人口和劳动力逐渐衰减的态势，加快推进农地确权登记服务，降低土地流转的交易成本，应该成为下一阶段推进乡村振兴战略的重大任务。

由于农村人口向城镇流动迁移的年龄选择性，流入城镇的人口大部分是青壮年人口，还有一部分流动儿童。老年人留守农村和农村人口“空心化”

的问题还将在相当长时期存在。未来几十年，随着老年人口的凋零，荒废的村落也可能率先在偏远乡村出现。政府需要未雨绸缪，及早应对乡村人口凋零的问题。

六、关于未来农业劳动力供给的结论与政策建议

（一）研究结论

第一，与日本相比，中国未来的人口城镇化水平还有很大提升空间，因此中国农村人口与劳动力下降趋势将至少持续25年以上。日本在1975年时的人口城镇化比例已经达到77.5%，2017年继续上升到91.5%，而中国2018年的城镇人口比例还只有59.6%。可以预计，日本目前所面临的农村问题，在未来中国农村也会遇到。

第二，基于刘易斯的劳动供给弹性无限大的理论假说，中国近几年来的农民工工资上涨现象已经可以证明刘易斯转折点已经到来。工资上涨由多种因素造成，包括技术进步因素、物价因素和生育转变因素等。虽然民工荒不等于劳动力荒，但是廉价劳动力供给的时代已经一去不复返了。由于新一代劳动力的受教育水平普遍提升，中国城乡劳动力供给进入一个质量提升的时代，需要相应的产业结构升级与之相匹配。

第三，中国农业劳动力供给过去长期受小城镇化战略的影响，如今已经走入大中城市加快发展的阶段。户籍制度从城乡劳动力市场的“防火墙”角色变成一种越来越中性的制度。农村劳动力今后将根据比较优势的原则选择迁入地和长期生活之所。户籍制度改革将加快那些有条件在城镇安居乐业的农村转移劳动力彻底脱离农业、定居于城镇的步伐，进一步减少农业劳动力供给。

第四，新结构主义经济学超越刘易斯二元经济理论的地方就在于，把要素禀赋结构的变化放在更加突出的位置，从而为人口转变、人口结构变化，

亦即人口老龄化带来的影响打开了通路。

第五，人口老龄化对宏观经济的影响主要在于对劳动力参与率的负面影响，并带来劳动年龄人口老化的问题，对农业劳动力供给而言，主要体现为城乡二元人口老龄化，农村老年人口比例大大高于城镇，相应地，劳动年龄人口比例大大低于城镇。农村人口“空心化”的趋势将继续存在，未来农业发展主要依靠劳动节约型的技术进步。

第六，在一定的人口参数假设下，可以预计，中国农村人口规模将在未来20年继续保持下降趋势，至2030年下降到4.24亿，15～64岁劳动年龄人口下降到2.62亿，占总人口的比重只有61.8%。而15～39岁青壮年劳动力则更只有1.6亿了。到2040年，农村总人口下降到2.77亿，15～64岁劳动年龄人口1.55亿，比重只有55.9%。这从另一个侧面反映出农村人口老龄化非常严重。15～39岁青壮年劳动力减少到8949万人。

（二）政策建议

第一，在乡村振兴战略中，应充分考虑未来农村人口和劳动力逐渐衰减的情况，不能停留在过去几千年的农村人口想象中，要正视人口减少的现实，要鼓励和引导资本下乡。建议加强乡村土地确权和流转中心的建设，快速降低土地确权和流转的交易成本。

第二，加强农业公共基础设施建设。由于中国目前的投融资体制严重偏向城镇，建议加大财政转移支付力度，增加土地整治和土地规划的投入。《乡村振兴战略》提到对于“人口流失特别严重的村庄，可通过易地扶贫搬迁、生态宜居搬迁、农村集聚发展搬迁等方式，实施村庄搬迁撤并，统筹解决村民生计、生态保护等问题”。但是并没有对“人口流失特别严重”做出严格定义。笔者认为，在农村人口缩减的大趋势下，农村人口流失是一个渐变过程，是与城镇化同时并进的过程，不能“毕其功于一役”。要加强农村的养老服务体系建设，使农业规模化经营与农村人口的新陈代谢并行不悖。要防止急躁冒进式地搬迁撤并村庄。

第三，建议在实施乡村振兴战略的过程中，要促进城乡人口的对流。目前中国的人口流动趋势基本上是单向的，即农村人口向城镇流动。未来应该鼓励城镇人口向乡村流动。只有人口流动，才能带来商品流和资本流。在中国历史上，官员有告老还乡的惯例。现在的官员退休，则唯有选择居住在城镇。如果允许城镇中的富裕人口选择乡村生活，不仅可以盘活农民工进城后留下的住宅，增加农民收入，还能够带动乡村建设的活力，从而真正实现乡村振兴。

参考文献

[1] 费孝通．乡土中国．北京：北京大学出版社，2016

[2] 陆益龙．后乡土中国．北京：商务印书馆，2017

[4] 钱穆．国史新论．北京：三联书店，2004

[5] [英] 安格斯．麦迪森著，伍晓鹰等译．世界经济千年史．北京：北京大学出版社，2003

[6] Oded Galor，“Unified Growth Theory”，Princeton University Press2011，P65.

[7] 王检贵，丁守海．中国究竟还有多少农业剩余劳动力．中国社会科学，2005（5）

[8] 蔡昉．如何进一步转移农村剩余劳动力？．中共中央党校学报，2012（1）

[9] 费孝通．各具特色的吴江小城镇．瞭望周刊，1984（2）

[10] 费孝通．小城镇、大问题之三：社队工业的发展与小城镇的兴盛．瞭望周刊，1984（4）

[11] 国务院研究室课题组．小城镇发展政策与实践．北京：中国统计出版社，1994

[12] 翟振武，段成荣等著．跨世纪的中国人口迁移与流动．北京：中国人口出版社，2006

[13] 彭希哲，郭秀云．权利回归与制度重构——对城市流动人口管理模式创新的思考．人口研究，2007（4）

[14] 王美艳，蔡昉．户籍制度改革的历程与展望．广东社会科学，2008（6）

[15] 熊彼特著，何畏等译．经济发展理论．北京：商务印书馆，1997

[16] David A. Clark. “The Elgar Companion to Development Studies”，Edward Elgar2006

[17] F. P. Ramsey，“A Mathematical Theory of Saving”，The Economic Journal，Vol. 38，No. 152. (Dec.，1928)，pp. 543 ~ 559.

[18] Schumpeter，“The Nature and Necessity of a Price System”，1934，Economic Reconstruction.

[19] Harrod，“An Essay in Dynamic Theory”，Economic Journal 49 (March 1939)，14 ~ 33.

[20] Domar，Evsey “Capital Expansion，Rate of Growth，and Employment”．Econometrica 14 (2)：137 ~ 47. (April 1946)．

[21] Paul M. Romer，“Increasing Returns and Long - Run Growth”，Journal of Political Economy，Vol. 94，No. 5 (Oct.，1986)，pp. 1002 ~ 1037.

[22] “Endogenous Technological Change”，Journal of Political Economy，Vol. 98，No. 5，(Oct.，1990)，pp. S71 ~ S102.

[23] Philippe Aghion，Peter Howitt，“A Model of Growth Through Creative Destruction”，Econometrica，

Vol. 60, No. 2 (Mar., 1992), pp. 323 ~ 351.

[24] Jones, C. I. 1998. Introduction to Economic Growth. New York: W. W. Norton.

[25] Acemoglu, D., S. Johnson, and J. A. Robinson. 2001. "The Colonial Origins of Comparative Development: An Empirical Investigation". American Economic Review 91: 1369 ~ 401.

[26] Glaeser, E., and A. Shleifer. 2002. "Legal Origins." Quarterly Journal of Economics 117 (November): 1193 ~ 229.

[27] Rosenstein – Rodan, P. 1943. "Problems of Industrialization of Eastern and Southeastern. Europe." Economic Journal 111 (210 – 11, June – September).

[28] Chang, P. K. 1949. Agriculture and Industrialization. Cambridge, MA: Harvard University Press.

[29] Lewis, W. A. 1954. "Economic Development with Unlimited Supplies of Labor". The Manchester School, May.

[30] Myrdal, G. 1957. Economic Theory and Under – developed Regions. London: Duckworth.

[31] Hirschman, A. O. 1958. The Strategy of Economic Development. New Haven, CT: Yale University Press.

[32] Nurkse, R. 1953. Problems of Capital Formation in Underdeveloped Countries. New York: Oxford University Press.

[33] Justin Yifu Lin, "New Structural Economics", The World Bank 2012.

[34] Easterly, W., N. Loayza, and P. J. Montiel. 1997. "Has Latin America's Post – Reform Growth Been Disappointing?" World Bank Policy Research Paper 1708, World Bank, Washington, D.C., August.

[35] Easterly, W. 2001. The Elusive Quest for Growth: Economists' Adventures and Misadventures in the Tropics. Cambridge, MA: MIT Press.

[36] Frank W. Notestein, "Some demographic aspects of aging", Proceedings of the American Philosophical Society, Vol. 98, No. 1. (Feb. 15, 1954), pp. 38 ~ 45.

[37] William A. Jackson, "The political economy of population ageing", Edward Elgar 1998.

[38] David E. Bloom, Jeffrey G. Williamson, "Demographic transitions and economic miracles in emerging Asia", NBER1997; David E. Bloom; David Canning; Pia N. Malaney, "Population Dynamics and Economic Growth in Asia", Population and Development Review, Vol. 26, Supplement: Population and Economic Change in East Asia. (2000), pp. 257 ~ 290.

[39] David Bloom, David Canning, Jaypee Sevilla, "Economic growth and the demographic transition", NBER 2001.

[40] David E. Bloom, David Canning, Jaypee Sevilla, "The Demographic Dividend: A New Perspective on the Economic Consequences of Population Change", Rand 2003.

[41] David E. Bloom, David Canning, Günther Fink, Jocelyn E. Finlay, "The Cost of Low Fertility in Europe", NBER 2009.

[42] Bas van Groezen, Lex Meijdam, and Harrie A. A. Verbon, "Serving the old: ageing and economic growth", Oxford Economic Papers 57 (2005), 647 ~ 663.

[43] Axel Börsch – Supan etc., "Aging, Pension Reform, and Capital Flows A Multi – Country Simulation Model", NBER 11850.

[44] Landis Mackellar etc. "The Economic Impacts of Population Ageing in Japan", Edward Elgar 2004.

[45] Koichi Hamada etc. edited, "Ageing and the labor market: Problems and policies", Elgar 2006.

[46] 张车伟．人口老龄化的经济后果及其战略对策．湖南社会科学，2006（4）
[47] 程永宏．现收现付制与人口老龄化关系定量分析．经济研究，2005（5）
[48] 左学金．面临人口老龄化的中国养老保障——挑战与政策选择．中国人口科学，2001（3）
[49] 杨道兵，陆杰华．我国劳动力老化及其对社会经济发展影响的分析．人口学刊，2006（1）
[50] 王德文，蔡昉，张学辉．人口转变的储蓄效应和增长效应——论中国增长可持续性的人口因素．人口研究，2004（5）
[51] 袁志刚，宋铮．人口年龄结构、养老保险制度与最优储蓄率．经济研究，2000（11）
[52] 唐东波．人口老龄化与居民高储蓄——理论及中国的经验研究．金融论坛，2007（9）
[53] 王金营，付秀彬．考虑人口年龄结构变动的中国消费函数计量分析．人口研究，2006（1）
[54] 李洪心，高威．中国人口老龄化对消费结构影响的灰色关联度分析．人口与发展，2008（6）
[55] 袁芳英．人口老龄化背景下最优跨期消费路径的求解．统计与决策，2009（3）
[56] 邬沧萍．长期照料护理是老龄产业重中之重．人口研究，2001（2）
[57] 乜堪雄，何小洲．人口老龄化背景下的经济对策与产业选择．中国人口资源与环境，2007（1）
[58] 钟若愚．人口老龄化影响产业结构调整的传导机制研究：综述及借鉴．中国人口科学，2005（S1）
[59] 周祝平，刘海斌．人口老龄化对劳动力参与率的影响．人口研究，2016（3）
[60] 魏君英，夏旺．农村人口老龄化对我国粮食产量变化的影响——基于粮食主产区面板数据的实证分析．农业技术经济，2018（12）
[61] 孙玉竹等．农业技术进步模式对粮食生产能力影响分析——基于三大主粮 1999—2016 年省级面板数据分析．中国农业科技导报，2019（7）
[62] 林文声等．农地确权颁证与农户农业投资行为．农业技术经济，2017（12）
[63] 周其仁．确权是土地流转的前提与基础．农村工作通讯，2009（14）
[64] 范非．浅析农村土地规模化经营现状——以山东省济南市为例．中国统计，2019（4）
[65] 李金宁等．确权、确权方式和农地流转．农业技术经济，2017（12）

专题报告十

贫困农村正规金融市场中的信贷供给

俞建拖　中国发展研究基金会副秘书长

一、引　言

农村金融的发展对实现全面建成小康社会以及更长远的现代化目标至关重要。全面建成小康社会和现代化发展，必然要求保障粮食安全、缩小城乡差距、农业现代化、农村经济繁荣以及农民生活水平的提高。这些都有赖于金融体系提供充分、高质量的资本支持，并与其他生产要素协同发挥作用。

在当前中国农村金融市场中，信贷市场是最重要的板块。在农村地区，提供信贷服务的既有正规部门，也有非正规部门。正规部门主要包含股份制商业银行、农村信用合作社、政策性银行、村镇银行等；非正规部门主要包括个人贷款人（包括收取利息和不收取利息）、小额贷款机构、资金互助会（社）、依托互联网的贷款机构等。正规金融部门和非正规金融部门之间既存在互补，也存在竞争和替代。

自20世纪90年代中期以来，中国对农村正规信贷市场进行了一系列的改革。这些改革内容广泛，从完善金融机构内部治理结构到理顺政府—企业委托代理关系，再到扩大市场准入和完善制度基础设施，逐步推动和完善了农村正规信贷供给体系。其中，从2003年开始的一系列改革，奠定了迄今为止的农村正规信贷市场的基本格局。这些改革主要围绕供给侧进行，形成了商业性金融、政策性金融与合作性金融相互补充和一定程度上协调分工的格局。

这些改革在多大程度上能够收到成效，不仅取决于供给侧改革的进展，也取决于农村金融市场的基础条件和需求侧因素。由于存在信息不对称和高交易成本，农村地区存在更加突出的信贷配给问题。不仅如此，由于个体农户和中小企业抗风险能力弱，普遍缺乏实物资产抵押品和担保，使信贷配给问题变得更加严峻。导致这些问题突出存在的，不仅有自然资源禀赋及其分配的因素，也有户籍制度、土地制度、公共服务体系安排等制度性因素的影响。在贫困农村地区，上述信贷市场中存在的问题和挑战更加尖锐、突出。

本报告通过对2003年以来农村正规信贷市场改革及其成效的整体梳理，结合对东、中、西部5个贫困县正规信贷市场供给状况的分析，对农村正规信贷市场发展的问题和挑战进行总结，并提出优化农村正规信贷供给的政策建议。

二、农村正规信贷市场的供给侧改革：成效与挑战

农村金融改革的总体目标是扩大金融服务供给，缩小金融服务缺口，促进农村经济发展。但是，要实现这一目标，必须要解决信贷体系自身面临的诸多问题，包括金融机构经营能力薄弱、缺乏为“三农”服务的激励、政府与金融机构委托—代理问题严重、资产质量差、网点布局有限、金融机构及服务类型有限等具体问题。在不同的经济发展阶段，这些问题的严重性以及在整体改革中的优先序也很不一样。

2003年以来，以农村信用社改革为突破口，中国以循序渐进的方式对农村正规信贷体系进行了持续的改革，改革的范围和深度不断扩展，在相当程度上改变了农村金融供给侧的格局，但也遗留下一些久未解决的困难和挑战。

农村信贷市场供给侧的改革，可以从多种角度进行梳理。一种是横向的角度，按改革的功能目标，划分为激活金融机构活力、提升资产质量、扩大

市场准入、强化惠农取向等改革；另一种是从纵向的角度，按金融机构类型分别对农村信用合作社、中国农业银行、政策性和开发性金融机构、邮政储蓄以及村镇银行的改革进行总结分析。不同的机构改革可能同时兼顾多重功能性目标要求，同一功能性改革可能会体现在不同类型的机构改革中。此外，还有一类改革是属于对市场基础设施和制度的改革。本文中，我们着重从机构类型对供给侧的改革进行总结分析，同时也简要总结与信贷市场基础设施和制度相关的改革。

（一）农村信用社

1996 年，国务院颁布了《关于农村金融体制改革的决定》，农村信用社（以下简称“农信社”）与中国农业银行脱离了隶属关系，重新恢复独立的法人主体地位。但是，到 2003 年进一步改革之前，农村信用社的发展遇到了极大的困难，不良资产率高，经营效率低下，亏损普遍且严重，事实上很难再有效承担农村金融主力军的职责。

农信社的经营困境是由多方面因素造成的。在农信社自身，主要表现为治理机制不完善、产权关系不明、经营管理能力差、规模小且抗风险能力差等。从外部因素看，主要包括农信社在清理整顿农村合作基金时接收的大量乡镇企业贷款——在 20 世纪 90 年代乡镇企业转型时形成了大量的不良资产；农业农村领域信贷成本和经营风险高等是造成农信社经营困境的重要因素。除此之外，政企关系没有理顺，一些农信社成为县域及以下基层政府的“提款机”，而且地方基层政府也不对信用社的经营状况负责，导致产生了呆账坏账。不仅如此，中央和地方政府之间也存在委托代理困境，中央政府与地方政府目标不一致，政府对农信社的定位存在偏差，混淆了金融职能和财政职能，也对农信社的经营带来负面影响。

2003 年 6 月，国务院批准颁布了《深化农信社改革试点方案》。在方案中，明确指出要按照“明晰产权关系、强化约束机制、增强服务功能、国家适当支持、地方政府负责”的总体要求，将农信社办成“为农民、农业和农村经济发展服务的社区性地方金融机构，充分发挥农村信用社农村金融主力军和联系农民的金融纽带作用，更好地支持农村经济结构调整，促进城乡经济协调发展”①。

这一方案旨在通过“花钱买机制”，完善农信社的管理体制和产权制度，化解农信社历史包袱和巨额不良资产，实现商业化可持续经营，与此同时划分中央和地方政府对农信社的监管责任。为了化解农信社的历史包袱，央行发行专项票据，将中央资金支持与农信社改革绩效紧密结合，以创造一种激励相容的改革机制，打破政府—农信社之间的委托代理困境。改革最初在全国8个省份试点，2006年推广到全国。通过改革，绝大部分县（市）农信社改制为统一法人。此外，在县联社的基础上成立了省联社，以期让地方政府真正承担起对农信社的监管责任，同时使农信社摆脱基层政府的行政干预。改革后的农信社，有三种基本形式：农村信用社、农村合作银行和股份制商业银行。但是，农村信用社的经营范围仍限定在县域范围内，不得在行政辖区经营，而且农信社在县域内的网点布局上，仍然保持一乡（镇）一分支社（行）的局部垄断格局。

总体上看，农信社的改革取得了一定的成效。农信社的历史包袱得到了有效化解，资本充足率和服务“三农”的能力都有积极改善，通过明晰产权、完善治理体系以及强化监管，农信社的不良贷款率有显著下降，经营风险和违规违法案件大幅度减少，开始具备较好的商业化可持续发展能力。此外，在省联社的模式下，县级的农信社组成省联社后，可以缓解行政干预的负面影响。到2017年末，全国农村信用社资产总额超过32万亿元，各项存贷款余额分别为27.2万亿元和15万亿元，存贷比达到55.6%。到2017年第二季度，全国农信社不良贷款余额和比例分别为5755亿元及4%，风险相对国有商业银行较高，但总体处于稳健水平。从涉农贷款看，全国农信社的涉农贷

① 《国务院关于印发深化农村信用社改革试点方案的通知》（国发15号文）。http：//www.gov.cn/zwgk/2005－08/13/content_ 22249.htm。

款余额占据全国的半壁江山，是当仁不让的农村金融主力军。

（二）中国农业银行

自20世纪90年代中期开始，中国农业银行从原来的专业性银行开始向商业性银行转型。90年代后期，面对国际金融危机，中国加速整顿和巩固金融体系，中国农业银行加速剥离政策性业务，原有的不良资产也被剥离给新设立的资产管理公司，提升了整体经营管理的能力和经营稳健性。

中国农业银行向现代商业银行转型，不仅面临内部治理机制的挑战，客观上也由于强化商业导向导致对农村的金融服务动力被削弱。在此情形下，国家启动了对中国农业银行的进一步改革。2004年，中国农业银行第一次上报了股份制改革方案。2007年，全国金融工作会议确定中国农业银行股份制改造的方针，开启了股改的准备工作。2008年10月，国务院审议并原则通过《农业银行股份制改革实施总体方案》。方案指出，中国农业银行改革以建立完善现代金融企业制度为核心，以服务“三农”为方向，围绕资本充足率、治理结构、经营效益、内控机制、国际竞争力等目标进行推进。2009年1月，中国农业银行股份有限公司建立了由股东大会、董事会、监事会和高级管理层构建的现代股份公司治理架构。① 2010年7月，中国农业银行分别在上海、香港挂牌上市。

中国农业银行在股份制改革中遵循“面向‘三农’、整体改制、商业运作、择机上市”的16字方针。“面向‘三农’”被置于优先地位。改革方案要求，中国农业银行要围绕农村经济社会发展的金融需求，进一步强化面向“三农”的市场定位和责任，稳定和发展在农村地区的网点和业务，建立县域事业部制管理体制，不断增加对“三农”的信贷支持。其中，三农事业部制度的实施，力图从组织和机制上加强金融对“三农”的服务。

---

① 中国农业银行的注册资本为2600亿元人民币，中央汇金投资有限责任公司和财政部代表国家各持有中国农业银行股份有限公司50%股权，依法行使中国农业银行股份有限公司出资人的权利和义务。

中国农业银行的三农金融事业部改革始于2010年。到2012年，改革试点范围由原来的8家一级分行扩大到12家，三农金融事业部的管理架构基本形成，建立了6个“单独”① 的运行机制，以扩大县域支行利率转授权，加大县域信贷规模投入力度，激发县域支行经营活力，提升服务“三农”和县域经济的综合实力。

总体上看，中国农业银行的股份制改革和三农金融事业部改革，提升了中国农业银行的经营管理能力和服务“三农”的能力和水平。到2017年末，中国农业银行总资产规模达到21.05万亿元，存款余额达16.2万亿元，贷款余额达10.7万亿元；不良贷款率为1.81%，较上年末下降0.56个百分点，拨备覆盖率达到208.37%；中国农业银行县域各项贷款余额达3.57万亿元，涉农贷款和农户贷款（涉农贷款口径）余额分别突破3万亿元和1万亿元。

（三）政策性和开发性金融机构

1. 中国农业发展银行

中国农业发展银行（以下简称“农发行”）是我国唯一的农业政策性金融机构，成立于1994年，承担农业政策性金融业务，代理财政支农资金的拨付，服务农业和农村发展。1998年3月，国务院决定将农发行承办的农村扶贫、农业综合开发、粮棉企业附营业务等贷款业务划转到有关国有商业银行，农发行主要集中精力加强粮棉油收购资金的封闭管理。

自2004年开始，农发行不断扩大业务范围，延伸到粮棉油加工流通的全产业链，并为新农村建设和水利建设提供中长期信贷支持，形成了以粮棉油收购信贷为主体，以农业产业化信贷、农业和农村中长期信贷为两翼的“一体两翼”发展格局。此外，农发行还通过市场化融资渠道，通过发行金融债券和组织存款，引导资金回流农村。②

---

① 6个“单独”包括：单独资本管理、单独信贷管理、单独会计核算、单独风险拨备与核销、单独资金平衡与运营、单独考核激励约束。

② 谢平，徐忠：“中国农村金融改革十年得失”，金融40人论坛报告。

通过提高商业化运营水平、扩大资金来源以及涉农信贷服务范围，农发行目前已经成为各类金融机构中“三农”贷款规模第二大的机构。到2018年底，农发行全年累放贷款1.8万亿元，年末贷款余额5.14万亿元，增长9.7%。其中，累放粮棉油收购贷款2457亿元，精准扶贫贷款3893亿元，农村基础设施贷款7874亿元，农业现代化贷款年末余额超过2000亿元。此外，农发行的整体贷款质量也保持在行业较高水平，2018年不良贷款率仅为0.8%。①

2. 国家开发银行

国家开发银行（以下简称“国开行”）也是成立于1994年的政策性金融机构，2008年改制为国家开发银行股份有限公司。2015年3月，国务院将国开行定位为开发性金融机构。其改革的目标设定为：“紧紧围绕服务国家经济重大中长期发展战略，建立市场化运行、约束机制，努力把国开行建设成为资本充足、治理规范、内控严密、运营安全、服务优质、资产优良的开发性金融机构，进一步发挥开发性金融在重点领域、薄弱环节、关键时期的功能和作用，促进国民经济持续健康发展。”②

国开行对“三农”的支持包括现代农业发展和土地制度改革、农业农村基础设施建设、农民返乡创业，服务于脱贫攻坚和乡村振兴的战略目标。2018年，国开行的贷款及垫款余额约11.7万亿元，不良贷款率为0.92%，资本充足率达到11.81%，均处于行业优秀水平。在涉农贷款方面，国开行的涉农贷款占其贷款总额长期在10%左右，涉农贷款规模超过1万亿元。③

（四）邮政储蓄和邮政储蓄银行

依托遍布乡村的邮政储蓄网点，邮政储蓄成为农村存款市场上仅次于农

---

① 中国农业发展银行：“中国农业发展银行2019年年度工作会议召开”，http：//www.adbc.com.cn/n5/n17/c31295/content.html。

② 国家开发银行网站（http：//www.cdb.com.cn/gykh/fzzl/）。

③ “国家开发银行2018年年度报告摘要”，http：//finance.people.com.cn/n1/2019/0513/c1004-31081727.html。

信社的机构。由于邮政储蓄只存不贷，并且享受国家转存款的优惠利差，使得邮政储蓄成为农村资金外流的主要渠道之一。

为了在一定程度上减缓邮政储蓄将农村资金抽离农村，提高农村资金本地化、服务本地经济社会发展，邮政储蓄的改革被提上了议事日程。2003 年 1 月，国家发改委牵头制定并向国务院上报了《邮政体制改革方案》，提出"逐步实现邮政储蓄资金自主运用，推动邮政储蓄向商业化方向发展"。自 2003 年 8 月 1 日起，中国人民银行改革邮政储蓄转存款利率计息办法，新增储蓄存款转存人民银行利率按金融机构存款准备金率执行，老转存款按照原定利率执行，允许新增储蓄资金自主使用。自 2005 年 8 月 1 日起，老转存款分 5 年逐步转出。

邮政储蓄也不断扩大存款资金自主使用的方式和规模，并与国开行等其他金融机构进行了贷款方面的合作。2006 年 6 月 22 日，银监会以"银监函〔2006〕288 号文"批准筹建中国邮政储蓄银行。2006 年 12 月 31 日，经国务院同意，银监会正式批准中国邮政储蓄银行开业。中国邮政集团以全资方式出资 200 亿元组建邮政储蓄银行。2012 年 1 月 21 日，经国务院同意，中国邮政储蓄银行有限责任公司依法整体变更为中国邮政储蓄银行股份有限公司，注册资本为 450 亿元，拥有 3.7 万个营业网点，3 万亿元个人储蓄存款，9 亿银行账户，400 多万小额贷款用户，1000 多亿元支农资金。

2016 年的中央 1 号文件提出，"支持中国邮政储蓄银行建立三农金融事业部，打造专业化为农服务体系"。邮政储蓄银行于当年开始探索三农金融事业部改革。邮政储蓄银行采用了"总部—省—市—县"四级垂直管理的架构，探索建立"七独立 + 二倾斜"的机制。①

邮政储蓄银行的成立，在一定程度上关小了农村资金外流的闸门，促使更多资金留在农村使用。不仅如此，依托其网点的便利，邮政储蓄银行也成

① 所谓的"七独立 + 二倾斜"，是指建立健全包括独立的组织架构、独立的财务核算、独立的经营计划、独立的资本管理、独立的信贷管理、独立的风险管理、独立的绩效考核、倾斜的资源配置及倾斜的信息科技保障等在内的 9 大经营管理和支撑机制。

为农村金融市场中不可忽视的重要竞争性力量。到2016年，邮政储蓄银行拥有近4万个网点，覆盖98.9%的县域地区；服务个人客户达5.22亿，70%的个人账户分布于县域地区；涉农贷款余额9174亿元，较2015年末增长22.7%。[①] 到2017年9月，邮政储蓄银行的涉农贷款余额超过了1万亿元。

（五）村镇银行

长期以来，农村地区的正规信贷机构主要是农村信用社、中国农业银行、政策性金融机构。由于机构类型相对单一，也导致向农村地区的企业和家庭提供的信贷产品单一，相当一部分潜在金融需求者会通过产品选择机制被排除在正规信贷市场之外，这也进一步制约了正规信贷市场的有效竞争、金融机构活力提升以及信贷服务质量改善。引入新的正规信贷服务机构，是解决这一问题的重要举措。

在扩大农村金融市场准入方面，较为重要的改革举措是小额贷款公司和村镇银行。[②] 村镇银行的试点从2006年底开始起步。村镇银行必须由既有商业银行机构作为主发起行，由境内外金融机构、境内非金融机构企业法人、境内自然人出资，主发起行的股份比例要求在20%及以上。村镇银行设立在农村地区，可以经营几乎所有银行类业务，但不得跨区经营，主要是为当地农民、农业和农村经济发展提供金融服务的银行业金融机构。从制度上看，村镇银行为民营资本和境外资本进入银行业打开了一个口子，这是一个巨大的进步。经过10年的发展，中国村镇银行的数量已经超过1500家。据中国社科院发布的《中国村镇银行发展报告（2017）》，到2016年末，全国已组建

---

① “邮储银行：深耕‘三农’金融服务 助力农业供给侧结构性改革”，http：//bank.hexun.com/2017－04－18/188873087.html；“邮储银行积极服务乡村振兴战略——走进金融服务‘三农’新时代”，http：//bank.hexun.com/2018－03－22/192675036.html。

② 自2005年开始，中国人民银行等部门在内蒙古、山西、陕西、四川、贵州等省开始市场化小贷机构试点。2008年，银监会和中国人民银行发文在全国范围内推广小额信贷试点。小贷公司股东以自有资本发放小额贷款。到2017年末，全国共有小额贷款公司8551家，实收资本为8270.33亿元，从业人数103988人，贷款余额9799.49亿元，成为金融市场上不可忽视的力量。详见中国人民银行公布的《2017年小额贷款公司行业统计数据报告》，2018年。

的村镇银行资产总规模达到12376.9亿元，各项贷款余额7020.6亿元，存贷规模已经和小贷公司旗鼓相当，各有特色。

（六）完善农村金融基础设施和政策支持体系

除了上述三个方面，在过去15年里，中国在（农村）金融领域还陆续完善了一些重要的政策调整和改革，这些工作为金融机构在农村提供金融服务创造了条件。第一，推进利率市场化改革，放宽了存贷款的利率管制。自2013年7月20日起，中国人民银行决定全面放开金融机构贷款利率管制。自2015年5月11日起，中国人民银行决定金融机构存款利率浮动区间的上限由存款基准利率的1.3倍调整为1.5倍。此外，小额贷款公司的贷款利率允许上浮至基准利率的4倍。利率管制的放松，尤其是贷款利率的放松，使农村金融机构的贷款利率有更大的可能覆盖其成本。第二，为服务“三农”的金融机构提供财政补贴和税收优惠，此外还通过扩大央行的再贷款为农村正规金融机构提供支持。第三，完善农村和小微企业的征信体系，减缓了农村金融市场中突出存在的信息不对称问题。到2016年底，全国累计为1.72亿农户建立信用档案。[①] 第四，加强了与其他领域改革的制度衔接，包括农村集体土地“两权”抵押试点，解决抵押难的问题。第五，推广农村金融的信息化和金融业务模式创新，也在一定程度上提高了信息使用的效率，减缓了信息不对称和交易成本高的问题。

（七）改革的成效和不足

在过去15年里，围绕农村金融领域的一系列改革，对激发农村金融机构的活力、提高金融服务能力和水平起到了积极的作用。据中国人民银行2017年发布的《中国农村金融服务报告》披露，自创立涉农贷款统计以来，2007～2016年全部金融机构涉农贷款余额累计增长361.7%，9年间平均年增

① 中国人民银行：《中国农村金融服务报告》，2017年。

速为18.8%。涉农贷款余额从2007年末的6.1万亿元增加至2016年末的28.2万亿元，占各项贷款的比重从22%提高至26.5%。

评价农村金融改革的成就，除了从历史和现状看金融机构经营状况和金融服务的供给，还需要考虑农村未来发展的趋势、人口和经济结构。如果不考虑后者，对供给及其挑战的评估将是不充分的。

如果着眼农村在长远的现代化以及城乡统筹发展，看现有金融机构以及潜在的市场准入者的发展潜力，看农村金融在不同阶段的服务重点，那么农村金融市场还存在诸多有待进一步改革的问题。

第一，尽管农村金融机构从类型上已经多元化了，但是现有机构的活力和潜力因为制度原因仍未充分释放。制度上的约束还有很多，但两方面的约束很关键：一是新型中小金融机构的储蓄功能被限制，二是跨地区经营被限制。这些约束实际上缚住了新型中小金融机构的发展壮大，以及农村金融市场在乡镇层面的竞争弱化以及金融服务类型的单一化。对于经营范围局限于村、镇的小型金融机构来说，这还意味着风险不能分散，成本无法通过规模扩大来降低，许多村镇银行近年来陷入亏损局面，主发起行将手中持有的村镇银行打包出售，也部分是由于制度约束导致的后果。由农商行或者其他较大型金融机构收购多家村镇银行的控制权，优化区域网点布局，部分可以克服区域限制的弊病，但在现有制度框架下，除了少数经济发达地区外，村镇银行的可持续发展仍面临艰巨的挑战。

第二，农村金融并未充分考虑到城镇化过程中的金融支持。城镇化是影响中国未来经济与社会结构的基础性变量。城镇化涉及资源要素在城市和农村之间的双向流动，但传统金融体系在思维方式和业务模式上更专注限定的城市和农村的区域，这里存在结构性的偏差。不论是生产层面还是生活层面，为城镇化过程提供金融支持，由于要素边际生产率的提升以及目前城镇化实际上是“择优流动”的特征，对金融机构来说具有巨大的潜力。

第三，移动通信和金融科技的发展潜力未充分发挥。移动通信和互联网的普及，金融科技的发展，为农村小额金融服务的发展提供了巨大的机遇。

对于传统金融机构来说，互联网人口的增加以及网上银行的普及，使原来对物理网点和设备设施的投入需求和成本大幅度减少。但是从实际情况看，真正的互联网金融在传统金融机构中的渗透有限，存贷款业务的规模与存量相比几乎可以忽略不计。导致这一状况的原因是多方面的，不仅在于观念的落后和惯性，还在于传统金融机构在软信息发掘（大数据）方面缺乏资源和技术。一些依托电商平台的新型金融实体在提供小额贷款上后来居上，但是金融管理和风险控制经验以及人力资源的缺乏，在短期也制约了其发展。

第四，重生产轻消费的金融服务取向仍未改变。由于传统上农村的金融服务都侧重生产性领域，政策性银行聚焦于农产品收购和基础设施，商业性金融机构则集中于企业和农户的生产性需求，包括固定投资需求和流动性资金需求。将生产性需求与生活性需求割裂，忽视了家庭资金使用上的统一性。随着整体国民经济的发展，农村也在经历快速的消费升级，城镇化则部分地加快了这一进程。但是目前对农村居民生活性支出的金融支持还没有被系统考虑。

第五，改革机制缺陷的“后遗症”。在此前的多轮改革中，一些改革举措本身也带来新的挑战。以农村信用社为例，省联社的成立，意图加强对县级独立法人的联社的规范经营提供指引，同时让地方政府有抓手并真正承担起责任，但是在实际上，这样的制度设计既不能真正使地方承担责任，省联社的权责设置存在内在的错位。邮储银行的设立，在一定程度上关小了通过邮政储蓄和转存款的渠道将资金抽离的闸口。作为全国性的大型商业金融机构（资产规模在商业银行中居于前列），县域支行的决策权仍然有限，资金流出的规模依然庞大，涉农再贷款余额在总贷款余额中的比重仅约 30%，与预期相距甚远。为了鼓励依托互联网的金融创新，P2P 小额贷款业务在城乡一度得到爆发式的发展，但是由于缺乏必要的和良好的监管框架，许多 P2P 机构非法高息揽储以及超高利率贷款，最后频频爆雷。尽管 P2P 失控冲击的主要是城市部门，但是对全国家庭负债、资产结构的负面影响也不可避免地影响到农村。

第六，政府和企业、中央政府与地方政府之间存在的委托代理问题仍然得不到有效化解。在政府和企业层面，最大的问题就是无法有效解决商业性目标和政策性目标之间的内在冲突，正是这种冲突，使得中国农业银行和邮储银行的事业部制在具体实施过程中受到内部和外部的多重掣肘。在中央政府和地方政府之间，问题主要表现在中央政府支持“三农”发展和防范金融风险的总体目标与地方政府发展本地经济和争取中央政府政策支持目标之间的内在冲突，这使得地方政府缺乏足够的动机对本地金融风险进行充分而有效的监管。

以上从宏观和整体层面的粗略考察，可以发现农村金融供给侧的一些基础性问题。但是，这些问题仍然是粗线条的，需要进一步结合县域层面的分析，分析农村金融在技术层面和操作层面面临的挑战。

三、贫困农村地区的金融服务供给

贫困农村是金融覆盖最薄弱、挑战最艰巨的地区，农村金融体系中的问题，在这些地区表现尤为突出和有代表性。为了从基层操作层面分析农村正规金融部门的实践以及供给现状，课题组对 5 个国家级贫困县进行了调研，其中 A 县位于东部，B 县位于中部，C、D、E 县位于西部。从调研看，5 个县在金融服务供给上具有突出的共性，但也因为发展条件、水平和产业结构的差异，具有自身的特点。在这一部分，我们先就 5 县正规信贷供给的情况分别介绍。

（一）东部 A 县

1. 经济社会概况

A 县位于华北地区。2017 年全县有 90 余万人口，常住人口城镇化率要比全国平均水平低 15 个百分点。2017 年劳动力数量为 36 万人，其中农业劳动力约 16 万人。到 2017 年底，全县贫困发生率为 2.1%。

农业仍是A县的支柱性产业。2017年人均GDP约1.7万元，仅为全国平均水平的1/4。2017年，A县全部财政收入累计完成8亿元，公共预算收入完成4.4亿元。A县财政收入困难，每年上级转移支付性资金占县级可用财力的85%以上。作为一个典型的农业县，第一产业在A县GDP的比重约为30%，是全国平均水平的近4倍，农民人均纯收入与全国平均水平持平。

2. 农村金融基本情况

（1）金融机构。A县有银行业金融机构11家，其中国有银行6家，分别为中国农业发展银行、中国工商银行、中国农业银行、中国银行、中国建设银行、邮政储蓄银行；地方性商业银行3家。此外还有法人金融机构2家，包括1家农村商业银行和1家村镇银行。除了上述机构外，A县还有本地小额贷款公司2家，一些全国性的小额贷款公司在A县也有业务。

（2）网点布局。目前，全县有金融服务网点79个，其中38个网点分布在农村地区（约占50%），38个网点中包含人工营业网点33个，离行式自助银行网点5个。此外，A县有助农取款点600余个，自助设备950个，其中ATM机55个。从物理网点布局的角度看，基本消除了乡镇一级的金融空白区。

（3）存贷款情况。截至2018年5月底，A县各项存款余额220亿元，较5年前同期增加125亿元，增长率为127.37%；各项贷款余额133亿元，较5年前同期增加88亿元，增长率为201.8%。全县金融机构的存贷比为60.21%。

（4）涉农贷款及结构。截至2018年5月，A县辖区银行业金融机构涉农贷款84亿元，占全部贷款余额的63%，较2013年同期增加52亿元，增长率为160.8%。A县辖内各机构均有不同程度增长，其中农商行涉农贷款61亿元，较5年前同期增加29亿元，占该县涉农贷款余额的72.6%，是不折不扣的农村正规信贷市场主力军。

在全县涉农贷款中，农户贷款余额24.5亿元，占全部涉农贷款的29.1%，较2013年同期增加4.5亿元，增长率为22.5%。农村中小企业贷款余额 40.1 亿元，占全部涉农贷款的 47.6%，较 2013 年同期增加 23 亿元，增长率为 123%。农林牧渔业贷款余额 28.6 亿元，占全部涉农贷款的 34%，较 2013 年同期增加 10.3 亿元，增长率为 56.3%。

（5）贷款质量。A 县贷款质量不断提升。2013 年全辖五级分类不良贷款余额 4.4 亿元，不良贷款率为 9.8%。截至 2018 年 5 月，不良贷款余额 2.7 亿元，不良贷款率为 2%，较 2013 年同期下降 1.7 亿元，降幅 63%。

（6）财政金融协同。A 县以财政资金为引导和风险抵押，与各金融机构合作，以一定比例放大倍数，向新型农业生产经营主体提供贷款支持。2017 年，全县重点实施"农保贷"和"农业产业化增信基金"两项业务。其中，"农保贷"业务由县政府向省级担保公司投入担保金 1000 万元，省级担保公司配套 1250 万元，合作银行县联社按 1.8 亿元规模向符合条件的信贷主体发放最长 3 年期限、最高 200 万元的涉农贷款。截至 2018 年 6 月，A 县财政已累计投入 4600 万元风险金。

（7）金融业务创新。针对农户和中小企业发展资金短缺和贷款难的问题，A 县金融机构也进行了多方创新。譬如，工行推出"设备贷"和"项目贷"，建行有"助保贷"，农行和农发行有"美丽乡村贷"，邮储银行推出"金扶通"和"科技贷"。其中"金扶通"是按1∶5比例放大，满足 A 县内符合条件的建档立卡贫困户用于发展生产、经营的贷款需求。目前已累计投放贷款 201 笔，共计 944.4 万元。

A 县政府与一家本省的城市商业银行合作，推出"政银企户保"业务，按1∶10比例放大，为 A 县符合扶贫产业政策和扶贫项目规划的建档立卡贫困户提供扶贫小额信贷，也为扶贫龙头企业、带动贫困户发展的农民专业合作社等提供产业发展贷款。自 2017 年 4 月放款至今，共为 16 户贫困户发放贷款 53 万元，用于贫困户发展种植、养殖；共为 11 家扶贫龙头企业发放产业贷款 107 万元。

农商行推出"双基"信用贷款，以基层党组织和基层信用社为实施主体，向扶贫户发放"农贷宝""商贷宝""致富宝"或"幸福宝"等系列贷款卡，获得评级授信的扶贫农户持有贷款卡在营业柜台、农信金融便民店、电话银行、手机银行、网上银行等渠道随时支用或还款付息。截至 2018 年 5 月底，农商行已经建档并评级 32284 户，共发放扶贫小额信贷业务 94 笔，金额 215 万元。累计发放户贷户精准扶贫小额贷款 1216.4 万元。

（8）开发性扶贫金融。A 县成立多家城投公司、担保公司和扶贫开发有限公司。其中，A 县担保公司注册资本 2 亿元，承接扶贫项目，目前到位扶贫专项资金 6100 万元；A 县建设公司承接村基础设施贷款，实施贫困村“路网改造工程”，计划利用 2 年时间，对 159 个贫困村的主要街道全部进行硬化，申请国开行贷款 3 亿元，到位资金 5000 万元；A 县城乡投资开发公司分别承接美丽乡村建设及异地扶贫搬迁项目贷款，其中美丽乡村建设项目申请国开行贷款 1.96 亿元，到位资金 7610 万元，异地扶贫搬迁项目涉及 A 县河道行洪区 33 个村、8974 户，共 31316 人，规划新建 4 个社区，申请农发行贷款 15.26 亿元，到位 4.79 亿元。截至 2018 年 6 月，A 县各融资平台申请项目贷款 20.22 亿元，已到位资金 6.051 亿元。

（二）中部 B 县

1. 经济社会基本情况

B 县是革命老区。2018 年总人口 110 余万人，其中农业人口 70 余万人，耕地保有量 80 万亩，基本农田约 72 万亩。2018 年全县完成农林牧渔总产值 70 亿元，农林牧渔业增加值 44 亿元。全县农村居民人均可支配收入约 9600 元。

2. 金融市场状况

B 县共有银行业金融机构 9 家，网点 81 个，遍布全县 24 个乡镇。截至 2019 年 4 月底，各项存款余额 320 亿元，各项贷款余额 198 亿元，存贷款总量连续 3 年居所在地级市第一。与 2014 年同期相比，各项贷款余额共计增加 143 亿元，年均增速高达 65%；农村企业贷款余额 68 亿元，增加 56 亿元，年均增速高达 93%；农户贷款余额 44 亿元，增加 27 亿元，农户贷款共计翻了

2. 59 倍。全县贷款的整体不良率约 2%。

3. 涉农贷款

截至 2019 年 4 月末，B 县共计有涉农贷款余额 135 亿元，与 2014 年同期相比，净增 95 亿元，5 年共计翻了 3. 4 倍。涉农贷款的投放方面，9 家金融机构均有不同程度涉及，但因各机构的服务定位不同，涉农贷款以农发行、农行、农商行、邮储银行等 4 家涉农金融机构为主，涉及基础建设、农林牧渔、农副产品和物资的流通等多个行业，除基础建设贷款的期限较长外，其余贷款以短期贷款为主，贷款综合成本在 6. 5%。B 县信贷资产质量整体较好，不良贷款率控制在 0. 81% 以下。贷款担保方式多以抵押担保为主，信用贷款为辅。因价值评估制度不完善、抵押物难处置等原因，目前银行机构没有开展土地承包经营权抵押贷款。

农村支付体系快速发展，但仍不完善，精准扶贫贷款有创新。该县的助农取款服务已经实现了所有乡镇的全覆盖，物理上消除了正规金融空白区。截至 2019 年 3 月，共布设助农取款机具 936 台（套），农村每万人拥有近 15 台，平均每平方公里布设 1/4 台。所有贫困村均建立了金融精准扶贫服务站。近两年依托服务站累计对 18304 户贫困农户进行了评级，4600 户贫困户进行了授信，累计发放贷款 30144 万元，共办理助农取款业务 15500 余笔，共计 630 万元，农村电商交易 5300 余笔，共计 406 万元，便利了贫困农户。权限累计对 11962 户建档立卡贫困户发放财政贴息信用贷款 4. 15 亿元，覆盖率达 29%。扶贫小额信贷余额为 7079 万元，已经归还贷款 3. 4 亿元，到期未归还贷款为 89 万元，到期归还率达 99. 73%，整体在可控范围内。

贷款担保机制有创新，种类不断丰富并具有针对性，但实际功用还处于较低水平。辖内各银行根据本地农村人口对信贷产品及金融服务的需要，推广了粮食贷、创业担保贷款等产品 10 多种。截至 2018 年底，各类创新贷款余额为 23262 万元，其中粮食贷 1674 万元，油茶贷 396 万元，创业担保贷款 1200 万元，助保贷 1367 万元，惠农 E 贷 3386 万元，生猪贷及特色贷 240 万元等。

近年来，在各级政府的支持下，农村信用体系建设不断完善。通过大力采集、补充和完善农村中小企业、农村各类专业经济组织、农户信用档案，推动地区信用评价机制建设，共计建立农户信用档案近 17 万户。

4. 主要金融机构

（1）农商行。农商行在本地金融市场的份额不到 1/3，存贷比约为 37%。农商行存款中，约 10% 存入资金营业部，近 10% 转存省联社。农商行支持农业发展的方式包括：①发放小额扶贫贷款。目前向建档立卡贫困户发放 4.1 亿元贷款。②支持旅游产业。如民宿贷、农家旅馆贷，目前已发放贷款 6300 万元。农商行推进整村评级授信，一级贷款限额 30 万元，免抵押免担保（农房不能抵押），二级贷款限额 20 万元，三级贷款限额 5 万元，四级不予授信。贷款月利率小于 7.5%。农商银行着力降低融资成本，根据贷款申请人的纳税情况进行授信。目前农商行有员工 440 多人。贷款链条短，从贷款到授信不到 10 天。农商行分级授权，一类支行 80 万元以内贷款，二类支行 50 万元以内贷款，总行（一级法人）300 万 ~3000 万元贷款。

（2）中国农业银行。截至 2018 年底，B 县中国农业银行存款余额 48 亿元，贷款 35 亿元，存贷比为 52%。2015 年，中国农业银行贷款总量达到 8.7 亿元，但是农户贷款新增仅 4000 余万元。到 2018 年，中国农业银行总贷款规模超过 22 亿元，农户贷款新增仅 4200 余万元。

（3）邮储银行。截至 2019 年 4 月末，B 县邮储银行 5 年内累计发放各项贷款 20 亿元，其中中小企业贷款发放 2.65 亿元，余额 0.83 亿元；农户贷款发放 6.26 亿元，余额 0.81 亿元。当前贷款余额 24 亿元，存款余额 52 亿元。邮储员工不足 60 人，3 个网点，其中 2 个在乡镇。

贷款从受理到放款需 3 ~5 个工作日，采用线下审批方式。县域没有企业贷款审批权。小微企业贷款限额 3000 万元。利率年化 8% 左右。过去 5 年，B 县邮储银行涉农贷款发放量为 11.31 亿元，目前余额为 1.3 亿元，涉农类不良贷款率为 0.52%，资产质量良好。涉农对象包括水稻、水果、茶叶种植、生猪、牛羊养殖以及木材加工、熟食加工、农产品经销及农机设备购销等与农业相关行业的农户或新型经营主体。

（三）西部C县

1. 经济社会基本情况

C县也是革命老区。全县总人口近18万人，其中农业人口14.6万人，县城常住人口约5万人。农村大部分青壮年劳动力进城打工，其中常年外出4.5万人。留村务农农民年龄偏大，一般在55岁以上，文化程度偏低。县域经济以农牧业为主，现有耕地面积231万亩（其中水浇地33万亩），天然草牧场373万亩，林地面积170万亩。农民人均纯收入7450元，仅为全国平均水平的55.5%。

2016年，C县地区生产总值完成85.6亿元，同比增长7.2%。第一产业完成9.0亿元，同比增长6.8%；第二产业完成44.7亿元，同比增长7.9%（其中工业37.8亿元，同比增长9.4%）；第三产业完成31.8亿元，同比增长6.3%。2017年，C县经济增长出现断崖式下滑。全年地区生产总值同比增长2.1%，第一产业同比增长3.0%，第二产业同比增长－5.9%（其中工业同比增长－0.1%），第三产业同比增长6.2%。GDP统计显著下滑的原因是多方面的，既有统计挤水分的原因，也有经济结构调整和环保督察工矿企业关停等原因。

C县有重点扶贫村53个。其中省级贫困村33个，市级贫困村20个。2014年全县精准识别建档立卡贫困人口13000余人。2017年底动态调整后，全县系统在册建档立卡贫困户6700余户，约13800人。其中，2017年底新识别贫困户1262户2440人，返贫470余人；年初脱贫目标剩余贫困户120户220余人，合计共有未脱贫人口3000余人。

2. 金融市场总体状况

（1）机构与网点布局。截至2017年底，C县8家金融机构累计发放银行卡28.21万张（总人口17.6万人），共有ATM机71台、POS机569个、助农取款点196个，全年累计取款1.31万笔，金额1268.65万元。其中，农村信用社有网点 26 个，覆盖每个乡镇；自助农服务网点 93 个，覆盖所有行政村。目前信用社有约一半助农服务站营业，关闭状态的网点通常位于整村搬迁地，或年轻人外出打工，留守老年村民不会使用助农服务站设备。

（2）存贷款。截至 2018 年底，全县金融机构各项存款余额 63.4 亿元，贷款余额 52.3 亿元，存贷比达到 82.6%。存款余额较上年减少 1.3 亿元，下降 2.5%。住户存款余额 40.4 亿元，同比增加 3.2 亿元，同比增长 7.4%，住户存款占各项存款的 64%。2018 年 6 月，金融机构各项贷款余额 50.5 亿元，存贷比为 79.6%，受经济下行影响，金融活动显现出萎缩的迹象（见图 1）。

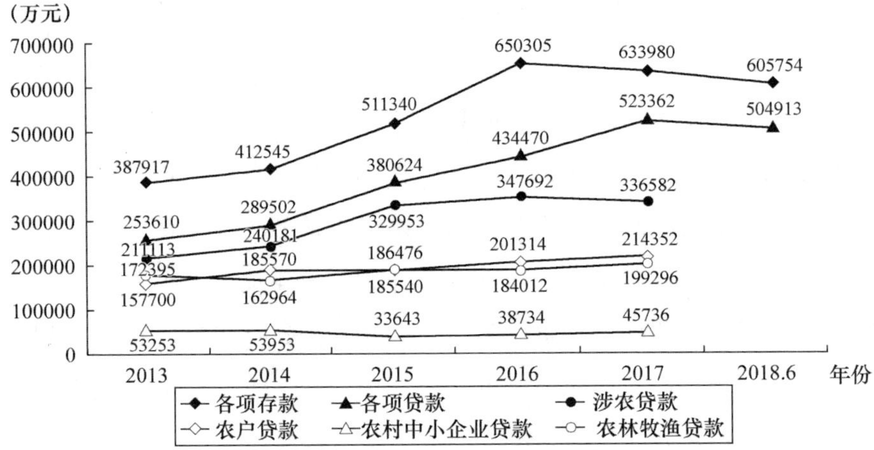

图 1　2013～2018 年 C 县存贷款

截至 2017 年底，C 县金融机构各项贷款余额比上一年增加 8.9 亿元，增长 20.5%。其中，涉农贷款 33.7 亿元，较去年减少 1.1 亿元；农户贷款 21.4 亿元，同比增加 1.3 亿元；中小企业贷款余额 4.6 亿元，同比增加 0.7 亿元。

（3）市场结构。在县域层面，农村信用社 2017 年底贷款余额达 23.2 亿元，占全县金融机构贷款余额的 44.3%，农户贷款余额占比约 1/3，仅 2017 年就发放农户贷款 6.5 亿元。中国农业银行当年贷款余额为 7.9 亿元，该县村镇银行 4.7 亿元，工商银行和城市商业银行分别为 4.0 亿元和 1.5 亿元，而邮政储蓄银行仅为 0.6 亿元。

（4）贷款类型与利率。在农村信用社的全部贷款中，中长期贷款占 50%

以上，贷款加权平均利率9.7%。县村镇银行的贷款类型为农户联保贷款、小额农户信用贷款，短期贷款占92%以上，利用扶贫再贷款发放500万元低利息贷款。贷款增加项为担保贷款，主要用于个体工商户购货、运输、扩大经营等。部分用于农牧民购买化肥、农资、育肥牛羊、种畜等。城市商业银行和邮储银行发放的贷款几乎全部都是个人贷款，但规模较小。工商银行贷款余额比同期增加了229%，新增贷款主要来自系统内的银团贷款。

3. 重点机构的业务类型与特点

（1）农村信用社。作为一级法人，为中小企业发放贷款单笔最大规模500万元，农户单笔限额5万~10万元，专业合作社单笔限额30万元。专业合作社贷款由社员用个人信用担保，信用社拥有14000户农户信用档案。信用社贷款灵活性较大，对中小金融机构帮助较大，但贷款利率高，对农户贷款利率为7.125%。

农村信用社利用央行再贷款向贫困户发放贷款，利率为基准利率3.625%。扶贫再贷款基本针对贫困户和一般户的联保，通常为2个一般户带1个贫困户，多年来带动关系基本为自然村固定。若材料齐全，一天即可拿到贷款。

C县农村信用社发展困境为消化不良贷款。目前信用社不良贷款率超过20%，需核销坏账2.5亿~3亿元，目前核销能力为每年4000万~5000万元。坏账主要来自2012年投放于省内重要城市房地产市场的贷款，房地产不良贷款约占总不良贷款的50%。通过收回房产进行拍卖化解不良贷款，成效较好。省级政府已经为当地农村信用社设定3年改制期限，到2020年末，C县要达到或接近向农商行转制的标准。

（2）中国农业银行。2013~2017年中国农业银行C县支行发放“金融富农工程”农户贷款9772户，3.9亿元；其中，贫困户贷款1539户，5261万元，扶贫龙头企业贷款共计6家，4800万元。截至2018年6月，中国农业银行C县支行发放农户贷款1506户，6583万元；其中建档立卡贫困户196户，贷款846万元，贷款利率为基准利率4.35%，一般农户和龙头企业贷款利率为基准利率上浮不高于40%。

中国农业银行C县支行个人贷款发放额度为10万元。一般户和贫困户的3~5户联保，贷款额度为3万~5万元，根据贷款年数、信用状况额度有所差异。手续齐全，3天内发放贷款。农行监管要求，客户在购买理财、办理贷款时，必须进行“双录”（录音、录像），农户在办理贷款时，经常有需到场的客户无法到齐的现象，影响贷款速度。

对专业大户、家庭牧场、养殖户贷款时，可以放大贷款额度，单笔贷款可放大至10万元，但需要行政事业单位公职人员提供担保。若仍需放大额度，可继续进行担保或用县城房产作为抵押。农行C县支行曾支持小企业贷款，由于农行要求企业在使用农行贷款时还需使用农行产品，如信用卡开卡、代发工资等，但小企业不愿使用农行其他产品，因此农行C县支行退出小企业贷款业务。

农行C县支行主要通过银团发放对公贷款。C县本地基本没有对公贷款，对公贷款主要投向省内农网改造、机场建设、地铁等项目。

农行C县支行2017年底存款余额6.3亿元，贷款余额大于存款余额。因为C县支行只是辅办行，主办行位于省会城市，C县支行只是把贷款投放出去收取利息，因此不存在入不敷出的情况。

（3）邮政储蓄与村镇银行。邮政储蓄银行C县支行目前有存款7000余万元，代理机构64个，理财产品规模4.9亿元，为20家扶贫专业合作社发放贷款533万元。邮政储蓄银行可以提供一系列便民服务措施，如农民可以交纳水费、电费等费用，代开国税、地税发票，办理物流等业务。目前邮政储蓄银行C县支行资金运转较好，理财产品基本为保本性理财产品，管理较为规范。C县有村镇银行1家，于2012年成立，主要是个人短期贷款业务，存款利率与农村信用社相同。

（四）西部D区

1. 经济社会概况

D区地处某西部省份，总面积3000余平方公里，境内大部分地区为山区。2017年年末，全区人口约28.8万人（其中常住人口27.4万人）。其中，城镇人口9.7万人，农村人口19.1万人。

2017年，D区GDP总量约92亿元，比上年增长9.5%。第一产业增加值完成12.4亿元（不含农、林、牧、渔服务业增加值），占GDP比重为13.6%；第二产业增加值完成40.9亿元，占GDP比重为44.6%；第三产业增加值完成38.4亿元，占GDP比重为41.9%。

2015年底，D区精准识别出建档立卡贫困户8900余户，贫困人口3万人，贫困发生率为18.3%。随着贫困动态的调整，2016年退出贫困村27个，脱贫2110户，7304人；2017年退出37个村，脱贫2494户，8422人。

2. 金融服务供给情况

（1）存贷款情况。2017年底，D区金融机构各项存贷款余额分别为132亿元、59亿元，存贷比为45.10%。存贷款余额分别比2013年增加了41亿元和20亿元，存贷比下降了近10个百分点。

（2）涉农贷款。2017年末，D区涉农贷款余额21.4亿元，较2012年增加9.7亿元，增长82.9%。其中，农林牧渔短期贷款1.8亿元，中长期贷款约2.0亿元，分别较2012年末增加0.8亿元和1.6亿元。全县农户贷款余额为7.7亿元，其中的短期贷款3亿元，中长期贷款4.7亿元。农村企业及各类组织短期贷款2.0亿元，中长期贷款1.5亿元；城市企业及各类组织涉农短期贷款0.3亿元，中长期贷款9.9亿元。

（3）贷款质量。2017年末涉农贷款不良余额为0.69亿元，不良率为3.22%，较2012年末减少0.5亿元，下降6.9个百分点。

（4）金融基础设施及配套。D区积极开展农村信用体系建设，截至2018年6月末，共创建信用户31200余户，本年累计新用户贷款发放1.2亿元，评定贫困信用户6215户，发放贫困户信用修复贷款4户，16万元。D区还发展网络普惠金融，共设立惠农金融服务点436个，安装ATM机112台，POS机1174台。目前，全区有人工营业网点40家。此外，全区共办理金融IC卡2.9万张，移动支付0.3万户93.6万笔，总金额达14.8亿元；网上支付户数6.4

万户125.8万笔，总金额55.8亿元。

（5）金融扶贫。2018年6月末，全区共发放金融精准扶贫贷款1065笔，10.2亿元。其中，个人精准扶贫贷款7676万元，全部为建档立卡贫困人口贷款；单位精准扶贫贷款9.4亿元，其中产业精准扶贫贷款1.7亿元。金融精准扶贫贴息贷款1.1亿元。金融精准扶贫贷款带动服务人数为：项目精准扶贫贷款服务人数90277人，建档立卡贫困人数1074人，脱贫人口贷款746人，产业精准扶贫带动人数571人。

3. 重点涉农金融机构经营情况

（1）农村信用社。截至2018年7月底，D区信用联社各项存款余额32亿元，较年初增加1.3亿元，比2014年增加17.4亿元。各项贷款余额24.3亿元，较年初增加1.6亿元，较2014年增加11.5亿元；其中，中小微企业贷款3亿元，较年初增加0.8亿元。涉农贷款余额7.2亿元，农户贷款5.9亿元。至2018年7月底，信用联社供发放自主循环贷款8641户，授信金额7.6亿元，信用金额3.6亿元。截至2018年7月，联社不良贷款余额8446万元，较年初增加了1570万元，占各项贷款余额的比例为3.3%。

联社涉农贷款投放类型及重点对象为农户、涉农中小企业、农民专业合作社。目前涉农贷款覆盖率（占比）64.63%，较2013年末增加24.02%。农户贷款基本采取信用方式发放小额贷款，利率执行基准利率；涉农中小微企业为1～3年流动资金贷款，采取抵押、担保方式发放。

为了扩大对农村和贫困农户的信贷支持，联社重点做了以下金融创新。一是全面推广“双基联动”合作贷款模式，至2018年7月末成立合作贷款办公室199个，双基联动合作贷款余额达到2.8亿元，较年初增加了3759.74万元。二是加快发展电子银行业务。至7月末，发放ATM机器47台，POS机551台（其中支农POS机270台），开通个人和企业网银近3300户，离柜替代率超过90%。三是加快推进信用工程体系建设，加大绿色信贷投放力度。累计评定信用户31000多户，授信额度达3.2亿元。绿色信贷余额达到7.7亿元。

在扶贫开发方面，联社向辖区内贫困户累计发放扶贫小额信用贷款910

笔，金额约3700万元，余额3300多万元，贷款周期为1～3年期，规模在5万元以内，以基准利率、信用方式提供贷款，目前无不良贷款。预计2018年精准扶贫小额信用贷款投放总量为4000万元。

（2）村镇银行。D区村镇银行于2015年12月正式挂牌成立。该行由省城农商银行联合其他3个法人股东和3名自然人股东共同出资设立，公司注册资金5000万元。主要经营吸收公众存款；发放短期、中长期贷款；办理国内结算；从事同业拆借等金融业务。目前有营业网点1个，离行式自助银行1个，自动柜员机4台，职工30余人。

截至2018年7月底，村镇银行资产总额2.3亿元，其中各项贷款1.9亿元，不良贷款率1.5%；负债1.9亿元，其中各项存款1.4亿元，较年初新增1000万元。村镇银行吸收存款的能力较差，存款增长缓慢，存贷比高达140%。

自2016年以来，该行与区就业局、财政局签订了“创业贷款”“三农惠民贷款”合作协议，拓宽了信贷产品的类型。该行涉农贷款主要用于支持当地种养殖业、农资贩运等行业的发展。此外，针对农牧民、合作社和涉农小微企业的资金需求特点，与省级担保公司合作，解决中小微企业融资难融资贵的问题，执行优惠利率，减少企业融资成本，为当地提供多元化的涉农金融服务。截至2018年7月底，该行涉农贷款余额为1.1亿元，占全部贷款总额的56.8%；累计发放中小微企业贷款1.8亿元。村镇银行目前已经成立“双基联动”合作办公室3个，累计发放贷款80万元。在精准扶贫方面，自2016年8月以来，累计发放精准扶贫贷款30户648万元；其中，建档立卡贫困户20户148万元，产业扶贫贷款10户500万元。

（五）西部E县

1. 县域经济社会概况

E县位于某西部省份北部，土地总面积2300多平方公里，总人口不到16万人。2017年，全县实现生产总值46亿元，增长9.2%；财政总收入3.7亿元（同比下降近 11%），地方财政收入 2.4 亿元，全县财政支出 19.6 亿元（比上年增长 27.8%）。城镇常住居民人均可支配收入 31464 元，略高于全国平均水平；农村常住居民人均可支配收入 10140 元，增长 9.2%，与全国平均水平持平。

农业在 E 县经济中仍占较高比重。2017 年，农业增加值 8.9 亿元，约占 GDP 的 19.2%。该县为果蔬种植大县，全县梨果种植面积达到 33 万亩，产量 26.5 万吨，产值 9.23 亿元；蔬菜种植面积 2.49 万亩，产值 2.22 亿元，占农业总产值的 15%。全县登记注册农民专业合作社 313 家，其中省级百强社 2 家，市级示范社 13 家；规模以上农业龙头企业 22 家。

近年来，E 县的脱贫攻坚工作已经取得了突破性的进展。截至 2017 年底，全县累计脱贫 8648 户 19293 人，贫困发生率由 16.8% 下降到 0.5%。其中，2017 年脱贫 1921 户 4020 人，退出贫困村 83 个。

2. 金融供给状况

2017 年末，E 县金融机构各项存款余额 50.8 亿元，比年初下降 2.9%。其中，住户存款余额 34 亿元，比年初增加 3.4 亿元；非金融企业存款余额 7.5 亿元，比年初减少 6.4 亿元。非金融企业存款显著下滑，比年初减少 45.9%。各项贷款余额 21.3 亿元，下降 0.3%。其中，住户贷款余额 10.7 亿元，比年初减少 6065 万元；非金融企业及机关团体贷款余额 10.6 亿元，比年初增加 5459 万元。截至 2017 年底，县域存贷比为 41.9%。

目前，除了政策性的农业发展银行外，在 E 县开展商业性金融业务的正规金融仅有 4 家，分别为工商银行、中国农业银行、邮政储蓄银行和农村信用联社。在 4 家金融机构中，2017 年底中国农业银行和农信社占据的贷款份额为 77%；农信社占全部贷款余额的 76.6%，占全部正规商业性金融机构涉农贷款的 98.4%，成为农村金融市场当仁不让的主力军。

分金融机构看，2013 ~2017 年，中国农业银行和农信社在涉农贷款上都有显著增长。截至 2017 年底，中国农业银行涉农贷款比 2013 年同期增长了 108.5%，农村企业贷款下降了 11.5%，农户贷款增长了 507.3%；农村信用社涉农贷款同期增长了95.6%，农村企业贷款增长了165.5%，农户贷款增长了65.2%。

四、贫困农村地区正规信贷供给的特点和问题

通过对5个国家级贫困区县的调研，可以发现贫困农村地区正规信贷供给存在一些显著的特点，既有共性，也显示出地区差异性。

（一）对农村正规金融部门的总体判断

第一，与21世纪初相比，农村金融市场上正规金融供给取得了长足的进步。从对全国正规金融部门改革成效的梳理和贫困县的实地调研看，正规金融机构的经营水平和能力有显著的提升，农村金融市场的信贷规模和质量与21世纪初相比都有了巨大的进步。

第二，在传统信贷技术和模式下，正规金融部门在农村地区的金融供给已经遭遇显著的瓶颈。在传统经营模式下，商业性金融机构在平衡安全性、营利性和政策性需求（支农和扶贫）上已经遇到了严重的技术瓶颈。一些地区的农村信用社或商业性金融机构在金融支农上力度较大，但相应地也要承受更高的不良资产率，这些不良资产如果长期积累，容易导致局部性的金融风险。有些地区的金融机构在支农和扶贫上采取了相对保守的做法，压低存贷比以及对“三农”的金融支持水平，客观上导致了农村金融可及性的不足。

第三，利率并非农村金融市场供给的关键决定因素。在农村金融市场上，农民和中小企业的贷款决策受正规金融机构贷款利率高低的影响较小。尽管我国信贷市场利率市场化改革已经取得相当的进展，但是围绕基准利率的贷款利率浮动范围设定还是过低。事实上，对有贷款需求的农户、新型农业经营主体和中小企业来说，在基准利率上下浮动30%～50%并非首要的考虑因素，更关键的因素还是资金的可获得性。而对于正规商业性金融机构而言，更大范围的利率浮动是覆盖经营成本、提高农村金融市场供给激励的重要

因素。

第四，机构的贷款决策层级和经营的区域范围对于改变农村金融市场的供给十分关键。从对农村正规金融机构的调研看，存贷比低（资金流出严重）的机构，都是全国性的大型商业银行。本地化经营的农村信用社和村镇银行，都已经在较高水平上将储蓄资金转化为贷款。在市场化背景下，这是金融机构的理性选择。强制要求大型商业性金融机构在农村金融市场上维持较高的存贷比不可行，不仅扭曲了金融要素的配置，而且还会带来严重的委托代理风险和道德风险问题，最终又成为农村商业性金融机构向政府要求补贴和各项优惠政策的借口。但是，目前农村信用社和村镇银行在农村的经营范围太窄，特别是农信社成立县域单一经营主体后，虽然业务范围覆盖了乡镇，但是造成了农村市场的分割和局部垄断，这不利于激活农村金融市场，也容易导致政府与金融机构之间的委托代理问题。

第五，移动网络支付技术的变革力量初步显现，但未能充分发挥。一些金融机构出于政策导向的要求，在农村地区铺设金融服务点，表面上看好像完成了村庄层面的网点覆盖，但从调研看，大多数所谓金融服务点都是空有其名，很多网点大门紧锁只有一块生锈的牌子。依靠物理网点覆盖不仅成本高，而且还存在多重的委托代理问题以及无法克服的专业技术和人力资本难题。移动互联网和移动支付的普及，农民个人和中小企业金融账户的普遍开立，电子化贷款审批程序的完善，为解决农村金融供给提供了新的可能性。大型的国有商业银行（如农业银行）已经在这方面做了尝试，但是在开设手机银行和移动 POS 机上仍然十分审慎。农村信用社限于资金和技术能力，在这方面投入较少。以微信、支付宝等互联网平台的存贷款反而有更好的渗透率，初步显示出了技术的力量，在农村有较高文化程度人群和小微企业主之间有很好的认知度和普及率。P2P 在农村地区的渗入，由于缺乏有效的监管，对农村其他正规金融机构的储蓄动员以及农村金融市场的稳定都构成了巨大的风险，值得警惕。

第六，农村金融业务缺少实质性的金融创新。在农村的正规金融机构，目前还缺少真正意义上的创新。一些县域金融机构开发了名目繁多的各种

“贷”和“宝”，但是这些贷款产品背后往往没有实质性的机制设计的差异。信用体系覆盖面的扩大，“双基”贷款的使用，在一定程度上减少了对农户贷款的抵押要求，但是在贷款的机制上，创新仍是非常有限，金融机构与农户以及农村中小微企业的贷款渠道不能被有效拓宽。近年来，随着农村承包地确权、登记、颁证工作的推进，以及一些地区“三块地”改革（包括宅基地、集体经营性建设用地以及征地制度），农村承包地和宅基地使用权的抵押有了一些新的探索，但是由于抵押物一般具有较高的流动性要求，而贫困地区这一点通常比较困难。此外，土地经营权的市场定价也未充分发展，影响了土地经营权的流转。在所调研的地方，虽然也有土地承包经营权抵押贷款，但是贷款总规模只有 150 万～400 万元不等，只是作为试点的象征性举措，尚不能根本上改变农村借款人缺乏有效抵押品的局面。真正的金融创新，仍需要在审批程序、贷款期限、利率、还款模式、违约处理、配套服务上做文章。

第七，解决农村金融中普遍存在的信息不对称问题，在相当长时期需要一种劳动密集型的模式。单独依靠移动互联网和移动支付技术，以及依靠手机和网络获取软信息并定制金融产品，还不足以有效地将贷款传递到真正需要的农户和小微企业，并确保贷款质量。当前，要充分利用软信息以及农村社会关系网络作为一种抵押替代，还需要劳动密集型的人员投入。目前开展的“两基”贷款在一定程度上也符合、适应这一状况。但是“两基”贷款在发掘软信息以及提供抵押替代上，依赖的是“公对公”的渠道，这是必要的，但不充分。

第八，农村金融扶贫应瞄准产业链而不应该瞄准个体贫困农户。精准扶贫的目标要建立在精准脱贫上，而不应该锁定在中间机制上。在金融扶贫上，政策安排上很多思路没有理顺。在“精准扶贫”的导向下，一些部门和地区对金融扶贫的“精准化”理解过窄。从调研看，70%左右的现有建档立卡贫困户，都是因病因残致贫，缺乏基本的生产经营能力。此外，即便这些贫困户有一些资源，包括可流转的承包地、专项扶贫资金和各类补助，零星地使用往往难以产生持续的、可观的收益。一些贫困户贷了款，反而背上了债务负担。在一些地区一度尝试过“零借整用”“户贷企用”的模式，即多家贫困户将贷款以及其他扶贫资金交由合作社或中小企业使用，获取利息或分红，但是这种模式因为不符合精准扶贫考核以及潜在的责任风险，后来被叫停了。一些地区要求金融机构直接给贫困户自由的项目或经济活动贷款，但是贷款很快变成了坏账，有的地方资产不良率达20%～30%，一些地方扶贫贷款的不良率甚至到50%。对精准扶贫的机械理解，实际上导致了贫困户、金融机构和地方政府多输的局面。

第九，对农村居民的消费以及城市化的金融支持仍然不足。正如在前面指出的，在农村地区，特别是贫困地区，区域内经济活动的金融需求是渐进但缓慢发展的，空间总体有限。但是，随着有能力和有条件的农户家庭进城，对于住房以及大件耐用消费品（如汽车）存在金融需求。目前这些金融需求很大程度上依靠（互惠性或商业性的）民间借贷以及互联网消费贷来满足。这是正规金融机构可以介入的领域，但是目前农信社这样的金融机构对之反应不足，而国有大型商业银行即便提供相应的贷款，也没有将之列入涉农贷款统计中。

（二）不同金融机构面临的挑战和问题

第一，农村信用社不论在存款方面还是贷款方面，是农村金融市场最稳定的主力军。在5个被调查的贫困县中，农村信用社在存款市场上的份额占据了半壁江山，存贷比维持在65%～80%的高水平，这确保了农信社在农村（县域）市场上的关键性甚至是主导性的地位，对于缓解农村金融市场上的信贷约束起到了重要的作用。2003年以来的农村信用社改革，在很大程度上提升了农村信用社的经营管理水平和资产质量。在这个意义上，以农信社机构改革为切入点的农村金融市场改革取得了切实的成效。但是调研中也发现，越是在经济发展水平较高的贫困县，农信社在当地信贷市场上的份额越小，而且农信社的资金存贷比相比来说更低，这也意味着更大规模的资金非本地化使用。此外，农村信用社及改制后的农村商业银行、农村合作银行，因为无法跨区经营，在乡镇层面处于垄断地位，缺乏必要的市场竞争，这导致经营状况好的信用社发展空间不足，而经营不善的信用社则面临行政壁垒的保护。此外，部分地区省联社经常存在不合理的缺位和越位问题，对县域信用社的经营也有负面影响，联社体制有待进一步改革。

第二，决定农村金融市场存贷比的关键在于国有商业银行（特别是中国农业银行）在农村地区的贷款水平。从存款看，农村信用社在县域农村正规信贷市场上的份额在40%～60%之间，比例相对稳定。不仅如此，农信社自身的存贷比一般维持在65%～80%的较高水平（个别地区除外，如中部地区的B县，存贷比不足40%）。因此，对于区域存贷比影响最大的就是国有商业银行的贷存比。较低的存贷比，反映了地区农村资金外流的严峻程度。尽管从商业角度考量，国有商业性金融机构将资金用于具有更高回报率的城市、其他农村地区或者非农产业，是无可厚非的。但是资金大规模地被抽离农村，将在很大程度上抵消政策性的财政和金融对贫困农村地区的支持。在国有商业银行中，中国农业银行在支持“三农”方面力度相对较大，贷款不良率也控制在较低水平，相关经验值得其他国有商业银行借鉴，但是农行的贷款中真正面向个体农户和新型农业主体的比例仍然比较低。中国银行、建设银行、工商银行以及其他股份制商业银行大多在县域都有金融网点，在提供中小企业贷款和城市住房贷款等方面有比较成熟的经验和体系，未来在支持农业转移人口进城以及城乡三产融合上应该发挥更大的作用。在这方面，迫切需要改革现有涉农贷款的统计口径，将与城镇化相关的信贷支持纳入对这些国有商业银行和股份制银行的绩效考核体系中。

第三，在贫困县域经济中，邮政储蓄银行对扭转农村资金外流的作用仍然有限。从对贫困县的调研情况看，邮储银行在县域的存贷比，在一些地区为0，即使较高的地区也不超过15%，存贷款两条线分离的局面依然突出存在，没有起到显著改变农村贷款市场版图的效果。就此意义上，对贫困地区而言，设立邮政储蓄银行的实际效果与改革的初衷相比仍存在较大的差距。

第四，村镇银行作为地方性中小型金融机构的潜能未能充分发挥。村镇银行进入农村金融市场，作为一个增量改革方案，总体是有效的，但是其效能未被充分发挥。和小额贷款公司不同，村镇银行可以开展存款业务，这大大提升了其金融供给的能力。但是，村镇银行因为不允许跨区设点，其吸收储蓄能力、在农村市场建立品牌和认知度的能力、分散资产风险的能力都受到严重的制约。本课题调研以及其他调研看，许多村镇银行的存贷比都在100%以上，有的甚至达到140%（取决于本金用于贷款的比例），其贷款能力已经充分使用了。但要真正发挥其潜能，需要在完善治理结构、风险管理的基础上，允许村镇银行跨区经营。

第五，政策性和开发性金融机构与商业性金融机构的业务缺乏衔接。从涉农贷款规模看，政策性和开发性金融机构的涉农贷款已经占据了相当的比重。除了粮棉这些战略性农业领域外，政策性和开发性银行的业务近年来在县域有实质性的下沉，业务范围不断扩大。这些政策性和开发性业务为农村经济发展提供了基础设施和产业支撑，但是相关政策性和开发性金融业务基本上封闭运行，缺少和商业性金融机构在制度、工具、产品上的衔接，因此政策杠杆作用未能充分发挥。

五、结　语

本报告回顾了2003年以来围绕农村金融领域进行的改革，并结合对5个贫困县的考察，分析了农村金融供给的现状和挑战。本报告认为，以农村地区金融机构改革为突破口的改革，对于提升农村金融机构的经营活力和金融服务能力，总体上起到了积极的作用。此外，金融领域服务“三农”取向的确立、新机构的创设、市场准入的放松、金融基础设施和配套制度的健全，对于提升金融服务的供给水平和质量，减少农村地区资金的流出，起到了一定的作用。从宏观层面的金融供给绩效以及县域市场的考察来看，改革带来了诸多积极变化，但是也存在诸多有待进一步完善和突破的领域。

农村金融供给侧的改革需要观念上的突破。农村金融供给要以人为本，金融服务要随着人走，切实满足人的多样化发展需求。不能将农村金融限定在农村地区和农业，有金融需求的人在哪里，服务跟到哪里。在金融业务领域的选择上，当前特别忽略的是对农民城镇化过程中的消费性和生产性金融需求满足不够。这需要改变现有涉农金融服务的考核指标体系和统计标准。

传统的正规金融供给已经存在严重的技术瓶颈。在城乡一体化发展的基本趋势下，过去城市优先和工业优先的取向得到调整，政策层面并不缺乏支持农村金融发展的意愿，金融机构的能力和金融服务条件也有显著的改善，困扰农村金融供给的关键因素在于技术。只有通过依托于技术进步的金融创新，才有可能显著地形成正规金融机构（特别是国有大型商业银行）在农村地区提供金融服务的激励结构。在农村实物抵押和担保状况很难短期得到改变的情况下，技术和金融创新的方向在于信息的充分利用。移动互联网和移动支付在农村地区的普及提供了条件，但是由于不同机构拥有的信息资产是高度分割的，推动传统正规金融部门和新兴金融主体之间的合作，将是突破农村金融供给瓶颈的重要选择。

农村金融机构的多元化的影响总体是积极的，但功能发挥并不充分。仅仅增加农村市场上的金融供给主体，并不必然带来市场结构的根本性变化。在县域层面上，金融供给实质上仍是垄断性的，未来改革的方向应该是允许金融机构（包括农信社和村镇银行）在农村范围内的跨区经营，优胜劣汰，通过竞争改善金融服务的水平和质量，同时不降低金融服务的覆盖范围。政策性和开发性金融机构在县域及以下的金融存在大幅度得到提高的空间，未来迫切需要推进政策性、开发性金融业务与商业性金融业务的衔接，这需要在制度、产品、工具等各方面做好准备。

金融在扶贫中发挥了积极的作用，但在实际工作中需要纠正长期存在的观念误区，要明确区分金融功能和财政功能的差别。金融扶贫要聚焦于能够吸纳贫困人口参与并获益的产业链，而不应该将贷款对象特别限定在建档立卡的贫困户，要在结果意义上看待成效。在金融扶贫中，金融资金和财政资金可以协同使用，但要在根本上理解两者的差异，金融服务要考虑到商业化可持续的根本原则。